I0048384

Comportamiento organizacional

Cómo lograr un cambio cultural a través de Gestión por competencias

Coordinación editorial
GABRIELA SCALAMANDRÉ

Diseño de tapa
JUAN PABLO OLIVIERI

MARTHA ALICIA ALLES

Comportamiento organizacional

Cómo lograr un cambio cultural a través de Gestión por competencias

GRANICA

ARGENTINA - ESPAÑA - MÉXICO - CHILE - URUGUAY

© Martha Alicia Alles
© 2007, 2017 *by* Ediciones Granica S.A.
1ª edición: abril de 2007
2ª edición: julio de 2017

ARGENTINA
Ediciones Granica S.A.
Lavalle 1634 - 3º G / C1048AAN Buenos Aires, Argentina
Tel.: +54(11) 4374-1456 Fax: +54(11) 4373-0669
granica.ar@granicaeditor.com
atencionaempresas@granicaeditor.com

MÉXICO
Ediciones Granica México S.A. de C.V.
Valle de Bravo Nº 21 El Mirador Naucalpan Edo. de Méx.
53050 Estado de México - México
Tel.: +5255-5360-1010 Fax: +5255-5360-1100
granica.mx@granicaeditor.com

URUGUAY
Ediciones Granica S.A.
Scoseria 2639 Bis
11300 Montevideo, Uruguay
Tel: +59 (82) 712 4857 / +59 (82) 712 4858
granica.uy@granicaeditor.com

CHILE
granica.cl@granicaeditor.com
Tel.: +56 2 8107455

ESPAÑA
granica.es@granicaeditor.com
Tel.: +34 (93) 635 4120

www.granicaeditor.com

Reservados todos los derechos, incluso el de reproducción
en todo o en parte, en cualquier forma

GRANICA es una marca registrada

ISBN 978-950-641-923-3

Hecho el depósito que marca la ley 11.723

Impreso en Argentina. *Printed in Argentina*

Alles, Martha Alicia
    Comportamiento organizacional: cómo lograr un
cambio cultural a través de gestión por competencias /
Martha Alicia Alles. - 2ª ed . - Ciudad Autónoma de
Buenos Aires: Granica, 2017.
    552 p.; 23 x 17 cm

    ISBN 978-950-641-923-3

    Administración de Recursos Humanos. I. Título.
    CDD 658.3

AGRADECIMIENTO

A mi esposo, Juan Carlos Cincotta.
Por sus aportes criteriosos e inteligentes
en la lectura de los originales.
Por su aliento y apoyo constante a todos mis proyectos,
por imposibles que parezcan en una primera instancia.

Índice

Presentación

Los especialistas en administración de empresas en algún momento debimos leer diversos trabajos en relación con la temática de esta obra, la mayoría de ellos de autores norteamericanos, que describen de manera detallada y precisa fenómenos bastante alejados de la realidad de Hispanoamérica, de la cual formo parte. Por lo tanto, como alumna en su momento, profesional y docente más tarde, siempre he sentido la necesidad de contar con materiales directamente conectados con nuestra cultura y realidad.

En el año 2001 me tocó dictar, en mi país y para los alumnos del último año de un prestigioso posgrado de negocios, una asignatura que trataba sobre Recursos Humanos y Comportamiento Organizacional. Dichos participantes tenían, a la sazón, entre 30 y 40 años, y ocupaban posiciones gerenciales de diversa índole –comerciales y de administración y finanzas, entre las opciones predominantes–. No se trataba de un grupo de personas provenientes mayoritariamente del área de Recursos Humanos. Al trabajar con ellos a lo largo del curso, llegué a la conclusión de que estos alumnos requerían otro tipo de textos, diferentes a los existentes en ese momento, en los que se les explicaran temas que, si bien podían ser nuevos para ellos, estuvieran conectados de algún modo con su realidad. Si a un joven en pleno desarrollo gerencial, sometido a las habituales situaciones críticas que todo manager debe enfrentar, se le plantean teorías y conceptos que no se relacionan con la problemática que maneja en su día a día, aunque se trate de un estudiante de posgrado seguramente perderá el interés. Si bien es cierto que los alumnos cursan un master, lo que implica rigurosidad académica, al mismo tiempo es cierto que los estudios no pueden basarse en una realidad que no les compete. Por este tipo de razones, creo necesario presentar esta temática desde otra perspectiva.

No es mi propósito escribir un libro más sobre comportamiento organizacional, tema que así presentado produce, como primer impacto en el lector, la sensación de estar abordando una cuestión de escasa aplicación práctica, casi abstracta. Por lo tanto intentaré, y espero lograrlo, encarar estos temas desde una perspectiva distinta. En consecuencia presentaré al lector –siguiendo el esquema habitual de un libro de texto y con un lenguaje directo y sencillo– temas de interés y relevancia no sólo para estudiosos sino para todos aquellos interesados en comprender, conducir, pertenecer y desenvolverse en grupos humanos. En este sentido, debe

© GRANICA

tenerse en cuenta que cada uno de nosotros puede ser al mismo tiempo una persona interesada en entender ciertos fenómenos, integrar un grupo y dirigirlo o conducirlo. Esta diversidad de intereses y roles será considerada en esta obra.

Una cuestión central del libro es todo aquello vinculado al cambio de los comportamientos en las organizaciones o, dicho de otra manera, al cambio cultural. ¿Cómo lograr el cambio cultural? Si el lector toma en sus manos cualquier libro de texto sobre la materia encontrará una amplia descripción de lo que significa el cambio en las organizaciones, pero sólo unos pocos párrafos sobre cómo lograrlo. La conclusión unánime es que se consigue a través del aprendizaje. Esto es absolutamente cierto, pero ¿cómo se implementa? No hay respuestas claras a esta pregunta. Esta obra propone una metodología práctica y concreta para afrontar el cambio.

¿Qué relación existe entre conducir una organización o un área y el comportamiento organizacional? Parece casi obvio que para conducir es preciso conocer, observar y actuar sobre los comportamientos tanto del que conduce –desarrollando las competencias y habilidades del gerente– como de sus colaboradores o subordinados. Unos y otros tienen comportamientos contrapuestos, no sólo en la interacción entre ellos sino –en ocasiones– incluso al interior de una misma persona.

Conducir personas dentro del ámbito laboral no sólo presupone el marco de una empresa, grande o pequeña, sino que se relaciona con cualquier tipo de actividad en la que una persona trabaje con otra y tenga sobre ella algún tipo de responsabilidad, conducción o supervisión. Por lo tanto, el comportamiento organizacional se verifica en todo tipo de organizaciones, cualquiera sea su tamaño, rubro u objeto, o su carácter –público o privado, artístico o deportivo y, desde ya, empresarial–.

De todo esto nos ocuparemos en esta obra.

¿Qué aporte se intenta brindar a través de este trabajo? Respecto de muchos de los conceptos que se abordan, en especial en los primeros capítulos, el lector encontrará el tratamiento clásico. Hay cosas que ya fueron dichas por otros autores y no encontramos sentido a intentar darles otra vuelta de tuerca cambiando títulos o nombres para aparentar nuevos aportes. Por el contrario, ciertas definiciones preexistentes serán transcriptas tal cual fueron presentadas por los distintos autores que se han consultado.

En cambio, el verdadero aporte de este trabajo será doble y consistirá, por un lado, en presentar los temas de modo comprensible para el lector y sin las dificultades propias de libros escritos sólo para un determinado país[1]. En segundo lugar, y conformando el corazón de nuestra propuesta, se presenta en los dos últimos capítulos, con un enfoque integrador, la relación entre el comportamiento

---

1. Nuestro trabajo pretende ser material de texto y consulta para todos los hispanoparlantes, por lo que no se escribe sólo para el país de origen de la autora.

organizacional y las funciones de Recursos Humanos desde la perspectiva de Gestión de Recursos Humanos por Competencias. Los libros y los profesores suelen abordar los temas por carriles separados y a los alumnos, ejecutivos y empresarios en general, les cuesta integrarlos, quizá por la tradición de tratarlos como dos cuestiones separadas, o en algunos casos por dar preponderancia a un enfoque respecto del otro, cuando en realidad interactúan entre sí, sin que importe cuál de ellos ocupa un lugar destacado o tiene más nivel profesional o intelectual.

El libro ha sido estructurado a partir de una lógica expositiva que a nuestro entender permite desarrollar los diversos temas siguiendo un hilo conductor.

En el Capítulo 1 nos referimos al comportamiento organizacional, analizando su definición y los elementos que lo componen. A continuación se trata el cambio en las organizaciones, tema al cual, dada su relevancia, hemos dedicado un capítulo por separado, junto con el análisis de cuál es el rol del área de Recursos Humanos en los procesos de cambio.

En el Capítulo 3 hemos agrupado los temas que se relacionan con las personas en su rol de jefes o conductores, bajo el título de "El poder en las organizaciones"; y en el Capítulo 4 ("El comportamiento de los individuos en las organizaciones") incluimos las cuestiones de tipo individual, que van más allá del rol jerárquico de cada persona.

Dado que existen nuevas tendencias en management, de diferente relevancia y difusión práctica, vinculadas con el comportamiento organizacional, se ha destinado el Capítulo 5 a esta temática.

Por último, entendemos de suma relevancia los capítulos finales de esta obra. En el sexto capítulo hemos hecho un compendio de todos los temas que usualmente conforman los textos sobre comportamiento organizacional, conectándolos directamente con las funciones del área de Recursos Humanos (podría decirse que cada jefe es un responsable de Recursos Humanos de su propio equipo; el lector puede verlo de esta forma). En el Capítulo 7 se explica cómo se logra el cambio cultural a través del desarrollo e implantación de un modelo de Gestión de Recursos Humanos por Competencias.

Como siempre que se publica un libro, su autor se plantea el nombre más adecuado para su obra. En este caso, ensayé varios y concluí en darle el nombre de la disciplina de la cual se ocupa: *Comportamiento organizacional* con un subtítulo que, de algún modo, anticipa mis opiniones al respecto: *Cómo lograr un cambio cultural a través de Gestión por Competencias.*

Al final de todas nuestras obras se publica una página que bajo el título de "guía de lectura" presenta una breve reseña de los libros publicados y su relación entre sí. Esta obra será, en ese esquema, la número cero, ya que comprender el comportamiento organizacional es un punto de partida para todos aquellos que, de un

© GRANICA

modo u otro, tienen alguna relación con organizaciones, de cualquier tipo o tamaño. De esta obra derivan todas las restantes publicaciones en relación con la temática de Recursos Humanos.

Por último, quiero compartir con ustedes el recuerdo de las circunstancias en que nació este libro. Fue un día histórico para la Argentina: el 20 de diciembre de 2001. Un momento difícil, con todo tipo de rumores, que finalmente concluyó en lo que se dio en llamar el cacerolazo y la renuncia de un presidente. Sin intentar ser grandilocuentes, pensamos que la mejor forma de aportar desde nuestro lugar de trabajo era comenzar un proyecto: un libro. Consideramos que a un hecho negativo como aquél se le debía contraponer una idea positiva, y desde nuestra perspectiva, esto era escribir. Entre aquel día y la fecha de publicación de esta obra(2007), hemos publicado otros títulos. Sin embargo, durante todos estos años continuamos trabajando sistemáticamente en la preparación de este libro, al cual otorgué desde entonces diversos nombres, diferentes enfoques, hasta esta versión final.

Seguiremos en contacto con nuevas obras en relación con temas de management y recursos humanos.

PARA PROFESORES

Para cada uno de los capítulos de esta obra hemos preparado:

- Casos prácticos y/o ejercicios para una mejor comprensión de los temas tratados.
- Material de apoyo para el dictado de clases.

Los profesores que hayan adoptado esta obra para sus cursos tanto de grado como de posgrado pueden solicitar de manera gratuita las obras:

- *Comportamiento Organizacional. CASOS*
- *Comportamiento Organizacional. CLASES*

Únicamente disponibles en formato digital, en nuestro sitio: *www.marthaalles.com,* o bien escribiendo a: *profesores@marthaalles.com*

Capítulo 1

Qué es comportamiento organizacional

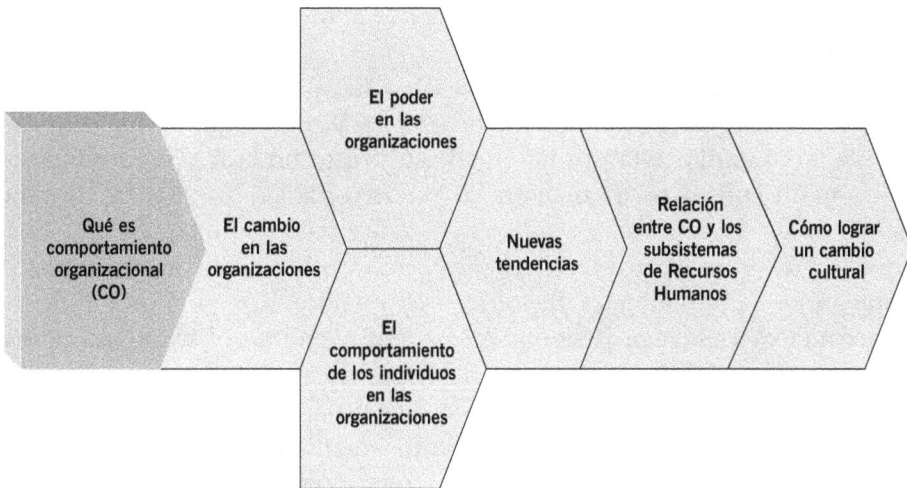

El poder
en las
organizaciones

Qué es
comportamiento
organizacional
(CO)

El cambio
en las
organizaciones

Nuevas
tendencias

Relación
entre CO y los
subsistemas
de Recursos
Humanos

Cómo lograr
un cambio
cultural

El
comportamiento
de los individuos
en las
organizaciones

Temas que se desarrollarán en este capítulo

✓ Introducción al estudio del comportamiento organizacional
✓ ¿Qué factores o fuerzas componen el comportamiento organizacional?
✓ Conceptos fundamentales del comportamiento organizacional
✓ Modelos de comportamiento organizacional
✓ Cultura organizacional
✓ Desarrollo organizacional
✓ Implicancias de la globalización en el comportamiento organizacional
✓ Principales aspectos a tener en cuenta en el comportamiento organizacional
✓ Cómo hacer un diagnóstico y brindar posibles soluciones
✓ ¿Cómo puedo aplicar lo visto en este capítulo en mi empresa o puesto de trabajo?

La presente obra se ha estructurado en siete capítulos, siguiendo el esquema del gráfico que encabeza este capítulo. La forma en que la temática será tratada tiene una cierta similitud y una enorme diferencia con los habituales manuales sobre comportamiento organizacional disponibles en idioma español. La mayoría de ellos están escritos por autores de origen norteamericano, dirigidos –como es usual en los autores de ese país– para su consumo interno. Dado que Estados Unidos es un país con un territorio extendido y densamente poblado, las investigaciones que se realizan suelen limitarse a ese contexto, y visto desde su propia perspectiva es lógico que así sea.

Desde un país como el que vio nacer a la autora de este libro, Argentina, con un territorio extendido (en menor medida) y escasamente poblado, los que realizamos una tarea similar estamos habituados a pensar en la *región*. En nuestro caso específicamente, nos proponemos dirigir nuestro trabajo a todos los hispanoparlantes.

Aquí radica la primera diferencia significativa que nuestro trabajo plantea en relación con los otros manuales disponibles en español. Esta obra está fundamentada en nuestra experiencia profesional, que se realiza en toda el área. Dado que nuestro propósito es ambicioso, añadiremos otro objetivo adicional, muy importante. La mayoría de los manuales mencionados no dice (o al menos no muy claramente) cómo realizar cambios en el comportamiento organizacional. Realizan magníficas descripciones de los diferentes fenómenos relacionados con el comportamiento organizacional, pero dedican muy pocas carillas a cómo realizar un cambio (cuando éste es necesario), y esto no alcanza para que el lector pueda saber cómo encararlo, cualquiera sea su índole.

Los manuales dicen que el comportamiento organizacional se modifica a través del aprendizaje, y esto es cierto, pero insuficiente. Por eso en este libro nos ocupamos de la cuestión de manera extendida.

La estructura de capítulos propuesta en este trabajo es la siguiente:

Capítulo 1: Qué es comportamiento organizacional

Capítulo 2: El cambio en las organizaciones. El rol del área de Recursos Humanos en los procesos de cambio

Capítulo 3: El poder en las organizaciones. El comportamiento de los supervisores y directivos

Capítulo 4: El comportamiento de los individuos en las organizaciones

Capítulo 5: Nuevas tendencias en management

Capítulo 6: Cómo relacionar el comportamiento organizacional con la función y los subsistemas de Recursos Humanos

Capítulo 7: Cómo lograr un cambio cultural

En los capítulos 1 a 4 se hará referencia, con cierta frecuencia, a otros autores. Nos pareció que habiendo tantos trabajos publicados sobre el tema del comportamiento organizacional, era lo más adecuado. Sin embargo, en muchos otros temas, aun dentro de estos mismos capítulos, hemos encontrado una serie de aspectos sin tratar por aquellos autores. En síntesis, el lector encontrará temas que ya han sido tratados en diversos manuales de comportamiento organizacional, pero presentados ahora con un enfoque adaptado a la cultura hispanoamericana, y otros temas que no han sido tratados, o que sólo fueron analizados de manera superficial en estos manuales.

Las nuevas tendencias en management (Capítulo 5) las hemos analizado desde la perspectiva del área de Recursos Humanos. Del mismo modo, en el Capítulo 6 se han relacionado todos los temas de los capítulos 1 a 4 con las funciones, subsistemas y roles de RRHH.

Por último, pero de vital importancia, presentamos cómo lograr el cambio cultural al implantar un modelo de Gestión por Competencias (Capítulo 7). Usualmente los manuales dicen que el cambio cultural se logra a través de programas de formación, pero uno se pregunta: ¿cuáles?, ¿cómo?, ¿para quiénes?, ¿de qué manera? A estas y otras preguntas intentamos dar respuesta en este último capítulo.

Esta obra se propone no ser *un libro más* sobre comportamiento organizacional, sino presentar al lector acciones a realizar en cada caso, para que pueda trasladar lo aprendido a su experiencia concreta.

Como lectores y estudiosos de libros de Administración, Management, Recursos Humanos y todas las temáticas relacionadas, nos hemos sentido muchas veces frustrados frente a obras de casi mil carillas, profusas en casos y ejemplos, en las cuales, de todos modos, no se encuentra ni paralelo posible ni cursos de acción a seguir.

Como es fácil deducir, nos hemos planteado un objetivo ambicioso, el lector dirá si hemos cumplido. Si esto es así, aunque sólo sea en parte, nos sentiremos compensados por las muchas horas dedicadas a este trabajo.

¿Por qué es tan importante leer y/o estudiar sobre comportamiento organizacional?

Quien esto escribe se encontró respondiendo esta pregunta (o dando una explicación sin que se lo requirieran directamente) a personas tan diversas como su esposo, su analista, algunos amigos que no son de la especialidad y los directivos de la Editorial, sólo por mencionar algunos. La explicación ofrecida en cada caso fue más o menos la siguiente, adaptada en consideración del tipo de interlocutor (contador, médico, ingeniero, administradora de su propio hogar, periodista, etc.):

En cualquier tipo de organización interactúan personas; no importa su número, pueden ser muchas o pocas; cada una de ellas cumple un rol, desde simples empleados hasta jefes o directivos. Muchas veces son al mismo tiempo, jefes y empleados. Todas estas personas tienen

© GRANICA

determinados comportamientos, no siempre los mismos, según las circunstancias y sus roles. A la suma de todos estos comportamientos, sus causas y motivos, sus interrelaciones, etc., a todo este conjunto de temas, se los denomina comportamiento organizacional.

Como es fácilmente deducible, este comportamiento organizacional se relaciona con ámbitos diversos, desde hospitales hasta instituciones del gobierno, pequeñas empresas con un solo dueño o grandes empresas transnacionales. En todas ellas trabajan personas, con sus respectivos comportamientos.

Como muchos ya saben, mis primeros estudios universitarios me dieron el título de Contadora Pública. Platicando con mi esposo acerca de esta nueva obra, le decía: *los contadores deberíamos haber estudiado este tema en los primeros años de estudio. Nos hubiese orientado en cada cosa que hicimos en nuestros primeros años como profesionales.* Algo similar le dije a un médico, y así con tantos otros con los cuales hablé del tema durante los años que estuve trabajando en este texto.

Los problemas en relación con el comportamiento en las organizaciones no se producen sólo en las empresas sino que afectan también, por ejemplo, a directores de orquesta en conflicto con sus músicos, integrantes de un ballet clásico, los equipos que se conforman para filmar una película de cine o un programa de televisión, etc. Los problemas de poder o de conflicto son los mismos, por una sola razón: los grupos artísticos están compuestos por personas, al igual que las organizaciones de cualquier tipo.

En síntesis, el comportamiento en las organizaciones no es un tema sólo de los interesados en la Administración tanto de empresas como del ámbito público, sino un tema que debiera ser de estudio y análisis en todos los ámbitos donde las personas interactúan.

Por último, hemos utilizado el concepto de *comportamiento organizacional* en una doble acepción: como disciplina que *estudia* los comportamientos de los individuos en las organizaciones y la cultura organizacional resultante, por un lado, y el propio comportamiento de los colaboradores y de la organización como conjunto (es decir, el objeto de estudio de esa disciplina). Confiamos en que el contexto en que se exprese este concepto a lo largo de la obra será suficiente para que el lector comprenda con qué sentido utilizamos estos términos en cada oportunidad.

Introducción al estudio del comportamiento organizacional

Las organizaciones de cualquier tipo y tamaño están integradas por personas, y allí comienza el denominador común entre ellas. Muchos se preguntan: ¿qué relación puede existir entre las Fuerzas Armadas y una organización de 50 personas que distribuye un determinado producto o brinda un servicio? En una primera visión pareciera que muy poco. Pero no es así.

Los problemas derivados de las diferentes conductas humanas se encuentran en todas partes donde los individuos se desempeñan. La complejidad de las organizaciones puede variar, así como su tipo de actividad, pero ciertos problemas o situaciones que trataremos en esta obra son comunes a todas ellas.

El comportamiento organizacional, como temática, se refiere a todo lo relacionado con las personas en el ámbito de las organizaciones, desde su máxima conducción hasta el nivel de base, las personas actuando solas o grupalmente, el individuo desde su propia perspectiva hasta el individuo en su rol de jefe o directivo, los problemas y conflictos y los círculos virtuosos de crecimiento y desarrollo. Todo esto y mucho más implica el comportamiento de las personas que integran una organización, como ya se dijo, de cualquier tipo y tamaño.

¿Por qué estudiar el comportamiento organizacional? Por muchas razones; la más importante de ellas es que ciertas problemáticas son comunes a diferentes organizaciones, por lo cual su estudio y comprensión ayuda a conocer cuál es la mejor manera de abordarlas. Por ejemplo, si una organización tiene un problema de transmisión de información entre áreas, conocer y comprender cómo fluye la información y de qué manera se relacionan las personas entre sí, puede ayudar al diseño de un mejor procedimiento, o tal vez a darse cuenta de que lo que se necesita no es modificar el procedimiento, sino desarrollar ciertas competencias en los colaboradores. Por lo tanto, el estudio del comportamiento en las organizaciones no implica sólo un catálogo de situaciones y problemas para integrar un libro o una asignatura universitaria, sino también material de ayuda concreta a los directivos de una organización.

En un enfoque simple y directo, la expresión *comportamiento organizacional* hace referencia al comportamiento de los individuos en su ámbito laboral, entendiendo que éstos desarrollan su actividad de trabajo dentro de organizaciones. Para Judith Gordon[1], *comportamiento organizacional* –como disciplina– estudia o se refiere a *los actos y las actitudes de las personas en las organizaciones*.

Para Cole[2], *comportamiento organizacional* es el estudio de las distintas formas del comportamiento en el trabajo, tanto individual como grupal, incluyendo el análisis de las interrelaciones entre individuos y grupos, su interacción con su entorno (medio ambiente) y la conducta de unos y otros frente al cambio.

---

1. Gordon, Judith. *Comportamiento organizacional.* Prentice Hall, México, 1997.
2. Cole, Gerald. *Organizational Behaviour.* DP Publications, Londres, 1995.

Para Robbins[3], *el comportamiento organizacional se ocupa del estudio de lo que la gente hace en una organización y cómo repercute esa conducta en el desempeño de ésta.*

Para Davis y Newstron[4], *Comportamiento Organizacional es el estudio y aplicación de los conocimientos sobre la manera en que las personas (tanto individualmente como en grupos) actúan en las organizaciones.* El comportamiento organizacional es una disciplina científica cuya base de conocimientos se enriquece persistentemente con gran número de investigaciones y adelantos conceptuales. Pero también es una ciencia aplicada, ya que la experiencia en una organización puede ser útil a otras.

En el imaginario de cualquier individuo la palabra *organización* conecta con la idea de grandes entes, por ejemplo, empresas con varios cientos o miles de trabajadores. Pero en un sentido estricto, cuando se habla de organizaciones se hace referencia a cualquier tipo de ellas, grandes o pequeñas, con fines de lucro o no, y con cualquier objeto, ya sea artístico, comercial o de producción de bienes o servicios y, por qué no, religioso o de bien público. Desde ya, incluimos en este concepto a entes gubernamentales y al gobierno en sí.

Entendiendo a las organizaciones bajo este concepto amplio, y considerando que, en todos los casos, se componen por personas y éstas manifiestan determinados comportamientos, vamos definiendo la temática que abordaremos a lo largo de esta obra.

Sin embargo, antes de continuar expondremos el significado del término en diferentes fuentes consultadas.

Organización[5]: acción y efecto de organizar u organizarse.

Organizar: en su segunda acepción, *establecer o reformar una cosa, sujetando a reglas el número, orden, armonía y dependencia de las partes que la componen o han de componerla.*

Organización[6]: en su primera acepción, *acción de organizarse;* en la segunda, *conjunto organizado de personas o cosas;* y en la tercera, *organismo.*

Comportamiento[7]: conducta, manera de comportarse. Conducta, en su primer acepción, se relaciona con *conducción,* que según la misma fuente es: acción y efecto de conducir, llevar o guiar alguna cosa.

3. Robbins, Stephen P. *Comportamiento organizacional.* Pearson - Prentice Hall, 2004.
4. Davis, Keith y Newstron, John W. *Comportamiento humano en el trabajo.* McGraw-Hill, México, 1999.
5. www.rae.es
6. Seco Reymundo, Manuel; Andrés Puente, Olimpia y Ramos González, Gabino. *Diccionario del español actual.* Aguilar - Grupo Santillana de Ediciones, Madrid, 1999.
7. www.rae.es

Comportamiento[8]: manera de comportarse.

Comportar: actuar una persona en relación con los demás (segunda acepción).

En relación con el comportamiento creo interesante incorporar a éste el concepto de ética, sobre el cual no nos explayaremos en especial en esta obra, pero que estará presente en muchos de los temas tratados.

Ética[9]: significa costumbre; por ello, se ha definido con frecuencia la ética como la doctrina de las costumbres. La utilización que hace Aristóteles del término *ético* tomado como adjetivo (*virtudes éticas*) consiste en saber si una acción, una cualidad, una "virtud" o un modo de ser son o no "éticos". Las virtudes éticas para Aristóteles son aquellas que se desenvuelven en la práctica y que van encaminadas a la consecución de un fin, en tanto que las virtudes dianoéticas son las propiamente intelectuales.

Ética[10]: parte de la filosofía que trata de lo moral y de las obligaciones del hombre.

Ética[11]: en su acepción cuarta, *estudio del comportamiento humano en su calidad de bueno o malo;* y en la quinta, *conjunto de normas y principios morales.*

En síntesis, y sin el propósito de confundir al lector, *ética* es el estudio del comportamiento humano, y *comportamiento organizacional* es la disciplina que estudia el comportamiento de las personas dentro de la organización. Por lo tanto, y en nuestra opinión, son dos conceptos profundamente ligados entre sí.

¿Cómo estudiar el comportamiento de los individuos en las organizaciones? A lo largo de toda la obra nos referiremos a dos tipos de vertientes o fuentes: los diferentes autores que han dedicado sus esfuerzos a clarificar el tema en distintas obras, y las buenas prácticas organizacionales.

Objetivos del estudio del comportamiento organizacional

Los objetivos del estudio del comportamiento organizacional pueden sintetizarse en los siguientes aspectos:

- Describir sistemáticamente el modo en que se conducen las personas en una determinada variedad de circunstancias.
- Comprender por qué las personas se comportan como lo hacen.

---

8. Seco Reymundo, Manuel *et al. Diccionario del español actual.* Obra citada.
9. Ferrater Mora, José. *Diccionario de Filosofía.* Ariel Filosofía, Barcelona, 1999.
10. www.rae.es
11. Seco Reymundo, Manuel *et al. Diccionario del español actual.* Obra citada.

© GRANICA

- Predecir comportamientos futuros.
- Controlar (al menos parcialmente) y procurar o lograr que las personas tengan un cierto comportamiento (esperado) en el trabajo, por ejemplo, en materia de productividad.

Como veremos en los últimos capítulos de esta obra, el estudio del comportamiento organizacional se relaciona con otras temáticas de recursos humanos y con la cultura organizacional. Por lo cual, cuando se desee influir de algún modo en ésta, se debe relacionar cultura con comportamiento organizacional. Por lo tanto, adicionamos a los anteriores dos objetivos:

- Relacionar el comportamiento organizacional con los subsistemas de Recursos Humanos.
- Accionar sobre la cultura organizacional, ya sea para resolver alguno de los problemas detectados o para alinear a las personas con la estrategia organizacional.

¿Cómo aprender o estudiar sobre comportamiento organizacional?

Al igual que en otras disciplinas que estudian a las personas y su comportamiento, la mezcla de tres componentes (teoría – investigación – práctica) puede ser de mucha utilidad para el estudio del comportamiento de las personas dentro de la organización. Según Kreitner y Kinicki[12] se puede aprender o estudiar de las siguientes maneras:

- **Aprender de la teoría.** Una teoría de comportamiento organizacional explica por qué los individuos y los grupos se comportan como lo hacen. Además, un buen marco teórico define los términos clave, construye un cuadro conceptual que explica cómo se interrelacionan los factores intervinientes y proporciona un punto de partida para la investigación.

- **Aprender de la investigación.** Diferentes tipos de investigaciones ayudan a conocer el comportamiento de los individuos en las organizaciones: **estudios de campo**, donde se estudia a la organización misma; **estudios de laboratorio**, en los que se trabaja sobre situaciones imaginarias, generalmente en las universidades y con propósitos académicos; **estudios de muestras**, donde se

---

12. Kreitner, Robert y Kinicki, Angelo. *Comportamiento de las organizaciones.* McGraw-Hill, Madrid, 1997.

administran cuestionarios a grupos concretos de personas, y **estudios de casos**, que abordan experiencias y casos específicos y que, igual que los estudios de laboratorio, son muy interesantes para fines académicos.

• **Aprender de la práctica.** Muchos podrán decir: "¿para qué estudiar teoría o investigar? Simplemente… ¡hagámoslo!". Hay que tener en cuenta que no hay *recetas* para implementar en materia de comportamiento organizacional, no hay *un* modelo de liderazgo a seguir, ni uno mejor que los otros. Por lo tanto, conocer las teorías e investigar permitirá a los conductores de una organización no sólo aprender de la temática de su interés sino que –además– los ayudará a analizar las diferentes situaciones que se les presenten y ser, al mismo tiempo, más flexibles para adecuarse al cambio y a las necesidades.

Se exponen estas ideas en el siguiente gráfico.

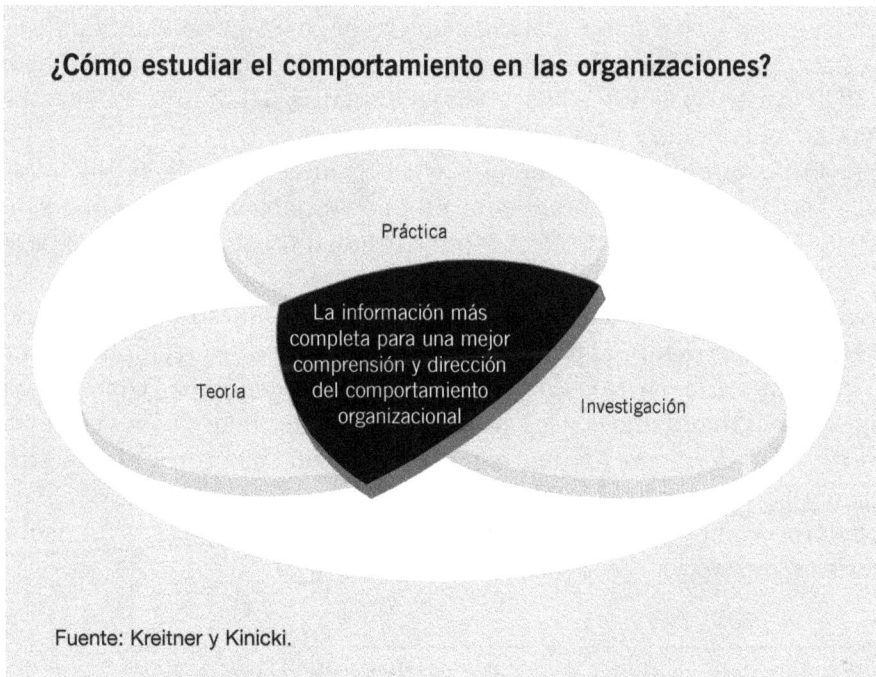

¿Cómo estudiar el comportamiento en las organizaciones?

Práctica

La información más completa para una mejor comprensión y dirección del comportamiento organizacional

Teoría

Investigación

Fuente: Kreitner y Kinicki.

La mejor aproximación al tema será sin duda mediante la combinación de *teoría, investigación y práctica,* que se retroalimentarán.

© GRANICA

¿Qué factores o fuerzas componen el comportamiento organizacional?

Los actores del comportamiento organizacional son, por un lado, las personas (como es obvio, no existen organizaciones sin ellas). Las personas que conforman una organización tienen comportamientos individuales y grupales. Desde ya, los comportamientos grupales no se manifiestan siguiendo el mismo diseño que la estructura formal y –a su vez– hay que tener en cuenta que los individuos integran varios grupos en forma simultánea.

Las organizaciones tienen algún tipo de estructura formal. Aun las menos "estructuradas". Desde el momento en que un grupo de personas trabaja en conjunto para cumplir un objetivo, ya existe *algún tipo de estructura*.

En la actualidad es impensable no considerar el rol de la tecnología como un factor coadyuvante en cualquier tipo de organización, y su influencia globalizadora. La globalización (especialmente por medio de Internet) ha cambiado en forma drástica la concepción sobre el comportamiento de las personas en las organizaciones que se tenía hasta no hace mucho (para dar una fecha, diez o veinte años atrás). Por lo tanto, es necesario revisar todos los conceptos manejados hasta principios de la década de 1990, particularmente respecto de la influencia del mundo exterior tanto en las organizaciones como en los individuos.

Del párrafo anterior se desprende que la organización actúa en un ámbito, que la afecta. Hasta no hace mucho el entorno que afectaba a una organización se circunscribía al más cercano y directo, como su ciudad o país; en los tiempos actuales la región y el mundo entero la afectan. Por brindar sólo algunos ejemplos, podemos mencionar las nuevas tecnologías que han modificado nuestra forma de trabajar y comunicarnos, nuevas formas de enfocar los negocios donde las empresas miran más allá de sus fronteras, hechos de tipo político o político-económico, como el *efecto tequila*, los problemas mundiales por la caída del Muro de Berlín o de los mercados rusos, el efecto 911[13] y –desde ya– los diferentes episodios que ha provocado nuestro país[14] en diciembre del mismo año 2001.

El entorno en el que opera la organización influye sobre ésta, y la organización, en ocasiones, influye a su vez en el entorno.

---

13. Efecto 911 se denomina a las consecuencias relacionadas con el atentado contra las Torres Gemelas en Nueva York el 11 de septiembre de 2001.
14. La autora hace referencia a su país de origen, Argentina, donde en diciembre de 2001 se produjeron una serie de dramáticos episodios políticos, económicos y sociales que luego derivaron en una devaluación, situación que afectó a diversos países del Cono Sur de América.

En el siguiente gráfico se muestran las cuatro fuerzas que componen el comportamiento organizacional. Para su diseño hemos tomado como base la obra de Davis y Newstron ya mencionada.

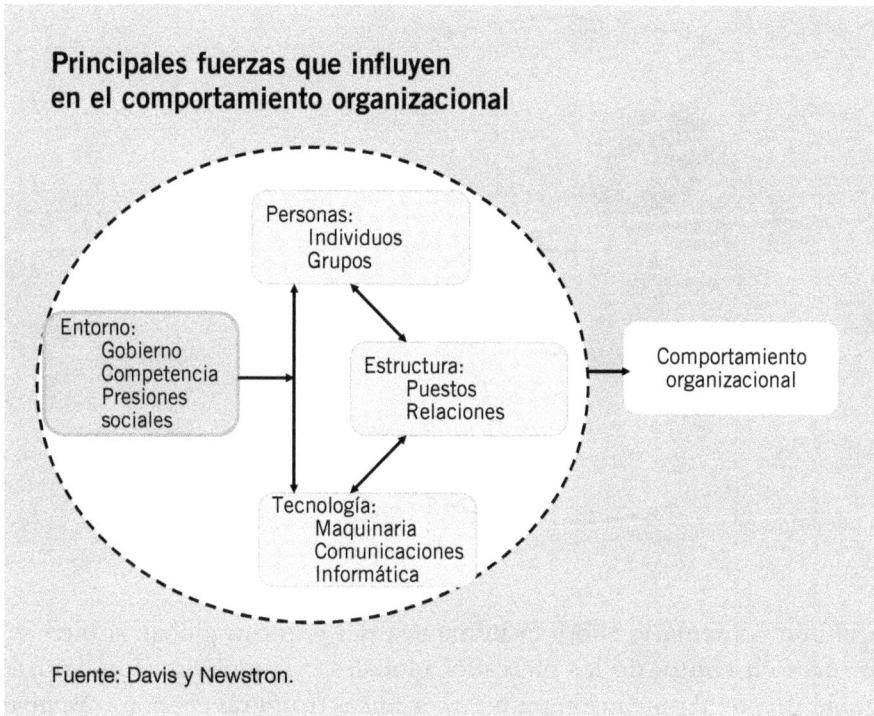

**Principales fuerzas que influyen
en el comportamiento organizacional**

Personas:
Individuos
Grupos

Entorno:
Gobierno
Competencia
Presiones
sociales

Estructura:
Puestos
Relaciones

Comportamiento
organizacional

Tecnología:
Maquinaria
Comunicaciones
Informática

Fuente: Davis y Newstron.

Como se desprende del esquema, la organización se compone de factores concurrentes y necesarios entre sí: las personas que operan individualmente y en grupos; las estructuras formalizadas en sistemas de descripción de puestos o simplemente establecidas por *la fuerza de la costumbre* (lo que en derecho se llama el factor consuetudinario); la tecnología, que tiene un rol asignado desde la Revolución Industrial, pero que ha tomado una dimensión inusitada en los últimos años… En adición y en forma concurrente, influyen en la organización ciertos factores externos, como el Gobierno, la competencia (otras empresas u organizaciones que ofrecen el mismo producto o servicio) y las presiones sociales, con una influencia creciente de los elementos derivados de la globalización. Esto último significa: medidas internacionales, competencia global (otras empresas u organizaciones que ofrecen el mismo producto o servicio en cualquier lugar del planeta), y la influencia de las presiones sociales más allá de las del propio país o región. De este conjunto de factores deviene el *comportamiento organizacional.*

© GRANICA

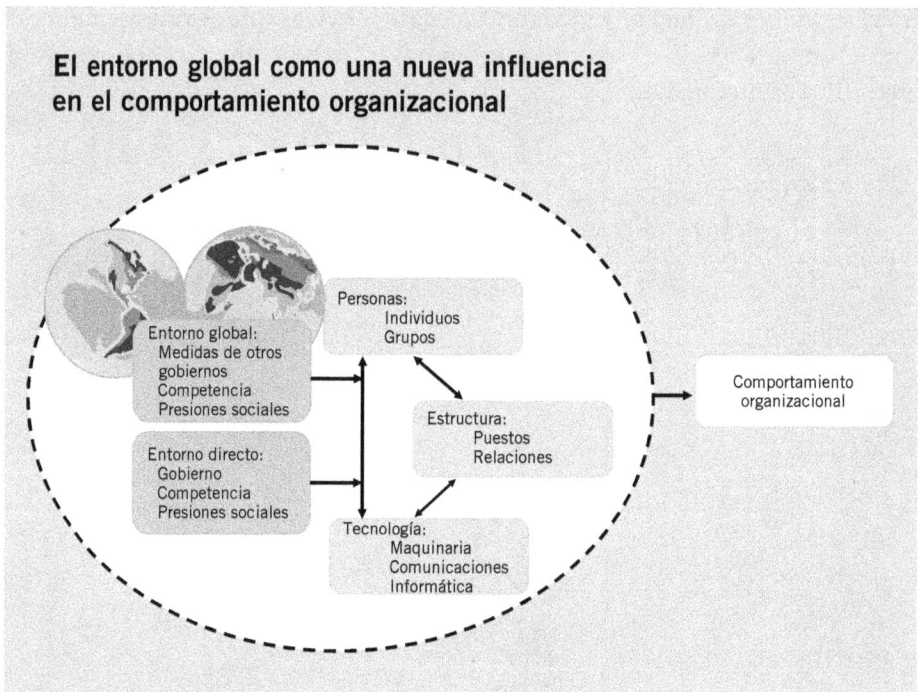

El entorno global como una nueva influencia en el comportamiento organizacional

Entorno global:
Medidas de otros gobiernos
Competencia
Presiones sociales

Entorno directo:
Gobierno
Competencia
Presiones sociales

Personas:
Individuos
Grupos

Estructura:
Puestos
Relaciones

Tecnología:
Maquinaria
Comunicaciones
Informática

Comportamiento organizacional

Un último comentario sobre la influencia del entorno global: si bien se alzan muchas voces en contra de los mercados globales o la globalización, aun cuando algún gobierno por alguna razón pudiera cerrar sus fronteras económicas, no es imaginable pensar en un aislamiento total de información o de influencia de otros países. Por lo tanto, los entornos globales son una realidad y no deben dejarse fuera en cualquier análisis o estudio que se realice. No entienda el lector que estoy "a favor o en contra" de la globalización; ésta simplemente existe.

A modo de ejemplo, citaré una noticia de un matutino[15] publicada el sábado 5 de enero de 2002, nota de tapa para más datos: *La artritis que sufre la oveja "Dolly" replantea los riesgos de la clonación. Dolly es el primer mamífero clonado usando la técnica de la transferencia nuclear, y su mal, una artritis en la pata trasera izquierda. El anuncio de la enfermedad –inusual en las ovejas– replanteó el riesgo que entraña la clonación y llevó al creador de "Dolly" a pedir a las empresas de biotecnología que analicen la salud de animales clonados para ver si hay una amenaza común. Esto podría ser un indicio de que la oveja está envejeciendo con más rapidez que lo normal.*

---

15. *El País*, sábado 5 de enero de 2002, Madrid.

Hasta aquí la nota pareciera ser de interés general, y particular para investigadores y científicos, pero más adelante la nota se extiende brindando otros detalles: *La artritis de "Dolly" afectó a la cotización de las empresas de biotecnología. PPL Therapeutics, que esta semana anunció la creación de cerdos clonados transgénicos para trasplantes, cayó ayer un 16%.*

Usted podrá estar pensando en este momento: ¿qué tiene que ver la clonación de animales con el comportamiento organizacional? Quizá no mucho en principio, lo que nos interesa destacar es que leyendo las noticias de los periódicos usted encontrará a diario muchas noticias como esta, que le mostrarán la influencia que existe entre temas que aparentemente no están relacionados, una influencia que trasciende las fronteras nacionales y que se revela de manera inmediata, como en la noticia expuesta: el mismo día que se conoce un dato o una información, repercute en la cotización de las acciones de una empresa, que a su vez puede influir, por ejemplo, en la cotización internacional de ciertos *commodities*.

Kreitner y Kinicki[16] presentan un esquema sobre el comportamiento organizacional (ellos utilizan las mismas iniciales "CO", pero bajo el título de "conducta organizativa") al que denominan "modelo actual para lo que se avecina" (figura en la página siguiente).

El gráfico debe ser interpretado del siguiente modo: del lado izquierdo se representa el accionar de los directivos responsables (mandos) de la organización, que son los encargados de obtener resultados para ésta con y a través de los otros. Los tres cuadros centrales presentan los distintos componentes del comportamiento organizacional, los individuos y sus conductas, las conductas grupales, y los procesos y la organización de la empresa en sí misma. La línea de guiones (- - - -) representa una frontera permeable entre la organización y su medio. La energía y la influencia van y vienen a través de esta frontera, ya que en nuestro mundo actual, tan interactivo e interdependiente, ninguna organización es una isla.

En nuestra opinión, al modelo de Kreitner y Kinicki debería agregársele la influencia del entorno global.

Como ya hemos anticipado al presentar las fuerzas o factores que influyen en el comportamiento organizacional, el entorno global de un modo u otro modifica o afecta dicho comportamiento. Esto por diferentes vías, desde la competencia directa de otros mercados, hasta en algunos casos la dependencia de casas matrices ubicadas en otros países, muchas veces alejados no sólo geográficamente sino también desde

---

16. Kreitner, Robert y Kinicki, Angelo. *Comportamiento de las organizaciones*. Obra citada.

Modelo de CO para las nuevas realidades

Modelo externo (contexto cultural)

Organización (estructura, cultura, cambio)

Comprensión y dirección de la conducta individual

Directivos responsables de conseguir resultados organizativos con y a través de otros

Comprensión y dirección de grupos y procesos sociales

Eficacia organizativa a través de la mejora continua

Comprensión y dirección de los procesos y problemas organizativos

Fuente: Kreitner y Kinicki.

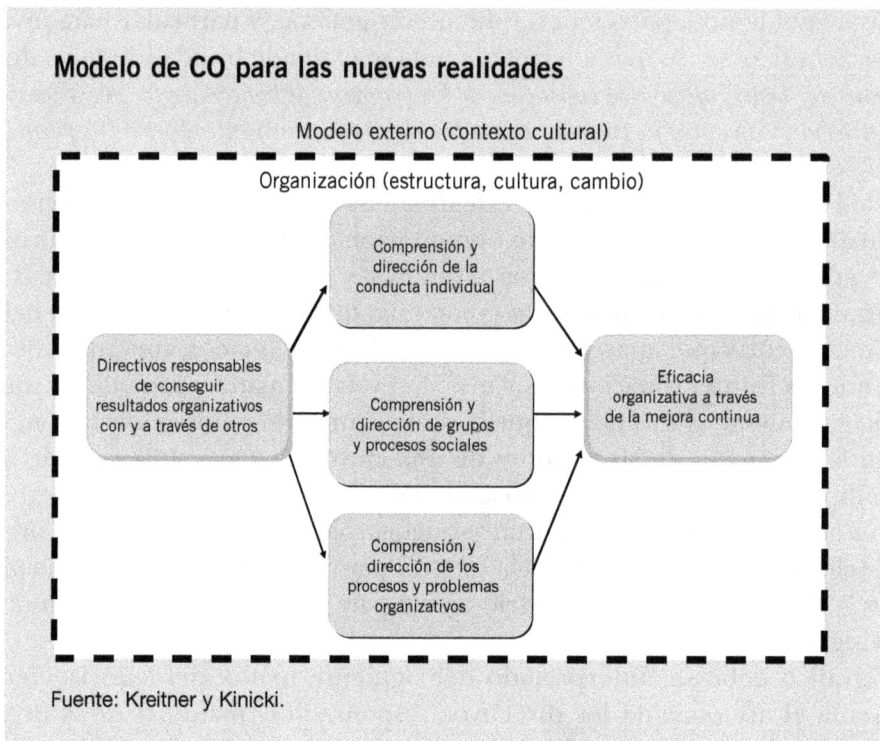

el punto de vista cultural. El entorno global afecta también a compañías locales con poco contacto internacional que comienzan a establecer vínculos más allá de las fronteras a través de Internet (figura en la página siguiente).

En esta versión del "modelo de comportamiento organizacional para las nuevas realidades" la línea de guiones (- - - -) representa el entorno externo más cercano, la ciudad o región donde la empresa se desenvuelve, y la línea punteada (. . . .) representa el entorno cultural global.

La permeabilidad al entorno global será más o menos fuerte (o habrá más o menos influencia) según el tipo de organización. Las empresas que por su actividad tengan un contacto cotidiano con otros países estarán más expuestas al contexto cultural global que aquellas otras que operen en un mercado absolutamente local. No obstante, la influencia global llega a cada rincón de la Tierra (y a cada organización) de un modo u otro: a través de la televisión e Internet, por medio de cambios en los usos y costumbres, a través del comportamiento de otras organizaciones o de otros individuos que cambian su comportamiento por influencia de los contextos globales e influyen en la organización, etc.

Modelo de CO para las nuevas realidades

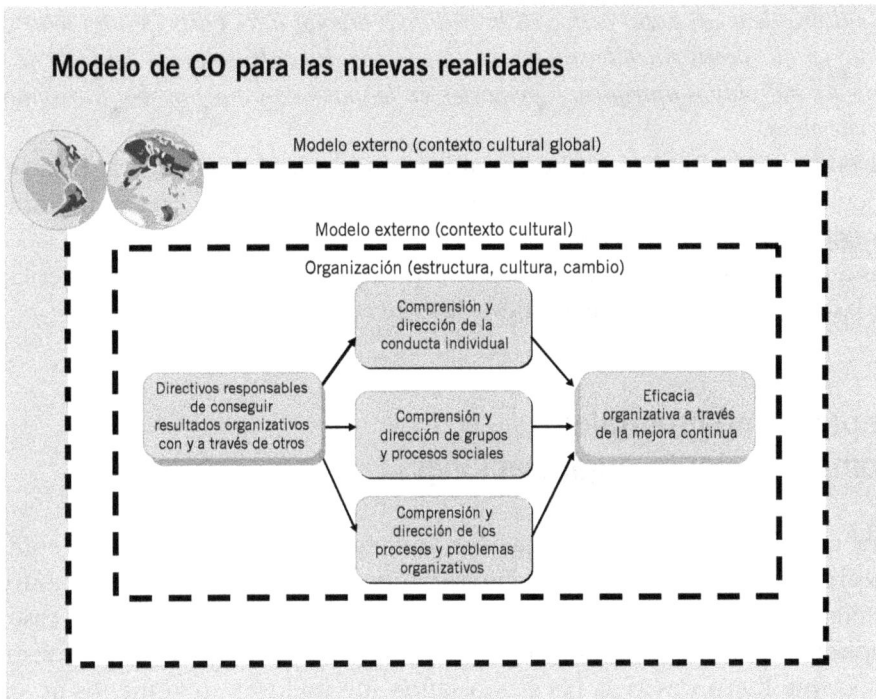

Luis Montaño Hirose[17] hace referencia a una hipótesis acerca de *la existencia de una estrecha relación entre los rasgos culturales de una nación y el comportamiento de los miembros de una organización.*

Jorge Etkin[18] hace referencia a los componentes culturales de la organización. *El concepto de cultura –dice– incluye elementos explícitos e implícitos. En lo manifiesto: los conocimientos y tecnologías que comparten los integrantes de la organización. En lo implícito: las imágenes y representaciones compartidas, los mitos y leyendas, como la figura del fundador.*

La cultura (de una organización) *no es externa a los participantes, no es impuesta desde afuera. La cultura se construye en la interacción cotidiana y desde allí influye en los comportamientos.*

---

17. Montaño Hirose, Luis. "La dimensión cultural de la organización. Elementos para un debate en América Latina". En: Enrique de la Garza Toledo (Coord.), *Tratado Latinoamericano de Sociología del Trabajo.* Fondo de Cultura Económica, México, 2000.

18. Etkin, Jorge. *Política, gobierno y gerencia de las organizaciones.* Prentice Hall, Buenos Aires, 2000. Págs. 221 y ss.

La cultura tiene un papel activo en la realidad: orienta a los participantes sobre el modo (aceptado) en que deben entenderse y hacerse las tareas. La cultura es un contexto de significados que los individuos aprenden y comparten en lo implícito y que también transmiten a los nuevos miembros.

Sin embargo, no existe en las organizaciones una única cultura. Ésta se complejiza cuando la organización actúa en diferentes contextos, por ejemplo, en distintas regiones de un mismo país o en contextos multinacionales.

Más adelante, sobre la parte final de este capítulo, se hará una referencia concreta a las compañías transnacionales y al concepto de *cosmopolitismo.*

Conceptos fundamentales del comportamiento organizacional

Para el desarrollo de este tema –los conceptos fundamentales del comportamiento organizacional– se tomará como referencia a una serie de autores, entre ellos Davis y Newstron[19], junto a otros trabajos y enfoques, incluyendo en cada caso nuestra propia opinión, entre otros motivos porque la mayoría de las obras consultadas –quizá porque fueron escritas hace unos años– no incluyen, o al menos no en profundidad, los cambios de paradigmas derivados de la globalización, no sólo de los mercados sino también de la información y del conocimiento. En síntesis, muchos conceptos básicos no cambian ya que el comportamiento organizacional se sustancia en el hombre y sus circunstancias. No obstante, un gran número de otros aspectos se han modificado desde su base. Será nuestro propósito citar autores que ya han tratado el tema con anterioridad cuando esto sea lo adecuado, junto con nuestros aportes derivados, en especial, de la práctica profesional en América Latina.

Hasta no hace mucho tiempo, la información calificada sólo estaba disponible en las altas esferas y los empleados sólo accedían a la información a través de los periódicos –en general, al día siguiente–. En el mundo actual, donde se puede ver una guerra por televisión, muchas personas pudieron observar "en vivo" el ataque a la segunda torre del World Trade Center de New York y la caída de ambas, el 11 de septiembre de 2001. Día a día, con permiso o no, se recibe en las pantallas de las computadoras información al instante de lo que pasa en los mercados y en el mundo en general. En ese contexto, con esa influencia del entorno, el comportamiento organizacional se ha modificado.

---

19. Davis, Keith y Newstron, John W. *Comportamiento humano en el trabajo.* Obra citada.

Puede darse una utilización estratégica del concepto de cultura, cuando la dirección de una determinada organización acciona sobre sus características culturales para lograr un comportamiento organizacional en línea con los planes estratégicos de la entidad.

Para que este accionar estratégico sea efectivo se deberán considerar todos los factores que integran la cultura organizacional, es decir, sin dejar de lado las motivaciones y características propias de los individuos que la integran.

Naturaleza de los individuos

Para comprender mejor en qué consiste el comportamiento de las personas dentro de una organización hay que tener en cuenta una serie de aspectos que mencionaremos a continuación.

- **Los individuos son iguales y diferentes al mismo tiempo.** El comportamiento organizacional como línea de estudio se nutre de diferentes disciplinas; por ejemplo, la idea de las diferencias individuales procede de la psicología; sin embargo, hay muchos otros aspectos comprendidos en el comportamiento de las personas dentro de las entidades donde se desempeñan. En el cuadro siguiente se exponen las distintas disciplinas relacionadas con los diversos aspectos del comportamiento de las personas en el ámbito de las organizaciones, que Cole[20] ha identificado.

Psicología	Sociología	Política	Filosofía	Economía
• Estudios de personalidad • Motivación • Percepción • Necesidades individuales • Aprendizaje • Estrés • Decisiones individuales	• Estudio de grupos • Organización estructural • Estructuras sociales • Asuntos de género • Cultura • Teoría sistémica • Cambio organizacional	• Poder • Autoridad • Liderazgo • Conflicto • Cooperación	• Ideologías • Visión acerca de la naturaleza de la humanidad • Competencia (de competir)	• Uso de recursos • Escasez • Costos

20. Cole, Gerald. *Organisational Behaviour.* DP Publications, Londres, 1995.

© GRANICA

Robbins[21] menciona las mismas disciplinas que Cole (cuadro precedente) como aquellas que estudian el comportamiento de las personas en diversos ámbitos, incluso el de las organizaciones; desde esta perspectiva conforman el comportamiento organizacional. Haciendo una asociación complementaria: la psicología se ocupa del individuo; en cambio, otras disciplinas se ocupan de los grupos, como por ejemplo, la sociología, la psicología laboral, la antropología; y, por último, se ocupan de los sistemas de la organización las ciencias políticas y la antropología.

- **Percepción.** Los individuos tienen o pueden tener una percepción particular de la realidad. Lo vemos a diario en cualquier tipo de acontecimiento, más aún cuando las acciones o medidas pueden tener una repercusión directa sobre ellos mismos.

  Cada empleado tiene una idea diferente sobre el trabajo, por varias razones: su propia personalidad, sus necesidades, sus experiencias e incluso su origen social. Los jefes o supervisores deben estar preparados para reconocer que las percepciones de los empleados son diversas.

  Igualmente es importante estar alerta sobre los cambios en las percepciones de los colaboradores. En el momento de su incorporación una persona puede tener una determinada percepción de las cosas y luego, por razones de su entorno personal fuera del trabajo, cambiar su modo de percibir las cosas, quizá de un modo radical. Lo antedicho puede producirse por cuestiones que ocurran dentro del ámbito laboral; sin embargo, se hace mención a una posible situación externa que, desconocida o no, pueda cambiar la percepción del empleado de un modo inesperado, ya que esta situación puede sorprender en mayor medida a un jefe o supervisor que un cambio derivado de circunstancias de la propia organización. En este último caso, cuando el origen de la nueva percepción tiene un sustento interno a la entidad, otros empleados podrán experimentar cambios y observarse otras situaciones de manera simultánea.

- **La persona es un todo.** Otro fenómeno, no por obvio menos interesante, es que las organizaciones están conformadas por individuos que, durante la jornada laboral, concurren a trabajar no sólo trayendo consigo la *parte* de su persona correspondiente a sus aspectos profesionales, sino que está presente "todo el individuo", con sus emociones y problemas personales, ya sean situaciones positivas o no. Cuando se manejan procesos de selección de personas, esto se tiene muy en cuenta: una organización no contrata

---

21. Robbins, Stephen P. *Comportamiento organizacional.* Obra citada.

una parte del individuo, la que concurre a trabajar, sino que al trabajo asiste el individuo con todas sus circunstancias, sentimientos, valores y problemas. A su vez, sus habilidades no pueden separarse de sus antecedentes o conocimientos.

Dentro de este concepto (la persona es un todo), no debe dejar de considerarse los valores básicos que cada individuo adquiere en su primera infancia, aquellos que fueron inculcados en el hogar, la escuela, etc.

- **Motivación en el comportamiento**. La motivación de las personas en el ámbito laboral es un tema estudiado en profundidad por diferentes autores, desde hace mucho tiempo, sin que por ello pierda actualidad. Las organizaciones están frecuentemente preocupadas por esta temática y los diseños de soluciones no siempre dan el resultado esperado. No obstante, y a modo de resumen, se podría decir que *la motivación de las personas –usualmente– no se basa en lo que los directivos creen que los colaboradores necesitan sino en lo que ellos en realidad desean.* Sin motivación una organización no funciona. La motivación en el trabajo es como el combustible para un motor.

  La motivación es esencial para el buen funcionamiento de una organización. Una empresa puede tener la mejor tecnología y equipamiento, pero si su personal no se siente motivado tales recursos serán improductivos.

- **Pertenecer.** Muchos empleados desean participar en las decisiones a fin de contribuir con sus ideas y talentos al éxito de la empresa. Las organizaciones deben ofrecer oportunidades de involucramiento. Se verá más adelante este concepto bajo el nombre de *empowerment* (Capítulo 3).

- **Deseo de reconocimiento y valoración.** Las personas requieren ser valoradas, reconocidas como tales y no como máquinas. Respeto, dignidad, atención. Los empleados desean que se valoren sus habilidades y capacidades, y de un modo u otro desean tener posibilidades de desarrollo. En la última parte de esta obra se hará una relación entre comportamiento organizacional y los subsistemas de Recursos Humanos. Igualmente, se hará un paralelo entre comportamiento organizacional y Gestión de Recursos Humanos por Competencias. En ambos apartados usted podrá apreciar que una forma de valorar a las personas es evaluar su desempeño, decirles cómo están haciendo las cosas, cómo va su carrera, etc.

Se dedicará el Capítulo 4 al *comportamiento del individuo en las organizaciones,* y allí se tratarán más extensamente los temas expuestos en párrafos anteriores.

© GRANICA

Las organizaciones
y las personas que las integran

Kreitner y Kinicki[22] citan a Bernard, quien define a la organización como *un sistema de actividades o fuerzas conscientemente coordinadas de dos o más personas*. Asimismo, mencionan cuatro características comunes a todas las organizaciones: coordinación de esfuerzos, autoridad jerárquica, división de trabajo y objetivo común. Estos cuatro factores pueden agruparse bajo el nombre de "estructura de la organización".

Los individuos actúan dentro de organizaciones, ya sean pequeñas, medianas o grandes, tal como se expresara en los primeros párrafos de este capítulo. Para comprender mejor una organización hay que tener en cuenta:

- **Las organizaciones son sistemas sociales.** Por lo tanto, están gobernadas por leyes sociales y psicológicas. Los sistemas sociales pueden, a su vez, ser formales e informales. La existencia de un sistema social implica que el entorno organizacional se caracteriza por cambios dinámicos más que por un conjunto estático de relaciones. Por ello, si bien las organizaciones expresan sus relaciones a través de organigramas, hay que reconocer, cuando éstos se dibujan y/o diseñan, que las mismas son de carácter dinámico. Por lo tanto, la existencia de un sistema social, y la comprensión respecto de dicha existencia, permite ofrecer un marco de referencia al comportamiento organizacional.

- **Relación ganar-ganar.** Las organizaciones necesitan a sus empleados (en realidad, no existen sin ellos) y los empleados necesitan a las organizaciones para ser, valga la redundancia, empleados; por ende, ambos se necesitan: personas y organizaciones. Los intereses mutuos constituyen una meta suprema para los colaboradores, la organización y la sociedad. Cuando no existen los intereses mutuos, carece de sentido la organización. Debe existir, aunque sea mínimamente, una comunidad de intereses. Los intereses mutuos deben ser una meta suprema, y sólo puede alcanzarse a través de los esfuerzos conjuntos de las personas y la organización (los empleados y los empleadores). La relación óptima se logra cuando esta relación de intereses mutuos es del tipo *ganar-ganar*. Ambas partes (organización y empleados) se sienten favorecidos por la relación establecida.

- **Ética.** Hemos introducido al inicio de este capítulo el término *ética*, en el convencimiento de que el concepto estaría presente en la mayoría de los temas a tratar a lo largo de toda la obra. En relación con las personas que

---

22. Kreitner, Robert y Kinicki, Angelo. *Comportamiento de las organizaciones*. Obra citada.

integran las organizaciones, la ética tiene muchas relaciones e implicancias, por ejemplo, dar a los individuos un trato ético para atraer y retener a los empleados valiosos. Este concepto, que parece ocioso en un momento en el que en el mundo existen serios problemas de empleo (tal es así que muchas personas no lo tienen o no están conformes con su situación laboral), sin embargo no lo es. Cuando más problemas tienen los países, tanto económicos como sociales, las empresas deben cuidar más este aspecto para retener a los mejores colaboradores, y, en el caso de necesitar reclutar nuevos empleados, que éstos sean los mejores del mercado. Muchos empresarios desatienden ciertos aspectos relacionados con este tema, con la excusa de estar ocupados (o sobreocupados) en los problemas de supervivencia de sus empresas, y esto es un grave error. Si bien la supervivencia de la organización es una prioridad de primer orden, no se debe perder de vista el cuidado de las personas que la integran. Una forma de cuidar a los empleados –y de alguna manera también a la organización– es tratarlos éticamente. Para ello las compañías pueden establecer códigos de ética, impartir capacitación sobre cuestiones éticas, retribuir y/o evaluar los comportamientos éticos de sus empleados. En mi opinión, si una organización desea trabajar con principios éticos, deberá integrar este concepto a su modelo de competencias.

Conceptos fundamentales de comportamiento organizacional

PERSONAS

- Los individuos: iguales y diferentes al mismo tiempo
- Percepción diferente en cada individuo
- La persona es un todo
- Motivación en el comportamiento
- Pertenecer
- Deseo de reconocimiento y valoración

ORGANIZACIONES

- Sistemas sociales: las organizaciones son gobernadas por leyes sociales y psicológicas
- Relación ganar-ganar: ambos se necesitan, personas y organizaciones
- Ética: dar a los individuos un trato ético para atraer y retener a los empleados valiosos

Fuente: Davis y Newstron.

Ejemplo de un sistema de comportamiento organizacional

Las organizaciones cumplen sus metas mediante la creación, comunicación y operación de un sistema de comportamiento organizacional. Esto es así aun cuando las organizaciones y sus dirigentes no sean conscientes de ello. La no comunicación de visión, misión y valores es –también– una forma de comunicar.

Los propósitos de un sistema de comportamiento organizacional radican en identificar y luego contribuir a manejar las principales variables humanas y organizacionales que afectan a los resultados que las organizaciones pretenden alcanzar.

Los resultados de un sistema de comportamiento organizacional suelen medirse con tres indicadores básicos:

- **Desempeño:** calidad y cantidad de los productos y servicios que se comercializan y nivel de satisfacción de los clientes.
- **Satisfacción laboral de los empleados:** observable mediante los indicadores clásicos, tales como ausentismo, impuntualidad o rotación. Es factible además administrar encuestas específicas a los efectos de medir la satisfacción de los colaboradores respecto de su trabajo.
- **Crecimiento y desarrollo personal:** adquisición de nuevos conocimientos y competencias; en una palabra, cuidado de la empleabilidad de los colaboradores.

El inicio de un modelo organizacional parte de la *visión*, la *misión* y los *valores* de la entidad. Dentro de estos temas iniciales o fundacionales se podría incluir la estrategia u objetivos organizacionales. Todos en su conjunto representan el propósito por el cual la organización existe.

Comenzando por el principio: la misión, la visión y los valores

Cuando en una organización se quiere comenzar a pensar, trabajar, implementar conceptos sobre Capital Humano o Recursos Humanos se debe comenzar pensando en ellos como un valor estratégico dentro de la compañía, como un valor añadido para la actividad. Los primeros pasos parten de la definición de la visión y la misión de la entidad, y a partir de estos conceptos, sus valores.

Misión: el porqué de lo que la empresa hace, la razón de ser de la organización, su propósito. Dice aquello por lo cual, en última instancia, la organización quiere ser recordada.

Visión: la imagen del futuro deseado por la organización.

Valores: aquellos principios que representan el sentir de la organización, sus objetivos y prioridades estratégicas.

En nuestra concepción, para que los valores se transformen en herramientas útiles dentro de la organización deben transformarse en *competencias* dentro de un modelo de gestión (por competencias); de este modo, las personas serán seleccionadas, evaluadas y desarrolladas en relación con los valores organizacionales. Y así la organización podrá cumplir con la misión y visión fijadas. De no hacerse de este modo (integrar los valores al modelo de competencias) se deberán llevar los valores a indicadores de comportamientos para que éstos puedan ser medidos con eficacia en los distintos subsistemas de RRHH.

Un comentario acerca de la misión y la visión que nos parece pertinente realizar en este momento, es que muchas empresas las tienen definidas pero no actúan en línea con ellas. Por lo tanto, primero sugerimos revisarlas y asegurarse que representen la situación actual y los planes futuros de la organización. Luego, definir las competencias para lograr alcanzarlas.

Los valores

Antes de adentrarnos en el tema veremos muy brevemente el significado de la palabra *valor* y su plural, *valores*. El término valor[23] ha sido usado –y lo sigue siendo– para referir al significado económico de las cosas, pero también tiene otra utilización: cuando se dice, por ejemplo, que una obra es valiosa o que una persona tiene gran valía. La noción de valor en un sentido general está ligada a las ideas de selección y preferencia, entre otras, pero ello no quiere decir que algo tiene valor porque es preferido o preferible.

El concepto valor se ha usado con frecuencia en un sentido moral (valor moral o valor auténticamente moral, Kant).

Para la Real Academia, valor[24], en su acepción primera, significa *grado de utilidad o aptitud de las cosas, para satisfacer las necesidades o proporcionar bienestar o deleite*; en la tercera, *alcance de la significación o importancia de una cosa, acción, palabra o frase*; y en la cuarta, *cualidad del ánimo, que mueve a acometer resueltamente grandes empresas*.

Para Seco, valor[25], en su acepción primera, significa *cualidad (de una persona o cosa) que la hace susceptible de estimación o precio*; y en la cuarta, *cosa que tiene calidad según una consideración personal o social*.

Por lo tanto, **para una organización los valores serán aquellos principios que –permitiéndole cumplir con su visión y su misión– representen las cualidades más apreciadas en ese ámbito.**

---

23. Ferrater Mora, José. *Diccionario de Filosofía*. Obra citada.
24. RAE. *Diccionario de la lengua española*. Obra citada.
25. Seco Reymundo, Manuel *et al. Diccionario del español actual*. Obra citada.

Por ello, para unos la obediencia podrá ser una cualidad valorada y para otros no. Por esa misma razón los valores deben ser los definidos para cada organización, y no escribirlos a partir de palabras copiadas de algún texto de management o de otra empresa, aunque la consideremos un modelo a seguir.

Los textos de management, como éste, proponen ejemplos al respecto, que pueden ayudar a esa elección o definición, pero no deben ser transplantados literalmente, ya que se corre el riesgo de no representar el sentir, las preferencias de los conductores de la organización.

Cabe preguntarse: ¿para qué definir valores?

Es una forma de trabajar *de mayor a menor.* Una organización debe conocer, analizar, determinar, poner en palabras cuál es su cultura, a qué valores adhiere. No es lo mismo si la máxima conducción de una empresa piensa que un valor importante es la obediencia, que si consideran que un valor es el *empowerment.*

En estos tiempos es bien sabido que hay que adherir a ciertos conceptos. ¿Quién no responde que está de acuerdo con temas tales como *trabajo en equipo* o *desarrollo de personas?* Pero, ¿realmente todos lo comparten? Del mismo modo, es posible enumerar otros valores que a veces se exigen a los subordinados pero no se ejercen o demuestran con el ejemplo, desde las máximas autoridades de la organización.

Por lo tanto, cuando en una organización se reúnen sus ejecutivos para analizar la cultura, definir los valores, analizar en conjunto aquello en lo que creen y a lo que adhieren, y esto es sincero y representativo de la realidad de esa entidad, en ese momento, en ese contexto, estamos frente a un gran avance hacia una gestión de recursos humanos que añada valor a la organización.

Para Davis y Newstron[26], la *visión* representa una ambiciosa descripción de lo que la organización y sus miembros pueden lograr; un futuro posible (y deseable). Los líderes deben elaborar atractivas proyecciones para que éstas se transformen en una visión compartida tanto por la Dirección como por el resto de los integrantes.

Una vez definida la visión, se requiere de una comunicación continua y convincente para que los empleados deseen adoptarla y mantener su entusiasmo por ella.

Al mismo tiempo, es igualmente aconsejable que las organizaciones definan la *misión* en la que se describen su ramo de actividad, los nichos de mercado a los que dirigen su accionar, los tipos de clientes más probables y, en sí, las razones de su existencia. Muchas descripciones de la misión suelen detallar las ventajas comparativas y competitivas que la organización cree poseer.

---

26. Davis, Keith y Newstron, John W. *Comportamiento humano en el trabajo.* Obra citada.

¿Qué diferencia se puede verificar entre visión y misión? En general, la misión es más descriptiva y menos orientada al futuro. Como usualmente tiende a ser muy general, Davis y Newstron sugieren, además, definir las *metas*.

Las *metas* son formulaciones relativamente concretas de los logros que persigue la organización en un período dado, cuya duración puede ser de uno a cinco años. El establecimiento de metas es un proceso muy complejo, ya que deben combinarse con las de los empleados, cuyas necesidades psicológicas y económicas deben ser tenidas en cuenta. Es un aspecto de la ecuación *ganar-ganar*, sobre la que hicimos mención en párrafos anteriores.

En ocasiones, las empresas u organizaciones llegan hasta aquí. Definen estos conceptos: visión, misión y valores. Los directivos satisfechos, no vuelven a hablar del tema. ¿Para que sirvió? Como un momento de reflexión, pero nada más. No se incorporan a los subsistemas de Recursos Humanos y, casi como una consecuencia lógica, no se logra alinear a las personas que integran la organización, e incluso a los propios directivos, con los conceptos definidos. Nuestra propuesta será solucionar estas falencias a través de su inclusión en el modelo de Gestión por Competencias.

En nuestra opinión, a partir de la misión y la visión se debe comenzar a trabajar. El esquema estratégico de la organización está en sus tramos iniciales. Hay que continuar. Trabajar sobre la cultura, reconocer la organización formal e informal; accionar sobre el liderazgo, la comunicación y la calidad de vida laboral; motivar al personal.

Todas las acciones que se realicen en relación con el esquema expuesto redundarán en el desempeño, la satisfacción de los empleados y el crecimiento y desarrollo del personal (los tres indicadores básicos del sistema de comportamiento organizacional ya mencionados).

Los *valores* dan sustento y forma a la *visión*, siendo esta última la versión a largo plazo de la misión. Las *metas* son un medio para luego determinar los *objetivos* que permitan el cumplimiento de la misión. Todos estos elementos en su conjunto, con su correspondiente jerarquía (de mayor a menor especificidad), contribuyen a crear la cultura organizacional.

Lo expuesto se muestra en el gráfico de la página siguiente.

Estos conceptos se integran en un sistema cerrado, donde los distintos factores interactúan entre sí y, además, se influencian mutuamente. Si consideramos que una organización está compuesta por personas y dentro de este conjunto se incluye a todas ellas, es decir, directivos y empleados de los distintos niveles, se podría definir un sistema, que en nuestra opinión es el sistema de Recursos Humanos.

El sistema de Recursos Humanos está compuesto por una serie de subsistemas, que comprenden desde las políticas y otros lineamientos organizacionales hasta las

```
┌─────────────────────────────────────┐
│        Valores - Visión - Misión     │
└─────────────────────────────────────┘
                    │
                    ▼
┌──────────────┐  ┌──────────────┐  ┌──────────────┐
│ Organización │→ │    Cultura   │← │    Entorno   │
│    formal    │  │ organizacional│  │    social    │
└──────────────┘  └──────────────┘  └──────────────┘
┌──────────────┐
│ Organización │
│   informal   │
└──────────────┘
                    │
                    ▼
┌─────────────────────────────────────────────────┐
│ Liderazgo - Comunicación - Dinámica de grupos     │
└─────────────────────────────────────────────────┘
                    │
                    ▼
┌─────────────────────────────────────┐
│        Calidad de la vida laboral     │
└─────────────────────────────────────┘
                    │
                    ▼
┌─────────────────────────────────────┐
│               Motivación              │
└─────────────────────────────────────┘
                    │
                    ▼
┌─────────────────────────────────────┐
│ Resultados:                          │
│   • desempeño                        │
│   • satisfacción de los empleados    │
│   • crecimiento y desarrollo personal│
└─────────────────────────────────────┘
```

Fuente: Davis y Newstron.

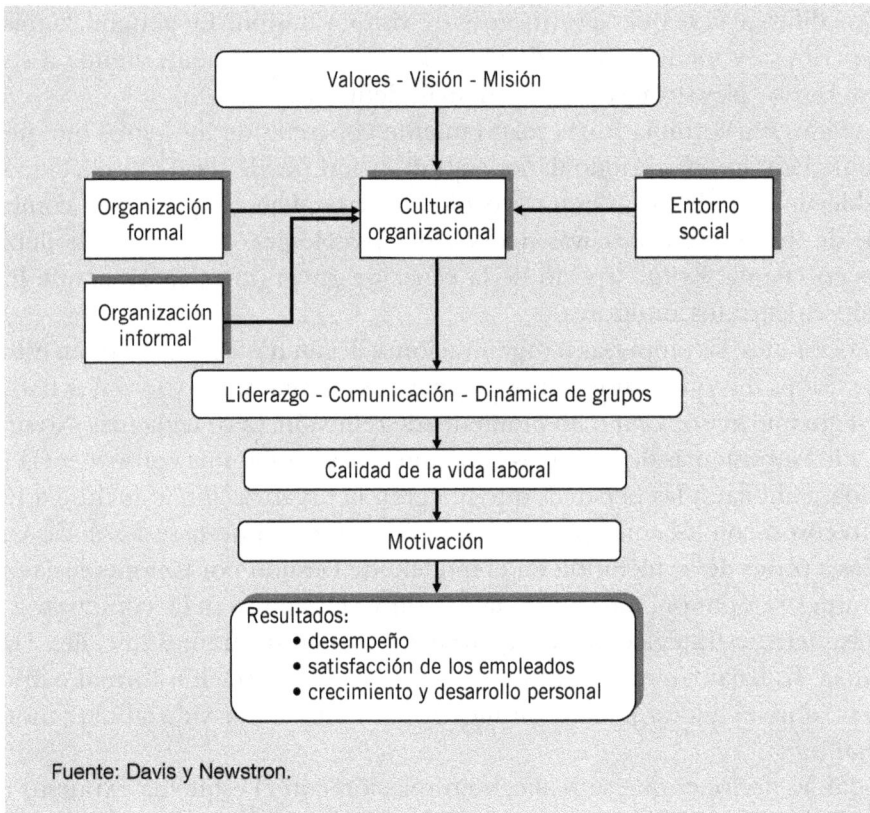

demandas de los empleados[27]. Todos estos elementos integran el sistema, tal cual se expone en el gráfico de la página siguiente. Una buena interacción entre los diferentes componentes del sistema dará un tipo de resultado y, como es obvio, otra no tan favorable, dará el resultado inverso. Dejar fuera de análisis alguno de los componentes o fuerzas que componen la organización es un grave error que se observa a menudo en la práctica profesional. Asimismo, nuestra experiencia nos ha llevado a observar la dificultad que entraña actuar para modificar alguno de estos factores. A modo de ejemplo, si una organización está compuesta por empleados de algún nivel con un cierto grado de insatisfacción, cambiar esta percepción será difícil, aunque se modifiquen los factores que la originaron. Esto obedece a varias posibles razones, desde que no siempre se revelan las verdaderas causas de la insatisfacción (por lo que

---

27. Nos referiremos a algunos de estos subsistemas en los capítulos 6 y 7.

se modifican aspectos que, si bien pueden mejorar el clima interno, no logran hacerlo totalmente porque queda un aspecto fundamental sin modificarse), hasta que aún habiendo eliminado el verdadero motivo de la insatisfacción (suponiendo un caso donde esto sea factible) las personas no modifican la sensación de insatisfacción por el recuerdo del problema. Como el lector podrá apreciar, estos comentarios sólo se relacionan con un aspecto de todos los mencionados en el gráfico.

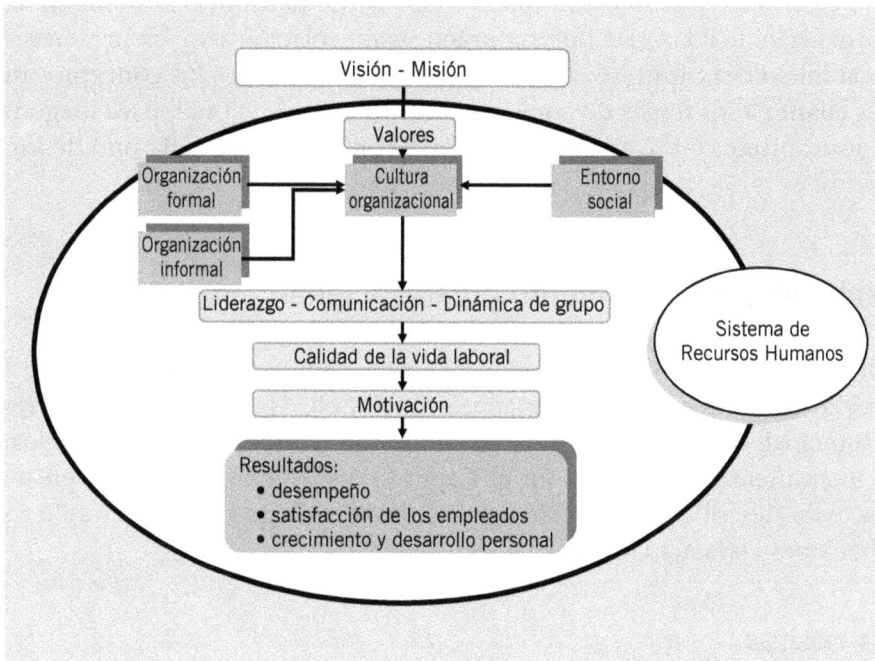

Nuestra experiencia como consultores nos indica que se debe proponer a los clientes esquemas simples, ya sea que los mismos sean aplicados en organizaciones grandes, con miles de empleados, o en pequeñas, con sólo unas decenas de ellos. Por lo tanto, nuestra propuesta se basa en definir:

- **Misión y visión.** La misión define el propósito actual de la organización que puede haberse alcanzado totalmente o no, pero que representa lo que se quiere lograr en el presente o, eventualmente, en el corto plazo. La visión, por el contrario, representa aquello que se quiere lograr en un plazo de mediano a largo (por ejemplo, tres a cinco años, y en ocasiones diez).
- **Fijar los lineamientos estratégicos.** Los conceptos del punto anterior no constituyen meras declaraciones para ser "enmarcadas" y colgadas, sino que

deben "bajarse" a planes concretos que deberán ser conocidos por toda la organización.

- **Definir las competencias cardinales.** Para alcanzar la misión y la visión, tanto como los planes estratégicos, se necesitan ciertas capacidades básicas de directivos y empleados (competencias). Cuando estas capacidades son requeridas por toda la organización se denominan "cardinales".

Bajo estos tres conceptos, simples y claramente definidos, se combina la estrategia organizacional con las buenas prácticas en relación con las personas. Como se dijo al inicio del capítulo, estamos presentando al lector los conceptos más frecuentes cuanto a los temas de comportamiento organizacional, para luego presentar, en los capítulos 6 y 7, nuestra propuesta concreta sobre cada uno de los temas abordados.

Modelos de comportamiento organizacional

A lo largo de los años han surgido diferentes teorías y descripciones de los distintos estilos de comportamiento organizacional. Cole[28] presenta un cuadro resumen de las principales teorías en materia de comportamiento organizacional. Nos referiremos nuevamente a este tema en el Capítulo 5 –"Nuevas tendencias en management"–, para describir en éste, en especial, las tecnologías que están aplicando las organizaciones en la actualidad.

Teorías clásicas

Perspectiva	Enfoque	Exponentes	Período
Científica, racional y operacional	Estructura de las organizaciones División de tareas Autoridad por niveles Controles cruzados Management científico	Henry Fayol E. W. Taylor L. F. Urwick Max Weber	1880 a 1940

---

28. Cole, Gerald. *Organisational Behaviour.* Obra citada.

Teorías basadas en las relaciones humanas

Perspectiva	Enfoque	Exponentes	Período
Social, foco en la gente y en las necesidades del trabajador	Identidad a los grupos Los trabajadores como miembros de los grupos. Se reconoce la importancia de los grupos informales	Elton Mayo Roethlisberger y Dickson	1927 a 1936

Escuela psicológico-social

Perspectiva	Enfoque	Exponentes	Período
Necesidades individuales y motivación	Gestión del conocimiento y contribuciones individuales. Motivación personal y autoactualización. Orientación al logro, independencia individual y apoyo en las relaciones	Abraham Maslow Douglas McGregor R. Likert C Argyris D. McClelland	1950 a 1960

Teorías sobre liderazgo

Perspectiva	Enfoque	Exponentes	Período
Cualidades y estilo de liderazgo	Naturaleza de las cualidades y estilos de liderazgo	D. McGregor Tannenbaum / Schmidt C. Argyris	1950 a 1960
	Liderazgo situacional / funcional. Cómo enfocar las contingencias	Blake / Mouton F. E. Fiedler Victor Vroom John Adair W. Reddin	1960 a 1970

© GRANICA

Teorías sistémicas

Perspectiva	Enfoque	Exponentes	Período
Las personas dentro de un sistema (social y técnico)	Unión entre las necesidades sociales y los requerimientos técnicos Naturaleza de los grupos en la organización	Trist / Emery Burns /Stalker	1950 a 1960

Teorías sobre la contingencia

Perspectiva	Enfoque	Exponentes	Período
Estructura / el diseño depende de la situación	No existe un único modelo de estructura	Joan Woodward	1950
	El tipo de producción influencia la estructura	Lawrence & Lorsch	1960
	El entorno influencia la estructura	Pugh D. S.	1960
	El tamaño de la organización, su historia, etc., afectan la estructura	Mintzberg	1970 / 1980
	Los factores contingentes, entre ellos el poder, influyen sobre la estructura		

Teorías sobre el management de la calidad

Perspectiva	Enfoque	Exponentes	Período
Proveer al consumidor con calidad y valor	Naturaleza de la calidad Enfoque de calidad total Naturaleza del valor Precio *versus* calidad	W. Edwards Deming J. Juran M. E. Porter	1970 a 1980

Haciendo un paralelo entre los seres humanos y las organizaciones, se podría decir que existen muchos estilos diferentes, tal como sucede con las personas. La diversidad en las organizaciones es producto de los distintos modelos de comportamiento organizacional. A lo largo de la historia, esta temática se ha estudiado de diferentes maneras; para no extender esta obra en exceso se presentarán los modelos más importantes. Como apreciará el lector, algunos de ellos han sido definidos hace muchos años, pero a pesar del tiempo transcurrido continúan hoy sumamente vigentes.

Las teorías X e Y de Douglas McGregor

Las teorías X e Y representan dos maneras excluyentes de percibir el comportamiento humano adoptadas por los gerentes para motivar a los empleados y obtener una alta productividad

En su obra *El lado humano de las organizaciones* McGregor describió dos formas de pensamiento de los directivos a los cuales denominó *Teoría X* y *Teoría Y*. Los directivos de la primera consideran a sus subordinados como personas que sólo se movilizan ante el yugo o la amenaza, mientras que los directivos de la segunda se basan en el principio de que la gente quiere y necesita trabajar.

Supuestos de la Teoría X

1. El ser humano ordinario siente un rechazo intrínseco hacia el trabajo y lo evitará siempre que pueda.
2. Debido a la tendencia humana a "huir" del trabajo, la mayor parte de las personas tienen que ser obligadas a trabajar, controladas, dirigidas y amenazadas con castigos para que desarrollen el esfuerzo adecuado para alcanzar los objetivos de la organización.
3. El ser humano común prefiere que lo dirijan y trata de soslayar responsabilidades, tiene relativamente poca ambición y desea más que nada su seguridad.

Supuestos de la Teoría Y

1. El desarrollo del esfuerzo físico y mental en el trabajo es tan natural como el juego o el descanso. Al ser humano común no le disgusta esencialmente trabajar.
2. El control externo y la amenaza de castigo no son los únicos medios de encauzar el esfuerzo humano hacia los objetivos de la organización, el hombre debe dirigirse y controlarse a sí mismo en pos de los objetivos con cuya realización se compromete.

© GRANICA

3. Se compromete a la realización de los objetivos de la empresa por las compensaciones asociadas con su logro.
4. El ser humano ordinario se habitúa a buscar responsabilidades. La falta de ambición y la insistencia en la seguridad son, generalmente, consecuencias de la misma experiencia y no características esencialmente humanas.
5. La capacidad de desarrollar en grado relativamente alto la imaginación, el ingenio y la capacidad creadora para resolver los problemas de la organización, es característica de grandes sectores de la población.
6. En las condiciones actuales de la vida industrial las potencialidades intelectuales del ser humano están siendo utilizadas sólo en parte.

Quizá la Teoría X pueda parecer algo anticuada al lector; sin embargo, le sugiero ver el texto siguiente de una popular canción argentina.

> *"Hoy es domingo*
> *por lo tanto no hay despacho*
> *con la semana basta pa' mandarte al tacho*
> *para llenarte de carbónico los dedos*
> *y pensar del jefecito lo que él se imagina bien*
> *para viajar como sardina, pero vivo*
> *porque el rodado no te sirve, es un castigo*
> *y no encontrarás nunca un*
> *lugar donde ponerlo*
> *la semana es un infierno,*
> *el domingo es un edén."*
>
> Eladia Blázquez

Canciones populares como la mencionada refuerzan la Teoría X desde dos perspectivas: desde la forma de pensar de los directivos y desde el comportamiento en sí de las personas. En pleno siglo XXI muchas personas piensan de este modo.

¿Qué teoría es más acertada? Aunque la **Teoría X**, como ya se expresara, se encuentra aún muy extendida, se considera que representa una forma de pensar **obsoleta**. McGregor propone la adopción de la **Teoría Y** para aumentar la **motivación** de los empleados.

Las teorías de Douglas McGregor –que fue uno de los primeros en llamar la atención sobre los distintos modelos administrativos–, así como las de Maslow

–que expondremos en el Capítulo 4–, constituyen dos trabajos que después de más de cincuenta años, se podrían denominar como "clásicos" y que, como ya dijéramos, siguen vigentes en nuestros días, e imagino que esa vigencia continuará por mucho tiempo más.

McGregor, en 1957, dio el argumento, muy fuerte por cierto, de que las acciones de los directivos de las organizaciones se desprenden directamente de la teoría del comportamiento humano. Plantea dos miradas o *supuestos básicos sobre la conducta humana* –en definitiva sobre los empleados–, de un modo muy interesante, ya que muchos aún piensan así.

Las "miradas" de McGregor se relacionan con la percepción de cada uno sobre un mismo tema. Si una persona o directivo piensa que los empleados actúan de acuerdo con la Teoría X, obrará de una manera diferente que si pensara que la Teoría Y es la que describe mejor las características generales de las personas con respecto a su trabajo.

Las políticas de recursos humanos, los estilos de toma de decisiones, las prácticas de trabajo en general devienen de estos dos supuestos básicos.

En síntesis:

Teoría X	Teoría Y
• Al individuo común le desagrada trabajar y lo evitará de ser posible. • El individuo común carece de responsabilidad, posee escasas ambiciones y busca la seguridad ante todo. • La mayoría de los individuos deben ser forzados y amenazados con castigos para conseguir que trabajen.	• El trabajo es tan natural como la diversión y el descanso. • Los individuos no son inherentemente perezosos. Se ven inducidos a serlo como resultado de la experiencia. • Los individuos poseen potencialidades. En condiciones adecuadas, aprenden a aceptar y buscar responsabilidades. Poseen imaginación, ingenio y creatividad, que pueden aplicarse al trabajo.
Con base a estos supuestos, es función de los administradores forzar y controlar empleados.	**Con base en estos supuestos, es función de los administradores desarrollar la potencialidad de los empleados y ayudarlos a explotarla en pos de objetivos comunes.**
Fuente: Davis, Keith y Newstron, John W. *Comportamiento humano en el trabajo*. Obra citada.	

La Teoría X es un conjunto de supuestos tradicionales sobre los seres humanos. Asume que a la mayoría de la gente le disgusta trabajar e intentará evitarlo tanto como pueda. Se cree que los trabajadores tienen pocas ambiciones y evitan asumir responsabilidades, se los concibe de algún modo egoístas, indiferentes a las necesidades de la organización y reticentes al cambio. Quizá muchos directivos se nieguen a aceptar que piensan de este modo respecto de los individuos, pero las acciones que realizan a lo largo del tiempo indican que la Teoría X representa la visión que poseen acerca de los empleados.

La Teoría Y implica una perspectiva más humanística y reconoce la capacidad de los individuos de dirigir su accionar. Se apoya en el sustento de que las personas no son necesariamente perezosas. Si los directivos de las organizaciones ofrecen el entorno adecuado, el trabajo se volverá natural para los individuos, como la diversión u otras actividades recreativas o el mismo descanso. En virtud de estos supuestos los directivos piensan que los empleados harán uso de la autodirección y el autocontrol para lograr los objetivos fijados. Luego será responsabilidad de los directivos brindar un entorno para que afloren todas las potencialidades de los empleados.

Hace unos años, explicaba las teorías de McGregor a un grupo estudiantes que, a la sazón, cursaban el segundo año de un máster en Dirección de Negocios en Buenos Aires. Ante mi sorpresa, al explicar el concepto "X" el primer comentario de los alumnos, acompañado de sonrisas, fue algo así como "qué antiguo pensar como la Teoría X". Más adelante, y a medida que la conversación se fue agitando y las voces subían de tono al calor del intercambio de opiniones, me di cuenta (en realidad no lo podía creer, dado el ámbito en el que me encontraba) que el tono alto de la discusión se debía a que un grupo de ellos pensaban que los empleados responden a la Teoría X.

Según McGregor, la aplicación indiscriminada de la Teoría X ha llevado a los conductores de empresas a partir de una anticuada serie de supuestos sobre los empleados, cuando la realidad indica que los supuestos de la Teoría Y representan más adecuadamente el sentir de las personas.

De cómo cada uno piense que son los comportamientos de sus empleados dependerá, en definitiva, el diseño de los subsistemas de Recursos Humanos que adopte o elabore.

Volviendo a la anécdota del grupo de estudiantes del máster, si de algunos de ellos dependiese fijar las políticas de recursos humanos de las organizaciones y si realmente pensasen, como dice McGregor al definir la Teoría X, que *la mayoría de los empleados deben ser forzados a trabajar*, seguramente implementarán reglas de trabajo muy duras, con rígidos sistemas de control y supervisión.

Si, por el contrario, un empleador piensa que los empleados son como los describe la Teoría Y, es decir, que poseen potencialidades y en condiciones adecuadas buscan asumir responsabilidades, seguramente se podría implementar un sistema de conducción por objetivos sin que importaran, por ejemplo, horarios de asistencia.

A los modelos de las teorías X e Y se los denomina *paradigmas,* que sirven de marco para explicar el funcionamiento de los modelos organizacionales. En definitiva, los distintos modelos organizacionales parten de ciertos supuestos sobre la gente. Estos paradigmas de base, como las dos teorías mencionadas, guían el accionar, consciente o inconsciente, del comportamiento de los directivos de las organizaciones. En síntesis, del paradigma que cada directivo posea dependerá su manera de fijar las políticas organizacionales y el modelo de competencias.

La Teoría Z

Cole[29] menciona la Teoría Z que W. Ouchi (*Theory Z: How American Business Can Met the Japanese Challenge*) elaboró en los primeros años de la década de 1980. *Teoría Z* es una expresión creada por Ouchi, quien ha hecho una importante contribución a través del estudio de las prácticas de gestión internacionales, basado en las características de las organizaciones japonesas y norteamericanas y llevado a cabo con el propósito principal de ver si las mejores prácticas de la industria japonesa podrían ser implementadas en los Estados Unidos.

Entre los descubrimientos de su investigación, Ouchi encontró las siguientes diferencias en el comportamiento de las empresas (japonesas y norteamericanas):

Organizaciones japonesas	Organizaciones norteamericanas
Oferta de empleo de por vida (solamente para trabajadores importantes)	Oferta de empleo de corto plazo
Promoción interna	Reclutamiento externo
Patrones de carrera no especializados	Patrones de carrera especializados
Alto grado de confianza mutua/lealtad entre gerentes y empleados	Variados grados de confianza/lealtad en ambos (gerentes y empleados)
Importancia de la responsabilidad colectiva	Responsabilidad individual por los resultados
Evaluación/medición de la performance a largo plazo	Más importante la performance de corto plazo
Éxito considerado en función de esfuerzos cooperativos	Éxito considerado en términos de logros individuales

29. Cole, Gerald. *Organisational Behaviour.* Obra citada.

Como resultado de este estudio, en 1981 Ouchi propuso la "Teoría Z" –a la que denominó así por oposición a las teorías X e Y de McGregor–, presentándola como una forma mediante la cual las compañías norteamericanas podrían imitar ciertas características del enfoque japonés para el gerenciamiento de su gente.

Ouchi propuso que las firmas norteamericanas podrían hacer cambios en las siguientes áreas del gerenciamiento de sus recursos humanos:

1. Ofrecer más empleo seguro y mejores perspectivas de carrera.
2. Extender la participación de los empleados en la toma de decisiones.
3. Darle más importancia al espíritu de equipo y al reconocimiento de la contribución de los individuos en el esfuerzo grupal.
4. Alentar un mayor respeto mutuo entre los gerentes y sus colaboradores.

Tal enfoque debería ser soportado desde la máxima conducción y requeriría apropiadas medidas de consulta y un sustancial compromiso con el entrenamiento, en especial para gerentes y supervisores.

Cuatro modelos de comportamiento organizacional

Keith Davis, en la obra mencionada, cita un trabajo suyo anterior (1967) donde expuso el siguiente cuadro, con cuatro modelos de comportamiento organizacional.

	Autocrático	De custodia	De apoyo	Colegiado
Base del modelo	Poder	Recursos económicos	Liderazgo	Asociación
Orientación administrativa	Autoridad	Dinero	Apoyo	Trabajo en equipo
Orientación de los empleados	Obediencia	Seguridad y prestaciones	Desempeño laboral	Conducta responsable
Resultado psicológico en los empleados	Dependencia del jefe	Dependencia de la organización	Participación	Autodisciplina
Necesidades de los empleados satisfechas	Subsistencia	Seguridad	Categoría y reconocimiento	Autorrealización
Resultado de desempeño	Mínimo	Cooperación pasiva	Animación de impulsos	Entusiasmo moderado

Este esquema resume la práctica de administración de los últimos cien años o más. No presenta una evolución absoluta; muchos de estos modelos son utilizados aún. Además, así como las organizaciones difieren entre sí, en ocasiones pueden presentarse diferencias entre áreas de una misma organización o entre una sucursal y otra de la misma empresa. Desde ya, esto se verifica con mayor frecuencia en las denominadas *compañías globales.*

Modelo autocrático. En este modelo, quienes ocupan posiciones de mando habitualmente tienen el poder suficiente para indicar a los empleados qué hacer. Los empleados, en general, cumplen órdenes. Básicamente la orientación dominante es la autoridad. Ésta se delega por derecho de mando a las personas que corresponden. Por lo tanto, los empleados obedecen a los directivos. Habitualmente los empleadores pagan bajos salarios, pero por otra parte el desempeño de los empleados es –también– bajo o mínimo; generalmente, estos empleados sólo esperan de sus trabajos que les permitan satisfacer sus necesidades de subsistencia, a nivel individual y familiar. Pero no siempre esto es así, muchas veces en modelos autocráticos se encuentran individuos con desempeño destacado. Esto se verifica por propias motivaciones a la obtención de logros, simpatía por sus jefes (o su jefe directo), o porque éste es un líder natural y logra un alto desempeño de su grupo.

Si bien esta descripción del modelo puede parecer no favorable, esto no siempre se verifica de este modo. El modelo puede presentarse con matices y en ocasiones ha sido necesario implementarlo.

La elección de un modelo en particular tiene que ver con la filosofía, la visión, la misión, los valores y las metas de cada organización en particular. En ocasiones las influencias del entorno pueden accionar sobre la elección de un modelo u otro. Por ello el modelo no debe ser estático ni inamovible.

Modelo de custodia. El desarrollo de los nuevos modelos ha sido producto de la búsqueda de respuestas ante diferentes necesidades humanas. El modelo de custodia, por ejemplo, persigue la seguridad del empleado y es un paso adelante respecto del modelo autocrático.

Los directivos se percataron de que bajo los sistemas autocráticos, si bien los empleados aceptaban sus órdenes tenían una mala opinión de ellos, que se manifestaba sólo en situaciones límites. De ese modo reconocieron que los trabajadores se sentían inseguros.

Para satisfacer las necesidades de seguridad de los empleados varias compañías estadounidenses implementaron, a fines del siglo XIX y principios del siglo XX, distintos programas de bienestar. Hacia 1930 estos programas evolucionaron hasta

© GRANICA

adoptar la forma con que ahora se conocen: prestaciones en beneficio de la seguridad de los empleados.

El modelo de custodia hace un especial énfasis en los aspectos que tienen relación con los salarios y las remuneraciones, desde un punto de vista diferente a la concepción moderna de retribuciones en base a objetivos. Por ejemplo, a un empleado con diez años de antigüedad en una empresa le convendrá quedarse en ella aunque pueda tener mejores condiciones en otra.

Los modelos de custodia no generan en los individuos un desempeño mejor que el logrado por los modelos autocráticos. De todos modos, estos modelos tienen muchos matices, y su mayor ventaja es que brindan seguridad y satisfacción entre los empleados, que de todos modos no siempre se sienten realizados o motivados.

Modelo de apoyo. Alrededor de 1920, estudios de Elton Mayo llegaron a la conclusión de que "una organización es un sistema social cuyo elemento más importante es el trabajador". Si bien estos estudios recibieron muchas críticas posteriores, algo sigue vigente hasta hoy: el reconocer que existe un entorno social en el ámbito de trabajo.

El modelo de apoyo depende del liderazgo, en lugar del poder y el dinero. A través del liderazgo la dirección de una empresa ofrece un ambiente que ayuda a los empleados a crecer y a brindar a la organización aquello de lo que son capaces.

De igual manera, el sistema de apoyo constituye un esfuerzo por satisfacer otras necesidades de los empleados, como la asociación y estimación, que el sistema de custodia no puede resolver.

Hay personas que suponen que enfatizar en un sistema significa rechazar los otros, ya que cada modelo se apoya en la superación de los anteriores. Sin embargo, adoptar uno no significa descartar totalmente los demás. En opinión de Davis, es el modelo de apoyo el que más conviene adoptar, y es una opinión que compartimos, pero consideramos que al optar por él no debe desatenderse la cultura de la organización y debe evaluarse si la misma está madura o no como para adoptar este modelo.

Muchos años de consultoría y el conocimiento de muchos clientes (y potenciales) nos han permitido observar que un error común en el que incurren los consultores consiste en implementar (o al menos intentar hacerlo) un cierto "libreto uniforme" en todas partes. Si bien esto es cómodo para el consultor, no es conveniente para el cliente. Cada organización es única y tiene su particular estilo de conducción. Ayudar a mejorar desde un cambio de cultura para una mejor evolución de la organización puede ser un buen propósito, mientras que intentar hacer una "revolución" tratando de implementar modelos para los cuales la organización aún no está preparada sería una muy mala decisión. Estaremos en el peor de los mundos si el consultor propone a todos sus clientes implantar el modelo exitoso de la empresa X (reemplace el lector la X por el nombre de la primera empresa exitosa que le venga a la mente).

Por lo tanto, cuando nos encontramos con una empresa cuyo management se asemeja al que Davis denomina *autocrático,* no es una buena idea diseñar un modelo *de apoyo.* Habrá que diseñar un modelo que incluya un período de transición para que la conducción de la empresa, en forma paulatina, pase de un esquema al otro.

Modelo colegiado. El término *colegiado* hace alusión a un grupo de personas con un propósito común. Representa el concepto de equipo. Su utilización se asocia a condiciones de trabajo no programado –por ejemplo, medios intelectuales–, y a circunstancias que permiten un amplio margen de maniobra en las tareas a realizar.

El modelo colegiado depende de la generación de una sensación de "compañerismo" con los empleados. Los jefes son vistos como colaboradores.

La orientación de la Dirección se dirige al trabajo en equipo. La respuesta de los empleados a esta situación es la responsabilidad. Los empleados trabajan bien no porque temen ser reprendidos o sorprendidos haciendo algo incorrecto, sino porque se sienten íntimamente obligados a hacer la tarea correctamente. El resultado del modelo colegiado en los empleados es la autodisciplina. Dado que se sienten responsables de sus actos, los empleados adoptan por sí solos la disciplina de alcanzar un elevado desempeño en el trabajo en equipo. De alguna manera se inspiran en los equipos de fútbol u otros deportes de alta competición.

Los modelos de comportamiento organizacional y su utilización en la actualidad

Cada organización tiene el desafío de identificar el modelo en uso y evaluar su eficacia. Recordemos que siempre existe un modelo de comportamiento organizacional, aunque no se haya reflexionado sobre ello o no fuera definido anteriormente.

Esto puede poner en un aprieto a los directivos, ya que ellos pueden decir que adhieren a uno de los modelos y luego se verifica que el que rige es otro. (Dicen una cosa y hacen otra.)

Igualmente, es un desafío para los directivos de las organizaciones, además de identificar el modelo en uso, hacer que ese modelo sea flexible y que represente las necesidades tanto de los individuos como de la organización en sí.

En los últimos años se observa una adhesión creciente a los modelos de apoyo y colegiado. Esto por distintas razones: la medida de las organizaciones (más grandes), el uso de la tecnología, y el reconocimiento de que los modelos autocráticos no motivan a los empleados.

Ambos modelos, de apoyo y colegiado, contemplan las necesidades de estima, autonomía y autorrealización de los integrantes de una organización.

Por último, es muy importante tener en cuenta que los modelos deben considerar los tipos de tareas a realizar. Algunas son rutinarias, con escaso nivel de calificación y con un esquema programado. En ese caso, el modelo a utilizar requiere más autoridad por parte de los jefes que otros trabajos más intelectuales. Estos últimos (las tareas de tipo intelectual) se basan en el trabajo en equipo y la automotivación.

Cuando Davis presentó estos cuatro modelos no se hablaba (o al menos no era frecuente) de *Gestión del Conocimiento* o *Knowledge Management*. Si bien en el presente aún se ven organizaciones bajo modelos como el autocrático y el de custodia, las empresas intentan adoptar los modelos de apoyo y colegiado. Este último se relaciona con conceptos más modernos que se han dado en denominar *Gestión del Conocimiento*, aplicable, por sobre todo, en las denominadas empresas del conocimiento, o sea aquellas de fuerte lineamiento intelectual, organizaciones que "venden" conocimientos.

Con el pretensioso nombre de "Los directivos del siglo XXI", Kreitmer y Kinicki[30] presentan un modelo muy interesante. Los líderes pasan de estar centrados en sí mismos a enfocarse en el cliente; los empleados son –cada vez más– considerados clientes internos. Estos dos elementos han creado una nueva clase de directivos. En la siguiente página se presenta un cuadro dirigido a mostrar el cambio en la dirección de empresas, trascripto de la obra mencionada aunque no de manera literal, ya que hemos realizado algunos cambios que consideramos pertinentes.

Si bien compartimos los lineamientos básicos del esquema, la práctica profesional indica que en los países de Iberoamérica los líderes y directivos se corresponden con los "directivos del siglo XXI" pero con alguna mezcla de los "directivos del pasado". Este concepto no se refiere con exclusividad a los directivos de las empresas de capitales locales o a los directivos locales de las empresas transnacionales. Es factible encontrarlo en ambos.

Cultura organizacional

Para Cole[31], cultura organizacional es una colección de valores esenciales compartidos, los cuales proveen mensajes explícitos e implícitos de los comportamientos preferidos en la organización.

---

30. Kreitner, Robert y Kinicki, Angelo. *Comportamiento de las organizaciones*. Obra citada.
31. Cole, Gerald. *Organisational Behaviour*. Obra citada.

	Directivos del pasado	Directivos del siglo XXI
Rol primario	Autoritario, elitista, controlador	Facilitador, miembro del equipo, profesor, defensor, patrocinador
Aprendizaje y conocimiento	Aprendizaje periódico, especialista dogmático	Aprendizaje continuado a lo largo de la vida; generalista con múltiples especialidades
Criterios de compensación	Tiempo, esfuerzo, rango	Habilidades, resultados
Orientación cultural	Monocultural, monolingüe	Multicultural, multilingüe
Fuente primaria de influencia	Autoridad formal	Conocimiento (técnico e interpersonal)
Visión de la gente	Problema potencial	Fuente primaria
Patrón primario de comunicación	Vertical	Multidireccional
Modo de toma de decisiones	Aportación limitada de decisiones individuales	Abierto a decisiones colegiadas
Consideraciones éticas	Reflexivo	Impulsivo
Naturaleza de las relaciones interpersonales	Competitivo (ganar-perder)	Cooperativo (ganar-ganar)
Manejo del poder e información clave	Acumula	Comparte
Enfoque del cambio	Resistente al mismo	Facilitador

Para Robbins[32], cultura organizacional *es un sistema de significados compartidos por los miembros de una organización, que la distinguen de otras.* Dicho de otro modo, *es un conjunto de características básicas que valora la organización.* Para agregar que la cultura organizacional es la que representa a toda la organización. Esto no significa que no puedan existir subculturas. Una cultura dominante expresa los valores centrales que comparten la mayoría de los miembros de la organización.

32. Robbins, Stephen P. *Comportamiento organizacional.* Pearson - Prentice Hall, 2004.

© GRANICA

Edgar Schein[33], en el capítulo 2 de su obra *Organizational culture and Leadership*, al que titula "Descubriendo los niveles de cultura", plantea que la cultura puede ser analizada por niveles, donde el término nivel hace referencia al grado en que el fenómeno cultural puede ser visible para el espectador. A través de la palabra inglesa "*artifacts*" este autor hace mención a los símbolos visibles de la cultura como por ejemplo los logos que representan la imagen o la marca de una organización o la decoración de sus oficinas. En el gráfico siguiente hemos denominado "Referencias culturales manifiestas" a este tipo de símbolos culturales.

Niveles de la cultura organizacional

Referencias culturales manifiestas	Estructuras y procesos organizacionales visibles (difíciles de descifrar)
Valores expuestos	Estrategias, objetivos, filosofía (justificaciones expuestas)
Supuestos subyacentes fáciles de descifrar (inconscientes)	Creencias aceptadas, percepciones, pensamientos y sentimientos (última fuente de valores y acción)

Fuente: Schein.

Del gráfico precedente se desprende que, aun difíciles de interpretar, las "referencias culturales manifiestas" conforman la parte más "visible" de la cultura organizacional, desde la perspectiva de un observador, sea interno o externo.

---

33. Schein, Edgar H. *Organizational culture and Leadership.* Jossey-Bass Publishers, San Francisco, 1992.

En cuanto a su grado de visibilidad, les siguen las estrategias y objetivos de la organización, siendo "lo menos visible" los supuestos subyacentes básicos. Sobre éstos dice Schein que *son la esencia de la cultura y que también se pueden denominar valores básicos.* Sin embargo, él no adopta esta denominación, prefiere la de *supuestos o asunciones básicas,* y agrega que éstos son –en general– no negociables y no modificables.

Harrison y Shiron[34], al referirse a la estructura de la cultura organizacional, mencionan que la misma se compone de diversos elementos que podrían mostrarse como "capas" (Schein los denomina *niveles*), con las que se forma la cultura organizacional. Las capas superiores son las más visibles, tanto para un observador externo como para los miembros de la organización.

En el nivel superior –y más visible– los autores de referencia, al igual que Schein, sitúan a los "*artifacts*", que hemos denominado "referencias culturales manifiestas"; entre ellas se puede mencionar a los logos o la publicidad –tanto institucional como de ciertos productos o servicios–, la página web –tanto su diseño como lo que se comunica en ella–, el diseño y características particulares de los edificios –tanto de fábricas como de oficinas–, y la vestimenta de los integrantes de la organización.

En capas inferiores se podrían mencionar los siguientes elementos: los comportamientos de los integrantes, el lenguaje utilizado por ellos, su discurso, historias, rutinas, y los distintos rituales y ceremonias propios de esa organización (patrones de comportamiento). A continuación y por debajo, normas, valores, creencias y conocimientos (el saber hacer de cada uno de los integrantes), las percepciones y los supuestos básicos (presunciones). En síntesis, las manifestaciones visibles de la cultura organizacional en hechos, no en palabras.

En la página siguiente se expone un gráfico basado en el trabajo mencionado, y más adelante una referencia al respecto.

En el gráfico, donde se exponen las diferentes "capas" que componen la cultura organizacional, nos llama especialmente la atención un concepto: los "patrones de comportamientos". Éstos, de algún modo, pueden ser modificados o "gestionados" desde la Dirección de una organización. Si, a su vez, relacionamos este concepto con las funciones del área de Recursos Humanos, podríamos mencionar algunas que permiten la modificación del comportamiento individual y organizacional: desarrollo de competencias, diseño de normas y políticas, selección de personas de acuerdo con la cultura actual o la la que se desea alcanzar… sólo por mencionar algunas entre un conjunto de acciones posibles. Se tratará este tema más en profundidad en el

34. Harrison, Michael I. y Shiron, Arie. *Organizational diagnosis and assessment.* Sage Publications, Thousand Oaks (California), 1999.

La cultura organizacional

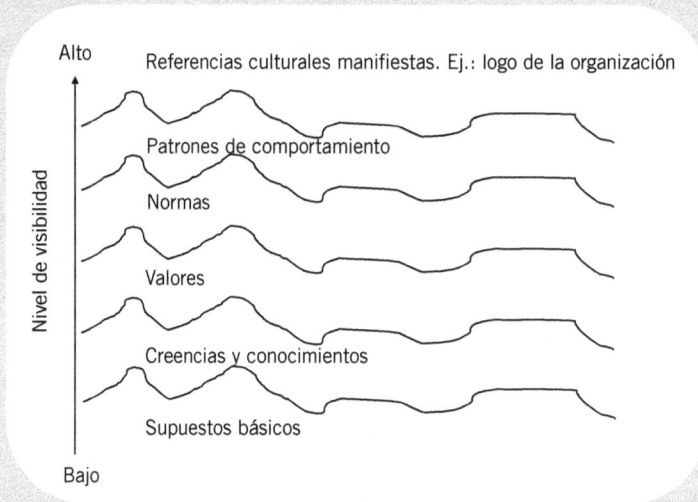

Alto — Referencias culturales manifiestas. Ej.: logo de la organización

Patrones de comportamiento

Normas

Valores

Creencias y conocimientos

Supuestos básicos

Bajo

Nivel de visibilidad

Fuente: Harrison y Shiron.

Capítulo 7, donde será nuestro propósito explicar cómo lograr un cambio cultural a través de la implementación de Gestión por Competencias.

Las organizaciones operan en un determinado medio, en el que los individuos viven y trabajan. Ese medio se conforma por un complejo sistema de leyes, valores y costumbres que denominamos *cultura social, nacional* o *doméstica.* En definitiva, los individuos actúan en relación con sus propias características personales, que se ven influenciadas por el entorno en el cual viven y se han desarrollado.

En el gráfico de la página siguiente hemos dividido al entorno en dos: el directo, o sea el medio donde la empresa se encuentra y sus trabajadores, tanto jefes como empleados, viven; y un entorno más alejado, que igualmente ejerce cierta influencia y al que hemos denominado "entorno global". En la actualidad toda empresa de cualquier comunidad, aun pequeña, se ve influenciada por el contexto global.

La cultura organizacional es el conjunto de supuestos, convicciones, valores y normas que comparten los miembros de una organización. Esta cultura puede haber sido creada en forma consciente por los directivos y/o fundadores o, sencillamente, haber evolucionado con el curso del tiempo. La idea de cultura organizacional es un tanto intangible, no podemos tocarla ni verla, pero está presente y es muy fuerte.

La cultura organizacional

¿Cómo medirla? Hay muchas respuestas. Sin embargo, la mayoría de los métodos son imperfectos, por ello, usualmente, los consultores utilizamos varios de manera simultánea. Si las organizaciones pretenden crear y administrar conscientemente su cultura, deberán ser capaces de comunicarla a sus empleados; por lo tanto, antes de medirla se deberá saber qué tipo de cultura se desea, y comunicar esto a los empleados. La comunicación a los colaboradores es el primer paso para alcanzar el tipo de cultura deseado, aunque –como es casi obvio– la sola comunicación no alcanza.

La cultura organizacional es importante para el éxito de una organización, cualquiera sea su objeto y propósito. En una primera instancia, ofrece a sus integrantes una identidad y una visión de la organización. Las empresas con cultura definida, que trabajan sobre ella, en general logran continuidad por parte de los empleados, ya que los mismos se identifican con la organización y su cultura.

Cuando la cultura de una organización es conocida en la sociedad, los potenciales empleados la conocen antes de su ingreso y saben si la comparten o no; en el caso de que acuerden con ella, esto será un motivo de interés, de atracción, por lo cual la organización obtendrá la postulación de los candidatos deseados según la cultura organizacional. Asimismo, el conocimiento de la cultura contribuye a generar entusiasmo.

Las culturas son relativamente estables, cambian muy lentamente, excepto en casos de crisis profundas o cuando las organizaciones cambian de dueño o se fusionan con otras.

Tradicionalmente, la cultura de una organización constituía un concepto implícito, no explícito. En años más recientes, las empresas comenzaron a trabajar sobre la cultura y a explicitarla. Muchos líderes prefieren determinar claramente qué tipo de cultura esperan alcanzar en sus organizaciones. La cultura de una organización se consolida en el tiempo cuando ésta logra reclutar a personas que comparten sus valores.

No es posible decir que una cultura es mejor que otra; la cultura de cada empresa depende del segmento de mercado en el cual se desenvuelve y de sus objetivos, así como de otros factores del entorno.

Hasta no hace mucho los líderes no hacían mención acerca de la cultura de la organización, ni siquiera a sus mismos empleados (mucho menos frente a otras personas). En la actualidad, en muchos casos los empleados han incluido la cultura organizacional entre sus preocupaciones y temas de conversación. La mayoría de las culturas emanan de la alta dirección, y se consideran más o menos fuertes según el impacto que tienen en los desempeños de sus empleados.

Una cultura puede presentar, a su vez, subculturas. Esto se verifica cuando las empresas tienen una gran dispersión geográfica y muchas áreas o departamentos.

Como se dijo en párrafos anteriores, es muy difícil medir la cultura organizacional. Los métodos más usuales para hacerlo son la consulta a empleados a través de entrevistas o cuestionarios y/o el análisis de símbolos, anécdotas o ciertos rituales y ceremonias que todas las organizaciones tienen. Las encuestas de clima o de satisfacción laboral, cuando están bien diseñadas, permiten medir algunos de estos aspectos.

¿La cultura puede cambiar? La respuesta es la misma que a la pregunta sobre su medición: es muy difícil. Para ello se requiere realizar acciones a largo plazo (según muchos autores, en períodos que van de cinco a diez años). Lo que es evidente es que no resulta posible cambiar la cultura organizacional en plazos medibles *en meses*, sino *en años*. Nuestra propuesta de cambio cultural, ya anunciada en la tapa de esta obra, es a través de la implantación de un modelo de Gestión por Competencias: entendemos que sólo será posible si la definición de las competencias implica un cambio cultural en el sentido deseado.

Según Davis y Newstron[35], la efectividad de los métodos para el cambio de cultura sería, en escala decreciente, la que se muestra en la tabla siguiente.

---

35. Davis y Newstron, obra citada.

Probabilidad alta

Efectividad probable	Métodos de cambio cultural
Alta	Comunicación de apoyo de la alta dirección
	Capacitación de empleados
	Declaración de valores
	Retribución de conductas

Probabilidad moderada

Efectividad probable	Métodos de cambio cultural
Moderada	Uso de anécdotas y mitos
	Reconocimiento público de héroes y heroínas

Probabilidad mínima

Efectividad probable	Métodos de cambio cultural
Mínima	Empleo de lemas
	Nombramiento de un administrador (responsable) de la cultura

Las organizaciones que se propongan cambiar su cultura deberán tener en cuenta que el proceso es largo, requiere de la convicción y el apoyo de la máxima conducción, y difícilmente puedan encararlo sin ayuda externa.

Nuestra propuesta para el cambio cultural, a través del diseño de un modelo gestión por competencias, siempre y cuando el mismo se proponga alcanzar una determinada cultura (las competencias deben permitir ese cambio cultural), se podría ubicar entre los métodos de alta probabilidad de éxito. Una vez que se haya definido el modelo, la transformación (cambio cultural) se logrará a través del desarrollo de las competencias deseadas por la organización.

© GRANICA

Desarrollo organizacional

La denominación *desarrollo organizacional* se relaciona con la evolución deseada del comportamiento organizacional en "alguna dirección determinada": pasar de la situación actual a otra, que permitirá alcanzar mejor la estrategia u objetivos de la organización. Es importante recordar que los objetivos o metas organizacionales pueden ser muy distintos entre sí, por lo cual el desarrollo a alcanzar también lo será. Es decir que el desarrollo organizacional no implica un determinado tipo de comportamiento, sino aquellos que cada organización desee.

Entre sus principales objetivos se pueden citar una mayor calidad de vida laboral, productividad, adaptabilidad y eficacia, junto con la necesaria adaptación a un mundo cada día más competitivo y, además, a la acelerada evolución de la tecnología.

El desarrollo organizacional (DO) no es un concepto nuevo y puede ser denominado de otras formas, como por ejemplo, *cambio cultural*, que quizá sea más comprensible por la persona no experta y represente mejor una idea actual de la temática. El desarrollo organizacional fue un gran avance; permitió que muchos comprendieran que las organizaciones son sistemas que funcionan gracias a las relaciones interpersonales, y que éstas son dinámicas.

Cómo implementar *desarrollo organizacional*

Desde nuestra perspectiva, la manera más eficaz será a través de la implantación de un modelo de competencias, donde las competencias que se definan sean aquellas que permitirán cumplir la estrategia organizacional, siempre con un enfoque *ganar-ganar* en la relación con los empleados, cuidando que éstos ocupen los puestos para los que mejor están preparados, tanto en cuanto competencias como en cuanto a conocimientos.

Una vez que se han definido las competencias, uno de los pilares del modelo será el desarrollo de ellas; de esta manera se estará trabajando en la dirección deseada, para que la organización alcance el comportamiento organizacional requerido para cumplir su estrategia.

Para lograr el DO no alcanza con trabajar con las personas que integran la organización, aunque ése será el eje principal de los temas abordados en esta obra. Para lograr una transformación organizacional se debe trabajar o accionar, además, sobre los procesos y las tecnologías.

Por otro lado, el cambio no es sólo tecnológico, sino también económico y político. Requiere que en las organizaciones funcionen coordinadamente las personas y los procesos junto con las necesarias adaptaciones tecnológicas. Se requiere administrar el cambio y, eventualmente, resolver problemas derivados del mismo, para capitalizar las oportunidades y hacerlas beneficiosas para todos.

Una organización es un sistema donde tanto las personas como las tecnologías y los procesos actúan y se influencian mutuamente.

Davis y Newstron[36] presentan un cuadro al que denominan "Variables del desarrollo organizacional". Entre las variables identifica la causalidad o *variables causales*. Estas son las más importantes, porque afectan tanto a las *variables intervinientes* como a las *de resultados*. Son, además, aquellas que la Dirección puede modificar; por ejemplo: fijar políticas, planes de capacitación, establecer nuevos controles, modificar la estructura organizacional y, aunque es más difícil, modificar conductas de liderazgo. Las *variables intervinientes* son las directamente afectadas por las *variables causales*.

Por último, las *variables de resultados* representan los objetivos de la organización, generalmente fijados por la máxima conducción. El deseo de cumplir con ellos suele ser el motor que impulsa a las prácticas derivadas del DO.

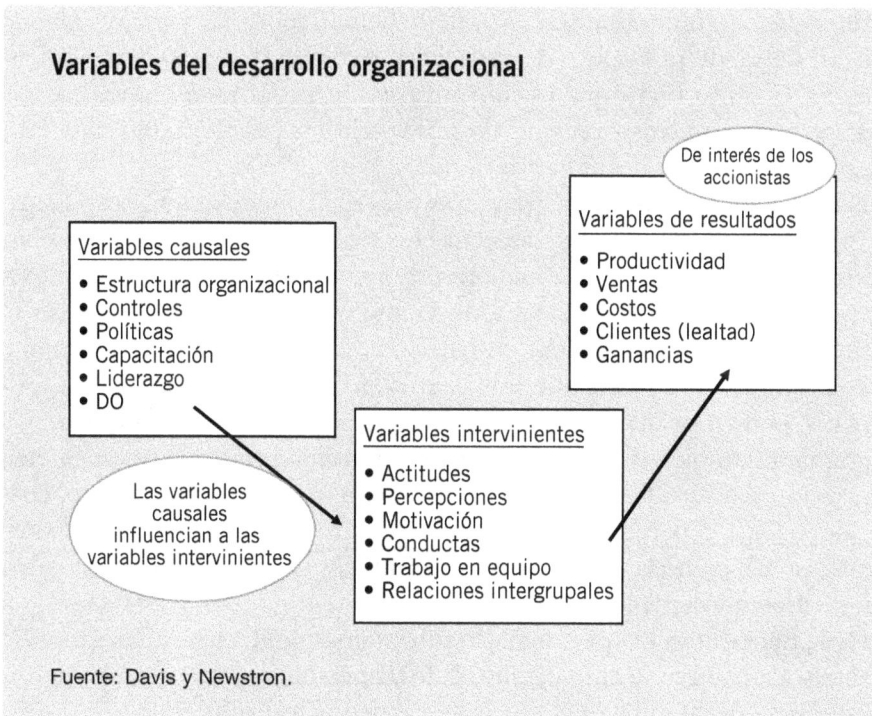

Variables del desarrollo organizacional

De interés de los accionistas

Variables causales

- Estructura organizacional
- Controles
- Políticas
- Capacitación
- Liderazgo
- DO

Las variables causales influencian a las variables intervinientes

Variables intervinientes

- Actitudes
- Percepciones
- Motivación
- Conductas
- Trabajo en equipo
- Relaciones intergrupales

Variables de resultados

- Productividad
- Ventas
- Costos
- Clientes (lealtad)
- Ganancias

Fuente: Davis y Newstron.

---

36. Davis, Keith y Newstron, John W. *Comportamiento humano en el trabajo*. Obra citada.

© GRANICA

Si usted desea explicar este gráfico a un accionista, le sugerimos comenzar por la derecha. Desde los resultados hasta la lealtad de los clientes, todos los elementos que preocupan a los accionistas se ven influenciados por el desempeño del personal. Por lo tanto, todo lo que invierta inteligentemente en la gente, en implementar subsistemas de Recursos Humanos o Gestión de Recursos Humanos por Competencias –como se verá en los últimos capítulos–, todo el tiempo y esfuerzo dedicados a trabajar sobre su capital humano, sobre la motivación de su personal, tendrán un efecto directo sobre los resultados de la organización.

Las variables externas impactan en los resultados y en el comportamiento organizacional. Por ejemplo, los hechos ocurridos en Argentina sobre el final del año 2001 –que devinieron en la renuncia de un presidente electo por el pueblo–, las dificultades económicas del país y la consiguiente crisis política y económica de comienzos del 2002, afectaron de un modo u otro a las organizaciones, que se vieron damnificadas desde todo punto de vista, en la rentabilidad de sus negocios y en el comportamiento organizacional.

La dirección de una organización puede actuar sobre las *variables causales*, por ejemplo, en temas de políticas o de capacitación, que a su vez afectan a las *variables intervinientes*. Cuando una organización invierte en programas específicos para un mejor desempeño es de esperar que esa influencia sea positiva tanto para las personas como para los resultados organizacionales.

Toda implementación de cualquier nuevo sistema puede tener pros y contras. En el caso específico de acciones que afectan el comportamiento de las personas, éstas pueden ser percibidas de diversa manera por los distintos actores intervinientes. El cambio puede ser bueno o malo. No todo lo que signifique cambio debe ser necesariamente bueno para los individuos en particular o la organización en general.

De todos modos, todos los que trabajamos en temas relacionados con los recursos humanos pensamos que "trabajar" con las personas siempre es positivo. Cuando los programas están bien diseñados, la situación es siempre *ganar-ganar*. Si bien para la organización significa tiempo y dinero y el riesgo de un posible fracaso, cualquier avance que se logre repercutirá positivamente en los resultados, aunque su medición no sea tan sencilla como la que se puede realizar respecto del rendimiento en la producción de una nueva maquinaria.

Desde la perspectiva del personal, los subsistemas de Recursos Humanos tienden –en general– a aumentar la empleabilidad de las personas, y esto siempre significa un incremento del capital individual, intrínseco de cada individuo.

Una implementación exitosa de un programa de desarrollo organizacional (DO) genera casi automáticamente mayor compromiso del personal con los objetivos de la empresa y una mayor motivación y calidad en la tarea realizada. Si se desea medir el

DO a través de Índices de Control de Gestión, por ejemplo, la organización primero deberá mejorar los índices de ausentismo y rotación de personal. Luego, después de un cierto tiempo, deberían mejorar los resultados de las evaluaciones de desempeño del personal, es decir, ser éstas más altas en su conjunto a través de una mayor consecución de los objetivos individuales fijados para cada uno de los colaboradores. Si se midiera el desempeño mediante índices de productividad, éstos deberían mejorar.

El desarrollo organizacional es un proceso complejo. Un cambio de cultura puede demandar varios meses, quizá años. Sin embargo, el proceso para lograr las mejoras deseadas es de duración indefinida. Además, de ser necesario, puede ser modificado.

Para cualquier cambio cultural se debe primero realizar un diagnóstico, saber con qué se cuenta y adónde se desea llegar. Este esquema simple de *diagnóstico - objetivo a alcanzar* se aplica a muchas cosas, desde un régimen para adelgazar hasta a una remodelación de la casa-habitación. En el caso de un cambio de cultura organizacional, tanto el diagnóstico como el cambio son complejos, abarcando desde cómo medir la cultura actual hasta de qué manera desarrollar los comportamientos para alcanzar una nueva cultura.

1. **Diagnóstico inicial.** En ocasiones la naturaleza de los problemas a solucionar los hace más evidentes y el diagnóstico es más simple o directo. En cualquiera de los casos, se debe contar con el apoyo y la participación de la máxima conducción. Se deberán realizar varias entrevistas con personas diferentes para llegar a un diagnóstico acertado.
2. **Recolección de información.** Algunas herramientas que se pueden utilizar: encuestas para determinar el grado de satisfacción de los empleados o clima organizacional, para evaluar el comportamiento tanto individual como colectivo, y entrevistas. En todos los casos será clave el diseño de los formularios y cuestionarios para recolectar la información, a fin de que permitan obtener datos objetivos y, luego, cruzar información, de modo de asegurar la validez del diagnóstico.
3. **Confirmación de la información.** Se presentan los borradores para que sean analizados por fuentes confiables dentro de la organización. Si ésta cuenta con un área de Recursos Humanos o Capital Humano, su responsable puede ser un interlocutor válido.
4. **Elaborar un plan de acción.** Una vez que se cuenta con un diagnóstico, se eleva a la máxima conducción de la organización, con la cual se discuten los caminos a seguir a partir de allí. Los planes que se definan deben ser concretos, con fechas de inicio y finalización.
5. **Evaluación.** Se deben evaluar los resultados.
6. **Seguimiento.** Se debe realizar una adecuada observación del proceso.

© GRANICA

Los programas de DO deben abarcar a toda la empresa, en todos sus pasos. Es muy frustrante para el conjunto de la organización comenzar un proceso y dejarlo inconcluso.

Pros y contras

El DO, tiene como tantas otras cosas, una serie de beneficios y algunas limitaciones. Su implementación persigue el cambio, cuando se considera que es necesario y beneficioso para la organización.

Las mejores implementaciones, que producen mayores beneficios, son aquellas que se aplican a toda la organización o a una parte muy significativa de ella.

El principal beneficio desde el punto de vista de la organización será lograr ese cambio que necesita para una mejor consecución de sus objetivos, eliminando factores no deseados, como la rotación y el ausentismo.

Desde el punto de vista de los individuos, el DO no sólo aumenta la productividad y la calidad de su trabajo, por medio de una mayor motivación, sino que también mejora la calidad de vida en el trabajo, la satisfacción laboral, el trabajo en equipo y la resolución de conflictos.

Las limitaciones más importantes derivan de su propia implementación. Por ejemplo, puede suceder que, por algún motivo, el programa se vea interrumpido y no alcance sus objetivos y entonces se lo vivencie como un fracaso; también que el proceso de la implementación del DO sea muy extenso, y, por qué no, que se haya elegido un mal consultor.

Hemos utilizado la denominación de *desarrollo organizacional* porque con estos términos ha sido abordado el tema en la mayoría de los libros de texto y programas de materias universitarias (currículos, *sylabus*, o cualquier nombre que se le dé al contenido de una materia de grado o posgrado). En nuestra metodología de trabajo, el cambio y el desarrollo organizacional se llevan a cabo a través de la implantación de un modelo de competencias. Esto será así siempre que las competencias que se definan representen la misión, visión y estrategia de la organización. Si lo que se desea alcanzar es un cambio, por ejemplo, de cultura, esto deberá verse reflejado en las competencias que se definan como requeridas en la organización.

Una vez que se ha definido el modelo, se deben determinar las brechas existentes entre los nuevos perfiles definidos y las reales competencias de los colaboradores. Luego, se deben diseñar acciones de desarrollo para el cambio de comportamientos en las personas de modo de reducir y/o eliminar las brechas detectadas.

Para sintetizar, diremos que el desarrollo organizacional es, en nuestra opinión, mucho más eficaz si se realiza a partir de la puesta en marcha de un modelo de competencias, que al ser sistémico permitirá la realización de acciones de desarrollo para toda la organización sin descuidar ningún aspecto relacionado con las personas que la integran (directivos y empleados).

Si bien este tipo de modelos conllevan un cierto tiempo de implantación y una inversión de dinero, es importante considerar que el costo encubierto de trabajar con personas no capacitadas para desempeñarse en sus respectivos puestos de trabajo siempre será más alto.

Implicancias de la globalización en el comportamiento organizacional

Una de las características necesarias en los gerentes del siglo XXI será el cosmopolitismo. Dicha característica podrá ser incluida como una competencia gerencial o incluida en un concepto más amplio. En la obra *Diccionario de Competencias. La trilogía. Tomo 1* el lector podrá encontrar este concepto dentro de la competencia denominada "Adaptabilidad a los cambios del entorno". Como en otros temas que abordamos, comenzaremos por el significado de la palabra en sí.

Cosmopolita deriva de *cosmos,* la que, según Corominas[37], deriva del griego *kósmos,* "mundo, universo". Y en relación con *polités,* "ciudadano", surge el término *cosmopolita* o *ciudadano del mundo,* y su derivado *cosmopolitismo.*

Cosmopolita[38]: dícese de la persona que considera a todo el mundo como patria suya. En su tercera acepción la RAE dice: *aplícase a los seres o especies animales y vegetales aclimatados a todos los países o que pueden vivir en todos los climas.*

Cosmopolita[39] (segunda acepción): *de la gente o cultura de muchas partes del mundo. En la tercera: persona familiarizada con lugares y costumbres de muchas partes del mundo y frecuentemente sin vínculo o conexión afectiva especial con su propia patria.*

Cosmopolita[40]: *dícese de la persona que ha vivido en muchos países, ha viajado mucho. En su tercera acepción: dícese de los lugares en que vive gente de todos los países o muchos de ellos.*

---

37. Corominas, Joan. *Breve diccionario etimológico de la lengua ccastellana.* Gredos, Madrid, 1998.
38. www.rae.es
39. Seco Reymundo, Manuel *et al. Diccionario del español actual.* Obra citada.
40. *Gran Diccionario Salvat,* Salvat Editores, Barcelona, 1992.

© GRANICA

Cosmopolitismo[41]: *doctrina y género de vida de los cosmopolitas.*

Cosmopolitismo[42]: *condición de cosmopolita.*

De los distintos enfoques de los diccionarios, el siguiente es el que mejor representa el sentido con el que usaremos la palabra en esta obra: "persona familiarizada con lugares y costumbres de muchas partes del mundo", o en pocas palabras, con Corominas, "ciudadano del mundo".

En un concepto aún más directo, el *Diccionario Salvat* dice que cosmopolitismo es la doctrina que considera como patria del hombre al mundo entero.

Davis y Newstron llaman a este concepto "administradores transculturales", y lo definen como aquellos que pueden adaptarse exitosamente a varias culturas sin dejar de cumplir sus metas de mayor productividad. Como ya expresamos en obras anteriores, hemos seguido la definición de Jeremy Rifkin, que habla de los *nuevos cosmopolitas* al referirse a los jóvenes ejecutivos de la década de 1990, y la definición de *portability,* con la que se hace referencia a la capacidad de adaptarse rápidamente a otras culturas, no sólo en largas estadías sino también en cortas visitas a lugares con características culturales desconocidas o ajenas a las propias. Se trata de una característica de personalidad presente en aquellas personas que llegan a un país diferente e inmediatamente pueden operar en él, sin mayores dificultades, en contraposición a esas otras personas que "necesitan 48 horas para adaptarse cuando regresan de un paseo a 400 kilómetros de distancia y en su propio país".

¿Qué entendemos por cosmopolitismo, si le damos carácter de competencia? Implica la habilidad de adaptarse y funcionar rápidamente con efectividad en cualquier contexto extranjero o subcultura propia de las distintas regiones de un mismo país; habilidad para comprender rápidamente otras culturas, su manera de pensar y comportarse y las diferentes formas de hacer las cosas, y utilizar dicha comprensión en beneficio de la organización. Es la capacidad de "reordenar" los propios comportamientos para adaptarlos a usos y costumbres distintivos (de cada lugar en particular), y de aprender de todo ello para desempeñarse de la mejor manera posible.

Condiciones que afectan a las compañías globales

En un libro titulado *Los nuevos líderes globales*[43], publicado pocos años después que el mencionado anteriormente de Rifkin, Mandfred Kets de Vries y Elizabeth Florent-

---

41. RAE. Ídem.
42. Seco Reymundo, Manuel. Ídem.
43. Kets de Vries, Manfred F.R. y Florent-Treacy, Elizabeth. *Los nuevos líderes globales.* Grupo Editorial Norma., Bogotá, 1999.

Treacy hacen referencia al cambio de paradigma que representan las empresas u organizaciones globales. Coincidiendo con lo que ya expusimos en nuestra obra *Cómo manejar su carrera*[44], "la vida en las organizaciones modernas ya no es lo que fue para la generación de nuestros padres. El mundo ha cambiado de una manera drástica. La clave de hoy es ser competitivo a nivel internacional".

Los pueblos están organizados en naciones o regiones, con sus particulares maneras de actuar y costumbres, y de acuerdo con sus recursos (de todo tipo) y la propia cultura. Existen semejanzas y diferencias significativas entre estos países y regiones. Algunas naciones están más desarrolladas económicamente que otras, y tienen diferentes estilos de gobierno. Las condiciones de trabajo son diferentes, a causa de la diversidad de actitudes, valores y expectativas de los individuos. En algunos casos hasta la expectativa de vida es diferente. El conocimiento de estas diferencias culturales, económicas y sociales, y de su implicancia en el comportamiento organizacional será muy importante, así como conocer las leyes y otros comportamientos de la población (por ejemplo, los relacionados con la ética, entre otros muy importantes).

Ninguna persona o país puede vivir en este momento aislado del resto del mundo (un mundo complejo y cada vez más intercomunicado e interrelacionado). Todos formamos parte de él, y esto es cada vez más significativo.

Muchos de los libros que tratan este tema, desde los denominados países desarrollados, generan en sus lectores una impresión particular, ya que en su afán de explicar las diferencias culturales entre los países caen necesariamente en estereotipos y –aunque no creemos que haya sido el propósito de ninguno de ellos– en una cierta discriminación. No incurriremos en el mismo error.

Nos referirnos una vez más a Davis y Newstron, citando lineamientos para aquellos que deban manejar personas o, simplemente, trabajar en empresas transnacionales.

1. Conozca una amplia variedad de culturas, tanto local como internacionalmente. Le sugerimos, entre otras cosas, leer sobre historia.
2. Desarrolle relaciones frecuentes con colegas de otros países, mediante la colaboración en trabajos, foros de discusión, intercambio de experiencias.
3. Participe todo lo que sea posible en capacitación transcultural y sobre diversidad.

---

44. Alles, Martha Alicia. *Cómo manejar su carrera*. Ediciones Granica, Buenos Aires, 1999. Allí la autora dice, en la Presentación: "cuando nosotros éramos chicos, lo común, lo más frecuente era que se comentara: "Mi papá era de Obras Sanitarias, mi tío de Segba... y los dos papás de Graciela eran de Obras y allí se conocieron y todos estos papás y tíos se jubilaron en estas empresas".

© GRANICA

4. Interactúe con expatriados que hayan retornado y con extranjeros que trabajen en su país, para aprender de sus experiencias.

5. Aprender idiomas será la clave para una mejor interacción con otras culturas.

6. Identifique un referente o mentor con experiencia y conocimientos sobre empresas transculturales.

7. Analice e infórmese, todo lo que pueda, sobre las costumbres del país al que será asignado (en el caso de un traslado), o de aquellos lugares con los que deberá interactuar (en el caso de puestos de trabajo que sin requerir una mudanza o cambio de domicilio le exigirán una significativa exposición a otras culturas, relacionándose con, por ejemplo, jefes de otras nacionalidades, clientes, proveedores, pares). Si conoce la cultura de aquellos con los que deberá interactuar, tendrá un mejor acercamiento y estará en una situación ventajosa.

Jeremy Rifkin[45], en su obra *El fin del trabajo*, introduce el concepto de los *trabajadores globales*. Él también escribe desde un país desarrollado, pero creemos interesante su enfoque (no positivo por cierto) de lo que denomina "el precio del progreso".

En la página 213 del mencionado libro dice: *aunque muchos de los profesionales que configuran las nuevas elites de analistas teóricos trabajan en las mayores ciudades del mundo, tienen muy poco o prácticamente ningún arraigo con el lugar. El sitio geográfico en el que trabajan tiene menos importancia que la red internacional para la que se hallan colaborando. En este sentido, representan una nueva fuerza cosmopolita, una tribu nómada fundamentada en la alta tecnología cuyos miembros tienen mucho más en común entre ellos que con los ciudadanos de aquellos países con los que puedan realizar algún tipo de negocio. Su experiencia y servicio se venden por todo el mundo. Estos nuevos grupos emergentes de trabajadores internacionales de alta tecnología, cuyos salarios para el año 2020 representarán algo más del 60% de los ingresos de los habitantes de los Estados Unidos, pueden apartarse de las responsabilidades cívicas del futuro, si prefieren no compartir sus ganancias y sus ingresos con la totalidad del país. El ex secretario de Trabajo, Robert Reich, dice que es posible que "los analistas teóricos se concentren en enclaves más aislados, dentro de los cuales podrán usar sus recursos en lugar de compartirlos con otros norteamericanos o de invertirlos de forma que pueda mejorar la productividad de otros habitantes de Norteamérica".*

Los nuevos trabajadores situados en la segunda línea después de los más ricos, que denomina *analistas teóricos*, según el autor representaban al momento de escribir la obra (año 1996) el 4% de la población de los Estados Unidos. Se trata, entre otros,

---

Más adelante dice: "la personas hacían carrera en una empresa y se jubilaban allí. En los tiempos que corren esto ya no es así. La carrera incluye cambio de trabajo".

45. Rifkin, Jeremy. *El fin del trabajo*. Paidós, Buenos Aires, 1996.

de nuevos profesionales, analistas teóricos especializados, trabajadores con conocimientos relevantes que gestionan la nueva información económica basada en la alta tecnología… Los ingresos de este relativamente pequeño grupo de menos de cuatro millones de personas, equivalían (en 1996) a los del grupo de menor nivel adquisitivo de ese país, formado por el 51% de la población.

Para Rifkin esta "clase" de especialistas muy bien remunerados está compuesta por científicos investigadores, ingenieros de diseño, ingenieros civiles, analistas de software, investigadores de biotecnología, especialistas en relaciones públicas, abogados, banqueros, inversionistas, consultores de dirección, consultores financieros y fiscales, arquitectos, planificadores estratégicos, especialistas de marketing, editores y productores cinematográficos, directores artísticos, publicistas, escritores, editores y periodistas. No sé si la lista sería igual, es decir, con los mismos integrantes, si tomáramos cualquier país de Latinoamérica, como el de la autora de estas líneas, Argentina, o bien Perú o Paraguay. Pero, si bien la lista puede ser diferente, el concepto es el mismo: una serie de trabajadores tienen un lugar de privilegio respecto de otros, y son los que de un modo u otro manejan la información y el conocimiento.

Los trabajadores que desde su posición manejan y procesan el conocimiento en relación con la industria crecen en detrimento de los tradicionales trabajadores de la era industrial. Los diseñadores, por sobre los que fabrican un producto; o el rol de la publicidad en relación con el producto en sí. La alta tecnología de los últimos años ha llevado a que estos trabajadores, los que manejan la tecnología y el conocimiento, hayan ganado la carrera económica. De algún modo, constituyen la *nueva aristocracia*. Sólo basta ver las *revistas del corazón* ocupándose de estos nuevos personajes… En fin, si bien ha sido nuestra intención hacer una referencia sobre los nuevos cosmopolitas, no es propósito de esta obra extendernos en una reflexión económica o social respecto del tema.

Más adelante en su libro, continúa Rifkin citando a Reich: nuevos trabajadores *diferenciados del grueso de la población por sus contactos internacionales, por sus buenas escuelas, por sus confortables estilos de vida, por sus excelentes sistemas de coberturas sanitarias y por la abundancia de guardias de seguridad, los analistas teóricos completarán su separación de su medio. Las ciudades dormitorio y los enclaves urbanos en los que residen, y las zonas analítico-teóricas en las que trabajan, no se parecerán en nada al resto del país.*

En síntesis, cada cosa puede tener sus aspectos positivos y negativos. La cultura transnacional de las empresas es una realidad. Existen grandes corporaciones cuyos presupuestos y niveles anuales de facturación superan largamente los presupuestos de muchos países. Por lo tanto, sin ideologías, no se puede negar lo evidente.

© GRANICA

Como especialistas de Recursos Humanos no se espera de nosotros una opinión al respecto. Sólo entiendo que es nuestro deber trabajar y velar por el cumplimiento de los objetivos y metas de la organización, y al mismo tiempo velar por la satisfacción laboral de los empleados.

Cuando se mencionan los distintos factores que conforman el comportamiento organizacional, los autores, todos en general, hacen referencia al *entorno*. Nosotros quisimos enfatizar el tema de la influencia global y consideramos el entorno dividiéndolo en dos: entorno directo y entorno global. Esta división la desarrollaremos en otros momentos de nuestro trabajo; en realidad, cada vez que se haga referencia a las influencias externas a una organización sobre su comportamiento organizacional.

Muchos autores tratan este tema, y la mayoría de los ejecutivos y demás empleados de las compañías globales conocen acerca del cosmopolitismo por su propia experiencia. De todos modos, es un aspecto que debe ser considerado, ya que no todas las personas están interesadas en él o sus competencias se corresponden con una realidad que demanda este tipo de capacidad. Hace unos años conocimos a un ejecutivo extranjero a cargo de la filial argentina de una multinacional, que estuvo tres años en el país y no aprendió una palabra de español; solo, ni siquiera podía tomar un taxi. La anécdota es muy significativa, porque además este señor, de origen norteamericano, estaba casado con una mujer latina que, desde ya, hablaba español perfectamente, lo que representaba una facilidad adicional no sólo para aprender el idioma sino también para *comprender la cultura del país*. Sin embargo, el mencionado ejecutivo no tenía interés.

En las antípodas, otros ejecutivos no sólo aprenden el idioma de los países donde actúan, sino que sienten un verdadero placer en ello.

Los brasileños, muchas veces, cuando son destinados a cumplir funciones en los países del Mercosur, aprenden el idioma español antes de viajar, y al llegar lo hablan perfectamente. Otros, entre los cuales podemos encontrar a un gran número de argentinos y de otras nacionalidades, piensan que con el *portuñol* (mezcla de portugués y español) es factible manejarse. Esto puede ser adecuado si el propósito es tomar unas vacaciones en Río de Janeiro, pero no lo es si se va a discutir un contrato o un negocio de cualquier índole.

Por lo tanto, si un profesional debe trasladarse a otro país o simplemente ejerce funciones que implican algún tipo de relación con personas de otros países, debe tener una cuota de la competencia mencionada. Y si se nos permite, se podría parafrasear un antiguo dicho castellano: "Donde fueres haz lo que vieres". Esta frase representa el cosmopolitismo, del cual los españoles supieron mucho, aunque no se llamara de esta manera y los códigos fuesen otros.

En la obra ya citada[46], Kets de Vries y Florent-Treacy hacen referencia al nuevo ejecutivo global: *muchos directores ejecutivos de los años de posguerra eran individuos con preparación financiera o técnica*[47] *y mentalidad militar, personas acostumbradas a dar órdenes y a hacerlas cumplir.* Sin embargo, el siglo XXI requerirá otros perfiles; según estos autores habrán de tener, entre otras, *aptitudes orientadas a hacer frente a una competencia mundial cada vez más intensa. Deberán tener un grado en humanidades o ingeniería y un posgrado en Administración, y haber trabajado para* filiales extranjeras de compañías multinacionales.[48] *Los nuevos ejecutivos serán trabajadores de equipo, acostumbrados a ser parte de grupos de gerencia de alto nivel con personas de diversos orígenes culturales.*

Igualmente, hacen referencia a que en las compañías globales del futuro el liderazgo colegiado será más aceptable que el enfoque autocrático. Los líderes del futuro deberán cultivar una forma de tratar a las personas a través del *empowerment* y no de la autoridad (autoritaria). Bajo este esquema, para la promoción de personas a puestos superiores se tendrán en cuenta las capacidades antes que la antigüedad en el puesto.

Ket de Vries y Florent-Treacy hablan de *actitudes*; nosotros nos referimos a ellas como *competencias*, ya que de ese modo se transforman en "observables" a través de los comportamientos; no obstante, coincidimos con ellos en los conceptos. Estos autores hacen referencia a las aptitudes "suaves" o relacionales, diciendo que éstas son esenciales en el nuevo ejecutivo global.

La destreza técnica por sí sola no es suficiente para ser eficientes en la economía global. Los ejecutivos deben poseer conciencia estratégica de la situación socioeconómica y política de los países en los cuales trabajan, y mostrar vivo interés en ella. También deben poseer talento para la comunicación, tanto verbal como no verbal. Los dirigentes de corporaciones deben salir de su propia esfera de comodidad y adaptarse a otras realidades. Uno de los requerimientos clave es que deben hablar más de un idioma, pero no sólo esto, sino además poseer la capacidad de comprender otras culturas para poder relacionarse con personas de diversos orígenes.

Cuando hablamos de este tema no hay que pensar solamente en culturas alejadas (desde nuestra perspectiva), como las orientales, sino simplemente en un país vecino o en cualquier otro que no habla nuestro idioma. Todos los que por un motivo u otro hemos traspasado las fronteras del propio país, sabemos lo cuidadoso que

---

46. Kets de Vries, Manfred F.R. y Florent-Treacy, Elizabeth. *Los nuevos líderes globales.* Obra citada.
47. En los países latinoamericanos se le daba mucha importancia al perfil técnico e industrial, en esos años. El perfil financiero cobró preponderancia en la década de 1980-1990.
48. Los autores, en realidad, hacen una referencia inversa: viviendo en un país central, dicen que hay que tener experiencia en filiales ubicadas en el extranjero.

hay que ser con el lenguaje para ser comprendido. Sólo un ejemplo: los argentinos denominamos "pollera" a la prenda femenina que en otros países es conocida como "falda". Si utilizamos el término usual para los argentinos en otros países, nuestro interlocutor podría entender que en lugar de referirnos a una prenda de vestir estamos mencionando a una mujer que vende pollos (aves).

Los ejecutivos eficaces de esta nueva economía global serán aquellos que reconozcan la diversidad de culturas tanto para definir sus estrategias de negocios como para relacionarse con sus colaboradores, proveedores, accionistas, gobiernos, etc.

Principales aspectos a tener en cuenta en el comportamiento organizacional

Globalización

En el contexto actual, uno de los factores fundamentales a tener en cuenta en relación con el comportamiento organizacional es la globalización. La globalización implica un nuevo enfoque en la dirección de las organizaciones, en la forma de hacer negocios, de moverse en el contexto organizacional, y demanda poseer adaptabilidad y flexibilidad frente a culturas diferentes. Entre las consecuencias no deseadas se pueden identificar las dificultades que deben enfrentar las personas que deben viajar con frecuencia o que son trasladadas a otros países; a esto se suma la problemática de los empleados cuando regresan a su país de origen luego de un período de residencia en el exterior. Entre los beneficios, la capacitación y el desarrollo de competencias.

La globalización no es un concepto nuevo. Fue uno de los motores que impulsaron la conquista de América hace más de 500 años y diversos emprendimientos en las últimas centurias.

En Argentina, en épocas recientes, los jóvenes de provincia, a corta edad debían emigrar para estudiar a cientos de kilómetros de su ciudad natal. Algunos tenían la capacidad de adaptarse, y otros no. Quien esto escribe ha vivido estos temas desde niña, ya que pasó su infancia en una pequeña ciudad del interior, donde éste sigue siendo un tema vigente. A su vez, en las últimas décadas se han intensificado los programas de intercambio entre colegios y universidades de diferentes países. Todo esto implica, de un modo u otro, una globalización.

Las diferencias culturales en países de geografía extendida como Argentina y tantos otros, o las que se observan con sólo pasar de un pueblo de 5.000 habitantes a una ciudad de varios millones, representan transiciones que requieren adaptabilidad o lo que en tiempos más actuales se ha dado en denominar *cosmopolitismo*. Así, esta capacidad (o no) de adaptación no sólo debe analizarse al pasar de una cultura sajona a una cultura latina, o viceversa, sino que se aplica a muchas otras situaciones.

Cuando las organizaciones operan en varias regiones de mismo país o en distintas naciones, las compañías requieren de esta adaptación o cultura cosmopolita. Con este enfoque más amplio analizaremos el tema. Desde ya que la intensificación del comercio internacional, las compañías transnacionales y la amplia difusión de Internet han extendido el concepto de "global" y lo han llevado a su máxima expresión. Las empresas que deben operar en diferentes países, con varios idiomas o bien, con el mismo idioma –como puede ser el español– que tiene sus variantes de país en país, de región en región aun dentro de un mismo país, deben buscar métodos de comunicación, identificando las diferentes acepciones de términos, buscando un lenguaje común.

Las buenas prácticas de liderazgo y las competencias para ejecutivos actuales (siglo XXI)

Kets de Vries y Florent-Treacy entrevistaron a tres grandes ejecutivos actuales e identificaron, como conclusión de ese trabajo, las siguientes "buenas prácticas":

Expresión de la visión. Expresan la visión con entusiasmo y sencillez, brindando confianza a los demás a través de la que ellos tienen en sí mismos, cuando hablan de lo que esperan hacer y adónde quieren llegar. Esto hace que su visión sea contagiosa.

El líder que contiene las ansiedades de sus empleados. Si bien los empleados necesitan algo de incomodidad para ser más productivos (si no, se duermen), hay límites para ello. Un buen líder debe tener la capacidad para reconocer y contener la ansiedad de sus seguidores. (Kets de Vries y Florent-Treacy lo llaman "líder como oso de peluche".)

Adquisición de poder al compartir el poder. Un líder puede presentar su visión con entusiasmo, sin embargo éste no podrá transferirse a otro a través de una imposición u obligación. La visión debe ser coherente y convincente por sí misma. No se puede ser líder si se "acapara" el poder. Por el contrario, el líder que sabe distribuir el poder *hacia abajo* se ve beneficiado a largo plazo y beneficia a la organización en su conjunto. Estos líderes comparten información, minimizan el secreto, hacen que su personal participe. Así, sus empleados se tornan más productivos. (Nosotros denominamos *empowerment* a esta característica organizacional.)

Selección de colegas complementarios. Si se reconoce alguna debilidad, lo mejor es buscar otros miembros del equipo que cubran ese aspecto.

Creencia de que lo pequeño es bello. Hace referencia a intentar que las grandes corporaciones mantengan algún tipo de trato familiar, una atmósfera íntima, de pequeña empresa. Las estructuras planas hoy están a la moda.

Desarrollo de una estructura interconectada. La tecnología hoy lo permite y facilita; simplemente hay que creer que ello es bueno para la organización.

Abolición de la burocracia. Hace referencia a estructuras pequeñas en las casas matrices, para evitar la burocracia; en definitiva, se relaciona con el punto de distribución del poder.

Permanencia en la cumbre tecnológica. Ser grandes y pequeños a la vez, que las empresas funcionen interconectadas (o los negocios lo hagan), y que toda la empresa funcione cohesionada parecen objetivos contrapuestos que –en general– se logran a través de la informática. Ésta permite que los ejecutivos descentralicen sin perder control y que empleados de cualquier parte del mundo trabajen interconectados. Esto se logra si tanto los ejecutivos como los empleados están familiarizados con la tecnología disponible.

Concentración en el cliente. Fuerte orientación al cliente de todos los estamentos de la organización. Desde el número uno hasta el último escalón de la empresa. No más altos ejecutivos aislados en cajas de cristal. No más ejecutivos de producción desconectados de las ventas. Para ello las prácticas de Recursos Humanos deben estar orientadas a los objetivos y la motivación.

Reducción del tiempo de respuesta. El ciclo de vida de los productos es cada vez más corto y los clientes no desean esperar. Estos dos paradigmas deben ser la Biblia de cualquier organización.

Promoción de valores compartidos. Las compañías se desenvuelven mejor cuando sus empleados tienen valores compartidos. Valores que van más allá de la estructura nacional (valores corporativos): esto genera cohesión. Los empleados deben interiorizar los valores corporativos y comportarse de acuerdo con ellos.

Inculcar el principio de buena ciudadanía corporativa. Esto presupone colocar los propósitos de la organización por encima de la propia agenda personal. Se ha verificado que en las grandes corporaciones exitosas los empleados están dispuestos a hacer grandes esfuerzos para ayudarse mutuamente y preservar la integridad de la organización. Para ello los ejecutivos también lo deben practicar.

Comunicación abierta. Las personas deben sentir confianza para decir lo que piensan. Políticas de puertas abiertas, entre otras buenas prácticas, pueden ayudar a fomentar la comunicación; por ejemplo, aceptando críticas.

Presentación de desafíos de éxito. Hace referencia a la contratación de individuos sedientos de desafíos y retos excitantes e inmediatos. Esto implica arriesgarse a que estos colaboradores cometan errores, pero también premios y castigos.

Recompensa por la excelencia. Se relaciona con el punto anterior. Las compañías deben premiar la excelencia de sus empleados. Desde las gerencias de Recursos Humanos se piensan sistemas creativos para premiar el desempeño y mantener el compromiso de empleados valiosos.

Desarrollo del compromiso y la autonomía. Las empresas deben hacer esfuerzos para el desarrollo de estas competencias.

Innovación y aprendizaje. Igual comentario que el punto anterior.

Cultivo de la armonía en una organización global. Podríamos decir que, tal como sucede en una orquesta, en una compañía global hay que buscar la armonía de diferentes interpretaciones e instrumentos. Sin olvidarnos de los solistas. Es decir, la construcción de una organización de aprendizaje y alto rendimiento, estimulando el aporte individual.

Como síntesis de su libro, Kets de Vries y Florent-Treacy dicen que *el liderazgo autocrático no tiene cabida en la organización del futuro. Las organizaciones buscan líderes autorizados, personas que inspiren confianza e impongan respeto y lealtad al haber demostrado que saben de lo que están hablando y actúan según sus creencias.*
La obra de estos dos autores y sus conclusiones derivan de un trabajo realizado sobre tres ejecutivos exitosos de compañías globales. Se exponen a continuación las que, en nuestra opinión, son las competencias más usuales para ejecutivos no sólo de la región, sino también de empresas globales.

Las competencias
para los ejecutivos del siglo XXI

En función de las necesidades y características de Iberoamérica, las competencias más importantes para los ejecutivos contemporáneos o del siglo XXI podrían agruparse en los siguientes conceptos (algunos ya fueron citados en obras anteriores):

Desarrollo de su equipo. Es la habilidad de desarrollar el equipo hacia adentro, el desarrollo de los propios recursos humanos. Supone facilidad para la relación interpersonal y la capacidad de comprender la repercusión de las propias acciones sobre las acciones de los demás. Incluye la capacidad de generar adhesión, compromiso y fidelidad.

© GRANICA

Modalidades de contacto. Es la capacidad de demostrar una sólida habilidad de comunicación y asegurar una comunicación clara. La persona que tiene esta competencia alienta a otros a compartir información, habla por todos y valora las contribuciones de los demás. En un concepto extendido, comunicarse incluye saber escuchar y posibilitar a los otros un acceso fácil a la información que se posee.

Habilidades mediáticas. Están asociadas a la asimilación de los nuevos y tradicionales medios de comunicación y su aplicación eficaz. Se trata del buen desenvolvimiento frente a los medios, en conferencias de prensa, conferencias frente a pares o la comunidad, teleconferencias, etc.; también, buena relación con la prensa, y habilidad de comunicar lo que se desea en forma clara y sencilla.

Liderazgo ejecutivo. Es la capacidad de dirigir a un grupo o equipo de trabajo del cual dependan –a su vez– otros equipos. Líder de líderes. Implica el deseo de guiar a los demás. Los líderes crean un clima de energía y compromiso, comunicando la visión de la empresa, ya sea desde una posición formal o informal de autoridad. El "equipo" debe considerarse en sentido amplio, como cualquier grupo en el que la persona asume el papel de líder.

Liderazgo para el cambio. La habilidad de comunicar la visión estratégica de la firma de manera tal que no sólo parezca posible sino también deseable para los accionistas, provocando su motivación y compromiso genuinos. Implica actuar como *sponsor* de la innovación y los nuevos emprendimientos.

Pensamiento estratégico. Es la habilidad para comprender rápidamente cambios del entorno, oportunidades de mercado, amenazas competitivas y fortalezas y debilidades de la propia organización para identificar la mejor respuesta estratégica. Capacidad para detectar nuevas oportunidades de negocios, comprar empresas en marcha, y realizar alianzas estratégicas con clientes, proveedores o competidores. Incluye la capacidad para saber cuándo hay que dejar un negocio o modificarlo de manera radical.

Empowerment. Dar poder al equipo de trabajo potenciándolo. Hace referencia a fijar claramente objetivos de desempeño con las responsabilidades personales correspondientes. La persona marca una dirección y define responsabilidades. Capacidad para aprovechar claramente la diversidad (heterogeneidad) de los miembros del equipo a fin de lograr un valor añadido superior en el negocio, combinando adecuadamente situación, persona y tiempo. Habilidad para lograr una adecuada integración al equipo de trabajo y compartir las consecuencias de los resultados con todos los involucrados. Implica emprender acciones eficaces para mejorar el talento y las capacidades de los demás.

Dinamismo – Energía. Se trata de la habilidad para trabajar duro, en diferentes situaciones cambiantes o alternativas, con interlocutores muy diversos, que cambian en cortos espacios de tiempo, en jornadas de trabajo prolongadas, y hacerlo de forma tal que el nivel de actividad no se vea afectado.

Cosmopolitismo. Habilidad para adaptarse y funcionar rápidamente con efectividad en cualquier contexto extranjero o subcultura propia de las distintas regiones de un mismo país. Capacidad para comprender rápidamente otras culturas, su manera de pensar, de comportarse, y los diferentes modos de hacer las cosas, y utilizar dicha comprensión en beneficio de la organización. Es la capacidad de "reordenar" los propios comportamientos para adaptarlos a usos y costumbres distintivos (de cada lugar en particular), y de aprender de todo ello para desempeñarse de la mejor manera posible.

Relaciones públicas. Habilidad para establecer relaciones con redes complejas de personas cuya cooperación es necesaria para tener influencia sobre los que manejan los productos líderes del mercado, clientes, accionistas, representantes de sindicatos, gobernantes en todos los niveles (locales, estatales y provinciales), legisladores, grupos de interés, proveedores y la comunidad toda.

Orientación al cliente. Implica el deseo de ayudar o servir a los clientes, de comprender y satisfacer sus necesidades. Implica esforzarse por conocer y resolver los problemas del cliente, tanto del cliente final al cual van dirigidos los esfuerzos de la empresa, como los clientes de sus clientes y todos aquellos que cooperen en la relación empresa-cliente, como por ejemplo los proveedores y el personal de la organización.

Integridad. Es la capacidad de la persona de actuar en consonancia con lo que dice o considera importante. Incluye comunicar las intenciones, ideas y sentimientos abierta y directamente, y estar dispuesto a actuar con honestidad incluso en negociaciones difíciles con agentes externos. Las acciones que realiza la persona son consistentes con lo que expresa verbalmente.

Desarrollo y autodesarrollo del talento. Es la capacidad de fomentar e incentivar el talento propio y ajeno, a través del uso eficiente de medios y herramientas, tras un análisis y evaluación del desempeño actual y potencial. Implica la búsqueda del aprendizaje continuo que permita alcanzar un rendimiento óptimo.

Liderar con el ejemplo. Se trata de la capacidad de establecer un patrón de conducta que configure un ejemplo positivo a fin de fomentar en los otros confianza y seguridad, logrando adhesión del equipo de trabajo en el logro de los objetivos comunes. Implica un modelo de conducción personal basado en un manejo ético de la actividad, que logra crear ambiente de trabajo agradable y equilibrado.

Motivar a otros. Capacidad de fomentar en otros una conducta superadora que ayude a la consecución de los objetivos organizacionales. Implica involucrar a los colaboradores, identificar y conocer aquello que los motiva, estimula e inspira, sin descuidar, al mismo tiempo, la individualidad de cada uno de los integrantes del equipo de trabajo.

Sencillez. Es la capacidad de administrar efectivamente los sistemas y procesos existentes en la organización convirtiéndolos en facilitadores de la ejecución de las tareas en lugar de presentarlos como trabas burocráticas; o bien utilizándolos para medir, monitorear y gestionar el propio desempeño y el de su equipo. Implica conocer ampliamente los sistemas y políticas de la organización para resolver adecuadamente las diversas situaciones que se presentan.

Pasión por la tecnología. Capacidad para inspirar y motivar en los demás el entusiasmo por los cambios tecnológicos, aprovechando al máximo las oportunidades que se presentan en el entorno. Implica informarse permanentemente acerca de los avances en materia de tecnología y transmitir dicha información a sus colaboradores para fomentar en ellos el desarrollo de soluciones técnicas innovadoras. Se relaciona con el profundo convencimiento de que la tecnología es capaz de resolver problemas y responder a requerimientos de diferente índole, ya sea individual, grupal o ambiental.

Compromiso con la rentabilidad y el crecimiento sostenido. Es la capacidad de sentir como propios los objetivos de rentabilidad y crecimiento sostenido de la organización, orientando por completo las acciones propias y del equipo a cargo al logro de la estrategia organizacional. Implica la capacidad de administrar adecuadamente los bienes y recursos organizacionales de los cuales se dispone para realizar las tareas y/o proyectos planteados.

Responsabilidad social. Habilidad para diseñar y llevar a cabo las propuestas orientadas a contribuir y colaborar con la sociedad en las áreas en donde ésta presenta sus mayores carencias, y por ende, mayor necesidad de ayuda y colaboración. Capacidad para trabajar respetando las políticas organizacionales en materia de responsabilidad social.

Entrepreneurial. La competencia *entrepreneurial* hace referencia a la calidad de *entrepreneur*, referida a aquellas personas que cambian recursos económicos desde zonas de baja productividad y rendimiento a zonas de alta productividad y mayor rendimiento. Lo que define al entrepreneur es que busca el cambio, responde a él y lo explota como una oportunidad. Lo hace para sí mismo o para la empresa para la cual trabaja. Aporta su espíritu natural de transformación a su gestión cotidiana, posee iniciativa y talento para los negocios, y logra convertirse en el espíritu de los mismos. Vive y siente como una pasión la actividad empresarial y los negocios.

Competencia *del Náufrago.* Esta competencia se refiere a la capacidad de sobrevivir y lograr que sobreviva la empresa o el área de negocios donde la persona actúa, en épocas difíciles, aun en las peores condiciones del mercado que afecten al propio sector de negocios como a todos en general, en un contexto donde según los casos la gestión pueda verse dificultada por la ruptura de la cadena de pagos, un mercado en recesión o un sector en huelga o paro. Incluye también aquellos managers que deben gerenciar compañías en procesos de cesación de pagos o concurso preventivo de acreedores (*Chapter Eleven* en la terminología –jerga– internacional).

El comportamiento organizacional en perspectiva

A medida que se aprende más sobre el comportamiento de las personas en el trabajo, se desarrollan y aplican mejores modelos de comportamiento organizacional.

A lo largo de los capítulos siguientes se irán desarrollando los distintos aspectos que conforman el comportamiento de las personas en las organizaciones.

Los modelos *de apoyo* y *colegiado* alientan la autodisciplina y la responsabilidad, así como el trabajo en equipo. Para que esto se verifique los empleados deben tener necesidades que, según Maslow, podríamos denominar como *de realización personal,* incluyendo desde ya la necesidad de estima, que incluye la autoestima. Pero esto tiene su contrapartida: los directivos y jefes deben brindar oportunidades de crecimiento y realización, para lo cual necesariamente deben delegar tareas y autoridad. Para reconocer mejor estos dos aspectos les hemos dedicado dos capítulos de la obra: el que denominamos "El poder en las organizaciones" –para analizar el comportamiento de los que tienen algún tipo de poder–, y otro orientado al estudio de "El comportamiento de los individuos en las organizaciones".

A modo de síntesis hemos elaborado un cuadro, relacionando los distintos modelos de comportamiento organizacional y las diferentes teorías en torno al tema. En los manuales de comportamiento organizacional se describen otras teorías; aquí sólo incluimos las más importantes (ver tabla en la página siguiente).

El comportamiento organizacional es una parte de la solución a los problemas, pero debe insertarse en el conjunto de la organización. Solo no puede hacer milagros. Se estudia por separado para su mejor comprensión, pero debe integrarse a la estrategia organizacional general.

© GRANICA

Modelo Se relaciona con:	Autocrático	De custodia	De apoyo	Colegiado
Jerarquía de las necesidades de Maslow	Necesidades psicológicas	Necesidades de seguridad	Necesidades de orden intermedio	Necesidades de orden mayor
La motivación de McClelland			Necesidad de afiliación Necesidad de logro	Necesidad de poder
Las teorías de McGregor	Teoría X	Teoría X	Teoría Y	Teoría Y

Nuevas tendencias en comportamiento organizacional

Las nuevas tendencias en materia de comportamiento organizacional implican, de algún modo, nuevos paradigmas. Organizaciones más abiertas y que contemplen en mayor medida las necesidades de los individuos.

Usualmente se incluye entre las nuevas tendencias una mejor distribución del poder, una actitud más positiva ante las personas y un mejor equilibrio entre el interés o las necesidades de los empleados y el interés o las necesidades de la organización. El concepto de disciplina se ha transformado en autodisciplina, y desde la perspectiva del rol de los jefes ha pasado de la autoridad al liderazgo y la delegación, junto con el trabajo en equipo.

En nuestra opinión, los nuevos paradigmas más relevantes en relación con el comportamiento organizacional son los siguientes:

- **Manejo sistémico de los subsistemas de Recursos Humanos alineados a la estrategia**. Este nuevo paradigma debe correlacionarse con el último (balance entre familia y trabajo) para lograr un manejo sistémico. Es decir, por un lado, el perfil de las personas que trabajan en una organización deberá tener relación con el perfil que resulta necesario para alcanzar los objetivos organizacionales; esto podría implicar personas comprometidas con su tarea y que por lo tanto dediquen muchas horas al trabajo. Por otro lado y al mismo tiempo, se requiere cuidar el equilibrio del balance entre familia y trabajo, y para ello se requieren personas que asuman sus compromisos personales y laborales. El desafío es lograr el equilibrio, y un manejo sistémico de los subsistemas de recursos humanos será de ayuda al respecto.

- **Personas responsables de sí mismas**. Quienes integran las organizaciones son personas adultas; desde esta perspectiva, deben ser responsables de sí mismas y de su autodesarrollo, siempre dentro del marco organizacional.
- **Jefes que delegan**. Métodos de trabajo como el *empowerment* se basan en una mejor delegación por parte de los jefes, y serán efectivos si se aplican a todos los niveles.
- **Colaboración entre los integrantes de una misma organización**. Es más que trabajo en equipo: se trata de lograr que toda la organización se transforme en un gran equipo.
- *Balance familia-trabajo*. Armonizar las distintas responsabilidades personales.

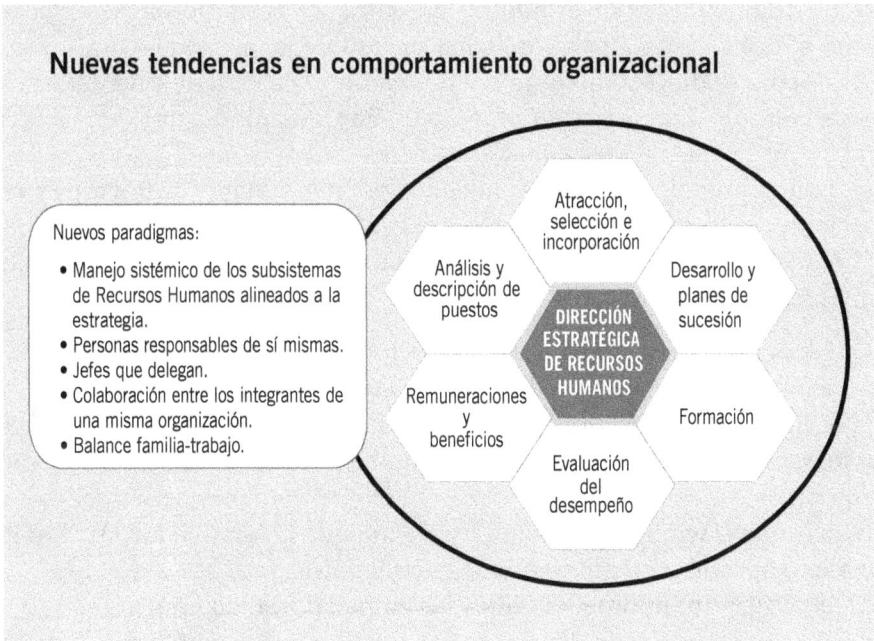

Nuevas tendencias en comportamiento organizacional

Nuevos paradigmas:

- Manejo sistémico de los subsistemas de Recursos Humanos alineados a la estrategia.
- Personas responsables de sí mismas.
- Jefes que delegan.
- Colaboración entre los integrantes de una misma organización.
- Balance familia-trabajo.

Atracción, selección e incorporación

Análisis y descripción de puestos

Desarrollo y planes de sucesión

DIRECCIÓN ESTRATÉGICA DE RECURSOS HUMANOS

Remuneraciones y beneficios

Formación

Evaluación del desempeño

En síntesis, las nuevas tendencias en relación con el comportamiento organizacional plantean un manejo sistémico de los subsistemas de Recursos Humanos orientado –al mismo tiempo– a la estrategia y a las personas. Es decir, se busca que atiendan tanto las necesidades de la organización como las de los empleados, en una relación *ganar-ganar.*

Prácticas de utilización creciente
en la relación empleado-empleador

En el contexto actual y desde hace algunos años, la relación empleado-empleador se ha ido modificando por distintos factores, desde las conquistas sociales logradas por los sindicatos, el ingreso de nuevos integrantes de la fuerza laboral (como la incursión masiva de la mujer en posiciones de jerarquía), hasta la evolución tecnológica, sólo por mencionar los más importantes, sin dejar de lado la globalización. Todos estos elementos, y otros más nuevos, van modificando el vínculo tanto legal como cotidiano del empleador con sus colaboradores.

Algunas prácticas de creciente utilización respecto de este tema son:

Horarios flexibles. Esta práctica tiene diferentes manifestaciones, desde el modo francés que permite un esquema variable de horas trabajadas según la época del año, hasta la jornada definida por el horario de entrada variable (por ejemplo, ingreso entre las 8 y las 10 horas, a partir del cual se cumple la jornada laboral). Esquemas laborales diseñados de este modo pueden mejorar la calidad de vida del trabajador, al que se le concede una mayor autonomía. Es, de algún modo, una demostración de confianza, e invita a la autodisciplina.

Con los horarios flexibles los empleados pueden atender mejor otros requerimientos de su entorno, para adecuarlos a su estilo de vida.

Esta práctica no implica anarquía o libertad total, existen ciertas pautas que las compañías fijan. Ejemplos:

- Que los empleados cambien su horario todos los días (es lo que hacen las organizaciones más flexibles). Otras lo permiten en forma periódica.
- Si el empleado trabaja en un equipo, el horario flexible implica a todos sus integrantes; en ese caso, se fija de común acuerdo entre los integrantes del equipo.
- Otras organizaciones fijan como condición que la variabilidad en el horario se realice solamente considerando los días hábiles.
- Algunas fijan un horario extenso y los empleados se mueven a su gusto dentro de él, cumpliendo cada día el número total de horas establecido (usualmente, 8 horas diarias).

Entre las numerosas ventajas que implican, estas opciones tienden a eliminar la impuntualidad, ya que el trabajador cumple su horario completo a partir de la hora de ingreso. Igualmente se eliminan los "pedidos de permiso", ya que el empleado maneja su horario para asistir a sus citas con médicos o cumplir con otros compromisos similares.

Teletrabajo. Hace referencia al trabajo desde el hogar o en centros de teletrabajo de personas que pertenecen a una organización, no a aquellos trabajadores que trabajan desde su hogar utilizando las comunicaciones pero que ofrecen servicios a terceros, bajo modalidades *free lance* o cualquier otra, sin que pertenezcan a la plantilla en relación de dependencia o fija dentro de la organización.

El teletrabajo es *trabajo*, en el sentido de tareas que se realizan en forma estable para un empleador. El segundo elemento que caracteriza al teletrabajo es que es un *trabajo a distancia*, y el tercero es que utiliza las *telecomunicaciones*.

¿Para qué es útil realmente el teletrabajo? Para resolver diferentes situaciones. Ejemplos:

* Desde la perspectiva de la organización: una multinacional con oficinas centrales en Londres, por razones de costos de mano de obra, decide hacer la contabilidad en la India. ¿Cómo? Muy simple: haciendo uso de las telecomunicaciones, envía la información a la India; allí se procesa, y por el mismo medio se devuelve la contabilidad con balance de saldos conciliado.
* Desde la perspectiva del individuo: una señora con un niño pequeño que algunos días por semana trabaja desde su hogar para, al mismo tiempo, estar más horas cerca de su hijo; o un empleado (de cualquier sexo) que tiene un familiar enfermo o enfrenta otro tipo de situación personal complicada.

Las nuevas tendencias en management indican que los diseños de las diferentes tecnologías contemplan de un modo u otro las necesidades del trabajador, y esto ha modificado notablemente el comportamiento organizacional. Para lograr ciertos comportamientos esperados en los empleados se requiere que estén motivados. No se le puede *decir* a un empleado que sea creativo o que aumente su productividad: se deberá *motivarlo* para que ello ocurra.

Por último, hay que recordar que no todas las organizaciones necesitan el mismo estilo de comportamiento organizacional ni requieren la misma modalidad de participación o de comunicación entre sus empleados.

Limitaciones del comportamiento organizacional

El estudio del comportamiento organizacional no será la solución de todos los problemas que tenga una organización. Si hay un mal clima, problemas entre empleados y jefes o cualquier otra situación negativa, este tipo de estudios le permitirán conocer qué pasa y a partir de allí intentar nuevos caminos. Si una empresa tiene ciertas conductas arraigadas o conflictos, no se podrán resolver mágicamente.

© GRANICA

Las buenas prácticas en Recursos Humanos "ayudan" a resolver problemas, atenúan ciertas situaciones dificultosas. Ciertos problemas, como el desempleo, que tan fuertemente sufren muchos países del mundo al inicio del siglo XXI, los marginados de las fuerzas laborales o las propias problemáticas individuales de ineficiencia, no encontrarán solución en esta obra.

Las personas suelen actuar de acuerdo con sus propias percepciones o creencias. A esto se lo suele denominar "sesgo". Cuando en la televisión o en la radio escuchamos hablar a un político, más allá de que tenga razón en su planteo, habitualmente observamos que tiene sesgo en lo que expresa. Presenta un tema según sus ideas políticas. Con las personas sucede igual: las personas "ven" las cosas de acuerdo con ciertos preconceptos que enmarcan su visión, limitándola. Por lo tanto, no ven toda la realidad sino aquella parte que su visión les permite captar.

Un ejemplo: a pesar de sus buenas intenciones, algunas personas abruman a otros con atenciones o cuidados provocando dependencia, por lo cual los receptores pueden sentirse contentos, pero no realizados. En este ejemplo, las personas tratadas de ese modo no tendrán autodisciplina y respeto por sí mismos, y pueden llegar a sentirse inseguros. Esto puede darse en el ámbito laboral.

Un problema que puede presentarse es el intento de buscar soluciones rápidas. En este sentido, implementar programas de desarrollo organizacional y cambio, si no están dadas las circunstancias apropiadas de tiempo y vocación de los máximos dirigentes, puede no sólo llevar al fracaso de la implementación, sino también generar frustración entre el personal de la empresa.

Cómo hacer un diagnóstico y brindar posibles soluciones

Como decíamos al inicio del capítulo, la mayor parte de los manuales clásicos sobre comportamiento organizacional describen con detalle los distintos fenómenos relacionados con la temática, pero no avanzan "más allá"; es decir, las páginas destinadas a la realización de un diagnóstico y a qué hacer luego, son escasas.

En una frase simple se podría decir que *para comenzar a comprender el comportamiento organizacional se deberá primero describir hechos, comportamientos y actitudes.* Una vez más, esto es cierto, sólo que insuficiente si no se dice cómo hacerlo.

Antes de pensar en hacer un diagnóstico debemos formular la siguiente pregunta: *¿Por qué se ha llegado a la conclusión de que se debe realizar un diagnóstico sobre el comportamiento organizacional?* Me animaría a vaticinar que en la mayoría de los casos, cuando se piensa en este tipo de temas es porque hay un problema que no se puede solucionar, y allí se toma conciencia al respecto. Por lo tanto, el primer indicador que se tiene que tomar en cuenta es cuál es el problema, sus verdaderas causas, con lo que ya se tendrá un punto de partida.

¿Cómo se puede obtener información de calidad para describir el comportamiento organizacional? Veamos.

Métodos para recolectar información

Para recolectar información sobre cómo es el comportamiento organizacional de una empresa o una institución, puede recurrirse a muchas fuentes, desde algunas muy directas, como una encuesta de clima o satisfacción laboral, hasta otras donde la información puede ser identificada a través de un análisis más sutil, tal como si la organización utiliza o no incentivos variables, etc. A continuación incluimos un listado, no exhaustivo, de estas posibles fuentes.

1. Observación directa: por ejemplo, asistiendo a reuniones gerenciales o de otro nivel (del Departamento de Ventas, de Marketing, etc.).
2. Cuestionarios: especialmente diseñados para obtener opiniones de los miembros de la organización. Por ejemplo: encuestas de satisfacción laboral, encuestas de opinión administradas a clientes, etc.
3. Entrevistas: se puede preparar cuestionarios con preguntas (entrevista estructurada) para uniformar criterios. Igualmente, los jefes pueden obtener información a través de entrevistas informales con sus colaboradores.
4. Documentos escritos: utilizar la información disponible, desde los estados contables hasta las evaluaciones de desempeño o minutas de reuniones.
5. Los sistemas y procedimientos en uso en la organización. No es lo mismo si confecciona balances o no, y en el primer caso no es lo mismo si son auditados o no. La lista de ejemplos es muy larga, como el lector podrá apreciar.
6. Las evaluaciones de competencias. Cuando se diseña un modelo de competencias se describen los comportamientos que la organización desea alcanzar tanto para sus directivos como para los restantes colaboradores. Al realizar evaluaciones de las competencias de las personas se puede determinar la brecha existente entre los resultados de las evaluaciones y el modelo o patrón diseñado.

Cada uno de estos métodos sirve para presentar los hechos, no para hacer un diagnóstico de causas y efectos. Todos juntos pueden brindar una información completa del objeto de estudio: el comportamiento organizacional.

© GRANICA

La observación siempre implica algún tipo de mirada subjetiva en la percepción de los hechos. De allí la importancia superlativa que adquiere contar con diseños objetivos y fiables para la realización de un diagnóstico acerca del comportamiento organizacional.

Como se deriva de los comentarios previos, cuando la organización sujeta bajo análisis cuenta con muchos colaboradores, se requiere un conjunto de personas para la realización del diagnóstico. Si no se diseñan herramientas de trabajo fiables, se corre el riesgo de que éste se vea teñido por la percepción que sobre los hechos introduzcan un número alto de observadores, con visiones diversas.

Según la obra de Gordon ya citada, y en una apretada síntesis, las percepciones se basan en:

Los estereotipos: suponer que los otros tienen ciertas características o actitudes sencillamente porque pertenecen a un determinado grupo, categoría, o cualquier otra razón. Por ejemplo: *las rubias son tontas*.

El efecto halo: cuando el evaluador permite que un rasgo o característica sobresaliente de la persona evaluada domine la percepción que tiene de ésta.

La proyección: cuando una persona atribuye sus propios sentimientos o actitudes a otra.

La teoría de "la profecía cumplida": cuando un determinado observador espera ciertos comportamientos y los verifica como ciertos, aunque esto no sea real.

Cómo evitar las distorsiones en la percepción

En primer lugar se debe reunir información, lo más amplia posible, sobre el comportamiento y las actitudes de otros a fin de propiciar observaciones realistas. Por ejemplo, cuando se evalúa una persona, observar su comportamiento individual y no el del grupo al que pertenece.

Una vez que se recolectó la información, se deben verificar las conclusiones, para constatar su validez.

En tercer lugar, y muy importante, es necesario separar los *hechos* de los *supuestos*, para determinar el fundamento de las percepciones.

Luego, separar los diversos aspectos relacionados (por ejemplo, separar la apariencia del desempeño, la productividad de la asistencia, la personalidad de la creatividad). Es preciso recordar que las personas pueden tener diferente apariencia, sobre todo cuando coexisten diferencias culturales o de nacionalidad.

Por último, hay que desterrar las propias emociones o sentimientos. Por ello, cuando se prevé un problema de envergadura, recurrir a un consultor externo puede ser de ayuda, ya que le será más sencillo evitar la proyección, en la medida en que no sea uno de esos consultores "que van a todas partes con el mismo libreto".

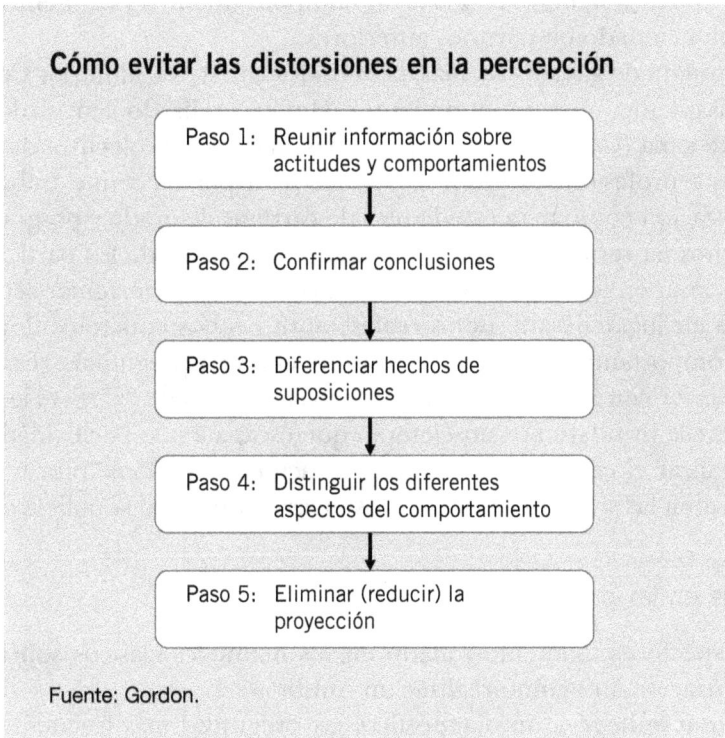

Cómo evitar las distorsiones en la percepción

Paso 1: Reunir información sobre actitudes y comportamientos

Paso 2: Confirmar conclusiones

Paso 3: Diferenciar hechos de suposiciones

Paso 4: Distinguir los diferentes aspectos del comportamiento

Paso 5: Eliminar (reducir) la proyección

Fuente: Gordon.

Toda vez que una organización se preocupa por el comportamiento organizacional –ya sea frente a problemas explícitos o implícitos, o cuando un accionista "percibe" ciertas anormalidades en algún indicador, o un responsable de Recursos Humanos decide abordar el tema por algún motivo– se sugiere un estudio relacionado (para el estudio del comportamiento de las personas dentro de la organización en cuestión) e, inmediatamente, surgen las dudas sobre la validez de los métodos y sobre la cuantificación que éstos pueden brindar.

Frecuentemente, los diferentes aspectos tratados en este capítulo (y quizá también en los siguientes) deberán sufrir la prueba de los desconfiados y escépticos.

En síntesis

Para hacer un diagnóstico confiable se deberá contar con un equipo de consultores entrenados para ello que trabajen utilizando un diseño uniforme y fiable. No alcanza con uno solo de estos dos elementos, deben darse los dos en combinación.

En todos los casos se deberán observar comportamientos y elementos concretos, como se ha mencionado en párrafos anteriores.

Para cualquiera de sus subsistemas, la Metodología de Gestión por Competencias se basa, precisamente, en comportamientos. Hemos realizado actividades de formación sobre este tema (Gestión por Competencias) dirigidas a colectivos diversos, desde ejecutivos hasta profesionales jóvenes, y tanto para personas que trabajan en una misma organización como para estudiantes de carreras de grado y posgrado. En estas experiencias nos ha resultado curioso observar, en muchos de los participantes, una tendencia a pensar en términos de *supuestos* y no de *hechos*. A imaginar actitudes y solicitar *opiniones* en lugar de anécdotas reales sobre hechos concretos donde puedan "observarse comportamientos". Por ejemplo, se tiende a preguntar: *¿Usted cómo resolvería la situación "x"?* en lugar de: *¿Usted cómo resolvió la situación "x"?* Si el lector nos permite una licencia, brindaremos un ejemplo que escapa a la especificidad de este trabajo: para analizar el comportamiento organizacional se deben "buscar evidencias", como lo hacen en las series de televisión los investigadores de la policía científica.

El aprendizaje en las organizaciones

El otro aspecto escasamente tratado en los manuales clásicos sobre comportamiento organizacional es cómo realizar un cambio.

Una vez que se llegó a un diagnóstico, las preguntas más frecuentes serán: *¿Se puede cambiar? ¿Se puede aprender? ¿Cómo es posible que jefes y empleados "aprendan" los comportamientos deseados?*

Como es casi obvio, no tendrá mucho sentido realizar un diagnóstico acerca del comportamiento organizacional si luego no se puede accionar sobre él. Aun reconociendo que es una tarea difícil, se deberá conocer qué se puede lograr y qué no. Existen muchos libros al respecto, quizá demasiados, que exponen supuestas soluciones que no son tales. El administrador o director de una organización deberá saber que no es sencillo, que lleva tiempo, y que si las personas no desean hacerlo, no se obtendrán resultados satisfactorios.

Judith Gordon[49] presenta la *teoría del aprendizaje social, que integra otros enfoques (conductista y cognoscitivo) con la idea de modelar o imitar comportamientos. Los educandos primero observan a otros que les sirven de modelo. A continuación, se forman una imagen mental del comportamiento y sus consecuencias. Por último, ellos mismos intentan el comporta-*

---

49. Gordon, Judith. *Comportamiento organizacional.* Prentice Hall, México, 1997. Página 44.

miento. Si las consecuencias son positivas, el educando repite el comportamiento; si las consecuencias son negativas, no hay repetición.

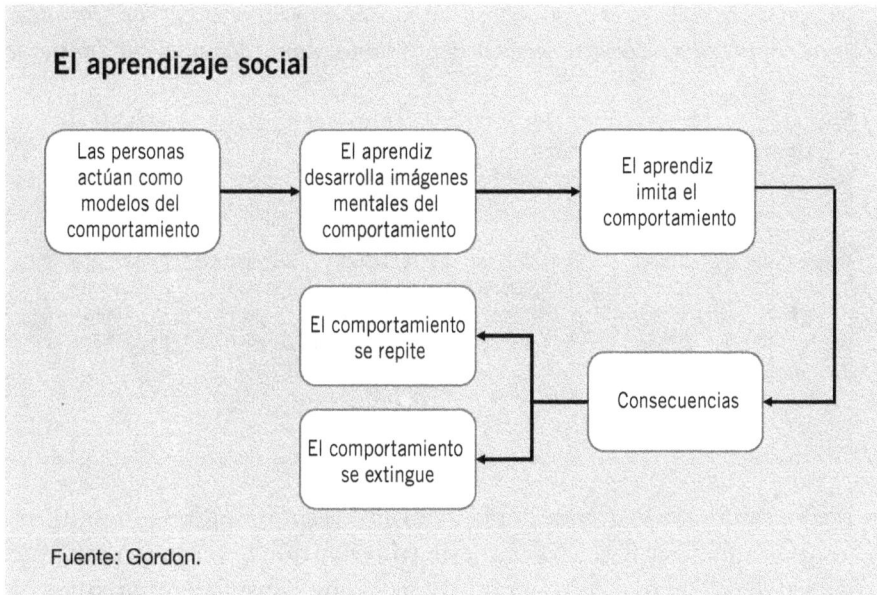

El aprendizaje social

Las personas actúan como modelos del comportamiento → El aprendiz desarrolla imágenes mentales del comportamiento → El aprendiz imita el comportamiento

El comportamiento se repite

El comportamiento se extingue

Consecuencias

Fuente: Gordon.

Este método puede referir a la capacitación en el trabajo y fuera de él. Hemos trabajado extensamente estos conceptos en una investigación realizada como soporte a un producto que comercializa nuestra consultora, tendiente al desarrollo de competencias en base a la observación de comportamientos fuera del ámbito de trabajo y en relación, por ejemplo, con el tiempo libre; siempre con un propósito de mejora en materia de comportamientos requeridos para el puesto de trabajo que la persona ocupa o que se prevé podría ocupar en el futuro.

En relación con el aprendizaje hay que tener en cuenta que para que el cambio de comportamientos sea efectivo se debe partir del hecho de que la persona lo desee. Si una persona (o un grupo de ellas) no desea cambiar, por el motivo que fuere, ninguna acción que se realice al respecto dará resultado. Por el contrario, si un individuo desea cambiar, entonces será posible guiarlo a través de ejemplos de comportamientos a alcanzar para que –paulatinamente– logre el cambio deseado (aprendizaje).

Más adelante Judith Gordon se pregunta: *¿cómo pueden los administradores propiciar la posibilidad de que tanto ellos como otros aprendan dentro del ámbito del trabajo? Se pueden fijar en que existan condiciones adecuadas para el aprendizaje: ofrecer los estímulos adecuados –entre ellos información o material íntegro y comprensible– debe facilitar la adquisición*

© GRANICA

de capacidades, conocimientos o actitudes. Los administradores también deben reforzar los comportamientos deseables que se aprenden. Por ejemplo, deben alabar los comportamientos de los empleados que generan clientes satisfechos. Asimismo, deben incluir en el entorno señales que propicien el aprendizaje. A efecto de mejorar la capacitación y otras formas de aprendizaje individual, los administradores pueden emplear la estrategia planteada en el cuadro siguiente:

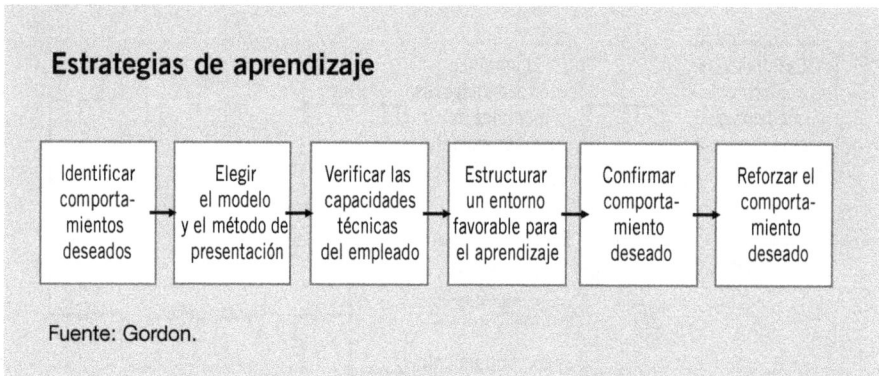

Estrategias de aprendizaje

Identificar comporta- mientos deseados	→	Elegir el modelo y el método de presentación	→	Verificar las capacidades técnicas del empleado	→	Estructurar un entorno favorable para el aprendizaje	→	Confirmar comporta- miento deseado	→	Reforzar el comporta- miento deseado

Fuente: Gordon.

Los responsables de la organización serán los responsables de identificar cuáles son los comportamientos deseados. En este caso hay que tener en cuenta que luego ellos mismos deberán actuar de ese modo, y si esto no es así deberán participar de las actividades de aprendizaje. Deben demostrar compromiso con los comportamientos definidos como deseados. Una vez que se han verificado y logrado los comportamientos deseados se deberá conservarlos y reforzarlos mediante, por ejemplo, el uso de recompensas.

Para continuar con el estudio del comportamiento organizacional hemos dividido los temas del siguiente modo

En este primer capítulo hemos introducido el concepto de *comportamiento organizacional*, para continuar del siguiente modo:

- El cambio en las organizaciones (Capítulo 2).
- El poder, los distintos estilos y cómo se relacionan entre sí una serie de conceptos muy difundidos en el manejo de personal (Capítulo 3).
- Los individuos y su comportamiento (Capítulo 4).
- Nuevas tendencias en management (Capítulo 5).

Y por último, cómo se relaciona el comportamiento organizacional con:

- Las funciones de Recursos Humanos, que usualmente se denominan "los subsistemas de RRHH" (Capítulo 6).

- Gestión de Recursos Humanos por Competencias, como el vehículo que permitirá accionar sobre el comportamiento organizacional, lograr un cambio de cultura, y alinear el comportamiento de las personas con los planes estratégicos de la organización (Capítulo 7).

Estos dos últimos puntos han sido tratados en nuestra obra *Dirección estratégica de recursos humanos. Gestión por competencias.* En este libro se establecerá una relación entre ambas temáticas.

Para estudiar el comportamiento organizacional hemos estructurado esta obra en los siguientes capítulos:

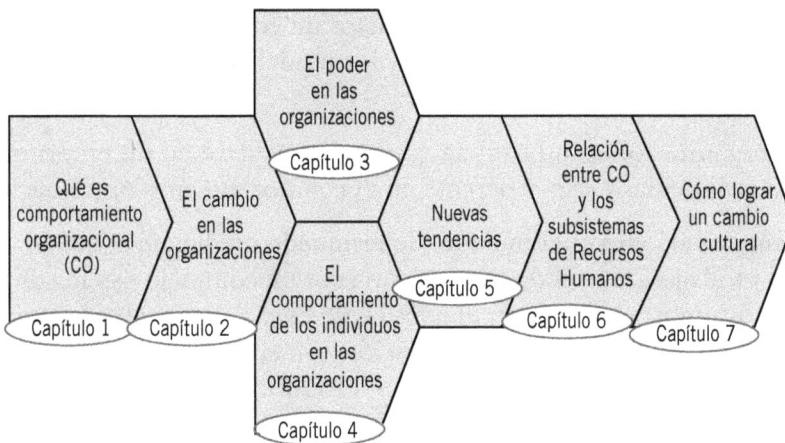

Síntesis del capítulo

✓ Comportamiento organizacional es la disciplina que estudia el comportamiento de las personas dentro de la organización. Se aprende sobre él a través de tres caminos: la teoría, la investigación y la práctica.

✓ Los componentes del comportamiento organizacional son, por un lado, las personas y por otro la estructura, tanto formal como informal, y la tecnología. En adición a estos elementos debe tenerse en cuenta el contexto en el que la organización actúa, tanto nacional como internacional (entorno global).

✓ El estudio del comportamiento organizacional se nutre de diferentes disciplinas: psicología, sociología, política, filosofía, economía, entre las más importantes.

✓ Algunos de los más destacadoss modelos de comportamiento organizacional: las teorías "X" e "Y" de McGregor, y los modelos autocrático, de custodia, de apoyo y colegiado.

✓ Una organización es un sistema que se desenvuelve en un entorno social que lo retroalimenta, y esto repercute en el comportamiento organizacional.

✓ Las organizaciones operan en un determinado medio, en el que los individuos viven y trabajan. Ese medio se conforma por un complejo sistema de leyes, valores y costumbres que denominamos *cultura social, nacional* o *doméstica*. En definitiva, los individuos actúan en relación con sus propias características personales, que se ven influenciadas por el entorno en el que viven y se han desarrollado.

✓ Desarrollo organizacional (DO) representa la evolución deseada del comportamiento. Pasar de una situación actual a otra que permitirá alcanzar mejor la estrategia u objetivos organizacionales. Es importante recordar que los objetivos o metas pueden ser muy distintos entre las diversas organizaciones, por lo cual el desarrollo a alcanzar también lo será.

✓ La globalización ha influenciado, y lo seguirá haciendo, el desenvolvimiento de las organizaciones, cualquiera sea su tipo y tamaño. Los ejecutivos requieren, entre otras capacidades, el desarrollo de la competencia *Cosmopolitismo*.

✓ Un diagnóstico sobre comportamiento organizacional requiere una serie de pasos: desde la observación directa y la administración de formularios y entrevistas, hasta el análisis de documentos, sistemas y políticas de la organización.

✓ El cambio en materia de comportamiento organizacional se alcanza a través del aprendizaje.

✓ Las nuevas tendencias en management, en relación con el comportamiento organizacional, plantean un manejo sistémico de los subsistemas de Recursos Humanos orientados –al mismo tiempo– a la estrategia de la organización y a las personas que la integran. Es decir, que atienda tanto las necesidades de la organización como las de los empleados, en una relación *ganar-ganar.*

¿Cómo puedo aplicar lo visto en este capítulo en mi empresa o puesto de trabajo?

Primero: responderse las siguientes preguntas

* *¿Tengo autoridad para contratar un asesoramiento o aplicar/implementar, por ejemplo, una encuesta de clima o satisfacción laboral?*
* *Si la respuesta fuese no: ¿Puedo sugerirlo a la persona correspondiente?*
* *¿Tengo toda la información sobre políticas de la organización?*
* *¿La Dirección está satisfecha con los resultados?*

Segundo: hacer un diagnóstico

Medidas o acciones para hacer un diagnóstico sobre *comportamiento organizacional:*

1. Encuesta de clima o satisfacción laboral, para analizar cómo se sienten los empleados. Se verá en el Capítulo 4.
2. Análisis de las políticas.
3. Análisis de los resultados de la organización.

Continuar con la lectura de los capítulos siguientes; según cuál sea el diagnóstico y los cambios que deba encarar, podrá ver en esta misma sección del capítulo correspondiente ideas sobre los caminos más adecuados a seguir en cada caso. Por ejemplo, si debe trabajar en temas de *cambio,* pase al Capítulo 2; en relación con los

© GRANICA

roles de los jefes, pase al Capítulo 3; si el problema se relaciona con los *comportamientos de las personas dentro de la organización,* Capítulo, 4, y si quiere saber cómo lograr un *cambio cultural,* vaya al Capítulo 7, sólo para mencionar algunos.

PARA PROFESORES

Para cada uno de los capítulos de esta obra hemos preparado:

- Casos prácticos y/o ejercicios para una mejor comprensión de los temas tratados.
- Material de apoyo para el dictado de clases.

Los profesores que hayan adoptado esta obra para sus cursos tanto de grado como de posgrado pueden solicitar de manera gratuita las obras:

- *Comportamiento Organizacional. CASOS*
- *Comportamiento Organizacional. CLASES*

Únicamente disponibles en formato digital, en nuestro sitio: www.*marthaalles.com,* o bien escribiendo a: *profesores@marthaalles.com*

Capítulo 2

El cambio en las organizaciones
El rol del área de Recursos Humanos en los procesos de cambio

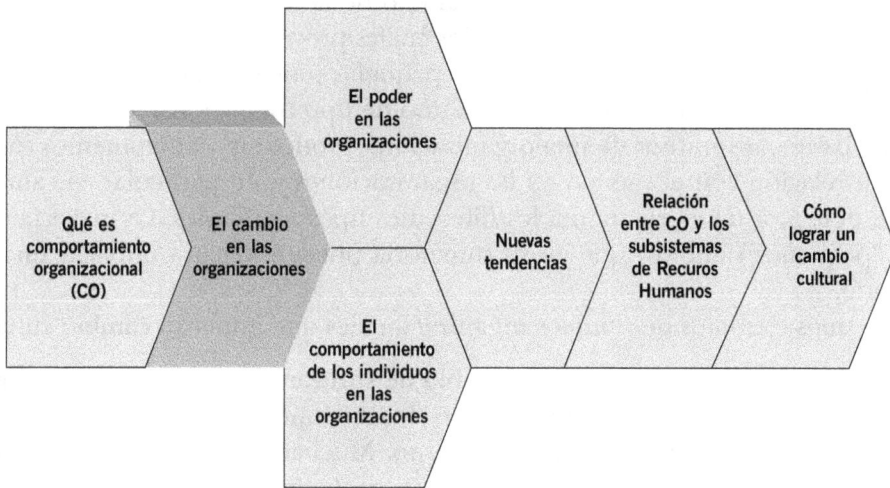

El poder
en las
organizaciones

Qué es
comportamiento
organizacional
(CO)

El cambio
en las
organizaciones

Nuevas
tendencias

Relación
entre CO y los
subsistemas
de Recuros
Humanos

Cómo
lograr un
cambio
cultural

El
comportamiento
de los individuos
en las
organizaciones

Temas que se desarrollarán en este capítulo

✓ Cambio: ficticio o real
✓ Los distintos tipos de cambio cultural
✓ Respuesta global al cambio
✓ Cambiar la forma en que cambiamos
✓ Resistencia al cambio
✓ Administración del cambio a través de los recursos humanos
✓ El profesional de Recursos Humanos como agente del cambio
✓ Patrones de comportamiento
✓ ¿Cómo puedo aplicar lo visto en este capítulo en mi empresa o puesto de trabajo?

© GRANICA

Antes de comenzar el capítulo me parece interesante realizar algunas consideraciones previas, similares a las del anterior. Se hará referencia a autores "clásicos" que han escrito sobre la temática e incluiremos en cada caso nuestro punto de vista, ya que el principal motor que nos llevó a escribir esta obra es la sensación de que los libros existentes no dicen claramente cómo se resuelve cada tema o cómo se puede llevar a la práctica, están sobredimensionados en descripciones y brindan muy pocas sugerencias para la solución de los problemas que pueden presentarse.

La segunda aclaración, especialmente pertinente a este capítulo, es con relación al término *cambio*. En el ámbito organizacional puede implicar desde un cambio de management o conducción hasta un cambio de accionistas y, por qué no, de producto o de mercados a abastecer o de los cuales proveerse.

Por otra parte, el cambio puede ser pequeño o de grandes dimensiones, desde uno relativo a la forma de operar hasta uno de tipo fundacional, es decir, que cambie las bases constitutivas de una organización. A todo esto denominamos cambio.

En relación con el cambio en las organizaciones y, en particular, el cambio cultural, debemos tener en cuenta los diferentes tipos y orígenes. La mayoría de ellos son "pequeños cambios" que en su sumatoria pueden llegar a implicar un cambio cultural.

Veamos ejemplos de cambios organizacionales que implican cambio cultural:

- **Una organización decide un cambio de software que atañe a toda la organización**. Esto implicará cambios tanto de funciones como de tareas y, en consecuencia, cambios de comportamiento. Muchas organizaciones designan dos líderes de proyecto, el gerente de Tecnología Informática junto con el de Recursos Humanos o Capital Humano. El primero será responsable por el cambio tecnológico tanto de hardware como de software, y el segundo de las capacidades de las personas, tanto en conocimientos como en competencias.
- **Cambio de dueños o accionistas**. Este tipo de cambios implica, en ocasiones, la modificación de la misión, visión y planes estratégicos de la organización. Si así fuera, esto implicará un cambio cultural y un rediseño del modelo de competencias.
- **Nueva línea de productos, nuevos negocios, cambio en el perfil de clientes, etc**. Los cambios en relación con la producción y los planes comerciales pueden originar, a su vez, cambios en los recursos humanos así como en métodos de trabajo y procedimientos. Pueden implicar, además, cambios culturales.
- **Nuevos competidores en el mercado**. Cuando una organización está habituada a operar sin mayor preocupación respecto de sus competidores y en un momento dado esta situación cambia, es posible que toda la organización deba modificar su modo de trabajo y su forma de encarar la actividad. No es sólo

pensar en una campaña de marketing o alguna situación puntual: implica un cambio para todos, en la estructura.

- **Cambios económicos, medidas del gobierno sobre nuevas regulaciones, reformas fiscales, etc.** Las nuevas medidas de este tipo no sólo afectan aspectos contables e impositivos. Pueden acarrear cambios que, a su vez, requieran modificaciones de comportamiento organizacional.

En síntesis, los casos descriptos más otros no mencionados, pero de índole análoga, implican desde modificaciones en algunas áreas hasta cambios globales para toda la organización. Como se desprende de lo antedicho, el cambio cultural, en relación con el comportamiento organizacional, puede ser algo pensado y deseado o también ser la consecuencia de un cambio interno o externo de otra índole que implica dicho cambio cultural.

El cambio organizacional y cultural no requiere solamente de personas con capacidad de cambiar (competencia *Adaptabilidad al cambio* o *Flexibilidad*): es eso y mucho más.

Esta obra está destinada al comportamiento organizacional; por lo tanto, cuando se menciona la temática de cambio se hace, fundamentalmente, desde esta perspectiva. El cambio organizacional se logra trabajando para modificar los patrones de comportamiento, y éstos, a su vez, se relacionan con el modelo de competencias. Por lo tanto, si ésta es la situación de una organización, la forma de accionar sobre el cambio cultural será introduciendo las competencias que operen el cambio necesario a partir del modelo de competencias de la entidad.

Otro aspecto fundamental sobre el que se hará énfasis es el rol del profesional de Recursos Humanos en relación con el cambio. Podrá ser un impulsor del mismo o no; eso dependerá de sus propias competencias y conocimientos.

Como puede apreciar el lector, nuestros objetivos son sumamente ambiciosos; esperamos alcanzarlos y responder a sus expectativas.

Cambio: ficticio o real

El cambio, como muchos otros temas, está en el discurso de todo tipo de personas, más allá de que actúen o no en consecuencia. Será nuestro propósito analizar el cambio en las organizaciones desde diversas perspectivas, asumiendo que en la mayoría de las ocasiones es un factor que modifica la realidad sin que esto fuera deseado, y otras veces es promovido por la propia organización. En ambos casos, pueden coexistir al mismo tiempo personas que lo deseen y otras que no. Además, nos ocuparemos de analizar cómo juegan las distintas fuerzas internas frente al cambio y qué

© GRANICA

rol debería asumir el responsable de Recursos Humanos. Igual que en el capítulo anterior, nos referiremos a una serie de autores que ya trataron el tema antes que nosotros, complementando sus aportes con nuestra propia perspectiva, producto del estudio de la bibliografía existente hasta nuestros días y la experiencia profesional de muchos años en consultoría, lo que nos ha permitido conocer una gran variedad de problemas y situaciones diversas.

Si bien nuestro propósito es el análisis del cambio en las organizaciones, no se podrá dejar de lado algún tipo de consideración más amplia del concepto, por lo cual, antes de iniciar los temas a tratar, analizaremos los significados del término "cambio".

Cambio: acción y efecto de cambiar.

Cambiar[1]: en su primera acepción, *dar, tomar o poner una cosa por otra*; en la segunda, *mudar, variar, alterar*; en la sexta, *virar, cambiar de rumbo.*

Cambio[2]: *acción de cambiar.* Cambiar: en su acepción cuarta, *dar a alguien o algo una situación, condición o apariencia diferente de las que tiene*; en la quinta, *convertir una cosa en otra.*

El tema del cambio se ha tratado en numerosas ocasiones, incluso en el cine y la literatura; como ejemplo sólo basta mencionar la obra *El Gatopardo,* donde *las cosas cambian para que nada cambie* –lo que se ha dado en llamar "gatopardismo"–. Para explicar el término "gatopardismo" me permito citar la frase del personaje Tancredi a su tío el Príncipe de Salina, en la obra *El Gatopardo*[3]: "*Si queremos que todo siga como está, es preciso que todo cambie, ¿me explico?*". *El Gatopardo* fue escrito por Giuseppe Tomaso Di Lampedusa y publicado después de su fallecimiento, en el año 1958, por Giangiacomo Feltrinelli Editores.

El *gatopardismo,* esta famosa práctica de la cual hacen gala gobernantes y dirigentes de todos los países, es, en ocasiones y de algún modo, utilizado en las organizaciones para hacer un gran despliegue de supuestas acciones correctoras sin el propósito real de modificar nada.

Otro elemento interesante a tener en cuenta es que el cambio no se detiene. Podríamos pensar: "bueno, ya hubo un cambio, nos acomodamos a él y la vida continúa", pero no es así; el cambio es permanente, por lo tanto no alcanza con acomo-

---

1. www.rae.es
2. Seco Reymundo, Manuel; Andrés Puente, Olimpia y Ramos González, Gabino. *Diccionario del español actual.* Aguilar - Grupo Santillana de Ediciones, Madrid, 1999.
3. Di Lampedusa, Giuseppe Tomaso. *El Gatopardo.* Plaza y Janés Editores, Barcelona, 1999.

darse a un cambio, a dos situaciones de cambio, sino que hay que estar preparado para el cambio constante.

Esto significa que las organizaciones deben innovar en forma constante y –de algún modo– sentirse incómodas cuando "no cambian". Pero entonces, ¿no es importante la cultura, los usos y costumbres? Sí y no: si las costumbres se relacionan con los valores, con la ética u otras virtudes, seguramente la respuesta será un SÍ (así, en mayúsculas). Por el contrario, si la cultura o las costumbres llevan a no cambiar, a no adaptarse a las modificaciones del entorno, seguramente la que dejará de existir será la misma organización. Por lo tanto, el desafío para las organizaciones es el cambio permanente, respetando los valores básicos que conforman la cultura organizacional.

Distintos tipos de cambio

En las organizaciones es muy usual que gerentes y líderes proclamen ideas de cambio pero nada hagan al respecto. Se declama sobre el cambio, ya que se entiende que éste debe ser parte del discurso, pero no necesariamente están dispuestos a soportar el costo de cambiar. Por lo tanto, es frecuente observar organizaciones que sólo cambian "cuando no les queda otro remedio", aunque en su discurso expresen lo contrario. Similares comportamientos pueden observarse en personas de cualquier ámbito. Los inicios de año suelen estar acompañados por innumerables propósitos de cambio a nivel personal que raramente se cumplen.

Sherman *et al.*[4] se refieren al cambio de manera similar al comentario previo realizado, clasificándolo en:

Reactivo: evolución que ocurre después que fuerzas externas han afectado el desempeño.

Proactivo: evolución iniciada para aprovechar oportunidades que –eventualmente– se presentarán.

Los directivos que actúan de manera reactiva toman decisiones muchas veces muy atinadas, pero luego que el hecho ha ocurrido; es decir, *reaccionan* frente a los

---

4. Sherman, Arthur; Bohlander, George y Snell, Scott. *Administración de Recursos Humanos.* International Thomson Editores, México, 1998.

© GRANICA

hechos. En cambio, los proactivos se anticipan al cambio y sacan provecho de las situaciones que se presentan. El cambio es una oportunidad para ellos.

Las políticas de Recursos Humanos pueden favorecer o entorpecer el cambio, aun por omisión. Cuando las políticas contemplan el cambio, podemos decir que son proactivas y lo favorecen. Por ejemplo: si la organización comunica su estrategia y objetivos a sus empleados, éstos podrán ser proactivos frente al cambio; si, por el contrario, la estrategia y objetivos son celosamente guardados por la Dirección o el Comité Ejecutivo, es posible que los empleados esperen directivas sin proponer acciones, ya que no conocen –ni pueden intuir– la orientación de la organización.

Davis y Newstron[5] se refieren al cambio "laboral", definiéndolo como *cualquier alteración ocurrida en el entorno del trabajo*. Los autores utilizan la figura del globo para explicar este fenómeno: *si se ejerce presión sobre alguna parte, el contorno (la forma) del globo cambia inmediatamente, en especial en el lugar donde se ejerció presión*. En la analogía con el ámbito laboral, se podría decir que el aire –dentro del globo– representa a los empleados de la organización.

Si bien es función de los directivos liderar los cambios, éstos se deben realizar sin ejercer presión sobre los empleados. La función de los dirigentes debe ser proactiva, previendo los hechos e implementando cambios con el debido cuidado por mantener el rumbo deseado por la organización.

Peter Senge[6] utiliza otra figura diferente que también parece interesante y complementaria a lo expuesto en el párrafo anterior, en relación con el cambio. Un elemento influencia a otro y viceversa. En general, se comete un error muy común respecto de la palabra *feedback* o *retroalimentación*: se lo ve como un concepto lineal y no es así. En todos los casos se alude a todo un flujo recíproco de influencia. No hay influencia en una sola dirección.

Para reforzar esta idea, Senge introduce el concepto de la *retroalimentación reforzadora*, donde pequeños actos pueden redundar en grandes consecuencias. El ejemplo que plantea Senge es el caso de los comentarios positivos de los clientes satisfechos, que generan más ventas a nuevos clientes satisfechos, que generan más ventas…; a esto lo denomina *efecto bola de nieve*. En este caso, el cambio se realimenta a sí mismo. Otro ejemplo: cuando la buena (o mala, o en un sentido determinado) opinión del maestro influye en la conducta del alumno.

¿Cómo leer este tipo de circunstancias que Senge denomina *proceso de refuerzo de ventas causado por clientes que hablan entre sí acerca de un producto*? Así: "Si el producto es bueno, más ventas significan más clientes satisfechos, lo cual significa más comenta-

5. Davis, Keith y Newstron, John W. *Comportamiento humano en el trabajo.* McGraw-Hill, México, 1999.
6. Senge, Peter. *La Quinta Disciplina.* Ediciones Granica, Barcelona, 1998.

rios positivos. Esto provoca aún más ventas, lo cual significa aún más comentarios positivos y así sucesivamente".

Esta conducta puede explicar el crecimiento acelerado o el deterioro acelerado de un producto o servicio, o de cualquier otra situación análoga.

Procesos compensadores: estabilidad y resistencia

Un sistema compensador es un sistema que busca la estabilidad. En un sistema compensador (estabilizador), la autocorrección procura mantener una meta u objetivo.

El ejemplo clásico es el abrigo: cuando una persona siente frío se pone un abrigo para mantener la temperatura deseada.

Igual concepto se aplicaría a un esquema de *déficit cero*: si disminuyen los ingresos deben disminuir los gastos.

En las empresas, los sistemas de producción y compras de materiales suelen responder a un esquema compensador; por ejemplo, ambos se ajustan constantemente en respuesta a cambios en la demanda de los clientes, ya sea por cantidad o características diferentes en productos o servicios.

Si bien en una primera instancia la figura del globo de Davis es interesante, los cambios que afectan a una organización son bastante más complejos. Al mismo tiempo, la organización se puede ver afectada por una innumerable cantidad de factores: medidas económicas, la competencia (otras empresas u organizaciones que ofrecen el mismo producto o servicio), el propio cambio tecnológico, crisis en los países donde actúa o en otros (como por ejemplo los ataques terroristas en Estados Unidos del 11 de septiembre de 2001, que afectaron a ese país en particular y al mundo en general).

Una organización puede verse afectada por el cambio de cualquiera de estos componentes u otros. Es responsabilidad y función de jefes, supervisores y directivos de una organización introducir y proponer cambios continuos para lograr el éxito adaptándose a los cambios del entorno.

Por otro lado, en la actualidad han reverdecido prácticas que no son nuevas pero sí se han incrementado: nos referimos a las fusiones y adquisiciones de empresas, que muchas veces se producen de manera intempestiva. A veces los empleados de una empresa se enteran un viernes a las 17 horas que su empresa cambió de dueño, o que internacionalmente ha sido comprada por otra, o que se han fusionado con una compañía competidora.

Estas situaciones no son simplemente de cambio: muchas veces implican un trauma para los empleados y los niveles directivos.

© GRANICA

Los distintos tipos de cambio cultural

En los últimos años el cambio cultural ha dejado de considerarse "algo mágico" para ser analizado desde una perspectiva más lógica y relacionándolo con la práctica cotidiana. Según Ulrich[7], *es posible distinguir tres tipos de iniciativas de cambio cultural:*

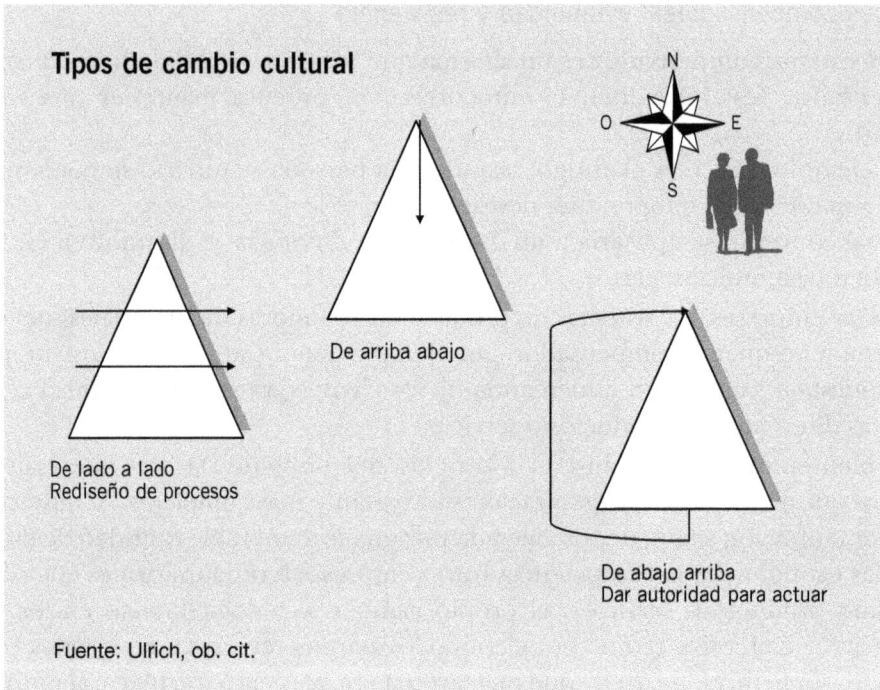

Tipos de cambio cultural

De arriba abajo

De lado a lado
Rediseño de procesos

De abajo arriba
Dar autoridad para actuar

Fuente: Ulrich, ob. cit.

De arriba abajo. Es el tipo de cambio cultural conducido desde la dirección de la organización. Estos cambios suelen derivar de la máxima conducción y bajar *en cascada* a toda la organización. Se relacionan usualmente con los subsistemas de capacitación y entrenamiento, comunicaciones internas y, si correspondiera, con los subsistemas de compensaciones. Ejemplos más usuales: los cambios relacionados con normas de calidad.

De lado a lado. Esta variante de cambio hace referencia al que se lleva a cabo mediante la modificación de procesos y sistemas de trabajo. En los últimos años del

7. Ulrich, David (comp.). *Recursos Humanos Champions.* Ediciones Granica, Buenos Aires, 1997.

siglo XX, bajo el nombre de reingenierías, las organizaciones hicieron diversos rediseños de procesos, no siempre satisfactorios. No obstante, el cambio, para que se verifique, requiere la realización de cambios –también– en los procesos.

La reingeniería de procesos estudia el modo como se hace el trabajo, para luego mejorarlo. Para ello muchas veces se utiliza, cuando es pertinente, la automatización, reduciendo los pasos repetitivos y mejorando la relación entre el flujo del trabajo y los clientes (internos o externos). Con este esquema, los nuevos procesos conllevarán un cambio de cultura. Usualmente este estudio de procesos requiere de personal experto para su realización (muchas veces, consultores externos).

De abajo arriba. Para Ulrich existe un tercer tipo de cambio: cuando la cultura deseada se traduce rápidamente en acciones de los empleados. No se trata de que los empleados "presenten quejas" ni que se reúnan para decir qué es lo que anda mal en la empresa. Los empleados se identifican con el problema sin necesidad de culpar a otros, no ofrecen "sugerencias" sino que adoptan conductas concretas para solucionar los problemas. *Son bastante más que grupos de discusión aislados, en los que se formulan distintas opiniones acerca de cómo mejorar el trabajo; son conjuntos de actividades sobre las cuales se autoriza a los empleados para actuar en base a la nueva cultura.*

Ninguna organización se basa en una sola de estas formas para encarar el cambio. En ocasiones, es posible centrarse en un estilo de cambio y que se adopte otro diferente a los mencionados, si es considerado más pertinente o conveniente. Los ejecutivos más flexibles no "se atan" a un tipo de cambio en particular y utilizan en cada caso el que se prevea como más adecuado a la situación planteada. Otros, menos flexibles, siguen uno en particular, quizá el que les dio más resultados en el pasado; pero deben rápidamente aprender a usar otros.

Cuando las organizaciones utilizan las tres vías de cambio al mismo tiempo y en paralelo, el cambio de cultura que se logra suele ser más perdurable.

Continuando con Ulrich, este autor menciona siete factores críticos para el cambio. Considerando la perspectiva de esta obra, si bien el cambio puede ser liderado por diferentes personas dentro de la organización, se analizará en particular el rol del responsable de Recursos Humanos.

En una obra previa a la que el lector tiene en sus manos, hemos de algún modo "jugado" con el título de la misma al llamarla *5 pasos para transformar una Oficina de Personal en un Área de Recursos Humanos.* En muchas ocasiones se nos consulta sobre el nombre que debería dársele al área; algunos proponen apelativos más modernos, como "Gerencia de Capital Humano" (que me agrada especialmente) o "Gerencia de Talento Humano". Sin embargo, la denominación no tendrá importancia si las personas a cargo del área no actúan con criterios de cambio, modificando realmente

© GRANICA

el alcance de la tarea a realizar. En resumen, el rol del responsable del área podrá ser proactivo al cambio o no, orientado a la estrategia o no, y esto surgirá de sus comportamientos, no del nombre que se le haya dado al puesto que ocupa.

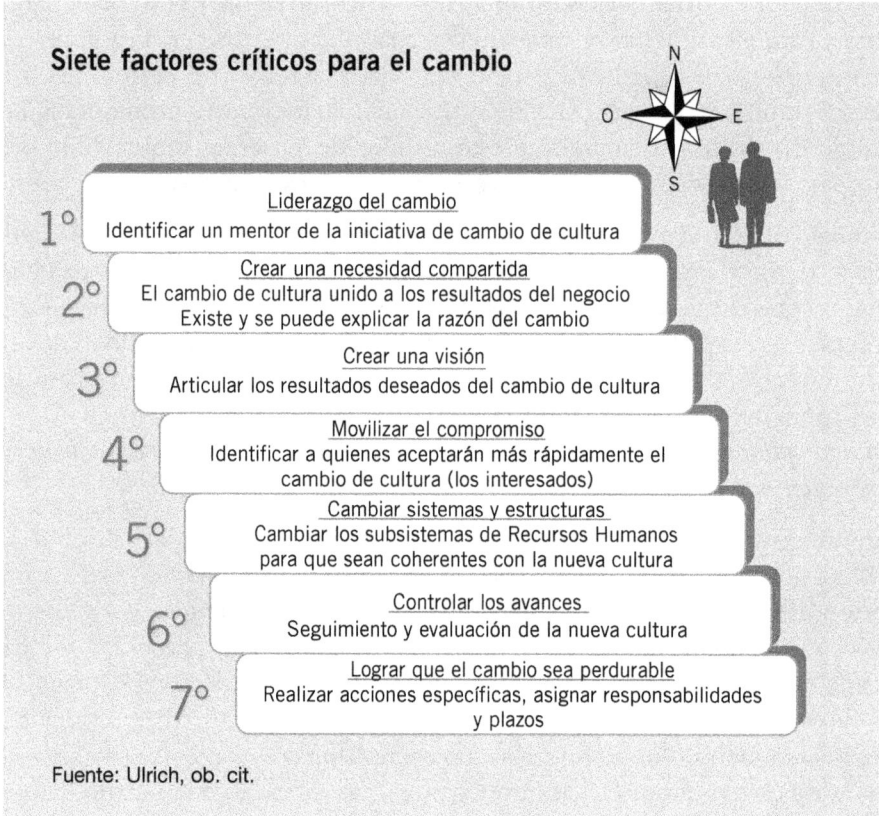

Siete factores críticos para el cambio

1° **Liderazgo del cambio**
Identificar un mentor de la iniciativa de cambio de cultura

2° **Crear una necesidad compartida**
El cambio de cultura unido a los resultados del negocio
Existe y se puede explicar la razón del cambio

3° **Crear una visión**
Articular los resultados deseados del cambio de cultura

4° **Movilizar el compromiso**
Identificar a quienes aceptarán más rápidamente el cambio de cultura (los interesados)

5° **Cambiar sistemas y estructuras**
Cambiar los subsistemas de Recursos Humanos para que sean coherentes con la nueva cultura

6° **Controlar los avances**
Seguimiento y evaluación de la nueva cultura

7° **Lograr que el cambio sea perdurable**
Realizar acciones específicas, asignar responsabilidades y plazos

Fuente: Ulrich, ob. cit.

En síntesis, cuando los responsables de Recursos Humanos –a través de su propio comportamiento– ayudan a la organización asesorando a los otros gerentes a concentrarse en estos factores de éxito, crean un clima de cambio cultural apropiado.

Para Ulrich[8], el rol del responsable de Recursos Humanos en los cambios de cultura, y el sentido mismo de estos cambios, se resumen en los siguientes puntos:

1. Para que un cambio de cultura tenga sentido para una organización, debe agregar valor a sus clientes (internos y externos).

---

8. Ulrich, David. Obra citada.

2. Los responsables de Recursos Humanos deben poder pensar los cambios de las tres maneras explicadas en párrafos anteriores: de arriba abajo, de lado a lado y de abajo arriba. Si no puede hacerlo, no será un líder del cambio.

3. Muchas de las supuestas *verdades* en materia de cambio son sólo mitos. Por un lado, para lograr el cambio, se requiere el compromiso de la Dirección, pero con esto solo no alcanza, los colaboradores también deben cambiar –muchas personas esperan que el cambio se produzca sólo a partir de recibir directivas al respecto–. De modo análogo sucede con la capacitación, esta sola no alcanza, debe ir acompañada por otros cambios, de procesos, de comportamientos, etc. Otro ejemplo al respecto podría ser el mito sobre la participación de los empleados, con sólo pedirle mayor participación a los empleados no alcanza, deben implementarse procedimientos para favorecerla. En síntesis, todos los integrantes de la organización deben estar involucrados para que el cambio se verifique.

4. Los responsables de Recursos Humanos tienen un rol crítico en los cambios de cultura.

5. Ser responsable de Recursos Humanos implica, además de la función tradicional de la posición, un rol en relación con el cambio cultural.

Los diagnósticos en materia de cambio suelen ser de índole compleja, ya que en ocasiones (o casi siempre) las reacciones (o sea, los síntomas) no tienen una relación directa con el supuesto hecho que las provocó.

Respuesta global al cambio

Retomando la figura de *cambio laboral* utilizada por Davis y Newstron debemos considerar que si bien la realidad es de índole más compleja, la reacción o respuesta frente a un cambio puede ser de una determinada naturaleza y el problema real (cambio) de otra diferente. Por ello, cuando se analizan las respuestas de ciertos grupos de personas frente a diversos cambios organizacionales, se debe tener en cuenta tanto lo aparente como lo que no lo es, tratando de determinar las verdaderas causas o reacciones, no sólo lo más evidente en una primera instancia.

Para Ulrich[9], una de las diferencias entre *ganadores y perdedores* no es la capacidad de seguir el ritmo del cambio, sino la capacidad de responder al ritmo del cambio.

---

9. Ulrich, David. Obra citada.

© GRANICA

La gama de respuestas que una organización puede dar al cambio debe expandirse al ritmo en que se incrementa el cambio fuera de ella. Se pueden identificar tres tipos de respuestas: iniciativas, procesos y adaptaciones culturales.

- Iniciativa para el cambio: se centra en la puesta en marcha de nuevos programas, proyectos o procedimientos.
- Cambios de procesos: modificaciones a los ya existentes.
- Cambios culturales: ocurren cuando una organización modifica aspectos de fondo, con respecto a las formas de hacer negocios y/o en relación con su estrategia. Se renueva la identidad de la organización tanto para los empleados como para los clientes.

Más adelante Ulrich dice que *cuando los profesionales de Recursos Humanos actúan como agentes del cambio generan la capacidad de la organización para manejar los tres tipos de cambio mencionados. Además, aseguran que las iniciativas se definan, desarrollen y concreten en tiempo y forma; que los procesos se detengan, se pongan en marcha y se simplifiquen; y que los valores fundamentales de la organización sean discutidos y adaptados de una manera adecuada a las condiciones cambiantes de los negocios.*

Si bien es fácil –a nivel intelectual– reconocer y aceptar el cambio, los esfuerzos para implementarlo presentan muchas dificultades. Con el apoyo de los responsables de Recursos Humanos será más sencillo lograr llevar adelante el cambio en las tres facetas mencionadas.

Comprender por qué no se consolidan los cambios puede ser un primer paso para llegar al éxito. En nuestra propuesta, el cambio organizacional se implementa por medio de la modificación o definición del modelo de competencias de la organización.

En relación con el cambio cultural, así como con otros objetivos que suelen adicionarse a los modelos de competencias (por ejemplo, que el modelo sea estratégico), la pregunta que cabe formularse es: *¿Por qué esto no sucede de esta forma?* La respuesta es simple. Los modelos de competencias son meros procesos administrativos donde las competencias no representan ni el cambio ni la estrategia organizacional. La consecuencia es directa, los modelos no producen el cambio ni lo representan.

Muchos modelos de competencias se ponen en práctica a través de un esquema en desuso desde hace algunos años: el estudio de referentes internos. Este método de trabajo fue dejado de lado, principalmente, porque su aplicación no representaba un cambio (ni la estrategia organizacional) y, además, porque recogía en el modelo los posibles "defectos" del referente. Todos sabemos que aun los exitosos no son perfectos y, por lo tanto, una persona puede ser un referente en un momento y no por ello representar en su persona las competencias que la organización necesita para ser exitosa en un futuro.

Los modelos de Gestión por Competencias como vehículo del cambio pueden ser inadecuados si su diseño no incorpora el cambio que la organización necesita.

Por lo tanto, para lograr el cambio se requieren métodos de trabajo que impliquen el cambio junto con la adaptación de los directivos y colaboradores al mismo. En el primer caso serán métodos de trabajo, y en el segundo, competencias de las personas.

Si bien muchas personas y organizaciones reconocen la necesidad de cambiar, pocos son los que resultan capaces para llevar adelante las iniciativas de cambio de modo de lograr el resultado deseado. Los responsables de Recursos Humanos, en su rol de agentes del cambio, lograrán transformar un deseo en realidad, reconociendo primero los obstáculos y luego creando planes para enfrentarlos.

Influencia de las actitudes individuales en la respuesta al cambio

La manera en que cada persona percibe el cambio será el factor condicionante de su accionar frente a él. Estas sensaciones o percepciones no son al azar, tienen que ver con la historia personal, familiar, laboral, y en general con todas las experiencias de la persona. Otro factor que tiene influencia sobre la respuesta al cambio de los empleados es el entorno laboral.

Las sensaciones o percepciones pueden no responder a una secuencia lógica. Sin embargo, es importante tener en cuenta que no son ni lógicas ni ilógicas: se podrían denominar *alógicas*, porque se relacionan con sentimientos. En el gráfico siguiente, basado en la obra de Davis y Newstron[10], estos autores muestran los distintos comportamientos individuales teniendo en cuenta la historia personal de cada uno, el entorno y las probables respuestas.

A modo de ejemplo, se presentan posibles reacciones frente al cambio, considerando la historia personal y el entorno de trabajo en el cual cada persona se desempeñe. Frente a determinados estímulos de cambio la persona "A" puede decidir reaccionar a través del ausentismo, "B" decidir proponer o adherir a una huelga, y "D" demostrar su insatisfacción con manifestaciones de mal humor. Por último, la persona "E" reacciona al cambio trabajando de manera más intensa.

Cada persona interpreta individualmente el cambio y tiene su propia reacción. Todas estas respuestas individuales probables (actitudes individuales) se transforman –en su conjunto– en demandas colectivas o demandas sociales.

---

10. Davis y Newstron. Obra citada.

© GRANICA

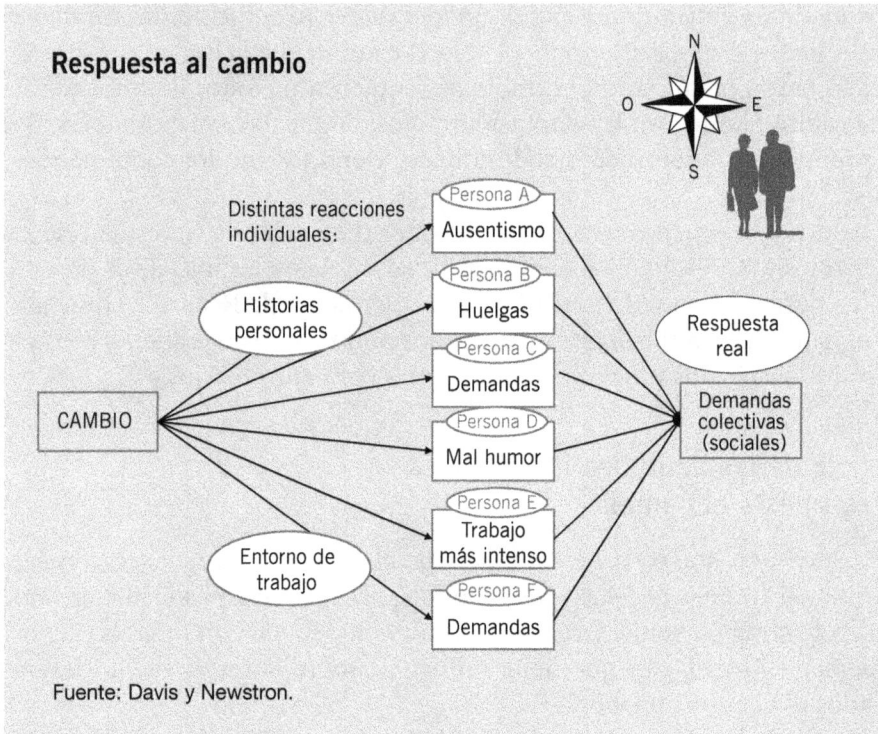

Respuesta al cambio

Distintas reacciones individuales:

Persona A — Ausentismo
Persona B — Huelgas
Persona C — Demandas
Persona D — Mal humor
Persona E — Trabajo más intenso
Persona F — Demandas

Historias personales

CAMBIO

Entorno de trabajo

Respuesta real

Demandas colectivas (sociales)

Fuente: Davis y Newstron.

La respuesta al cambio es compleja. En ocasiones, a pesar de que determinados individuos de manera aislada reaccionarían de una manera diferente, al conformar un grupo pueden llegar a unirse en una respuesta conjunta que desde su propia opinión pueda ser –llegado el caso– no lógica. Un ejemplo frecuente: huelgas o paros que se realizan con el consenso de la mayoría pero pocas personas los desean en realidad; a nivel individual no desean hacerlo, pero se lo hace de todos modos para no dejar de pertenecer a un colectivo en particular, no quedar identificados como aquellos que no participaron, o cualquier otra situación análoga.

Respuesta global o grupal al cambio

Según Davis y Newstron[11], cada persona interpreta individualmente el cambio y tiene su propia respuesta probable ante él. Sin embargo, la gente suele dar muestra de su apego al grupo uniéndose a los demás miembros en una respuesta uni-

---

11. Davis y Newstron. Obra citada.

forme al cambio (ver en el gráfico precedente lo que hemos denominado "respuesta real").

Esta uniformidad del grupo hace posible que se presente una respuesta al cambio que en una primera instancia no es la más lógica, como el ejemplo ya dado de las huelgas, cuando sólo unas cuantas personas sostienen un punto de vista que justifique la medida.

Los autores mencionan un tipo de reacción grupal frente al cambio que denominan *homeostasis*. Antes de explicarlo nos parece pertinente ver el significado de la palabra según los diccionarios de la lengua.

Homeostasis[12]: *tendencia al equilibrio o estabilidad de las distintas constantes fisiológicas de un ser vivo*. Un ejemplo de uso: "la homeostasis (el equilibrio) del grupo funcionaba y todos estaban contentos".

Homeostasis[13]: *propiedad de los seres vivos de mantener estables determinadas constantes biológicas y funciones orgánicas frente a las variaciones del ambiente.*

Davis y Newstron definen este concepto como *un mecanismo de autocorrección por el cual –frente a una amenaza de cambio– la energía se concentra en restaurar el equilibrio.*

Homeostasis: las personas actúan para reestablecer una situación de satisfacción de sus necesidades (o intereses) y protegerse de la perturbación de ese equilibrio.

El vaso medio vacío o medio lleno

Este dicho popular representa gráficamente los sentimientos de las personas frente al cambio. Estos sentimientos pueden conllevar costos (o aspectos negativos) y beneficios (o aspectos positivos), tanto de índole psicológica como económica. Las personas reaccionan de diversas formas: unas sólo ven los beneficios, otras sólo ven los costos. Es lo que en la vida cotidiana se llama *ver el vaso medio vacío o medio lleno*. Para evitar ambas percepciones se sugiere la confección de cuadros comparativos de los aspectos positivos y negativos que un determinado cambio puede acarrear tanto a las personas como a la organización. De este modo, si bien no de manera absoluta, se pueden neutralizar las percepciones, tanto las absolutamente positivas como las negativas. Siempre será mejor que las personas de manera individual y en su conjunto puedan percibir el cambio en su verdadera dimensión.

---

12. Seco Reymundo, Manuel; Andrés Puente, Olimpia y Ramos González, Gabino. *Diccionario del español actual.* Aguilar - Grupo Santillana de Ediciones, Madrid, 1999.
13. *Gran Diccionario Salvat.* Obra citada.

© GRANICA

Un cambio puede implicar, entre otras cosas, la modificación de habilidades o competencias; esto puede trastornar de algún modo el trabajo y temporalmente reducir la efectividad o satisfacción tanto de empleados como de clientes. El cambio puede requerir nuevos equipos de trabajo o la asignación de los equipos existentes a otras actividades. Esto plantea costos, que no son puramente económicos, sino también psicológicos. Es debido a los costos asociados que no siempre las propuestas de cambio son lo deseable en una organización.

Por lo tanto, frente a una opción de cambio no es conveniente enumerar sólo los beneficios, sin tener en cuenta los costos. Aunque sea obvio decirlo, hay que considerar que los cambios son convenientes cuando los beneficios superan a los costos.

En la comparación de beneficios *versus* costos no sólo se debe computar los ítems económicos: hay que tener en cuenta todos los aspectos involucrados.

En sus inicios como profesional, quien esto escribe trabajaba en el área de Sistemas de un importante grupo empresario. No con un enfoque de tecnología sino desde el análisis de cambios organizacionales y su puesta en práctica. Producto de la inexperiencia de aquel entonces, en el orden de prioridades la primera tarea que se realizaba era el cálculo de los beneficios y costos económicos. Sin embargo, la metodología en uso por aquel entonces –a la sazón, de origen inglés– incluía la preparación de un cuadro de *pros y contras* no cuantificables, donde debían incluirse *todos* los aspectos involucrados.

Es preciso tener en cuenta que, aun frente a un beneficio económico neto (ganancias menos costos), si los costos psicológicos son muy altos se debería analizar seriamente la viabilidad o no de un cambio determinado.

Los costos psicológicos deben analizarse en cada caso y/o en cada organización. Un mismo tema puede ocasionar diferentes respuestas al cambio. Algunas personas sólo percibirán los beneficios y otras sólo los costos. Otras reaccionarán con temor en un principio, a pesar de estar convencidas de los beneficios; otras inicialmente parecerá que aceptan el cambio, pero después dejarán ver sus verdaderos sentimientos; esto entre muchas combinaciones posibles de percepción.

Según las organizaciones, el cambio puede llegar a afectar a los empleados tanto en su salud psicológica como física. Una situación de cambio brusco como la vivida en Argentina sobre fines del año 2001 y principios de 2002 elevó todos los índices de problemas psicológicos, psiquiátricos y de enfermedades vinculadas directamente con el estrés, como las relacionadas con el corazón, gastrointestinales y dermatológicas.

El nivel de tolerancia al cambio de los empleados puede variar desde muy alto a muy bajo. En este último caso se pueden verificar diferentes problemas, incluyendo el deterioro de la salud física del individuo afectado. Puede suceder que una organización implemente sucesivos cambios y no se demuestre ninguna reacción negativa en sus integrantes, pero en algún momento, y por un efecto acumulativo, se presente una reacción sobre algún punto en particular y que ésta parezca desmedida o injustificada en relación con el tema puntual. Por lo tanto, cuando se hace un plan de cambios en etapas no se debe dejar de considerar lo descripto.

La mayoría de las veces el cambio no es bien recibido, porque no es beneficioso para todas las partes, o bien no todos se benefician del mismo modo con él, o algunos se ven afectados en mayor medida que otros por sus aspectos negativos. La combinación de costos y beneficios es, casi siempre, diferente para los distintos actores. Por ejemplo, muchas veces los empleados dicen que sus jefes han sido beneficiados como consecuencia de un determinado cambio realizado en la organización, y que a ellos no les ha generado nada positivo. Quizá no sea estrictamente así, ya que ellos también se han beneficiado de algún modo, pero al visualizar que los jefes han tenido un beneficio mayor dejan de considerar su propio beneficio como tal.

Si bien las organizaciones hacen esfuerzos para que los procesos de cambio sean comprendidos por todas las partes y tratan de que todos reciban algún tipo de beneficio, el cambio no siempre es bienvenido.

Cambiar la forma en que cambiamos

Como se dijo en los primeros párrafos del capítulo, la palabra *cambio* está en boca de todos, pero muchas personas se resisten a él o bien lo aceptan sólo cuando es inevitable. Para Kreitner y Kinicki[14], la necesidad del cambio se origina en una combinación entre fuerzas internas y externas.

Las organizaciones encuentran en su camino muchas fuerzas que las inducen al cambio. Estas fuerzas provienen de agentes externos ajenos a la organización y de fuentes internas. Conocer la existencia de estas fuerzas ayudará a determinar el momento apropiado para poner en marcha un proceso de cambio.

En el gráfico siguiente, entre las fuerzas externas se hallan las características demográficas; esto hace referencia a la fuerza que ha tenido en el mercado laboral de los Estados Unidos el tema de la diversidad en la fuerza laboral[15]. El concepto

---

14. Kreitner, Robert y Kinicki, Angelo. *Comportamiento de las organizaciones*. McGraw-Hill, Madrid, 1997.
15. La diversidad en la fuerza laboral no es un tema exclusivo de los países desarrollados, pero en la actualidad no preocupa especialmente a los directivos de las grandes organizaciones y grupos empresarios latinoamericanos. Las compañías de origen transnacional (particularmente de origen norteamericano) aplican en sus filiales criterios de diversidad, ya que éstos son impulsados desde sus casas matrices.

© GRANICA

Fuerzas externas e internas para el cambio

Externas

Características demográficas

- Edad
- Educación
- Nivel de habilidad
- Género
- Inmigración

Progresos tecnológicos

- Automatización de la producción
- Automatización de las oficinas

Cambios en el mercado

- Fusiones y adquisiciones
- Competencia nacional e internacional
- Recesión

Presión social y política

- Guerra
- Valores
- Liderazgo

Necesidad de cambio

Internas

Problemas de recursos humanos

- Necesidades no satisfechas
- Insatisfacción en el trabajo
- Ausentismo
- Productividad
- Participación/sugerencias

Conducta/decisiones directivas

- Conflicto
- Liderazgo
- Sist. de compensaciones
- Reorganización estructural

Fuente: Kreitner y Kinicki.

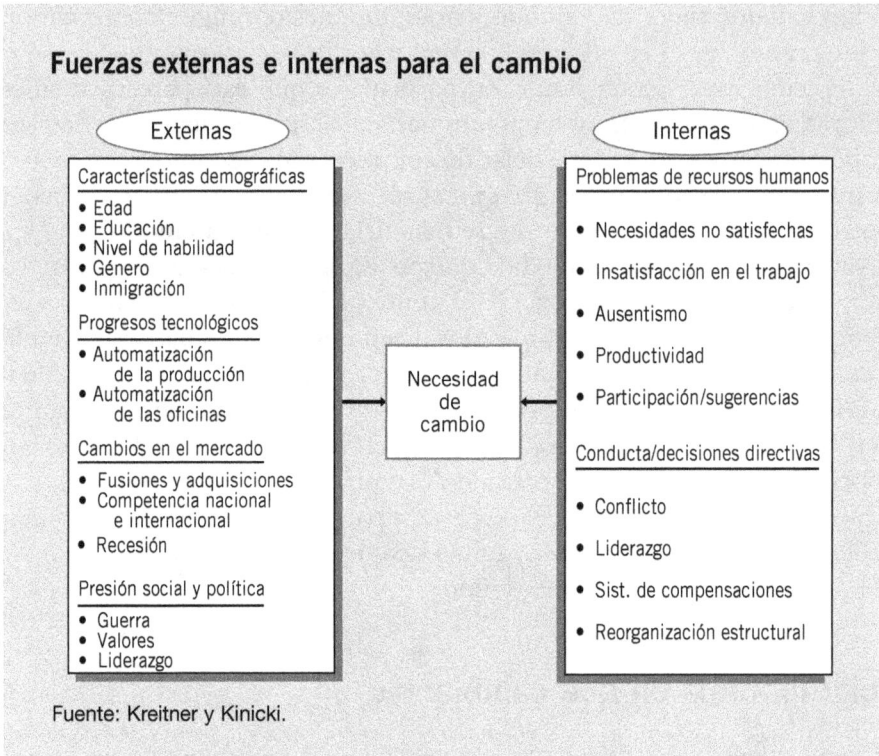

de diversidad hace referencia a ciertas políticas organizacionales que hacen que una organización vele porque en sus filas trabajen personas de diferentes características según la composición social a la que pertenece o a la cual dirige sus productos o servicios.

La preocupación por la diversidad es tomada en cuenta en las filiales de estas empresas en todo el mundo, pero no se ha difundido aún en compañías de otro origen (no al menos con un grado de importancia relevante), aunque muchos países europeos, con fuerzas laborales diversas, están siguiendo los pasos de Estados Unidos en materia de políticas de Recursos Humanos.

Otras fuerzas externas, como los progresos tecnológicos, las transformaciones en el mercado o la situación política o social, no requieren mayor explicación.

En cuanto a las fuerzas internas, adquieren su particularidad en cada organización, ya que se originan en su interior.

Las fuerzas internas pueden ser evidentes o muy sutiles. En ocasiones no devienen de hechos evidentes concretos sino de la percepción que sobre ellos pueden tener los empleados (todos o algunos).

Otra gama de problemas puede derivar de la mala o insuficiente comunicación, por lo cual decisiones correctas pero que han sido mal comunicadas, pueden constituir una fuente de problemas.

Frente a cualquiera de las fuerzas mencionadas en el gráfico precedente, se deberá realizar un análisis profundo para determinar si representan aquello que se ve en una primera mirada –por ejemplo, baja en la productividad– o existe alguna otra causa real no tan visible que origina el problema.

Otros autores han tratado el tema del cambio. Bajo el sugestivo título de "Cambiar la forma en que cambiamos", Pascale, Millermann y Gioja[16] dicen que cada vez son más las compañías que están tratando de cambiar de manera fundamental la forma en que operan. Durante años lucharon contra una competencia creciente (otras organizaciones que producen o brindan sus mismos servicios), introduciendo mejoras en los procesos. Pero la presión competitiva se acrecienta, el ritmo del cambio se acelera y se continúa buscando más calidad, servicio y agilidad en los negocios. El problema es que los que contribuyen al cambio son pocos.

La situación ideal sería aquella donde más empleados se involucren con el cambio, asumiendo un papel más activo en los negocios. Las compañías alcanzan verdadera agilidad cuando cada persona es capaz de responder a estos desafíos.

Estos autores plantean las siguientes sugerencias, aplicables *tanto a la guerra como a los negocios.*

1. **Construya una comprensión múltiple del negocio.** Los empleados se desempeñan mejor cuando entienden la estrategia y la pueden relacionar con su tarea cotidiana. Esto debe ser considerado de este modo en los programas de entrenamiento.
2. **Estimule que las cosas se digan abiertamente.** Generar confianza de parte de los empleados, que éstos puedan decir todo lo que piensan en un clima de credibilidad y confianza. "Si digo lo que pienso no recibiré una reprimenda o un castigo por ello."
3. **Administre desde el futuro.** Es una forma de "pararse" en la visión, situarse en la organización que se desea ser y manejar el presente desde esa perspectiva.
4. **Domine los reveses.** Significa recontextualizar el fracaso, convertir las derrotas en triunfos sobre uno mismo, ver en cada golpe que se recibe una oportunidad. Los seres humanos están hechos para reaccionar negativamente ante los

---

16. Pascale, Richard Tanner; Millermann, Mark y Gioja, Linda. "Cambiar la forma en que cambiamos". Publicado en *Evaluación de resultados*, compilado por David Ulrich (Ediciones Granica, Barcelona, 2000).

© GRANICA

errores, culpándose a ellos mismos, a otros o a la mala suerte. Difícilmente se tome el fracaso como una oportunidad de aprendizaje.

5. **Promueva la responsabilidad de la inventiva.** La solución de problemas requiere, en general, de las habilidades aprendidas y la capacidad de improvisar. Esto es, adoptar iniciativas creativas construidas sobre una sólida capacidad profesional.

6. **Comprenda el *quid pro quo*[17].** Las empresas deben asegurarse de que los empleados reciban compensaciones equivalentes al esfuerzo. Comprender el *quid pro quo* no es fácil. Además de las tradicionales *recompensa* y *reconocimiento*, inciden por lo menos tres factores: 1) la empleabilidad (el entrenamiento y las nuevas habilidades adquiridas, que elevan las posibilidades de conseguir trabajo en otras organizaciones); 2) encontrarle al trabajo un sentido lo suficientemente fuerte como para generar una satisfacción intrínseca; 3) los empleados deben entender hacia dónde va la empresa y poder aportar algo (según su puesto de trabajo) para lograr los objetivos.

7. **Cree una incomodidad permanente con el *statu quo*.** Se basa en el concepto de que todos los individuos pueden mejorar. Responderse las preguntas: *¿Cómo puedo hacer esto mejor (o más rápido, o más barato)? ¿No habrá algo nuevo que no hemos probado para mejorar?*

Romper la mentalidad funcional en las organizaciones orientadas a procesos

Con el mismo título de este apartado –"Romper la mentalidad funcional..."–, Majchrzak y Wang[18] dicen que muchos procesos de reingeniería han sido exitosos, y otros decepcionantes. ¿Qué hizo que salieran mal? Generalmente la actitud de los managers en subestimar las acciones necesarias para transformar el comportamiento de los empleados y sus relaciones mutuas. Los autores mencionados hicieron una investigación cuyos resultados permitieron conocer que, en los casos en que se alcanzaron buenos resultados, esto se debió a que los managers habían hecho *algo* para lograr un sentimiento colectivo de responsabilidad entre los obreros, que iba más allá del cambio de estructura de la organización. Por lo tanto, no alcanza con hacer un cambio desde la Dirección: hay que trabajar sobre las personas y lograr que éstas cambien.

17. *Quid pro quo:* una cosa por otra. *Diccionario ilustrado latino-español,* Editorial Sopena, Barcelona, 1999.
18. Majchrzak, Ann y Wang, Qianwei. "Romper la mentalidad funcional en las organizaciones orientadas a los procesos". Publicado en *Evaluación de resultados* (obra citada).

Según Majchrzak y Wang, la responsabilidad colectiva podría incentivarse de diferentes maneras:

- Responsabilidad superpuesta. Implica diseñar las tareas de modo tal que los empleados puedan, por lo menos en parte, hacer la mayoría de las tareas. Ayuda a crear un sentimiento de responsabilidad colectiva.
- Recompensas de acuerdo con el desempeño del grupo (unidad de negocios u otra unidad de medida diferente de la individual). Premiar el desempeño individual es importante, pero los empleados pueden llegar a anteponer sus propios intereses por encima de las necesidades del cliente y del equipo que integra. Por el contrario, grupos de empleados recompensados según la satisfacción del cliente o por reducciones de tiempo en un proceso completo de producción, se sentirán más motivados para resolver problemas que antes eran "de otros".
- Analice y cambie, si es necesario, la ubicación física de los puestos de trabajo de modo de promover la responsabilidad colectiva. Si unos ven a otros, esto aumenta la velocidad del trabajo (según el estudio realizado por los autores de referencia).
- Rediseñar procedimientos de trabajo. Pedir a los empleados que aporten sugerencias. Esto implica compartir ideas de mejora, involucrar a todos en una decisión y ayudar a otros a realizar el trabajo.
- Diseños a medida del cliente. No presupone "copiar" recetas exitosas de otras compañías o áreas de la propia. En cambio, se puede preguntar a los propios obreros "qué necesitarían ellos para hacer bien su trabajo juntos".

No necesariamente todos estos ítems deben darse en forma conjunta, sino sólo los más convenientes. Majchrzak y Wang concluyen su trabajo diciendo que *el éxito de la reingeniería depende de con qué medida de eficiencia la gerencia genere un sentimiento colectivo de responsabilidad. La reestructuración por procesos puede conducir a reducir la duración de los ciclos de trabajo, a obtener más satisfacción por parte de los clientes y a bajar costes, pero solamente cuando se verifica un cambio de cultura. Limitarse a cambiar sólo un organigrama no alcanza.*

Arregle el proceso, no el problema

Los autores Sirkin y Stalk[19] anuncian desde el título de su trabajo (que es el de este apartado) la conclusión a la que arribaron. Dicen: *En la presión por resolver las cosas y que empiecen a salir bien, muchos managers tienen miedo de parecer lentos y se*

---

19. Sirkin, Harold y Stalk, George (hijo). "Arregle el proceso, no el problema". Publicado en *Evaluación de resultados* (obra citada).

concentran en soluciones a corto plazo de los problemas existentes antes que preocuparse por instituir los procesos que resuelvan y finalmente prevean e identifiquen las oportunidades insospechadas.

Quizá la solución óptima pase por ambas soluciones al mismo tiempo: buscar una solución a corto plazo y a su vez la solución definitiva del problema, para evitar que se vuelva a presentar. Cuando los empleados aprenden este tipo de soluciones cambia la cultura de la organización.

Resistencia al cambio

Según Davis y Newstron[20], la resistencia al cambio consiste en la conducta de un empleado tendiente a desacreditar, demorar o impedir la instrumentación de un cambio laboral. Los empleados se resisten al cambio porque éste amenaza sus necesidades de seguridad, interacción social, prestigio, aptitud o autoestima.

Naturaleza y efectos

La amenaza percibida que se deriva de un cambio puede ser real o ficticia, deliberada o no intencional, directa o indirecta, grande o pequeña. Pero, más allá de la naturaleza del cambio, los empleados intentarán protegerse de él. ¿Qué hacen muchas veces los empleados frente al cambio? Lo más usual es quejarse, trabajar lo mínimo indispensable; en casos más extremos se observa ausentismo, sabotajes o retrasos intencionados en la realización de las tareas.

Los empleados se resisten al cambio, debido a los costos psicológicos, y en general también se resisten al cambio los jefes y supervisores. En definitiva, la resistencia al cambio afecta a todos los niveles y tipos de tareas.

Igualmente es cierto que las personas, en general, esperan vivir nuevas experiencias y desean progresar para alcanzar niveles superiores, que representan desde más poder hasta mejoras económicas. Por lo tanto, muchos empleados buscan el cambio. Sin embargo, es notable que cuando el cambio llega a ellos no siempre es bien recibido.

La dirección y/o el área o responsable impulsor de un cambio debe tener en cuenta que éste puede concluir en éxito o fracaso, dependiendo de la habilidad con que se lo conduzca (implementación y comunicación). La línea que divide uno de

---

20. Davis y Newstron. Obra citada.

otro resultado es muy delgada. Un solo gesto inadecuado puede generar resistencia al cambio; por lo tanto, no hay que descuidar los detalles.

Habitualmente no se le da la trascendencia adecuada a la comunicación de lo que se hará, de sus beneficios y costos, de los tiempos y de las personas involucradas. La inadecuada comunicación puede producir inseguridad y a partir de allí un efecto en cadena, no deseado, en el comportamiento organizacional.

Un efecto de reacción en cadena es una situación donde un cambio que afecta a pocas personas (o a una sola) puede producir una reacción directa o indirecta de muchas.

Razones de la resistencia

Para Davis y Newstron[21], los empleados, jefes y supervisores pueden generar resistencia al cambio por tres razones principales:

1. Porque no les agrada el cambio en sí mismo, o bien porque afecta sus valores éticos, o creen que la acción a implementar es técnicamente incorrecta, o porque sienten miedo e incertidumbre. En los tiempos actuales, con altos índices de desempleo, las personas temen que cualquier cambio en la organización –nuevos sistemas, nuevas metodologías– desemboque en despidos de personal o los afecte de algún modo y que, dado el alto desempleo, deban aceptar una situación que les desagrade sólo porque no tendrán opciones laborales en el mercado.

2. Por problemas provocados por el método o la forma en que se introduce el cambio. Nos referimos en párrafos anteriores a los problemas derivados de la mala comunicación y la influencia de ciertos detalles en la implementación. Otro factor que genera resistencia al cambio es que las personas sienten "que no han sido consultadas" y que, por lo tanto, el cambio les es impuesto (autoritariamente).

3. Por percepciones de inequidad: cuando unos experimentan que se los obliga a cambiar y los beneficios los reciben otros. Como ya se comentó, a veces las personas sienten que esto es así aunque sean beneficiados de un modo u otro, ya que si sienten que ellos no reciben los beneficios más importantes o que otros se han beneficiado en mayor medida, no llegan a percibir sus propias ventajas.

---

21. Davis y Newstron. Obra citada.

© GRANICA

De más está decir que la resistencia será más profunda si las tres causas se presentan en forma simultánea: desacuerdo con el cambio en sí mismo, desacuerdo con la forma en que fue implementado (incluye la comunicación del cambio) y no ser parte de los beneficios ("sentirse" beneficiados).

Tipos de resistencia

Al igual que las razones de resistencia, los tipos de resistencia también son tres. Según el gráfico adjunto, pueden agruparse en: objeciones lógicas o racionales, actitudes psicológicas o emocionales, y factores sociológicos o grupales.

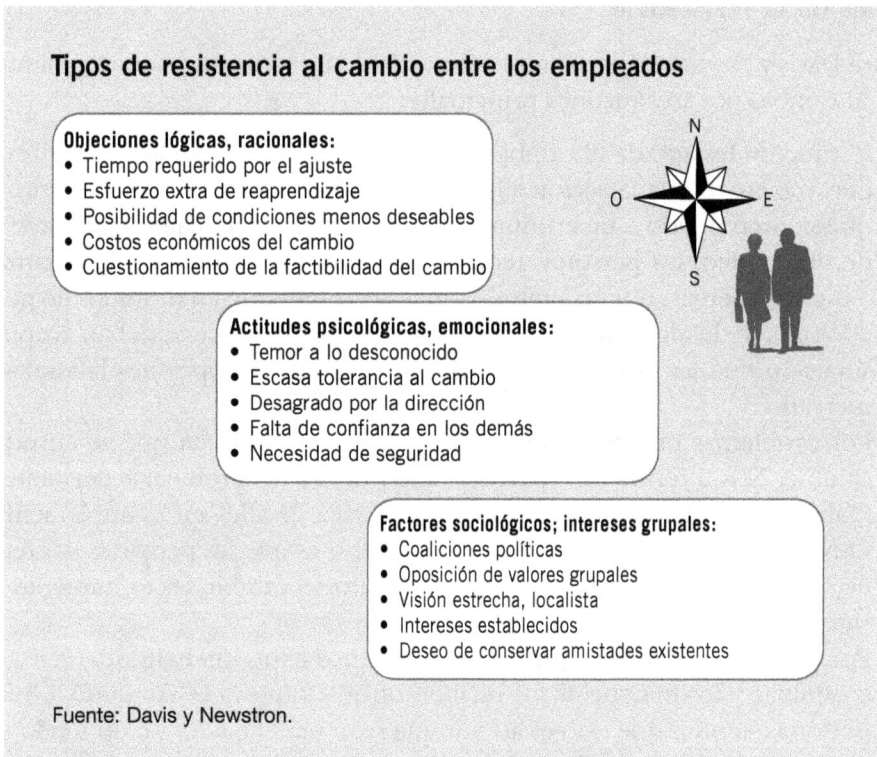

Tipos de resistencia al cambio entre los empleados

Objeciones lógicas, racionales:
- Tiempo requerido por el ajuste
- Esfuerzo extra de reaprendizaje
- Posibilidad de condiciones menos deseables
- Costos económicos del cambio
- Cuestionamiento de la factibilidad del cambio

Actitudes psicológicas, emocionales:
- Temor a lo desconocido
- Escasa tolerancia al cambio
- Desagrado por la dirección
- Falta de confianza en los demás
- Necesidad de seguridad

Factores sociológicos; intereses grupales:
- Coaliciones políticas
- Oposición de valores grupales
- Visión estrecha, localista
- Intereses establecidos
- Deseo de conservar amistades existentes

Fuente: Davis y Newstron.

Resistencia lógica o racional. Se basa fundamentalmente en las objeciones sobre información (datos), su análisis racional, y en ocasiones es sustentada en bibliografía o en las buenas prácticas profesionales. Las objeciones se relacionan con los requisitos de tiempo y esfuerzo que el cambio requiere (por ejemplo, horas de capacitación para el manejo de un nuevo software). Esto representa costos económicos.

Resistencia psicológica. Se basa en emociones, sentimientos y actitudes. La resistencia psicológica es "lógica" desde la perspectiva interna del individuo de la cual se desprenden sus actitudes, que devienen comportamientos. Por ejemplo: temor a lo desconocido, desconfianza en el liderazgo de la organización, o sentir que la propia seguridad o autoestima se ve amenazada de algún modo.

Resistencia social (grupal). La resistencia social es considerada "lógica" cuando el grupo siente que no son respetadas algunas de sus normas o que se afectan intereses específicos, costumbres o valores grupales. Es muy común que ciertos planteos sindicales sean "lógicos" desde la perspectiva grupal pero ilógicos desde la perspectiva de la comunidad; por ejemplo, que frente a un reclamo salarial de un sector de la comunidad se le imponga un impuesto a toda la población, sin relación directa con el gremio que reivindica el reclamo. En este ejemplo unos se resisten a un cambio que los perjudica, y el otro grupo lo solicita en pos de sus intereses.

Cómo manejarse frente a la resistencia al cambio

La resistencia al cambio debe preverse cuando se analiza cualquier proyecto. Para ello deben diseñarse acciones complementarias, de modo que los empleados y supervisores acepten y cooperen frente al cambio. Si los encargados de la implementación sólo se ocupan de la parte técnica y de las posibles objeciones desde lo racional (resistencia lógica) y no tienen en cuenta la posible resistencia psicológica y/o grupal (o social), pueden llevar el cambio al fracaso o *no éxito* respecto de lo esperado.

Al dirigir una organización es casi imposible no tener algún problema o resistencia y lograr el pleno apoyo de todas las iniciativas de cambio. Se deberá estar preparado para situaciones de apoyo moderado, apoyo mínimo u oposición.

Si la Dirección de una organización no logra apoyo, puede hacer uso de su autoridad, pero lo deseable es llegar a este extremo lo menos posible.

¿La resistencia al cambio tiene algún beneficio?

La resistencia al cambio puede alentar a la Dirección a revisar sus proyectos, y esto puede ser positivo. En algunos casos quizá se descubra que no son apropiados. Si esto sucede, la resistencia de los empleados habrá sido un factor de equilibrio y control.

La resistencia al cambio puede ayudar a detectar áreas con problemas o aquellas donde, específicamente, el cambio puede ocasionar dificultades.

Por último, la resistencia al cambio libera emociones y esto, con una adecuada lectura, puede ser muy útil a la Dirección. Quizá los empleados necesiten ser

© GRANICA

comprendidos o en la organización existan problemas de comunicación u otros de índole similar.

La resistencia al cambio, según Davis y Newstron[22], puede reducirse mediante una comprensión más amplia de las actitudes de los empleados y de las reacciones naturales al cambio. Es función de una buena supervisión ayudar a los empleados a reconocer la necesidad de cambio e invitarlos a participar en él y beneficiarse con su implementación.

Desde ya, es esencial que los supervisores y jefes adopten una perspectiva del cambio más amplia, orientada a un sistema para identificar realidades complejas y relaciones implicadas.

El *desarrollo organizacional*, al cual nos referimos en el Capítulo 1, puede ser un método muy útil para el cumplimiento de un objetivo de cambio.

En el cuadro siguiente se resumen varios lineamientos administrativos para el cambio responsable.

Lineamientos para la administración del cambio

- Haga sólo cambios necesarios y útiles
- Enseñe a esperar cambios continuos y a desarrollar nuevas competencias
- Cambie a través de la evolución, no de la revolución
- Reconozca que la resistencia al cambio existe. Desarrolle estrategias positivas para neutralizar las fuentes de resistencia
- Involucre a los empleados, reducirá la resistencia
- Comparta con los empleados los beneficios del cambio
- Conciba el cambio como un proceso extenso
- Diagnostique los problemas persistentes después de ocurrido el cambio

Fuente: Davis y Newstron.

22. Davis y Newstron. Obra citada.

El cambio y el entorno

Nos hemos referido a la influencia del entorno –tanto directo como indirecto– sobre el comportamiento organizacional. Con el cambio se presenta una situación análoga. Puede ser generado desde adentro o puede provenir de fuera de la organización. Ejemplos:

- Un gobierno fija leyes que las empresas deben acatar.
- Cambios tecnológicos de todo tipo, desde el procesamiento de la información hasta otros que implican cambios en los procesos de producción de los propios productos,
- Cambios en las comunicaciones, como ha sido la tecnología de Internet en los últimos años o como fuera el teléfono en su momento.
- Los competidores (empresas que elaboran productos o brindan servicios similares a los de la organización) producen cambios de productos y/o servicios que implican la necesidad de modificaciones al interior de la propia organización.

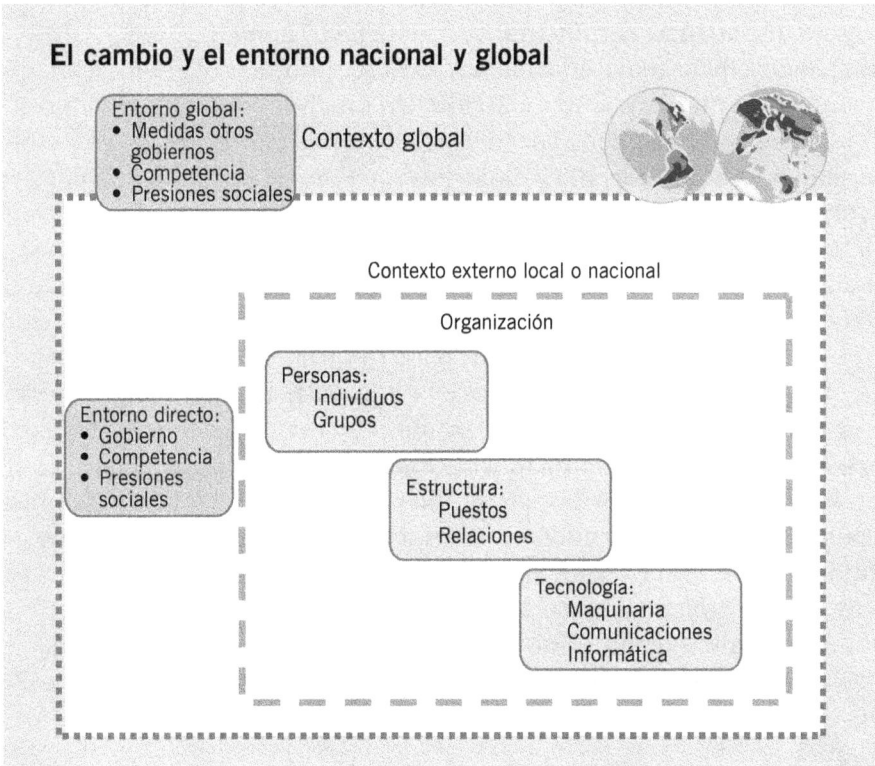

El cambio y el entorno nacional y global

Entorno global:
- Medidas otros gobiernos
- Competencia
- Presiones sociales

Contexto global

Contexto externo local o nacional

Organización

Entorno directo:
- Gobierno
- Competencia
- Presiones sociales

Personas:
Individuos
Grupos

Estructura:
Puestos
Relaciones

Tecnología:
Maquinaria
Comunicaciones
Informática

- Cambios originados en pedidos de clientes, sindicatos o la propia comunidad a la cual pertenece la organización.

El entorno es dinámico y exige cambios de manera constante. Se ha transformado en permanente la necesidad de cambiar. Estos factores externos producen la necesidad de realizar modificaciones que pueden verse afectadas por la resistencia interna dentro de la organización, como cualquier otro tipo de cambio.

Participación y la relación del cambio con los empleados

Uno de los mejores instrumentos para generar apoyo a favor del cambio es la participación de las personas en nuevos proyectos y cualquier otra situación que implique modificaciones en la forma de hacer las cosas. Antes mencionamos la comunicación como un elemento fundamental; la participación es algo más que comunicación.

La participación alienta a las personas a comunicar sus pensamientos, hacer sugerencias e interesarse por el cambio. La inclusión de una persona en un proyecto, por ejemplo, crea compromiso. El compromiso no sólo crea motivación para apoyar el cambio sino que además permite trabajar más efectivamente.

Un elemento para tener en cuenta sobre este punto es el grado de madurez de las personas que integran la organización. En muchos contextos, cuando se trabaja con personas jóvenes puede suceder –y hay varias anécdotas al respecto– cierto comportamiento infantil frente a situaciones menores, donde los jóvenes reaccionan como si aún estuvieran en el *kindergarden* o jardín de infantes, o como si la organización fuese la casa paterna. Cuando se habla de participación no se piensa en tratar a los colaboradores como niños sino como adultos que integran una organización en un mundo de personas mayores de 18 años y en el que las personas se reúnen en torno a un objetivo laboral para resolver situaciones complejas en un mundo global y competitivo. Los proyectos y la participación deben insertarse en un contexto de esta naturaleza. Una primera lectura de este párrafo puede que ocasione cierta irritación a muchos de los lectores, pero debe dársele su justa dimensión al tema. Transitar por el mundo de las organizaciones en la práctica de la consultoría y por muchos años, como es nuestro caso, nos ha permitido conocer todo tipo de situaciones. Esta experiencia nos permite asegurar que trabajar en proyectos que permitan la participación de los colaboradores es, efectivamente, una forma de lograr el compromiso y la motivación. Para ello debe trabajarse sobre temas relacionados con la estrategia, los objetivos, las tareas de cada uno, etc.; es decir, proyectos relacionados con el quehacer laboral de las personas y los objetivos organizacionales.

Como se observa en el gráfico adjunto, cuando la participación aumenta la resistencia al cambio decrece. La resistencia disminuye porque los empleados se sienten incluidos en él. Se sienten más seguros frente al cambio. La situación ideal será cuando los empleados y supervisores puedan participar en el planeamiento del cambio, antes que éste ocurra.

Relación entre el modelo de participación y la resistencia al cambio

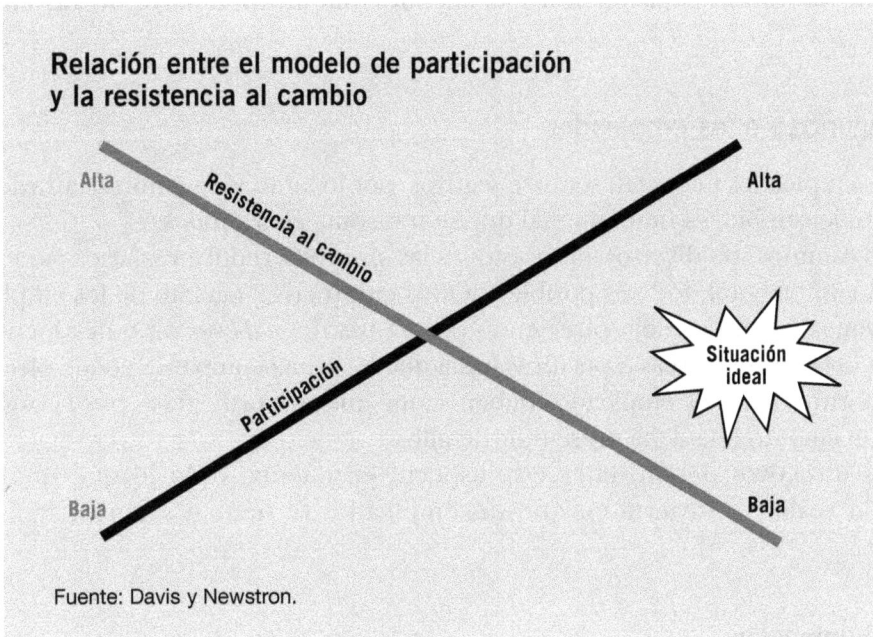

Fuente: Davis y Newstron.

Cuando las personas se involucran desde el principio, se sienten más seguras, no temen recibir más adelante una sorpresa (buena o mala, simplemente algo no previsto), y se sienten valoradas por sus empleadores.

En caso contrario, si los empleados sienten que son involucrados luego de ocurrido el cambio, puede aparecer la resistencia, e incluso –en un caso extremo– sentir que son manipulados por la Dirección.

Que el cambio beneficie a los empleados

Esto no es siempre posible y no se puede evitar que, en algún momento o frente a ciertas circunstancias, los empleados piensen: *¿En qué me beneficiará a mí esto?* Si el empleado ve o intuye que el cambio le producirá sólo costos (aspectos negativos) y no beneficios (aspectos positivos), difícilmente se entusiasme con él.

© GRANICA

Si un directivo prevé que el cambio no beneficiará a los empleados o a algún grupo de ellos, siempre que sea posible deberá analizar la situación para tratar que el cambio beneficie, de algún modo, a todos.

Los beneficios podrán ser de tipo económico o psicológico. Ambos son importantes. Los empleados aprecian un aumento salarial o un ascenso, pero también valoran la capacitación y el reconocimiento por parte de sus empleadores.

Dar seguridad a los empleados

Los empleados necesitan sentirse seguros, por lo tanto, si la empresa atraviesa un período de cambio, es fundamental que se transmita esto a todos.

Los caminos son diversos; en ocasiones las empresas reducen salarios para proteger la fuente laboral; todo es posible… Otras empresas se ocupan de los empleados desplazados por un cambio ofreciendo programas de *outplacement* o desvinculación asistida, o les asigna tareas específicas hasta que la misma compañía puede ofrecerles otra oportunidad. Los empleados deben sentir que son protegidos por la organización aun cuando ésta deba prescindir de ellos.

Los directivos deben tener este aspecto en cuenta; todo lo que una organización realice o invierta en que sus empleados se sientan seguros, será bienvenido.

La comunicación

Como ya dijéramos, la comunicación es fundamental para disminuir la resistencia al cambio de los empleados, supervisores y jefes.

Aunque un cambio sólo afecte a unas pocas personas, todos los de su grupo deberán ser informados y –eventualmente– toda la organización, según la naturaleza del tema. De ese modo todos se sentirán seguros y cooperarán de un modo u otro frente a la situación planteada.

Es muy importante tener esto en cuenta. Durante los procesos de cambio suele ocurrir lo contrario: las organizaciones muchas veces "cortan" sus canales de comunicación usuales, en ocasiones porque no saben qué comunicar o porque –erróneamente– se piensa que es mejor no informar hasta último momento. En casos de compra-venta de empresas o fusiones, muchos directivos prefieren no informar hasta que no se firma el acuerdo; sin embargo, los empleados "ven" los procesos previos, tales como firmas consultoras realizando estudios u otros indicadores extraños que permiten intuir que *algo pasa*.

En otras ocasiones, la Dirección "se olvida" de comunicar. En otras palabras, dicen Davis y Newstron[23], el flujo de comunicación puede debilitarse en un período de cambio, que es cuando más se necesita; por lo tanto se requieren esfuerzos adicionales para mantener fluidos todos los canales de comunicación.

Administración del cambio a través de los recursos humanos

Frente a los cambios del entorno, los supervisores, jefes y directivos, entre ellos los responsables de Recursos Humanos, pueden tomar dos posturas:

Proactiva: planificar y realizar acciones para anticiparse a los hechos.

Reactiva: planificar y realizar acciones sólo para restaurar y mantener el equilibrio que se haya visto afectado al modificarse el accionar establecido en la organización.

La tecnología y la globalización constituyen en el presente las mayores causales de cambio en las organizaciones y en las prácticas de Recursos Humanos. El éxito de las organizaciones depende cada vez más de su capacidad para administrar el *capital humano* (Sherman[24]). Capital humano es una expresión genérica que se utiliza para designar el valor del conocimiento, habilidades y capacidades que pueden no aparecer en el balance de una organización pero que, sin embargo, poseen un impacto tremendo en su desempeño.

El capital humano de las organizaciones está compuesto por los diferentes "capitales" de las personas que lo integran; por lo tanto, si las organizaciones no cuidan a las personas, si los recursos más valiosos se pierden, se llevan consigo el capital humano de la organización, o al menos parte de él, perdiéndose de ese modo las inversiones en capacitación y desarrollo que la compañía haya realizado.

En definitiva, el capital humano es la suma de los conocimientos y competencias de los individuos que tienen valor económico para la organización. En este contexto de ideas, las compañías deben hacer un esfuerzo no sólo en el desarrollo de sus empleados sino, también, en aprovechar al máximo las capacidades ya existentes. Muchas veces los empleados tienen capacidades que las organizaciones no utilizan e incluso desconocen.

---

23. Davis y Newstron. Obra citada
24. Sherman, Bohlander y Snell. Obra citada.

Las buenas estrategias de Recursos Humanos parten de identificar y reclutar a los mejores postulantes del mercado, en función de los propios requerimientos organizacionales, para luego continuar con procesos de capacitación y entrenamiento que complementan los procesos de selección para mejorar las capacidades de todos los integrantes de la organización, en la cual, además, las personas necesitan tener oportunidades de desarrollo. Cuando los términos de esta "fórmula" interactúan armoniosamente, es posible afirmar que la organización lleva a cabo buenas prácticas en la materia.

En este contexto, el rol del Gerente de Recursos Humanos alcanza ribetes interesantes. Si bien su función es de asesor y apoyo a las áreas centrales del negocio de la compañía, debe constituirse además en un motor para el cambio. (Una aclaración: usamos el término *negocio* en un sentido amplio, para referirnos al *objetivo central* de la organización, que puede ser sin fines de lucro –por ejemplo, una entidad del llamado "tercer sector", o un organismo gubernamental–).

Es decir, un responsable de Recursos Humanos debe ser mucho más que un asesor: podrá ser al mismo tiempo un *agente del cambio,* permitiendo, a través de las prácticas de RRHH, una mejor consecución de la estrategia organizacional. Como se verá más adelante, se puede impulsar el cambio y desde esa perspectiva modificar el rumbo de la organización.

Este rol de asesor e impulsor del cambio se relaciona con el Capítulo 5, donde se exponen las nuevas tendencias en management, y con el Capítulo 6, donde se explica el rol que el responsable de Recursos Humanos debe asumir.

En los últimos años han surgido una serie de temas vinculados al área de Recursos Humanos que se relacionan con el cambio en las organizaciones. Los mencionaremos de manera sucinta.

Recursos Humanos y calidad

En la actualidad muchas organizaciones trabajan en programas de calidad, y éstos vinculan la calidad con las personas. Al mismo tiempo, es cierto que los programas de calidad exigen cierto número de horas en capacitación y otros temas relacionados, y es dable observar, mucho más frecuentemente de lo que sería deseable, que los programas de calidad consisten en saber llenar una serie de formularios sin tener demasiado en cuenta su contenido. En los temas que nos conciernen esto sucede muy a menudo, por lo cual se completan casilleros con horas de capacitación y esto no se articula como debiera con la estrategia de la organización, considerando que la calidad es un medio para lograrla y no un fin en sí misma, aun cuando *Calidad de trabajo* haya sido definida como una competencia cardinal[25]. Por lo tanto, los programas de calidad son una oportunidad de poner en marcha buenas prácticas de Recursos Humanos, pero es algo que no siempre se verifica.

Cuando se desea que los programas de calidad impliquen al mismo tiempo buenas prácticas de Recursos Humanos deben ponerse en marcha al mismo tiempo que la Gestión de Recursos Humanos por Competencias. En caso contrario, especialmente cuando los programas de calidad son administrados *en soledad* por los especialistas, es decir, sin la participación activa de la máxima conducción y de los necesarios referentes internos, no se aprovechan adecuadamente las oportunidades y potencialidades que un programa de calidad puede tener en relación con las buenas prácticas de RRHH.

En síntesis, si los nuevos procedimientos en relación con la calidad no se implementan adecuadamente, es decir, con el propósito central de cambiar los procesos para mejorar efectivamente la calidad de los servicios y productos, no serán positivos para la organización en su conjunto, aun cuando se haya logrado obtener la certificación.

Recursos Humanos y las reingenierías

El término *reingeniería* se considera fuera de moda, pero bajo este nombre u otro las organizaciones siguen en la búsqueda de la eficiencia y la reducción de costos, junto con mejoras en la calidad y el servicio al cliente. Son siempre metas a alcanzar. La forma de intentar lograrlo es lo que varía. En ocasiones se denomina reingeniería a cualquier proceso de recorte de personal, sin importar la razón que lo originó. Cuando esta utilización del término se hace indiscriminadamente sólo se logra crear animosidad por parte de los empleados frente a cualquier mejora que la organización desee encarar.

Desde la perspectiva del área de Recursos Humanos, cuando la organización deba afrontar procesos de mejora por cualquiera de los temas mencionados (búsqueda de la eficiencia, reducción de costos, mejoras en la calidad, servicio al cliente, etc.), el responsable de RRHH deberá participar activamente para incluir dentro de los programas de mejora a los colaboradores. En especial se podrá trabajar con capacitación en conocimientos y en desarrollo de competencias, para que los empleados acompañen los procesos de cambio que la organización deba encarar para lograr los objetivos que se propone.

---

25. Competencias cardinales son aquellas que deben poseer –en algún grado– todos los integrantes de la organización.

© GRANICA

En cualquiera de estos casos, se deberá considerar muy especialmente todo lo visto en párrafos anteriores sobre el cambio.

Recursos Humanos y las nuevas prácticas de *outsourcing*

Sobre el fin del siglo XX se realizaron numerosos cambios en las organizaciones a través del *outsourcing* o tercerización. Entre las áreas donde esta práctica se aplica más frecuentemente podemos mencionar: tecnología de la información, centros de atención al cliente (telemarketing), contabilidad y recursos humanos. La forma más frecuente es la contratación de organizaciones externas para realizar funciones anteriormente ejecutadas por empleados de la misma empresa. En muchas ocasiones, nuevas compañías de outsourcing se conforman con los empleados de la organización que deja de realizar esas tareas, para adoptar la modalidad de servicios tercerizados.

Muchos directivos sostienen que la organización debe focalizarse en su negocio principal (corazón del negocio o *core business*) y las restantes actividades *de soporte* manejarlas de manera externa, bajo la modalidad descripta.

Frente a situaciones de este tipo, el rol del área de Recursos Humanos es fundamental. Por un lado, tratar de conservar las fuentes de trabajo para los empleados afectados y el manejo integral de la situación, comunicación y otros temas relacionados.

Si el área afectada fuese la propia, es decir, Recursos Humanos, se deberá tener en cuenta que por lo menos una persona deberá quedar en la organización para manejar los temas de política y ser el nexo interno entre la empresa proveedora del servicio y la organización.

En relación con los temas de Recursos Humanos, es de uso frecuente el outsourcing de la liquidación de salarios, y no es tan usual que se tercericen las restantes funciones del área.

Nuestra experiencia profesional nos indica que si la organización es grande, con muchas personas y dependencias diferentes, es conveniente contar con un área de Recursos Humanos. En cambio, cuando las organizaciones son pequeñas y/o medianas, la temática se puede manejar desde fuera, desde las liquidaciones de nómina hasta las funciones denominadas *soft*: descripción de puestos, redacción de políticas, evaluación de personas, capacitación, diseño de sistemas de evaluación de desempeño, fijación de objetivos, esquemas de remuneraciones, planes de sucesión, etc. En todos estos casos se sugiere siempre la designación de un referente interno como nexo entre las otras áreas cuidando que se respete, al mismo tiempo, la cultura organizacional.

Para quienes no estén familiarizados con el tema, explicamos que se denomina *funciones soft de Recursos Humanos* a aquellas actividades que una organización no tiene obligación de hacer producto de leyes o normas vigentes, sino que devienen de las buenas prácticas de Recursos Humanos. A estas funciones las hemos agrupado en subsistemas que se verán en detalle en el Capítulo 6.

No son funciones obligatorias pero sí recomendadas por las buenas prácticas: análisis y descripción de puestos; atracción, selección e incorporación de personas; evaluación del desempeño; remuneraciones y beneficios; formación, y desarrollo y planes de sucesión.

Responsabilidades del Gerente de Recursos Humanos

La obra de Sherman *et al.*[26], si bien tiene ya unos años, es frecuentemente utilizada por profesores y estudiantes. Allí se mencionan que las principales responsabilidades del Gerente de Recursos Humanos son:

- **Asesoría y consultoría:** el gerente de RRHH funciona como un consultor de gerentes, supervisores y ejecutivos. Implica la habilidad para analizar los problemas poniéndose en el lugar de cada uno de ellos, junto con la habilidad para comunicarse y comprenderlos a fin de ayudarlos en su gestión.

- **Servicio:** brindar servicios como reclutamiento, selección, aplicación de pruebas, planificación y conducción de programas de capacitación, etc.

- **Formulación e implementación de políticas:** proponer y evaluar políticas para resolver problemas recurrentes o evitar problemas de antemano.

- **Defensa de los trabajadores:** de algún modo deben ser abogados defensores de los empleados, escuchar sus preocupaciones y representar sus demandas frente a otros gerentes

David Ulrich menciona todos estos aspectos, junto con otros. Para los que trabajamos en el sector de Recursos Humanos, los aportes de Ulrich significaron un cambio importante para la disciplina, ya que definió un nuevo rol para el profesional de Recursos Humanos. Si bien la obra que aquí consideramos es de la década de 1990, su contenido no sólo es actual y pertinente, sino que para muchas organizaciones representa una propuesta de futuro; es decir, las áreas de Recursos Humanos y sus responsables no operan aún de ese modo.

Por un lado, se podría decir que muchos especialistas del área no han tomado conciencia del nuevo rol, y muchos directivos (estos en un número mayor que los primeros) no han comprendido la ayuda vital que pueden encontrar en un profesional de Recursos Humanos con las características que podríamos denominar "perfil Ulrich".

---

26. Sherman, Bohlander y Snell. Obra citada.

© GRANICA

En contextos en crisis –que es cuando más se requiere del personal para sacar la empresa a flote, para luchar con la competencia, para superar diferentes situaciones conflictivas– el rol del profesional de Recursos Humanos se agiganta. Sin embargo, muchos empresarios o directivos no lo ven de la misma manera, y optan por suprimir la función, recortar su presupuesto o quitarle su nivel.

No es nuestro propósito brindar ni un enfoque "romántico" ni sobredimensionado de la función. Se explicará el rol del responsable de Recursos Humanos en relación con el cambio en su real dimensión, y tomando como guía la obra ya mencionada de Ulrich. En los capítulos 6 y 7 se dará una visión complementaria de la utilidad de la función de Recursos Humanos en relación con la estrategia de la organización.

El profesional de Recursos Humanos como agente del cambio

Cuando comencé a preparar esta obra decidí tomar como guía a David Ulrich, básicamente por uno de sus libros, *Recursos Humanos Champions,* aunque tiempo después publicó otro donde cambió en parte sus propios conceptos.

Se hará mención a ambos trabajos del autor; sin embargo, creo que su papel de referente en cuanto al rol del profesional de Recursos Humanos se lo debemos otorgar por el primero de ellos. En mi rol de profesora, siempre les digo a mis alumnos: "Si ustedes desean ser profesionales de Recursos Humanos, deben tener esta obra como libro de cabecera". Y si no estoy segura de haber causado el adecuado impacto con mi comentario, refuerzo la idea diciéndoles: "Tienen que tenerlo sobre la mesa de luz para releerlo todos los días". Ulrich ha publicado trabajos posteriores, donde incluso ha modificado la formulación de los roles. Sin embargo, en mi opinión, es esta obra la más relevante de los últimos tiempos en la materia.

En un libro[27] posterior al que estamos tomando de referencia, escrito por Ulrich junto con otros autores, en un capítulo que se denomina "Una nueva función para los Recursos Humanos" se refuerza el enfoque original sobre el rol que deben tomar los profesionales en Recursos Humanos. Comienzan el capítulo preguntando: *¿Deberíamos abandonar los Recursos Humanos?* Su respuesta es que el área no es útil en un formato tradicional donde sólo se dedique a seleccionar personal o administrar programas de evaluación de desempeño y/o remuneraciones, sino que debe orien-

---

27. Ulrich, David. *Evaluación de resultados.* Ediciones Granica, Madrid, 2000.

tar su accionar al *negocio*. Cuando desde una perspectiva iberoamericana leemos estas palabras, debemos decodificar que, primero, en la realidad de estos países hay muchas empresas en las que la función de Recursos Humanos no existe, pero esto no como una evolución hacia nuevas tendencias, sino porque nunca se han ocupado de los recursos humanos. Por lo tanto, las frases de Ulrich adaptadas a nuestra realidad serían: "El nuevo rol del profesional de Recursos Humanos no alcanza con la correcta administración de los denominados subsistemas de RRHH, sino que éstos deben estar en relación con los negocios". Como me gusta decir en forma mucho más directa: "los recursos humanos alineados al negocio".

Continuando con esta mención de Ulrich y otros autores, ellos dicen que los profesionales de Recursos Humanos pueden *producir* la excelencia en la organización según los cuatro modos siguientes:

1. Tomar parte en la ejecución de la estrategia.
2. Ser expertos en las distintas materias del trabajo de la organización: eficiencia administrativa, reducción de costos y mantenimiento de la calidad.
3. Transformarse en adalides de los empleados, representándolos frente a los directivos.
4. Ser agentes de transformación continua.

Ahora volvemos a la obra *Recursos Humanos Champions*, donde Ulrich, en el Capítulo 6, que aborda el tema "Cómo convertirse en un agente del cambio", observa que todo el mundo dice y repite: "todo cambia", pero, realmente –se pregunta–, ¿estamos dispuestos a cambiar? Todos los que reconocen que eso es así, ¿actúan en consecuencia? A menudo tenemos la sensación de que se declama el cambio, pero no se lo acepta de verdad.

Frases célebres como las de Stece Kerr, de General Electric: "No le sorprenda sorprenderse", sintetizan el desafío. A esta frase podemos sumar otra que me surgió espontáneamente durante un curso frente a un grupo de estudiantes, que, como todos los que practican la docencia bien lo saben, suelen ser una gran fuente de inspiración: "Hay que arraigarse al cambio". Ésta fue mi respuesta ante la preocupación de varios asistentes al observar que los seres humanos tenemos una tendencia natural a arraigarnos a las cosas (desde ya, a partir de que los humanos dejaron de ser nómades).

En párrafos anteriores de este mismo capítulo ya mencionamos las tres respuestas al cambio:

- Iniciativa para el cambio: se centra en la puesta en marcha de nuevos programas, proyectos o procedimientos.
- Cambios de procesos: modificaciones a los ya existentes.

© GRANICA

- Cambios culturales: ocurren cuando una organización modifica aspectos de fondo sobre cómo hacer negocios y/o en relación con su estrategia. Se renueva la identidad de la organización tanto para los empleados como para los clientes.

Los tres tipos de cambio son importantes. Las iniciativas que mejoran la calidad de la conducción equivalen al alimento diario que necesita un organismo. Los procesos que cambian la forma de trabajar son como los sistemas biológicos que lo mantienen vivo (por ejemplo, el sistema respiratorio). Los cambios culturales afectan el alma y la mente de la organización.

Cuando los profesionales de Recursos Humanos actúan como agentes del cambio generan la capacidad de la organización para manejar los tres tipos de cambio.

Ulrich[28], en función de las tres respuestas al cambio, propone cuatro pasos para *crear la capacidad de cambio* en una organización:

Paso 1: Identificar los factores clave para el éxito del cambio.

Paso 2: Evaluar en qué medida estos factores clave están bajo control.

Paso 3: Identificar la actividad de mejora para cada factor de éxito.

Paso 4: Considerar a los siete factores clave como un proceso iterativo, no un hecho episódico.

Con respecto al cambio cultural, propone los siguientes pasos orientados a cambiar la actitud mental en la organización:

Paso 1: Definir y clarificar el concepto de cambio de cultura.

Paso 2: Expresar por qué el cambio de cultura es central para el éxito de la empresa.

Paso 3: Definir un proceso para evaluar la cultura actual, la cultura deseada y la brecha que existe entre ambas.

Paso 4: Identificar distintas vías para generar el cambio de cultura. (Este paso hace referencia a lo ya expuesto en párrafos anteriores sobre los distintos tipos de cambio cultural: de arriba abajo, de lado a lado y de abajo arriba.)

Paso 5: Crear un plan de acción que integre múltiples formas de encarar el cambio cultural.

---

28. Ulrich, David. *Recursos Humanos Champions*. Obra citada.

Los profesionales de Recursos Humanos como agentes del cambio

Si los profesionales de Recursos Humanos han de ser agentes del cambio y diseñar y conducir tanto la capacitación para llevarlo a cabo como el cambio de cultura en sí mismo, deben dominar las cuatro agendas siguientes, según Ulrich:

Rol como agente de cambio	Cómo llevarlo a cabo
Adalid / patrocinador	Erigirse en adalid (promotor) de la iniciativa del cambio, proponiendo cambios factibles en función de la estrategia del negocio y, al mismo tiempo, representando a los empleados.
Facilitador del cambio	Ayudar a facilitar el cambio. Además de impulsarlo (ser adalides del cambio) los responsables de Recursos Humanos deben ayudar a facilitar el cambio. Muchas veces los que llevan a la práctica los cambios son consultores externos; en este caso el responsable de Recursos Humanos será el facilitador para que los cambios ocurran y para que, paulatinamente, pasen de las manos de los consultores externos a las de los empleados. Los programas de capacitación y de desarrollo de competencias constituyen armas poderosas para lograrlo.
Diseñador	Diseñar subsistemas (de Recursos Humanos) que permitan la transformación de la cultura organizacional. Al igual que en el punto anterior, muchas veces el diseño lo realiza un consultor externo; sin embargo, el responsable de Recursos Humanos debe estar involucrado y velar para que represente un verdadero cambio, tal como se desea. Del mismo modo que en el punto anterior, el diseño debe pasar de manos del consultor externo a manos de los empleados y gerentes de la organización.
Ser un referente para los otros	Si el responsable de Recursos Humanos cubre los tres aspectos anteriores (adalid o patrocinador del cambio, facilitador y diseñador), parece obvio que será un modelo a seguir para las restantes áreas de la organización. Por ejemplo: si se impulsa un cambio en materia de comunicación interna a través de la intranet, el área de Recursos Humanos deberá estar entre los primeros en ponerlo en práctica, ya sea mediante una prueba piloto o de alguna otra manera, constituyéndose en el ejemplo a seguir. Sería impensable que se propusiera un cambio para los otros sin llevarlo adelante en el área. Hay un viejo dicho popular: "haz lo que yo digo pero no lo que yo hago". Si se quiere generar credibilidad en materia de cambio, hay que comenzar dando el ejemplo.

Los profesionales de Recursos Humanos que asumen el rol de "socios en los negocios" asumen al mismo tiempo otros roles de índole variada. Una frase popular que ya hemos mencionado varias veces dice: "todo cambia". Según opinión de muchos psicoanalistas, en la actualidad las personas no sienten un gran apego por las cosas materiales, quizá como consecuencia de lo efímero de muchos objetos con los que nos relacionamos, en especial todo lo que tiene que ver con la tecnología. Este fenómeno es mucho más fuerte en las generaciones jóvenes, que asumen que un objeto se cambia fácilmente por uno más nuevo.

Lo que las personas no cambian con facilidad son sus comportamientos. Es dable observar, aun en personas jóvenes, cómo se aferran a usos y costumbres en materia de comportamientos aunque, al mismo tiempo, cambien o deseen cambiar los objetos que utilizan (teléfonos móviles, ordenadores, etc.).

En el mundo de los negocios y empresarial en general, la globalización ha impuesto –a todos– cambios derivados de la tecnología y la revolución informática. No es posible predecir el cambio, ni su naturaleza; sólo sabemos que se producirá, pero no en qué sentido, por lo que se vive en incertidumbre.

Aquí, bajo el nombre genérico de cambio nos estamos refiriendo al relacionado con el comportamiento organizacional, y al cambio en relación con la estrategia de negocios y/o tecnológico, etc. No vamos a hacer un juego de palabras, pero como es casi obvio, el cambio en la estrategia de negocios, el derivado de la tecnología y cualquier otro origina, al mismo tiempo, cambios en el comportamiento organizacional.

Los gerentes en general –no sólo los de Recursos Humanos–, si desean asumir un rol de adalides del cambio deberían:

- Coordinar la cultura interna con la identidad deseada en el mercado.
- Entender el proceso de creación de un comportamiento homogéneo.
- Diseñar (o solicitar a los responsables) un modelo de cambio que integre a toda la organización.
- Lograr que la empresa como un todo responda al cambio, aun cuando se estén diseñando al mismo tiempo nuevas estrategias.

En síntesis, comenzar a ver el cambio como un amigo, no como un enemigo; como una oportunidad, no como un problema; como una ventaja competitiva, como una fuente de valor y no como un obstáculo a vencer.

Acerca de la naturaleza cambiante del rol de Recursos Humanos

No es propósito de esta obra sobredimensionar el rol del área de Recursos Humanos; sin embargo, como ya hemos mencionado, aun hoy no se comprende adecuadamente el papel más apropiado para la misma. Nos referiremos nuevamente a este tema en el Capítulo 6, pero en esta parte de la obra es nuestro objetivo presentar los distintos roles de un profesional de Recursos Humanos, para entender mejor qué tipo de aportes puede realizar al comportamiento organizacional, sobre todo con relación a los dos capítulos siguientes, donde se trata de agrupar los temas en dos grandes unidades:

- La óptica de la supervisión o de la organización: qué se puede hacer o qué se hace para el gerenciamiento de las personas, tema que hemos denominado "El poder en las organizaciones" (Capítulo 3).
- La óptica del individuo, cómo reacciona ante determinados indicadores, qué necesita y espera, que hemos denominado "El comportamiento de los individuos en las organizaciones" (Capítulo 4).

De la conjunción de ambos devendrá el comportamiento de la organización, y ambos aspectos tendrán relación con las responsabilidades y roles del profesional de Recursos Humanos.

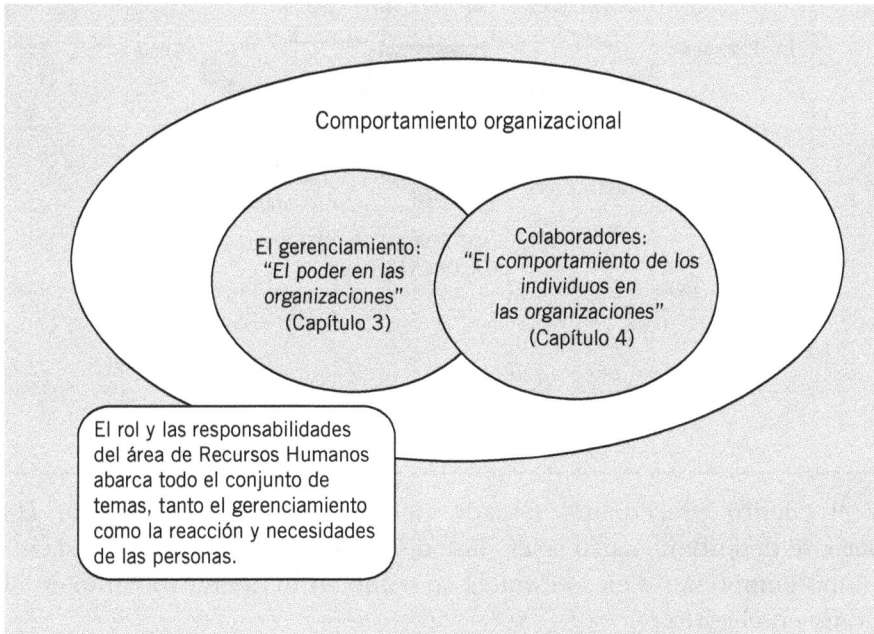

Para lograr asumir este rol, con sus respectivas responsabilidades asociadas, se debe partir de la comprensión del mismo y, desde ya, por parte de la máxima conducción de la organización. Si, además, el profesional asume el rol de "socio en los negocios" para trabajar alineado a la estrategia de la organización, sus roles serán múltiples.

Para crear valor los profesionales de Recursos Humanos deben centrarse no en las actividades sino en cómo agregar valor. Realizar el trabajo cotidiano brindado un aporte a la gestión.

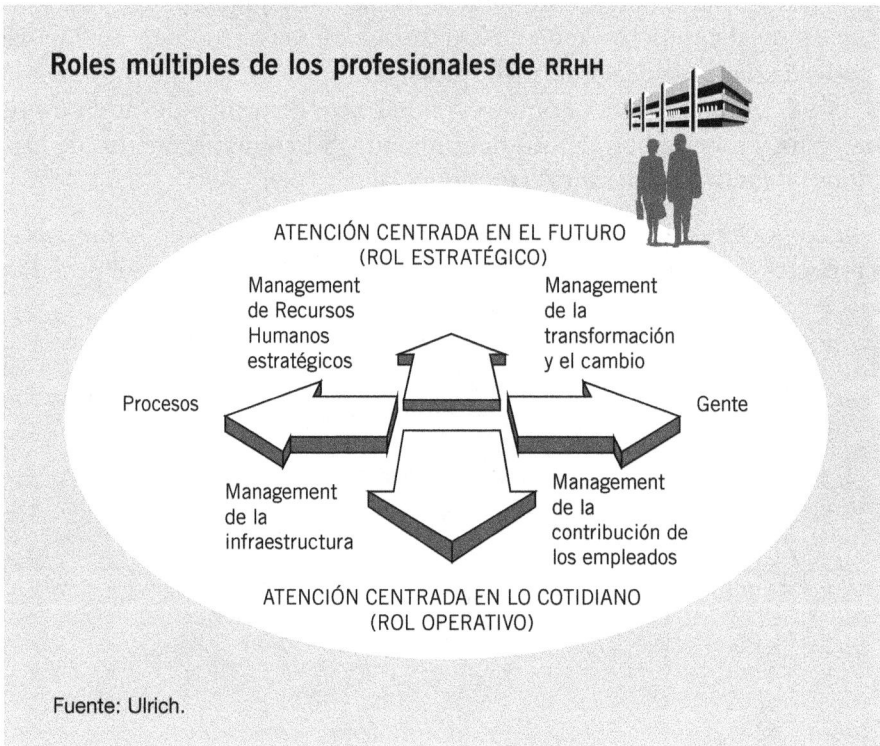

Roles múltiples de los profesionales de RRHH

ATENCIÓN CENTRADA EN EL FUTURO
(ROL ESTRATÉGICO)

Management de Recursos Humanos estratégicos

Management de la transformación y el cambio

Procesos

Gente

Management de la infraestructura

Management de la contribución de los empleados

ATENCIÓN CENTRADA EN LO COTIDIANO
(ROL OPERATIVO)

Fuente: Ulrich.

En el cuadro precedente, tomado del libro de Ulrich *Recursos Humanos Champions,* se describen cuatro roles clave de los profesionales de RRHH, centrándose al mismo tiempo tanto en lo estratégico como en lo operativo, tanto en el largo plazo como en el corto.

Las actividades abarcan desde manejar las herramientas hasta conducir gente. Por ello se habla de *roles múltiples.*

Analizar este cuadro me hace pensar nuevamente en un tema que ya hemos mencionado en párrafos anteriores. Si se analiza el gráfico "en frío", cualquiera podrá pensar casi despectivamente que centrar el foco en lo cotidiano u operativo no es lo adecuado. No es obviamente la intención, ya que se menciona que los roles son múltiples.

Pensar que lo cotidiano no es lo más relevante sería "casi" correcto cuando en una organización tienen implementados –y funcionan bien– los distintos subsistemas de Recursos Humanos. En ese caso, el profesional de RRHH puede quitar el foco de lo cotidiano y centrar su atención en el futuro y lo estratégico. En la realidad iberoamericana muchas organizaciones de capitales locales no tienen desarrollada un área de Recursos Humanos, y esto también puede suceder en filiales de empresas multinacionales, que si bien tienen en sus casas matrices y en las filiales de países grandes las áreas de Recursos Humanos operando de acuerdo con a los principios básicos ya descriptos, no siempre es así en los denominados países chicos, donde en ocasiones se llega al extremo que la función no existe, y sólo se cumplen algunos requisitos de las casas matrices.

Por ello, desde la perspectiva de países más pequeños o menos desarrollados, hay que pensar en un rol del profesional de Recursos Humanos mucho más complejo y desafiante, ya que éste debe, al mismo tiempo, poner foco en todo.

En una organización con cultura de Recursos Humanos, el rol del profesional del área es igualmente desafiante, pero parte de su tarea ya está encaminada.

Management de Recursos Humanos Estratégicos

El rol de Recursos Humanos Estratégicos se centra en alinear las estrategias y prácticas específicas de la función con la estrategia de los negocios. Cuando el profesional de Recursos Humanos cumple ese rol aumenta la capacidad de la empresa para llevar adelante su estrategia. ¿Cómo se logra? De manera bastante sencilla, al menos desde la explicación teórica. Los programas de capacitación, entrenamiento y desarrollo en función de la estrategia de negocios, los sistemas de evaluación de desempeño alineados a los objetivos, y la remuneración variable, suelen ser los aliados a la hora de pensar en Recursos Humanos Estratégicos.

Desde esta perspectiva, el responsable de RRHH no deja de tener en cuenta las necesidades de los empleados, pero orienta los esfuerzos a lograr los objetivos organizacionales. Si el titular del área tiene una silla (o sillón) en la primera línea de gerencia, participará en la toma de decisiones estratégicas y, de ese modo, formará parte de las mismas, que pasarán a ser su prioridad.

Muchos gerentes de línea, aun en pleno siglo XXI, ven al área de Recursos Humanos como "un gasto" y no visualizan su verdadero rol, no "ven" la utilidad que tiene para alcanzar sus propios objetivos; no "ven" cómo, en conjunto, se pueden lograr los objetivos organizacionales. No siempre se trata de que estos gerentes tengan un prejuicio al respecto; quizá no encontraron en su camino gerentes de Recursos Humanos con el perfil que se presenta en estas páginas.

Tanto para los gerentes de línea como para los profesionales del área, esta sección será útil: los primeros sabrán qué pedir, qué exigir al área de Recursos Humanos de su organización, y los profesionales de RRHH sabrán poner en perspectiva su rol y, si fuese pertinente, mejorarlo.

El profesional de Recursos Humanos como socio estratégico

- Evitar que los planes estratégicos sólo ocupen un lugar en la biblioteca.
- Objetivos concretos en relación con el negocio.
- Alinear los planes de Recursos Humanos con los planes empresariales.
- Evitar las salidas fáciles.
- Lograr que en la empresa se preste atención a las capacidades de las personas.
- Los profesionales de Recursos Humanos se convierten en verdaderos socios estratégicos cuando identifican y mejoran las capacidades.

Fuente: Ulrich.

Administrar

La palabra *administrar* significa mucho más que atender los temas administrativos: implica gestionar, dirigir todo lo relacionado con las personas que integran la organización. En la concepción más frecuente, el rol de administrar se asocia al más tradicional del área y –en ocasiones– se le resta importancia, privilegiando el rol estratégico de la función de RRHH. Sin embargo, administrar bien la estructura no sólo es importante para la organización en su conjunto, sino que *crea valor*.

Muchos de los modernos responsables de Recursos Humanos miran esta función como de escaso valor agregado. Esta postura es tan equivocada como la opuesta: pensar que la función de Recursos Humanos es sólo administrativa. Ambas son vitales. Para asumir eficazmente todos los roles del profesional de Recursos Humanos tal como se concibe en el siglo XXI, será imprescindible contar con una moderna administración del área. Se trata del buen funcionamiento de todos los aspectos que se relacionan con el personal, velando por el cumplimiento de las leyes del país donde se llevan a cabo las actividades, junto con la administración adecuada y según las buenas prácticas de los otros subsistemas, tales como selección de personas o evaluación del desempeño, sólo por citar dos de ellos.

Por esta razón Ulrich dice que un profesional de Recursos Humanos debe ser un *experto administrativo*. Para lograrlo, se debe trabajar sobre los procesos del área para mejorar su eficiencia: entrenamiento, evaluación, premios, promociones, etc.

Los métodos relacionados con la eficiencia administrativa van de la mano de la reingeniería (ya mencionada) y de las implementaciones de software de Recursos Humanos. Para cubrir este rol los profesionales del área trabajan en eliminar costos innecesarios y mejorar la eficiencia de los procesos, encontrando de ese modo maneras para hacer mejor las cosas.

Atender las inquietudes del personal

Este rol implica involucrarse en los problemas, las preocupaciones y necesidades de los empleados. Implica esforzarse por entender y responder a sus necesidades.

Cuando se escuchan y atienden las necesidades de los empleados, indirectamente "se incrementa su valor". Las organizaciones que cuidan su capital intelectual conocen y tienen en cuenta este aspecto. Este rol del profesional de Recursos Humanos, que muchas veces se denomina "adalid de los empleados", debe llevarse adelante en equilibrio con los otros roles de la función. Muchos gerentes inexpertos sobredimensionan un rol respecto de otro y –a partir de ese desequilibrio– no realizan una buena gestión.

Conducir la transformación y el cambio

Un factor clave para agregar valor a una organización es conducir la transformación y el cambio. La "transformación" implica cambios culturales fundamentales. Para ello los profesionales de Recursos Humanos se convierten en patrocinadores y guardianes de la cultura de la empresa, velando además por que el cambio a lograr sea el deseado.

El "cambio" hace referencia a la capacidad que tiene una organización para mejorar el diseño y la implementación de iniciativas y para reducir los tiempos de los ciclos de las actividades. Para ello los profesionales de Recursos Humanos ayudan a identificar e implementar los procesos de cambio.

Cuando una organización vive un proceso de transformación, los ejecutivos de Recursos Humanos, en su rol de socios estratégicos de los negocios, ayudan a los empleados a renunciar a ciertos usos y costumbres para adaptarse a una nueva cultura de trabajo.

El cambio puede tener diferentes orígenes y fines –como se vio en párrafos anteriores: de arriba abajo, de lado a lado, de abajo arriba–; también puede centrarse en el pasado. Los profesionales de Recursos Humanos deben, de algún modo, honrar el pasado. ¿Qué significa? Las organizaciones tienen su historia y sus tradiciones, que hay que respetar mientras se implementan los cambios de cara al futuro.

Los dueños de empresa (nos referimos a empresas con propietarios de carne y hueso, que quizá fueron ellos mismos los fundadores y creadores de su éxito pasado y/o actual) dicen muchas veces: "toda la vida hicimos esto de este modo", o "he seleccionado mucha gente a lo largo de los años y, como usted puede ver, tanto no me he equivocado"... y tantas otras frases similares. La persona puede tener razón, pero si quiere que la compañía siga adelante deberá introducir cambios. Un profesional de Recursos Humanos los llevará a cabo respetando la cultura. Pero no proponemos "cambiar para que nada cambie", sino cambiar dentro de una determinada cultura.

Dice Ulrich: *Las acciones de los agentes del cambio incluyen identificar y encuadrar problemas y crear –y llevar a cabo– planes de acción.*

Obviamente, para que todo esto se verifique, el profesional de Recursos Humanos debe creer en el cambio y él mismo tener esta competencia personal, la de entender los cambios creando el compromiso de los otros para que la transformación se produzca.

De más está decir que si el profesional del área es un verdadero agente del cambio pero la organización no lo apoya, no logrará una eficaz transformación, o será muy difícil. Por lo tanto, la máxima conducción y los restantes gerentes de línea deberán ser –también– agentes del cambio.

Si relacionamos este punto con un modelo de competencias, debemos observar que todos los gerentes de una organización que pretenda alcanzar un cambio o transformación deberán tener ciertas competencias relacionadas con la cuestión. En los *diccionarios de competencias*[29] se encuentran muchas definiciones que incluyen conceptos en relación con el cambio:

29. Alles, Martha. *Diccionario de competencias. La trilogía. Tomo 1.* Ediciones Granica, 2009 y 2015.

Los gerentes de línea como adalides del cambio deben:

- Coordinar la cultura interna con la identidad deseada en el mercado.

- Entender el proceso de creación de un comportamiento homogéneo.

- Diseñar (o solicitar a los responsables) un modelo de cambio que integre a toda la organización.

- Lograr que la empresa como un todo responda al cambio, aun cuando al mismo tiempo se estén diseñando nuevas estrategias.

Fuente: Ulrich.

- Liderazgo para el cambio
- Adaptabilidad al cambio
- Pensamiento estratégico
- Entrepreneurial
- Iniciativa
- Innovación

Las mencionadas competencias hacen referencia al cambio de manera directa. No obstante, muchas otras no hacen una mención específica pero éste se encuentra implícito, ya que será imprescindible para que la competencia pueda desarrollarse (por ejemplo, *Empowerment, Desarrollo de personas* o *Desarrollo del equipo*).

No es posible implementar el *empowerment* si no se llevan a cabo, al mismo tiempo, algunos cambios de procedimientos y rutinas de trabajo, junto con el desarrollo de la competencia *Empowerment* en los colaboradores, lo cual implicará el cambio de comportamientos. Conceptos análogos pueden aplicarse a las competencias *Liderazgo, Desarrollo de personas* o *Desarrollo del equipo,* entre otras.

Es en el momento de diseñar el modelo de competencias y seleccionar cuáles de ellas se requieren para los distintos puestos que una organización se orienta (o no) al cambio. Si hace falta un cambio cultural se deberán elegir cuidadosamente las competencias que lo representen.

© GRANICA

Otro punto interesante que plantea Ulrich[30] es la comparación de los puntos de vista del área de Recursos Humanos y de los gerentes operativos acerca de la función de RRHH.

La situación ideal estaría dada por una coincidencia entre ambos –gerentes operativos y de Recursos Humanos– y que esta misma visión, a su vez, coincida con la estrategia de la organización.

Como hemos puntualizado en párrafos anteriores, debe darse un equilibrio entre los distintos roles:

- **Equilibrio 1: rol estratégico y adalid de los empleados.** Los profesionales de Recursos Humanos deben equilibrar los requerimientos para ser socios estratégicos de la organización, por un lado, y adalides de los empleados, por el otro. Al mismo tiempo, estar asociados a la máxima conducción, y escuchar y apoyar a los empleados.

- **Equilibrio 2: agente del cambio y administrador.** Será necesario establecer un equilibrio entre la necesidad de cambio, innovación y transformación, y la necesidad de continuidad, disciplina y estabilidad que todo proceso requiere.

Por último, se requiere a su vez una relación balanceada entre los equilibrios 1 y 2.

Cuando las organizaciones implementan Gestión de Recursos Humanos por Competencias, uno de los objetivos es homogeneizar las competencias de sus empleados; por lo tanto, se tendería a lograr el equilibrio planteado.

Conjunción de roles para los responsables de Recursos Humanos: cómo llevarlos a cabo todos juntos

Ser un profesional de Recursos Humanos no significa simplemente pasar del trabajo operativo al estratégico. Significa aprender el manejo de procesos tanto operativos como estratégicos, y de la gente.

En síntesis, el éxito del Gerente de Recursos Humanos combina:

- Ejecución de la estrategia
- Eficiencia administrativa
- Dedicación a los empleados
- La transformación y el cambio como meta

---

30. Ulrich, David. *Recursos Humanos Champions*. Obra citada.

En síntesis, y tomando a Ulrich como referente, un exitoso gerente de Recursos Humanos será:

- Socio estratégico
- Experto administrativo
- Adalid de los empleados
- Agente del cambio

En una obra de más reciente publicación (2005), *The HR Value proposition*[31], los autores reacomodan estos cuatro roles y proponen otros, según el siguiente gráfico.

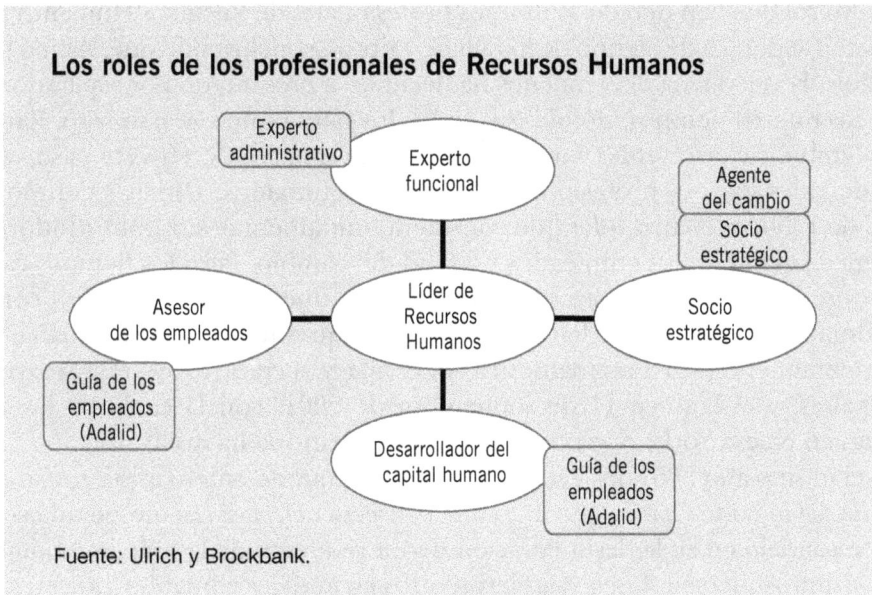

Los roles de los profesionales de Recursos Humanos

- Experto administrativo
- Experto funcional
- Agente del cambio
- Socio estratégico
- Asesor de los empleados
- Líder de Recursos Humanos
- Socio estratégico
- Guía de los empleados (Adalid)
- Desarrollador del capital humano
- Guía de los empleados (Adalid)

Fuente: Ulrich y Brockbank.

En síntesis, los roles planteados en esta obra son:

- Experto funcional (implica "experto administrativo")
- Asesor de los empleados (implica "adalid de los empleados")
- Socio estratégico (implica "socio estratégico" y "agente del cambio")
- Desarrollador del capital humano (implica "adalid de los empleados")

31. Ulrich, Dave y Brockbank, Wayne. *The HR Value proposition*. Harvard Business School Press, Boston, 2005.

© GRANICA

El cambio fundamental entre una postura y otra radica en que ha unido los roles *estratégico* y *de agente del cambio,* y que el rol de *adalid de los empleados* lo desdobló en dos: asesorar a los empleados y desarrollar el capital humano.

Daremos nuestra opinión –en el Capítulo 6– sobre cuáles deberían ser los roles del profesional de Recursos Humanos en el siglo XXI para los países hispanoparlantes.

En el inicio de este siglo, la situación no sólo de mi país, Argentina, sino del contexto en general, nos hizo pensar que a los roles de un profesional de Recursos Humanos era necesario adicionar otro, agregar un quinto rol a los cuatro de Ulrich: *contención.*[32]

Con todo respeto a la figura de Ulrich, la realidad vivida con posterioridad a la publicación de su obra *Recursos Humanos Champions* nos ha hecho reflexionar sobre si este nuevo rol que han debido asumir los profesionales de Recursos Humanos puede o no incluirse dentro de alguno de los allí descriptos, concluyendo que, si bien podría ser posible, la relevancia del tema nos ha decidido a presentarlo por separado.

En los nuevos tiempos, donde casi todos los paradigmas se han roto, han cambiado, también ciertos roles han sufrido transformaciones; en este caso, se han agregado roles para el profesional de Recursos Humanos. Ulrich[33] definió en la década de 1990 los cuatro roles que considera fundamentales: administrador, socio estratégico, adalid de los empleados y adalid del cambio. Pero los tiempos cambiaron y surgen nuevas realidades (o algunas no tan nuevas) que afectan el contexto de las organizaciones. Desde hace varios años ataques terroristas en España, la ETA fundamentalmente; en Latinoamérica, guerrilla y secuestros de empresarios, en varios países; y el fatídico 11 de septiembre de 2001, con la caída de las Torres Gemelas, en Nueva York... Un nuevo contexto violento se ha instalado.

En el mismo año 2001, los Estados Unidos y el mundo entero asistieron azorados a la caída del gigante Enron, que trajo una consecuencia casi tan inesperada como el mismo escándalo en sí: la desintegración de un referente de la práctica contable, el grupo Arthur Andersen. Luego siguieron otros escándalos contables, que en su conjunto llevaron a la pérdida de confianza del inversor norteamericano.

Estos fenómenos, al inicio del tercer milenio, repercutieron de manera directa sobre el personal de las compañías involucradas, de las competidoras, del mercado en general. Frente a ese fenómeno los responsables de Recursos Humanos se encontraron sin saber qué hacer.

En pleno siglo XXI el mencionado rol de contención no es patrimonio exclusivo del profesional de RRHH, aunque nuestro trabajo se relacione fuertemente con esa función. Por el contrario, creo que es responsabilidad de todos aquellos que tengan

---

32. Ver Martha Alles, *5 pasos para transformar una oficina de personal en un área de Recursos Humanos.* Ediciones Granica, 2006.
33. Ulrich, David. *Recursos Humanos Champions.* Obra citada.

a su cargo a otras personas, que de algún modo supervisen o sean responsables de un equipo de trabajo. ¿Qué implica asumir un rol de contención? Simplemente tener en cuenta que las personas (que como se vio en el capítulo anterior conforman un todo), en el ámbito laboral o por razones ajenas a éste, pueden estar sufriendo una serie de presiones o circunstancias que afecten su desempeño. Sólo por poner un ejemplo, si algún miembro de su familia se ha visto afectado por un fenómeno natural de envergadura, como un tornado, si bien puede no estar relacionado con el ámbito laboral o con el empleado en sí mismo, el desempeño de éste puede verse afectado, y quizá una palabra o un gesto de su propio jefe pueda ayudarlo. Como se verá en el Capítulo 3, proponemos trabajar sobre el *rol del jefe* como una forma de mejorar este tipo de cuestiones, con un enfoque de mediano y largo plazo.

Del mismo modo, en la actualidad es un concepto largamente difundido que cada gerente o jefe debe ser, de algún modo, una suerte de gerente de Recursos Humanos en relación con sus propios colaboradores.

¿En qué consiste el rol de contención? Se podría decir que es una mezcla entre el rol de socio estratégico con el de adalid de los empleados, o situado a mitad de camino entre uno y otro. Por un lado, la persona debe acompañar la estrategia de la organización, y por otro debe atender a los sentimientos de los empleados, cuidando además de no imprimir su actuación con sus propios sentimientos. No olvidemos que él o ella también son empleados. Es complejo.

Por último, retomando el rol de agente del cambio del responsable de Recursos Humanos, y según lo ya expuesto, podemos resumirlo tal como se observa en el cuadro de la página siguiente.

Continuando con nuestro resumen de roles en relación con el cambio en una organización:

¿QUÉ DEBEN HACER UNOS Y OTROS?

Los gerentes operativos

- Definir los aportes deseados y factibles de las actividades de Recursos Humanos.
- Hacer operativo, medir y comunicar el valor creado por Recursos Humanos.
- Definir quién tiene las distintas responsabilidades y rinde cuentas (responde por ellas).

Los gerentes de Recursos Humanos

- Dejar de hablar de ser socios estratégicos y empezar a serlo.
- Definir *ser socios estratégicos,* en términos de crear valor agregado para la organización.
- Elaborar sus planes de acuerdo con los clientes internos.

© GRANICA

Los profesionales de Recursos Humanos como agentes del cambio

- Adalid - patrocinador
  - Adalid de la iniciativa
- Facilitar el cambio
  - Ayuda a facilitar el cambio
- Diseñador
  - Diseña subsistemas para el cambio
- Ser un referente para otros
  - Rediseñar las ofertas de capacitación, premios, etc., para impulsar el cambio

Fuente: Ulrich.

En síntesis, para aportar valor hay que desterrar los roles simples, asumir los roles múltiples y aceptar rendir cuentas por el logro de resultados a la vez que construir el compromiso compartido necesario para obtenerlos.

Si bien se tratará el tema nuevamente en el Capítulo 6, haremos referencia aquí a otro autor clásico en la materia. Para Sherman *et al.*[34], los distintos roles y competencias del profesional de Recursos Humanos se puede representar tal como se ve en el gráfico de la página siguiente.

Dominio del negocio. Conocer cada detalle del negocio y de las tareas de los clientes internos. Quizá alguien pueda decir que siempre es así. La experiencia nos indica que no lo es. Por lo tanto, si existe una sola área en la organización que el responsable de Recursos Humanos no conoce en profundidad, será nuestra sugerencia que ya mismo se ocupe de resolver esta falencia. No alcanza con conocer el negocio, se requiere además orientación al cliente, tanto interno como externo. Esto último es algo que también se declama y no siempre se verifica, sobre todo en las áreas no comerciales.

Dominio de la especialidad de Recursos Humanos. ¿Le parece obvio? Lo es, pero no por obvio siempre se verifica. Si una persona hace muchos años que está en el

---

34. Sherman, Bohlander y Snell. Obra citada.

Modelo de funciones en recursos humanos

Dominio
del negocio

• Perspicacia
para los negocios

• Orientación al cliente

• Relaciones externas

Credibilidad personal

• Confianza

Dominio
Recursos
Humanos

• Relaciones personales

• Vivir los valores

Dominio
del cambio

• Puestos

• Coraje

• Desempeño

• Influencia

• Recompensas

• Resolver problemas

• Comunicación

• Innovación

• Creatividad

Fuente: Sherman.

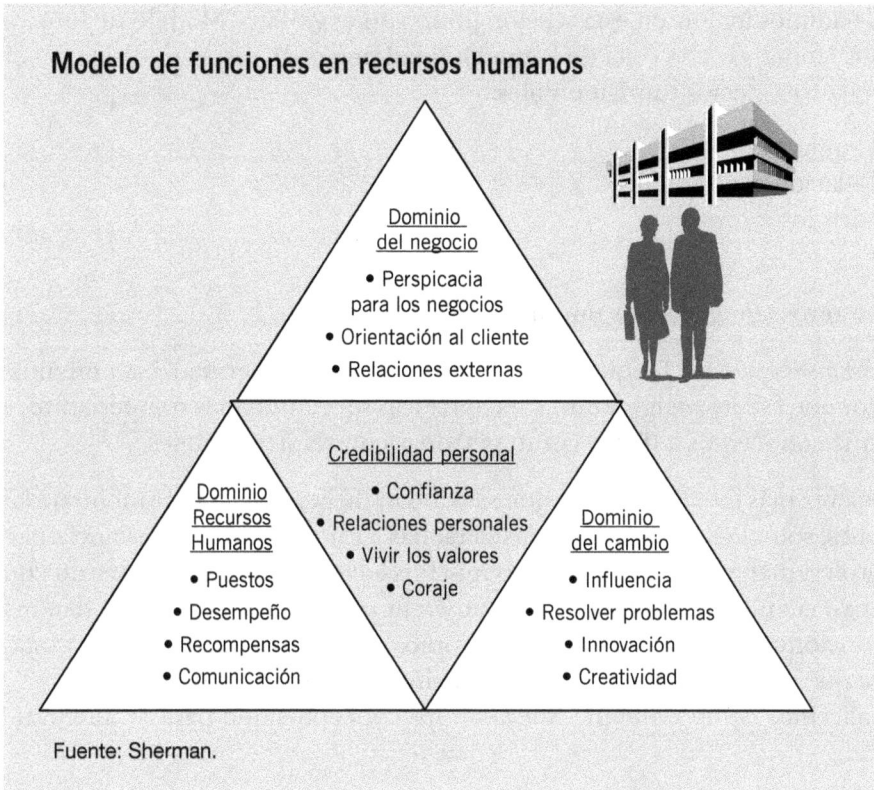

área de Recursos Humanos (o Personal, como aún se denomina en muchas empresas) quizá no esté al tanto de las buenas prácticas y de las últimas tendencias en la materia. Asistir a jornadas de formación y leer libros para actualizarse serán siempre buenas sugerencias, tanto para la persona que lleva adelante las funciones de Recursos Humanos como para la organización en sí misma.

Dominio del cambio. Este punto se relaciona más con las competencias de la persona que trabaja en el área de Recursos Humanos que con sus conocimientos. Para ambos (conocimientos y competencias) se pueden realizar acciones de desarrollo.

En el Capítulo 6 se incluye un perfil completo, tanto de conocimientos como de competencias, que debería poseer un responsable de Recursos Humanos tanto para hacer frente al cambio como para desempeñar los demás roles mencionados.

Hasta aquí no hemos agregado conceptos que no se hayan considerado previamente. Sin embargo, Sherman *et al.* introducen un aspecto que nos parece crucial,

© GRANICA

y que decidimos incluir en esta sección junto con el gráfico "Modelo de funciones de Recursos Humanos". Se trata de la **credibilidad personal**, respecto de la cual el autor marca cuatro aspectos fundamentales:

- Confianza
- Relaciones personales
- Vivir los valores
- Coraje

Y nosotros agregaríamos uno más:

- *Ser buena persona.* Lo que implica valores éticos e integridad. No entienda el lector que estamos sugiriendo características sobrehumanas o superlativas, sino lo que conocemos a diario como personas con valores morales.

Cada vez más me fijo en si los que se ocupan de la gente, en el ámbito de las organizaciones, son ellos mismos "buenas personas". En una primera instancia parecería poco profesional, y quizá sea así, pero muchos lectores estarán de acuerdo conmigo, sobre todo cuando mentalmente piensan en nombres de personas que han ocupado estas posiciones, quizá hasta entre sus propios conocidos, que no poseen esta característica que considero básica y que puede invalidar todas las demás.

Analicemos cómo entiende Sherman los conceptos que para él integran la credibilidad.

Confianza: se incluye desde la perspectiva de "generar confianza", lo que es difícil. ¿Cómo se logra? A través de una conducta constante, casi previsible, sin dobles discursos, con coherencia entre lo que se dice y lo que se hace.

Relaciones personales: desde todo punto de vista, tanto las propias como las de todos los colaboradores. Desde la dirección del área hasta el puesto más pequeño en la estructura de Recursos Humanos. Cuidado de las personas, atención de sus necesidades, y saber escuchar.

Vivir los valores: se relaciona con tener y generar confianza, coherencia y coraje o valentía para ser sincero (cuando quizá se espera otro tipo de comportamiento) y para vivir de acuerdo con los valores. Quizá, para Sherman, este aspecto que él denomina "vivir los valores" incluya lo que he llamado "ser buena persona".

Vivir los valores implica ser coherente en lo que se dice y en lo que se hace. Según *Diccionario de competencias. La trilogía. Tomo 1,* la competencia *Integridad* es un valor que le cuesta cumplir a muchos directivos, en especial al estar sometidos a muchos tipos de presiones diferentes, frente a lo cual muchas veces deben aceptar condiciones que quizá ellos no habrían elegido. Esto no sólo sucede en el mundo empresario: *haz lo que digo pero no lo que hago* parece ser el lema de muchos otros; por ejemplo, al imponer reglas que a nivel personal no se está dispuesto a cumplir.

Desde el área de Recursos Humanos no sólo hay que actuar correctamente sino también, de algún modo, velar por que todos lo hagan. Muchas veces esto se torna difícil, cuando la falta de coherencia se origina en la máxima conducción de la organización (en empresas familiares, en algún miembro de la familia). Si esto sucede, el responsable de Recursos Humanos no encontrará las palabras para explicar a los empleados que deben cumplir ciertas reglas que no rigen para todos, porque presentan "excepciones".

A modo de síntesis de todo lo expuesto podríamos decir que el rol esperado para un responsable de Recursos Humanos en una organización se puede sintetizar así:

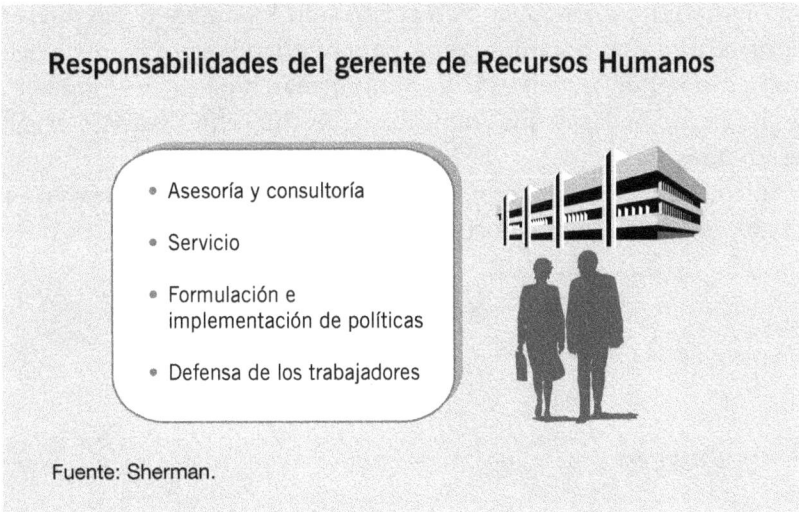

Responsabilidades del gerente de Recursos Humanos

- Asesoría y consultoría

- Servicio

- Formulación e implementación de políticas

- Defensa de los trabajadores

Fuente: Sherman.

Asesoría y consultoría. Ser un referente permanente y fuente de consulta para todos los ejecutivos de la organización. Si los diferentes gerentes, antes de tomar una decisión o encarar un proyecto sienten que *analizarlo con el responsable de Recursos Humanos agrega valor,* recurrirán a él cuantas veces lo crean oportuno. Para ello el camino no es quejarse porque no se es consultado, sino demostrar el aporte que se puede hacer, con lo cual seguramente el profesional se convertirá en un referente interno.

Servicio. Ya se ha expresado: Recursos Humanos es un área de servicios. Deleitar al cliente interno debe ser una parte importante de la tarea diaria y de la preocupación de cada responsable y profesional del área.

Formulación e implementación de políticas. Para ello hay que conocer el negocio y los planes estratégicos de la organización; en caso contrario las políticas no serán representativas de la compañía.

Defensa de los trabajadores. Cumplir este rol sin descuidar los tres anteriores supone un desafío; pero, precisamente, ser un responsable de Recursos Humanos implica llevar adelante una tarea desafiante. Hay que velar por el interés de los trabajadores sin perder el foco en la estrategia de la organización.

Patrones de comportamiento

Con el propósito de cerrar los temas a tratar en este capítulo, nos referiremos nuevamente a un punto mencionado en el Capítulo 1. Se trata de las diferentes *capas* que dan forma a la cultura organizacional, para referirnos especialmente a los "patrones de comportamiento", que, a su vez, se conforman a partir del lenguaje interno y el discurso, las historias, las rutinas de trabajo, los diferentes rituales organizacionales y las ceremonias.

En el gráfico siguiente sólo se muestran dos de los componentes de la cultura organizacional: patrones de comportamiento y valores.

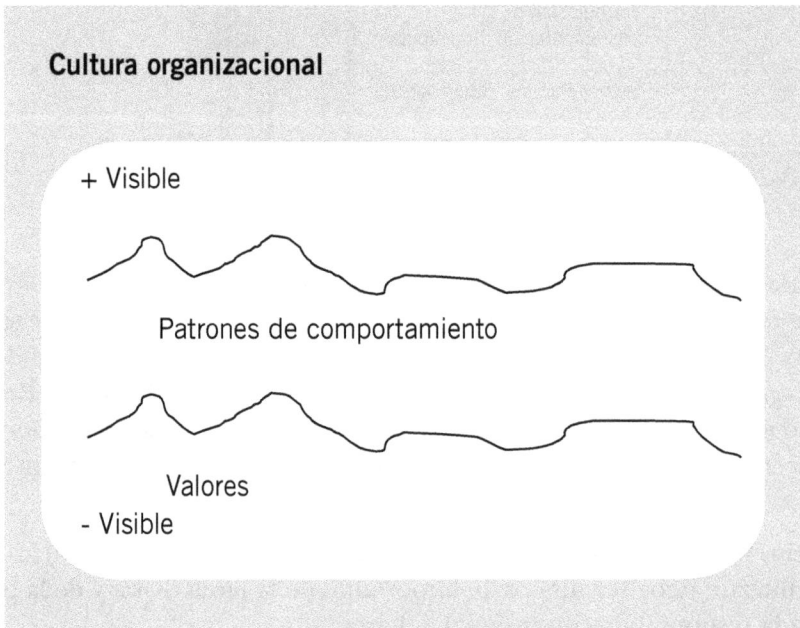

Cultura organizacional

+ Visible

Patrones de comportamiento

Valores

- Visible

Estos dos componentes de la cultura pueden, de algún modo, gestionarse desde la función de Dirección de una organización y desde una perspectiva de los Recursos Humanos; por ejemplo, desarrollando competencias, diseñando normas y políticas, seleccionando a los colaboradores de acuerdo con la cultura actual o la que se desee alcanzar...

Como se vio en el Capítulo 1, las organizaciones definen sus valores, y éstos pueden coincidir o no con los de sus integrantes.

Es resumen, de un modo u otro, desde la Dirección de la organización se puede actuar sobre los distintos elementos de la cultura organizacional; en algún caso de una manera directa, por ejemplo, mediante el diseño de los logos o el sitio web de la organización, y en otros será bastante más difícil, como modificar los supuestos básicos o las creencias. En cuanto a los patrones de comportamiento, éste será un aspecto sobre el cual se puede trabajar desde la perspectiva de esta obra, es decir, lograr un cambio cultural a través de implementar Gestión por Competencias. Esta metodología prevé incorporar los valores dentro del modelo de competencias de la organización y diseñar los patrones de comportamiento esperado para los distintos integrantes, según el puesto ocupado, su nivel jerárquico y las tareas a realizar.

El diseño de un modelo de Gestión por Competencias debe realizarse en función de la visión y los planes estratégicos organizacionales. Uno de los documentos que se elaboran se denomina *Diccionario de comportamientos,* que en todos los casos debe redactarse a la medida de cada organización. A los efectos de esta obra tomaré como referencia los comportamientos de tipo estándar[35], para una competencia en particular. Al lector que no esté familiarizado con el tema, le informamos que cuando una organización implementa un modelo de competencias no utiliza comportamientos estándar, sino que éstos son diseñados a la medida de cada entidad.

Qué es un comportamiento

Muchos autores utilizan el término *conducta* al referirse a los indicadores de medición a aplicar en los modelos de competencias; nosotros hemos preferido el término *comportamiento* (sinónimo de conducta), en la creencia de que su connotación y percepción entre las personas adultas es más representativo de la idea a transmitir: comportamientos de las personas en los ámbitos organizacionales. La palabra conducta se asocia –en mayor medida– con la vida escolar, tanto primaria como secundaria.

Antes de continuar, es importante definir el concepto de *comportamiento* dentro de un ámbito adulto y laboral:

---

36. Esta información fue tomada de un libro de la autora, no pertenece a un cliente de la firma que ella preside.

- Un comportamiento es aquello que una persona hace (acción física) o dice (discurso).
- Un comportamiento NO es aquello que una persona desea hacer o decir o que piensa que debería hacer o decir.
- Los comportamientos son observables en una acción que puede ser vista o una frase que puede ser escuchada.
- Ciertos comportamientos como *Pensamiento conceptual* pueden ser inferidos a partir del proceso de razonamiento en un informe verbal o del contenido de un informe escrito.

Ejemplo de patrones de comportamiento

En este punto de la explicación nos parece importante incluir un ejemplo sobre cómo se diseñan los patrones de comportamiento.

En el Capítulo 7 se explicará, con detalle, que la metodología de Gestión por Competencias se basa en comportamientos. No obstante, para que se comprenda este tema en este momento, es importante mencionar que el "Diccionario o catálogo de competencias" de una organización representa las características que deberían tener todos los que allí se desempeñan, tanto los directivos como los demás colaboradores. Habitualmente este diccionario o catálogo posee alrededor de 20/25 competencias.

Una vez que se han elegido y definido las competencias, se prepara un documento que se denomina "Diccionario o catálogo de comportamientos", en relación con las competencias definidas. En todos los casos, cada competencia se define a través de una frase que la explica, y luego se *abren* en grados o niveles, cada uno con su propia definición. Los comportamientos, por su parte, representan ejemplos de conductas observables o patrones de comportamiento esperados para cada nivel.

A cada puesto de trabajo se le asigna un nivel de la competencia. Explicaremos lo antedicho a través de un ejemplo y paso a paso:

- Elección de las competencias.
- Definición de las competencias.
- Definición de los comportamientos asociados a cada nivel o grado de la competencia.
- Luego, y bajo el subtítulo "Cómo interpretar los comportamientos por niveles", se mostrará cómo se asignan los niveles de comportamiento a diferentes puestos.

Como ejemplo hemos elegido la competencia *Adaptabilidad al cambio*. Se presentará, primero, la definición de la competencia y, a continuación, los comportamientos asociados a la misma por niveles o grados.

En este ejemplo, la definición de la competencia *Adaptabilidad al cambio* responde a su selección como competencia *cardinal*; es decir, ha sido elegida como una competencia que se desea que posean en algún grado todos los colaboradores y directivos de la organización, y su definición considera esta aplicación general.

Se incluye a continuación la definición de la competencia, con el único propósito de que se comprendan mejor los comportamientos relacionados con ella. Por lo tanto, se sugiere prestar atención a los comportamientos asociados que se presentan un poco más adelante.

Adaptabilidad a los cambios del entorno

Capacidad para identificar y comprender rápidamente los cambios en el entorno de la organización, tanto interno como externo; transformar las debilidades en fortalezas, y potenciar estas últimas a través de planes de acción tendientes a asegurar en el largo plazo la presencia y el posicionamiento de la organización y la consecución de las metas deseadas. Implica la capacidad para conducir la empresa –o el área de negocios a cargo– en épocas difíciles, en las que las condiciones para operar son restrictivas y afectan tanto al propio sector de negocios como a todos en general, aprovechar una interpretación anticipada de las tendencias en juego.

Es muy importante recordar al lector que ésta es una definición de tipo estándar, redactada para su publicación en un libro de amplia difusión. Cada organización deberá escribir su propia definición de *Adaptabilidad a los cambios del entorno,* para lo cual la definición precedente podrá servir de guía e inspiración.

Luego de la definición de la competencia se preparan una serie de ejemplos de comportamientos con relación a una situación dada y de acuerdo con unos grados o niveles definidos previamente. El grado A hace referencia a un nivel de excelencia en el desarrollo de la competencia; en una escala decreciente, los grados B, C y D muestran niveles positivos de la competencia (B sigue siendo un nivel alto de desarrollo, C un nivel mediano, y D representa un nivel mínimo).

Los comportamientos se completan con un nivel que se denomina "No desarrollado" y que representa comportamientos negativos en relación con la competencia en cuestión.

Veamos los ejemplos de comportamientos de tipo estándar para la competencia *Adaptabilidad a los cambios del entorno* seleccionada como competencia cardinal (para todos los colaboradores de la organización). Estos ejemplos son verdaderos patrones de comportamiento, y explicaremos su utilización a continuación.

© GRANICA

Comportamientos cotidianos en relación con los cambios y el entorno, tanto local (dentro del propio país) como regional o transnacional

Los comportamientos se ubican en: Grado

A — 100%

- Diseña la estrategia y las políticas organizacionales destinadas a promover en otros la habilidad de identificar y comprender rápidamente los cambios producidos en el entorno de la organización, tanto local como externo.
- Diseña planes de acción que permiten transformar las áreas de mejora de la organización en fortalezas.
- Potencia las fortalezas para asegurar en el largo plazo la presencia y el posicionamiento de la organización y la consecución de las metas establecidas.
- Detecta y aprovecha las oportunidades del entorno logrando beneficios para la organización.
- En épocas retadoras, conduce la organización de manera efectiva, aprovechando una interpretación anticipada de las tendencias en juego, y da aliento a los colaboradores.

G R A D O — A

B — 75%

- Promueve en otros la habilidad de identificar y comprender rápidamente los cambios producidos en el entorno de la organización, tanto local como externo.
- Formula y propone planes de acción que permiten transformar las áreas de mejora en fortalezas.
- Potencia las fortalezas para asegurar en el mediano plazo la presencia y el posicionamiento de la organización y la consecución de las metas establecidas.
- Comprende y utiliza las oportunidades del entorno logrando beneficios para su área de trabajo.
- En épocas retadoras, conduce el área a su cargo de manera efectiva, y da aliento a sus colaboradores.

G R A D O — B

C — 50%

- Identifica y comprende los cambios producidos en el entorno de la organización, tanto local como externo.
- Propone planes de acción para su sector que permiten transformar las áreas de mejora en fortalezas.
- Potencia las fortalezas para asegurar en el corto plazo la presencia y el posicionamiento de la organización y la consecución de las metas establecidas.
- Utiliza las oportunidades del entorno logrando beneficios para su sector de trabajo.
- En épocas retadoras, conduce eficazmente a los colaboradores, y les da aliento.

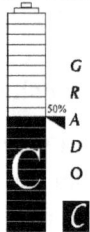

G R A D O — C

D — 25%

- Interpreta correctamente los cambios producidos en el entorno de la organización, tanto local como externo.
- Propone acciones, en relación con las tareas a su cargo, que permiten transformar las áreas de mejora en fortalezas.
- Potencia las fortalezas para alcanzar las metas establecidas.
- Está atento a los cambios que se producen en el entorno.
- Trabaja con el ritmo habitual en épocas retadoras.

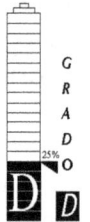

G R A D O — D

Competencia en su grado mínimo

no — 0%

- No logra comprender en tiempo y forma los cambios producidos en el entorno de la organización.
- Es muy metódico en su trabajo, no propone nuevos planes de acción que permitan transformar las áreas de mejora en fortalezas.
- No implementa acciones para asegurar la presencia y el posicionamiento de la organización.
- Le resulta dificultoso estar actualizado informado e interpretar correctamente los cambios del contexto y las oportunidades que ofrece el mercado.
- Su ritmo habitual de trabajo se ve afectado en épocas retadoras, por lo que no logra dar aliento a sus colaboradores.

no D E S A R R O L L A D A

Competencia NO desarrollada

Cómo interpretar los comportamientos por niveles

La redacción de comportamientos y su interpretación es muy importante, pero no siempre se logra una adecuada percepción de ellos y de cómo deben ser utilizados.

Uno de los usos más frecuentes de estos documentos es en la evaluación de personas, tanto en los procesos de selección como en las evaluaciones de desempeño, y esto es correcto; los diccionarios de comportamientos se prepararán, especialmente, para estos usos.

Pero se debe pensar también en una instancia anterior: el momento en que se asignaron los niveles de las competencias a los puestos.

Gerente general o número uno

En un ejemplo como el expuesto, podríamos decir que los comportamientos tipo A se relacionan con la posición del número uno de la organización, ya sea el CEO[36], Director General o Gerente General, según las diferentes denominaciones que las diversas organizaciones brindan a la posición. En ese caso, podríamos decir que el patrón de comportamiento del número uno y en relación con el cambio sería:

> **Diseña la estrategia y las políticas organizacionales destinadas a promover en otros la habilidad de identificar y comprender rápidamente los cambios producidos en el entorno de la organización, tanto local como externo.**

Como se explicó en párrafos anteriores al definir qué es un comportamiento, la frase "tiene una amplia visión" no se refiere a que el número uno de la organización diga que posee una amplia visión del mercado, sino que sus comportamientos (lo que verdaderamente hace y resulta de su gestión) se corresponden con una visión amplia del mercado.

El comportamiento descrito implica que la persona en cuestión no dice (de sí mismo) que posee una rápida comprensión de los cambios sino, por el contrario, a través de sus acciones se evidencia esa acción. Del mismo modo, en relación con el comportamiento siguiente:

> **Diseña planes de acción que permiten transformar las áreas de mejora de la organización en fortalezas.**

Los planes de acción que la persona diseña serán los que permitirán determinar si –por ejemplo, el número 1– posee este comportamiento, es decir, sus acciones (comportamientos) concretas.

---

34. Chief Executive Officer.

© GRANICA

Ahora bien, hasta aquí nos hemos referido al rol del número uno de la organización. En este punto podemos preguntarnos: ¿Cuál debería ser el patrón de comportamiento en relación con el cambio para un vendedor de la misma organización? ¿Debe ser similar al del número uno? En nuestra opinión y experiencia, categóricamente *no*. El vendedor no modifica las estrategias, lo cual no está –en general– entre las atribuciones de su puesto. En una primera instancia, si se pregunta a cualquier directivo: "¿Qué grado de adaptabilidad al cambio usted desea en sus vendedores?", casi con seguridad la respuesta será "alta" o "muy alta".

Lo explicamos a continuación. Si el número uno de la organización actúa como se describió más arriba y "diseña la estrategia y políticas organizacionales" (comportamientos de tipo A), sus vendedores y supervisores podrían tener los siguientes patrones de comportamiento:

Vendedor

> **Propone acciones, en relación con las tareas a su cargo, que permiten transformar las áreas de mejora en fortalezas.**

El vendedor modifica su comportamiento de acuerdo con las necesidades del momento. Es un comportamiento de tipo D.

Supervisor de vendedores

> **Propone planes de acción para su sector que permiten transformar las áreas de mejora en fortalezas.**

Continuando con el ejemplo, el jefe de los vendedores propone planes de acción para su sector involucrando en los mismos a los que le reportan. Comportamiento en Grado C.

Por lo tanto, la organización en su conjunto posee una reacción proactiva al cambio, con un patrón de comportamientos por niveles.

¿Por qué plantear esto aquí, en esta parte de la obra? Primero, para que se pueda visualizar de qué manera se puede trabajar sobre *Adaptabilidad a los cambios del entorno* u otras competencias, desde una perspectiva organizacional. En segundo término, quizá este capítulo sea leído por personas con distinto grado de experiencia laboral o un joven estudiante, que a partir de una simple lectura podrían suponer que *todos* los integrantes de una organización deben poseer determinados comportamientos. Esta interpretación podría llegar a ser, incluso, contraproducente; unos podrán verlo positivamente y decir: "quisiera ser o tener un comportamiento en grado A, veré cómo lo logro", y otros, en una reacción opuesta, pensar: "no podré alcanzar ese tipo de comportamientos, es mucho para mí", y este sentimiento, en lugar de motivarlos, producir el efecto contrario: su desestimulación.

Por lo tanto, es muy importante comprender cómo funcionan los distintos niveles de las competencias para cada uno de los puestos de una organización. Esta apreciación se realiza para relacionar las competencias y sus niveles con los diferentes puestos en el ámbito de una organización. Desde otra perspectiva, la individual, una persona podrá poseer o desear un nivel diferente.

Por último, cabe aclarar que hemos brindado sólo un ejemplo: una organización puede diseñar sus competencias como lo hemos presentado en párrafos anteriores o decidir que sus vendedores posean un nivel diferente. No estamos fijando un estándar, sólo explicando cómo se articula un modelo de competencias.

En cuanto a de qué manera se asignan los grados o niveles a los distintos puestos de trabajo, pueden existir diferentes enfoques, desde fijar niveles aspiracionales (es decir, a los que se desea llegar), hasta establecer objetivos de corto plazo, donde se define lo que hace falta en el momento o en un futuro muy cercano para tener un desempeño exitoso o esperado en cada puesto de trabajo.

Síntesis del capítulo

✓ El cambio, como muchos otros temas, está en el discurso de todo tipo de personas, más allá de que actúen o no en consecuencia. Será nuestro propósito analizar el cambio en las organizaciones desde variadas perspectivas, asumiendo que en la mayoría de las ocasiones el cambio es un factor que modifica la realidad sin que esto haya sido deseado, y otras veces el cambio es promovido desde dentro de la organización.

✓ Existen distintas reacciones al cambio. 1) *reactivo:* evolución que ocurre después que fuerzas externas han afectado el desempeño; 2) *proactivo:* evolución iniciada para aprovechar oportunidades que –eventualmente– se presentarán.

✓ Se pueden distinguir tres tipos de iniciativa de cambio cultural: de arriba abajo, de lado a lado y de abajo arriba.

✓ La respuesta frente al cambio se puede clasificar, a su vez, en: 1) *iniciativa para el cambio:* se centra en la puesta en marcha de nuevos programas, proyectos o

© GRANICA

procedimientos; 2) *cambios de procesos:* modificaciones a los ya existentes; 3) *cambios culturales:* ocurren cuando una organización modifica aspectos de fondo sobre cómo hacer negocios y/o en relación con su estrategia. Se renueva la identidad de la organización tanto para los empleados como para los clientes.

✓ Cada persona interpreta individualmente el cambio y tiene su propia respuesta probable ante él. Sin embargo, la gente suele dar muestra de su apego al grupo uniéndose a los demás miembros en una respuesta uniforme al cambio; esto lo hemos denominado "respuesta real". Esta uniformidad del grupo hace posible que se presente una respuesta al cambio que en una primera instancia no sea la más lógica.

✓ Las organizaciones encuentran en su camino muchas fuerzas que las inducen al cambio. Estas fuerzas provienen de agentes externos ajenos a la organización, y de fuentes internas. Conocer la existencia de estas fuerzas ayudará a determinar el momento apropiado para poner en marcha un proceso de cambio.

✓ La resistencia al cambio se constituye por las conductas de un empleado (o varios) tendientes a desacreditar, demorar o impedir la instrumentación de una modificación en el ámbito laboral. Los empleados se resisten al cambio porque amenaza sus necesidades de seguridad, interacción social, prestigio, aptitud o autoestima.

✓ En la dirección de una organización es casi imposible no tener algún problema o resistencia y lograr el pleno apoyo en todas las iniciativas de cambio que se emprendan. Se deberá estar preparado para enfrentar situaciones de apoyo moderado, apoyo mínimo u oposición. Si la Dirección de la organización no logra apoyo para el cambio que desea, puede hacer uso de su autoridad, pero lo deseable es evitar que se llegue a ese extremo.

✓ Uno de los mejores instrumentos para generar apoyo a favor del cambio es la participación de las personas en nuevos proyectos y cualquier otra situación que implique nuevas formas de hacer las cosas. La participación es algo más que comunicación: es involucrar al otro en los diferentes temas.

✓ Cuando las personas se involucran desde el principio, se sienten más seguras, no temen recibir más adelante una sorpresa (buena o mala, simplemente algo no previsto), y consideran que son valorados por sus empleadores. En caso contrario, si los empleados sienten que son involucrados (participados) luego de ocurrido el cambio, puede aparecer la resistencia, e incluso –en un caso extremo– sentir que son manipulados por la Dirección.

✓ Las competencias más frecuentes en relación con el cambio son: *Liderazgo para el cambio, Adaptabilidad al cambio, Pensamiento estratégico, Entrepreneurial, Iniciativa e Innovación.*

✓ Los roles de un profesional de Recursos Humanos según Ulrich: *socio estratégico, experto administrativo, adalid de los empleados, agente del cambio.* Más un quinto rol sugerido por Alles: *contención.*

✓ Los patrones de comportamiento son exponentes de la cultura organizacional. Los directivos y los profesionales de Recursos Humanos pueden actuar sobre ellos a partir de los "Diccionarios de comportamientos", siempre que éstos estén redactados en función de la visión y planes estratégicos de la organización.

¿Cómo puedo aplicar lo visto en este capítulo en mi empresa o puesto de trabajo?

Esta obra está destinada al estudio del *comportamiento organizacional*; por lo tanto, cuando se menciona la temática de cambio es, fundamentalmente, desde esta perspectiva. El cambio organizacional se logra trabajando para modificar los patrones de comportamiento, y éstos se relacionan con los modelos de competencias. Por lo tanto, si ésta es la situación de su organización, la forma de accionar sobre el cambio cultural será a través de introducir las competencias que operen el cambio en el modelo de competencias de la entidad.

Primero: responderse las siguientes preguntas

- *¿Qué se entiende por cambio en mi organización?*
- *¿Qué grado de cambio se exige a mi nivel?*
- *¿Tengo autoridad para diseñar/proponer un esquema de trabajo para mejorar en materia de adaptabilidad al cambio?*
- *Si la respuesta fuese no: ¿Puedo sugerirlo a la persona correspondiente?*
- *¿Soy responsable de Recursos Humanos o trabajo dentro del área? ¿Puedo proponer o cambiar algo respecto del rol de los profesionales del área según lo visto en este capítulo?*
- *¿El modelo de competencias de mi organización responde a las necesidades y objetivos de la misma? ¿Puedo proponer alguna acción al respecto?*

Segundo: hacer un diagnóstico

Medidas o acciones para hacer un diagnóstico sobre *cambio organizacional* desde la perspectiva del área de Recursos Humanos. Como se dijo al inicio de esta sección, cuando el problema detectado en la organización indique que ésta necesita un cambio de cultura, la herramienta más adecuada, el *vehículo al cual subirse* para lograr ese cambio será la puesta en marcha o la modificación –según corresponda– del modelo de competencias.

- Revisar/analizar el modelo de competencias, si la organización cuenta con este tipo de recursos.

- Si la organización tiene un modelo de competencias y existe una competencia relacionada con la adaptabilidad al cambio o la flexibilidad, analizar las evaluaciones de competencias de los principales gerentes en relación con esta competencia en particular.

- Administrar cuestionarios específicos para analizar la respuesta al cambio de la organización en su conjunto y de las distintas áreas en particular.

- Analizar el descriptivo de puestos de los distintos integrantes del área de Recursos Humanos, comenzando por el puesto de mayor nivel del área.

Tercero: acciones posibles después del diagnóstico

Del diagnóstico puede surgir que la organización en su conjunto debe cambiar, o bien deben hacerlo uno o varios de sus integrantes, ya sean directivos o empleados de menor nivel. A modo de ejemplo: el cambio requerido podría implicar el desarrollo de la competencia *Adaptabilidad al cambio*. Otra posibilidad sería que, para que la organización cambie en su conjunto y brindar a partir de allí un mejor servicio a sus clientes, la competencia a desarrollar sea *Colaboración*.

Los posibles caminos a seguir serían:

- Si el cambio afecta a toda la organización se deberá modificar o diseñar –según corresponda– el modelo de competencias.

- Si la necesidad de desarrollo de la competencia *Adaptabilidad al cambio* y/u otra/s requerida/s para el puesto de trabajo y para lograr el cambio deseado sólo se relaciona con un integrante de la organización, los caminos a seguir se puden resumir en dos: 1) reubicar a la persona en otro puesto de trabajo o, en un caso sumamente extremo, prescindir de ella (como es casi obvio, éste será el último recurso a encarar, cuando no haya otras opciones), y 2) diseñar un plan de desarrollo de competencias.

PARA PROFESORES

Para cada uno de los capítulos de esta obra hemos preparado:

- Casos prácticos y/o ejercicios para una mejor comprensión de los temas tratados.
- Material de apoyo para el dictado de clases.

Los profesores que hayan adoptado esta obra para sus cursos tanto de grado como de posgrado pueden solicitar de manera gratuita las obras:

- *Comportamiento Organizacional. CASOS*
- *Comportamiento Organizacional. CLASES*

Únicamente disponibles en formato digital, en nuestro sitio: *www.marthaalles.com*, o bien escribiendo a: *profesores@marthaalles.com*

Capítulo 3

El poder en las organizaciones
El comportamiento
de los supervisores y directivos

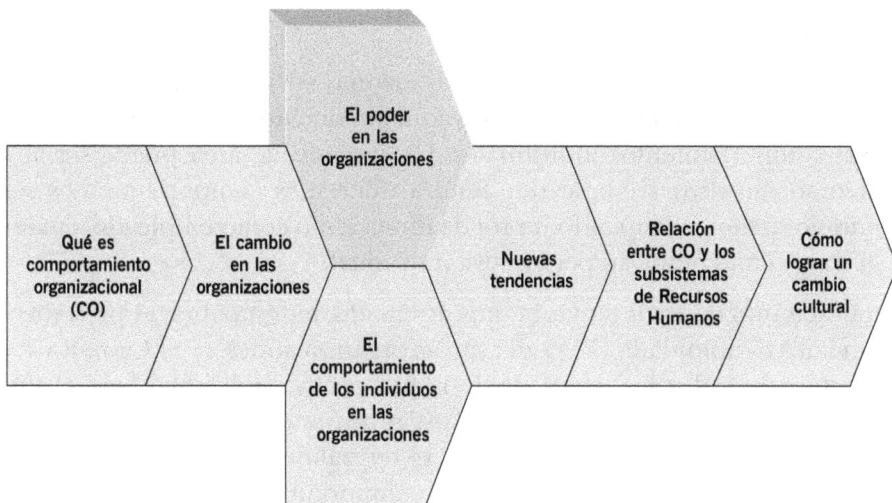

Temas que se desarrollarán en este capítulo

- ✓ El comportamiento de los supervisores y directivos
- ✓ Liderazgo y motivación
- ✓ Empowerment
- ✓ Participación. Relación jefe-empleado
- ✓ La importancia de las comunicaciones
- ✓ Equipos de trabajo
- ✓ El rol del jefe
- ✓ El jefe entrenador
- ✓ Mentoring o programas de tutoría
- ✓ ¿Cómo puedo aplicar lo visto en este capítulo en mi empresa o puesto de trabajo?

© GRANICA

El comportamiento
de los supervisores y directivos

El comportamiento organizacional está compuesto por una serie de elementos, tanto internos como externos a la organización. Para su estudio, desde la perspectiva interna de la organización, puede agruparse en dos grandes vertientes de temas:

a) El comportamiento de las personas con responsabilidades directivas de diferente nivel, desde el número uno de la organización (CEO, Director General, Gerente General o cualquier otra denominación), los distintos gerentes de área, hasta los supervisores.

b) El comportamiento de estas mismas personas –desde la perspectiva de su condición de empleados– y el de todos aquellos que no tienen personal a su cargo. Sus comportamientos individuales. Un gerente de área puede ser al mismo tiempo directivo y empleado. Tendrá diferentes comportamientos según él mismo se sienta ocupando un rol de dirección o como empleado, cuando analiza sus temas desde su perspectiva individual.

Para cada uno de estos temas hemos destinado, en esta obra, el presente capítulo, que hemos denominado "El poder en las organizaciones", y el Capítulo 4, donde hemos agrupado todos los temas desde la perspectiva individual bajo el título "El comportamiento de los individuos en las organizaciones".

Los comportamientos de los directivos se retroalimentan con los comportamientos de los colaboradores, y viceversa. Los comportamientos no son en una única dirección a lo largo del tiempo. Es posible que un directivo presente una y otra vez el mismo comportamiento; sin embargo, las circunstancias pueden ser diferentes y los resultados no ser los mismos.

Es muy importante tener en claro que los comportamientos se retroalimentan entre sí. Cuando se diseñan patrones de comportamiento, esto se realiza considerando los roles de los directivos (de diferente nivel, desde el número uno a los denominados "mandos medios") y de los empleados. Siempre existe retroalimentación y en ambas direcciones: los jefes o directivos actúan de una determinada manera y los empleados de otra. Unos y otros esperan ciertos comportamientos tanto de los directivos como de los empleados (ver figura en página siguiente).

Reflexioné largamente sobre cómo titular este capítulo. Para mí era muy claro el juego entre los comportamientos cuando una misma persona es jefe y empleado. Esta situación puede verse claramente cuando una persona, en una entrevista o reunión (donde se encuentra sola, sin la presencia de otros integrantes de su misma organización) muestra al mismo tiempo las dos facetas. Por ello el gráfico

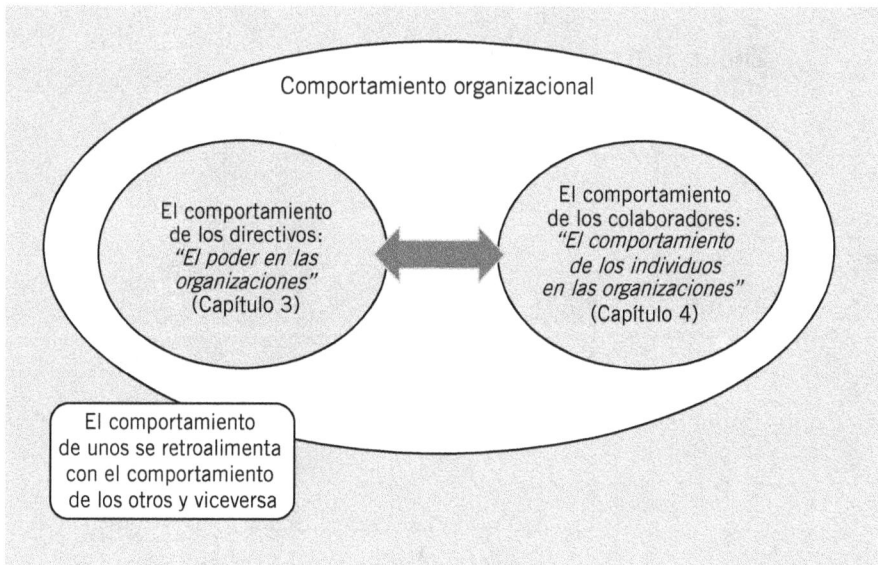

que muestra la estructura de la obra tiene la forma que ustedes pueden ver, donde los dos capítulos destinados a los comportamientos no están en secuencia sino uno al lado del otro, interactuando entre sí.

En nuestra consultora, entre otras actividades, se brinda capacitación sobre los diferentes subsistemas de Recursos Humanos a personas que no son del área, es decir, lo que usualmente se denomina clientes internos –en este caso, clientes internos del área de RRHH–. En todos los casos que se imparten actividades de formación sobre la retroalimentación en la evaluación de desempeño se le recomienda a cada directivo: "No se reúna con su colaborador para darle la retroalimentación de la evaluación de desempeño el mismo día en que usted recibió la suya". ¿Por qué? Más allá de que el directivo haya recibido a nivel personal una buena evaluación o una negativa, su desempeño como jefe se verá afectado por sus propias vivencias como empleado. Otro consejo clásico: "No se reúna con sus colaboradores si está enojado con su jefe".

Existen otras situaciones más complejas, cuando una organización debe reducir personal o reducir salarios y un jefe debe comunicar a su equipo de trabajo decisiones tomadas por sus superiores que no comparte o bien que lo afectan a él personalmente. No me voy a extender con ejemplos, la idea está planteada (ver figura en página siguiente).

El comportamiento organizacional estudia, entre otros elementos, la manera

El directivo "atrapado" entre dos tipos de comportamientos

Sus comportamientos y sentimientos como directivo o supervisor

Sus propios comportamientos, sentimientos y necesidades como individuo (empleado)

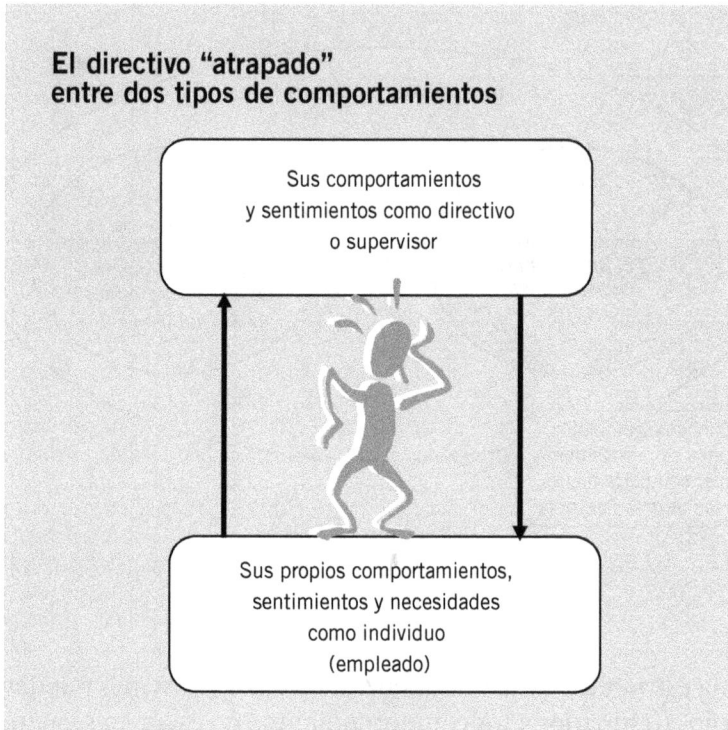

de proceder de los individuos en sus diferentes roles, como jefes y directivos y como empleados. El comportamiento de todos ellos interactúa permanentemente, produciendo modificaciones mutuas. En este capítulo nos abocaremos al estudio de los distintos comportamientos del management, es decir, de los individuos en sus roles de gerenciar toda la organización o la parte que les corresponda. En el gráfico se han tomado algunos de los elementos que conforman el comportamiento organizacional con el propósito de mostrar la interacción permanente de un grupo de comportamientos, los derivados del management, sobre los comportamientos de los individuos, y viceversa. En definitiva, unos no existen sin los otros.

En el comportamiento organizacional influye el contexto, el que hemos abierto en dos: el contexto directo, aquel donde la organización opera –por ejemplo, la ciudad, el país o la región– y el contexto indirecto, más amplio, al que denominamos "global". La mención de este último se ha realizado en forma separada del contexto directo para destacarlo por su importancia e influencia creciente, ya que en la actualidad es impensable que una organización no se vea influenciada –de

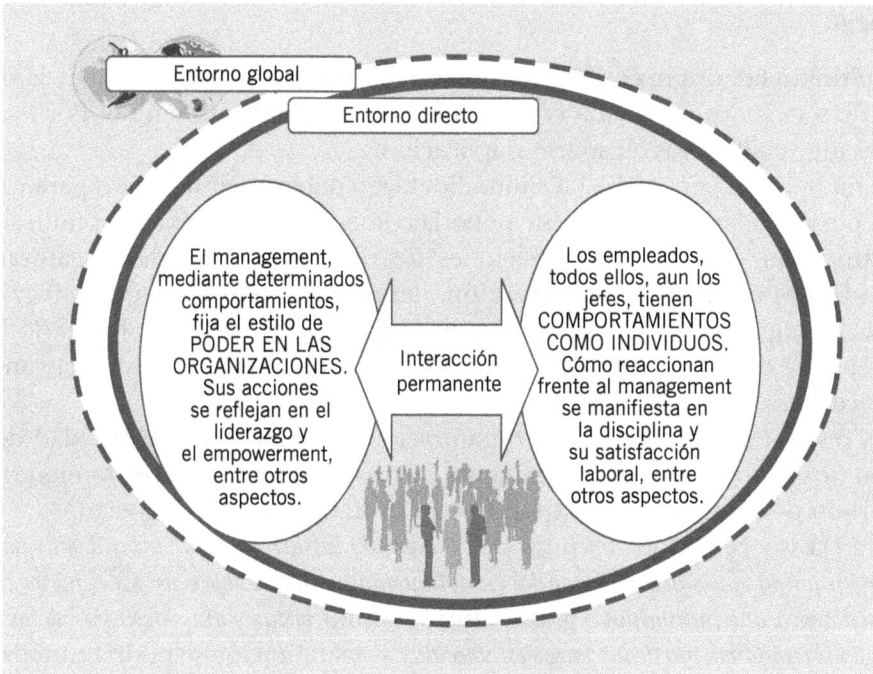

algún modo– por el contexto global. La tecnología, en general, también afecta el comportamiento organizacional y repercute, de un modo u otro, tanto sobre el comportamiento del management como sobre el de los individuos, pero no se muestra en este gráfico.

Evidentemente, los temas tratados en esta obra tienen una fuerte relación entre sí, pero deben ser analizados por separado para su mejor comprensión. Sólo a modo de ejemplo: temas como liderazgo, motivación, *empowerment* y participación pueden estudiarse por separado; sin embargo, son temas que en la vida real se articulan en un solo bloque o conjunto de funciones y comportamientos. Esperamos lograr presentarlos con la claridad suficiente para una mejor comprensión del lector.

Liderazgo y motivación

A lo largo del Capítulo 4 se analizarán diversos comportamientos –de los individuos– que se relacionan con sus habilidades de liderazgo; por lo tanto, si se desea comprender la temática en toda su dimensión se deberá leer detenidamente tanto éste como el siguiente capítulo.

© GRANICA

Liderazgo

El término liderazgo, como otros que serán utilizados en esta parte de la obra, a fuerza de ser usados en la vida cotidiana se ha vaciado de contenido. Por lo tanto, seremos muy cuidadosos en su uso y aplicación.

En mi opinión personal, el término liderazgo debería ser utilizado para caracterizar la personalidad del líder, y éste debería coincidir con la máxima conducción de la organización o con ciertas posiciones de relevancia. Un líder organizacional debería fijar el rumbo de la organización, definir los caminos a seguir y lograr que los demás compartan esa visión a fin de, en conjunto, trabajar para alcanzarla. Por lo tanto, el líder es mucho más que un gerente: es una persona que fija el camino a seguir, y deberá poseer la suficiente visión estratégica para hacerlo.

Los restantes integrantes de la organización deberán poseer capacidad de conducción de grupos sin ser necesariamente líderes. Dado que este pensamiento no es compartido por otros autores, expondremos otras opiniones al respecto.

Para Davis y Newstron[1] *liderazgo es el proceso de influir y apoyar a los demás para que trabajen en forma entusiasta a favor del cumplimiento de ciertos objetivos. Es el factor decisivo que contribuye a que individuos o grupos identifiquen sus metas y que –después– se los motive y asista en el cumplimiento de las metas establecidas.* Esta definición se podría sintetizar del siguiente modo: ejercer liderazgo es influir y apoyar a los demás para que trabajen en forma entusiasta y voluntaria con el propósito de cumplir ciertos objetivos.

Es importante destacar tres conceptos en la definición de liderazgo:

- Influir y apoyar.
- Lograr actitudes entusiastas y voluntarias.
- Fijar metas que luego se desea cumplir.

Por lo tanto, liderazgo no es dar órdenes y que los otros obedezcan.

Comportamiento del liderazgo

Numerosas investigaciones se han ocupado de identificar los comportamientos del liderazgo. Desde esta perspectiva, el liderazgo exitoso depende más de la conducta o comportamientos, de las acciones apropiadas, que de los rasgos personales en sí.

Para Davis y Newstron, los tres grandes tipos de capacidades que utilizan los líderes –para ser, justamente, líderes– son:

---

1. Davis, Keith y Newstron, John W. Comportamiento humano en el trabajo. McGraw-Hill, México, 1999.

- **Técnicas:** se refiere al conocimiento y capacidad de una persona en cualquier tipo de proceso o técnica. Como es obvio, varía según la actividad que se realice.

- **Humanas**: es la capacidad para trabajar eficazmente con las personas y generar en el entorno un buen trabajo en equipo. Es esencial en un líder.

- **De conceptualización**: es la capacidad para pensar en términos de modelos y marcos de referencia, y estabecer relaciones entre muchas variables, como lo exigen –por ejemplo– los planes a largo plazo. Es esencial en posiciones de alto nivel.

Se podría sintetizar diciendo que las capacidades técnicas tienen que ver con las *cosas* –y, en mi opinión, con los conocimientos–, las humanas se relacionan con las *personas,* y las de conceptualización con las *ideas.*

El líder *circular*

El líder actual, en pleno siglo XXI, tiene una manera diferente de "pararse frente a las cosas", por una serie de razones, comenzando por la incursión de la mujer en las más altas esferas del poder, tanto en el mundo empresarial como político, hasta el mismo varón cuestionado en sus características más "tradicionales", como el don de mando de tipo jerárquico. No quiero decir que los varones sean necesariamente así, con un estilo de mando vertical, sino que es una figura que se les atribuye, casi como el estereotipo de un comic: *un varón golpeando la mesa para reforzar su autoridad...* De este contexto, entre real y ficticio, surge un nuevo paradigma de líder, más perceptivo y preocupado por el desarrollo de los otros.

En nuestra opinión, a este nuevo líder lo podríamos denominar "circular", y las siguientes serían sus principales características:

- Escuchar en forma atenta a sus colaboradores y luego decidir.
- Compartir la visión con su equipo.
- Descubrir talentos.
- Fomentar el trabajo en equipo.
- Otorgar y crear compromiso.
- Crear una cultura de respeto.

Como fácilmente se puede inferir, estas características podrían aplicar a un varón o a una mujer. En el siglo XXI el liderazgo está compartido.

Y las tareas del líder implican:

- Buscar oportunidades.
- Experimentar y asumir riesgos.

- Tener una visión de futuro y compartirla con su equipo.
- Fomentar la colaboración.
- Fortalecer a los demás.
- Dar ejemplo.
- Construir el compromiso con la acción.
- Dar aliento.

Muchas veces los ejecutivos llevan adelante un estilo "circular" en su área, por su propia iniciativa, sin necesidad de que la empresa en su conjunto adopte una filosofía al respecto. Como hemos dicho, el líder circular escucha a sus colaboradores, comparte su visión, fomenta el trabajo en equipo, tiene y crea compromiso, descubre nuevos talentos en su equipo y crea una cultura de respeto.

Un jefe que así lo desee puede flexibilizar la relación con sus empleados, puede motivar a su propio equipo implementando alguna de estas técnicas, sin que se trate de una decisión que surja de la máxima conducción. No podrá cambiar métodos y procedimientos organizacionales si este tipo de responsabilidades no atañen a su nivel de decisión; sin embargo, podrá incrementar la motivación de los colaboradores.

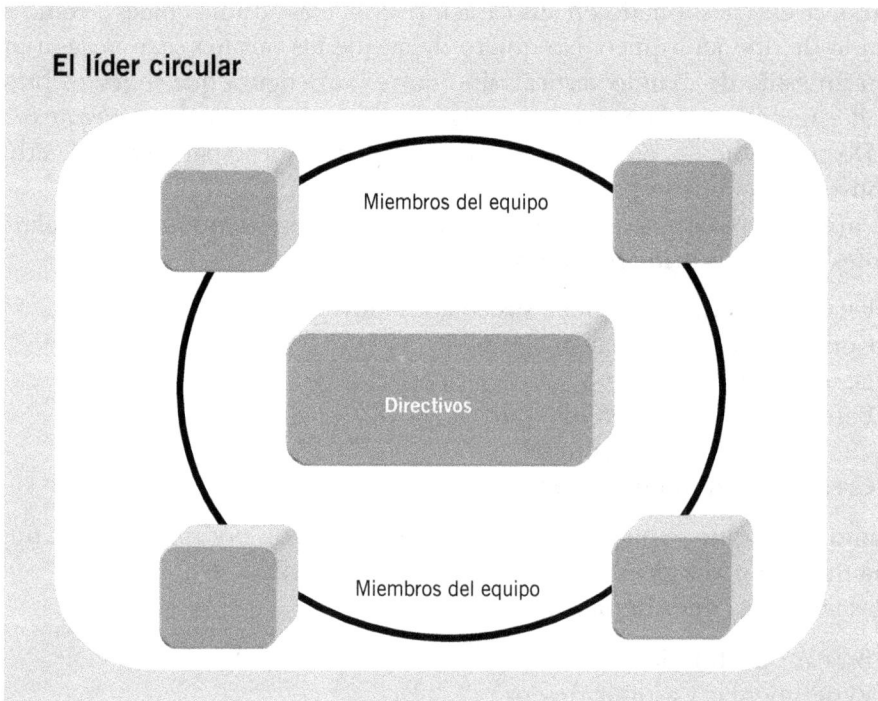

El líder circular

Miembros del equipo

Directivos

Miembros del equipo

No hay un único modelo de líder; sus características dependerán de la cultura y del tipo de organización en la que se desempeñe. Es importante tener en cuenta que conceptos tales como liderazgo pueden tener diversas definiciones, y esto implica, a su vez, que los comportamientos relacionados serán diferentes. No existe un único estilo de liderazgo, lo cual deriva, necesariamente, en comportamientos diversos. El liderazgo puede relacionarse con el cambio, y entonces se puede hablar de "liderazgo para el cambio".

Otro concepto interesante, en relación con el *liderazgo*, el *empowerment* y el *liderazgo para el cambio*, es el de *entrepreneurial*[2]. Todos estos conceptos integran los denominados "Diccionarios de competencias".

Dentro de un modelo de competencias, el concepto *liderazgo* (al igual que otros) se abre en diferentes niveles hasta el que se denomina "no desarrollado", donde, en ese caso, se definen cuáles son los comportamientos de aquellas personas que no poseen capacidad de liderazgo. Los comportamientos se usan para evaluar el desarrollo de las competencias.

Davis y Newstron[3] también tratan el tema de los rasgos necesarios para que los líderes sean más efectivos:

- Impulso personal.
- Honestidad e integridad.
- Capacidad cognoscitiva.
- Carisma.
- Flexibilidad y capacidad de adaptación.
- Deseo de dirigir.
- Seguridad en sí mismo.
- Conocimiento de administración.
- Creatividad y originalidad.
- Afectividad positiva (calidez).

---

2. *Entrepreneurial* hace referencia a la calidad del *entrepreneur*, que es aquel que lleva recursos económicos desde zonas de baja productividad y poco rendimiento a zonas de alta productividad y buen rendimiento. Lo que define al *entrepreneur* es que busca el cambio, responde a él y lo aprovecha como una oportunidad. Lo hace para sí mismo o para la empresa para la que trabaja. Aporta su espíritu natural de transformación a su gestión cotidiana, posee iniciativa y talento para los negocios, y se transforma en el espíritu de los mismos. Vive y siente la actividad empresarial y los negocios.
3. Davis y Newstron. Obra citada.

© GRANICA

Enfoques conductuales del estilo de liderazgo

El estilo de liderazgo representa una combinación de filosofía, habilidades, rasgos y actitudes; en definitiva, competencias con las que cuenta una persona y que determinan su comportamiento.

Cada estilo representa las convicciones que cada jefe tiene respecto de las capacidades de un subordinado. Se sugiere revisar las teorías "X" e "Y" de McGregor, en el Capítulo 1.

Las percepciones de los empleados sobre el estilo de liderazgo es lo que realmente importa. Los empleados no responden exclusivamente a lo que los líderes piensan y hacen, sino sobre todo a lo que perciben que sus líderes son. El liderazgo reside, en realidad, en los ojos de quienes lo presencian.

Para Davis y Newstron existen diferentes formas en que los líderes abordan a las personas para motivarlas. Las veremos a continuación.

Líderes positivos y negativos

Este tipo de líderes se podrían denominar positivo-negativos, ya que sus reacciones son a favor (las positivas), y en contra (las negativas).

Se puede decir que un líder es positivo cuando el énfasis está en las retribuciones económicas u otro tipo de beneficios, y negativo, cuando el énfasis está en las sanciones. Los que piensan de este modo suelen utilizar ambos estilos en combinación, aplicando uno u otro cuando corresponda.

Líderes autocráticos, participativos y permisivos

Cada uno de estos tipos de liderazgo posee beneficios y limitaciones. Es posible que los líderes utilicen los tres estilos a lo largo de cierto tiempo, pero casi siempre uno de ellos tiende a preponderar respecto de los demás.

- Autocráticos: concentran el poder en la toma de decisiones.
- Participativos: descentralizan la autoridad.
- Permisivos: evitan ejercer el poder y la responsabilidad. Dependen en gran medida de la fijación de metas del propio grupo. Es apenas un mentor.

Cada estilo de liderazgo hace énfasis en diferentes focos, según se puede ver en el gráfico que se presenta en la página siguiente.

Una aclaración: si bien a primera vista unos parecen "los buenos" estilos y otros "los malos estilos", al analizar una organización en particular no se debe hacer un análisis lineal. Deberá tenerse en cuenta toda la información disponible antes de diagnosticar qué es bueno y qué no lo es. Los profesionales en Recursos Humanos con poca experiencia suelen hacer estos análisis simples: "Si hay concentración de decisiones no es bueno, debe modificarse el estilo y pasar a uno participativo". Esta solución no siempre es la mejor, al menos en lo inmediato: las culturas deben adquirir una cierta madurez para pasar exitosamente de un liderazgo concentrado a uno participativo.

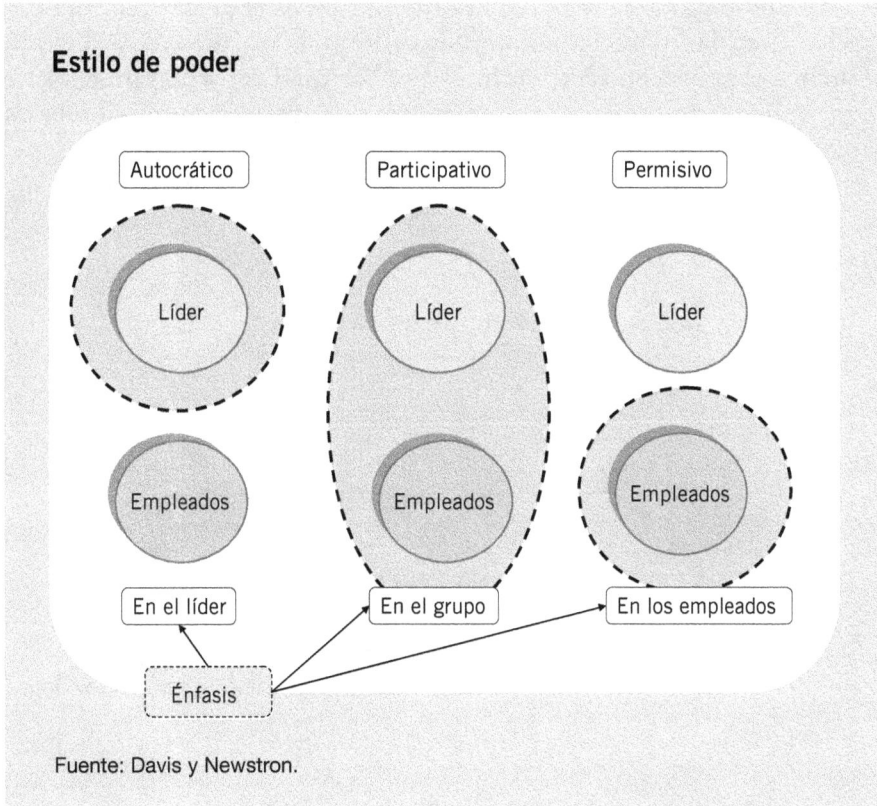

Estilo de poder

Fuente: Davis y Newstron.

Tres dimensiones del poder

Los autores Kreitner y Kinicki[4] se refieren a tres dimensiones del poder: 1) la distinción entre poder y autoridad; 2) el poder socializado frente al poder personalizado, y 3) las cinco bases del poder. Se verá a continuación cada una de ellas de manera sintética.

---

4. Kreitner, Robert y Kinicki, Angelo. *Comportamiento de las organizaciones.* McGraw-Hill, Madrid, 1997.

© GRANICA

Poder y autoridad

El término autoridad hace referencia al "derecho" o la "obligación" de procurar obediencia para que las cosas se hagan. Es decir, en el ámbito de las organizaciones se puede decir que los jefes tienen autoridad para decirles a sus empleados las tareas que deben realizar. El poder, en cambio, es la "capacidad demostrada" de lograr obediencia para que las cosas se hagan; en definitiva, el poder es la capacidad demostrada de que se logra la obediencia. Así explicados, estos términos no parecen estar en línea con las nuevas formas de considerar el management. De todos modos, son conceptos sumamente vigentes en la relación jefe-empleado.

Ambos conceptos se relacionan entre sí y pueden "combinarse" de la siguiente manera:

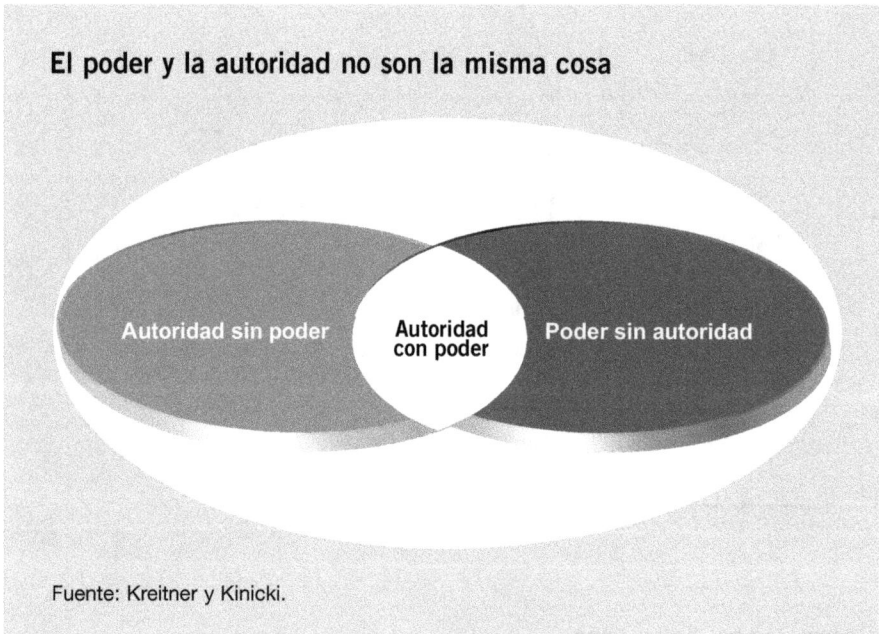

El poder y la autoridad no son la misma cosa

Autoridad sin poder | Autoridad con poder | Poder sin autoridad

Fuente: Kreitner y Kinicki.

Autoridad sin poder: tiene lugar cuando una persona que posee una determinada posición dentro de una organización (gerente, jefe, supervisor) no logra que sus colaboradores realicen lo que solicita.

Poder sin autoridad: es común en muchas organizaciones; es el caso de, por ejemplo, una secretaria/asistente que no permite que otra persona de la organización ingrese a ver a su jefe, sin que esto obedezca a una instrucción específica recibida de éste. Es el poder que está más allá del puesto que se ocupa y de las responsabilidades asignadas.

Autoridad con poder: como parece casi obvio, es la situación ideal, que se observa cuando un director pide a sus supervisados algo especial –por ejemplo, trabajar horas extras– y lo logra.

El poder socializado frente al poder personalizado

Se denomina *poder personalizado* al que se ejerce de manera egoísta y para conseguir los propios fines. Se observa de manera bastante frecuente y puede ser la causa, quizá, por la cual la palabra "poder" tenga una connotación negativa.

En un lugar opuesto se puede ubicar el *poder socializado*, que se verifica cuando las personas que tienen una posición directiva persiguen, a través de ella, lograr un impacto positivo en la sociedad.

En las organizaciones suele haber, también de manera frecuente, personas que sin buscar un impacto en la sociedad tampoco persiguen cumplir con objetivos egoístas (poder personalizado), por lo cual esta clasificación dicotómica parece más acorde con otros ámbitos.

Las cinco bases del poder

Para cerrar en esta parte la referencia a Kreitner y Kinicki, mencionaremos lo que ellos han denominado *las cinco bases del poder.*

Poder compensatorio: cuando se logra que las personas hagan cosas (sus tareas o asignaciones especiales) brindándoles una compensación por ello; se asemeja al ya mencionado líder positivo. Recordar que las compensaciones pueden no ser económicas.

Poder coercitivo: cuando se logra que otros realicen sus tareas bajo amenazas. Se asemeja al líder negativo, ya referido. Las amenazas pueden ser desde sutiles hasta fuertes y explícitas, como la amenaza de despido.

Poder legítimo: radica en la autoridad o poder formal de una persona en la cadena de mando. El poder legítimo puede ser utilizado de manera positiva o negativa, como ya se mencionara.

Poder del conocimiento: el conocimiento y la información valiosa otorgan a un individuo poder sobre quienes lo necesitan. La autoridad legítima se acrecienta

© GRANICA

cuando los supervisores conocen sobre su tarea y la de sus subordinados. Este poder es muy valorado en el mundo actual.

Poder de referencia (carisma): la personalidad del individuo a veces se convierte en el elemento que motiva a los otros. Este aspecto es muy valorado por muchas personas y especialistas, pero, como puede apreciarse, no es la única base o fuente de poder.

Introduciremos a continuación a dos autores "no tradicionales" en materia de comportamiento organizacional. Su enfoque, que proviene del deporte, parece un complemento interesante a muchos de los estudios sobre liderazgo basados en el análisis de modelos militares. Jorge Valdano y Juan Mateo han escrito un libro que se denomina *Liderazgo*[5]. Conozco a ambos, los he escuchado en conferencias y actividades de formación donde ellos explican sus puntos de vista. A continuación citaremos algunos conceptos tomados del libro mencionado, donde hacen una diferencia entre la persona en sí misma (un líder es...) y el resultado de su gestión como líder (un líder aporta...).

Esta primera aproximación al tema es interesante, ya que muchas personas se ven a sí mismas de una manera, sin que ello se verifique en la realidad; por ejemplo, se consideran buenos líderes, pero no logran resultados de su equipo de trabajo (o deportivo, según sea el caso).

Si bien mucho de los denominados "líderes" son, desde la perspectiva individual, independientes o decididos, la mirada que brindan estos autores es desde lo que el líder aporta: libertad, imparcialidad, esperanza, resultados y decisiones (veremos más adelante el concepto de *empowerment,* que se relaciona con este punto). El análisis del líder no parte de lo que él es, sino de lo que su gestión representa para el grupo que conduce.

Habitualmente me convocan para dar conferencias sobre temas de mi especialidad, Recursos Humanos y Management en general. Cuando estaba abocada a la preparación de esta obra, y en una charla sobre liderazgo en las organizaciones –entre otros temas– mostré el gráfico de la página siguiente. Ante mi sorpresa, los asistentes entendieron de forma incorrecta el concepto "seducción"; incluso otro de los expositores creyó entender que me refería al concepto desde la perspectiva del sexo y casi se enojó (este conferencista dirigía a la sazón un equipo deportivo de mujeres con alta repercusión pública en ese momento) y replicó que "nunca había sucedido esto con su equipo". Aclarado el malentendido, expliqué la natural seducción que se requiere de un líder para que pueda explicar, comunicar y convencer sobre aquello

5. Mateo, Juan y Valdano, Jorge. *Liderazgo.* El País-Aguilar, Madrid, 1999.

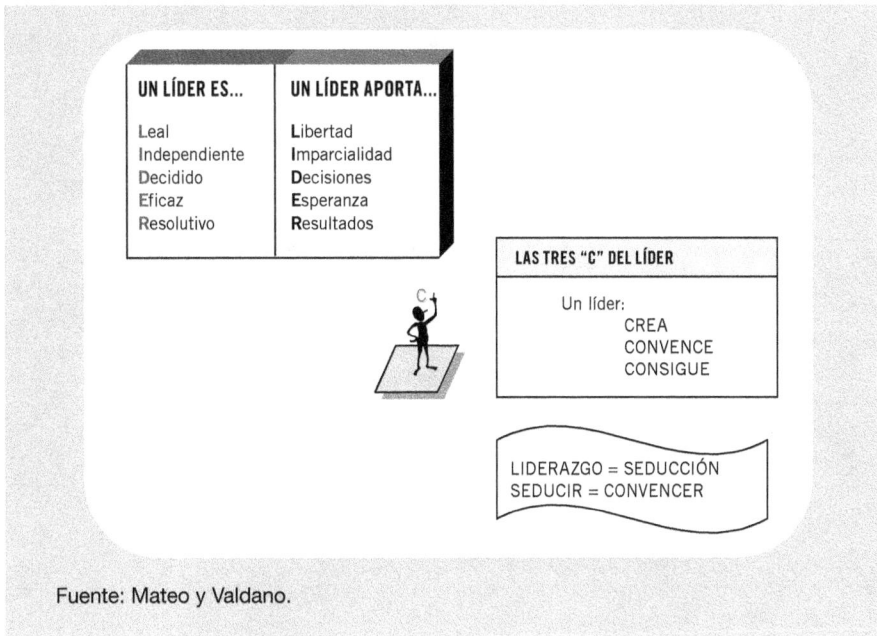

UN LÍDER ES...	UN LÍDER APORTA...
Leal	Libertad
Independiente	Imparcialidad
Decidido	Decisiones
Eficaz	Esperanza
Resolutivo	Resultados

LAS TRES "C" DEL LÍDER

Un líder:
CREA
CONVENCE
CONSIGUE

LIDERAZGO = SEDUCCIÓN
SEDUCIR = CONVENCER

Fuente: Mateo y Valdano.

que él cree bueno para el equipo y para la organización en su conjunto. Igualmente, el concepto "convencer" no debe ser tomado con un sentido negativo, una persona que convence sobre algo que no corresponde (en ese caso sería *manipular*), sino, por ejemplo, considerando al líder que convence explicando los objetivos planteados y sus ventajas (y desventajas, si correspondiera), para todos y cada uno de los participantes.

Continuando con la obra de Mateo y Valdano, el gráfico siguiente es –a la vez– una síntesis del manejo de equipos deportivos de alto rendimiento y de su relación con el mundo de las organizaciones.

Nuevamente estos conceptos podrán ser bien o mal interpretados, ya que la manera de entenderlos depende de los valores de cada organización y de sus líderes en particular. Si entendemos que liderazgo puede definirse como "el arte de gestionar voluntades", esto será bueno o malo según los valores de la organización y, en cascada, su misión, visión y objetivos. Con esta salvedad, gestionar voluntades, lograr que las personas de una organización aúnen sus esfuerzos para lograr un objetivo, será la responsabilidad de un líder. Como ya mencionáramos en otra obra[6], los líderes generalmente llegan a serlo a través de la pasión que ellos mismos sienten sobre las

---

6. Alles, Martha A. *Cómo manejar su carrera*. Ediciones Granica, Buenos Aires, 1998.

© GRANICA

LIDERAZGO

EL ARTE DE GESTIONAR
VOLUNTADES

LA CLAVE

LA PASIÓN QUE
PROVOCA EL SEDUCTOR

LÍDER

DESESTABILIZADOR
DE LA RUTINA

Fuente: Mateo y Valdano.

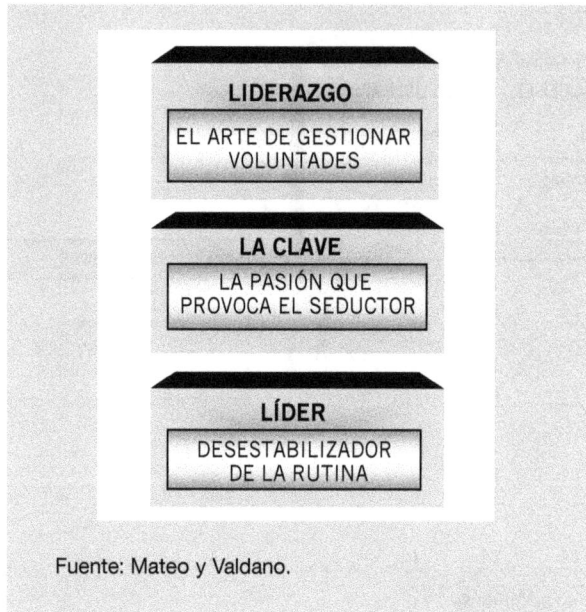

cosas que encaran. Por último, la frase "desestabilizador de la rutina" hace referencia a las competencias de un líder: la rutina es el enemigo número uno de la realización o del logro de objetivos. Dice Jorge Valdano: *el líder debe reinventarse a sí mismo y debe reinventar a su equipo en forma permanente*, para continuar diciendo que *eso es posible sólo a través del aprendizaje continuo.*

Igualmente Valdano plantea exigencias al equipo. Entre las que me parecen más pertinentes podemos citar: *un equipo necesita disciplina*; y asegura que no hay contradicción entre disciplina y desacuerdo, ya que una persona puede manifestar su desacuerdo dentro de un marco de disciplina. Dice más adelante: *todo equipo tiene que establecer normas básicas que pongan orden en la cotidianeidad.*

La palabra "disciplina" puede tener en algunos ámbitos una connotación negativa asociada a actitudes de represión o similares. Sin embargo, no es éste el enfoque dado por estos autores, sino que se utiliza el término disciplina para expresar el rigor de trabajo necesario para el desempeño eficaz de un deportista o de un buen profesional de cualquier especialidad. Deseo reflejar este concepto en una imagen: en un video donde se muestra el ensayo de una de las mejores mezzosopranos del mundo[7], se ve cómo esta recibe indicaciones de su entrenador; en silen-

---

7. En el DVD de Cecilia Bartoli, *A Portrait*. Decca Music Group Limited, 1992, 2003. Universal Music Argentina, Buenos Aires, 2005.

cio, escuchaba y comenzaba de nuevo la tarea que estaba realizando, con modestia, con atención a las sugerencias recibidas. ¡Y se trataba de una figura internacional, absoluta número uno! Por lo tanto, disciplina hace referencia al rigor para ser excelentes, en cualquier actividad o tarea.

El líder resonante

Con esta expresión tan sugestiva, Goleman, Boyatzis y McKee[8] han titulado un libro del cual hemos tomado el concepto. Describen al *líder resonante* como aquel que *sintoniza con los sentimientos de las personas y los encauza en una dirección emocionalmente positiva.* El término "resonante" es utilizado como antónimo de "disonante", y los autores manifiestan que hay muchos estilos de líderes disonantes, que carecen de empatía: desde el tirano que grita hasta el que manipula. Existen otros estilos disonantes más sutiles, pero similares; por ejemplo, el de aquellos que no sostienen los valores que proclaman, entre otras variantes.

Estos autores denominan *líder resonante* a aquel que no se distingue por su talento sino por su capacidad de inspirar en otros energía, pasión y entusiasmo. Estos sentimientos se extienden rápidamente a sus equipos de trabajo, estimulando a sus integrantes.

Para Goleman, Boyatzis y McKee, los estilos de liderazgo son los que se explican a continuación.

Tipo de liderazgo	Efecto sobre el clima	Es adecuado...
Visionario Esboza un objetivo común que resulta movilizador	Es el más positivo	Cuando la necesidad de cambiar requiere una nueva visión o es necesaria una dirección clara
Entrenamiento Establece "puentes" entre los objetivos organizacionales y los de los empleados	Muy positivo	Para contribuir a que un trabajador mejore su desempeño o para ayudarlo a desarrollar su potencial
Afiliativo Establece un clima de relación armónica	Positivo	Cuando es necesario resolver problemas del equipo y/o motivarlo frentes a situaciones difíciles

---

8. Goleman, Daniel; Boyatzis, Richard y McKee, Annie. *El líder resonante crea más.* Plaza & Janés Editores, Buenos Aires, 2003.

© GRANICA

Tipo de liderazgo	Efecto sobre el clima	Es adecuado...
Democrático Tiene en cuenta los valores personales y estimula el compromiso mediante la participación	Positivo	Cuando es necesario llegar a un acuerdo o a un consenso y para conseguir participación de los empleados
Timonel Establece objetivos desafiantes y estimulantes	Si es aplicado de manera inadecuada, puede ser muy negativo	Para conseguir que un equipo competente y motivado alcance resultados excelentes
Autoritario Elimina el temor proporcionando una dirección clara en situaciones críticas	Muy negativo, porque puede aplicarse de manera inadecuada	Cuando se requiere realizar un cambio muy rápido o con trabajadores conflictivos

Estos autores se refieren al uso de un estilo de liderazgo según las circunstancias: *el líder más adecuado para llevar a cabo el cambio de rumbo necesario para hacer frente a una situación crítica, por su parte, debe tener las habilidades de un visionario, es decir, ser capaz de trazar una nueva visión que resulte estimulante. Cuando la situación es muy urgente y exige un cambio drástico, por ejemplo, el estilo más adecuado es el autoritario. Si se requiere del consenso de los empleados, de la construcción del compromiso o simplemente de generar nuevas ideas, la persona requerida tendrá que saber utilizar un estilo democrático. Si, por último, de lo que se trata simplemente es de dirigir un nuevo equipo muy competente y motivado –como sucede, por ejemplo, en grupos de abogados o en el ámbito de la investigación– el estilo más adecuado parece ser el timonel* –aquel "que marca el ritmo de los pasos a seguir"; por ejemplo, establece objetivos desafiantes y estimulantes–.

Autoliderazgo

Davis y Newstron[9] plantean diferentes "sustitutos del liderazgo" para compensar de algún modo y en forma parcial las deficiencias de un líder. Es el caso del *autoliderazgo*, mediante el cual, frente a la ausencia de un líder, los colaboradores se lideran a sí mismos para alcanzar sus objetivos laborales.

---

9. Davis y Newstron. Obra citada.

Para que el autoliderazgo prospere requiere de personas tipo "Y" según las teorías de McGregor (ver Cap. 1).

El autoliderazgo se fundamenta en dos fuerzas impulsoras: la dirección y conducción de uno mismo en la realización de tareas naturalmente motivadoras y –al mismo tiempo– de otras necesarias pero no especialmente satisfactorias desde la perspectiva individual. Se trata de que la persona realice tanto lo que la motiva como lo que no, en pos de los objetivos de su puesto.

El autoliderazgo requiere que los empleados apliquen las habilidades conductuales de autoobservación, el establecimiento de sus metas personales, la autorretribución (no económica, sino desde la perspectiva de reconocer sus éxitos y fracasos), el ensayo de prueba y error para alcanzar un desempeño superior, y la autocrítica.

El resultado del autoliderazgo está dado por empleados que se influyen a sí mismos para hacer uso de su motivación y dirección personales en beneficio de su mejor desempeño.

Motivación

La motivación se relaciona directamente con los contenidos del Capítulo 4, referidos a las necesidades del trabajador (Maslow).

Según David McClelland, los logros en el conocimiento acerca de qué son las motivaciones y cómo pueden ser medidas han llevado a un progreso sustancial en la comprensión de tres importantes sistemas motivacionales que gobiernan el comportamiento humano. Éstos son:

- Los logros como motivación

  Históricamente, la primera motivación en ser intensamente investigada fue la originada en el logro o *n achievement*. A medida que se progresó en esta investigación fue resultando evidente que la motivación podría haber sido mejor denominada como eficiencia, porque representa un interés recurrente por hacer algo mejor. Esto (hacer algo mejor) implica algún estándar de comparación interno o externo, y quizá sea mejor concebido en términos de eficiencia o un ratio input/output. Mejorar significa obtener el mismo output con menos trabajo, obtener un mayor output con el mismo trabajo o, lo mejor de todo, obtener un mayor output con menos trabajo.

  De esta manera, la gente con alto *n achievement* prefiere actuar en situaciones donde hay alguna posibilidad de obtener mejoras de esta clase. No son atraídas por situaciones donde no hay posibilidades de lograr mejoras, esto es, en trabajos muy fáciles o muy difíciles, y por lo tanto no trabajan más duro en

© GRANICA

esas circunstancias. Las personas con alta orientación al logro prefieren tener responsabilidad personal por el resultado. Si es bueno, les da información de cuán bien lo están haciendo. Los *entrepreneurs* exitosos tienen alto *n achievement.*

- El poder como motivación

  La necesidad de poder como clave en el pensamiento asociativo representa una preocupación recurrente que impacta sobre la gente y quizá también sobre las cosas. Se ha demostrado, con experiencias que involucran sentimientos de fortaleza física o psicológica, que los más altos resultados han sido generados por individuos con alta *n power.*

  Los altos niveles de *n power* están asociados con muchas actividades competitivas y asertivas con un interés en obtener y preservar prestigio y reputación.

  Sin embargo, desde que las actividades competitivas y sobre todo las agresivas son altamente controladas por la sociedad debido a sus efectos potencialmente destructivos, la válvula de escape para esta motivación del poder varía mucho de acuerdo con las normas que las personas han internalizado como comportamientos aceptables.

- La pertenencia como motivación

  Se sabe menos acerca de esta motivación que sobre las dos anteriores. Estaría derivada de la necesidad de estar con otros, pero no hay certeza de cuál es la causa natural del amor o el deseo de estar junto a otras personas como motivación.

  Estas motivaciones se combinan con otras características para determinar acción.

Peretti[10] se refiere a los grandes déficits, para el siglo que se inicia, derivados de las mutaciones tecnológicas con sus consecuencias en materia de empleo, calificación, formación, motivación y remuneración. Mantener una adecuación cualitativa y cuantitativa del empleo implica un *approach* dinámico, una lógica empleabilidad de cada una de las personas, una gestión preventiva de los recursos humanos, un esfuerzo permanente para la calificación y recalificación del personal en sus puestos de trabajo. El desarrollo y movilidad de empleados y los nuevos métodos de selección constituyen el encuadre necesario de un esquema de dirección del empleo y de las competencias.

---

10. Peretti, Jean-Marie. *Gestion des ressources humaines.* Librairie Vuibert, París, 1998.

Davis y Newstron[11] dicen que son muy pocas las acciones humanas que ocurren sin motivación. Prácticamente todas las conductas conscientes son motivadas o tienen alguna causa.

Los individuos tienden a desarrollar ciertos impulsos motivacionales como producto del entorno cultural en el que viven; impulsos que influyen en su forma de trabajar, sus valores y las formas de concebir, incluso, su propia vida.

Según Davis y Newstron –quienes presentan, a su vez, un resumen de otros autores– los impulsos motivacionales serían los siguientes:

Motivación	
De logro	Impulso a cumplir objetivos y a seguir adelante
De afiliación	Impulso a relacionarse eficazmente con los demás
De competencia	Impulso a realizar un trabajo de alta calidad y desarrollar las habilidades propias
De poder	Impulso a influir en personas o situaciones

Fuente: Davis y Newstron.

Mateo y Valdano[12], al tratar el tema del liderazgo y los equipos de trabajo, hacen referencia a la motivación.

La voluntad de "querer" hacer algo incrementa –por ejemplo– la productividad y esto –a su vez– incremente la motivación que acciona sobre la voluntad, en un círculo virtuoso (ver gráfico siguiente). Estos autores definieron liderazgo como el arte de gestionar voluntades; un líder gestiona, de este modo, la motivación en las personas. Haciendo un paralelo con el desarrollo de competencias, el mismo se verifica cuando las personas tienen voluntad de hacerlo. En síntesis, este gráfico presenta un esquema de aprendizaje a través de la motivación que surge o parte de "gestionar" la voluntad del individuo.

Cuando de competencias se trata, se debe tener en cuenta que las personas logran desarrollarlas sólo si verdaderamente lo desean, y esa voluntad se logra a través de la motivación. En ocasiones las personas se automotivan y, en otras, necesitan la motivación del líder para desarrollarse y para llevar a cabo las tareas propias de su puesto o que le hayan sido especialmente encomendadas, sin que les importe la

---

11. Davis y Newstron. Obra citada.
12. Mateo y Valdano. Obra citada.

© GRANICA

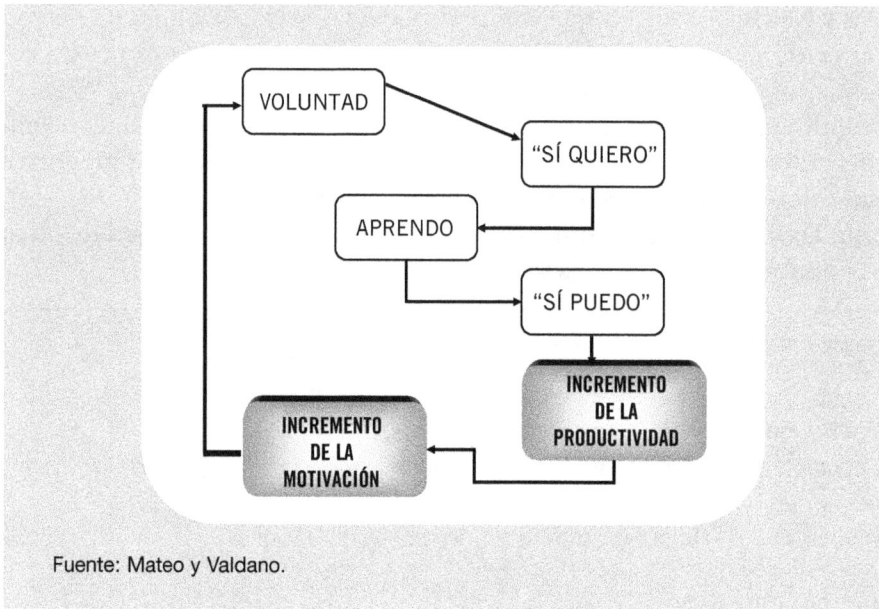

Fuente: Mateo y Valdano.

responsabilidad que impliquen ni el tipo de trabajo a llevar a cabo. Desde ya, cierto tipo de tareas y responsabilidades requieren más compromiso personal que otras, pero en todos los casos y para realizar todo tipo de labores, las personas deben estar motivadas a fin de lograr un resultado satisfactorio. Mucho más para tener éxito.

El último gráfico que incluiremos de Mateo y Valdano, si bien en una primera instancia puede verse como muy relacionado con el deporte –y eventualmente con grandes estrellas de la canción o del ballet, o espectáculos similares– brinda una visión de la relación entre el equipo y un sueño de éxito, una visión grandiosa a futuro que traerá aparejado fama, poder, dinero y todo aquello que la imaginación permita visualizar (otras motivaciones).

Si bien podría considerarse que en los equipos de trabajo que se desempeñan en el ámbito de las organizaciones no se conciben sueños de fama o dinero como entre, por ejemplo, jugadores de fútbol con aspiraciones a jugar en primera división, en paralelo y a distancia se pueden encontrar conceptos similares: la fama puede ser dentro de la organización o el área de desempeño; el poder, en relación con un ascenso, acceder a cierta información o a la proximidad de altos ejecutivos de la firma; el dinero, mejores comisiones o retribuciones variables; etc. Por no citar, dentro del etcétera, la realidad de ciertos ejecutivos –o con aspiraciones a serlo– que sueñan lograr por esta vía ascenso social o el acceso a otros ambientes, como el denominado "jet set" o vidriera de famosos. En mi país, Argentina, un popular semanario publica una sección que denomina "Vidriera", donde puede verse entre los "famosos" a modelos, deportistas y empresarios o ejecutivos. Las ambiciones de fama pueden mezclarse en algún punto con otro tipo de comportamientos, pero no será sobre este aspecto que focalizaremos nuestro trabajo en esta obra.

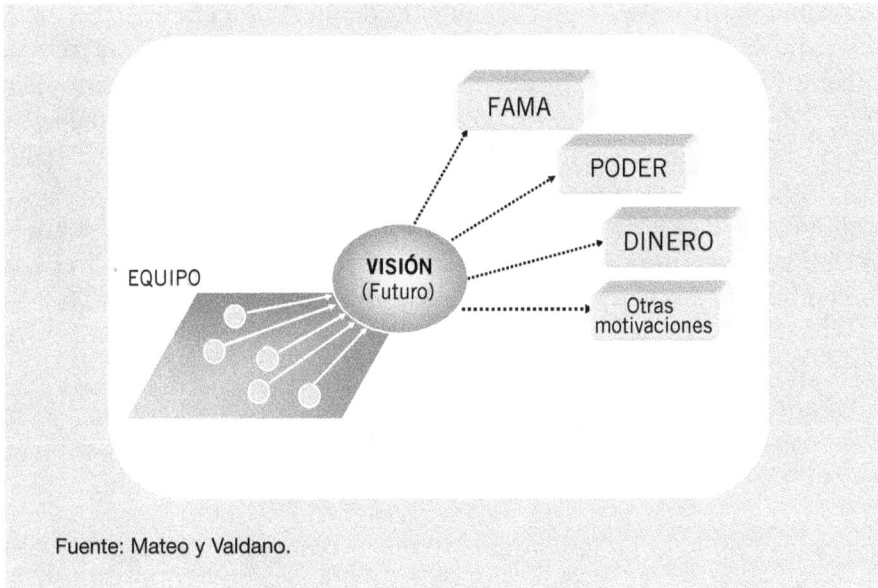

Fuente: Mateo y Valdano.

Los especialistas en motivar equipos de vendedores suelen usar este tipo de figuras, ya que los que se dedican a las ventas suelen motivarse muy fuertemente mediante objetivos económicos, por lo que representan en sí mismos (dinero) y –además y muy importante– por el prestigio de figurar en un ranking o podio de ganadores. Figuras tales como "el vendedor del mes" o el ranking de ventas del país o de la región son "concursos" competitivos y motivadores para muchas personas.

No hace mucho tiempo, estaba alojada en un hotel de los Estados Unidos donde se desarrollaba la convención nacional de una empresa de productos de farmacia. En el lobby, y a la vista de cualquiera que por allí pasara, estaba el podio de los mejores jefes de sucursal del país, con sus fotos y, a continuación, el ranking o tabla de posiciones, con más de cien nombres y sus respectivas ciudades. No se trataba de la primera división de ningún deporte, pero para ellos se trataba de una competición similar.

© GRANICA

La motivación y la administración por objetivos

Si bien no es un tema nuevo (data de más de 50 años), la administración por objetivos continúa siendo una buena práctica a tomar en cuenta. Podríamos decir que es un sistema que conforma un ciclo: comienza por el establecimiento de metas y objetivos comunes de la organización y termina volviendo al mismo punto. El sistema actúa como un proceso de establecimiento de metas, en el que se establecen los objetivos para la organización, los departamentos o gerencias, los gerentes y los empleados. En síntesis, cada empleado tiene una meta específica, fijada por él mismo pero dentro de un esquema general preparado y/o supervisado por su jefe o el jefe del jefe. La descripción de la meta se acompaña de una descripción detallada de cómo hará ese empleado para alcanzarla. Luego del período evaluado –generalmente un año– el empleado hace su propia autoevaluación sobre lo logrado, con datos reales. La entrevista de evaluación se basa en la autoevaluación y el grado de cumplimiento de metas tanto del evaluado como de la organización.

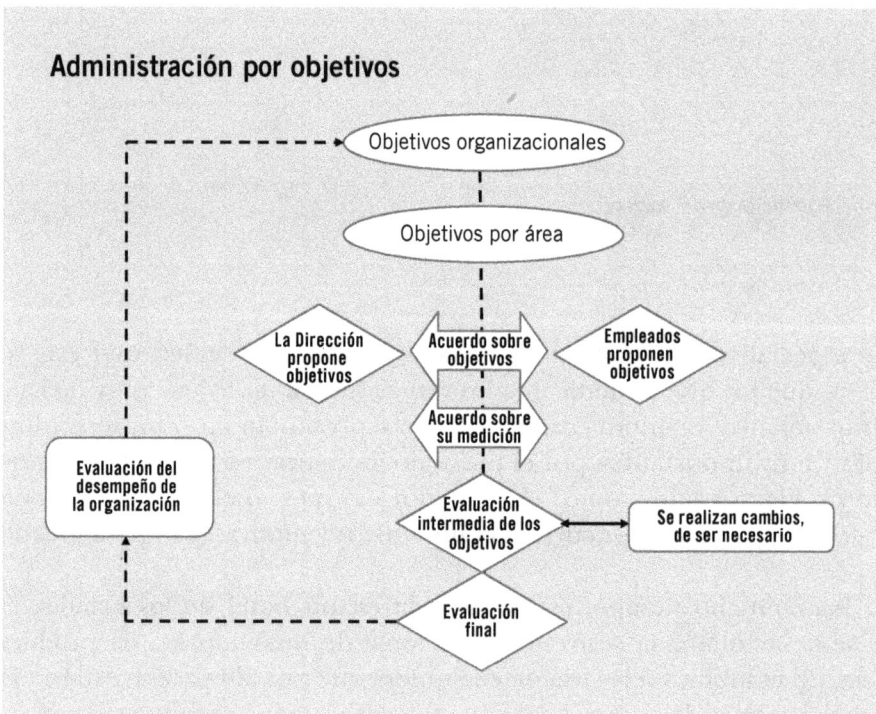

La fijación de objetivos no sólo motiva a los colaboradores, sino que además crea compromiso. Algunas sugerencias básicas:

- Los objetivos deben ser concretos, desafiantes pero no imposibles de alcanzar.
- Los objetivos (y los indicadores para su medición) deben ser conocidos por el colaborador antes del inicio del período bajo evaluación. Debe lograrse un acuerdo, tanto sobre los objetivos a alcanzar como respecto de los indicadores para medirlos.
- Es de vital importancia la retroalimentación. Por ello siempre se sugieren instancias intermedias para realizarla, cada 6 meses (la más usual) o períodos menores (por ejemplo, cada cuatro meses).

La fijación de objetivos como herramienta de gestión en las organizaciones es una práctica usual desde hace muchos años. La temática ha sufrido variantes a lo largo del tiempo y hoy sigue en absoluta vigencia.

Empowerment

El término *empowerment*, como tantos otros utilizados en temas de management, no tiene una buena traducción al español, francés o italiano, por ello es frecuente su uso en inglés, es decir, adoptando la palabra original como las más adecuada.

En relación con la temática que nos ocupa, puede considerarse el empowerment traducido como "empoderamiento", delegación o "facultamiento". Dado que algunos de estos términos no existen en nuestro idioma, y otros no nos parecen adecuados, no se hará uso de ellos.

A su vez, la definición y alcance del término empowerment puede variar de organización en organización: no existe un único enfoque al respecto.

¿Qué significa el empowerment en el ámbito de las organizaciones?

El término es utilizado en dos dimensiones. Por un lado se trata de un método de trabajo que tiene el objetivo de acercar lo más posible la toma de decisiones al lugar y momento donde ocurren los hechos, para lo cual es necesario un cambio de rutinas de trabajo. Por otro, el empowerment es una competencia o capacidad. Veamos cada uno de estos conceptos para comprender cabalmente su alcance.

Para que el empowerment se verifique deben darse las dos circunstancias mencionadas al mismo tiempo. Métodos de trabajo que permitan "bajar" las decisiones de nivel, junto con el desarrollo de la capacidad de actuar en consecuencia, en todos los colaboradores de la organización (y enfatizo la palabra "todos"). No es posible hablar de empowerment si la máxima conducción no delega. En muchas

© GRANICA

¿Qué es el empowerment?

Director
General
(CEO)

Bajar la toma de decisiones,
de modo que las mismas
se tomen lo más cerca
posible de los hechos
(clientes, proveedores, etc.)

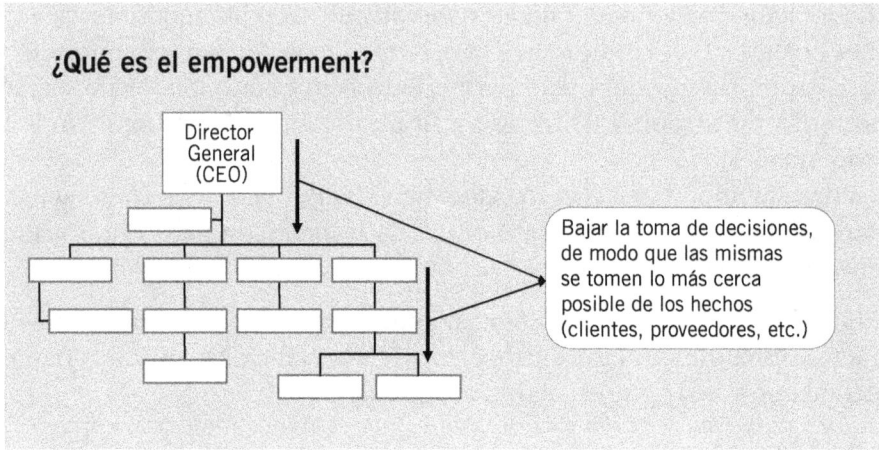

ocasiones las organizaciones invierten grandes sumas en programas de empowerment sin analizar –primero– hasta qué punto el número uno o los gerentes principales o los dueños están dispuestos a delegar poder de decisión. Por lo tanto, la implementación de empowerment requiere un efecto en cascada desde la cima de la organización.

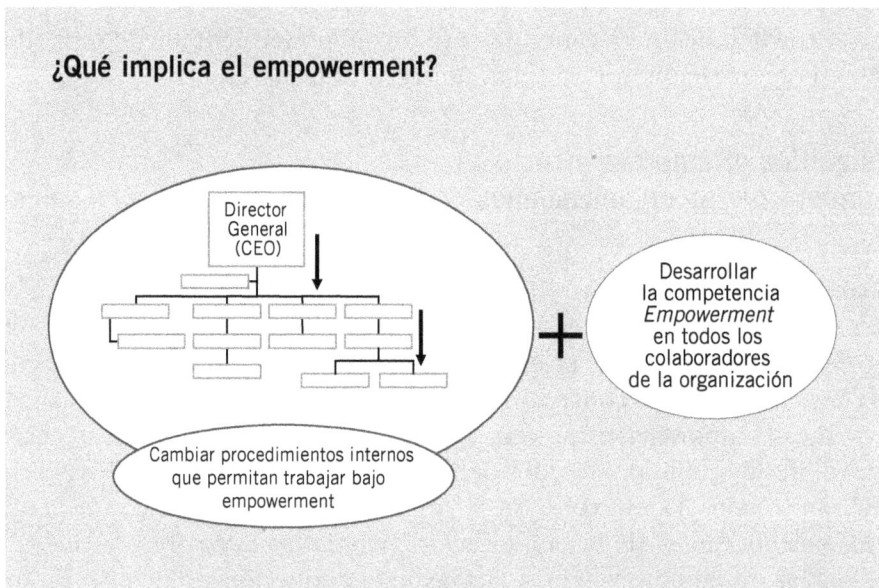

¿Qué implica el empowerment?

Director
General
(CEO)

Cambiar procedimientos internos
que permitan trabajar bajo
empowerment

+

Desarrollar
la competencia
Empowerment
en todos los
colaboradores
de la organización

Un programa de implantación de empowerment debe contemplar, por un lado, el diseño de las nuevas rutinas de trabajo, niveles de responsabilidad y los respectivos controles, y por otro, se deben realizar programas de formación para el desarrollo de la competencia *Empowerment*, no sólo para jefes sino para toda la organización, desde su máximo nivel. Uno no puede ser eficaz sin el otro.

El empowerment implica delegar poder a través de la creación de confianza y de compartir la visión de la organización, creando de ese modo un mayor sentido de responsabilidad, reemplazando las antiguas jerarquías por modernos equipos auto-dirigidos.

También podríamos decir que empowerment es la capacidad (competencia) para obrar brindando apoyo a los otros (pares, subordinados, superiores), demostrando sensibilidad ante sus necesidades y requerimientos. Capacidad para cooperar con las personas, pertenecientes o no al área de trabajo, brindando ayuda aunque no le sea requerida formalmente. Implica la habilidad para crear relaciones basadas en la confianza profesional y personal.

La competencia *Empowerment* hace referencia a delegar y, al mismo tiempo, implica hacer crecer a los colaboradores para que puedan realizar con eficacia las tareas que se les delega. La delegación no puede verificarse sin la mayor capacidad de los empleados para desempeñar las nuevas tareas.

El jefe delega – El empleado "crece"

El jefe delega

El empleado "crece" en su puesto de trabajo y realiza eficazmente las tareas delegadas

Para Davis y Newstron[13], *la sensación de carencia de poder en las organizaciones contribuye a la frustrante experiencia de una baja eficacia personal, la convicción entre los individuos*

---

13. Davis y Newstron. Obra citada.

© GRANICA

de que no pueden desempeñar exitosamente sus labores o hacer contribuciones significativas. La eficacia baja puede deberse a distintas razones: grandes cambios organizacionales, como las fusiones, o personas que trabajan bajo las órdenes de líderes autocráticos. Una forma de combatir la baja eficacia es delegando autoridad en los empleados.

De más está decir que no puede existir empowerment si los directivos –y los propios empleados– piensan que las personas son de tipo "X", según las teorías de McGregor.

En las organizaciones se encaran proyectos de empowerment de manera separada de otros procesos organizacionales. Si bien desde una perspectiva esto puede parecer adecuado, ya que permite dar más fuerza a la implantación del empowerment, el resultado final no lo es. La razón es muy simple: las organizaciones encuentran en un momento dado que, al existir al mismo tiempo varios programas, son "dirigidas" en base a distintos métodos de trabajo, lo que se contradice con su necesidad de una dirección unificada que permita alcanzar los objetivos estratégicos que se han fijado. Esta disparidad de proyectos hace que las personas se confundan, se sientan saturadas por temas diferentes, y así los proyectos, en definitiva, son abandonados o no cumplen su cometido en forma completa.

Por lo tanto, cuando se desea trabajar en programas de empowerment, liderazgo o en cambios culturales, lo ideal es integrarlos al esquema de dirección de la organización, en una única línea con diferentes facetas o programas integrados entre sí. El lector podrá decir que esta afirmación es de sentido común, y estará en lo cierto; sin embargo, esta comprensión usualmente no se verifica en las organizaciones, en especial en las de gran tamaño.

¿Cómo llevar a cabo la integración de estos programas al esquema de dirección? Desde la Gestión de Recursos Humanos por Competencias.

Si una organización adopta una filosofía de empowerment, la misma se verá reflejada en todo su accionar, incluso en forma de encarar su planeamiento estratégico y posterior diseño del modelo de competencias. La relación entre los diferentes conceptos se muestra en el gráfico de la página siguiente.

La filosofía del empowerment influye de un modo u otro tanto en la *visión* como en la *misión* de la organización. En nuestra opinión, se trata de una forma de conducirla. Sus directivos deberán decidir si desean alcanzar la visión a través de una administración orientada bajo conceptos de empowerment. Este tipo de acciones no pueden ponerse en práctica desde un programa de Recursos Humanos, sino desde la máxima conducción, siendo el área de RRHH –quizá junto con otra– la que lleve adelante la coordinación del proyecto y la puesta en marcha de todas las acciones correspondientes.

Frente a esta situación, se deberá comenzar por definir el alcance de estos criterios desde la máxima conducción de la organización, ya que quizá sea necesario

Empowerment – Estrategia – Modelo de competencias

```
Filosofía
de empowerment  ──→  Visión
                 ──→  Misión
                 ──→  Estrategia
                       Metas - objetivos
                 ──→  Competencias
                       Cardinales
                       y específicas
```

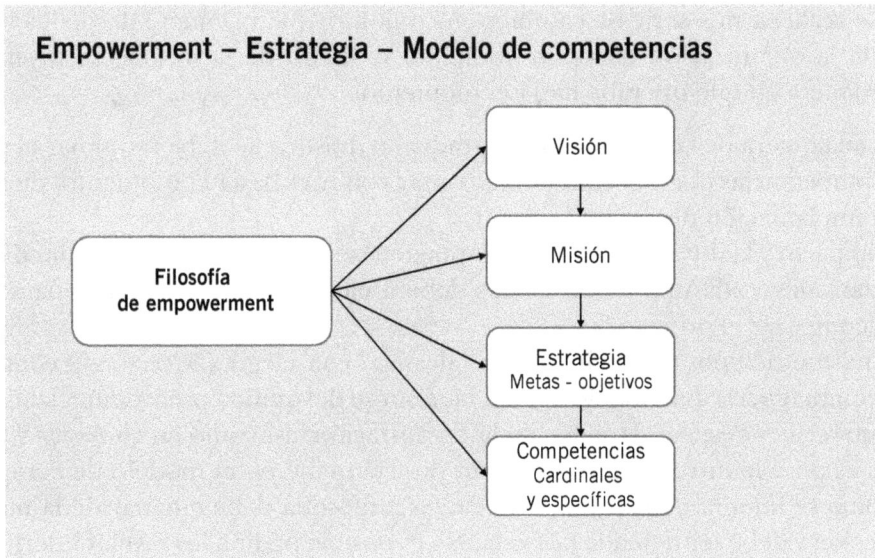

repensar o rediseñar la visión y la misión, y diseñar o modificar el modelo de competencias para que éste permita trabajar bajo empowerment.

Los directivos deben saber, antes de decidirse a adoptar el empowerment, que éste es un estilo de conducción que aporta grandes beneficios, pero adoptarlo no constituye una "obligación": si por algún motivo no desean incorporarlo, de todos modos sus organizaciones pueden alcanzar sus objetivos.

Muchos directivos dicen "sí" frente a una propuesta de implementar empowerment porque se sienten "presionados" de algún modo, por la exigencia de "estar a la moda" o por cualquier otra razón no esencial. Como en cualquier orden de cosas, esto es un mal comienzo. Sólo hay que poner en marcha un proceso de empowerment si los directivos lo desean y están convencidos de hacerlo.

Una pregunta muy frecuente es: ¿por dónde comenzar? Hay distintas opciones, una vez que se han tomado las decisiones iniciales:

1. Para una empresa puede ser un buen comienzo centrarse en los individuos y en las tareas que cada uno realiza. Esto permitirá que cada integrante vaya asumiendo mayores responsabilidades y libertad para la toma de decisiones. Esto implicará un incremento de sus competencias y el desarrollo y utilización del potencial latente hasta ese momento. A través de este proceso el individuo desarrolla una mayor autoestima y se integra más a la organización.
2. Para otros, la manera de iniciar un proceso de empowerment puede ser totalmente diferente, optando por un cambio de cultura. En esta variante quizá

se realicen una serie de cambios en conjunto, que involucre desde los valores de la organización hasta un completo rediseño de la misma, incluyendo la manera en que operaba hasta el momento.

En cualquiera de las dos opciones, gradual o drástica, se debe rediseñar el modelo de competencias o, en el caso de no contar con uno hasta el momento, diseñarlo para la implantación del empowerment.

El impacto y la duración del cambio pueden ser muy diferentes entre las diversas organizaciones, cada una de las cuales deberá elegir la mejor solución para ella y dónde comenzar el proceso.

Al mismo tiempo, no es cierto que "alcanza" con elegir *Empowerment* como una de las competencias del modelo. Como bien surge del gráfico precedente, la filosofía de empowerment está en la *visión* de la organización, así como en su *misión* y *estrategia.* No es posible introducir el concepto directamente en el modelo de competencias, como se intenta de manera frecuente. La filosofía debe emanar de la máxima conducción y debe ser deseada por esta. No es posible pedir a los niveles intermedios de la organización ciertos comportamientos que no se verifican en los niveles superiores.

Existe una tendencia –sobre todo entre los consultores jóvenes– a aplicar todo aquello que los libros presentan tal como "como debe ser". Desde la experiencia profesional, conocemos grandes fracasos por no atender a aspectos tales como la cultura y la dirección de cada organización. Un error "clásico" que lleva al fracaso y, en general, a una fallida implementación del empowerment es cuando se la elige como competencia dentro de un modelo, sin la realización de los pasos previos necesarios: análisis de la cultura organizacional y asunción del compromiso por parte de la máxima conducción.

En el Capítulo 2 nos hemos referido a la participación como una forma de atenuar la resistencia al cambio de los empleados. En esta parte de la obra nos referiremos a ella dentro de la temática que nos ocupa, la relación de los supervisores y directivos con sus empleados y cómo los primeros llevan adelante su gestión.

Cambio de roles
(transferir tareas a los subordinados)

El empowerment requiere un cambio fundamental en el papel de cada uno de los empleados de la organización. Por ejemplo, si se analiza un puesto de trabajo de una asistente administrativa, las funciones básicas, es decir las tareas rutinarias, podrían ser la recepción de cierta información y su procesamiento. Cuando se trabaja bajo empowerment, además de las tareas "básicas" se mejora el trabajo, ya que se ayuda a la persona a que actúe mejor o de manera diferente. Dentro de sus tareas se podrá incluir las ya mencionadas, de rutina, y nuevas actividades que harán que el trabajo se lleve a cabo de manera más eficiente –en el ejemplo dado, una cierta autoridad para informar y actuar frente a determinado tipo de información fuera de algunos estándares preestablecidos–. Cuando un rol incorpora el empowerment, nuevas funciones se incorporan, en detrimento de las denominadas tareas básicas.

Un incremento de funciones de autodirección, cuando se trabaja bajo un esquema de empowerment, se consigue delegando las funciones básicas a un nivel inferior. Éstas, para quienes las asumen, representarán mayores responsabilidades (empowerment). Se trata de una cadena de delegación. Habitualmente, cuando la delegación de responsabilidades se hace de forma eficaz, las tareas se llevan a cabo con mayor eficiencia, ya que los colaboradores *están más cerca de los hechos*, conocen más sobre el tema y tienen más información al respecto que el propio jefe.

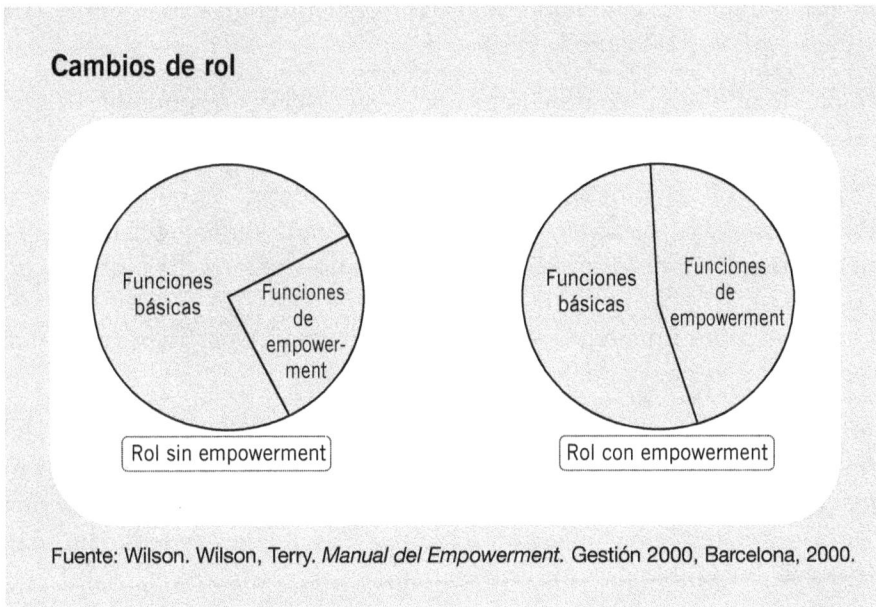

Cambios de rol

Funciones básicas / Funciones de empower-ment

Rol sin empowerment

Funciones básicas / Funciones de empowerment

Rol con empowerment

Fuente: Wilson. Wilson, Terry. *Manual del Empowerment*. Gestión 2000, Barcelona, 2000.

Las funciones o roles son diferentes si se trabaja con o sin empowerment. Para explicar las diferencias tomaremos el ejemplo de una oficina que recibe reclamos de clientes.

- *Oficina de reclamo de clientes sin empowerment.* El responsable recibe los reclamos de los clientes, solicita la documentación respectiva y evidencias del

© GRANICA

problema, eleva cada reclamo a sus superiores y el cliente es informado de que dentro de una determinada cantidad días recibirá una respuesta. El cliente deberá regresar otro día por "la solución", y el empleado nuevamente utilizará su tiempo para atenderlo. Los que estén a favor de este procedimiento podrán decir que quizá el cliente no regrese a "buscar la solución"; pero lo cierto es que tal vez se haya perdido un cliente. A este esquema lo podríamos denominar como una función "con bajo empowerment".

- *Oficina de reclamo de clientes con empowerment.* El responsable recibe los reclamos de los clientes, solicita la documentación respectiva y evidencias del problema, ofrece una solución dentro de sus niveles de aprobación y sólo eleva el reclamo a sus superiores si éste supera su nivel de autorización para proceder. Se incrementa la satisfacción de los clientes y el empleado utiliza menos tiempo en la atención de reclamos. Rol con un mayor número de funciones con empowerment.

Ejemplo de posibles niveles de autorización al nivel del responsable de reclamos de clientes:

- Productos con fallas dentro de la semana de compra: cambio por otro nuevo.
- Productos que no alcanzaron las expectativas del cliente en cuanto a duración del mismo: 20% de descuento si compra uno similar y 10% de descuento si compra un producto de otra línea.
- Queja por trato no amable de un vendedor: un vale para degustación de productos en el restaurante del centro comercial.

El empowerment no significa que los empleados tengan libre albedrío sino, por el contrario, un nivel de autorización y decisión donde el colaborador –en nuestro ejemplo, el responsable de reclamos de clientes– pueda, en base a su criterio y dentro de dicho nivel, dar solución a los problemas. Las decisiones se toman más cerca del cliente y de los problemas que este plantea.

Para que las decisiones se tomen más cerca del cliente y la delegación sea efectiva debe existir –al mismo tiempo– un jefe que delegue y confíe en su colaborador, y un colaborador que haya desarrollado sus capacidades a un punto tal que pueda asumir las nuevas responsabilidades. Es una interacción sistémica, no sólo de arriba abajo como pueden pensar ciertas personas. "Mi jefe no me delega", puede ser un comentario cierto, pero la contrapartida es: "desarrollo de las capacidades en los colaboradores". Ambos son necesarios para lograr empowerment.

Proceso del empowerment

Es muy importante tener en cuenta que el empowerment es un proceso; es decir, no se pone en práctica a través de una directiva sino que se hace en etapas y, además, atañe a toda la organización. No es factible implantarlo en un área o a ciertos niveles: es una filosofía de trabajo que involucra a la totalidad de la institución. En el momento de su puesta en marcha podrá hacerse en etapas o por áreas, pero siempre con un enfoque sistémico, y así debe ser comprendido por todos.

En definitiva, el empowerment es un proceso que ofrece mayor autonomía a los empleados, en el que los jefes comparten información relevante con sus colaboradores dándoles, a su vez, control sobre los factores que influyen en su desempeño laboral. Dentro de este proceso se podría definir una serie de elementos que conforman el empowerment.

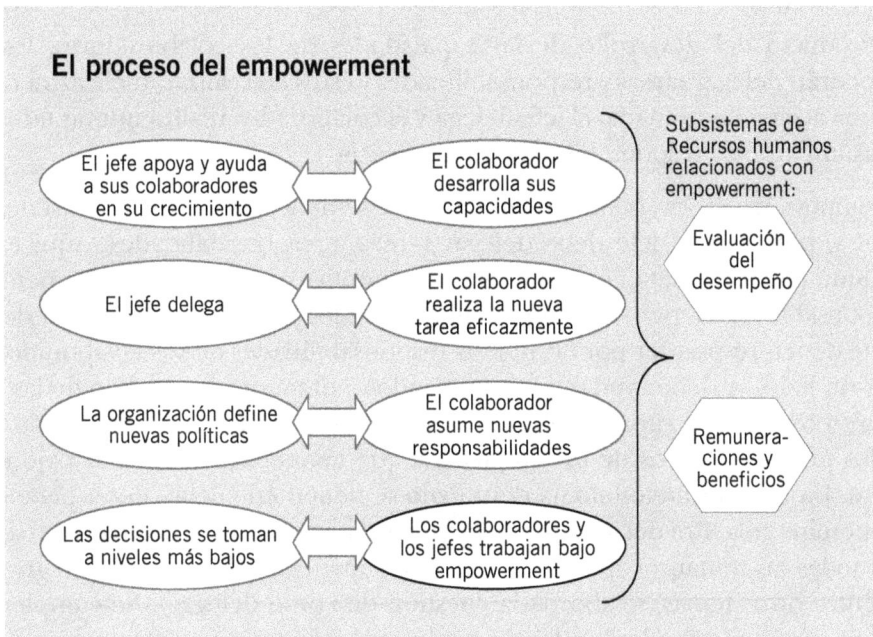

El proceso del empowerment

El jefe apoya y ayuda a sus colaboradores en su crecimiento ⟺ El colaborador desarrolla sus capacidades

El jefe delega ⟺ El colaborador realiza la nueva tarea eficazmente

La organización define nuevas políticas ⟺ El colaborador asume nuevas responsabilidades

Las decisiones se toman a niveles más bajos ⟺ Los colaboradores y los jefes trabajan bajo empowerment

Subsistemas de Recursos humanos relacionados con empowerment:

Evaluación del desempeño

Remuneraciones y beneficios

El gráfico precedente podría explicarse de una manera más detallada relacionando, primero, los conceptos que conforman el empowerment en sí; es decir, la relación directa y diaria de un jefe con sus colaboradores, donde estos últimos se desarrollan y los primeros delegan, para, luego, analizar cómo esta relación "casi bidireccional" se inserta en un contexto organizacional regido –a su vez– por políticas y normas internas de funcionamiento y control.

Por un lado, el vínculo jefe-empleado debe ser de mutua influencia e interacción, donde ambos modifiquen su rol para alcanzar un crecimiento personal y organizacional.

a) *El jefe ayuda y el colaborador desarrolla sus capacidades*

Para que el empowerment se verifique el jefe debe ayudar a que su colaborador mejore sus capacidades –tanto competencias como conocimientos–. Por su parte, el colaborador debe ser receptivo e incrementarlas. Este aspecto, de singular importancia, en la mayoría de los casos requiere de ayuda experta. Los empleados (jefes y colaboradores) no habituados a trabajar de este modo requerirán, cada uno en su rol, el desarrollo de capacidades para desempeñarse bajo empowerment.

b) *El jefe delega y el colaborador realiza eficazmente la tarea delegada*

Producto del desarrollo de las capacidades de los colaboradores, los jefes podrán delegar tareas y responsabilidades y éstos las realizarán eficazmente. En una acción combinada, el jefe delega y el colaborador realiza nuevas tareas y/o asume nuevas responsabilidades con eficacia.

El empowerment es sistémico. Por un lado, se debe dar el crecimiento del colaborador y, por otro, el jefe debe delegar tareas y responsabilidades. Aquí es muy importante tener en cuenta que la delegación implica que el colaborador tiene nuevas responsabilidades, pero esto no habilita a que los jefes se desentiendan de ellas, sino que deben responder por las nuevas responsabilidades de sus colaboradores.

Por un lado, se debe ayudar a los empleados a obtener un dominio de las tareas a su cargo ofreciendo capacitación, entrenamiento y guía si fuese necesario. Éstos serán los primeros logros de los empleados que comienzan a trabajar bajo empowerment. En nuestra metodología de trabajo se tienen en cuenta dos aspectos: uno que denominamos "Rol del jefe", y que inspira un programa mediante el cual se desarrollan todas las temáticas que debe conocer y manejar un jefe para ser un "buen jefe" (entre otros temas, se aborda la cuestión de cómo delegar). Se complementa con "Jefe como entrenador", referido a cómo el jefe puede transformarse en una guía para sus colaboradores, en todos los aspectos de su desarrollo: en materia de conocimientos y, también, de competencias. Ambos programas apuntan a permitir a los colaboradores su autocontrol, concediéndoles discrecionalidad sobre su desempeño y responsabilizándolos de los resultados.

Otro aspecto que juega un rol fundamental es la retroalimentación, dar aliento a los colaboradores señalándoles los aspectos positivos y negativos de su desempeño junto con sugerencias de mejora continua. No se trata sólo de evaluar al empleado cuando se administran las evaluaciones de desempeño, nos referimos a la actividad cotidiana de dar aliento y retroalimentación. Brindar apoyo emocional mediante la reducción de la tensión y angustia producto de puestos y responsabilidades no claramente definidos o que, en una primera instancia, excedan las posibilidades del colaborador.

Cuando los empleados reciben este tipo de trato lo usual es que aumenten su rendimiento. Ellos comienzan a darse cuenta de que son competentes y se los valora, que sus tareas tienen significado e impacto y que cuentan con oportunidades para usar sus capacidades.

El proceso de empowerment descrito hasta aquí (en los puntos a y b) es el "teórico o puro", y en la práctica se revela incompleto, ya que debe insertarse en un marco organizacional, para lo cual se deben dar los dos puntos siguientes:

1. *La organización define nuevas políticas y el colaborador asume nuevas responsabilidades*

   Para que el empowerment tenga éxito en un contexto organizacional deben darse, además de las descritas hasta aquí, otras circunstancias adicionales. Usualmente la organización debe fijar políticas en relación con, por ejemplo, niveles de decisión y autorización de determinados temas. En concordancia con estos nuevos niveles otorgados, los colaboradores deberán asumir estas responsabilidades eficazmente. Sólo a modo de ejemplo: si una organización incrementa la autonomía de un área que recibe quejas de los clientes, los empleados a cargo deberán utilizar estas nuevas atribuciones cuidando cumplir las políticas establecidas y los intereses de la organización.

2. *Las decisiones se toman a niveles más bajos. Los colaboradores y los jefes trabajan bajo empowerment*

   Como surge del punto anterior, si se fijan ciertas políticas y se baja el nivel jerárquico para la toma de decisiones se logrará –siguiendo con el ejemplo de un área de reclamos o quejas de clientes– que la decisión pueda tomarla la persona más cercana al cliente, y se evitará la burocracia.

Cuando estos esquemas de trabajo se consolidan y los problemas o situaciones se resuelven adecuada y satisfactoriamente, cuidando al mismo tiempo los objetivos organizacionales, se puede decir que la organización trabaja bajo empowerment.

Los procesos de empowerment se relacionan con el desempeño de las personas y, muchas veces, con sistemas de motivación basados en el dinero. Entre los más usuales, la ya mencionada administración por objetivos. Si éstos se fijan tomando en cuenta nuevos parámetros de responsabilidad con indicadores adecuados, será posible por un lado motivar y por otro compensar el buen desempeño de los colaboradores.

© GRANICA

El esquema planteado, como puede verse, es sencillo; se relaciona básicamente con los subsistemas de *evaluación del desempeño* y *remuneraciones y beneficios*. Sin embargo, la base que sustenta el empowerment es el desarrollo de las capacidades de los colaboradores y de los jefes.

Usualmente sólo se relaciona empowerment con remuneración. Como se verá más adelante, es una relación válida, pero insuficiente, por cierto.

Empowerment y cultura de la organización

La cultura está compuesta por un cierto número de factores, pero en la raíz de cada cultura organizacional están los valores en los que se basa la organización.

Con frecuencia las compañías se identifican por ciertos valores, que son considerados *la cultura de la empresa*. Indicadores simples pueden hablar de la cultura de una organización: cómo se recibe a un visitante en la recepción, cómo son atendidas las personas cuando llaman por teléfono, el estilo de las reuniones, si el café lo sirve un mozo con guantes blancos o cada ejecutivo lo retira él mismo de la máquina de café... Una organización es su cultura, y la cultura forma parte de la organización.

La cultura es muy importante para el empowerment de los individuos, ya que éste a menudo requiere romper con las tradiciones y efectivizar un cambio general de la cultura de la organización.

La cultura, al basarse en el pasado, puede frenar cualquier implementación que implique nuevos comportamientos y formas de pensar. Los comportamientos se basan en actitudes, ideas, sentimientos de los empleados y de los supervisores y directivos de la organización; en realidad, de todos los que la conforman, dice Wilson[14].

En ocasiones, es posible encontrarnos con compañías que han solidificado valores y prácticas del pasado, quizá porque eran de avanzada en su momento y les dieron buenos resultados. En Latinoamérica es muy frecuente que los grandes grupos empresarios locales expongan al mismo tiempo valores tradicionales con un enfoque sumamente actual, tanto de la tecnología como del mundo y los negocios en general. Este enfoque dual les da una característica diferenciadora, que puede ser un fundamento de su éxito. Por lo tanto, en mi opinión no es necesario "romper" con el pasado sino integrar la tradición al nuevo contexto global y tecnológico.

Wilson presenta lo que ha dado en denominar *el círculo del empowerment*.

---

14. Wilson, Terry. *Manual del empowerment*. Gestión 2000, Barcelona, 2000.

El círculo del empowerment

Obtención de metas y resultados más altos 5°

Aprendizaje de las nuevas habilidades 4°

6°

Aumento de competencias y autoestima

Mayor identificación con el trabajo 3°

7°

Aceptación de trabajos más difíciles con mayores riesgos

Deseo de cambiar y mejorar

Más autonomía 2°

1°

Fuente: Wilson.

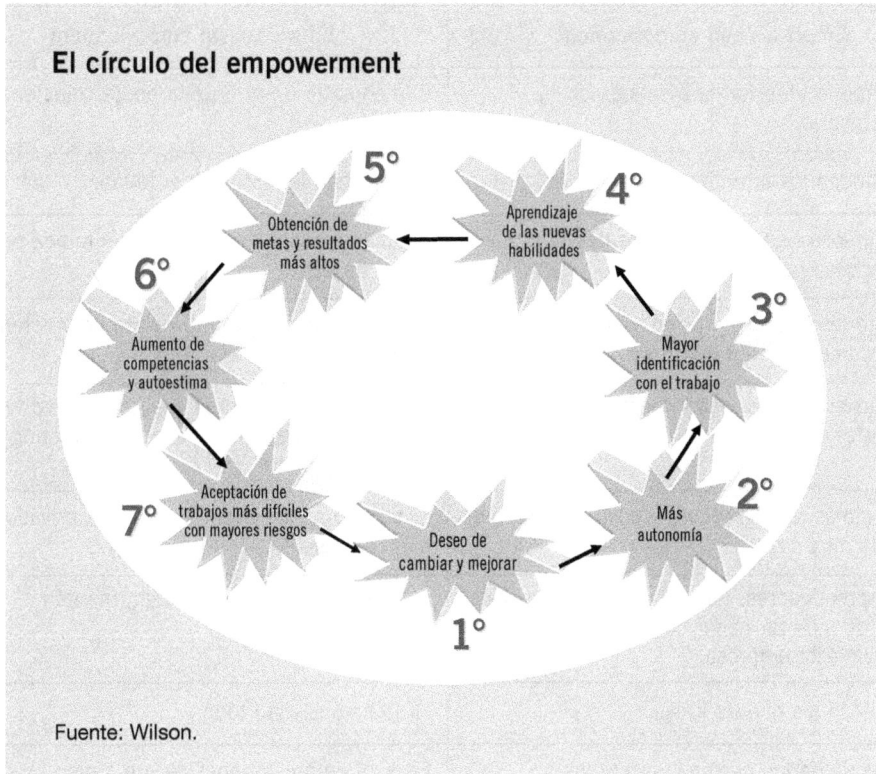

La figura muestra la naturaleza circular del empowerment dentro de una organización. El punto de partida es el deseo de cambio y mejora. Esto es muy importante tanto para individuos como para la organización en general.

Para Blanchard *et al.*[15], el personal sin información no puede actuar responsablemente. En cambio, el personal con información se ve impulsado a actuar de esa manera.

A continuación se incluye un listado de comportamientos con y sin empowerment (ver tabla en página siguiente).

Blanchard *et al.*[16] dice que *los límites de la estructura organizativa son líneas orientativas para la acción.* Los diferentes tipos de estructura (definición de puestos y funciones) adoptan un nuevo significado en una organización con empowerment.

---

15. Blanchard, Ken; Carlos, John P. y Randolph, Alan. *El empowerment.* Ediciones Deusto, Bilbao, 1996.
16. Ibídem.

© GRANICA

Empresas con empowerment	Empresas sin empowerment
Ella cometió un error, la ayudaremos a solucionarlo.	Ella cometió un error, ella podrá solucionarlo.
Se aplauden los intentos aunque fallen.	Se castigan los intentos si fallan.
Toda persona tiene talentos latentes que pueden ser desarrollados.	Algunas personas están sordas y nunca podrán hacer nada.
Los criterios para el éxito y el ascenso dentro de esta empresa son el talento y el rendimiento.	Si no perteneces al club nunca podrás tener éxito en esta empresa.
Hay personas motivadas y creativas en todos los niveles de la empresa.	Los únicos innovadores y la gente creativa están en los departamentos de Marketing e Informática.
El trabajo es tan agradable y divertido como el resto de mi vida.	El trabajo no es divertido, mi vida privada es más interesante.
Ser emprendedores, tener iniciativa y aceptar el reto de intentar hacer cosas nuevas son la norma de esta empresa.	Es preferible que no te noten, mantén la cabeza baja.
Nos gustan las nuevas ideas.	Ya lo hemos visto todo.
La mayoría de las personas intentan ser abiertas y auténticas.	En esta empresa debes ser un cínico.
Presentarse como voluntario para tareas especiales es el camino hacia el crecimiento.	Nunca te presentes como voluntario para nada.
Los productos y servicios que ofrecemos a nuestros clientes son de primera calidad.	Lo que producimos no es mejor ni peor de lo que hace cualquiera.
Hay un verdadero interés por el bienestar y el desarrollo individual.	Nadie tiene un verdadero interés; ten tu desarrollo personal.
Fuente: Wilson. Obra citada.	

Cuando el personal dispone de la información para comprender su nueva situación, los límites organizativos ya no les parecen restricciones, sino líneas orientativas para la acción.

Más adelante dice Blanchard que *empowerment significa que tienes libertad para actuar; también significa que eres responsable por los resultados.*

Una vez que todos en la organización han comprendido el proceso del empowerment, cómo afecta a la empresa y a los individuos, deberá ser incorporado al plan estratégico de la misma.

¿El empowerment es para todas las empresas/organizaciones?

La respuesta a esta pregunta es *sí* y *no*. Puede ser aplicado a todo tipo de organización en cuanto a tamaño o rubro de actividad. No tiene vinculación alguna ni con el origen del capital ni con ninguna otra categorización de esta naturaleza. Por otro lado, el empowerment no siempre es aplicable a todas las organizaciones, al menos sin que medie algún cambio o adaptación. Por lo tanto, la posibilidad de su aplicación dependerá de las políticas y cultura organizacionales, y de si la Dirección está dispuesta a encarar los cambios necesarios. Si se verifica positivamente que la Dirección se encuentra comprometida con la puesta en marcha del empowerment, se deberá comenzar por el desarrollo de las competencias de las personas.

Por lo tanto, primero hay que evaluar la cultura y sopesar hasta dónde se puede cambiar la misma y si –además– se "quiere" cambiar. Si se dice que se quiere cambiar, pero no se actúa en consecuencia, el empowerment no será posible. Hemos hablado ya de que se verifica en las organizaciones una práctica, frecuente por cierto, denominada *gatopardismo*: cuando se dice que se quiere cambiar y se llevan a cabo una serie de supuestas modificaciones que finalmente nada cambian. El empowerment es un exponente de este tipo de malas prácticas cuando se implementa sin el real convencimiento de la máxima conducción.

Cada organización debe tener ideas claras sobre el nivel de empowerment que desea alcanzar. Llevar el empowerment a todos los niveles implica cambios fundamentales en las estructuras, las jerarquías, los roles de cada uno, el estilo de gestión, los sistemas de comunicación, etc. La organización debe dar importancia al empowerment y adoptarlo en la forma que más le convenga. Muchos ejecutivos hablan del empowerment y no saben a ciencia cierta qué es o cómo se implementa, y mucho menos lo conocen sus empleados.

¿Cómo lograr que el nuevo modelo de comportamiento se mantenga en el tiempo?

Ésta es una de las grandes preocupaciones en el momento de realizar grandes cambios. Que no ocurra alguna situación por lo cual todo vuelva al punto de partida. Usualmente, este retroceso ocurre cuando se comienzan a hacer excepciones frente a los métodos de trabajo establecidos, y así los mismos caen en desuso.

© GRANICA

Una vez que el nuevo modelo de comportamiento se afianza, se debe implementar una serie de procedimientos y dispositivos para mantenerlo en vigencia. Si la empresa por algún motivo atraviesa un momento de crisis o de presión externa, la tentación de volver al viejo modelo será alta.

La organización deberá publicitar de algún modo los reconocimientos que reciben aquellos que mejor representan el nuevo comportamiento deseado; para ello se puede mencionar ciertos logros en las revistas de comunicación interna (*house organ*), en carteleras, en la intranet, o bien brindar premios concretos de otro tipo.

Los individuos necesitan que los directivos los ayuden y los entrenen para que el nuevo modelo de comportamiento se refuerce y sea utilizado en forma permanente.

El rol del jefe en el empowerment

Los directivos y jefes en general deben, ellos mismos, desaprender los viejos hábitos de conducción tales como dirigir, retar, controlar y ordenar, y aprender nuevas prácticas, como delegar, apoyar, ayudar y entrenar. En vez de dar soluciones, dice Wilson, deben animar a sus colaboradores para que hallen sus propias soluciones a los problemas con los que se encuentren.

El empowerment requiere que los jefes, de todos los niveles, modifiquen sus rutinas de trabajo y al mismo tiempo aprendan tanto a delegar como a desarrollar las capacidades de las personas a su cargo para que puedan realizar adecuadamente las nuevas tareas delegadas.

Técnicas de empowerment

Para el éxito del empowerment en una organización deberá primero comprenderse adecuadamente y en toda su dimensión en qué consiste este proceso organizativo, y la dirección deberá comprometerse a invertir en todo aquello que sea necesario para lograrlo.

Muchas empresas conocen las técnicas de empowerment y hasta han intentado su aplicación, pero en pocos casos han sido efectivas, a menudo porque no lo han comprendido ni lo han adoptado como un objetivo empresario. No hay que olvidar, además, que hay una enorme diferencia entre lo que las personas dicen y lo que finalmente hacen. Es a su vez muy difícil que un directivo dé poder de decisión y autodirección a su equipo si las políticas y la cultura de la empresa no le brindan apoyo.

Cada empresa utilizará el nivel de empowerment y las técnicas que considere apropiadas. Comentaremos alguna de ellas, siguiendo el libro de Wilson[17].

Cambiar el paradigma de la dependencia

Un esquema empresarial clásico o tradicional puede representarse como se muestra en el gráfico siguiente. Una persona conduce a un grupo de colaboradores; la autoridad se concentra en el jefe sin adoptar una filosofía de empowerment. El esquema de autoridad se podría resumir en la frase: "Soy el jefe y estas personas trabajan para mí". Para lograr un cambio hacia un estilo de empowerment, los ejecutivos deberán convencerse de que es bueno para la organización y para ellos mismos.

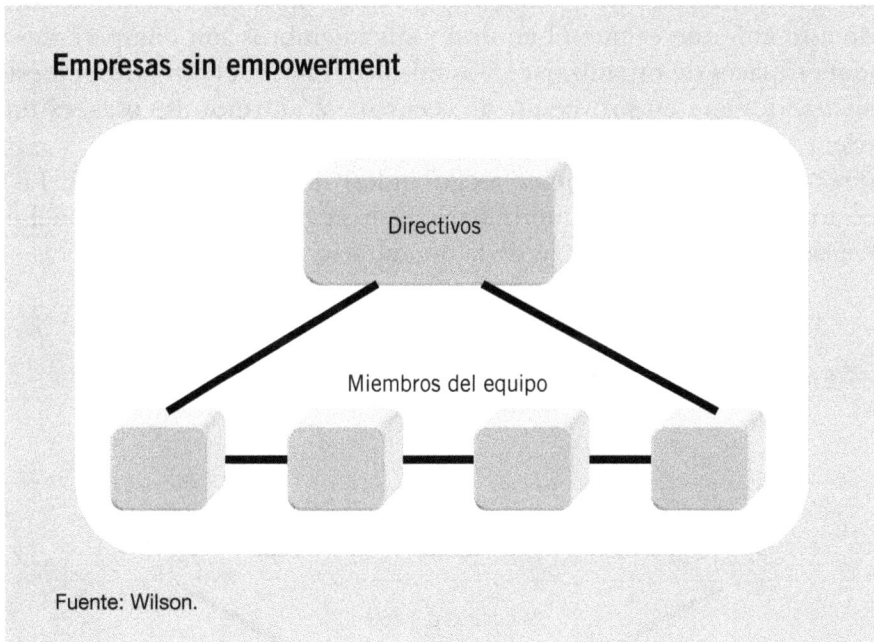

Empresas sin empowerment

Directivos

Miembros del equipo

Fuente: Wilson.

En el gráfico precedente el triángulo pone al directivo en una posición dominante respecto de su equipo. La mayoría de las empresas, en la actualidad, dibujan sus organigramas utilizando este esquema, y también de ese modo pensamos usualmente los profesionales, aun los consultores, cuando visitamos una empresa por primera vez y pedimos el organigrama.

17. Wilson, Terry. Obra citada.

© GRANICA

En este caso, los miembros del equipo se ajustan a las directivas que da el director, y su libertad, opiniones y capacidad para dirigir sus propios trabajos son más limitadas (que en los casos en que se trabaja bajo un esquema de empowerment). En la actualidad, los empleados son cada día más escuchados, los directivos son más proclives a escuchar, aun sin aplicar métodos de trabajo bajo estrictos criterios de empowerment. Así surgen otras denominaciones, como jefes participativos o jefes que escuchan o jefes que consultan, diferentes formas de reconocer una tendencia creciente de los jefes a escuchar o a considerar la opinión de sus empleados.

Como lo muestra el gráfico siguiente, en las organizaciones que trabajan bajo empowerment el jefe o supervisor cumple otro rol, que se podría resumir en las palabras "Yo soy el directivo y trabajo para estas personas". El supuesto subyacente de este enfoque es que el equipo y sus miembros son competentes y perfectamente capaces de organizarse ellos mismos. El rol del directivo, en este tipo de esquema, deviene en proveedor de recursos, y, entre otras cosas, es un líder visionario.

El directivo trabaja con el equipo asegurándose de que éste dispone de los recursos necesarios para llevar adelante la tarea, y –a su vez– cada miembro del equipo adhiere a las expectativas y normas de la organización.

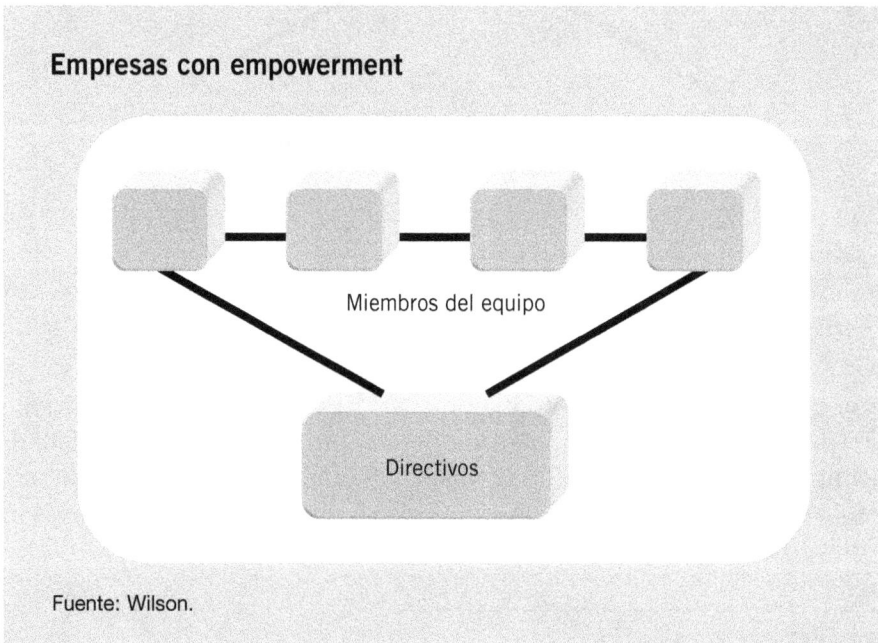

Empresas con empowerment

Miembros del equipo

Directivos

Fuente: Wilson.

El cambio de paradigma –de dependencia vertical a empowerment– no es fácil. Se requiere un cambio de actitud general de las personas que integran la organización, tanto directivos como empleados, y, además, un cambio radical en las percepciones y competencias de cada directivo, siendo necesario para ello un intenso programa de formación.

En países de habla hispana, en general no es frecuente que las empresas trabajen con esquemas de empowerment como el descrito. En el mejor de los casos, es posible encontrar áreas o unidades dentro de una gran organización, donde un directivo en particular trabaja de este modo. En cambio, es mucho más frecuente encontrar modelos intermedios, con adecuada cadena de delegación sin llegar a lo planteado por Wilson u otros autores que tratan la metodología de empowerment. En síntesis, se emplean modernas escalas de delegación sin llegar al empowerment.

No es nuestro propósito hacer un análisis del tema en relación con otras disciplinas, como la sociología o la politología, pero cabe advertir que los modelos culturales de las sociedades donde están insertas las empresas tienen una gran influencia sobre la adopción o no de ciertas metodologías de trabajo organizacionales. Si a su vez tenemos en cuenta que en la mayoría de los países de Latinoamérica las estructuras políticas son presidencialistas, podremos comprender que es bastante difícil que los ejecutivos pasen "fácilmente" de un esquema a otro.

Qué hacer para lograr el empowerment

Poner en marcha un proceso de empowerment implica una serie de acciones que deben realizarse en forma conjunta y simultánea. Además de lo ya mencionado (cambio en los procesos y desarrollo de la competencia), y como cierre de este punto, mencionaremos algunas buenas prácticas que ayudan o apoyan la puesta en marcha del empowerment, y la parte más difícil: su mantenimiento.

Transformarse en un jefe accesible

Los jefes inaccesibles, del tipo que se ve en los *comics,* no serán los mejores a la hora de hablar de empowerment. Por el contrario, el empowerment se desarrolla favorablemente en una atmósfera de apertura, buenas comunicaciones y confianza.

Wilson hace referencia a este tipo de conducción como "dirigir paseando", en referencia a la necesidad de que el directivo salga de su oficina y recorra los pasillos de la empresa. Muchos podrán decir que se pierde tiempo al salir del escritorio y saludar o detenerse a conversar con otras personas; otros dirán que esto no concuerda con su personalidad.

© GRANICA

Si bien por sí solo no logrará que la empresa trabaje bajo empowerment, un estilo comunicativo y participativo de conducción será de mucha ayuda, un factor importante que se añade –o complementa– a una cultura de cambio.

Rotación de puestos de trabajo

Muchos autores y especialistas dicen que la rotación es un tema en desuso; opinión que no comparto. No es un tema novedoso, puede ubicarse como práctica frecuente desde los años posteriores a la Segunda Guerra y quizás desde antes. La rotación se verifica cuando una persona toma por un tiempo, total o parcialmente, las tareas de otra persona. Si bien así planteado parece algo sencillo, para que sea una técnica que permita el desarrollo de competencias y el empowerment debe ser *planeado*. Los participantes deben ver esa transferencia como parte integral de su desarrollo personal a largo plazo y no como una circunstancia fortuita. Igualmente, debe ser aceptado por los otros miembros del equipo de trabajo.

Una práctica de rotación de puestos de trabajo implica nuevas responsabilidades para los directivos de la organización. Cada participante deberá recibir entrenamiento y su tarea tendrá que ser controlada para verificar los progresos obtenidos.

Por último, hay que tener en cuenta que luego de la rotación de puestos lo más probable es que las personas participantes se encuentren sobrecalificadas para el puesto que efectivamente ocupan, por lo cual hay que tener previsto un plan de carrera para ellas. Sería interesante que a estas personas se les ofrecieran nuevas posiciones en la organización, según las posibilidades. Si no se pueden hacer estos cambios, con el tiempo es posible que los involucrados se sientan frustrados.

El empowerment puede llevarse a su máxima expresión sacándolo fuera de la organización. Junto con rotación de puestos, podría aplicarse a través de acuerdos con proveedores, clientes o empresas asociadas. ¿En qué casos? No en todos. Lo explicaremos con un ejemplo: las terminales automotrices pueden tener trabajando en sus filas a un colaborador de una empresa de autopartes proveedora. Del mismo modo podría darse con cualquier tipo de industria que desarrolle proveedores y clientes, aunque no es tan frecuente que suceda. También entre empresas asociadas. En estos casos, las personas involucradas tendrán la oportunidad de ampliar su visión, desarrollar competencias e, indirectamente, se estrecharán los vínculos entre las empresas participantes.

La rotación de puestos es una técnica que evita que las personas estén mucho tiempo haciendo una sola tarea y de ese modo pierdan eficacia.

Acciones de desarrollo / procesos de aprendizaje

Muchas empresas no llevan a cabo acciones de desarrollo para todos sus colaboradores. Esta "discriminación" puede darse según el tipo de tarea; por ejemplo, programas de formación para el personal técnico (médicos en empresas de salud o contadores en una empresa de auditoría). Algunas empresas sólo desarrollan a sus ejecutivos, y otras sólo a la denominada *key people* o personas clave. La mayoría de las veces se incluye dentro de este último ítem a las personas con alto potencial, también denominadas *high potencial.*

Si una empresa desea trabajar bajo empowerment deberá desarrollar a todo su personal. Cada persona tiene un papel: desde encarar el autodesarrollo de sus competencias, hasta ayudar a las personas a que lo hagan.

Para que el desarrollo se verifique se debe medir el grado de la competencia en cada uno de los empleados para determinar las brechas existentes respecto del nivel requerido por el puesto de trabajo.

Se trata de la evaluación de competencias o medición del desarrollo alcanzado en relación con el puesto que la persona ocupa en el presente o se prevé que ocupará más adelante. Este tipo de medición puede realizarse de manera específica o bien junto con las evaluaciones de desempeño.

Luego de la medición será factible confeccionar planes individuales y colectivos de desarrollo.

Autodirección

Una consecuencia y a su vez un objetivo del empowerment es que los directivos animen y alienten tanto a los individuos como a los equipos de trabajo, para que practiquen la autodirección. Pero ésta no podrá ser efectiva a menos que los directivos modifiquen el control que ejercen sobre los colaboradores.

La autodirección también anima a los individuos para que apunten a un mayor desarrollo de sus competencias, con el objetivo de llevar a cabo sus tareas de la manera más efectiva posible.

Esto implica, en consecuencia, nuevos roles de los directivos, que deberán dirigir a los equipos de trabajo fijando sus límites, facilitar las tareas, proveer recursos, negociar con otras áreas y, por sobre todo, convertirse en consejeros.

Los directivos también tendrán que desarrollar una adecuada perspectiva a largo plazo para poder dirigir y orientar a sus supervisados.

Equipos de proyectos

Esta técnica hace referencia a los equipos de trabajo multidisciplinarios con personas de diferentes áreas y con diversas funciones. Pueden ser denominados, entre otras formas, como *equipos de mejora.*

© GRANICA

Estos grupos de trabajo tienen la misión de estudiar en conjunto algún aspecto del funcionamiento de la organización donde se desempeñan. Igualmente, podrían tener a su cargo alguna nueva implementación, por ejemplo, una nueva fábrica o un nuevo software. Lo más usual es analizar y solucionar un problema, ya sea de funcionamiento interno o en relación con los clientes.

Antes de conformar estos grupos, sus futuros miembros son evaluados y luego entrenados en temas tales como trabajo en equipo, resolución de problemas u otros tópicos, según el caso, como podrían ser herramientas estadísticas o de bases de datos, si esto fuese necesario por la naturaleza del negocio o de los temas a analizar/solucionar.

Los beneficios son múltiples entre los más importantes podemos señalar la apertura de miras de sus integrantes al permitírseles salir de su área de acción y ver otros problemas y perspectivas.

Participación.
Relación jefe-empleado

Participación implica comunicación, pero va un paso más allá. Las personas deben estar involucradas en las decisiones de la organización. ¿En todas? Quizá no, pero debe lograrse en el mayor número posible de temas.

Del mismo modo que en el punto anterior, no será posible lograr participación a partir de un determinado nivel de la estructura; para que se verifique debe surgir desde la máxima conducción. Muchas organizaciones inician programas de participación desde la mitad de la estructura para abajo. Los resultados, usualmente, son magros, y es lógico que así sea. Los procesos de participación, al igual que los de empowerment, deben partir desde la cima organizacional.

Para Davis y Newstron los jefes participativos *consultan con sus empleados,* y de este modo los hacen intervenir en los diferentes problemas y situaciones a resolver y en las decisiones que finalmente se adopten, para un efectivo trabajo en equipo. Muchas personas, entre ellos jefes, piensan que el concepto de equipo implica "estar todos de acuerdo y evitar responsabilidades", casi como en una estudiantina. Por el contrario, el concepto de equipo desde la perspectiva organizacional implica "equipo responsable" en la toma de decisiones.

Participación es el involucramiento mental y emocional de los individuos en situaciones grupales que los estimula a contribuir a favor de las metas del grupo y a compartir la responsabilidad sobre ellas. De esta definición de Davis y Newstron es preciso destacar tres aspectos importantes:

- Involucramiento.
- Contribución.
- Responsabilidad.

Involucrarse mental y emocionalmente

Si no se logra que las personas se involucren de este modo (mental y emocionalmente) no es posible la participación. No alcanza con que la persona haga lo que se le dice (de algún modo, que obedezca una consigna), sino que realmente acepte lo que se compromete a realizar. A modo de ejemplo: si el equipo decide hacer un esfuerzo extra para concretar un objetivo de cualquier índole, por ejemplo un informe, y una persona trabaja las mismas horas que el resto del equipo pero en su fuero interno piensa que las cosas podrían hacerse de otro modo y que por lo tanto el esfuerzo es innecesario, la persona pone "el cuerpo al trabajo", es decir, lo hace, pero no está realmente involucrada.

La motivación para agregar valor

Como decíamos en el punto anterior, la participación no implica sólo aceptar. Si las personas realmente participan, se sienten motivadas; así podrán aportar ideas que agreguen valor, tal como lo propone la teoría "Y" de McGregor. En caso contrario, se esperará que las ideas que agreguen valor las provea otra persona, el jefe u otro miembro del equipo, pero no él mismo.

Aceptación de la responsabilidad

La participación alienta a los individuos a aceptar la responsabilidad de las actividades del grupo. Cuando hablan de la organización se refieren a ella utilizando un "nosotros" en lugar de "ellos". Cuando se presenta un problema es "nuestro" y no del otro.

Cuando los individuos aceptan la responsabilidad de sus actividades grupales, ven en ello un medio para hacer lo que desean hacer, es decir, para realizar eficazmente una tarea de la que se sienten responsables.

Frente a estos temas (participación) muchos se preguntan, primero, si son factibles en nuestros contextos latinos, y, segundo, los jefes se preguntan si no será contraproducente para su imagen de jefes, en la creencia que un jefe "no debe demostrar debilidad al consultar a sus colaboradores". Ensayaremos a continuación respuestas a estas preguntas.

¿Se puede poner en práctica un proceso participativo en nuestra cultura latina?

Es cierto que los latinos tenemos muy arraigado el concepto del mando y la autoridad, no sólo en el ámbito empresarial, sino también en el político y aun en el

© GRANICA

familiar. Para comprobarlo basta con ver la publicidad en la televisión o prestar atención al discurso de muchos gobernantes o líderes de cualquier otra extracción. Sin embargo, los jefes deben conocer las ventajas de la participación y comprender que, en una primera instancia, los ayuda en su tarea. Por lo tanto, más allá de un cierto mandato cultural latino, el proceso participativo puede ser aplicado en este ámbito. Se debe comenzar por comprenderlo y conocer sus ventajas, desde la organización y desde el propio jefe involucrado.

Por último, la participación es un proceso en cascada, y un jefe es –en la mayoría de los casos– al mismo tiempo colaborador o subordinado de otro jefe superior; por lo tanto, es bueno que vea las ventajas desde todos los ángulos.

En un proceso participativo, ¿disminuye el poder de los jefes?

No, se verifica un resultado opuesto. Quizá se generen algunas dudas al principio, pero en realidad el rol del jefe se fortalece, desde otra perspectiva. Se desarrolla una relación recíproca en la que el líder delega, informa, consulta, sirve de mentor, elogia o retribuye selectivamente a cada empleado. La relación es bidireccional, en contraste con la imposición de ideas *desde arriba*.

Por extraño que parezca, la participación puede aumentar el poder tanto de los jefes como de los empleados. En un esquema participativo, el poder de cada uno crece, "sin quitárselo a otros".

Algunos requisitos previos para la puesta en práctica de un proceso participativo exitoso:

1. Ponerlo en práctica en un momento que se analice como oportuno.
2. Asegurarse de que los beneficios potenciales sean mayores que los costos involucrados (tanto económicos como psicológicos).
3. Capacidad mutua de comunicación.
4. No es una buena idea comenzar cuando se vislumbran amenazas para alguna de las partes. Por ejemplo, si no se trabajó de este modo hasta el presente, comenzar a hacerlo el día en que hay que despedir personal.

Algunos factores a tener en cuenta que pueden dificultar la participación

En ocasiones, ciertos aspectos del entorno pueden dificultar cambios en los estilos de conducción, o bien en la naturaleza de las tareas desempeñadas por el o los empleados. Por lo tanto, hay que tener en cuenta que existen diferentes niveles de necesidad de participación por parte de los colaboradores:

- Alta necesidad de participación. No todos los empleados tienen la misma necesidad de participación. Los empleados con mayor nivel educativo y niveles más altos en la organización buscan ellos mismos mayor participación. Cuando no se les permite participar suelen bajar su desempeño y hasta irse de la organización.

- Mínima necesidad de participación. Esto ocurre en especial cuando los empleados tienen bajo nivel educacional.

Cuando los empleados desean participar más y no pueden, esa situación se denomina subparticipación, y cuando los empleados tienen más participación de la que desean se denomina sobreparticipación. Como es casi obvio, ni una ni otra situación es buena. En ambos casos los empleados no se sienten satisfechos. Por lo tanto, la participación debe adaptarse a las reales necesidades de los empleados.

Programas de participación

Las organizaciones que desean trabajar en programas de participación pueden encarar este desafío de muchas maneras. Cuando se desea que esto se lleve a la práctica de manera profunda, es usual lanzar varios programas en simultáneo.

Algunos implican más participación, como los planes de *stock options,* que relacionan a los empleados con la titularidad de las acciones de la compañía, y otros a un nivel mínimo, como el que se denomina "jefes que consultan", donde estos sólo "escuchan" las respuestas de los empleados.

Las consultas realizadas por los jefes pueden no constituir un verdadero método puesto en práctica por la organización, sino un recurso que un jefe aplica por propia inquietud y determinación. No sucede lo mismo con otros de los programas que se presentan en el gráfico de la página siguiente.

- Jefes que consultan: piden a sus empleados reflexionar sobre algunos puntos, compartir su experiencia y contribuir con ideas propias antes de tomar las decisiones pertinentes al tema consultado.
- Programas de sugerencias: planes formales para estimular a los empleados a recomendar mejoras en el trabajo.
- Equipos de calidad: la organización se organiza en grupos de trabajadores y supervisores o jefes para considerar y resolver problemas en el trabajo. Veremos más sobre este tema más adelante.
- Comités de supervisores: grupos de supervisores o niveles de mando intermedio que tienen como propósito fundamental la integración de este nivel con los niveles superiores de mando. La metodología es similar a la anterior: se les asigna un tema de estudio tendiente a resolver un problema y recomendar cursos de acción.
- Equipos autodirigidos: nos referiremos a ellos más adelante, pero adelantamos aquí que son grupos de trabajo que se autodirigen en la realización de sus tareas, como parte de un plan organizacional global.

© GRANICA

Programas de participación

Jefes que consultan	Programas de sugerencias	Equipos de calidad
Comités de supervisores	Equipos autodirigidos	Planes de *stock options*

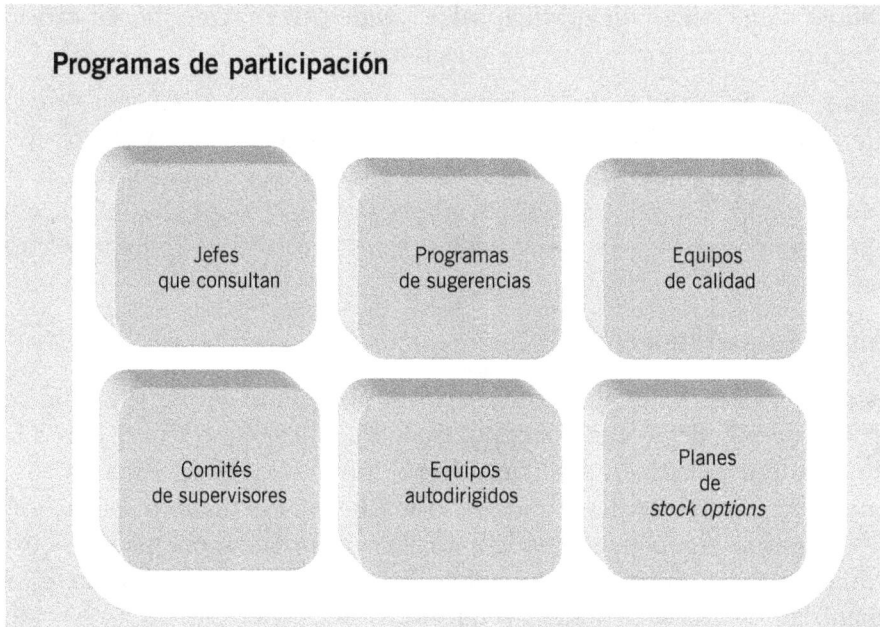

- Planes de *stock options*: los empleados reciben acciones de la compañía, que sólo pueden vender después de un determinado plazo. Si bien han tenido un gran auge sobre fines del siglo XX, hoy la modalidad se encuentra en revisión en muchas empresas.

  En muchos países este recurso no está contemplado en la legislación vigente, y las empresas que lo aplican, de origen transnacional, entregan acciones de la sociedad donde está radicada la casa central (casa matriz), en los Estados Unidos u otro país donde la legislación en materia de sociedades permite este tipo de programas.

Muchos autores consideran los planes de acciones entre los de participación, por su origen, aunque esto puede ser discutible en la práctica de las organizaciones. En la concepción más frecuente, los denominados programas de *stock options* son meramente remunerativos, formas de compensar a los empleados, y es así en la mayoría de los casos. Sin embargo, en su concepción original fueron pensados como programas de motivación.

Para que sean verdaderos programas de participación, además de integrar los paquetes de compensación de los ejecutivos, deberían permitir que éstos participen de una manera u otra en la conducción de las organizaciones. Para que esto se verifique, el porcentaje de acciones en manos de los colaboradores debe ser significativo, pero esto no es muy frecuente.

En la mayoría de los casos, los programas de *stock options* juegan un rol de retención de empleados (no de participación), ya que si éstos dejan su trabajo por propia decisión (renuncia) pueden "perder" las acciones, ya que las mismas sólo pueden canjearse por dinero (venderse) después de un período de años determinado. Es decir, las empleados que reciben este beneficio no permanecen en sus puestos de trabajo porque están "motivados" sino para no perder un cierto número de acciones que sólo pueden hacer efectivas luego de transcurrido una cierta cantidad de años (frecuentemente, cinco).

Los círculos de calidad y calidad total

El tema de la calidad está en auge, pero no siempre es bien encarado. Muchas organizaciones buscan *certificaciones en calidad* para mejorar su posición exportadora o algún otro fin similar. Sin embargo, los genuinos buenos propósitos han devenido, en ocasiones, en mero cumplimiento de pautas para la obtención "de la certificación" y no un trabajo organizacional para alcanzar "calidad".

No es mi propósito dar una visión escéptica del tema, sino, por el contrario, hacer un llamado a la reflexión. Muchas organizaciones implementan diferentes programas sin un verdadero convencimiento de la necesidad del cambio. Por lo tanto, en esta materia, si se va a invertir dinero en un programa de calidad, lo que se sugiere es que no se transforme en un proceso burocrático más, sino en una oportunidad de cambio verdadero.

Los denominados *círculos de calidad* consisten en grupos de empleados que se reúnen con regularidad y generan soluciones sujetas a la evaluación e instrumentación de la Dirección. Los círculos de calidad se difundieron rápidamente en Estados Unidos y Europa tras haber alcanzado amplio éxito y popularidad en Japón.

El método de círculos de calidad contribuye a que los empleados experimenten el poder de cierta influencia en su organización, aun cuando no todas sus recomendaciones sean aceptadas o puestas en práctica.

Para tener éxito, los círculos de calidad deben responder a estos lineamientos:

- Se los debe emplear en relación con problemas medibles y de corto plazo.
- Se debe obtener el apoyo permanente de la alta dirección.
- Las capacidades (conocimientos y competencias) del grupo deben aplicarse a problemas correspondientes a su área de trabajo.
- Los supervisores deben recibir capacitación previa.
- Los círculos de calidad suelen ser considerados como un punto de partida para procesos participativos más avanzados a implementar en el futuro.

© GRANICA

Los programas de *calidad total* son más ambiciosos que los círculos de calidad, ya que comprometen a toda la organización. Suponen el involucramiento de todos los empleados en el proceso de búsqueda de mejoras continuas en sus operaciones. La calidad de los productos y servicios se convierte en un objetivo de todos los empleados y se relaciona con cada paso de los procesos de la empresa, que es sometido a un intenso y regular escrutinio en busca de medios para mejorarlo.

Los empleados reciben amplia capacitación en resolución de problemas, toma grupal de decisiones y métodos estadísticos. El método de calidad total constituye un programa formal con la participación directa de todos los empleados.

Los equipos autodirigidos

Los equipos autodirigidos son grupos de trabajo natural a los que se concede un alto grado de autonomía en la toma de decisiones y de los que se espera que controlen su comportamiento y resultados. Una característica fundamental de estos equipos autodirigidos es que el supervisor o jefe asume un rol menor o diametralmente distinto a medida que los miembros del equipo adquieren nuevas capacidades.

Los equipos autodirigidos, así como las prácticas de empowerment y otras similares, serán recomendables o no según la organización de que se trate y sus circunstancias. Desde ya, son muy buenas prácticas organizacionales que implican una cierta cultura, y sus características dependerán en buena medida, además, del estilo de conducción de sus directivos. En cuanto a las circunstancias en que se aplican, el contexto, el estilo de negocio o actividad, deberán ser considerados. En algunos casos su aplicación será más positiva que en otros. Deberá analizarse si el país o la región está viviendo conflictos sociales de envergadura o, por el contrario, el clima social y la economía son estables.

En un reportaje[18], la actriz francesa Isabelle Huppert comenta su relación laboral/profesional con diversos directores con quienes le ha tocado en suerte trabajar a lo largo de su carrera, y hace una especial mención a Claude Chabrol, sobre el que dice: *Chabrol, particularmente, dirige poco a sus actores, prácticamente no dice nada, ni antes ni durante ni después de un rodaje, una forma que a veces disgusta a muchos actores. Pero, curiosamente, yo entiendo siempre lo que quiere. Es que su puesta en escena es de una justeza absoluta. Eso consigue que el actor se sienta muy libre. Esto es muy raro... A él le gusta rodar conmigo porque yo le hago propuestas, me anticipo mucho a su manera de filmar.* Más adelante, en la misma nota, Huppert llega a decir que, en realidad, no conoce a muchos

---

18. *La Nación*, Buenos Aires, 30 de marzo de 2002. Sección 4, página 6.

grandes directores que indiquen muy precisamente las cosas. *Un gran director es aquel que se siente tan seguro de sí mismo como para darle confianza al actor. Entonces puede ser muy indulgente con un actor y dejarse sorprender por él totalmente. Por eso es tan agradable trabajar con los grandes,* comenta.

En estas pocas palabras la actriz francesa, que quizá no conozca de management y sí mucho de actuación y del negocio del cine, resume los roles del liderazgo y del empowerment.

De los párrafos precedentes es importante destacar el rol de liderazgo de Chabrol, basado en su experiencia y capacidad demostrada y en dar empowerment a sus dirigidos. Esto se refleja de palabras tales como: "dirige poco a sus actores... pero curiosamente yo entiendo siempre lo que quiere", y luego: "su puesta en escena es de una justeza absoluta (capacidad de dirección) y consigue que el actor se sienta muy libre"; antes había descripto su propio rol diciendo: "yo le aporté propuestas, me anticipo mucho a su manera de filmar".

Por un lado, el liderazgo de Chabrol es preciso, sus directivas lo son; pero al mismo tiempo da libertad y recibe propuestas en un proceso de retroalimentación.

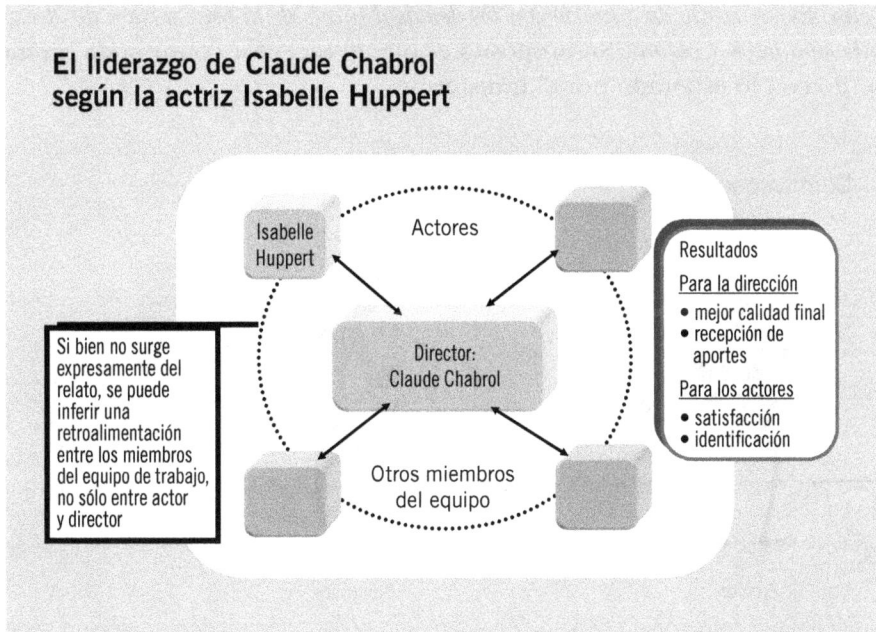

El liderazgo de Claude Chabrol según la actriz Isabelle Huppert

Como usted puede rápidamente deducir, las ideas sobre liderazgo, empowerment, manejo de equipos de trabajo, procesos participativos y todos los otros temas tratados en esta obra se relacionan con los trabajos y emprendimientos más diversos; no son aplicables sólo a los clásicos modelos empresariales. Los profesores, alumnos y especialistas, en general tienden a relacionar estas prácticas con fábricas de productos de toda índole, o grandes centros comerciales, o la banca, al hablar de empresas de servicios. Sin embargo, los equipos de profesionales dedicados a la medicina, la ciencia o el arte tienen los mismos comportamientos (organizacionales, frente al cambio, como directivos y/o como empleados) que los estudiados aquí. Como se ha dicho ya, siempre que se trate de grupos humanos, existirán situaciones relacionadas con estos temas.

La importancia de las comunicaciones

En el contexto actual parece ocioso decir que las comunicaciones son importantes. Sin embargo, las organizaciones continúan *sufriendo* problemas en torno a ellas, a todo nivel y en sus diferentes manifestaciones. El avance de la tecnología, que facilita las comunicaciones desde lo herramental, no soluciona el aspecto central: la comunicación propiamente dicha entre dos personas.

Para Davis y Newstron[19] *la comunicación es la transferencia de información de una persona a otra. Es un medio de contacto con los demás a través de la transmisión de ideas, datos, reflexiones, opiniones y valores.* Su propósito es que el receptor comprenda un mensaje de acuerdo con lo esperado por el transmisor.

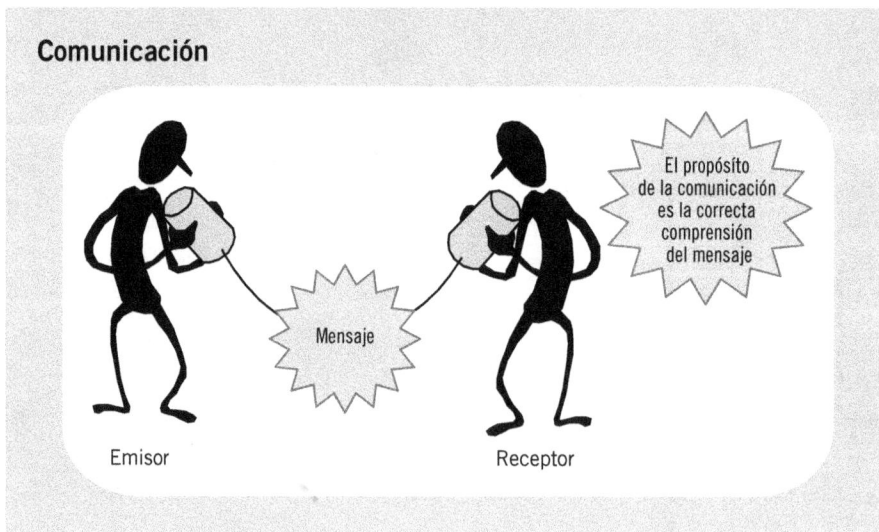

Comunicación

Mensaje

El propósito de la comunicación es la correcta comprensión del mensaje

Emisor   Receptor

---

19. Davis y Newstron. Obra mencionada.

No se puede concebir una organización sin comunicación, de cualquier tipo y entre un número indeterminado de personas, como mínimo dos. A su vez la comunicación puede ser a través de un contacto verbal o escrito, y dentro de uno y otro hay también variantes, sin dejar de lado las comunicaciones a través de gestos y posturas.

Las nuevas tendencias en management utilizan la comunicación para usos más complejos, como el *knowledge management*. Por lo tanto, no se limita a cómo se comunica un jefe con sus colaboradores o una empresa con sus clientes; es mucho más: es la base de la organización. Cada acto de comunicación, por mínimo que parezca, influye en toda la organización.

La comunicación es la base de procesos básicos tales como el planeamiento, la organización de procesos y sistemas, la dirección en todos sus niveles, y el control.

En relación con la temática de este capítulo, cuando la comunicación es eficaz, mejora el desempeño de los colaboradores y éstos sienten una mayor satisfacción laboral, entre otras razones porque comprenden mejor sus tareas, saben qué se espera de ellas y se sienten más involucrados.

Un proceso de comunicación, de cualquier índole y usando cualquier tecnología, podría resumirse tal como se observa en el siguiente gráfico:

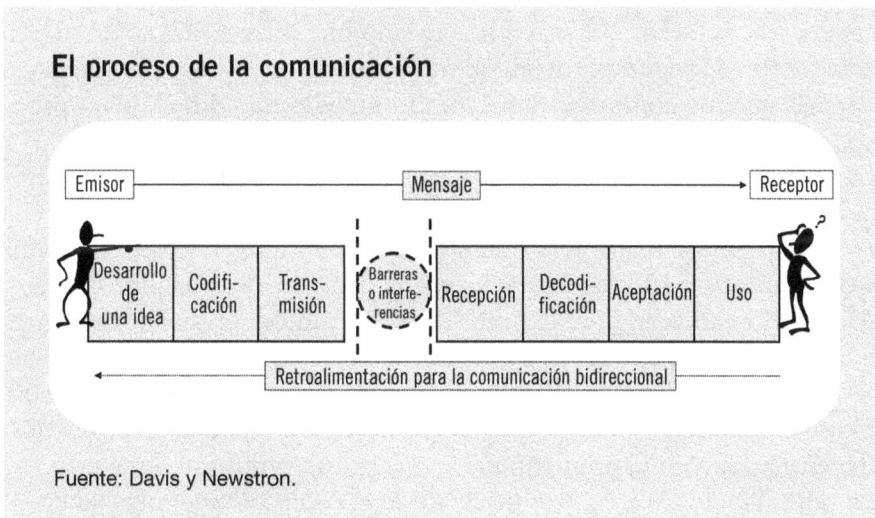

El proceso de la comunicación

| Emisor | | Mensaje | | Receptor |

| Desarrollo de una idea | Codificación | Transmisión | Barreras o interferencias | Recepción | Decodificación | Aceptación | Uso |

Retroalimentación para la comunicación bidireccional

Fuente: Davis y Newstron.

Los pasos que surgen de la imagen son:

1. El emisor desarrolla una idea que desea transmitir. Si la idea o el mensaje carece de valor, es improcedente o nulo, los pasos siguientes se pondrán de todos modos en marcha.

© GRANICA

2. La idea adquiere forma de símbolos, que se verán a continuación; los más usuales son palabras orales o escritas, pero no son los únicos. El emisor determina el símbolo a utilizar.

3. Transmisión, según el método elegido. En la actualidad los métodos más utilizados para comunicarse son el correo electrónico (e-mails) junto con otros de tipo digital (Messenger, Skype y similares), empleados incluso por personas que tienen sus escritorios uno frente al otro. Este medio, cuyas principales características son su sencillez e inmediatez, ha devenido de un medio útil en los casos en que su emisor lo utilice para fines concretos, a un vehículo de la insensatez y la estupidez, como lo demuestran muchas *cadenas* de correo electrónico y los intrascendentes (y hasta de mal gusto) mensajes que se distribuyen a toda la agenda sin un destinatario determinado.

   La transmisión puede sufrir interferencias; por lo tanto, el emisor deberá verificar que éstas no hayan afectado la llegada de su mensaje al destinatario o receptor.

4. La transmisión permite que el mensaje llegue a la persona deseada. A partir de aquí el tema queda en manos del receptor.

5. La decodificación depende del receptor; sin embargo, el emisor deberá haber presentado su mensaje del mejor modo posible, para que su decodificación sea la deseada. Si usted ha enviado una instrucción sobre algo importante, deberá asegurarse de algún modo no sólo de que el mensaje llegó sino además que fue comprendido. Esto último es lo más difícil de un proceso de comunicación.

6. La aceptación o rechazo, es facultad del receptor. Seguramente el emisor deseará que el receptor acepte el mensaje, pero este puede aceptarlo o rechazarlo, en todo o en parte, según sea o no pertinente. Si los procesos de codificación y decodificación fueron satisfactorios, la decisión del receptor estará relacionada con la idea original del emisor. Si se hubiese producido algún ruido o interferencia o error en la codificación y/o decodificación, la aceptación o rechazo será sobre un concepto diferente a la idea que originó el mensaje.

7. El uso del mensaje (por ejemplo, la ejecución o no de una determinada tarea) tiene relación con el punto anterior, e implica aceptación o rechazo.

8. La retroalimentación se produce cuando el receptor reconoce haber recibido un mensaje, más allá de que éste haya sido aceptado o rechazado.

Mencionamos al correo electrónico como la comunicación más frecuentemente utilizada en este momento y, a su vez, la que está expuesta a la mayor cantidad de interferencias y en la cual el emisor muchas veces no tiene seguridad sobre la llegada del mensaje.

Por otra parte, dada la informalidad que rodea al ambiente de Internet –no en la realidad, pero sí en la mente de sus usuarios–, los receptores no siempre avisan que un mensaje ha sido recibido, por lo que se pierde la retroalimentación.

Si bien los símbolos de la comunicación son conocidos, no siempre somos conscientes ni de su utilización ni de su recepción, y se confunden unos con otros. En un mundo cada vez más informal, los símbolos van cambiando y no es posible dar la misma interpretación a un mismo símbolo en la actualidad que hace cincuenta años.

Tampoco es posible interpretar de la misma manera un determinado comportamiento en un niño y en un adulto, o en un adolescente y una persona mayor.

Se presenta una síntesis de todos los tipos de símbolos en el siguiente gráfico, agrupados por: palabras, imágenes, acciones no verbales y lenguaje corporal. Cada uno de ellos, a su vez, se abre en otros; por ejemplo, la palabra puede ser escrita o verbal, etc.

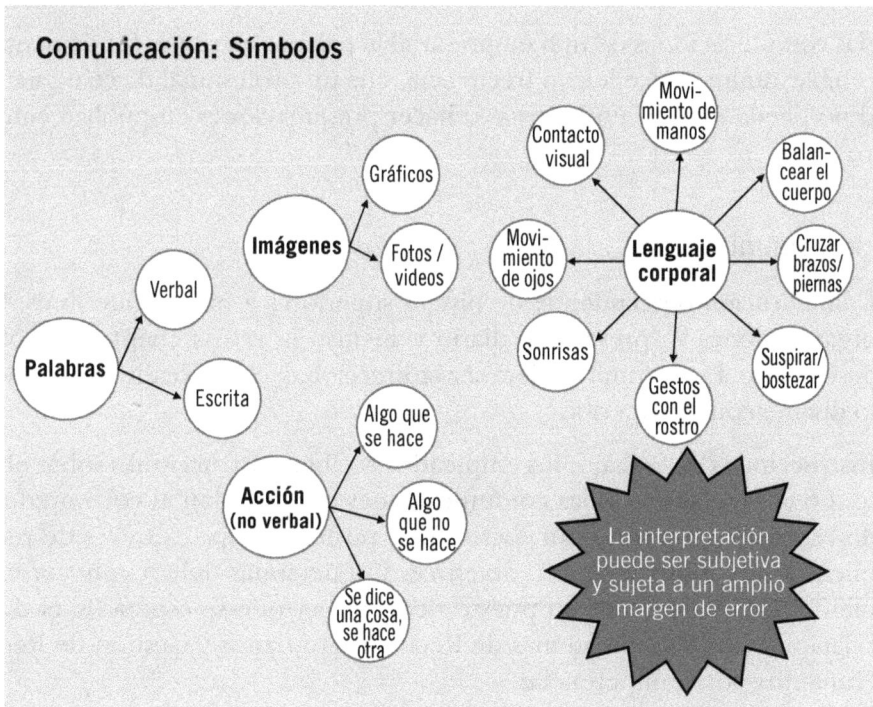

Comunicación: Símbolos

Si bien muchos de los símbolos no requieren mayor explicación, parece importante destacar que se debe ser muy cuidadoso en su interpretación. Además, no se deben dejar de tener en cuenta las barreras que pueden interferir en una comunicación, por ejemplo, el ruido cuando dos personas se comunican verbalmente, un servidor fuera de línea cuando una persona envía un correo electrónico, y las barreras personales, derivadas de ciertos problemas de comunicación que tienen algunas personas, producidos por las emociones y por la falta de capacidad de escuchar a los otros.

El concepto de *comunicación* puede tener, como sucede con otros términos, diferentes definiciones, y relacionarse con diversas competencias; por ejemplo: *Modalidades de contacto*, que tiene una gran similitud con *Comunicación* y que implica al mismo tiempo expresar ideas y escuchar al otro; *Habilidades mediáticas,* que se relaciona con el manejo adecuado de la comunicación frente a los medios, cualquiera sea su tipo; e *Impacto e influencia,* que se relaciona con lograr que los otros tomen en cuenta el propio discurso –sólo por mencionar los conceptos más importantes–. En todos los casos se hace referencia a la comunicación en un sentido muy amplio, y abarcan todas sus diferentes manifestaciones.

En las comunicaciones de tipo empresarial la palabra escrita es fundamental. No es concebible, aunque sucede con frecuencia, que un profesional de cualquier especialidad no pueda escribir un informe o hacer presentaciones en público con gráficos claros.

Tipos de comunicación

- **Comunicación descendente:** de niveles superiores a niveles inferiores. En las organizaciones se presenta a diario e incluye la retroalimentación sobre el desempeño. Esta última debiera ser bidireccional: el empleado se autoevalúa y lo discute con su superior.

- **Instrucciones de trabajo:** los empleados reciben instrucciones sobre el puesto. Lo aconsejable son las comunicaciones que brindan al colaborador una descripción del puesto por escrito y, al mismo tiempo, a través de requerimientos concretos y fijando objetivos. Las personas deben conocer exactamente las funciones de su puesto de trabajo y qué se espera de él. Esto se relaciona con los subsistemas de Recursos Humanos y Gestión de Recursos Humanos por Competencias.

- **Comunicación ascendente: diversos tipos**
  - *Cuestionamiento:* formular preguntas. Los buenos jefes estimulan la formulación de preguntas adecuadas por parte de sus empleados. Esta práctica demuestra que a la conducción de una organización le interesan las opiniones de sus empleados.

– *Escucha:* la escucha activa es mucho más que limitarse a oír. Implica no sólo escuchar lo que se dice sino además captar los sentimientos y emociones. No es una característica simple de adquirir, pero si las personas no la tienen como propia, puede desarrollarse.

– *Reuniones con empleados:* con grupos pequeños es lo más efectivo. En estas reuniones se debe alentar a los empleados a expresar sus problemas, preocupaciones y necesidades en relación con el trabajo. Si los colaboradores sienten que son escuchados, es muy bueno para la organización. Es importante tener en cuenta que si bien no siempre es posible implementar las sugerencias de los empleados, en un punto extremo, si no se implementa al menos alguna de ellas, esto traerá frustración.

– *Política de puertas abiertas:* se exhorta a los empleados a acudir a su superior en primera instancia y luego al Director General para dar a conocer sus inquietudes. Estas prácticas, como el empowerment, requieren de cierta madurez de la organización. Otra forma de "puertas abiertas" es salir de la oficina, recorrer las distintas dependencias y hablar cotidianamente con los empleados.

– *Participación en grupos sociales:* eventos recreativos o sociales. Se denomina también *comunicación ascendente no planeada.*

Tipos de comunicación

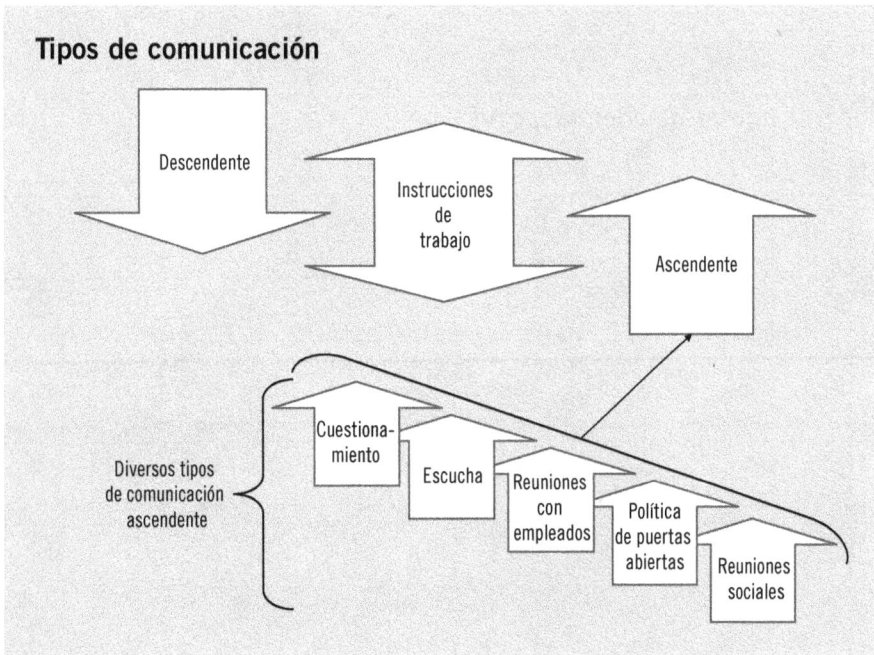

Otras formas de comunicación

- **Comunicación lateral o cruzada.** Atraviesa las cadenas de mando y es necesaria para la coordinación del trabajo de personas de distintos departamentos. Es un tipo de comunicación que se da con fluidez, porque las personas muchas veces la prefieren, ya que sienten que es "más informal" y menos pautada por la organización.

  En ocasiones esto responde a prácticas permanentes, como nombrar líderes de proyecto de dos áreas diferentes, por ejemplo Sistemas y Contabilidad, para implementar un nuevo sistema contable.

- **Redes.** Una red es un grupo de personas que establecen y mantienen contacto entre sí para el intercambio informal de información, por lo general sobre un interés compartido.

  La red en sí no es ni buena ni mala; eso depende de sus objetivos. Una red puede ser muy beneficiosa si permite, por ejemplo, solucionar un problema complejo. Muchas personas le dan al término "red" una connotación negativa, relacionándolo con grupos de personas que utilizan su tiempo en temas no redituables para la organización (el concepto de pérdida de tiempo está implícito), hasta considerar, en un extremo, redes que no persiguen un fin lícito. En los párrafos siguientes nos referiremos a las redes naturales.

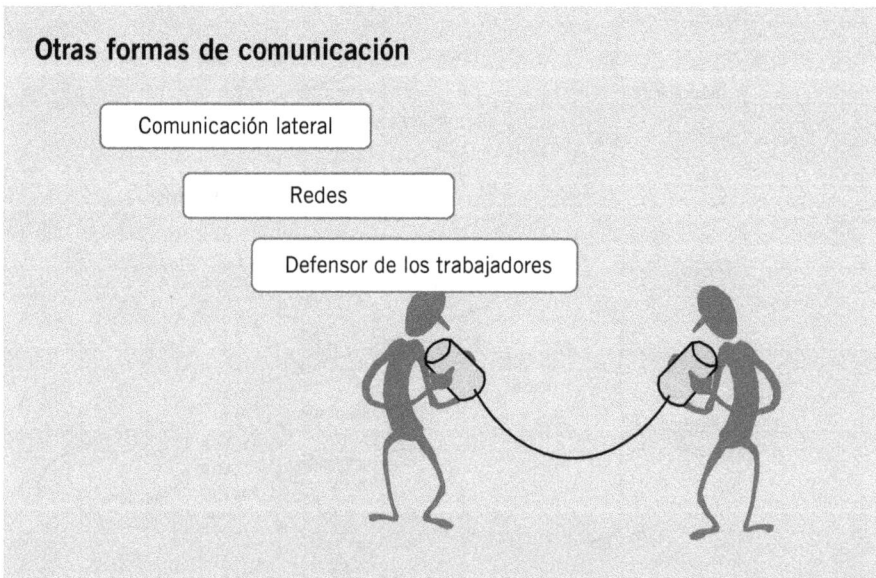

Otras formas de comunicación

Comunicación lateral

Redes

Defensor de los trabajadores

- **Defensor de derechos de los trabajadores**. En ciertas organizaciones (usualmente de varios miles de empleados) existe un puesto dentro del área de Recursos Humanos que asume este rol. En organizaciones más pequeñas y preocupadas por este aspecto de la relación con los empleados, puede designarse a una persona del área, por ejemplo, al responsable de Desarrollo de Personas, para cumplirlo. ¿Cómo lo hace? Cuando se detecta un problema o situación a resolver, a través de contactos confidenciales o de manera directa por una denuncia, el "Defensor" investiga lo acaecido junto con los antecedentes, y de ser necesario interviene, para corregir el error o procedimiento inadecuado.

  Si bien es una idea muy interesante, no es aplicable a todo tipo de organizaciones, y en épocas de ajuste de gastos es difícil que alguna esté dispuesta a tener un empleado adicional para cumplir esta función. Requiere, además, de cierta cultura organizacional.

Comunicación informal

Los sistemas informales de comunicación o *redes naturales*, se desarrollan bajo la forma de cadena de grupos. Éstos existen junto con la organización formal.

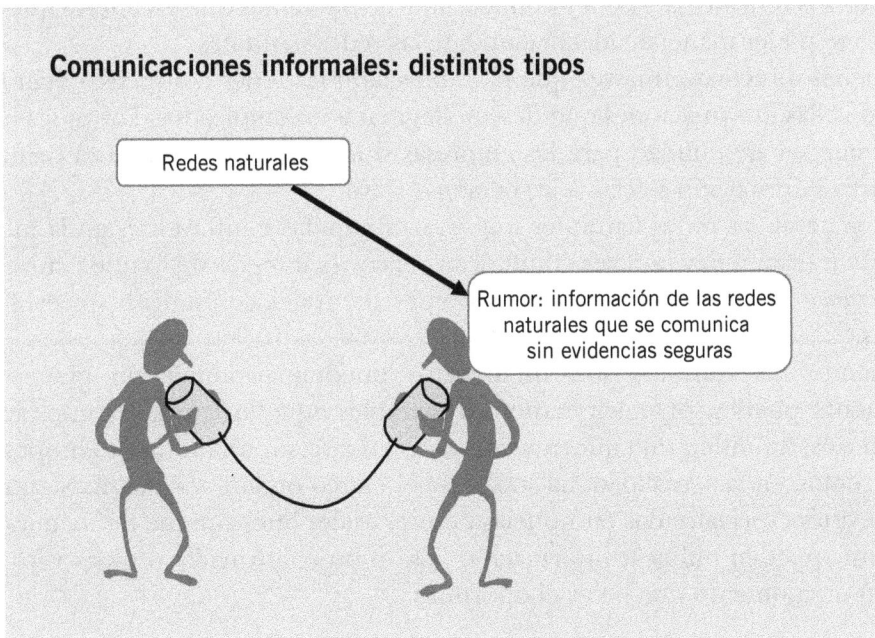

Comunicaciones informales: distintos tipos

Redes naturales

Rumor: información de las redes naturales que se comunica sin evidencias seguras

La comunicación informal usualmente es verbal, pero también puede ser por escrito y, desde ya, por correo electrónico.

Una característica importante de las redes informales es que son dinámicas y dependen de la motivación que sus integrantes tengan para comunicarse. Sus integrantes "no tienen obligación de comunicarse", por eso que lo hagan depende totalmente de su motivación.

Para Davis y Newstron hay una serie de factores que alientan la actividad de las redes naturales:

- Amistad entre compañeros
- Razones de coyuntura, por ejemplo, inestabilidad por motivos tales como reducción de personal, posible venta o fusión de la empresa, etc.; es decir, cuando se vive un sentimiento de amenaza.
- Manejo de información relevante o interesante para otros.
- La realización de tareas que permite conversar con otros.
- Personalidades de unos y otros.

¿Qué puede hacer la Dirección de una empresa?

No puede ignorarlas y debe adaptarse a la situación. Sobre el final del Capítulo 4 se tratará la temática del poder político; aquí adelantamos que los líderes que saben utilizar ese poder manejan adecuadamente las redes naturales.

Muchos directivos, una vez que han detectado las redes naturales, dejan fluir a través de ellas informaciones que desean lleguen a los empleados. Las redes naturales pueden ser de utilidad para las empresas si los directivos utilizan el recurso de compartir información selecta a las personas clave.

En general, las redes naturales son veraces, rápidas e influyentes en la información que transmiten, y rara vez comunican versiones íntegras de lo que ocurre.

El *rumor* es la información que las redes naturales comunican sin evidencias seguras.

Cuando los rumores son incorrectos pueden producir un grave daño. Igualmente pueden producir daños irreparables aquellos rumores que, aunque sean ciertos, difunden una información determinada en un momento inoportuno.

El rumor, en la actualidad, ha superado el marco organizacional. Existen numerosas revistas especializadas en noticias empresariales que, aunque de manera poco frecuente, pueden publicar información falsa o no confirmada, o quizá verdadera, pero en un momento que no es el oportuno.

Equipos de trabajo

Grupos formales e informales

Las personas, dentro de una organización o fuera de ella, conforman grupos. Los grupos de trabajo pueden ser formales –por ejemplo, los que trabajan en un área en particular– e informales –personas que se vinculan entre sí por algún interés común–. Estos últimos se conforman más allá del deseo o no de los conductores de una organización, y su origen es diverso. Jóvenes que comparten el gusto por los deportes pueden conformar un grupo para la práctica de fútbol, básquet o cualquier otro deporte grupal. Personas unidas por un interés comunitario pueden organizar una actividad en beneficio de personas necesitadas. Al mismo tiempo, pueden formarse grupos para protestar por un tema específico. A los grupos informales se les suele dar una connotación negativa, pero eso no tiene por qué ser así.

La formación de grupos tiene que ver –fundamentalmente– con las distintas características de sus integrantes, en base a las cuales se produce el agrupamiento. Desde la perspectiva de las personas, el tema puede relacionarse con el Capítulo 4, "El comportamiento de los individuos en las organizaciones". No obstante, como los grupos (formales e informales) inciden en la formación del poder en las organizaciones, será tratado en este capítulo.

Las interrelaciones interpersonales y las de los grupos entre sí, el rol del/los líder/es en los distintos grupos, tienen que ver con el tema central de este capítulo: el poder en las organizaciones, por lo que se analizará el rol del líder de un grupo, ya sea grande o pequeño, y cómo se relacionan los grupos entre sí.

Los grupos poseen características propias diferentes de las características de los individuos que los componen.

El proceso social por el cual las personas interactúan directamente entre sí en pequeños grupos se denomina *dinámica de grupos.*

Los grupos también pueden clasificarse en temporales o permanentes, verificándose una mayor permanencia de los miembros en los grupos informales.

Los grupos formales temporales son aquellos que se constituyen con un objetivo específico (por ejemplo, asignación a un proyecto), y que se disuelven cuando el objetivo ha sido cumplido. Los grupos formales permanentes son aquellos constituidos por un equipo de trabajo; por ejemplo, una sección o área de una empresa. Sus integrantes pueden modificarse cuando alguno de ellos se retira y, eventualmente, ingresa una nueva persona en su lugar, pero, de todos modos, la estructura general permanece estable. En ocasiones, un nuevo integrante puede cambiar roles dentro del grupo.

© GRANICA

Una organización se compone de muchos grupos informales, que usualmente son beneficiosos aunque –eventualmente– pueden derivar en problemas, que la Dirección no puede ignorar. Las organizaciones informales se caracterizan por un sistema de prestigio que produce líderes informales. Las *normas* de los grupos informales influyen muy fuertemente en el comportamiento de sus miembros.

El empleado de mayor estatus informal en una organización suele transformarse en su líder informal. Esta persona surge del grupo mismo y suele adquirir a menudo considerable poder informal. Los líderes informales pueden contribuir a la socialización de nuevos miembros de la organización y suelen ser convocados para resolver temas complejos.

Estos líderes suelen tener, también, ciertos beneficios, tales como elegir primero el período de vacaciones o ser excluidos de trabajar horas extras en festividades importantes para todos o para él, por algún motivo especial. En una organización pueden darse y hasta superponerse diferentes grupos informales, con sus líderes, que pueden pertenecer a estratos jerárquicos distintos.

Desde fuera del grupo, los líderes pueden ser difíciles de detectar; para ello, una buena idea podría ser esperar hasta el momento en que el grupo necesite que el líder se ponga en acción (por ejemplo, llevando una queja o un petitorio del grupo). Como dijimos en párrafos anteriores, se podrá verlo acompañando a un nuevo empleado o en otras situaciones similares.

¿Por qué una persona se transforma en líder informal? La mayoría de las veces ni él mismo lo sabe, simplemente surge de sus comportamientos; otras veces descubre su influencia y decide utilizarla para bien de los otros. Otros obtienen reconocimiento y, por qué no, enriquecen de ese modo una posición formal de trabajo que les queda chica (quizá esperaban un ascenso que no ha llegado y lo suplen con liderazgo informal).

Según Davis y Newstron[20] las organizaciones informales implican beneficios y problemas. Uno de los principales beneficios es que cuando se combinan satisfactoriamente con la organización formal se mejora la eficacia general. Otro de los beneficios importantes es que aligeran la carga de trabajo de los niveles de supervisión (mandos medios) y de la Dirección, y, llegado el caso, permiten cubrir baches de supervisión. Los grupos informales proveen a sus integrantes mayor satisfacción laboral y esto repercute en la permanencia de las personas en las organizaciones.

Entre los problemas más significativos se puede nombrar la resistencia al cambio, como consecuencia de una fuerte defensa de lo grupal. Esta sobrevaloración del *statu*

---

20. Davis y Newstron. Obra citada.

quo trae como una consecuencia directa la "conformidad", es decir, la adaptación al estado imperante. Otro problema son los conflictos de roles, cuando los objetivos del grupo difieren de los del empleador.

Se mostrará un resumen de beneficios y problemas de las organizaciones informales en el cuadro siguiente.

Beneficios	Problemas
Mayor eficiencia de la organización en su conjunto	Dan origen a rumores indeseables
Ayudan a la Dirección (disminuye su carga de trabajo)	Alientan actitudes negativas
Contribuyen a una mejor realización de las tareas	Ofrecen resistencia al cambio
Alientan la colaboración	Producen conflictos interpersonales e intergrupales
Cubren deficiencias de la supervisión	Rechazan a algunos empleados
Mejoran la satisfacción y estabilidad de los grupos de trabajo	Debilitan la motivación y satisfacción
Incrementan la comunicación	Operan fuera del control de la Dirección
Contienen las emociones de los empleados	Promueven la conformidad
Mejoran el accionar de los supervisores (planeamiento y trato cuidadoso)	Desarrollan conflicto de roles
Fuente: Davis y Newstron. Obra citada.	

Grupos de trabajo formales

Ciertos grupos formales (por ejemplo, comités) son establecidos por la organización. Para que sean eficaces sus miembros deben ser elegidos de manera rigurosa. Los comités tienen autoridad para resolver ciertos temas, y si no cumplen su cometido, con frecuencia la institución se despretigiará.

Factores a tener en cuenta para la formación de comités:

• **Tamaño.** La definición del tamaño es fundamental. Por un lado, no debe ser muy numeroso y, por otro, debe tener la cantidad suficiente de integrantes para actuar y resolver.

© GRANICA

- **Quiénes lo integran** Una buena sugerencia es designar a un líder y que éste elija a su equipo. No obstante, pueden surgir problemas. Otro camino será designar a un grupo de personas y que ellas elijan a su líder. De un modo u otro, la elección de los integrantes será definitoria para que el comité alcance con éxito sus objetivos, o no.

- **Objetivos claros.** Los integrantes de un comité pueden tener intenciones aparentes (en relación con el objetivo expreso) y otras intenciones no evidentes (ocultas). Ambas se relacionan con los intereses personales de sus integrantes –por ejemplo, adquirir mayor poder dentro de la organización–. Cuando un grupo tiene una crisis en relación con su objetivo expreso, en ocasiones aparecen las intenciones ocultas y se complica la situación.

En síntesis, trabajar con comités será una buena práctica si éstos se diseñan cuidadosamente, tanto en relación con sus integrantes y líder como respecto de la asignación de objetivos claros, concretos y mensurables. Será siempre una buena idea definir *a priori* la escala de medición del objetivo y/o cómo se medirán los resultados del comité.

Equipos y estructura organizacional

La teoría general de Administración señala, como un método para conformar una organización, su diseño a partir de la cantidad total del trabajo a realizar, dividiéndolo en partes, para de ese modo llegar a definir áreas, sectores y puestos de trabajo. A partir de éstos, se asignan responsabilidades a los distintos colaboradores. La empresa en ese caso tendría un organigrama al estilo "clásico" (ver figura en la página siguiente).

Es muy importante señalar que un gran número de organizaciones operan en la actualidad con organigramas como el expuesto en el gráfico precedente.

La distribución de funciones y las líneas de mando en este tipo de organizaciones se denomina, también, piramidal. Las comunicaciones y lineamientos se transmiten de arriba abajo. Esto no significa que en organizaciones con este esquema no se pueda, además, escuchar a los empleados, aceptar sus sugerencias o llevar a cabo cualquiera de las prácticas que se han expuesto en este capítulo –incluso empowerment y participación–, pero, de todos modos, la organización dibuja su estructura de acuerdo con el gráfico precedente.

Una estructura piramidal tiene dentro otras estructuras más pequeñas del mismo estilo (es decir, pirámides pequeñas dentro de la pirámide mayor), como se puede ver en el gráfico de la página 232. Es decir, la organización –particularmente si cuen-

Organización tradicional de distribución de funciones y responsabilidades

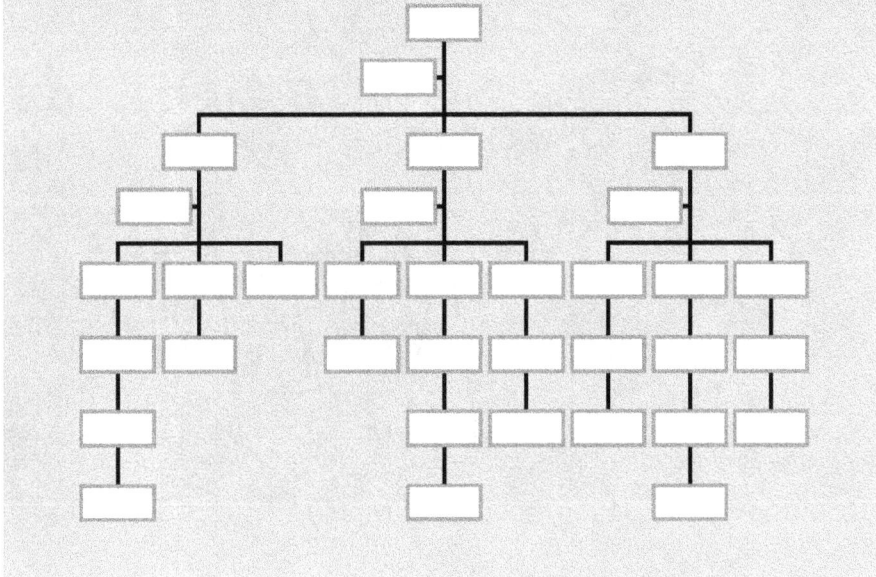

ta con muchos empleados– está conformada por una serie de pirámides, unas dentro de otras. De este modo se estructuran las jerarquías dentro de la misma. Un área podrá denominarse Vicepresidencia y estar conformada por dos gerencias que a su vez se abren en otros tantos sectores, etc.

Una buena conducción y comunicación con los empleados se logra mediante la división del trabajo, la creación de niveles de autoridad, unidades funcionales y delegación, asignación de deberes, autoridad y responsabilidad. La estructura clásica del dibujo de los organigramas tiene, como muchas otras cosas, pros y contras. Por un lado identifica claramente las áreas y la estructura es en sí misma confiable, no genera dudas. Entre los aspectos no positivos, muchos pueden sentirse oprimidos en ella.

Muchas organizaciones han buscado otros estilos de organigrama, desde permanentes hasta temporales; uno de los más conocidos es la *organización matricial.* Las grandes corporaciones internacionales, con distintos niveles de reportes de sus ejecutivos, han adoptado masivamente este tipo de estructura.

Se denomina organización matricial a aquella donde se superponen dos tipos de estructura, existiendo de ese modo dos cadenas de mando para la dirección de los empleados.

© GRANICA

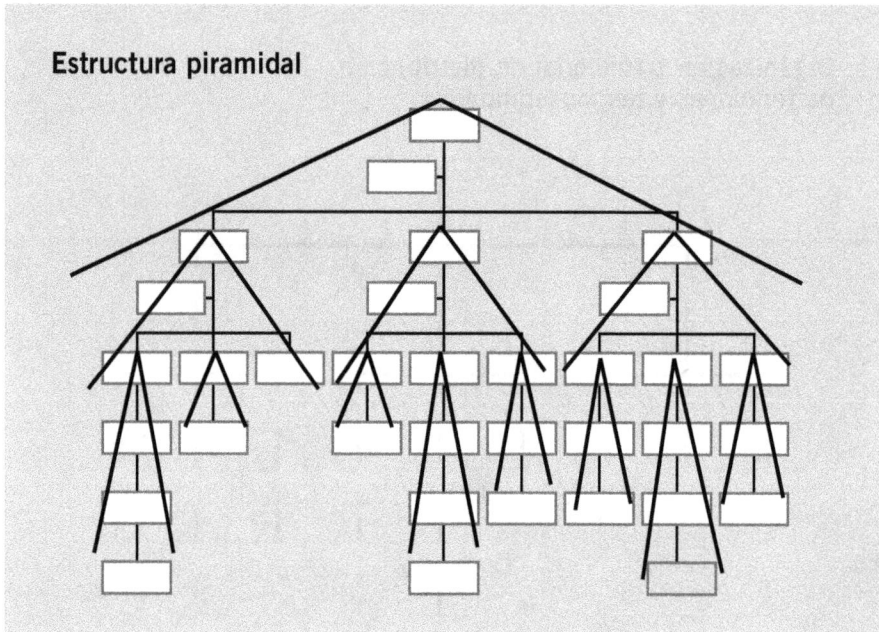

Estructura piramidal

Un ejemplo clásico de organización matricial lo constituyen las organizaciones internacionales, donde un gerente depende, en su país, del CEO o gerente general local, y funcionalmente de un superior en su tema específico –Finanzas, Comercial, Tecnología, Producción, Recursos Humanos, etc.– que trabaja en la casa matriz o cabecera de región, según corresponda.

Otro ejemplo de organización matricial pueden darse dentro de un mismo país, en los casos de organizaciones con diferentes unidades de negocios pero con áreas de "servicio" comunes a toda la organización, como las funciones de Recursos Humanos, Sistemas y Finanzas. Se muestra un ejemplo de este tipo de organización matricial en el gráfico de la página siguiente, donde puede verse el doble reporte de un jefe de la División de Negocios Nº 3 al Director de su área de negocios y al Director de Administración y Finanzas.

Las estructuras organizacionales contemporáneas se construyen tomando un poco de cada uno de los tres estilos siguientes:

- **Organizaciones planas.** Hace años publiqué un artículo donde mencionaba este fenómeno denominándolo "organigramas tipo peine", es decir, con un menor número de niveles de dirección y ejecutivos más cercanos al personal

Organización matricial

Áreas que brindan servicios
a toda la organización

Dirección General

| Área de negocios 1 | Área de negocios 2 | Área de negocios 3 | Tecnología | Administración y Finanzas | Recursos Humanos |

En las distintas áreas de negocios jefes de departamento de Administración y Finanzas, Recursos Humanos y Tecnología tienen un doble reporte: al director de la división de negocios a la que pertenecen y a los respectivos directores de área funcional

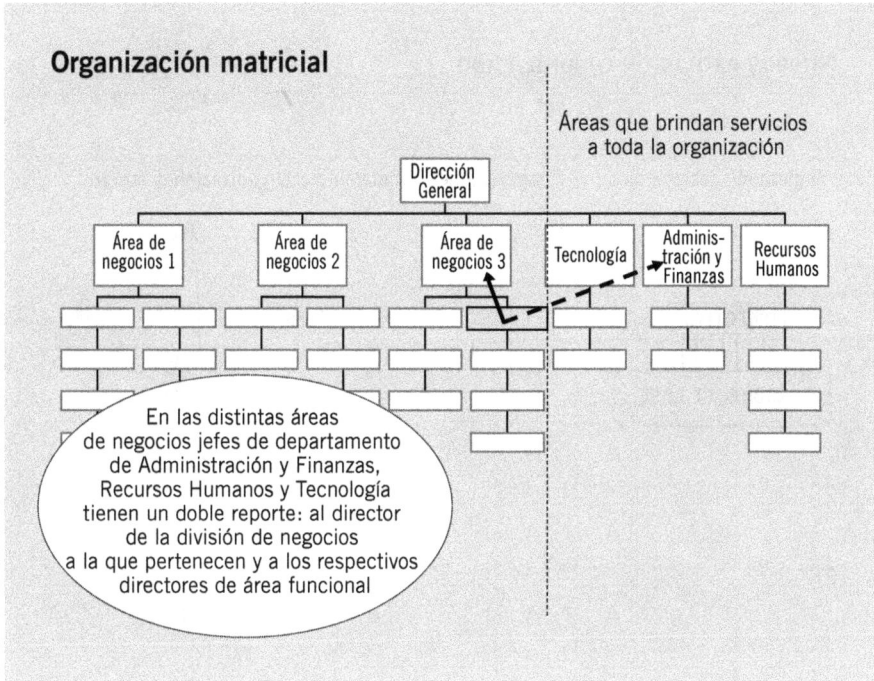

de base de sus organizaciones –a través de la tecnología–. Existe una tendencia, en especial en las grandes organizaciones, a eliminar niveles.

- **Organizaciones circulares**. Con relación a este estilo, ya nos hemos referido al liderazgo circular. Cuando el esquema circular se lleva a la estructura formal es el equipo el que toma un rol preponderante a modo de estructura primaria. Junto con un equipo directivo estratégico, también existirán equipos técnicos, etc.; es decir, una serie de equipos que funcionan coordinadamente por un equipo ejecutivo-estratégico.

- **Organizaciones en red.** Tienen una similitud con las circulares, pero se diferencian de ellas en que en una red es posible incluir a clientes y proveedores, o descentralizar funciones o áreas de apoyo por medio del *outsourcing* (tercerización). Cada parte de la red funciona como una organización en sí misma.

Es factible encontrar, en grandes organizaciones, una mezcla de las tres grandes tendencias. Por lo tanto, no es necesario adoptar una u otra, sino combinarlas según sea lo más adecuado, considerando las características del negocio, la dispersión geográfica y los estilos de management existentes.

Nuevos estilos de organización

Organizaciones planas   Organizaciones circulares   Organizaciones en red

DIRECTIVOS

PERSONAL DE BASE

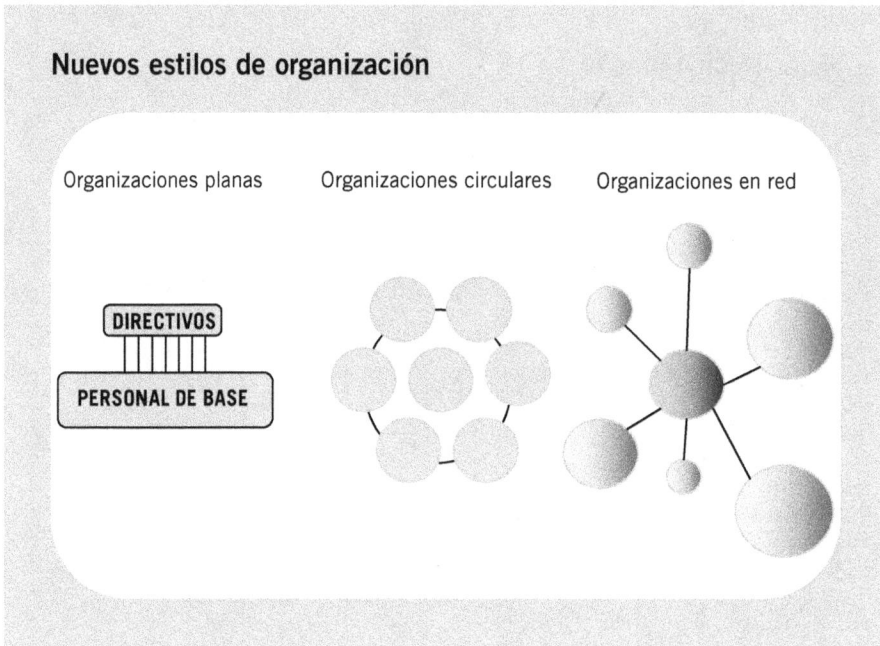

Organización del trabajo y distribución de tareas

Existen diversas maneras de organizar el trabajo; por ejemplo, la división del mismo, ya explicada. Otra variante posible sería a través de diseñar procedimientos de trabajo y, a partir de ellos, realizar la distribución de las tareas entre los empleados.

En cualquier organización del trabajo que se adopte, una persona inicia una tarea y luego pasa el resultado de la misma a otra que hará la parte siguiente, y así consecutivamente. Si en esta cadena de empleados y tareas no hay una cierta homogeneidad, se presentan problemas. Algunos de los más frecuentes en relación con las personas que ocupan los puestos se muestran en el gráfico de la siguiente página.

Una determinada tarea puede ser llevada a cabo por varias personas, los problemas que surgen según se muestra en el gráfico precedente, son usuales en el ámbito de las organizaciones y se evidencian en las interacciones cotidianas. Los supervisores dirigen el grupo de trabajo, y muchas veces a los empleados no les gusta que les digan lo que tienen que hacer. Esta dificultad puede resolverse haciendo responsable a los empleados de sus tareas de una manera diferente.

Tipos de relación entre personas que pueden causar problemas interpersonales

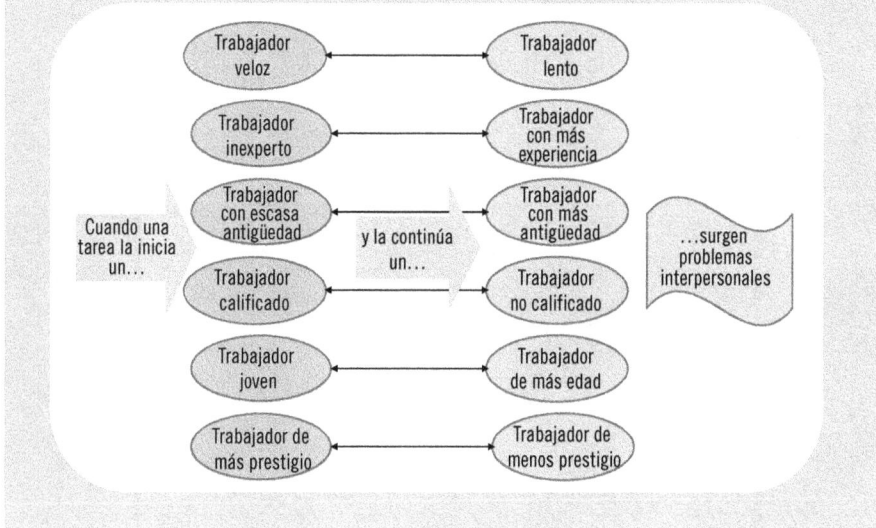

Cuando una tarea la inicia un...

Trabajador veloz	←	Trabajador lento
Trabajador inexperto	←	Trabajador con más experiencia
Trabajador con escasa antigüedad	←	Trabajador con más antigüedad

y la continúa un...

Trabajador calificado	←	Trabajador no calificado
Trabajador joven	←	Trabajador de más edad
Trabajador de más prestigio	←	Trabajador de menos prestigio

...surgen problemas interpersonales

Diseño de sistemas para un mejor trabajo en equipo. El diseño de las tareas y la distribución física de las personas puede promover el trabajo en equipo o, por el contrario, dificultarlo. Parece obvio, pero si, por ejemplo, se ubica a las personas de un modo tal que les resulte difícil comunicarse, eso dificultará el trabajo en equipo.

- **Grupos integrados por personas de varias áreas.** Este tipo de forma de trabajar puede ser muy útil para empresas que deban realizar grandes proyectos, nombrando a un responsable por cada uno de ellos. De este modo, el jefe o gerente de proyecto podrá interactuar con personas de diferentes áreas a fin de garantizar el éxito de la iniciativa.

Trabajo en grupos. Cuando los integrantes de un grupo conocen los objetivos y las razones de lo que se debe realizar, en general contribuyen responsable y entusiastamente a las tareas y se apoyan entre sí.

Los pilares más importantes para el trabajo en equipo:

- Un entorno de apoyo, propicio para el trabajo en equipo.
- Correspondencia entre los conocimientos y competencias de los distintos integrantes del equipo y lo requerido por cada puesto de trabajo (la denominada "adecuación persona-puesto").

© GRANICA

- Metas desafiantes y, al mismo tiempo, alcanzables.
- Retribuir de algún modo al equipo, no necesariamente en términos económicos.

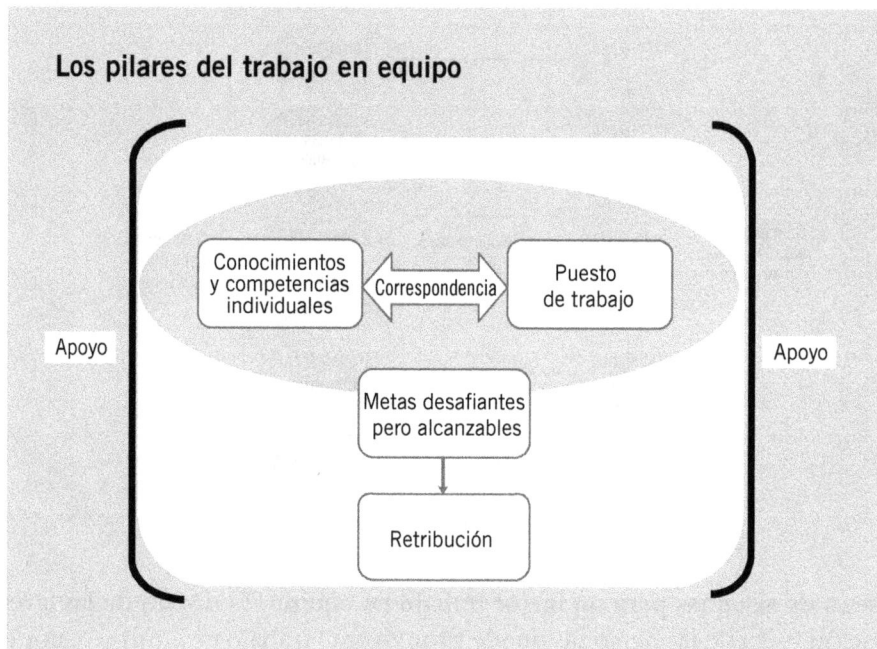

Los pilares del trabajo en equipo

```
                        Conocimientos              Puesto
                        y competencias <Correspondencia>  de trabajo
                        individuales

Apoyo                                                              Apoyo

                        Metas desafiantes
                        pero alcanzables

                        Retribución
```

Los equipos de trabajo en el ámbito de las organizaciones se conforman a partir de decisiones de la Dirección o de manera espontánea. Veamos diferentes casos.

En un área de trabajo en particular, como puede ser un grupo de desarrollo de sistemas o un equipo de ventas, el equipo nace como una necesidad organizacional, y cuando se selecciona un nuevo integrante usualmente se toman en cuenta las características del grupo ya existente para mantener su equilibrio. Como es casi obvio, las personas integrantes de ese sector podrán (o no) trabajar en equipo.

Al mismo tiempo, en una organización se pueden constituir grupos de trabajo para proyectos específicos; generalmente se designa a un responsable que elige a sus colaboradores. Otros equipos pueden surgir de manera espontánea, respondiendo a una inquietud de la Dirección o no. En este último caso se pueden mencionar desde equipos que deciden brindar apoyo a la comunidad hasta los que se conforman para plantear reclamos a la Dirección.

Los integrantes de un equipo, en cualquiera de los casos mencionados, se preguntarán acerca del grado de confianza que pueden depositar en los otros, los roles que cada uno asumirá, quién resolverá los eventuales conflictos y cómo se hará, y, lo primero y más importante, quiénes conformarán el equipo.

En cualquiera de estos casos es importante tener en cuenta que un equipo tiene su propio ciclo de vida. Para explicar mejor esta idea, imaginemos un grupo que surge a partir de jóvenes que comparten el interés por un deporte, por lo cual en un momento dado se conforma un equipo que, luego de un tiempo de funcionamiento exitoso, se disuelve, quedando como un buen recuerdo (o no, según sea la experiencia vivida). En la vida del equipo se podrían verificar, según Davis y Newstron[21], las siguientes etapas:

1. *Formación:* los miembros comparten información personal, empiezan a conocerse. Prevalece una atmósfera de cortesía.

2. *Ajuste:* los miembros compiten por prestigio y puestos de relativo control y discuten la dirección más adecuada del grupo. Surgen tensiones a medida que se afirman en sí mismos con relación a los otros integrantes.

3. *Equilibrio:* el grupo comienza a operar en común y de forma cooperativa y se alcanza un equilibrio. Surgen normas grupales para guiar el comportamiento individual.

4. *Desempeño:* el grupo madura y aprende a manejar retos complejos. Las tareas son eficientemente cumplidas.

5. *Desintegración:* aun los grupos más exitosos se desmantelan algún día. En la actualidad esto es cada vez más rápido (grupos temporales).

Esta "teoría" sobre las etapas en la vida de un equipo será muy importante recordarla (y tenerla en cuenta) al analizar las diferentes situaciones que puedan presentarse dentro de una organización en relación con los equipos y sus integrantes. Además, se debe de tener en cuenta que en muy pocos casos los equipos se arman en total libertad. Veamos un ejemplo: una empresa de servicios debe armar un equipo de trabajo para atender un nuevo cliente; se designa un gerente o responsable y éste debe elegir a quienes serán sus colaboradores. Para ello deberá tener en cuenta la disponibilidad de colaboradores (aquellos con horas libres o que puedan ser cambiados de asignación), junto con las características necesarias para llevar adelante la tarea y el estilo de trabajo del propio responsable, que determinará su preferencia por unos respecto de otros.

---

21. Davis y Newstron. Obra citada.

© GRANICA

Ciclo de vida de un equipo

```
┌─────────────────┐
│    Formación    │ ◄ ─ ─ ─ ─ ─ ─ ─ ┐
└─────────────────┘                 │
         │                          │
         ▼                          │
┌─────────────────┐                 │
│     Ajuste      │ ◄ ─ ─ ─ ─ ─ ┐   │
└─────────────────┘             │   │
         │                      │   │
         ▼                      │   │
┌─────────────────┐             │   │
│    Equilibrio   │ ◄ ─ ─ ─ ┐   │   │
└─────────────────┘         │   │   │
         │                  │   │   │
         ▼                  │   │   │
┌─────────────────┐         │   │   │
│    Desempeño    │ ─ ─ ─ ─ ┘ ─ ┘ ─ ┘
└─────────────────┘
         │
         ▼
┌─────────────────┐
│  Desintegración │
└─────────────────┘
```

Fuente: Davis y Newstron.

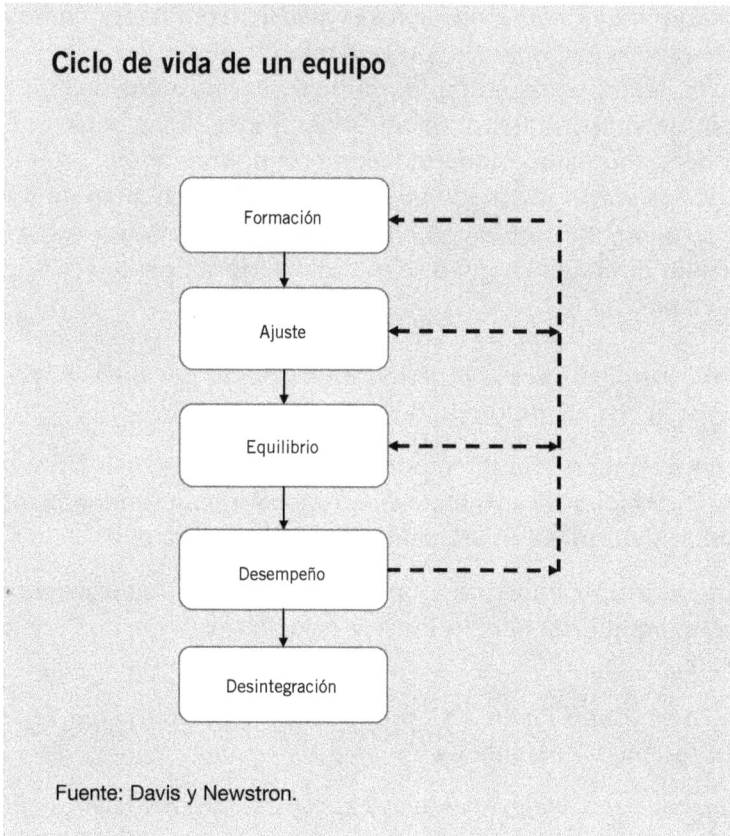

En el ámbito de las organizaciones, los ciclos de vida de los equipos pueden verse interrumpidos o afectados por diversas razones; por ejemplo, la movilidad laboral. Si un equipo transita la etapa de equilibrio y uno de sus miembros deja su puesto de trabajo porque ha obtenido una mejor posición en otra empresa (o cualquier otra razón), esta situación puede originar que el equipo retroceda a una etapa previa, de "ajuste", y experimente una nueva distribución de roles. Si se incorpora un nuevo integrante en reemplazo del que se fue, se podría, en ese caso, retroceder dos etapas, es decir, a la de "formación". En un caso extremo, el grupo podría llegar a desintegrarse.

Por lo tanto, si bien en una primera instancia se podría pensar que en el ámbito de las organizaciones no existe "libertad absoluta" para la conformación de equipos, esto es relativo, ya que puede observarse que, algunos equipos se arman desde la Dirección y otros no, son absolutamente espontáneos.

Todo directivo debe saber cómo es el ciclo de vida de los equipos para estar atento a su funcionamiento y, en el momento de tomar decisiones, considerar esta variable.

Interrupción del ciclo de vida de un equipo

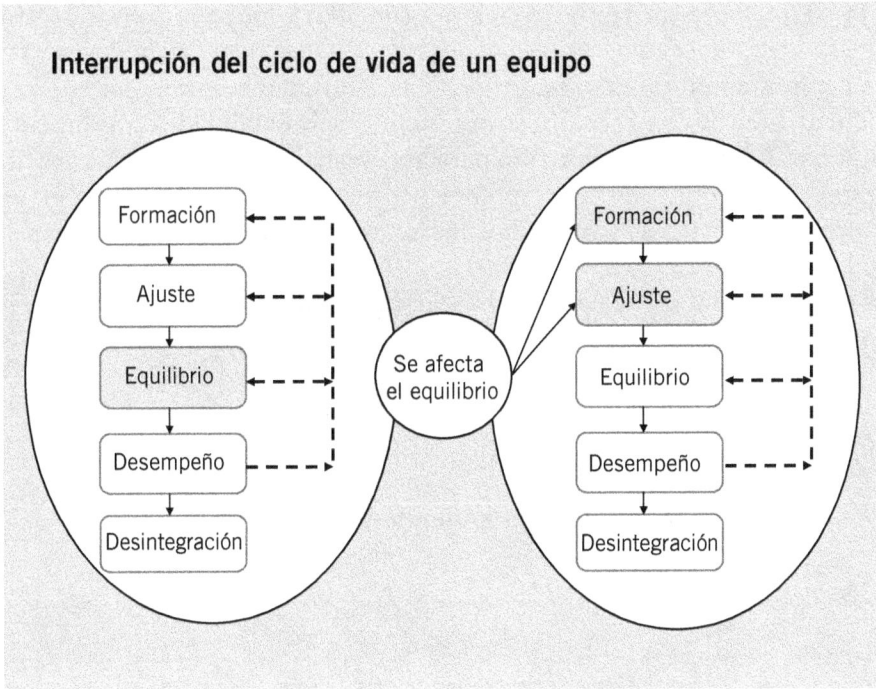

Por último, tener en cuenta las etapas de vida de un equipo puede ser de mucha utilidad cuando en una organización se haya conformado un equipo no deseado. Si esto sucediese, además de estudiar las causas que lo originaron se puede neutralizar su efecto analizando la etapa que el grupo transita y qué acción se puede tomar para lograr su desintegración. Muchas veces, cuando se originan este tipo de problemas los directivos piensan que separando del equipo al líder (negativo en este caso) se soluciona el problema, pero en ocasiones se verifica un efecto contrario, agravándose la situación problemática. Por lo tanto, no se pueden ésta es compleja.

En su ciclo de vida los equipos se consolidan. La consolidación de equipos alienta a sus miembros a examinar el trabajo en común, identificar deficiencias y desarrollar medios de cooperación más eficaces. La meta será: equipos más efectivos. Los equipos de alto desempeño llevan a cabo sus tareas, aprenden a resolver problemas y gozan de satisfactorias relaciones interpersonales.

Equipos autodirigidos

Los equipos autodirigidos son aquellos que, perteneciendo a la organización, pueden variar su dependencia de un área a otra, y sus capacidades son múltiples. Pueden comenzar con asignaciones sencillas y luego incorporar otras más complejas.

Los equipos autodirigidos son grupos con autoridad y entrenamiento especial, que cuentan además con recursos para asumir responsabilidad sobre funciones de nivel superior. Representan un medio para aprovechar formalmente la capacidad de los equipos para contribuir al cumplimiento de las metas organizacionales. Los empleados se benefician a su vez de una mayor autonomía y desarrollan de ese modo sus competencias.

Los grupos de trabajo se conforman –la mayoría de las veces– en torno a un jefe o supervisor, según puede verse en el gráfico siguiente. Se constituye un equipo donde la relación con el jefe sigue siendo de *uno a uno*.

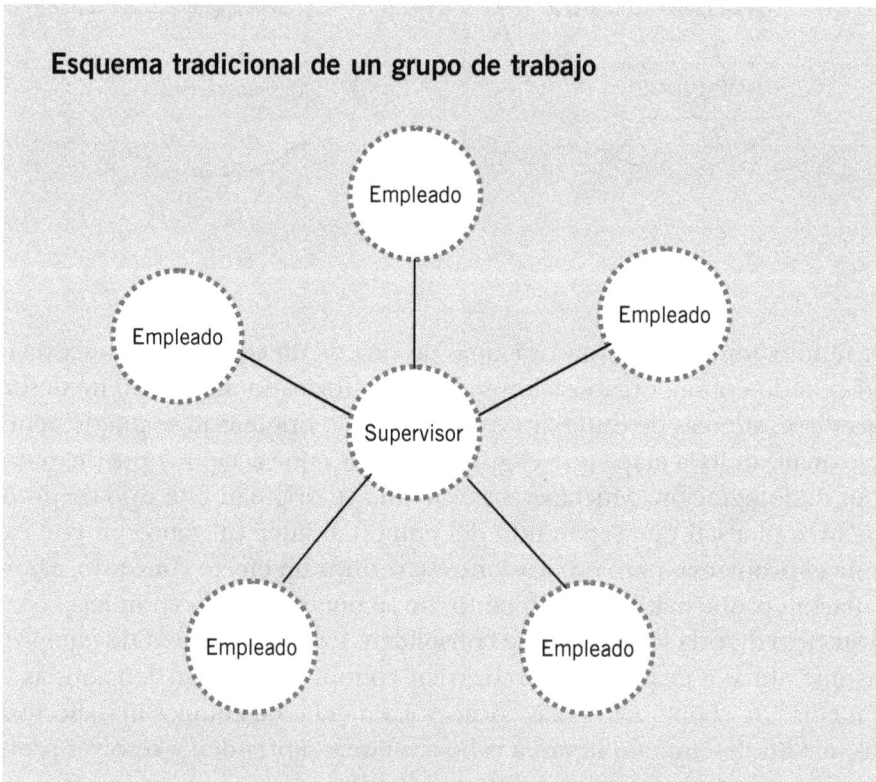

Esquema tradicional de un grupo de trabajo

Empleado

Empleado

Empleado

Supervisor

Empleado

Empleado

Un grupo de trabajo comienza a transformarse en equipo cuando los distintos integrantes empiezan a interactuar entre sí, manteniendo el "uno a uno" con el supervisor (ésta suele ser la estructura formal) pero modificando la relación entre ellos, que pasa de la acostumbrada camaradería de compañeros –que usual y naturalmente ocurre en un grupo humano–, a un vínculo propio de verdaderos miembros de un mismo equipo, que tiene los mismos intereses y objetivos.

Esquema tradicional de un grupo de trabajo que comienza a funcionar como *equipo*

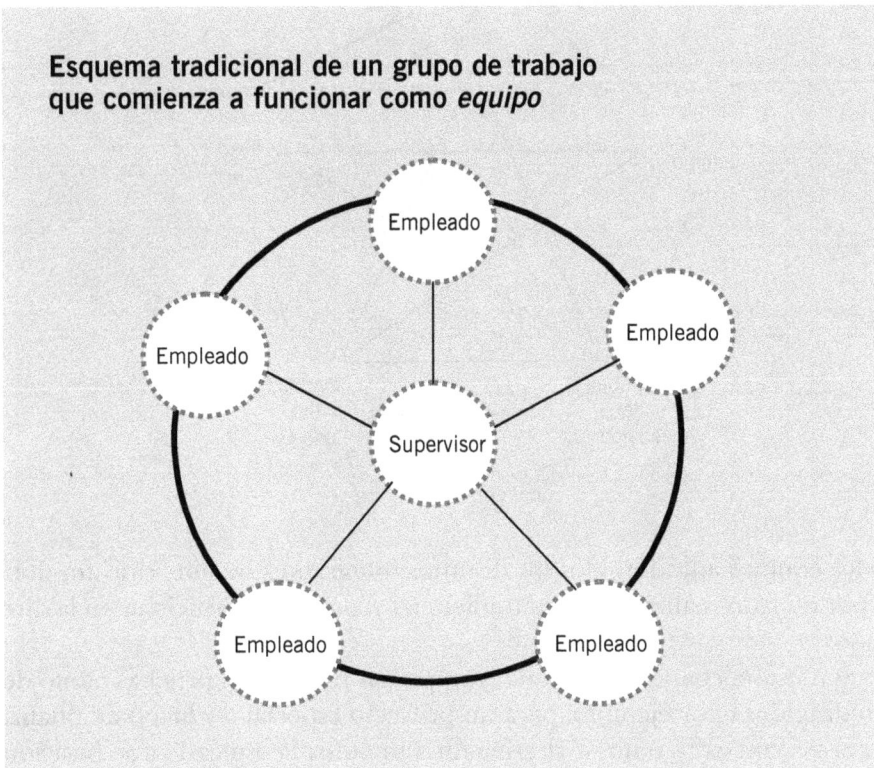

En un estatus posterior, el equipo puede transformarse en autodirigido. En estos casos, el jefe "desaparece" y se pasa a un esquema de autodirección, lo que implicará, como se dijo anteriormente, que todos los miembros del equipo deberán poseer nuevas competencias que no eran necesarias en el esquema anterior.

En los gráficos anteriores utilizábamos la palabra "empleado", que ahora hemos reemplazado por "miembro del equipo", sólo con el propósito de enfatizar esta característica fundamental. Los miembros de un equipo autodirigido que son vendedores u operarios, quizá lo seguirán siendo, pero desde otra perspectiva. Si integran un

© GRANICA

equipo autodirigido, no serán el mismo empleado –el mismo vendedor o el mismo operario– que en las prácticas organizacionales tradicionales.

Esquema de un equipo de trabajo autodirigido

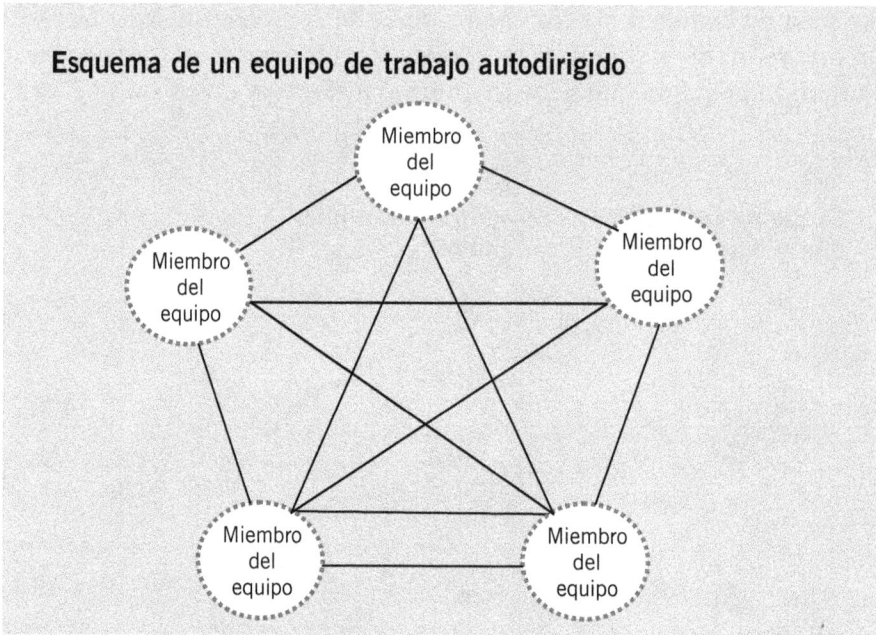

En los equipos autodirigidos los distintos integrantes tienen "casi" un doble rol, ya que por un lado realizan la tarea tradicional y, por otro, participan en la dirección del grupo.

Por esta razón, cuando en algunas compañías han hecho pruebas piloto de equipos autodirigidos –por ejemplo, para un proyecto especial–, y luego de finalizado el mismo, ya sea con éxito o no, se destina nuevamente al empleado a su posición anterior, su adaptación se torna muy difícil: la persona no es la misma, ha desarrollado una serie de competencias que luego no le son requeridas, que no son utilizadas en los esquemas de trabajo tradicionales. El riesgo que se corre es muy alto, porque esto puede derivar en la desmotivación de la persona.

Las organizaciones que adoptan estas prácticas y arman equipos autodirigidos en forma temporaria, deben estar preparadas –una vez terminado el proyecto– para darles a estas personas una posición adecuada cuando finalice la asignación.

A su vez, los jefes de los equipos autodirigidos –el nivel al que el equipo reporta– deben poseer características de liderazgo particulares, similares a la descripción que se diera de los líderes bajo empowerment. El responsable de un equipo autodirigido será proveedor de recursos y asumirá un rol de mentor más que de jefe al estilo tradicional, ya que será un referente y consultor para los distintos integrantes del equipo (autodirigido).

Para Donna Deeprose[22], el entrenador de un equipo autodirigido tiene que tener ciertas características (competencias), tales como:

- Saber escuchar (más adelante, al referirnos al entrenamiento, se mencionará la escucha activa).
- Habilidad para comunicarse.
- Defender / apoyar a su equipo (ser el abogado defensor del equipo).
- Construir la relación del equipo.
- Ser un facilitador permanente de soluciones y quehaceres.
- Entrenador / educador.
- Mentor.

El rol del jefe

Un jefe, cualquiera sea su nivel, deberá cumplir con su rol principal –vender, comprar, o cualquier otra actividad–, junto con una serie de funciones adicionales producto de tener colaboradores a su cargo. Ser jefe implica muchas cosas. Desde ser guía de las personas a cargo hasta conducirlas, lo que no es fácil, sobre todo considerando que a la mayoría de nosotros, cuando nos nombraron jefes la primera vez, no nos explicaron el alcance completo de lo que esto significa. Llegar a obtener un desempeño superior como jefe, cualquiera sea su nivel, implica tres requisitos básicos:

1. Cumplir con el descriptivo del propio puesto, los objetivos asignados y las responsabilidades.
2. Cumplir satisfactoriamente con una serie de "funciones" que la mayoría de las veces no figuran por escrito en la descripción del puesto. Sin embargo, las organizaciones esperan que todos los jefe las cumplan, y cuando esto no sucede, implica de un modo u otro una evaluación no satisfactoria de la función.
3. Ser entrenador de sus colaboradores, un desarrollador de talentos para la organización.

---

22. Deeprose, Donna. *The Team Coach*. Amacon, American Management Association, New York, 1995.

© GRANICA

Es muy importante no perder de vista que, más allá de que nos referiremos a las capacidades necesarias para ser un buen jefe, quien tiene este rol sabe que primero deberá cumplir con la responsabilidad asignada, cualquiera que sea: producción, ventas, auditoría, etc.

Aquellos que usualmente diseñan actividades de formación para desarrollar las capacidades de los jefes, suelen esforzarse por remarcar aspectos tales como la delegación o la comunicación y "se olvidan" que los jefes y directivos deben cumplir, primero, con sus obligaciones. Por lo tanto, nuestra propuesta será que, además de cumplir con sus responsabilidades, deberá ser un buen jefe de sus colaboradores.

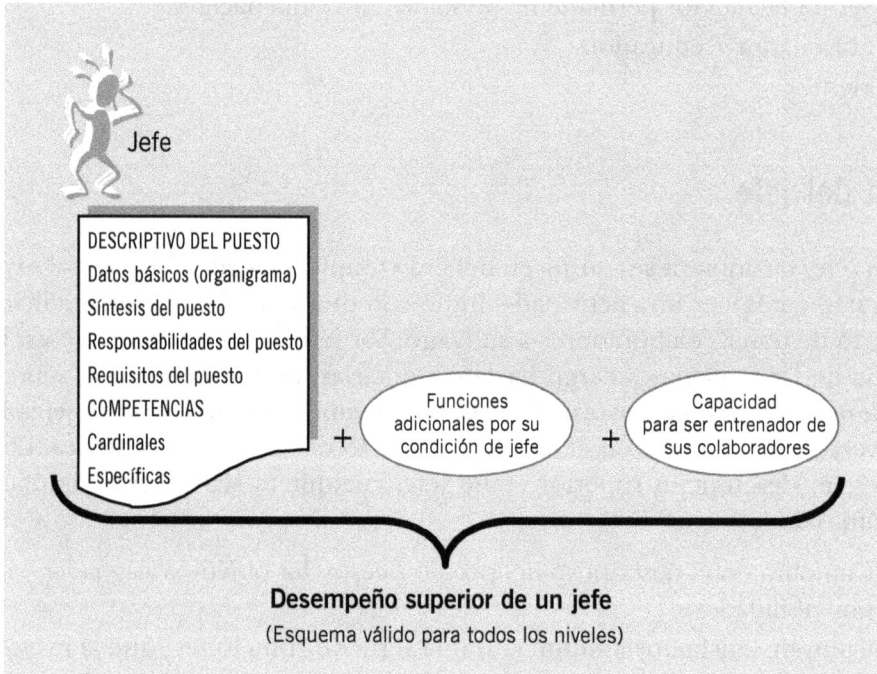

Jefe

DESCRIPTIVO DEL PUESTO
Datos básicos (organigrama)
Síntesis del puesto
Responsabilidades del puesto
Requisitos del puesto
COMPETENCIAS
Cardinales
Específicas

+ Funciones adicionales por su condición de jefe

+ Capacidad para ser entrenador de sus colaboradores

Desempeño superior de un jefe
(Esquema válido para todos los niveles)

La expresión "rol del jefe" –al igual que la de "jefe como entrenador"– implica un concepto que encierra un conjunto de actividades y roles que debe, necesariamente, cumplir cualquier persona que tiene a otras a su cargo. Si el lector deja de lado, sólo por un momento, el mundo de las organizaciones del cual nos estamos ocupando, podrá ver que "rol del jefe" se podrá encontrar en cualquier grupo humano, desde uno de catequesis hasta otro deportivo, desde una agrupación política a una de tipo artístico o cultural. Tiene que ver con grupos humanos.

Si el jefe forma parte de una organización, de cualquier tipo o tamaño, tendrá una descripción del puesto a cubrir (escrita o tácita, de un modo u otro, con tareas y responsabilidades a su cargo). Pero además de llevar adelante la gestión encomendada, por su rol de jefe o supervisor de otras personas tiene una serie de responsabilidades y tareas inherentes a esa última condición. Veamos el gráfico siguiente.

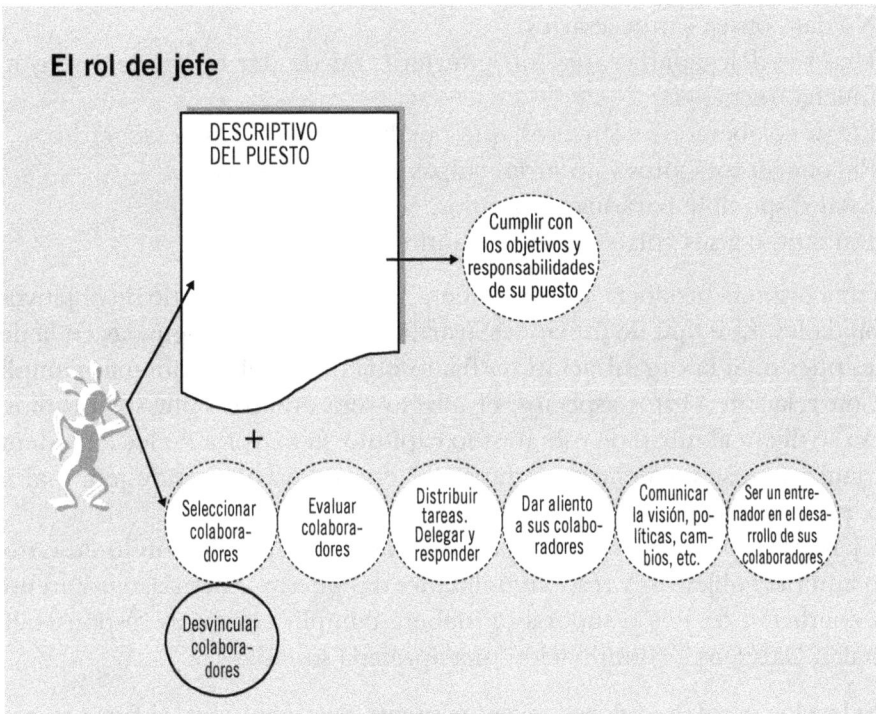

El rol del jefe

DESCRIPTIVO
DEL PUESTO

Cumplir con los objetivos y responsabilidades de su puesto

+

Seleccionar colaboradores

Evaluar colaboradores

Distribuir tareas. Delegar y responder

Dar aliento a sus colaboradores

Comunicar la visión, políticas, cambios, etc.

Ser un entrenador en el desarrollo de sus colaboradores

Desvincular colaboradores

No nos dedicaremos en esta parte del libro a explicar que una persona, sea jefe o no, debe cumplir con las tareas asignadas y sus responsabilidades relacionadas.

Ser jefe implica un conjunto de funciones y responsabilidades que se añaden a las de la descripción del puesto:

- Jefe es la persona que *debe responder* por su propio trabajo y por el de aquellas personas que se encuentran bajo su supervisión.
- Jefe es la persona *responsable de conducir un equipo de gente* capaz de obtener resultados. Un gerente debe brindar a su equipo un liderazgo eficaz, agregando valor al trabajo de sus subordinados.

© GRANICA

El jefe y los empleados

Para la mejor dirección de los colaboradores un jefe debe motivar y enseñar, al mismo tiempo. Algunas tareas relacionadas:

- Elegir para tareas difíciles empleados que lo hayan impresionado antes.
- Evaluar capacidades de los empleados.
- Apoyarlos cuando comenten un error.
- No dar consejos innecesarios.
- Una vez delegada la tarea, no interferir. Puede dar opiniones, pero no con mucha frecuencia.
- Elegir colaboradores sinceros, que puedan expresar sus desacuerdos.
- Reconocer los éxitos y evitar las culpas por los fracasos.
- Estar disponible para sus empleados.
- Dar ánimo a sus colaboradores cuando algo sale mal.

En una primera instancia, un jefe deberá cumplir con una serie de objetivos y responsabilidades. Este tipo de funciones, usualmente, están consignadas en la descripción del puesto. Si la organización ha fijado objetivos, deberá además cumplir con ellos. Con relación a estos aspectos, él mismo será evaluado por sus propios jefes. Como ya se dijera al inicio de este mismo capítulo, la mayoría de los jefes dentro de una organización se encuentran "atrapados" entre dos roles: el de jefe y, al mismo tiempo, el de empleado.

Un jefe, cualquiera sea su nivel jerárquico, deberá cumplir con lo descrito en el párrafo anterior: objetivos y responsabilidades del puesto. Además, e inherentemente a su condición de jefe o supervisor, deberá cumplir con otras responsabilidades adicionales. Daremos a continuación una apretada síntesis:

- **Seleccionar colaboradores (eventualmente desvincularlos, si fuese necesario).** El jefe siempre debe elegir a sus colaboradores, aun cuando en la organización exista un área de Recursos Humanos que realice los procesos de reclutamiento y selección. Si la organización trabaja con un modelo de competencias, el jefe deberá estar entrenado en la entrevista por competencias. Cuando se deba despedir a un colaborador, por mal desempeño de éste o por otro motivo, el jefe deberá comunicarlo.

- **Evaluar colaboradores.** Los jefes evalúan a sus colaboradores de acuerdo con los procesos de evaluación del desempeño que cada organización haya implementado, y dan retroalimentación al respecto. Sin embargo, la tarea de evaluación no se agota allí, ya que diariamente deberán comunicar a sus empleados cómo están haciendo las cosas, lo que hacen bien, y lo que deben mejorar.

- **Distribuir tareas. Delegar y responder.** Los jefes distribuyen las tareas a realizar entre su equipo de colaboradores; para ello deben aprender a delegar. Cuando se delega una tarea se hace responsable de la misma al empleado; sin embargo, un jefe deberá responder por ella.

- **Dar aliento a sus colaboradores**. Se relaciona con "evaluar colaboradores". Un jefe debe dar aliento de manera permanente al equipo. Con palabras, con el ejemplo, con acciones, es parte de su responsabilidad como conductor de un grupo de personas.

- **Comunicar la visión organizacional, las políticas, los cambios, etc.** La comunicación tiene un rol preponderante en la relación jefe-empleado. Se alimenta de pequeños gestos cotidianos e incluye, además, la comunicación de temas relevantes. Un jefe comunica la misión y la visión de la organización, no sólo a través de las "frases" que las definen, sino desde su accionar cotidiano. El jefe actúa de acuerdo con estos conceptos. Lo mismo deberá suceder en relación con las políticas organizacionales, con los cambios que la organización o el área deba encarar, entre otros temas. Por último y no menos importante, el jefe deberá dar retroalimentación, como ya se dijo, no sólo en las ocasiones que el proceso de evaluación del desempeño indique, sino de manera permanente. Como es obvio, será muy importante cómo y qué comunique en la retroalimentación.

- **Ser entrenador en el desarrollo de sus colaboradores**. El jefe asume un rol de entrenador con sus colaboradores para que éstos desarrollen conocimientos y competencias, sean cada día mejores en sus puestos de trabajo y puedan acceder a posiciones de mayor nivel, cuando sea oportuno; es decir, los ayudan y acompañan en sus carreras laborales dentro de la organización. Si ésta hubiese implementado programas de *mentoring* (que se verá más adelante), este rol, el de mentor, sería uno adicional que sumaría a las responsabilidades (y roles) de su descriptivo de puesto.

Como ya se expresara en párrafos anteriores, el "rol del jefe" es un concepto que por un lado implica conocer una serie de roles y tareas –y su alcance– que un jefe debe realizar, y por otro lado, generar los comportamientos adecuados para que estas funciones se lleven a cabo eficazmente.

Muchas de estas funciones requieren de un equilibrio y transcurren en un delicado punto de balance. Un jefe no es un amigo pero debe ser amigable. Mucho se habla de "contener" a los empleados, de apoyarlos, de comunicarse con ellos. Todo en el punto justo, con el tono de voz adecuado, sin decir aquello "que no se puede" y, al mismo tiempo, comunicando lo relevante y pertinente. Este "arte" de ser jefe es muy fácil para algunos y muy difícil para otros.

El término "jefe" se utiliza desde el rol, no haciendo mención a una jerarquía dentro de la organización. Un CEO o número uno es un jefe del mismo modo que un supervisor de vendedores o promotores. Cada persona que tiene otras a su cargo, cualquiera sea su nivel jerárquico, debe llevar adelante un determinado rol en relación con las personas que supervisa y guía.

Llevar a cabo y desarrollar el rol de jefe implica trabajar sobre los siguientes temas:

- Analizar el significado sobre qué significa el "rol del jefe" o "ser jefe".
- El jefe debe responder por su propio trabajo y por el de aquellos que le reportan.
- Saber delegar. Fases de la delegación.
- Cómo elegir al colaborador más adecuado.
- Identificar cuál es el rol del jefe en un proceso de selección a partir de los candidatos presentados por el área de Recursos Humanos.
- Saber reconocer comportamientos de manera objetiva, dejando de lado los juicios previos o prejuicios.
- Realizar entrevistas de selección desde el rol del jefe.
- Dar aliento y reconocimiento al colaborador.
- Reconocer y evaluar comportamientos.
- La evaluación de desempeño desde el rol del jefe.
- Saber dar retroalimentación.
- Cómo guiar a un colaborador en su carrera.
- Concepto de carrera.
- Distintos tipos de carrera.
- El rol del jefe en el desarrollo de competencias.
- Manejar *tips* prácticos para la relación diaria con el colaborador.
- Comunicación diaria y organizacional.
- El jefe y los rumores; cómo neutralizarlos.
- Ayudar a los colaboradores con sus problemas aportando, si es posible, soluciones.
- Autoevaluarse como jefe.

En una muy apretada síntesis, se podría decir que el rol del jefe, con la connotación que le hemos dado a este concepto, implica los siguientes ítems:

- Ser jefe es un rol que deberán desempeñar todos aquellos que tienen gente a su cargo en el ámbito de una organización, cualquiera sea su tipo y tamaño.

- Los jefes deben llevar a cabo una serie de tareas en relación con este rol, desde cómo elegir a sus colaboradores y cómo evaluarlos, hasta la relación diaria con ellos.
- El rol del jefe se complementa con asumir, al mismo tiempo, un rol protagónico en la ayuda y guía a los colaboradores en su crecimiento; a esto lo hemos denominado "jefe entrenador" (se verá en detalle más adelante).
- Un jefe *debe responder* por su propio trabajo y por el de aquellas personas que se encuentran bajo su supervisión.
- Además, es la persona *responsable de conducir un equipo de gente* capaz de obtener resultados. Un gerente debe brindar a su equipo un liderazgo eficaz, agregando valor al trabajo de sus subordinados.
- Entre las tareas cotidianas se puede señalar:
  - Ser responsable por la incorporación de nuevos colaboradores.
  - Asignar tareas a los integrantes de su equipo.
  - Fijar tareas con objetivos de tiempo.
  - Evaluar la eficacia (desempeño) de su personal. Dar aliento y reconocimiento a los colaboradores.
  - Relacionar tareas con capacidades.
  - Guiar a los colaboradores en sus respectivas carreras.
  - Proponer (cuando sea necesario) la desvinculación de colaboradores y seguir todos los pasos necesarios para que la misma resulte armoniosa para ambas partes.
  - Aplicar las políticas de Recursos Humanos.
- Saber delegar es esencial para cualquier directivo, jefe o supervisor. Delegar supone confiar una tarea a otra persona sin dejar de asumir la responsabilidad por lo que se realice.
- Muchos jefes tienen colaboradores que a su vez son ellos mismos jefes; un buen jefe deberá ayudarlos en este aspecto.
- Por último, la relación jefe-empleado se basa en la comunicación, que tiene un papel preponderante. Desde cómo comunicar las políticas organizacionales hasta cómo evitar los rumores, la gama de aspectos relacionados es muy amplia.

En síntesis, los jefes –no importa su nivel jerárquico– cumplen un rol en relación con sus colaboradores. Cada organización tendrá su estilo de conducción y diferentes metodologías de trabajo, y esto deberá ser considerado en cada caso: cómo se construye el "rol del jefe" dentro de la cultura organizacional.

Definir si se trabaja, por ejemplo, bajo empowerment, será una decisión que tomará la máxima conducción, y los distintos niveles jerárquicos serán capacitados para ello y modificarán su forma de trabajo.

Entre los métodos de trabajo que las organizaciones implantan, se encuentran tanto *Balance Scorecard* como Gestión por Competencias. Ambas tecnologías afectan de un modo u otro el rol del jefe, según las funciones descritas. Por ejemplo, una de las tareas del jefe es seleccionar a sus colaboradores. Si la organización ha implementado Gestión por Competencias, las entrevistas de selección que llevará a cabo el jefe deberán ser realizadas según esta metodología.

Planes de formación sobre el rol de los jefes

Muchas organizaciones tienen problemas no tanto con los máximos niveles de conducción sino, en especial, con la segunda y tercera líneas. No obstante, cuando se desea desarrollar a cada uno de los jefes para que alcance un desempeño superior, se debe partir del máximo nivel y en cascada llegar a todas las líneas de conducción.

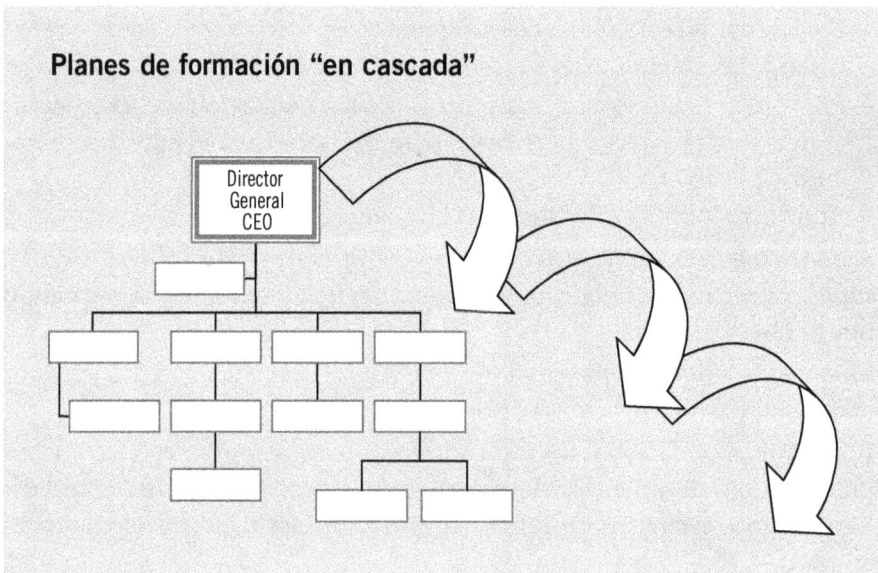

Planes de formación "en cascada"

Recientemente me preguntaban: "¿Qué pasa si un jefe no quiere ser un entrenador de sus colaboradores?", y respondí: "Si un jefe no desea asumir ese rol, es posible que tampoco esté cumpliendo satisfactoriamente otros roles y tareas de su función". Es posible que necesite ayuda para ser un mejor jefe o un mejor entrenador, pero "si no quiere serlo", veamos su desempeño, en general, y seguramente encontraremos otras carencias.

Entre las experiencias prácticas de programas de formación integrales sobre "Rol del jefe", creo importante destacar la de una empresa de Guatemala. Para llevar adelante el mencionado programa se trabajó del siguiente modo:

- Se diseñó una actividad de codesarrollo bajo la modalidad "Formador de formadores".
- Los directores recibieron la formación para ser mejores jefes y, lo que es sustancial, para luego ellos mismos impartir la actividad a los jefes que les reportan.
- Los directores impartieron el taller a estos gerentes para que ellos –a su vez y en cascada– hicieran lo propio con los jefes y/o supervisores a su cargo.

"Codesarrollo" es una actividad de la Metodología Martha Alles de Gestión por Competencias que implica, además de la transmisión de conocimientos necesarios, que los participantes pongan "en uso" la competencia y se autoevalúen al respecto, tras lo cual confeccionan su propio plan de acción para el desarrollo de la competencia, considerando los aspectos en los que se estima que deben mejorar. Esta misma técnica de formación de adultos puede ser aplicada a la transmisión de conocimientos, aunque en sus orígenes fue concebida para el desarrollo de competencias (características de personalidad).

En la experiencia relatada, la recepción por parte de la organización fue excelente, ya que los mismos jefes ayudaron a otros a ser jefes. Cuando esto no se realiza de este modo, puede suceder que un supervisor diga: "mi propio jefe no lo hace así", y esto se constituya en un potencial problema.

En el caso expuesto, además de la formación en "Rol del jefe" se posibilitó una instancia adicional de comunicación entre los distintos niveles gerenciales y de supervisión de la organización.

El jefe entrenador

El rol que debe asumir un jefe en relación con las personas implica ser un entrenador de ellas. Será muy difícil ser un buen jefe sin esta característica. Para explicar la idea de una manera simple, podríamos decir que para ser un *jefe entrenador* es necesario poseer la competencia *Entrenador*[23] o tener la capacidad de ser un entrenador, y *rol del jefe* implica una serie de funciones para las que se debe

23. Alles, Martha. *Diccionario de competencias. La trilogía. Tomo 1*. Ediciones Granica, 2009 y 2015.

© GRANICA

poseer la capacidad de ser entrenador si se desea llevarlas a cabo exitosamente. Por ello, dentro de las funciones de un jefe se han mencionado la de entrenador o guía de sus empleados. El mismo término involucra tanto la competencia como las funciones de entrenador.

En temas de management y administración existen una serie de términos que están sobreexpuestos, es decir, utilizados para usos muy diversos y, en ocasiones, mal empleados. Por lo tanto, si bien no reemplazaremos algunos de ellos, los mismos serán aplicados en cada caso en su correcta acepción.

Glosario

Exponemos a continuación diferentes definiciones según diccionarios de la lengua española y algún autor como referencia, y en algunos casos nuestra propia opinión, para dar al final una definición de entrenamiento para el desarrollo de las capacidades de las personas (conocimientos y competencias).

Coaching: entrenamiento, preparación, ayuda.

Coach: entrenador, preparador, persona que da clases a otra/s.

Jefe entrenador: persona que al mismo tiempo que cumple su rol de jefe lleva adelante otra función: ser guía y consejero de sus empleados. Estos últimos pueden ser personas con o sin experiencia, quizá no han trabajado hasta el presente, y con la guía cotidiana de un buen jefe adquieren las competencias necesarias para tener éxito en sus puestos de trabajo. Todo buen jefe debería ser un entrenador de sus empleados. Muchos no lo son, pero siempre pueden ser entrenados para ello. Por lo tanto, si una organización desea que sus jefes cumplan este rol adicional, puede brindar a todos los niveles de supervisión el entrenamiento necesario para transformar a los jefes en entrenadores de sus subordinados.

Como una explicación adicional respecto del rol de los jefes, me permito citar un comentario que nos hiciera un entrevistado para la obra *Cómo manejar su carrera*, como uno de los secretos de su éxito: *Seguir a un buen jefe, no tenerles miedo a los jefes estrictos. Cuando tuve jefes mediocres hice trabajos mediocres. ¡Los jefes estrictos son los que hacen buenos profesionales!*

Mentor: consejero o guía. En su segunda acepción: educador o maestro. En inglés, *mentor* se escribe igual que en español. Otra definición: *persona de mayor experiencia que ayuda y aconseja a otros con menos experiencia por un período de tiempo*[24].

Tutor: en su segunda acepción: persona que cuida y protege a otra. El término tutor tiene una primera acepción, que no se relaciona directamente con nuestro

---

24. *New Oxford Advanced Learner s Dictionary.* University Press, New York, 2000.

tema: persona que tiene la tutela de otro/s (hace referencia a menores de edad o personas con alguna discapacidad).

Mentoring: actividad desarrollada por el mentor.

Tutoría: cargo o función de tutor.

Counseling o counselling: orientación (psicológica, académica, universitaria, etc.).

Counselor o counsellor: consejero, orientador.

Dado los significados citados precedentemente, tomados directamente de diccionarios de la lengua española, se propone, en concordancia con otros autores, dejar las dos últimas palabras, *counseling* y *counselor*, para actividades de consejo personal sobre la carrera u otras actividades.

El concepto *Jefe entrenador*

La expresión "Jefe entrenador" es un concepto amplio referido a una serie de roles que un jefe deberá asumir para lograr ser un entrenador de sus colaboradores. Significa que una persona que ocupa la posición de jefe o supervisor de otra/s, cumple la función adicional de ser guía y consejero o entrenador de sus empleados, para que éstos puedan realizar mejor sus tareas, lo que puede implicar tanto la adquisición de nuevos conocimientos como el desarrollo de competencias.

Cuando los jefes no saben cómo cumplir este rol de entrenador pueden ser formados para ello. Por lo tanto, si una organización desea que sus jefes cumplan este rol adicional, puede brindar a todos los niveles de supervisión la formación necesaria para transformar a los jefes en entrenadores de sus subordinados.

Ya hemos dicho, en párrafos anteriores, que un jefe cumple diversos roles dentro de la organización; en ese marco, sería deseable que en todos los casos el jefe pase de ser sólo *una persona que dirige* a ser *líder de empleados*, y, dando un salto hacia adelante, *líder de equipos*.

Antes de continuar haremos una referencia, casi histórica, sobre Vince Lombardi[25], quien fue uno de los precursores en trasladar sus experiencias como entrenador en el deporte al mundo empresario. Sus conferencias y videos –que aún hoy se utilizan– fueron pensados en relación con equipos de ventas y comerciales en general.

---

25. Vince Lombardi nació el 11 de junio de 1913 en Brooklyn, New York y falleció el 3 de septiembre de 1973.

© GRANICA

Vince Lombardi - Resumen de su carrera

- Comenzó con su carrera como entrenador a los 46 años, con los Green Bay Packers.
- Cambió la situación de los Packers, en tan sólo un año, de un récord de 1-10-1 en 1958 a uno de 7-5 en su primera temporada en 1959.
- Durante los siguientes ocho años, sus Packers dominaron la liga, ganando seis divisionales y cinco campeonatos de la NLF y también ganando los Super Bowls números I y II.
- Después de su retiro como entrenador en 1968, continuó como Manager General de los Packers. Pero encontró que estar fuera de la actividad de entrenador era aburrido e inadecuado para él.
- Después tomó el trabajo de entrenador de Washington, al que llevó a un récord de 7-5-2 en su primera temporada.
- Se vio obligado a retirarse cuando le fue diagnosticado cáncer.
- Fue elegido como miembro del Hall of Fame[26] en 1971.

Usualmente se encuentran posters y frases de Vince Lombardi en cualquier negocio que ofrezca souvenirs y libros de management. Algunas de ellas:

Vince Lombardi – Sus mejores frases

"Ganar no lo es todo, hacer el esfuerzo para ganar lo es."

"Lo importante no es si caes, lo importante es si te levantas."

"Los líderes no nacen, se forman. Se forman con trabajo duro, que es el precio que todos debemos pagar para alcanzar alguna meta que valga la pena."

"El football se asemeja mucho a la vida en cuanto a que enseña que el trabajo, el sacrificio, la perseverancia, el sentido competitivo, el amor propio y el respeto por la autoridad son el precio que todos y cada uno de nosotros debemos pagar para lograr las metas valederas."

---

26. Hall of Fame: suerte de rango de honor que se les da a las personalidades más destacadas, en este caso en el football americano, como reconocimiento a su labor.

"Una vez que aprendes a darte por vencido, se convierte en un hábito."

"El trabajo en equipo es el secreto de los Green Bay Packers. Ellos no lo hacen por la gloria. Lo hacen porque se aman mutuamente."

"Los logros de una organización son fruto del esfuerzo combinado de cada individuo."

"Después de que la ovación se haya desvanecido y el estadio esté vacío, después de que los titulares se hayan escrito y después de que hayas regresado a la tranquilidad de tu cuarto... las cosas duraderas que habrán quedado son: la dedicación a la excelencia, la dedicación a la victoria, y la dedicación de hacer con nuestras vidas lo mejor que podamos para hacer del mundo un mejor lugar en donde vivir."

Quizá una de las frases más representativas de su mensaje pueda ser ésta, tomada de un video: *El precio que debemos pagar por el éxito... Creo que podemos lograr cualquier cosa si aceptamos pagar ese precio. Y el precio del éxito es el trabajo arduo... trabajo, dedicación a la tarea que uno tiene. Y la determinación de que ya sea que ganemos o perdamos, habremos dedicado lo mejor de nuestro esfuerzo a la tarea.*

Vince Lombardi es un ejemplo de referente en materia de entrenamiento y trabajo en equipo.

El otro tema interesante, también con relación al entrenamiento, es que no hay reglas ni métodos que definan qué es entrenamiento, por ello se puede encontrar a personas que lo ejercen desde posiciones "casi místicas" e instan con las clásicas consignas del estilo "¡vamos, que usted puede!", sin decirle a la persona qué debe hacer para verdaderamente poder hacer aquello que surge de la arenga (es decir, cuáles son los métodos o caminos más serios y profesionales para lograrlo).

Para Bénédicte Gautier y Marie-Odile Vervisch[27], en una primera definición *coaching es un acompañamiento para el desarrollo de las potencialidades.* En la misma obra se hace referencia a Vincent Leenhardt (*Les managers porteurs de sens,* Insep Éditions, 1992), que introdujo el coaching empresarial en Francia: *Se entiende por coaching el acompañamiento de una persona o de un equipo. Dicho acompañamiento se asemeja al de un entrenador frente a un campeón, individual o en equipo. El coaching, que se aplica tanto al individuo como al equipo campeón, en este último caso se denomina también* team building. *La actitud que supone el coaching es común al directivo o al consultor: considerar a la persona o al equipo acompañados en su funcionamiento actual, pero de forma especial en su potencial*

27. Gautier, Bénédicte y Vervisch, Marie-Odile. *Coaching directivo para el desarrollo profesional de personas y equipos.* Oberon, Madrid, 2001.

© GRANICA

de realización. Este enfoque conlleva simultáneamente una filosofía, una actitud, comportamientos, competencias y procedimientos.

El punto más importante de esta definición radica en el concepto de "acompañamiento"; de ahí deviene la enorme diferencia con cualquier otra práctica para el desarrollo de competencias.

Las autoras Gautier y Vervisch también hacen referencia a una definición que brinda la Sociedad Francesa de Entrenamiento: *El entrenamiento es el acompañamiento de una persona a partir de sus necesidades profesionales para el desarrollo de su potencial y de sus conocimientos técnicos.* De esta definición me parece importante destacar que el acompañamiento tiene lugar en relación con *las necesidades profesionales* de las personas; y creo que allí se cierra el círculo.

En todos los casos, nos referiremos a entrenamiento dentro del ámbito de una organización, por lo que siempre tendrá lugar en un contexto determinado del cual surgirán las necesidades, generalmente producto del *gap* o brecha existente entre lo requerido para un puesto y las reales competencias de la persona que lo ocupa o se prevé que podría ocuparlo.

Para transformarse en un directivo entrenador

Para ser un *jefe entrenador* debe producirse un cambio, una transición que implique pasar de ser un jefe que dirige y controla a uno que entrena a sus colaboradores.

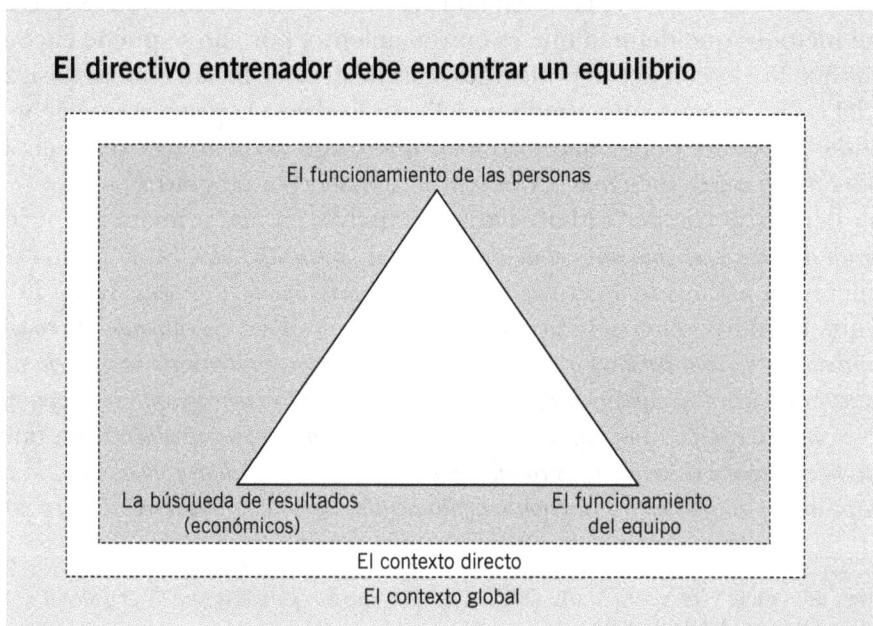

El directivo entrenador debe encontrar un equilibrio

El funcionamiento de las personas

La búsqueda de resultados (económicos)

El funcionamiento del equipo

El contexto directo

El contexto global

Para ser un directivo entrenador el jefe deberá tener en cuenta:

1. El comportamiento de las personas a su cargo o dentro de su área de influencia.
2. El funcionamiento del equipo.
3. La búsqueda de resultados, que generalmente son económicos, pero pueden no serlo (por ejemplo, en el caso de empresas sin fines de lucro u organismos de gobierno), aunque igualmente se deben tener en cuenta los presupuestos y las metas a alcanzar.

A estos tres ítems básicos hay que sumar otros factores derivados del contexto. El directivo entrenador puede tener un radio de acción dentro de la organización, pero ésta a su vez tener un alcance local, regional o transnacional, no sólo por sus propias dimensiones sino, también, por su ámbito de repercusión. Por lo tanto, los tres factores mencionados se ven afectados o modificados por los dos contextos: el directo y el global.

Antes de cerrar este punto creo válido hacer una referencia para, de algún modo, *llevar el tema a la realidad.* Las organizaciones deben cumplir sus objetivos estratégicos; por lo tanto, no basan su accionar en lograr *jefes entrenadores.* Sin embargo, este tipo de prácticas se entienden como productivas para una mejor consecución de los objetivos organizacionales. Se espera lograr por un lado mejores jefes y empleados satisfechos y, del mismo modo, clientes satisfechos, al ser atendidos por empleados que se sienten a gusto en la organización donde se desempeñan. Se entiende, en una concepción moderna del tema, que debe darse una relación circular del tipo ganar-ganar, donde todos se vean beneficiados.

Se ha desarrollado el concepto de directivo entrenador como una visión diferente y enriquecedora del clásico concepto del gerente o manager.

Pasos para el entrenamiento

1. Primero, elegir el entrenador adecuado.
2. Fijar objetivos de trabajo medibles y alcanzables entre los dos participantes: entrenador y aprendiz.
3. Fijar rutinas: días, lugares y horarios de encuentro, y otros detalles.
4. Definir metodologías de trabajo en forma conjunta.
5. Cada uno deberá llevar un registro de sus trabajos y del grado de cumplimiento de los objetivos planteados.

El entrenamiento utilizado como una vía para el desarrollo de competencias no implica llevar a cabo meras reuniones entre dos personas; es una metodología de trabajo con un objetivo específico: el desarrollo de la/s competencia/s en base a un

© GRANICA

Entrenamiento experto: entrenador y aprendiz llevan sus registros de seguimiento

SEGUIMIENTO DEL ENTRENAMIENTO EXPERTO

Nombre del entrenador:

SEGUIMIENTO DEL ENTRENAMIENTO EXPERTO

Nombre del entrenador: ....
Nombre del aprendiz: ....
Posición que ocupa: ....
Fecha de la entrevista: .../.../...

Objetivos a alcanzar

Trabajos o asignaciones específicas ....

Puntos fuertes (formación en conocimientos y competencias)

Puntos débiles (formación en conocimientos y competencias)

Grado de avance del objetivo a alcanzar al momento de la reunión de seguimiento:

Comentarios

Fecha próxima entrevista: .../.../...

plan de acción y un propósito específico, realizando cada uno de los participantes, entenador y aprendiz, un control y seguimiento de lo actuado.

Jefe entrenador en la Metodología Martha Alles

En nuestra firma consultora, se está trabajando muy fuertemente para ayudar a los integrantes de nuestras organizaciones clientes en el desarrollo de esta característica o capacidad que hemos denominado *Jefe entrenador*, en todos los niveles de supervisión, desde altos directivos hasta supervisores de menor nivel jerárquico. La metodología utilizada es a través del desarrollo de una serie de competencias que harán que cada persona se transforme en un entrenador del equipo a su cargo.

La metodología que se utiliza para el desarrollo de esta capacidad o competencias de entrenador es a través de los mismos caminos señalados como los más eficaces para el desarrollo de competencias: *autodesarrollo, entrenamiento experto* (idealmente por parte de un superior), *codesarrollo.*

En cuanto a esta última variante, codesarrollo, la forma de implementarla es a través de actividades de formación que se llevan a cabo bajo la modalidad de "Formador de formadores", para que instructores internos e, idealmente, los mismos jefes, ayuden a aquellos de sus colaboradores que sean a su vez supervisores de otros, a desarrollar este concepto: jefe entrenador.

Cómo lograr ser Jefe entrenador: desarrollo de la competencia Entrenador

El desarrollo de la competencia *Entrenador,* al igual que los programas de formación sobre el *Rol del jefe,* debe diseñarse a partir de la máxima conducción, más allá de que quienes la componen posean o no la competencia en cuestión. Este tipo de programas de formación deben pensarse para toda la organización, partiendo de la cima y, en cascada, recorriendo toda la estructura organizacional.

Es nuestra metodología se ha diseñado un taller que hemos denominado *Codesarrollo*[28], para trabajar sobre la competencia *Entrenador.* Este taller tiene como objetivo que el participante desarrolle comportamientos, particularmente los relacionados con la función de un entrenador, y en menor medida para que aprenda conceptos de tipo teórico sobre entrenamiento, ya que el propósito es el desarrollo de la competencia en sí, no sólo su comprensión (conocimientos).

Retomemos la definición de la competencia Entrenador: capacidad para formar a otros tanto en conocimientos como en competencias. Implica un genuino esfuerzo para fomentar el aprendizaje a largo plazo y/o desarrollo de otros, más allá de su responsabilidad específica y cotidiana.

El taller se lleva adelante bajo el siguiente programa:

- Explicación inicial sobre *desarrollo de competencias.* Qué significa, qué implica. Comprender que no se trata de aprender conceptos sobre la competencia sino *desarrollar* la competencia en el participante.
- Explicación inicial sobre qué es Codesarrollo.
- Definición de entrenador y entrenamiento.
- Comportamientos de un jefe entrenador en sus diferentes grados.
- Ejercicios prácticos y de reflexión.

---

28. Codesarrollo significa desarrollo de la competencia con la ayuda y guía del instructor del taller. Implica autoevaluación y plan de acción para la modificación de comportamientos en relación con la competencia a desarrollar.

© GRANICA

- Estudio de una película en partes. Ejercicios de reconocimiento de comportamientos con reflexión individual y grupal.
- Caso de estudio (tomado de la realidad). Ejercicios de reconocimiento de comportamientos con reflexión individual y grupal.
- Autoevaluación: test.
- Plan de acción. El plan lo hace el participante. El instructor aplica diversas consignas para ayudar al participante.
- Revisión de todos los conceptos: qué significa un jefe entrenador, la relación con los empleados, cómo ser un jefe entrenador.
- Conclusiones finales.

Cómo relacionar *Jefe entrenador* con *Empowerment*

Como fácilmente puede advertirse, las diferentes prácticas de Recursos Humanos se relacionan entre sí. No es posible poner en práctica un proceso de empowerment si los jefes no desarrollan las capacidades de sus colaboradores. Son dos prácticas que van de la mano.

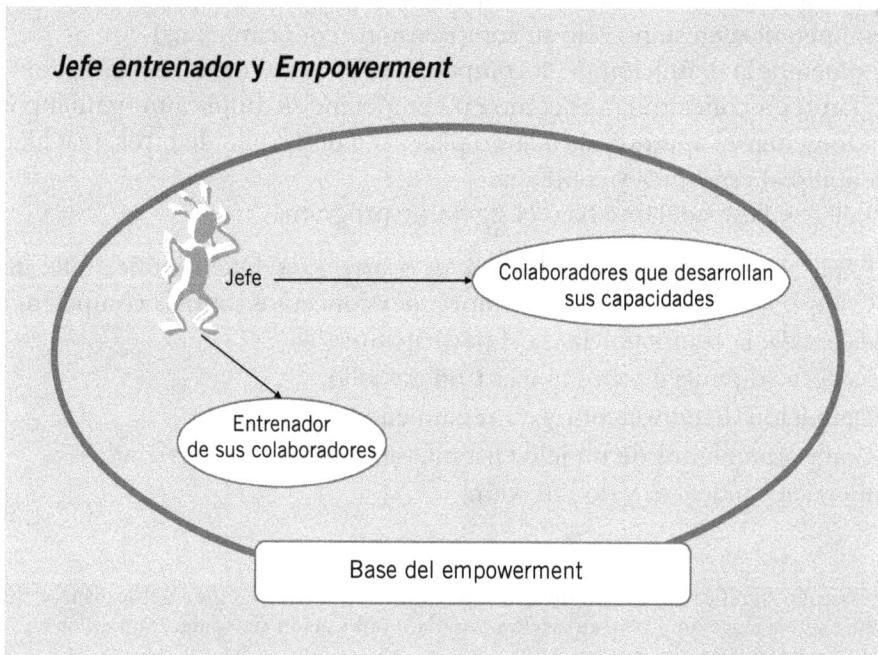

Jefe entrenador y Empowerment

Jefe → Colaboradores que desarrollan sus capacidades

Entrenador de sus colaboradores

Base del empowerment

Luego de lograr que el jefe apoye a sus colaboradores en su crecimiento, les sirva de guía o acompañamiento, y éstos desarrollen sus capacidades, tras esa primera etapa (base necesaria para el empowerment), vendrá el proceso de delegación eficaz. Por lo tanto, para poner en la práctica empowerment, entre otras cosas, se debe desarrollar la capacidad de entrenador en los jefes (de todos los niveles).

El entrenamiento empresarial y el entrenamiento deportivo: semejanzas y diferencias

El entrenamiento es un concepto que proviene de los medios deportivos (como el caso del ya mencionado Vince Lombardi). En la práctica deportiva, la técnica se basa fundamentalmente en enseñar al otro a que aprenda por sí mismo, no en transferirle sólo un conocimiento. Desde la perspectiva organizacional, el sentido del entrenamiento es muy similar.

Pero, si bien las técnicas son parecidas, las finalidades son diferentes en los diversos ámbitos. Es casi obvio que el entrenamiento deportivo apunta al desafío, esto es, que la persona gane el partido o competición. Las personas en situación de desempeñar un trabajo no son deportistas destinados a jugar partidos o a participar en competiciones donde las reglas ya son conocidas. En una organización, las personas trabajan en situaciones a menudo inciertas y complejas, y además no siempre se conocen las reglas del juego o bien éstas pueden cambiar en cualquier momento, aun "en la mitad del partido".

En síntesis, en sus diversos ámbitos el entrenamiento posee técnicas similares y objetivos diferentes, fundamentalmente debido a las diferencias del contexto.

La figura del entrenador deviene de una mezcla de dos elementos: por un lado, el entrenador debe ser un ejemplo de la o las competencias a desarrollar, y por otro, debe poseer la capacidad de guiar o acompañar a otros en su crecimiento. Como es fácil comprender, no se podrá guiar a otros a que aprendan a delegar si el mismo entrenador no sabe transferir responsabilidades. Este comentario, a primera vista excesivamente simple, no lo es en la práctica. Las empresas contratan consultores para programas de entrenamiento en temas diversos, como liderazgo y empowerment, sin conocer si los que brindarán los referidos programas tienen o no la competencia, y en caso afirmativo, en qué grado la poseen. Conozco muchos casos en los que esto ha sucedido.

En el caso de un entrenador interno, la organización tiene los medios para saber qué grado de desarrollo de competencias posee y si podrá ser o no un buen entrenador.

En algunos casos la figura de un entrenador externo puede ser beneficiosa, pero en el largo plazo, cuando se piensa en una organización sostenible en el tiempo, sin lugar a duda, desarrollar jefes entrenadores es la mejor sugerencia.

© GRANICA

Es posible que, en algunas circunstancias, una persona ajena a la organización aporte un enfoque neutral, y, a su vez, el hecho de que un consultor pueda conocer una gran variedad de empresas puede implicar un valor agregado adicional. Como contrapartida, el costo de contar con un entrenador externo es superior al que implica trabajar con un integrante de la propia organización.

El entrenador interno podría ser una persona diferente al jefe directo de la persona que recibe el entrenamiento. Desde un superior del jefe (el jefe del jefe), hasta un par, o una persona del área de Recursos Humanos. Las ventajas de un entrenador interno son muchas, desde que pertenece a la misma cultura y conoce los códigos internos, hasta que sabe el quién es quién dentro de la organización.

En nuestra opinión, el ideal se consigue cuando este rol de acompañamiento lo asume el jefe directo del colaborador. Esto implica un verdadero desafío para los superiores jerárquicos y permite a las personas involucradas comunicarse de una manera diferente, al darle prioridad al desarrollo del colaborador que recibe el entrenamiento. En ocasiones, puede no ser factible si en la relación jefe-empleado no puede dejarse de lado el miedo, consciente o inconsciente, fundado o no, sobre qué hará un superior si su subordinado se abre totalmente, confía sus inquietudes y temores o deja a descubierto falencias o aspectos a mejorar.

Más allá de estas eventuales desventajas, en nuestra experiencia, desarrollar esta capacidad en los jefes (ser y/o transformarse en un jefe entrenador) es siempre muy productivo tanto para la organización como para las personas que la integran.

Otras variantes de entrenamiento

El entrenamiento puede realizarse en base a otras variantes respecto de quién asume el rol de entrenador.

Podría ser asumido, como ya dijimos, por otras personas además del propio jefe del colaborador: un consultor externo e incluso una persona del área de Recursos Humanos o de otra área de la organización. Si bien no es frecuente, también podría ser un par.

El entrenador debe ser un referente de la/s competencia/s a desarrollar en las personas a las cuales guía o acompaña en su crecimiento. En este caso, el referente es una persona que tiene la/s competencia/s en cuestión en un alto grado de desarrollo.

Muchas veces los gerentes u otros colaboradores necesitan desarrollar aspectos específicos (especialmente, competencias requeridas por su trabajo). En ese caso, una persona con mayor trayectoria y antigüedad puede ayudarlos a construir confianza y mejorar sus capacidades en el sentido deseado.

En estos casos, el entrenamiento es una relación interpersonal orientada al aprendizaje, donde cada uno de los participantes del proceso cumple un rol –entrenador y aprendiz–. No todas las personas pueden ser buenos entrenadores.

Seguimiento del entenamiento

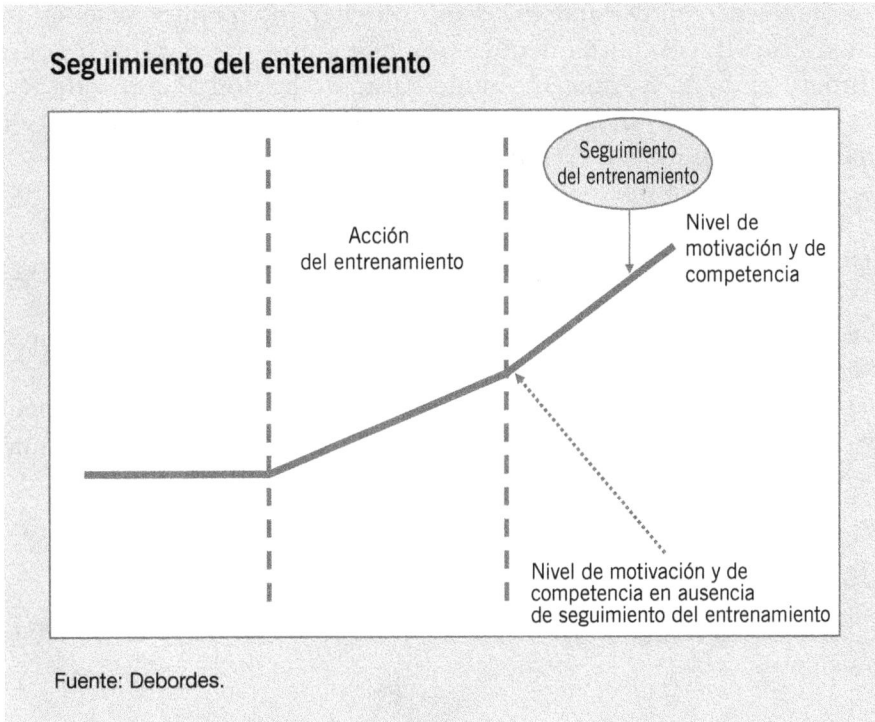

Fuente: Debordes.

En el cuadro expuesto adaptado de un libro de Pascal Debordes[29] se puede apreciar que una persona tiene un determinado nivel de la competencia; frente a esto, realiza o se aplican las acciones pertinentes para su desarrollo; en este caso nos estamos refiriendo al entrenamiento, pero podría tratarse de otra herramienta para el desarrollo de competencias[30]. Así logra incrementar el nivel de la competencia, pero si luego no se hace un seguimiento, la persona puede retroceder en

---

29. Debordes, Pascal. *Coaching. Entrenamiento eficaz de los comerciales. Cómo motivar y hacer progresar a la fuerza de ventas.* Gestión 2000, Barcelona, 1998.
30. La metodología Martha Alles para el desarrollo de competencias utiliza tres caminos: 1) autodesarrollo, 2) entrenamiento y 3) codesarrollo. Ver *Desarrollo del talento humano.* Ediciones Granica, Buenos Aires. 2005, 2006.

su desarrollo. Por el contrario, si además del entrenamiento se realiza un segui-miento del proceso, se podrá mantener en el mayor nivel posible el desarrollo de la competencia que la persona haya alcanzado.

Una de las razones: si la persona se da cuenta de que ha perdido el apoyo del entrenador, puede equivocarse en cómo obtener los mejores resultados o en cómo modificar sus comportamientos. Con el seguimiento del coach podrá con-tinuar progresando. Si esto sucede, aumenta su motivación. Por el contrario, si la persona observa una involución en su desarrollo, aun cuando el mismo sea a un nivel más alto que el inicial, esto será causa de desmotivación.

Mentoring o programas de tutoría

Si bien los términos mentor, tutor y entrenador a veces se usan como sinónimos, no lo son; ya hemos definido qué es un mentor o tutor.

Un mentor, dentro de un programa de *mentoring* o *tutoría* es, usualmente, un directivo de nivel jerárquico superior (el jefe del jefe), esto por un sinnúmero de razones: se trata de una persona que conoce el rumbo de la organización, tiene un

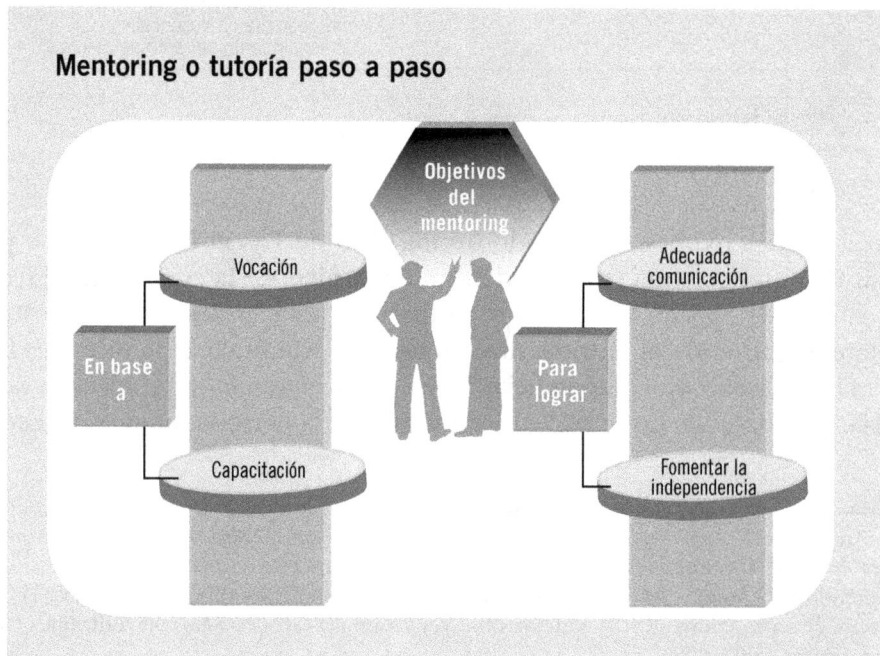

Mentoring o tutoría paso a paso

Objetivos del mentoring

Vocación

Adecuada comunicación

En base a

Para lograr

Capacitación

Fomentar la independencia

claro panorama respecto del negocio, no está involucrado en el día a día del trabajo del colaborador, etc. Además, se busca, en general, una personalidad de prestigio, al menos en el interior de la organización.

Cuando las organizaciones adoptan este método de trabajo, es usual incluir estas responsabilidades dentro de los objetivos de la persona que asume el rol de mentor o tutor. Es decir, su desempeño será medido, además, por el programa de mentoring que lleve adelante.

Como con tantas otras buenas prácticas, estos conceptos pueden ser aplicados en cualquier organización, aun en las pequeñas.

Los pasos a seguir para una buena implementación de un programa de mentoring son:

- Primero, asegurarse respecto de *la vocación* de las partes intervinientes; el tutor y la persona bajo tutoría deben estar convencidos de las bondades de la tarea a desarrollar.
- El mentoring también implica *capacitación* y entrenamiento de la persona bajo tutoría, para su desarrollo, y del tutor, si no ha asumido anteriormente ese rol, en cuyo caso deberá recibir alguna capacitación al respecto.
- Deben definirse los *objetivos* y en base a estos elementos se debe lograr, mediante una adecuada *comunicación* entre las partes, fomentar la *independencia* del empleado y cumplir con los objetivos fijados.

¿Cómo lograr que los gerentes o supervisores sean buenos tutores o mentores?

Si una empresa nunca aplicó estas metodologías deberá "crear cultura" al respecto. No se implementan de la noche a la mañana.

Pero el primer paso es que la persona que sea designada tutor debe sentir y saber que no se le asignó "una nueva carga" sino una nueva responsabilidad sobre la cual la organización está interesada y que se encuentra en línea con sus objetivos; y que él, a su vez, será evaluado por cómo lleva adelante la tutoría asignada.

Un tutor debe lograr que la persona bajo tutoría sienta que él...

- lo puede ayudar
- lo conoce muy bien
- lo apoyará para que pueda superarse.

Por otro lado, el tutor necesita...

- sentir que su actuación es útil y necesaria.

Para referirse a la *persona bajo tutoría* (que es la denominación que preferimos en nuestro idioma), los nortamericanos utilizan una palabra del francés y la llaman *"the protégé"*[30] (*protegido* en castellano).".

Bell[31] sugiere cuatro recomendaciones respecto de la relación del mentor con *the protégé*, a fin de que tenga lugar sin resistencias y con éxito:

1. El mentor debe informar a la persona bajo tutoría, claramente, acerca de su desempeño, sus problemas y sus logros.
2. Asegurarse de la comprensión –y su acuerdo– sobre el foco de aquello que se espera de ella.
3. Transmitir ideas para mejorar el desempeño de la persona bajo tutoría cuidando las formas para generar adhesión y eliminar la resistencia frente al comentario
4. Usar la primera persona del singular eliminando frases tales como "usted debe" y reemplazándolas por "quiero ser una fuente de ayuda para usted".

¿Cuánto tiempo debe durar una tutoría o programa de mentoring?

Para Mathis y Jackson[32] el mentoring debe darse entre gerentes que transitan la mitad de sus carreras, por un lado, y personas que comienzan las suyas, por el otro. Capacidades técnicas, de relación interpersonal y políticas serán los elementos más importantes que las personas con más experiencia deberán transmitir a las más jóvenes. Los autores mencionados presentan un gráfico interesante con relación al mentoring, que exponemos en la página siguiente en una traducción libre y simplificada.

La entrevista o reunión en la tutoría

Conceptualmente, la reunión de seguimiento en un programa de tutoría o mentoring no difiere de una evaluación: se consideran los puntos fuertes y débiles, el compromiso asumido y el desarrollo profesional.

Esta reunión de seguimiento deberá llevarse a cabo de manera periódica e, idealmente, tener un día fijo de realización, para que tanto el tutor o mentor y la persona bajo tutoría sepan que "tienen un compromiso" (por ejemplo, el tercer

---

30. *Protégé*: protegido. *Protéger*: proteger, amparar, defender, escudar, resguardar, salvaguardar, preservar, favorecer, ayudar.
31. Bell, Chip R. *Managers as mentors*. Berrett-Koehler Publishers, San Francisco, 1998.
32. Mathis, Robert L. y Jackson, John H. *Human Resource Management*. South-Western College Publishing, a division of Thompson Learning. Cincinatti, Ohio. 2000.

Etapas en una relación de mentoring

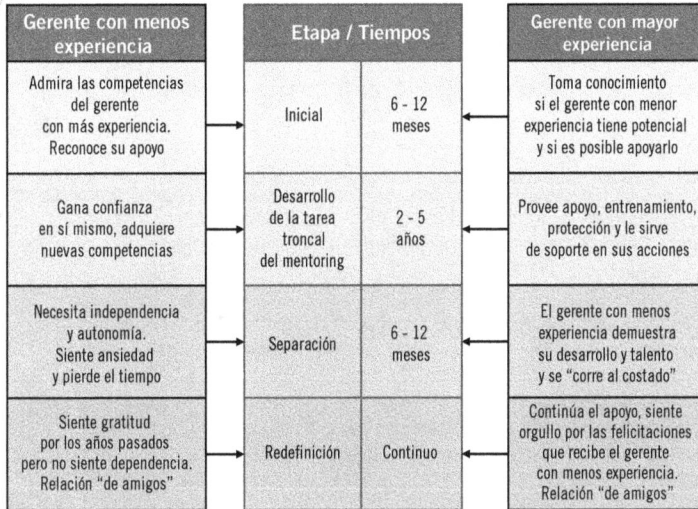

Gerente con menos experiencia	Etapa / Tiempos		Gerente con mayor experiencia
Admira las competencias del gerente con más experiencia. Reconoce su apoyo	Inicial	6 - 12 meses	Toma conocimiento si el gerente con menor experiencia tiene potencial y si es posible apoyarlo
Gana confianza en sí mismo, adquiere nuevas competencias	Desarrollo de la tarea troncal del mentoring	2 - 5 años	Provee apoyo, entrenamiento, protección y le sirve de soporte en sus acciones
Necesita independencia y autonomía. Siente ansiedad y pierde el tiempo	Separación	6 - 12 meses	El gerente con menos experiencia demuestra su desarrollo y talento y se "corre al costado"
Siente gratitud por los años pasados pero no siente dependencia. Relación "de amigos"	Redefinición	Continuo	Continúa el apoyo, siente orgullo por las felicitaciones que recibe el gerente con menos experiencia. Relación "de amigos"

Fuente: Mathis y Jackson.

lunes, o el primer y tercer martes de cada mes). De ese modo no deberán llamarse para coordinar una reunión: la misma ya está planeada, lo que brinda seguridad y plantea un horizonte claro de trabajo para las partes involucradas.

El formulario de la siguiente página muestra la relación y los pasos de la reunión de tutoría y del programa en sí.

No es imaginable un esquema de tutoría o mentoring sin reuniones frecuentes o sin sugerencias formales e informales, formularios escritos y comentarios verbales.

En definitiva, el mentor o tutor, en conjunto con su *protégé* o persona bajo tutoría, deben conformar un equipo de trabajo donde la persona más experimentada brinde su apoyo y consejo al colaborador más joven, para lograr un mayor desarrollo de este, en beneficio de todos.

Diferencia entre *Jefe entrenador* y *Mentoring* (tutoría)

- En la práctica de mentoring el tutor o mentor es en todos los casos un directivo de la organización de mayor nivel que el colaborador bajo tutoría, y que

SEGUIMIENTO DE TUTORÍA

Nombre del tutor: ....

Nombre de la persona bajo tutoría: ....

Posición que ocupa: ....

Fecha de la entrevista: .... / .... / ....

Breve comentario sobre la actuación de la persona bajo tutoría

....
....

Puntos fuertes (formación en conocimientos y competencias)

....
....

Puntos débiles (formación en conocimientos y competencias)

....
....

Inquietudes de la persona bajo tutoría con relación a su carrera profesional: proyectos en los que participa, proyectos en los que desea participar, etc.

....
....

Compromiso asumido por el tutor con relación al desarrollo profesional en el período

....
....

Comentarios

....
....
....

Fecha próxima entrevista: .../.../...

Firma del tutor:..

Firma de la persona bajo tutoría:................................

conoce la empresa y el puesto de trabajo de éste. Su papel consiste en guiar, mostrando, explicando, indicando lo que se debe hacer y lo que no. El principio de este aprendizaje consiste en seguir el modelo que el tutor o mentor representa en ese ámbito.

- El programa *Jefe entrenador*, si bien tiene similitudes con los programas de mentoring, posee a su vez grandes diferencias. El jefe directo y en contacto cotidiano guía a sus colaboradores en el desarrollo de sus capacidades (conocimientos y competencias) para el mejor desempeño de sus funciones y tareas.

- En el ámbito de las organizaciones pueden existir otros tipos de entrenadores que brindan entrenamiento para temas específicos. Si esta función la lleva a cabo un asesor externo, éste, luego de analizar la situación, emitir un diagnóstico y formular sus recomendaciones, proporcionará a la persona que recibe el entrenamiento un asesoramiento sobre cómo mejorar o resolver esa situación en particular.

Nuestra sugerencia, pensando en el mediano y largo plazo y en el crecimiento sostenido de las organizaciones, es el desarrollo de la competencia Entrenador en los jefes. De este modo la organización en su conjunto se transformará en una organización "que aprende", no en un momento en particular, sino en el día a día y a lo largo de toda su existencia.

Síntesis del capítulo

- ✓ El comportamiento organizacional está compuesto por una serie de elementos, como se vio en el Capítulo 1. Su estudio, desde la perspectiva interna de la organización, puede agruparse en dos grandes vertientes de temas: a) el comportamiento de las personas que tienen responsabilidades directivas; b) el comportamiento de los empleados, teniendo en cuenta que, además, un gerente de área puede ser al mismo tiempo directivo y empleado.
- ✓ Los comportamientos de los directivos se retroalimentan con los comportamientos de los colaboradores, y viceversa. Los comportamientos no van en una única dirección a lo largo del tiempo. Es posible que un directivo presente una y otra vez el mismo comportamiento, sin embargo, las circunstancias en que lo hace pueden ser diferentes y los resultados no ser los mismos.
- ✓ Liderazgo es influir y apoyar a los demás para que trabajen en forma entusiasta y voluntaria con el propósito de cumplir ciertos objetivos. Es importante destacar tres conceptos: 1) influir y apoyar, 2) lograr una reacción entusiasta y voluntaria, y 3) fijar metas que luego se desea cumplir.
- ✓ Existen diferentes estilos de ejercer el poder: *autocrático*, con énfasis en el líder; *participativo*, con énfasis en el grupo, y *permisivo*.
- ✓ Poder y autoridad no son lo mismo. Puede existir autoridad sin poder, poder sin autoridad, y autoridad con poder.

© GRANICA

✓ Los tres sistemas importantes de motivación humana según David McClelland: 1) los logros como motivación; 2) el poder como motivación, y 3) la pertenencia como motivación.

✓ La motivación y el establecimiento de objetivos: se espera que un individuo se comprometa personalmente y persista en sus intentos por alcanzar un objetivo cuando se ha comprometido a ello.

✓ Empowerment es un proceso que ofrece mayor autonomía a los empleados, basado en compartir con ellos información relevante y brindarles control sobre los factores que influyen en su desempeño laboral.

✓ La cultura es muy importante para el empowerment de los individuos, ya que éste a menudo requiere romper con las tradiciones y efectivizar un cambio general de cultura en la empresa.

✓ Empowerment es una filosofía de trabajo; si una organización desea adoptarlo será una decisión a tomar desde la máxima conducción y, llegado el caso, puede implicar repensar la visión y misión organizacionales y cambiar o diseñar el modelo de competencias.

✓ Implementar empowerment implica el cambio de procedimientos internos para permitir trabajar bajo este nuevo esquema junto con el desarrollo de la competencia *Empowerment* en todo el personal de la organización.

✓ El cambio de paradigma –de dependencia vertical a empowerment– no es fácil. Se requiere un cambio de actitud general de las personas que integran la organización (tanto directivos como empleados) y, además, un cambio radical en las percepciones y competencias de cada directivo, para lo cual es necesario un intenso programa de formación.

✓ El *líder circular* escucha a sus colaboradores, comparte la visión, fomenta el trabajo en equipo, otorga y crea compromiso, descubre nuevos talentos en su grupo y crea una cultura de respeto.

✓ La *participación* es el involucramiento mental y emocional de los individuos en situaciones grupales que los estimula a contribuir en pos de alcanzar las metas del grupo y a compartir la responsabilidad sobre ellas. Los tres aspectos más importantes: 1) involucramiento; 2) contribución; 3) responsabilidad.

✓ Las organizaciones pueden diseñar diferentes métodos para lograr o acrecentar la participación de los empleados. Los programas de participación más conocidos son: *Jefes que consultan, Programas de sugerencias, Equipos de calidad, Comités de supervisores, Equipos autodirigidos, Planes de stock options,* entre otros.

✓ Comunicación es la transferencia de información de una persona a otra y su propósito es que el receptor comprenda un mensaje de acuerdo con lo esperado por el transmisor. A su vez, en la comunicación existen diferentes medios y símbolos que deben ser interpretados.

✓ La comunicación es de vital importancia en el ámbito de las organizaciones, y puede ser ascendente o descendente, formal o informal.

✓ En los equipos de trabajo se pueden conformar grupos formales e informales. Las estructuras organizacionales también pueden ser de diferente tipo. Ambos temas tienen relación entre sí.

✓ El trabajo en equipo se basa en ciertos pilares: un entorno de apoyo y propicio a su desarrollo eficaz, correspondencia entre los conocimientos y competencias de los distintos integrantes del equipo y lo requerido para sus respectivos puestos de trabajo (adecuación persona-puesto), metas desafiantes y alcanzables, y retribución de algún tipo.

✓ Un equipo tiene un ciclo de vida: formación, ajuste, equilibrio, desempeño y desintegración.

✓ Los equipos autodirigidos son aquellos que, perteneciendo a la organización, pueden variar su dependencia de un área a otra, y sus capacidades son múltiples. Los equipos autodirigidos son grupos con autoridad y entrenamiento especial que cuentan además con recursos para asumir responsabilidades de nivel superior.

✓ El "rol del jefe" es un concepto que encierra un conjunto de actividades y roles que debe, necesariamente, cumplir cualquier persona que tiene a otras a su cargo. Todo jefe tendrá una descripción del puesto a cumplir con objetivos y responsabilidades. Además, por su rol de jefe o supervisor de otras personas, tendrá otra serie de responsabilidades y tareas: seleccionar y evaluar colaboradores, distribuir tareas y delegar, dar aliento y ser un entrenador para el desarrollo de sus colaboradores, entre otras.

✓ "Jefe entrenador" es un concepto amplio. Significa que una persona, que ocupa la posición de jefe o supervisor de otra/s, cumple al mismo tiempo otra función: ser guía y consejero de sus empleados para que éstos puedan realizar mejor sus tareas, lo que puede implicar tanto la adquisición de nuevos conocimientos como el desarrollo de competencias. Para cumplir esta función deberán desarrollar –además– la competencia Entrenador.

✓ El mentoring o tutoría es un programa de Recursos Humanos. El tutor o mentor es un directivo de la organización de mayor nivel, cuyo rol consiste en guiar a la persona bajo tutoría mostrando, explicando e indicando lo que se debe o no se debe hacer. Igualmente desempeña un papel importante en el desarrollo de competencias.

¿Cómo puedo aplicar lo visto en este capítulo en mi empresa o puesto de trabajo?

Es muy importante tomar conocimiento de todo lo visto en este capítulo y los anteriores para entender cómo funciona el comportamiento organizacional.

Una vez que se comprendió cómo interactúan entre sí todos los elementos mencionados en el presente capítulo, el lector deberá pensar –lo más objetivamente posible– cuál es la cultura organizacional de la entidad donde se desempeña y hasta dónde será posible llegar con los cambios a realizar. Algunas cosas podrán encararse de manera inmediata, y otras no.

Consejos para definir *por dónde comenzar*

¿Qué se puede comenzar a poner en marcha inmediatamente?

1. Poner en práctica las dos sugerencias presentadas en la última parte del capítulo: *Rol del jefe* y *Jefe entrenador*.

2. Comenzar por el *Rol del jefe*.
   La mayoría de nosotros fuimos nombrados jefes alguna vez y no nos enseñaron cómo hacerlo; quizá alguien nos dio un pequeño consejo. Ha sido nuestro propósito presentar un enfoque completo sobre cómo debería ser el rol del jefe, por lo tanto sugerimos considerar todos los aspectos mencionados.

3. Continuar con *Jefe entrenador*. Es un excelente complemento del punto anterior. Con ambos se lograrán cambios en un plazo razonablemente breve y se mejorarán muchos de los temas tratados en este capítulo, como los problemas de comunicación y ayuda al manejo de grupos humanos.

4. En el capítulo se han mencionado otros temas que podrían enfocarse desde la perspectiva del desarrollo de competencias. Identificando una situación a mejorar, por ejemplo, problemas en la comunicación o de trabajo en equipo. Se verá el tema de Gestión por Competencias en el Capítulo 7. Para conocer más sobre desarrollo de competencias en particular se sugiere ver las obras *Desarrollo del talento humano. Basado en competencias* (Ediciones Granica) y *Codesarrollo de conocimientos y competencias. Una nueva forma de aprendizaje.*

5. Las prácticas de mentoring son muy interesantes pero no aconsejables para todas las organizaciones. La posibilidad de su aplicación dependerá de la cultura y del grado de desarrollo de las prácticas de Recursos Humanos en la organización.

PARA PROFESORES

Para cada uno de los capítulos de esta obra hemos preparado:

- Casos prácticos y/o ejercicios para una mejor comprensión de los temas tratados.
- Material de apoyo para el dictado de clases.

Los profesores que hayan adoptado esta obra para sus cursos tanto de grado como de posgrado pueden solicitar de manera gratuita las obras:

- *Comportamiento Organizacional. CASOS*
- *Comportamiento Organizacional. CLASES*

Únicamente disponibles en formato digital, en nuestro sitio: *www.marthaalles.com*, o bien escribiendo a: *profesores@marthaalles.com*

© GRANICA

El comportamiento de los individuos en las organizaciones

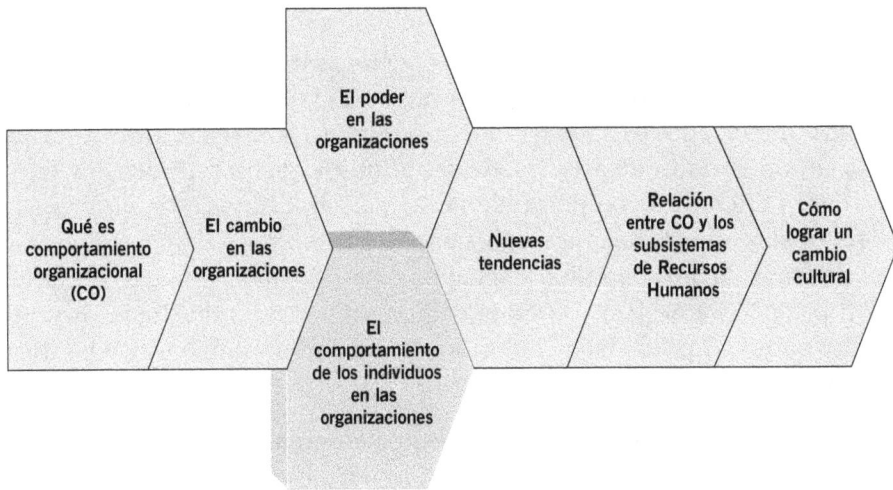

El poder
en las
organizaciones

Qué es
comportamiento
organizacional
(CO)

El cambio
en las
organizaciones

El
comportamiento
de los individuos
en las
organizaciones

Nuevas
tendencias

Relación
entre CO y los
subsistemas
de Recursos
Humanos

Cómo
lograr un
cambio
cultural

Temas que se desarrollarán en este capítulo

✓ Comportamientos individuales y su interacción
✓ Las necesidades del hombre
✓ Las características particulares de los individuos
✓ La percepción individual y la organizacional
✓ La persona como un todo
✓ Motivación. Sentido de pertenencia. Necesidad de reconocimiento
✓ Cómo relacionar la satisfacción laboral con el comportamiento
✓ La relación de la organización con los empleados
✓ Las personas y los diferentes tipos de carrera dentro de una organización
✓ El conflicto en las organizaciones
✓ ¿Cómo puedo aplicar lo visto en este capítulo en mi empresa o puesto de trabajo?

Comportamientos individuales y su interacción

Comenzamos el Capítulo 3 con estos mismos comentarios: el comportamiento organizacional está compuesto por una serie de elementos; sin embargo su estudio, desde la perspectiva interna de la organización, puede agruparse en dos grandes vertientes de temas:

A. El comportamiento de las personas que tienen responsabilidades directivas de diferente nivel, desde el número uno de la organización (CEO, Director General, Gerente General o cualquier otra denominación), los distintos gerentes de área, hasta los supervisores. (Esta temática se trató en el capítulo anterior.)

B. El comportamiento de estas mismas personas y el de todos los demás, que no tienen personal a su cargo, considerando que desde la perspectiva individual, cada uno de ellos es un empleado, no importa cuál sea su nivel jerárquico. Es decir, un gerente de área puede ser al mismo tiempo directivo y empleado. Tendrá diferentes comportamientos según él mismo se sienta ocupando un rol de dirección o de empleado; cuando analice sus temas desde su perspectiva individual quizá no piense igual que cuando aborde temas similares desde su perspectiva de jefe. De estos comportamientos individuales nos ocuparemos en este capítulo bajo el nombre de "El comportamiento de los individuos en las organizaciones".

Como ya se dijo en el Capítulo 3, los comportamientos de los directivos se retroalimentan con los comportamientos de los colaboradores, y viceversa. Es muy importante tener en claro esto. Cuando se diseñan patrones de comportamiento o diccionarios de comportamientos, este diseño se realiza bajo el supuesto que los comportamientos son complementarios (por ejemplo, jefe-empleado), aunque podría darse algún en caso que esto no fuera así. De todos modos, siempre existe retroalimentación.

No se observa que los comportamientos se realicen en una única dirección a lo largo del tiempo. Es posible que un directivo tenga una y otra vez el mismo comportamiento, pero las circunstancias pueden ser diferentes y los resultados no ser los mismos.

Al igual que se comentara en el Capítulo 3, también me debatí largamente sobre el título a dar a éste, pero por un motivo diferente. El término "individuo" parecía un poco duro en un momento donde las empresas utilizan denominaciones diversas para mencionar a los empleados, desde llamarlos *socios* (denominación no muy feliz, en mi opinión, ya que legalmente tiene una connotación diferente y no creo que sea una buena idea dar a las palabras un uso distinto al real), hasta la utilización de la

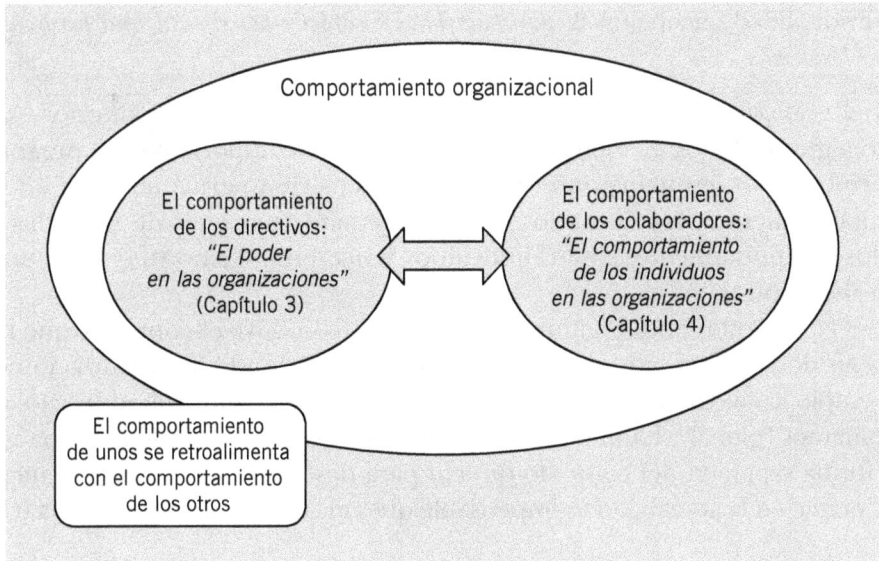

palabra *personas* en lugar de *personal,* y otras variantes imaginativas, como la mencionada en otra obra: llamar a los empleados *talentos* sin saber si lo son o no. En función de mis preferencias, habría elegido *colaboradores,* pero el término no representa la idea precisa que quería dar con relación a los temas a tratar. En determinadas situaciones las personas asumen comportamientos por sí mismos, según sus creencias y valores, y desde esta perspectiva me pareció más acorde la expresión "comportamiento individual" o la que en definitiva utilizamos: "el comportamiento de los individuos", en relación con su individualidad.

Para explicar mejor este dilema, incluimos a continuación el significado de los términos asociados, según los diccionarios de la lengua.

Individuo[1]: acepción 1: s*er organizado, con vida propia y que se distingue de los demás pertenecientes a su especie.* Acepción 2: *miembro de determinadas corporaciones o colectividades.*

Individual[2]: *opuesto de colectivo o general. [Cosa] que tiene carácter diferenciado y distinto dentro de un conjunto.*

---

1. Seco Reymundo, Manuel; Andrés Puente, Olimpia y Ramos González, Gabino. *Diccionario del español actual.* Aguilar. Grupo Santillana de Ediciones, Madrid, 1999.
2. Ibídem.

© GRANICA

Individualidad[3]: acepción 2: *particularidad o carácter por el cual una persona o cosa difiere de los demás.*

En el gráfico siguiente –que tiene un cierto parecido con el anterior– se han tomado algunos de los elementos que conforman el comportamiento organizacional, pero bajo otro esquema, mostrándose la interacción permanente de un grupo de comportamientos: los derivados del management (personas de nivel directivo) sobre los comportamientos de los individuos y viceversa. Como ya se dijo, unos no existen sin los otros.

En el comportamiento organizacional –además– influye el contexto, que hemos abierto en dos: el contexto o entorno directo, aquel donde la organización opera (por ejemplo la ciudad, el país o la región), y el contexto o entorno indirecto, al que denominamos "global". La mención de este último –en el Capítulo 3– se ha realizado en forma separada del contexto directo para destacarlo por su importancia creciente, ya que en la actualidad es impensable que una organización no se vea influen-

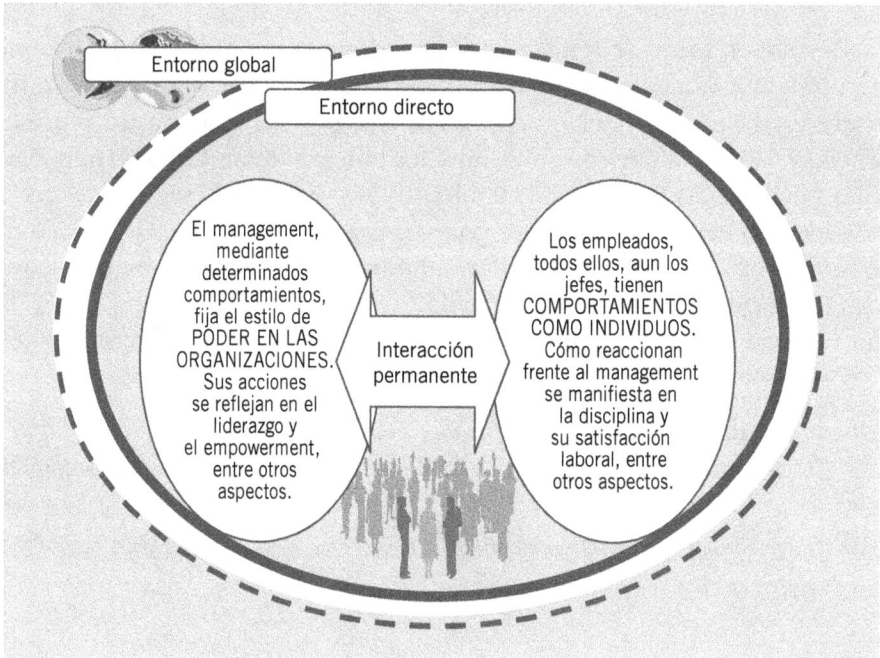

---

3. Ibídem.

ciada –de algún modo– por el contexto global. La tecnología y la maquinaria en general también afectan en el comportamiento organizacional y repercutirán, de un modo u otro, tanto en el comportamiento del management como en el de los individuos, pero no se muestran en este gráfico.

Este gráfico es el mismo que se ha presentado en el Capítulo 3, donde se abordaron los temas en relación con la parte izquierda de esta figura, es decir, "el poder en las organizaciones". A continuación se analizarán los comportamientos de los individuos dentro de las organizaciones.

Muchos autores han analizado y estudiado las necesidades de las personas como una forma de comprender sus motivaciones. En nuestro trabajo citaremos sólo dos de ellas, que son en nuestra opinión las más representativas y vigentes en la actualidad, aunque no por ello consideramos menos importante el resto de las necesidades humanas.

Las necesidades del hombre

La teoría de Maslow sobre la jerarquía de las necesidades

Maslow (1908-1970) elaboró su más famosa teoría sobre la *jerarquía de las necesidades*, también conocida como "Pirámide de Maslow", colocando en la base de la pirámide las necesidades primarias y luego, en orden ascendente a lo largo de la misma, las menos prioritarias. (Ver el gráfico en la página siguiente.)

Según este orden de prioridades, un ser humano necesita en una primera instancia satisfacer sus *necesidades fisiológicas*, como el alimento y la vivienda. Luego necesita sentirse *seguro* para, a partir del tercer escalón de la pirámide, presentar necesidades relacionadas con lo emocional y afectivo, tales como *sentido de pertenencia*, *estima*, y, en la cúspide, las necesidades de *autorrealización*.

Los autores Kreitner y Kinicki[4] presentan el siguiente esquema en relación con la teoría de Maslow (ver gráfico inferior en la siguiente página).

Si se deseara relacionar la jerarquía de necesidades de Maslow con temas organizacionales, se podría decir que algunos de estos conceptos pueden vincularse con aspectos remunerativos, como las necesidades fisiológicas y de seguridad, y las restantes, con otros aspectos de la relación empleado-empleador, pero esta primera lectura puede llegar a ser incorrecta, ya que deberá analizarse cada situación en profundidad y de manera integral.

---

4. Kreitner, Robert y Kinicki, Angelo. *Comportamiento de las organizaciones*. McGraw-Hill, Madrid, 1997.

Modelo de jerarquía de las necesidades de Maslow

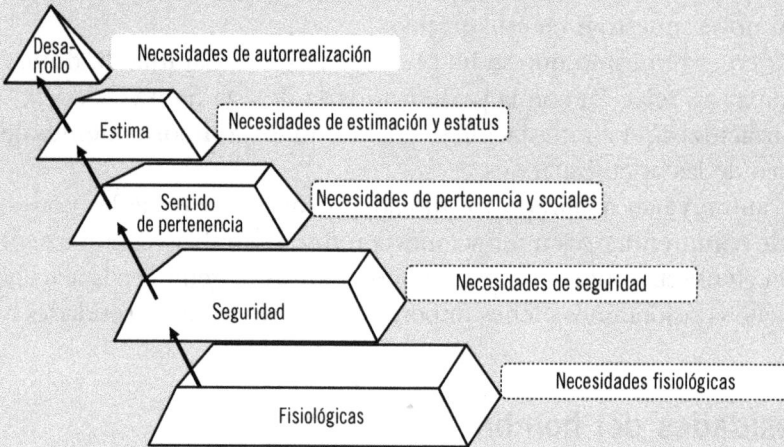

Desa-rrollo — Necesidades de autorrealización

Estima — Necesidades de estimación y estatus

Sentido de pertenencia — Necesidades de pertenencia y sociales

Seguridad — Necesidades de seguridad

Fisiológicas — Necesidades fisiológicas

La pirámide de Maslow

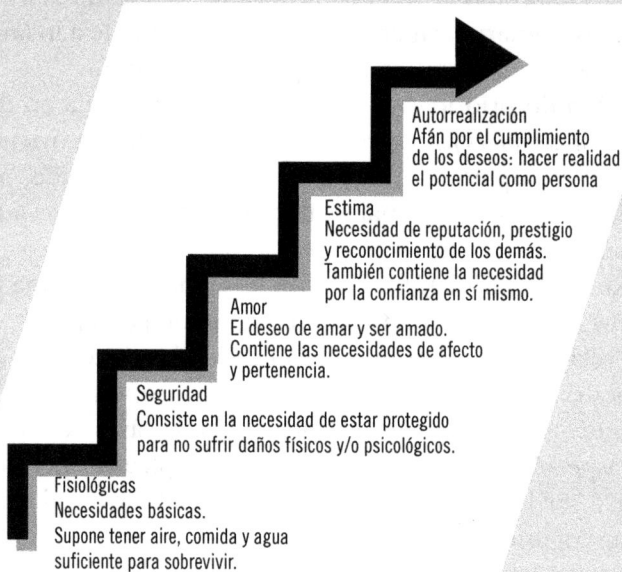

Autorrealización
Afán por el cumplimiento de los deseos: hacer realidad el potencial como persona

Estima
Necesidad de reputación, prestigio y reconocimiento de los demás. También contiene la necesidad por la confianza en sí mismo.

Amor
El deseo de amar y ser amado. Contiene las necesidades de afecto y pertenencia.

Seguridad
Consiste en la necesidad de estar protegido para no sufrir daños físicos y/o psicológicos.

Fisiológicas
Necesidades básicas.
Supone tener aire, comida y agua suficiente para sobrevivir.

Fuente: Kreitner y Kinicki.

Una vez que las personas tienen sus mínimas necesidades cubiertas, requieren mucho más de su trabajo. Para ello voy a retomar el primero de los dos gráficos expuestos.

Una organización puede satisfacer, en una primera instancia, las dos primeras necesidades de la pirámide, mediante un salario que cubra lo que se denomina *la canasta básica,* es decir, un salario que permita cubrir las necesidades mínimas de un trabajador y su familia junto con proveer una adecuada cobertura médica y condiciones de trabajo seguras (cumplir con las normas de seguridad e higiene que fije cada país según el tipo de industria). Esto será lo básico. ¿Cómo continuar?

A partir de las necesidades superiores, en el tercer escalón de la pirámide, el *sentido de pertenencia,* a la organización, al grupo, sentirse querido y aceptado, se logra a través de lo que se denomina los subsistemas de Recursos Humanos. Funciones que lleva adelante el área de RRHH y que no derivan de ley o normativa alguna sino que las sugieren las buenas prácticas. El mismo razonamiento aplica a las siguientes necesidades: *estima* (sentirse respetado, estimado, sentir el desafío de lograr sus objetivos), y por último y no menos importante, *desarrollo* (autorrealización), que implica satisfacer las necesidades de su propia actualización, sentirse realizado y de ese modo concretar su potencial.

Como se muestra en el gráfico siguiente, las dos primeras necesidades se satisfacen (al menos en su mayor parte) a través del cumplimiento de las leyes vigentes en

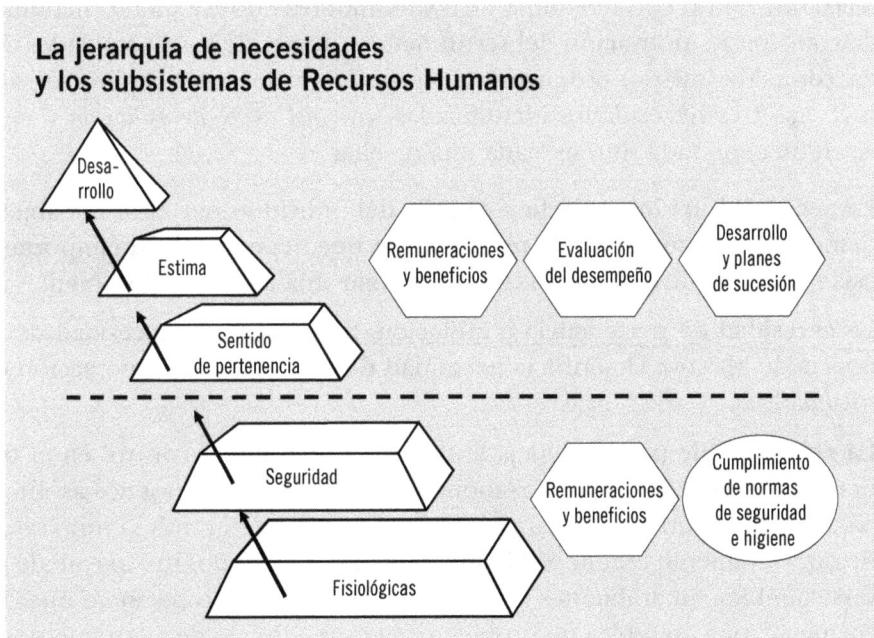

La jerarquía de necesidades y los subsistemas de Recursos Humanos

Desarrollo

Estima

Remuneraciones y beneficios

Evaluación del desempeño

Desarrollo y planes de sucesión

Sentido de pertenencia

Seguridad

Remuneraciones y beneficios

Cumplimiento de normas de seguridad e higiene

Fisiológicas

© GRANICA

cada país, es decir, abonar los salarios correspondientes dentro del marco legal adecuado. Esto puede no verificarse en todos los casos; puede darse que en algún país, aunque la organización se encuentre dentro de los parámetros legales, las personas que allí trabajen no puedan satisfacer sus necesidades básicas con los ingresos que reciben como compensación por su trabajo, pero señalamos la tendencia más general: las personas cubren sus necesidades básicas a través del salario que perciben.

En cambio, las siguientes necesidades de la pirámide sólo podrán ser satisfechas si la organización atiende de manera expresa los temas relacionados con las personas.

En síntesis, una organización debe pagar salarios suficientes para proteger a sus empleados –y por ende a sus familias–, y adicionalmente proveer incentivos para que incrementen su estima y se actualicen. Cuando esto se logra, la organización cumple un rol social, más allá de perseguir sus específicos objetivos organizacionales.

Las necesidades según McClelland

En relación con el comportamiento del individuo, sus necesidades y motivaciones, nos referiremos a los aportes del autor David McClelland (mencionado en Capítulo 3), quien con su obra *Human Motivation* (1987) y estudios posteriores marcó un hito muy importante en el estudio de la conducta humana.

McClelland –junto con su equipo de colaboradores– ofrece una forma muy diferente de concebir la motivación del ser humano a través de sus necesidades. No las organiza, como Maslow, por orden jerárquico sino buscando una explicación al éxito individual. Las tres necesidades identificadas son: *del logro, de afiliación* y *de poder*. Veamos, en una apretada síntesis, cada una de ellas.

- **La necesidad del logro.** Refleja el afán del individuo por alcanzar objetivos y demostrar su competencia o maestría. Los que tienen un grado importante de esta necesidad dirigen su energía a terminar una tarea rápido y bien.

- **La necesidad de pertenencia o afiliación.** Se parece a la necesidad de pertenencia de Maslow. Describe la necesidad de afecto, amor e interacción con la sociedad.

- **La necesidad de poder.** Refleja la necesidad de ejercer control en el trabajo personal o en el de otros. Los monarcas gobernantes (al menos así fue en el pasado), los líderes políticos y algunos ejecutivos de grandes empresas manifiestan claramente esta necesidad de poder, que de todos modos puede observarse también en ambientes más domésticos, tales como personas que desean "manejar" una asamblea de propietarios en un edificio de apartamentos.

McClelland y sus colaboradores sostienen que es posible enseñarles a las personas a aumentar su necesidad de logro y, en consecuencia, a mejorar su desempeño.

Una persona puede exhibir sus necesidades en forma abierta o encubierta; un empleado que busque una posición de mayor autonomía, por ejemplo, quizá se esfuerce más cuando la oportunidad se le brinde con un puesto que le permita actuar con mayor autonomía.

Una misma persona puede sentirse motivada por las tres necesidades, en mayor o menor medida; sin embargo, al realizar un determinado acto suele estar motivada por una de ellas solamente.

Es importante destacar que las motivaciones no son "malas o buenas"; es falso decir que las motivaciones de poder son malas y que las motivaciones de afiliación son buenas, como en ciertos ámbitos se manifiesta, en una simplificación extrema de las teorías sobre la motivación. Como es casi obvio, existirán patologías en unas y otras, y cualquiera de ellas podrá tener una manifestación sana que ayude al cumplimiento de los objetivos tanto individuales como colectivos u organizacionales.

A continuación incluimos un breve paralelo entre las dos teorías mencionadas.

Maslow (Jerarquía de necesidades)	McClelland (Motivaciones humanas)
Fisiológicas	
Seguridad y protección	
Pertenencia y amor	Necesidad de afiliación
Autoestima	Necesidad de logro
Realización personal	Necesidad de poder

Cómo correlacionar las necesidades de las personas con las organizacionales

Hasta aquí hemos expuesto de manera resumida dos de las teorías más relevantes en materia de motivación humana. Dado que esta obra está destinada al estudio del comportamiento organizacional, veremos a continuación cómo relacionar las necesidades de las organizaciones por un lado y la de los individuos por otro. Para muchos son necesidades incompatibles. Sin embargo, los especialistas en Recursos Humanos y en temas de management en general, sabemos que esto no es así. No es

© GRANICA

sencillo, pero la satisfacción de ambos grupos de necesidades es posible y cuando esto se logra es ampliamente satisfactorio para ambas partes.

Es muy importante no perder de vista que las organizaciones tienen necesidades respecto de las personas que las integran; desde esa perspectiva, es interesante –además– analizar las necesidades de las personas.

En el gráfico siguiente exponemos un esquema simplificado de ambas posiciones (organizaciones, e individuos/personas). Por un lado, las organizaciones, cualquiera sea su propósito específico, poseen una visión y misión y planes estratégicos que se proponen cumplir. Además, están basadas en una serie de valores. Para cumplir con los cuatro aspectos mencionados (visión, valores y estrategia), necesitan personas involucradas y comprometidas con los mismos, ya sean directivos o empleados de cualquier nivel jerárquico. Todos ellos deberán estar consustanciados y comprometidos con los primeros cuatro elementos mencionados. En caso contrario no se cumplirán, al menos no en su totalidad.

Al mismo tiempo, las personas, cualquiera sea su nivel jerárquico, tienen una serie de necesidades y motivaciones, que ya fueron mencionadas.

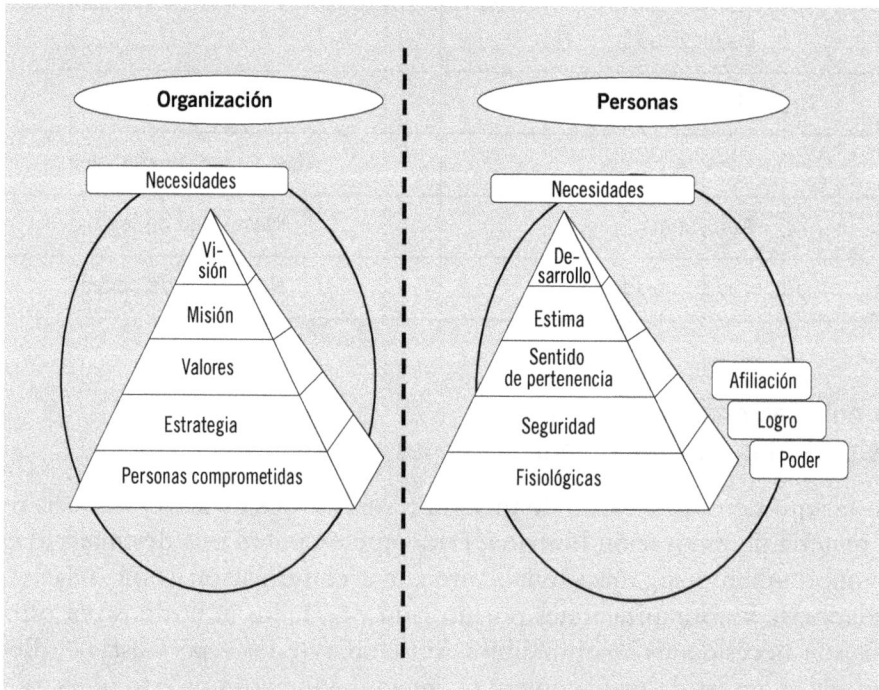

Planteado como en la figura precedente, podría darse una correspondencia o un divorcio entre la organización y las personas que la integran.

Para que este conjunto de necesidades funcionen armoniosamente y se logre una conjunción de intereses positiva, deben darse una serie de correlaciones o correspondencias entre ciertos factores. Los más importantes son:

- **Valores.** Correlación entre los valores de la organización y los de las personas que la integran (a todos los niveles).
- **Capacidades (conocimientos y competencias).** Correlación entre las capacidades de las personas con las que la organización necesita, tanto en conocimientos como en competencias (en ocasiones sólo se toman en cuenta los primeros), según los distintos **puestos de la misma.**
- **Correlación de proyectos.** Entre los planes estratégicos de la organización y los objetivos personales de los individuos que pertenecen a la misma.

Si esta correspondencia primaria no se verifica en cada uno de los tres puntos señalados, es posible que el funcionamiento organizacional no sea para ambas partes todo lo provechoso que podría ser.

Las organizaciones deberían poner en práctica procedimientos para detectar la correspondencia o no de estos factores básicos, no para "tomar medidas" con aquellas personas que no coincidan con las necesidades de la organización, sino, muy por el contrario, para encontrar caminos que lleven a la solución del problema.

Por otra parte, y desde la perspectiva del individuo, será muy bueno para él identificar si sus objetivos personales y valores se corresponden con los de la organización a la que pertenece, ya que de no ser así deberá saber que no es la mejor organización para establecerse y hacer carrera.

Cuando la correspondencia se verifica, esta situación es buena para ambas partes. Estudiar, analizar, conocer si esta correspondencia existe o no, también es muy importante, en cualquiera de las dos posiciones que se desee evaluar la situación: desde la perspectiva de la organización y desde la individual, de cada persona en particular que integre la organización.

Desde la perspectiva de las personas, el primer análisis a realizar es si existe correspondencia o no entre los valores y objetivos personales y los de la organización. Si esta relación es positiva, y existiera –por ejemplo– una brecha a cubrir en materia de capacidades (conocimientos o competencias), si bien éstas pueden ser difíciles de adquirir o desarrollar, siempre será más fácil encarar vías de mejora para lograr la correspondencia deseada. Posibles caminos a seguir: pedir ayuda a la organización (desde la perspectiva de las personas) u ofrecer ayuda al individuo (desde la de la organización).

© GRANICA

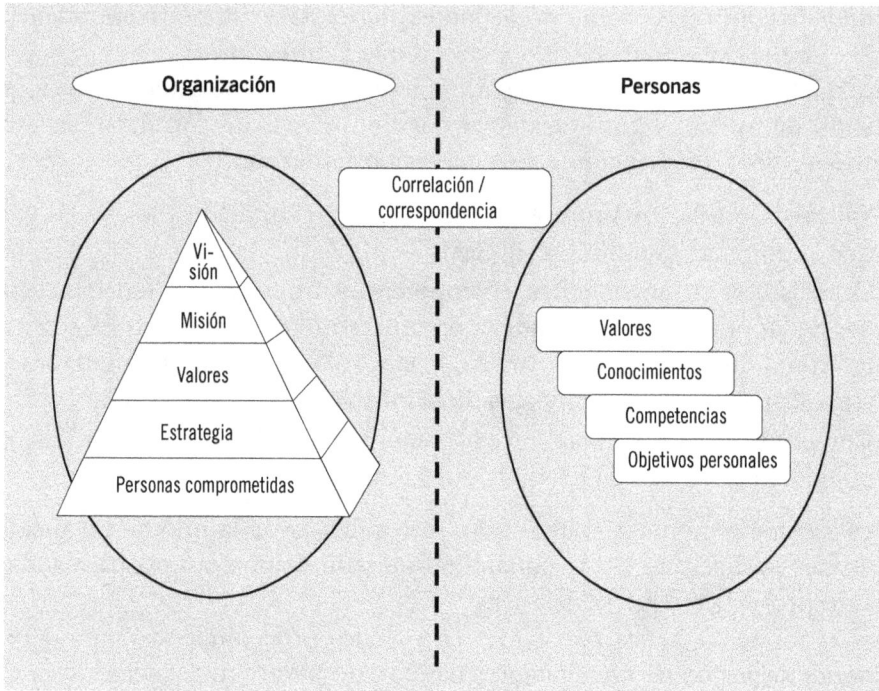

La modificación de valores y objetivos personales refiere a dos temas de incumbencia personal sobre los cuales es muy difícil que una organización pueda tener injerencia. Del mismo modo, desde la perspectiva de los individuos, es poco posible que una persona pueda influir en el cambio de valores o la estrategia organizacionales.

En síntesis, nuestra sugerencia es primero analizar/determinar las correlaciones entre valores, capacidades y proyectos tanto organizacionales como de las personas, y luego, en función de un análisis racional, hacer un diagnóstico de las brechas detectadas tomando conciencia de que algunas serán más fáciles de solucionar que otras: será más fácil actuar en relación con las capacidades, y más difícil cuando la divergencia se produce en torno a valores y/o proyectos.

En el Capítulo 1 se vio que uno de los "conceptos fundamentales del comportamiento organizacional" está relacionado con la "naturaleza de los individuos", y se mencionaron allí una serie de factores que la componen: *Los individuos son iguales y diferentes al mismo tiempo. Percepción. La persona es un todo. Motivación en el comportamiento. Pertenecer. Deseo de reconocimiento y valoración.*

Para una mejor comprensión de los temas los agruparemos en:

* Las características particulares de los individuos.
* La percepción individual y organizacional.
* La persona como un todo.
* Motivación. Sentido de pertenencia. Necesidad de reconocimiento.

Las características particulares de los individuos

En el Capítulo 1 decíamos que uno de los componentes del comportamiento organizacional devenía de la naturaleza misma de los individuos. Esta temática será tratada a continuación en relación con el tema de este capítulo, *el comportamiento de los individuos.*

Los individuos son iguales y diferentes al mismo tiempo

Si bien los individuos deben poseer igualdad de oportunidades e igualdad ante la ley, en la práctica las personas son diferentes entre sí y estas diferencias pueden ser menores o significativas.

Las organizaciones buscan que las personas se parezcan de algún modo, y se benefician por igual de sus diferencias y similitudes.

Las personas que pertenecen a una misma organización se parecen porque comparten valores y proyectos y, además, pueden tener ciertas características comunes; por ejemplo, cuando una organización se define como orientada al cliente o a la innovación, es posible que las personas que allí se desempeñen tengan ciertos comportamientos semejantes en torno a estos aspectos. Al mismo tiempo, las personas desempeñan puestos diferentes y esto requiere características específicas en cada caso.

Por último, están las diferencias intrínsecas a cada uno de nosotros, como seres humanos diferentes y únicos.

Las organizaciones son diferentes entre sí, se plantean distintos objetivos estratégicos y valores; por ende, las personas que conforman cada organización poseen características específicas que las diferencian entre sí. Esto no es absoluto, de lo contrario las personas no podrían –por ejemplo– cambiar de empleo. De todos modos, cuando una persona cambia de trabajo, usualmente, requiere de un período de adaptación a la nueva organización.

© GRANICA

El comportamiento organizacional, como campo de estudio, se nutre de varias dissciplinas; por ejemplo, la idea de las diferencias individuales procede de la Psicología, pero hay mucho más para analizar y comprender en relación con el comportamiento de las personas dentro de las organizaciones.

La Psicología es la disciplina que estudia el comportamiento de los individuos y sus diferentes facetas. Aspectos relacionados con otras disciplinas, por ejemplo, la Sociología, fueron analizados en el capítulo anterior.

Psicología
• Estudios de personalidad
• Motivación
• Percepción
• Necesidades individuales
• Aprendizaje
• Estrés
• Decisiones individuales

Si bien la disciplina de Recursos Humanos se encuentra dentro del ámbito de la Administración, su relación con la Psicología es muy estrecha. Por lo tanto, en muchos aspectos la vinculación es directa: desde los estudios de personalidad aplicados en los procesos de selección hasta la evaluación de la motivación de los individuos antes del ingreso a las organizaciones y durante su permanencia en ellas. El aprendizaje es motivo de preocupación de las áreas de Capacitación y Entrenamiento.

Sin embargo, es muy importante tener en cuenta que si bien la Psicología integra de algún modo las temáticas de Administración, desde el ámbito de las organizaciones hay un límite para esa actuación: el plano íntimo y personal de cada individuo. Veremos más adelante, en este mismo capítulo, hasta qué punto las organizaciones pueden accionar sobre las personas, cuándo esto es legítimo y cuándo no lo es. Por esta razón me parece tan importante enfatizar sobre la diferencia entre las disciplinas. En mi país, Argentina, son muchos los profesionales psicólogos que trabajan en el área de Recursos Humanos, y no siempre este límite parece estar claro.

En síntesis, el hecho de que los individuos son iguales y diferentes al mismo tiempo deberá ser considerado como una variable dentro del estudio del comportamiento organizacional y, al mismo tiempo, un factor a tener en cuenta en el diseño de los subsistemas de Recursos Humanos.

En los procesos de selección se trabaja desde hace muchos años con perfiles de personalidad requeridos para los diferentes puestos de trabajo y se analizan estas características en los aspirantes.

Las funciones inherentes a la selección de personas han sido de las primeras en utilizar la Psicología y sus métodos de análisis de las personas dentro del ámbito organizacional. Paulatinamente se han llevado estas prácticas a otras funciones del área y se han diseñado otros tipos de herramientas de trabajo.

Por lo tanto, en la actualidad las prácticas de Recursos Humanos o Capital Humano han tomado ciertos enfoques derivados de la Psicología, que han sido integrados a las prácticas de trabajo tanto de los profesionales de Recursos Humanos como de otros integrantes de la organización, por ejemplo, gerentes y jefes de áreas diversas en relación con las personas a su cargo. No obstante, siempre queda un ámbito de aplicación exclusivo del profesional psicólogo (por ejemplo, cuando es necesario aplicar test específicos que imprescindiblemente requieren de un profesional matriculado en la especialidad).

La percepción individual y la organizacional

Percepción individual

Cada individuo tiene o puede tener una percepción de la realidad diferente de la del resto de las personas. Lo vemos a diario en cualquier tipo de acontecimiento, más aún cuando ciertas acciones o medidas pueden tener una repercusión directa sobre ellos mismos.

Cada empleado tiene una idea diferente sobre el trabajo, por varias razones, entre ellas su propia personalidad, sus necesidades, sus experiencias e incluso su origen social.

Los jefes o supervisores deben estar preparados para reconocer que las percepciones de los empleados son diversas.

También es importante estar alerta sobre los cambios en las percepciones de los empleados. En el momento de su incorporación[5] una persona puede tener una cierta percepción de la realidad y luego, por razones de su entorno personal fuera del trabajo, cambiar su modo de ver las cosas, quizá de un modo radical. Igualmente, esto puede producirse por cuestiones que ocurran dentro del ámbito laboral, pero

---

5. Se verá el contrato psicológico entre empleado-empleador en el Capítulo 6.

© GRANICA

se hace mención a una posible situación externa que, desconocida o no, pueda cambiar la percepción del empleado de un modo inesperado, ya que esta circunstancia puede sorprender más a un jefe o supervisor que una situación derivada de la propia organización.

Los profesores, cuando explican el concepto "percepción" a sus alumnos, comienzan por poner en pantalla alguna de las muchas figuras elaboradas para explicar el tema. La más conocida es la siguiente.

¿Usted qué ve allí? Puede ocurrir que, en una primera mirada, se vea una mujer joven de costado con una capa y un adorno con forma de pluma; sin embargo, si se explora la imagen un poco más se podrá ver una señora anciana, con una gran nariz, cabizbaja y con un pañuelo en la cabeza. Ambas figuras están allí, y frente a la misma imagen, las personas pueden ver una u otra.

Otra muy interesante que le permitirá ver diferentes cosas es la imagen de la página siguiente.

Vale la misma pregunta que ante la imagen anterior: ¿usted qué ve? En una primera instancia se observa la tan difundida pintura de Leonardo, sin embargo

hay otras imágenes superpuestas que se verán antes o después, según quién sea el observador.

En los dos ejemplos dados, la percepción se verifica en relación con una imagen. Sin embargo, en un modelo de percepción se incluyen otros elementos, en especial, cuando entran en juego una serie de factores más complejos que la simple observación de una imagen, que puede ser intrascendente para el observador.

Para referirnos a los modelos de percepción mencionaremos a Gerald Cole en su obra *Organisational Behaviour*[6]. En una primera instancia, en un modelo de percepción participan:

- La persona que percibe (sujeto).
- Qué se percibe (concepto u objeto).
- Contexto (donde sucede el hecho que se percibe).

En consecuencia, la percepción se ve influenciada por:

- La realidad subjetiva.
- La realidad objetiva.

---

6. Cole, Gerald. *Organisational Behaviour.* DP Publications, Londres, 1995.

© GRANICA

Modelo básico de percepción

Sujeto
(persona que percibe)

Objeto
(aquello que percibe)

Percepción

Realidad
subjetiva

Realidad
objetiva

Contexto

Fuente: Cole

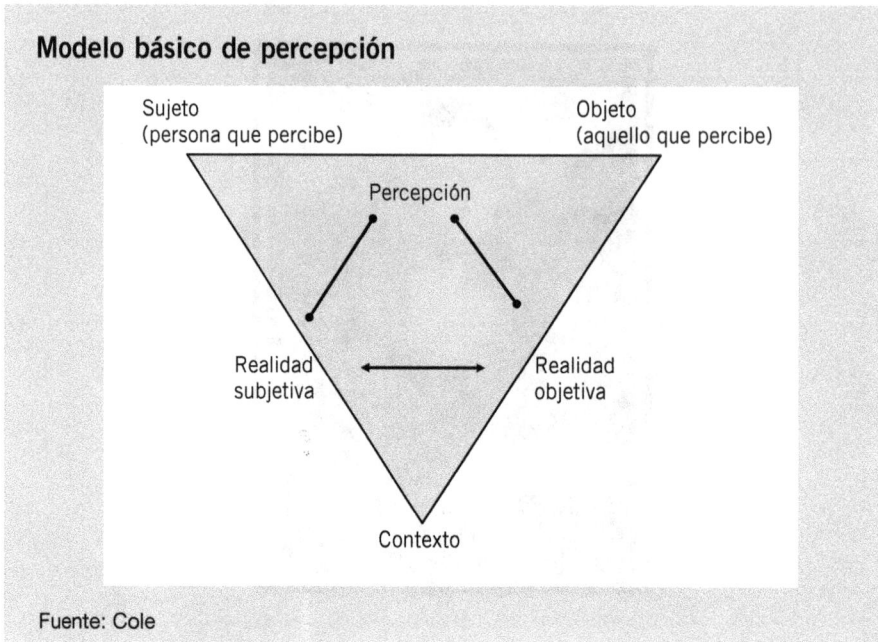

En síntesis, el modelo de percepción nos muestra al sujeto (la persona que percibe), el concepto percibido o "qué se percibe", y la situación o el contexto. Estos tres elementos son los componentes centrales del modelo de percepción, donde la persona que percibe hace jugar al mismo tiempo la realidad objetiva y la realidad subjetiva, como resultado de lo cual el sujeto obtiene una determinada percepción de lo que ocurre.

Los distintos componentes del modelo de percepción interactúan entre sí. Desde una realidad subjetiva se puede ver diferente una realidad objetiva. Cuando esta percepción subjetiva distorsiona una realidad, es decir, va más allá de una cierta *mirada diferente* para convertirse en *ver algo diferente de lo real*, esto puede afectar su desempeño laboral.

Percepciones de los roles

Cuando los empleados (y los jefes) no tienen una correcta percepción de los roles de cada integrante, pueden surgir problemas o conflictos. Las actividades de las personas son una resultante, a la vez, de la percepción que cada uno tenga de los distintos roles, propios y de los demás.

Red de percepciones entre los roles de los jefes y los empleados

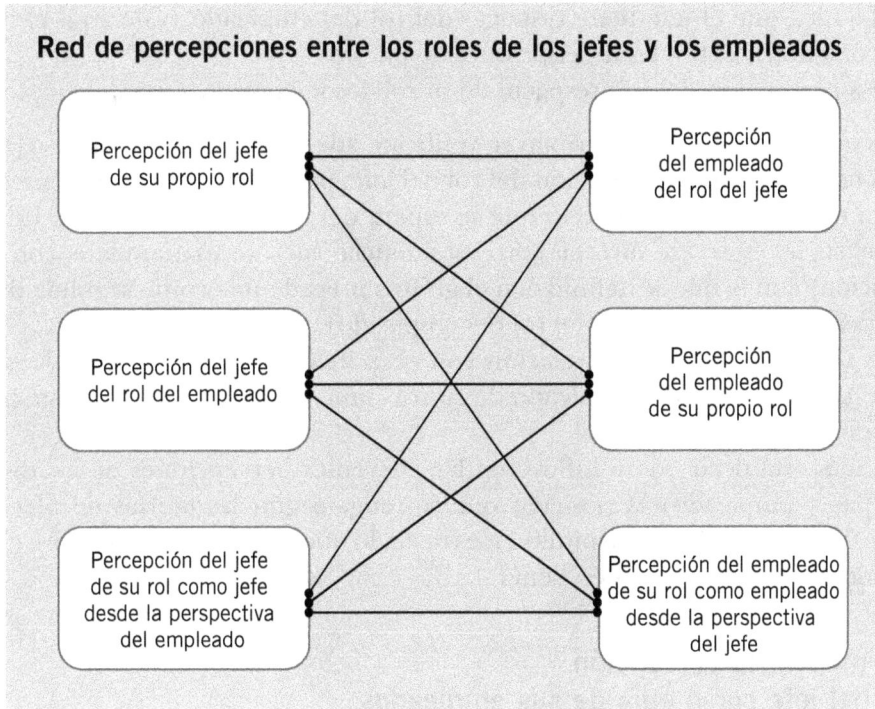

Percepción del jefe de su propio rol

Percepción del empleado del rol del jefe

Percepción del jefe del rol del empleado

Percepción del empleado de su propio rol

Percepción del jefe de su rol como jefe desde la perspectiva del empleado

Percepción del empleado de su rol como empleado desde la perspectiva del jefe

Cuando las personas interactúan entre sí, todo su accionar se ve influenciado por sus propias percepciones. Esto también ocurre en el caso de la interacción entre jefes y empleados.

Según Davis y Newstron[7], en la interacción entre un jefe y un empleado, cada uno de estos sujetos comprende al menos tres percepciones de roles.

Desde el punto de vista de los jefes, es posible identificar tres percepciones diferentes:

1. La percepción que el jefe tiene sobre lo requerido por el puesto en relación con su rol de jefe. Hay que tener en cuenta que en ocasiones las descripciones de puestos están por escrito, pero no siempre es así, o bien pueden no estar actualizadas; pero aun en el caso en que todo esté debidamente escrito las percepciones igualmente pueden tener su influencia (según el modelo de percepción ya explicado).

---

7. Davis, Keith y Newstron, John W. *Comportamiento humano en el trabajo*. McGraw-Hill, México, 1999.

2. La idea que el jefe tiene respecto del rol del empleado (vale aquí el mismo comentario sobre las descripciones de puestos).

3. La percepción del jefe respecto de su rol desde la perspectiva del empleado.

Las tres percepciones descriptas se verifican, además, en sentido inverso. El empleado tiene su propia percepción del rol del jefe, pero por sobre todo tiene la percepción de su propio rol o de lo que se espera del puesto que él ocupa. Esta percepción suele estar en directa correspondencia (no necesariamente con igual percepción) con la que se definió –en el gráfico precedente– como segunda del jefe (percepción del jefe respecto del rol del empleado).

Por último, y siempre en relación con el gráfico, se puede verificar la tercera opción: la percepción del empleado de su rol como empleado desde la perspectiva del jefe.

De más está decir cómo influye en las diferentes percepciones de los distintos roles (jefe y empleado) la posición que se tenga según las teorías de McGregor (teoría "X" y teoría "Y"; ver Capítulo 1), es decir, lo que cada uno piense sobre el comportamiento de las personas en general.

Cómo mejorar la percepción. El rol del jefe como guía de sus empleados

Muchos empleados, conscientes o no del proceso de percepción, se preguntan: *¿Dónde puedo averiguar más acerca de mis roles?* Para responder esta pregunta los empleados tienen varios caminos, desde consultar su propia descripción de puesto hasta preguntarle a su jefe. Muchas veces no alcanza con leer la descripción del puesto, pero éste puede ser un punto de partida. ¿Por qué no alcanza? Por muchas razones, de las cuales una de las más importantes es: la descripción del puesto no siempre refleja todo lo que se espera del empleado, ciertos usos y costumbres no figuran por escrito pero serán requeridos para un buen desempeño. Por lo tanto, la mejor respuesta a la pregunta inicial es recurrir a la descripción del puesto y hablar con el/los jefe/s.

La percepción organizacional

Como se desprende de lo antedicho, en toda percepción tiene un rol significativo aquella que la organización tenga tanto sobre los individuos en sí como en sus roles de jefes y directivos. Si se piensa que las personas son confiables y responsables se fijarán ciertos procedimientos y rutinas de trabajo. Si, por el contrario, se piensa que los empleados no son confiables o capaces, o se tiene cualquier otra percepción negativa sobre ellos, los métodos de trabajo serán otros.

En el ámbito de las organizaciones la percepción que los dueños o directivos tienen sobre el entorno social y respecto de los empleados de la propia organización tiene un rol significativo en las demás percepciones: la individual y la de los jefes.

La persona como un todo

El individuo o la persona como un todo (individuo integral)

Otro fenómeno, no por obvio poco interesante, es que las organizaciones están conformadas por individuos que, durante la jornada laboral, concurren a trabajar no sólo llevando consigo la parte de su personalidad correspondiente a sus aspectos profesionales, sino que está presente "todo el individuo", con sus emociones, alegrías, tristezas, ilusiones y situaciones personales, ya sean positivas o no. Cuando se manejan procesos de selección de personas, esto se tiene muy en cuenta: una organización no contrata una parte del individuo, "la que concurre a trabajar", sino que al trabajo asiste el individuo con todas sus circunstancias, sentimientos, valores y problemas. A su vez, las habilidades no pueden separarse de los antecedentes o conocimientos del individuo.

Dentro de este concepto –*la persona es un todo*–, no debe dejar de considerarse los valores básicos que cada individuo adquiere en su primera infancia, aquellos que fueron inculcados en el hogar, la escuela, etc.

Hace unos años, y a raíz de la participación de quien escribe esta obra en un programa de radio "en vivo" en la ciudad de México y a partir de las preguntas que me hacían las oyentes durante el mismo, me surgió la necesidad de escribir sobre un tema muy importante para mí y del cual tenía experiencia personal práctica y profesional a través de la actividad de consultoría. Al igual que para la preparación de muchos de mis libros, a partir de una idea básica realicé una investigación detallada, junto con una serie de entrevistas a mujeres que, además de ser profesionales y ejecutivas, eran madres de familia. De ese trabajo salió un libro: *Mujeres, trabajo y autoempleo* (Ediciones Granica, México, 2000).

Entre otras conclusiones interesantes de esa investigación, se definieron los roles de la mujer que es al mismo tiempo trabajadora y madre. Ellos son:

- Trabajadora (cuando lo es fuera del hogar o más allá de las tareas del hogar).
- Esposa.
- Madre (para quien tuvo la suerte de serlo).

© GRANICA

- Administradora del hogar.
- Y un quinto rol que impone la sociedad moderna: *estar linda* o hacer cosas para verse bien a los ojos de los otros y de sí misma.

Esta investigación, si bien en sus orígenes se enfocó sobre la mujer (y con ese criterio fue publicado en la obra mencionada), reveló que una diversidad de roles similar pueden verificarse entre los varones. Las nuevas generaciones cada vez asumen nuevos roles, y cada uno de ellos puede ser aplicado a ambos sexos:

- Ser empleado o trabajador.
- Esposo/esposa.
- Madre/padre.
- Administrador/a del hogar.
- Hijo/hija.
- Desarrollo intelectual (dentro de la profesión o no).
- Cuidado personal (desde lo estético).
- Deportes o hobbies personales.
- Actividades comunitarias.
- Otros.

El tema de los múltiples roles es un tema tanto de varones como de mujeres y éstos deben ser administrados adecuadamente. Más allá de que entre los varones ciertos roles pueden ser menos exigentes que otros, y que en las mujeres algunos de ellos se viven como "más obligatorios", ambos desempeñan diferentes roles que, a su vez, pueden variar a lo largo de la vida.

Al mismo tiempo es cierto que muchos de los roles mencionados pueden no darse todos juntos y simultáneamente.

Por último, respecto de este tema, me parece importante destacar que los jefes y dueños de empresas también viven, en lo personal, las mismas situaciones y conflictos de roles.

Cada rol demanda a una misma persona diferentes tipos de comportamiento. Aun dentro del mismo trabajo debe asumir distintos roles.

Para una mejor comprensión del comportamiento de un individuo, es muy importante el reconocimiento de sus diferentes roles. Muchas veces una persona es al mismo tiempo jefe de sus subordinados y empleado de su jefe. Esta adecuada percepción es muy importante.

Esta situación se muestra muy claramente en el gráfico que ilustra la situación, con el título "Balanza trabajo/familia" (que se verá a continuación). Allí se muestra el caso de un individuo que se debate entre ambas situaciones.

Armonización entre familia y trabajo. Tensión de ambos roles

Se analizará a continuación cómo armonizar las funciones derivadas de la familia y el trabajo, involucrando en un concepto genérico de *familia* los roles de esposa/o, madre/padre y administrador/a del hogar. El trabajo también puede incluir más de un rol; por ejemplo, una persona que realiza un determinado trabajo profesional y es –además– profesor universitario a tiempo parcial, o un profesor de tiempo completo que es –además– investigador, y tantas otras combinaciones posibles.

Armonizar diferentes roles es difícil para cualquier ser humano, ya sea varón o mujer. Armonizar familia y trabajo, es un tema de preocupación diaria de las mujeres que trabajan fuera del hogar, y menos frecuente en el varón. Es un *arte* muy difícil en el cual las mujeres somos verdaderas especialistas (en la obra *Mujeres, trabajo y autoempleo* y en *Mujer y trabajo* hemos denominado a esta característica de la mujer *el síndrome de la "Mujer Maravilla"*).

En la actualidad y cada día más, la armonización de roles familia/trabajo preocupa también a los varones, quienes asumen un rol de mayor colaboración en el hogar.

Los varones que –por situaciones imprevistas– han debido asumir en soledad roles adicionales (por ejemplo, viudos o separados a cargo de sus hijos), generan una corriente de simpatía en el sexo opuesto y –en general– forman pareja más rápidamente que mujeres en situaciones análogas. El peso de la tarea suele ser muy elevado. Y es un error pensar que el problema de armonizar roles en relación con el trabajo y el cuidado de los hijos es sólo de la mujer.

Bajo el título "Balanza trabajo-familia" se desea expresar la preocupación –manifiesta o no– que las personas viven y sienten en relación con el equilibrio entre sus diferentes obligaciones, familiares y laborales. Si observamos el gráfico siguiente veremos en los dos platillos de la balanza ambos roles (ruego al lector no dar ninguna intencionalidad al hecho de que uno de los platillos está más alto que el otro: es sólo el formato de la figura utilizada en la confección del gráfico).

- Trabajo: deseo por parte de una persona de dedicarle más tiempo al trabajo. Si efectivamente lo logra, es decir, se dedica más horas al trabajo, alcanza un mayor éxito laboral.

- Familia (hogar): deseo por parte de una persona de dedicarle más tiempo a la familia. Si efectivamente lo logra, es decir, se dedica más horas al hogar, alcanza mayor éxito en ese ámbito.

© GRANICA

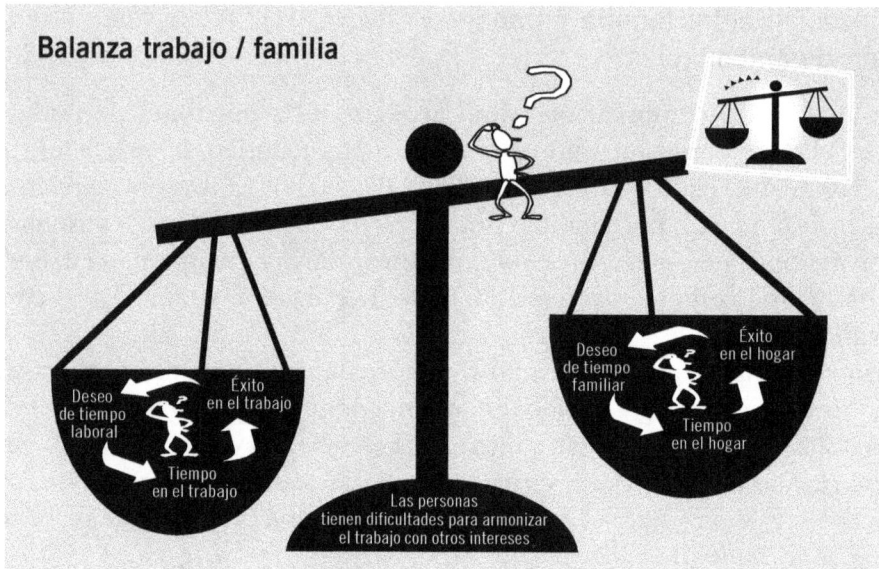

Las personas, en general, no saben muy bien cómo armonizar el trabajo con otros intereses. Este "no saber" y/o "no poder" puede ser el origen de diversos problemas. Los más extremos pueden ocasionar desde divorcios hasta serios trastornos de salud. Las personas se debaten, quizá toda su vida, buscando ese equilibrio. A lo largo de su carrera, muchos prueban distintas "fórmulas" para una mejor armonización de roles.

Estudios que hemos realizado han demostrado que muchas mujeres dejan de lado sus ambiciones de crecimiento profesional durante el período de la primera niñez de sus hijos, como una forma de armonizar los roles, retomando con fuerza la carrera laboral cuando los niños pasan esa etapa.

Esto mismo se verifica en personas que en un momento de sus vidas emplean tiempo y esfuerzo en un deporte o hobby, dedicación que luego cambia en otra etapa, ya sea traspasando ese esfuerzo adicional al trabajo o bien a otra actividad diferente. El comportamiento del individuo al respecto no es constante a lo largo de toda su vida laboral. Las preferencias pueden ir cambiando, por diferentes razones y circunstancias.

La "guerra" entre el trabajo y la familia

La armonización de roles es un tema que suele verse asociado con el trabajo de la mujer, pero en nuestra opinión se relaciona con todo ser humano, sin distinción de género, ya que todos tienen familia y, además, diversos intereses que deben compatibilizar con el trabajo.

Tomaremos como referencia a Peter Senge[8], que menciona el tema como "la guerra entre el trabajo y la familia", y analizaremos el creciente interés que existe sobre esa problemática.

Pareciera que a mayor dedicación al trabajo se logra mayor éxito laboral y que a mayor dedicación a la familia se logra un mayor éxito en lo que respecta a ese ámbito. Si esto fuese así, de manera literal, existiría un verdadero divorcio entre ambos roles. Como el mismo Senge dice, las organizaciones deberán "hacer algo" para que la armonización de roles no se torne de algo deseable en una opción dicotómica.

Si la "guerra" entre el trabajo y la familia existe, si una persona tiene problemas con su familia disminuirá su eficacia y rendimiento en la labor y en el aprendizaje. Por lo tanto, la situación se torna paradojal.

Para Senge *las organizaciones deben eliminar toda presión y exigencia que dificulte el equilibrio entre trabajo y familia. Esto es necesario dado el compromiso con sus integrantes y es necesario –también– para desarrollar las aptitudes de la organización.*

En consecuencia, las organizaciones pueden tomar medidas específicas para contribuir a un mayor equilibrio entre trabajo y familia. Ejemplos propuestos por Senge:

- Respaldar a las personas.
- Prestar atención a sus problemas familiares.
- Ayudar –cuando sea necesario– a obtener consejo y guía para administrar mejor el tiempo. (Muchos conflictos familiares no derivan de tener poco tiempo sino de no saber administrarlo.)

Lo más importante, de todos modos, es reconocer que resulta imposible construir una organización inteligente a partir de hogares destrozados y relaciones personales tensas.

Como cierre nos parece interesante recordar algunas frases de personas entrevistadas para el libro *Cómo manejar su carrera*, donde ejecutivos exitosos reconocían que "*tengo una buena familia*", o "*sólo con un esposo como él pude hacer mi carrera*", o "*después de las 7 de la noche mi día es para mi familia...*". Es preciso señalar que dos de estos comentarios fueron hechos por varones y uno solo por una mujer.

Retomando un tema tratado en párrafos anteriores, es importante remarcar que las personas deberían analizar la correspondencia entre sus valores y objetivos personales y los de la organización. Cuando esta correspondencia no existe, se presentan con mayor frecuencia problemas de desequilibrio en "la balanza trabajo/familia".

---

8. Senge, Peter M. *La Quinta Disciplina*. Ediciones Granica, Buenos Aires, 1998.

Igualmente es importante tener presente que el peso de un rol u otro, para una misma persona, no es inamovible a lo largo de los años. Como ya se expresara, las circunstancias y las personas cambian, y los pesos relativos entre un rol y otro también.

Una autora francesa[9], en un texto donde aborda otras temáticas hace referencia a *equilibrar trabajo y vida personal.* O sea, equilibrar las prioridades del trabajo y aquellas de la vida personal para que ninguna de ellas sea desatendida. Un concepto muy interesante, ya que las personas tienden a priorizar unas sobre otras de modo tal que siempre una de ellas resulta sin atender.

En la armonización de roles no hay *una única receta;* lograr un equilibrio satisfactorio requiere mucha imaginación. Se necesita –además– un entorno cooperador no sólo en acciones concretas (que son necesarias) sino también en actitudes. Si cualquiera de nosotros, varón o mujer, "siente" que su entorno le cuestiona lo que hace, y de algún modo le hacen sentir "que abandona al otro" porque está trabajando, entonces todo será mucho más difícil.

El trabajador, de cualquier nivel jerárquico, se debate entre aumentar su éxito en el trabajo, que quizá requiera más dedicación horaria y esfuerzo personal, y –por otra parte– velar por el éxito familiar, que también presupone mayor dedicación horaria y compromiso personal y emocional. Las nuevas tendencias de management y, en especial, la nueva generación de ejecutivos, están especialmente preocupados por esta temática.

En países desarrollados, donde las condiciones laborales son diferentes a las de países con mayores problemáticas laborales –ya sea desempleo u otras manifestaciones de crisis económico-social–, en las ofertas laborales (anuncios de empleo) se incluyen condiciones en relación con la calidad de vida y el espacio para la vida familiar. Este tema ya está instalado en los países desarrollados, pero en Latinoamérica, si bien su avance es cada día mayor, las dificultades de la región no lo hacen viable de la misma manera.

El matutino porteño *La Nación*[10] publicó una entrevista a Pedro Juan Viladrich, especialista español en problemática familiar, donde éste comenta que "el trabajo se lleva lo mejor", en referencia a que las personas dejan lo mejor de sí en su desempeño laboral, en desmedro de su vida familiar. El entrevistado dice que ése es el "drama de la familia". *¿Quién no se ha planteado alguna vez cómo lograr una carrera exitosa, sin quitar tiempo en calidad y cantidad a la propia familia?*

Viladrich, que es abogado, propone un cambio en la legislación laboral para permitir que tanto varones como mujeres dispongan de más tiempo para estar con su

---

9. Levy-Leboyer, Claude. *La gestion des compétences.* Les éditions d organisation, París, 1992.
10. *La Nación,* Buenos Aires, 2 de julio de 2000.

familia, en especial en los momentos de nacimiento de los hijos, donde usualmente la mujer toma una licencia prolongada y el papá prácticamente sigue con su vida laboral normal, y por lo tanto puede dedicar a esa circunstancia tan especial sólo unos pocos días (en Argentina, el período por maternidad para la mujer es de tres meses, mientras que el varón goza de una licencia de sólo tres días). Las ideas de Viladrich incluyen la aplicación horarios flexibles y ocupación *part time.*

Motivación. Sentido de pertenencia. Necesidad de reconocimiento

Motivación y comportamiento individual

Con bastante frecuencia nuestros clientes consultan sobre programas de motivación, no en referencia a incentivos económicos (que son, desde ya, muy importantes) sino a verdaderos programas para motivar a los empleados (de todos los niveles, incluyendo directivos). Lamentablemente, no se puede dar una respuesta simple y automática, como el interlocutor espera. No existe una "receta" para motivar a los empleados. Se deberá analizar específicamente cada caso y ver qué pasa en la organización para, luego, poder sugerir un programa de motivación "a medida".

Como ya se explicara, existen diferentes motivaciones humanas. La motivación de las personas en el ámbito laboral es un tema estudiado en profundidad por diferentes autores, desde hace mucho tiempo, y no por ello menos actual. Las organizaciones están frecuentemente preocupadas por esta temática y los diseños de soluciones no siempre dan el resultado esperado. No obstante, a modo de síntesis se podría decir que *la motivación de las personas –usualmente– no se basa en lo que los directivos creen que los colaboradores necesitan, sino en lo que ellos en realidad desean.* Sin motivación, una organización no funciona. La motivación en el trabajo es como el combustible para un motor.

La motivación es esencial para el buen funcionamiento de una organización. Una empresa puede tener la mejor tecnología y el equipamiento más adecuado, pero si su personal no se siente motivado, tales recursos no serán tan productivos como debieran.

En Gestión por Competencias, las organizaciones describen los comportamientos que esperan de sus empleados en un documento que se denomina "Diccionario o Catálogo de Comportamientos". Allí se mencionan los distintos comportamientos esperados según ciertos rangos que luego son asignados a los correspondientes pues-

© GRANICA

tos de trabajo. De este modo los empleados, cualquiera sea su nivel, conocen con anticipación qué se espera de ellos en materia de comportamientos.

Pero hasta aquí no hemos mencionado la motivación: el individuo puede estar o no motivado y desear o no "comportarse" de acuerdo con lo esperado.

Si bien es cierto que la motivación va por un carril separado al del modelo de comportamientos deseado, es igualmente cierto que las personas motivadas por hacer las cosas bien encontrarán allí una guía sobre qué hacer.

Las organizaciones deberán detectar si las personas no alcanzan el comportamiento esperado por una falta de desarrollo de la competencia o por una situación de desmotivación. En este último caso se deberá determinar, además, si esta falta de motivación es originada en una situación personal del individuo ajena a la organización o, por el contrario, se basa en un factor organizacional. En este último caso, a su vez, se deberá analizar si la solución del factor que provoca la desmotivación es posible o no.

Como se puede apreciar en esta apretada síntesis, el problema de la falta de motivación es complejo, deviene de múltiples causas y no puede ser tratado con una solución estándar de las que se ofrecen "para solucionar el problema de cualquier empresa".

Una forma de analizar la motivación de las personas es tener en cuenta la correlación entre las necesidades de la organización y las de las personas, lo que fue mencionado en párrafos anteriores. Este análisis, poco frecuente, permite la comprensión del fenómeno y el diseño, *a posteriori*, de cursos de acción positivos.

Pertenecer, o el sentido de pertenencia

La mayoría de las organizaciones se encuentran preocupadas o se fijan como objetivos de conducción lograr el compromiso de sus empleados, que éstos valoren pertenecer a la organización para la cual trabajan. Es frecuente observar campañas internas de publicidad, dirigidas a los empleados, para crear esta conciencia, la de "pertenecer" con orgullo a la organización.

El término *pertenecer* es utilizado por una muy conocida tarjeta de crédito para dar la idea de que sus socios "pertenecen" a un grupo de personas privilegiadas (por el hecho de poseer la mencionada tarjeta). Las empresas, en general, esperan contar con personal comprometido y motivado (léase "felices de pertenecer a dicha empresa"). En este trabajo daremos un sentido aún más amplio al término *pertenecer.*

Muchos empleados desean participar en las decisiones a fin de contribuir con sus ideas y talentos al éxito de la empresa. Las organizaciones deben ofrecer oportunidades de involucramiento y, al mismo tiempo, los empleados responder satisfactoriamente.

El *empowerment* es una filosofía de trabajo que se ha tratado en el capítulo anterior ("El poder en las organizaciones"). Si la organización desea adoptarla deberá comenzar por definir esta nueva modalidad desde la máxima conducción y, en cascada, llegar a todos los empleados.

De todos modos, implementar empowerment no es el único camino para lograr que las personas participen en las decisiones y sientan "pertenecer" a sus organizaciones. El mismo efecto positivo se puede lograr con otras buenas prácticas de Recursos Humanos, como la aplicación de métodos adecuados para evaluar el desempeño, o una correcta inducción a la organización y al puesto cuando se incorpora un nuevo colaborador. Estas buenas prácticas de Recursos Humanos ayudan a lograr este involucramiento de los empleados (en general y de todos los niveles).

En el Capítulo 6 se verá el contrato psicológico que se establece entre el empleado y el empleador; trabajar para mantenerlo y preservarlo es una forma adicional de lograr que los empleados sientan "pertenecer" a la organización.

En síntesis, "pertenecer" se asocia con la competencia *Compromiso* (que las personas sientan como propios los objetivos organizaciones). Sin embargo, este concepto va un poco más allá: implica –además– sentir orgullo por pertenecer a la organización. Para lograr este sentido de pertenencia, entre otras cosas se sugiere incrementar la participación de los individuos (para involucrarlos) y dar retroalimentación sobre su desempeño, tanto cuando éste es positivo como cuando es negativo. Ambos puntos se exponen a continuación.

El involucramiento de los individuos

El involucramiento de los empleados se relaciona con el enriquecimiento de las tareas de cada colaborador y con el incremento de su participación. Ambos temas se verán con detenimiento más adelante, en este mismo capítulo; aquí adelantaremos que se trata, por un lado, de trabajar en las carreras de las personas, recordando que "carrera" no es sólo ascender de un puesto a otro. Un inteligente manejo de las carreras de las personas es uno de los aspectos a tener en cuenta. El otro aspecto fundamental es involucrar (hacer participar) a las personas en las decisiones, acercar las decisiones a los hechos. Cuando la toma de decisiones baja en la estructura acercándose al momento y al lugar *donde las cosas suceden*, se logra incrementar el involucramiento de los empleados.

En todos los casos se produce un mayor involucramiento de los empleados cuando existe una comunicación clara y la participación en los objetivos de la empresa. Una forma de hacerlo de manera eficaz es a través de metodologías de fijación de objetivos. Nuestra metodología para la evaluación del desempeño incluye la fijación de objetivos y su adecuado seguimiento.

El desempeño de empleados satisfechos y/o con alto involucramiento puede ser alto, medio o bajo, ya que estos elementos no alcanzan por sí solos. Un empleado satisfecho con un rendimiento bajo quizá siga trabajando de la misma manera, sin intentar mejorar su performance. Un empleado con un fuerte deseo de involucramiento pero sin las competencias adecuadas para el puesto que ocupa igualmente puede tener un desempeño no satisfactorio.

A continuación relacionaremos el involucramiento con otros temas (por ejemplo, la satisfacción laboral).

En síntesis, uno solo de los elementos mencionados para lograr involucramiento y alto desempeño puede no ser suficiente, por lo cual se deberá analizar la situación de manera amplia y global. La puesta en marcha de los distintos subsistemas de Recursos Humanos será una invalorable ayuda para lograr el involucramiento de las personas. De todos modos, hay que tener en cuenta que, en ocasiones, puede ser necesario *algo más*. En todos los casos, será aconsejable realizar un estudio completo de la situación existente y de la deseada.

Deseo de reconocimiento y valoración

Los individuos tienen necesidad de valoración

Las personas requieren ser valoradas, reconocidas como tales y no como meros instrumentos. Respeto, dignidad, atención. Los empleados desean que se valoren sus habilidades y capacidades, y de un modo u otro desean tener posibilidades de desarrollo. En la última parte de la obra se analizará la relación entre el comportamiento organizacional y los subsistemas de Recursos Humanos. Igualmente se hará un paralelo entre el comportamiento organizacional y la Gestión de Recursos Humanos por Competencias. En ambos casos se podrá apreciar que una forma de valorar a las personas es a través de evaluar su desempeño, decirles cómo están haciendo las cosas, cómo va su carrera, etc.

Relacionando el punto anterior –sobre el hecho de "pertenecer"– con el "deseo de reconocimiento y valoración" se propone, desde la perspectiva de la organización, un tratamiento conjunto, que hemos analizado cuando se presentaron distintas opciones de programas de participación. Los mencionados programas permiten lograr, en distinto grado, que a través de la participación los empleados se sientan involucrados en las decisiones de la organización. Otros programas apuntan, directamente, a que los empleados participen en los resultados.

Otra forma de involucrar a los empleados es a través de la *administración por objetivos*, método utilizado desde hace muchos años, absolutamente vigente en la actualidad. Se lo podría definir como una filosofía administrativa que califica el desempeño sobre la base del cumplimiento de metas fijadas mediante acuerdo entre el trabajador y la empresa, representada por su jefe o director de área responsable. La administración por objetivos es un sistema que comienza por el establecimiento de metas y objetivos comunes de la organización, y luego se establecen objetivos para los departamentos o gerencias (tanto para los gerentes como para los empleados). En síntesis, cada empleado tiene un objetivo que cumplir, fijado por él mismo, pero dentro de un esquema general preparado y supervisado por su jefe o el jefe de su jefe, según corresponda.

Luego del período evaluado –generalmente un año, con instancias intermedias de seguimiento– cada empleado hace su propia autoevaluación sobre el grado de cumplimiento.

Un proceso de administración por objetivos incluye la entrevista de retroalimentación, que contempla la autoevaluación y un análisis respecto del grado de cumplimiento de los objetivos, tanto del evaluado como de la organización en su conjunto.

Las personas esperan que se les diga "cómo están haciendo las cosas". Como es obvio, esto no debe hacerse sólo una vez al año o una vez cada seis meses, en ocasión de las evaluaciones del desempeño, sino de manera constante, a través de programas como, por ejemplo, los ya mencionados de "Rol del jefe". De todos modos, los subsistemas de Recursos Humanos –uno de los cuales es el de "Evaluación del desempeño"– coadyuvan a que esto se cumpla de mejor manera.

Cuando estos programas se implementan satisfactoriamente se da una situación del tipo ganar-ganar, ya que es beneficiosa tanto para la organización como para el empleado.

Actitudes y comportamientos de los empleados

La percepción –aspecto que se trató en párrafos anteriores– tiene una fuerte relación con las actitudes y comportamientos de los empleados, en quienes influyen los sentimientos y supuestos que surgen como producto de su percepción tanto del entorno como de sí mismos.

Sintetizando, se podría decir que primero está la percepción (de los hechos, de sí mismos, del entorno, etc.). Luego, como una consecuencia de la percepción, surgen las actitudes, y por último, éstas devienen comportamientos. Es importante recordar que son éstos los que podemos observar.

Sin embargo, la ecuación actitudes-percepción es compleja. Las actitudes dan forma a una disposición mental que influye en nuestra manera de ver las cosas. En este caso habría una retroalimentación entre percepción y actitudes.

La forma de conocer acerca de la percepción de los empleados la constituyen los estudios de satisfacción laboral, conocidos profusamente como "estudios o encuestas de clima organizacional". Si bien es cierto que muchos de los factores que inciden en la satisfacción del personal son de resorte de aquellos que dirigen una organización, esto no siempre es así; no al menos en su totalidad. Algunas personas son optimistas, alegres y con buen ánimo y otras no. De las primeras es más simple tener una visión positiva. Los pesimistas o malhumorados no tendrán la misma predisposición, por el contrario tendrán una percepción negativa de los hechos. Todo indica que la mayor o menor satisfacción laboral de los individuos es producto de una predisposición natural a tal efecto, de manera que las acciones de las organizaciones influyen parcialmente en los individuos. Sin embargo es muy importante analizar la naturaleza y los efectos de la satisfacción laboral.

Este comentario sobre las percepciones de los empleados tiene que ver –además- con el estilo cultural de los pueblos, los hay más alegres como los brasileños y más melancólicos como los argentinos. Por ello, la influencia del entorno en Comportamiento organizacional se ha dividido en dos: directo (lugar donde opera la organización) y global.

La Cultura organizacional entre otros elementos se compone y es influenciada por las actitudes y comportamientos de sus integrantes (directivos y empleados).

Qué elementos producen satisfacción en las personas

Si bien parece obvio, las personas son diferentes y –por lo tanto– lo son también los elementos que entran en juego para su satisfacción personal. Dado que el trabajo conforma y ocupa una parte importante del tiempo disponible de las personas, arbitrar los tiempos, esfuerzos y dedicación de acuerdo con los objetivos de vida y con lo que a cada uno le produzca mayor satisfacción es algo difícil de analizar o resolver desde el comportamiento organizacional. En nuestro trabajo nos abocaremos a la parte que se relaciona con lo laboral, sin olvidar por ello que las personas tienen una diferente percepción de las cosas y sobre este punto en particular.

La **satisfacción laboral** es un conjunto de sentimientos y emociones favorables o desfavorables en base al cual los empleados consideran su trabajo. Es una actitud afectiva, una sensación de relativo agrado o desagrado por algo. Tiene una fuerte relación con su propio medio cultural y social y con cómo su entorno percibe el trabajo. Cuando se trató el tema de la *cultura organizacional* vimos la influencia que sobre esta percepción puede establecerse desde el propio entorno social.

La satisfacción laboral surge a medida que un empleado obtiene cada vez más información sobre su centro de trabajo. Por otra parte, la satisfacción laboral es dinámica, y puede declinar aún más rápidamente que lo que se desarrolla.

Dado que "las personas son un todo" –como se dijo con anterioridad–, elementos externos al mundo laboral inciden en su satisfacción laboral. Si se midiese la satisfacción laboral el día después de un acontecimiento impactante a nivel de la comunidad (a favor o en contra), como la final de un campeonato del mundo, o para un individuo en particular (por ejemplo, si éste tiene un problema familiar importante o de pareja), la medición se verá influenciada por un elemento externo al ámbito laboral.

Impacto del entorno. La satisfacción laboral es apenas una de las cosas que proporcionan satisfacciones en la vida. La naturaleza del entorno de un empleado fuera del trabajo influye indirectamente en sus sensaciones dentro de la organización. Igualmente, como el trabajo es una parte importante de la vida, la satisfacción laboral influye en la satisfacción general de cada persona.

El resultado es un efecto en cascada en ambas direcciones. Como puede apreciarse en el listado siguiente, los elementos que brindan satisfacción son de índole

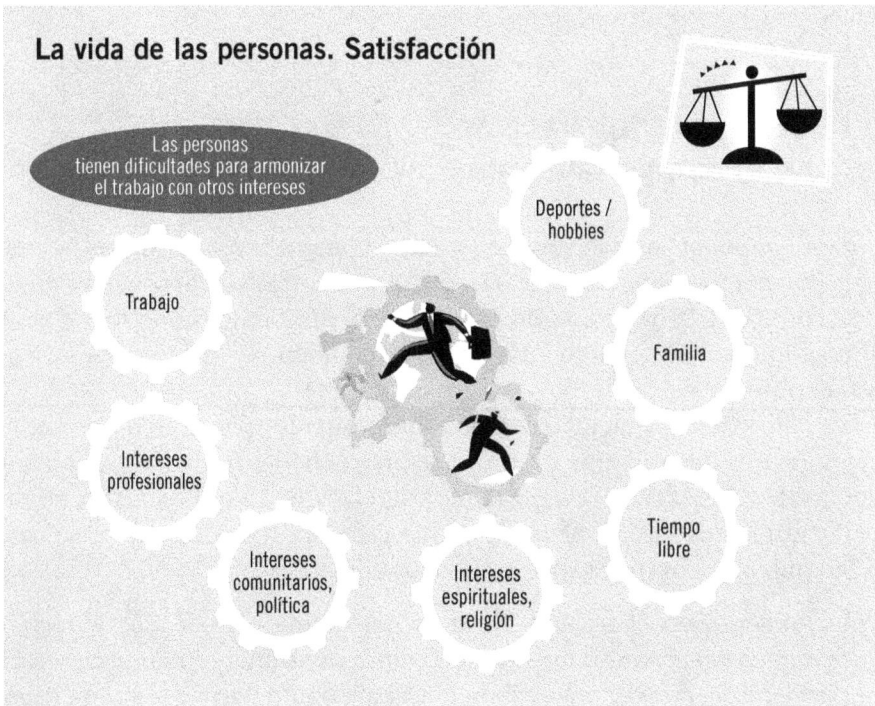

La vida de las personas. Satisfacción

Las personas tienen dificultades para armonizar el trabajo con otros intereses

Deportes / hobbies

Trabajo

Familia

Intereses profesionales

Tiempo libre

Intereses comunitarios, política

Intereses espirituales, religión

diversa, y, desde ya, no es fácil poder armonizar los diferentes intereses de una persona. La siguiente enumeración no implica ningún orden específico.

- Trabajo.
- Familia.
- Deportes / hobbies.
- Tiempo libre.
- Intereses profesionales.
- Intereses comunitarios / política.
- Intereses espirituales / religión.

Las mediciones que se realicen en relación con la satisfacción de las personas deben ser adecuadamente interpretadas, ya que no se puede obviar las distorsiones, por diferentes motivos.

Igualmente hay que tener en cuenta que la satisfacción laboral es dinámica. Por lo tanto, una medición es una foto que se saca en un momento dado. Por ello, se recomienda que los jefes y supervisores estén atentos permanentemente a la satisfacción laboral de sus empleados y no que este tema sea motivo de preocupación sólo una vez al año (o con otra frecuencia), cuando la organización realice una encuesta de satisfacción laboral entre sus empleados.

Cómo relacionar la satisfacción laboral con el comportamiento

La mayor o menor satisfacción deriva en el comportamiento de las personas en el trabajo. Por ejemplo, si una persona siente que sus objetivos laborales están en concordancia con los de la organización a la que pertenece tendrá una más alta satisfacción laboral, lo que hará incrementar su involucramiento y –por ende– su compromiso con el trabajo.

En el gráfico de la siguiente página se han tomado sólo dos comportamientos, compromiso e involucramiento; desde ya, se podría haber tomado otro u otros. Si la satisfacción laboral es alta, el comportamiento relacionado (en este caso, compromiso e involucramiento) será de acuerdo con lo esperado (alto), y viceversa: baja satisfacción laboral, bajo compromiso e involucramiento.

Involucramiento en el trabajo. Se trató este tema en párrafos anteriores. Se podría decir que es el grado en que los trabajadores se sumergen en sus tareas, invierten tiempo y energía en ellas y conciben el trabajo como parte central de su existen-

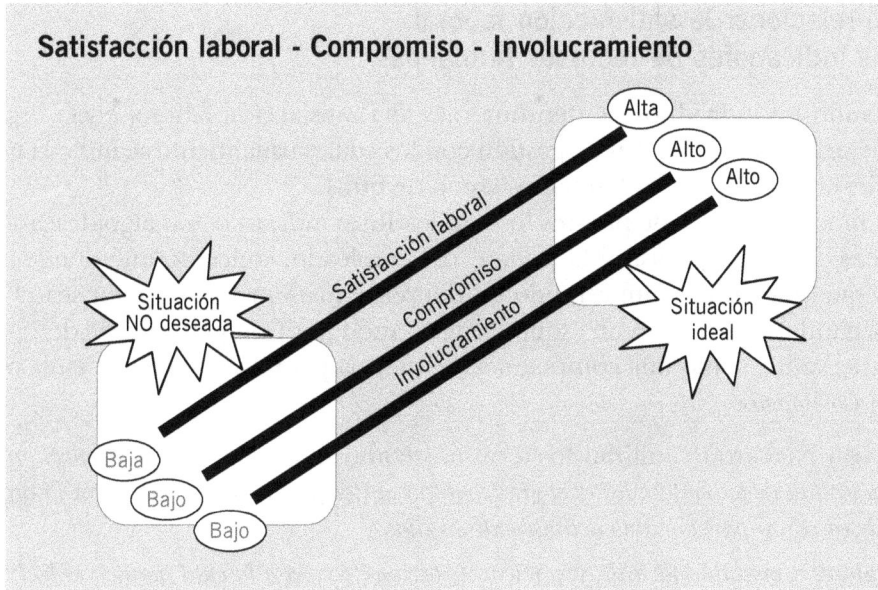

Satisfacción laboral - Compromiso - Involucramiento

cia. Se podría medir a través de una encuesta a los propios empleados (encuestas de clima o satisfacción laboral). También podría averiguarse al respecto a través de una encuesta a los jefes.

Otro indicador sobre el involucramiento de los empleados es el resultado de sus evaluaciones de desempeño. Aquellos que se sientan involucrados evidenciarán un mejor desempeño.

Es probable que los empleados involucrados en su trabajo tengan grandes necesidades de crecimiento y disfruten en la toma de decisiones. Como resultado de ello, es raro que sean impuntuales, y en general se muestran dispuestos a trabajar en largas jornadas y se esfuerzan por alcanzar un alto nivel de desempeño.

Compromiso organizacional o lealtad de los empleados, es el grado en que un empleado se identifica con la organización y desea seguir participando activamente en ella.

Satisfacción en el trabajo no es igual a *alto desempeño*, ya que una persona puede encontrar alta satisfacción en su trabajo producto de un bajo desempeño. Sí es cierto que una alta satisfacción laboral puede contribuir a un alto desempeño.

La relación podría definirse como circular: la satisfacción puede conducir al compromiso, que a su vez influye en el esfuerzo y, en definitiva, aumenta el desempeño (*desempeño - satisfacción - esfuerzo*).

¿Cómo relacionar la satisfacción laboral con los indicadores de recursos humanos?

Cuando los individuos sienten una más alta satisfacción laboral en la organización mejoran los indicadores de gestión con los cuales usualmente se mide la gestión tanto del área de Recursos Humanos como de otras.

En muchos perfiles de puestos los empleadores indican como algo deseable y en ocasiones como un requisito "la lealtad" del empleado, concepto que puede incluir otros y que puede ser comprendido de diferente manera según quién sea el solicitante. Cuando se trabaja en un esquema de Gestión por Competencias se define, muy frecuentemente, como una competencia requerida para desempeñarse en la organización: *Compromiso.*

Davis y Newstron[11] utilizan los términos como sinónimos: *el compromiso organizacional o lealtad de los empleados es el grado en que un empleado se identifica con la organización y desea seguir participando activamente en ella.*

Lealtad[12]: *cualidad de leal.* Acepción 2: *persona o casa a la cual alguien es leal.*

Leal[13]: *fiel.* Acepción 1b: *que se comporta —respecto de alguien o algo— honradamente y sin engaño o sin fines ocultos.*

De ambos significados y en relación con la temática que nos ocupa, me parece importante destacar la última parte de la definición del párrafo anterior: *sin fines ocultos.* En la relación de los empleados con la organización creo que éste es un elemento fundamental para definir *lealtad.*

Compromiso[14]: *obligación contraída por quien se compromete.*

Compromiso puede definirse como una competencia: *Capacidad para sentir como propios los objetivos de la organización y cumplir con las obligaciones personales, profesionales y organizacionales. Capacidad para apoyar e instrumentar decisiones consustanciado por completo con el logro de objetivos comunes, y prevenir y superar obstáculos que interfieran con el logro de los objetivos del negocio. Implica adhesión a los valores de la organización.*

Una competencia se abre en grados o niveles, y se elaboran los comportamientos asociados a ellos.

---

11. Davis y Newstron. Obra citada.
12. Seco Reymundo, Manuel *et al.* Obra citada.
13. Ibídem.
14. Ibídem.

Grado o Nivel	Comportamientos observables de la competencia *Compromiso* según el *Diccionario de comportamientos*
A	• Define la visión, misión, valores y estrategia de la organización y genera en todos sus integrantes la capacidad de sentirlos como propios. • Demuestra respeto por los valores, la cultura organizacional y las personas, y estimula con sus acciones y métodos de trabajo a todos los integrantes de la organización a obrar del mismo modo. • Conduce la organización a través de mensajes claros que motivan a todos a trabajar en la consecución de los objetivos comunes. • Cumple con sus obligaciones personales, profesionales y organizacionales y supera los resultados esperados para su gestión como director de la organización o de un área de negocios en particular. • Es un referente en la organización y en la comunidad en la que se desenvuelve por su disciplina personal y alta productividad.

Rotación. La satisfacción laboral se asocia con la baja rotación. Y viceversa. La rotación, como otros conceptos, no tiene una única definición; en general se entiende que es alta cuando los empleados se retiran antes de un año a partir de su ingreso.

Desde la perspectiva de una organización, la rotación puede ser un elemento considerado positivo porque permite el ingreso de nuevas personas que aportan, a su vez, nuevas ideas y perspectivas. Sin embargo, cuando la rotación es alta perjudica a la organización desde varios puntos de vista: la operatoria puede verse afectada, al igual que el clima interno; los empleados que se quedan pueden sentir que la organización no es un sitio de interés para trabajar si muchos nuevos empleados deciden partir en muy poco tiempo.

Factores externos e internos influyen en las tasas de rotación, siendo los primeros los más significativos y los únicos sobre los cuales la organización puede actuar.

Entre los factores externos se encuentra el alto o bajo índice de desempleo. En el primer caso las personas tendrán miedo de dejar el trabajo, aunque no sea totalmente de su agrado. El fenómeno inverso se da cuando los índices de desempleo son bajos: las personas pensarán que es más simple conseguir una nueva ocupación. Otro factor de mercado puede ser una gran demanda de un determinado perfil de personas. Si esto sucediese, podría darse que los empleados fueran "tentados" por el mercado con ofertas atractivas, ya sea con respecto a salario, nivel de posición o posibilidades de hacer carrera.

© GRANICA

Los que tenemos muchos años en el mercado de Recursos Humanos hemos visto infinidad de casos en que por una circunstancia coyuntural se ofrecen posiciones de mayor nivel a personas sin la experiencia necesaria, producto de un inesperado crecimiento en la demanda de esa posición. En Argentina lo hemos visto, en distintas épocas, en relación con posiciones de sistemas, determinadas posiciones del área de finanzas, los especialistas de Internet, por citar sólo algunos casos. En el mediano o largo plazo el mercado se estabiliza, pero por un tiempo estas situaciones se presentan y los involucrados no siempre hacen una lectura adecuada del fenómeno.

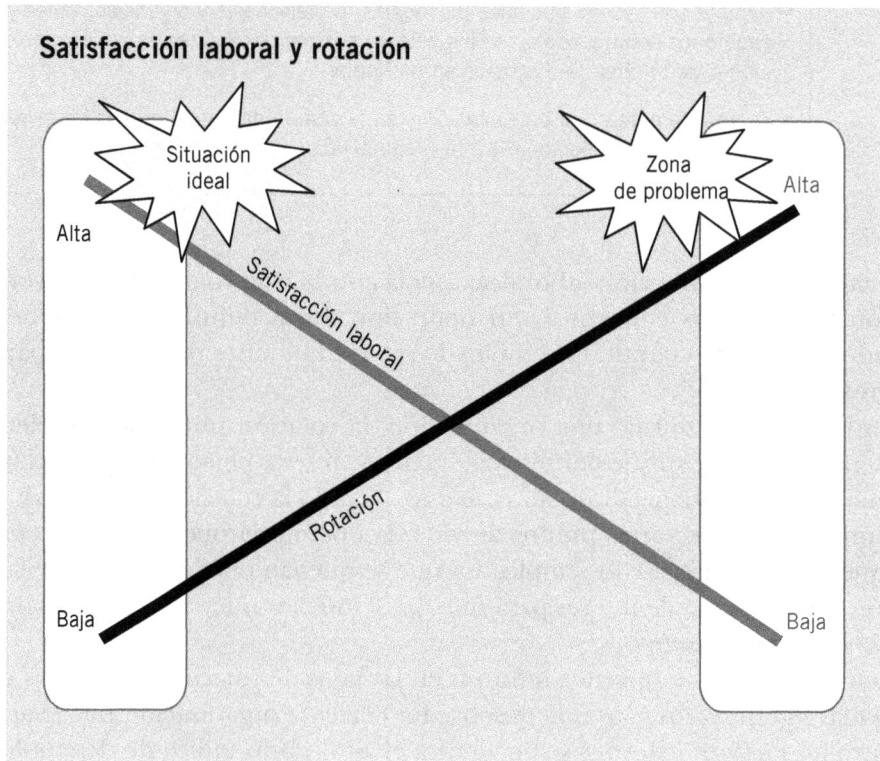

Satisfacción laboral y rotación

Más allá de los factores externos mencionados, la rotación se ve afectada muy fuertemente por factores internos, tales como salarios inadecuados, mal clima interno, escasas oportunidades de hacer carrera, organizaciones sin adecuados subsistemas de Recursos Humanos –cuando los empleados sienten que no son evaluados en su desempeño, que no son valorados–, entre otros motivos.

Más allá de que pueda parecer reiterativo, diremos que una organización debe poner en marcha los denominados subsistemas de Recursos Humanos como una forma de prevenir este tipo de situaciones. No será la panacea para todos los problemas, pero sí un buen catalizador de éstos y una guía para el buen comportamiento tanto de los niveles gerenciales o directivos como para los empleados.

Ausentismo e impuntualidad

Los índices de ausentismo e impuntualidad suelen relacionarse, también, con la satisfacción laboral. Sobre el segundo de estos conceptos es preciso hacer algunas aclaraciones, ya que dependerá de qué tipo de organización se trata y, a su vez, del tipo de función del empleado.

Si una persona debe abrir una oficina a una hora determinada, no será lo mismo si llega tarde que si llega a horario. Por lo tanto, la puntualidad es parte fundamental de su posición. Si, por el contrario, el empleado es, por ejemplo, lo que se ha dado en denominar "un trabajador del conocimiento", cuyo aporte más importante será el producto de su tarea, quizá sea más conveniente fijarle objetivos y no un horario. De todos modos, si se fija un horario y la persona lo acepta como parte del acuerdo laboral, será motivo de análisis y evaluación si no lo cumple.

Los índices individuales de ausentismo e impuntualidad requieren un análisis pormenorizado, ya que una persona puede estar atravesando un problema particular y por ello tener ausencias o llegadas tarde derivadas de un problema real (por ejemplo, de salud, tanto propio como de un familiar).

Los empleados con baja satisfacción laboral, cuando incurren en ausencias no necesariamente lo hacen en forma premeditada, sino que son más propensos a faltar por motivos menores que no justificarían una ausencia en una persona motivada por su tarea. Las áreas de Recursos Humanos deben estar atentas a estas situaciones. No siempre los empleados deciden no concurrir para manifestar su disconformidad, sino que los pequeños problemas se sobredimensionan a un punto tal que motivan la no concurrencia al trabajo.

Será responsabilidad del área de Recursos Humanos asegurarse de que los empleados conozcan la normativa vigente en materia de licencias por enfermedad, por examen y otras permitidas y previstas tanto por las leyes como por las propias políticas de la organización. De allí la recomendación de establecer por escrito políticas de personal, y distribuirlas entre todos los colaboradores.

Las empresas, en general, incluyen dentro de sus políticas algún punto relacionado con los aspectos formales. Las opciones son variadas, desde aquellos que proponen horarios flexibles hasta los que asignan a las personas un número de días libres extras al año, además de las vacaciones legales, para que cada empleado los administre a su criterio y pueda utilizarlos para aquello que crea pertinente (por ejemplo, visitas a médicos para controles periódicos tanto propios como de un familiar, o simplemente destinarlos al descanso). De este modo, se transfiere la responsabilidad del horario y las ausencias al empleado.

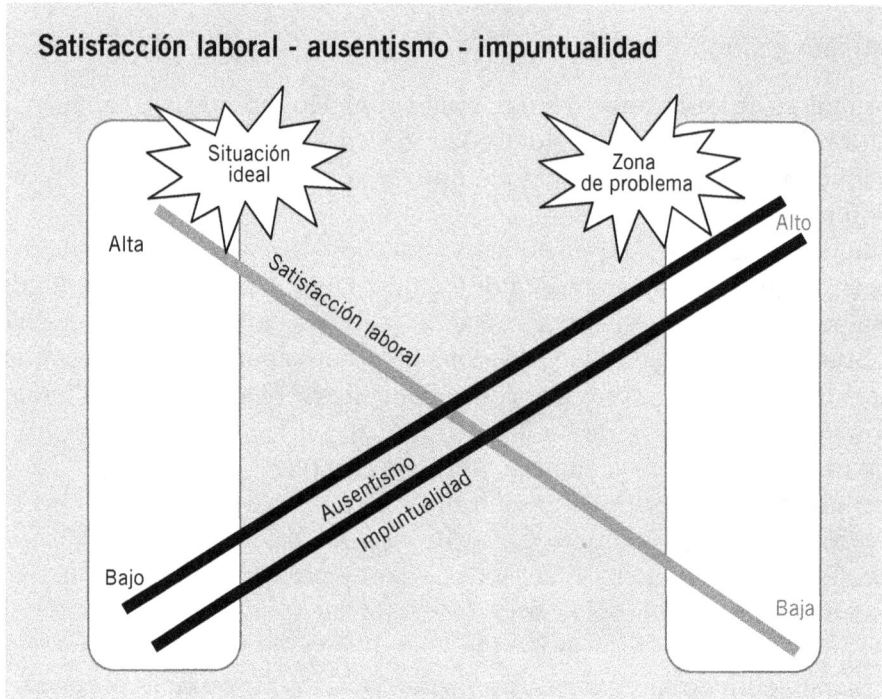

Por lo tanto, los distintos índices por los cuales se mide la gestión de Recursos Humanos estarían brindando información sobre la eficacia de los distintos subsistemas, ya que si los indicadores de rotación, ausentismo y puntualidad no fuesen los adecuados, habrá que analizar las causas por las cuales los empleados se comportan de ese modo. Las fallas posibles a detectar son, a su vez, de índole diversa; puede haber fallado desde la selección hasta la evaluación del desempeño, pasando por otros temas, tales como las capacidades de los jefes para cumplir con su rol, hasta problemas de comunicación.

En el gráfico que se muestra a continuación la opción doblemente positiva (ganar-ganar) se verifica cuando tanto la actitud o evaluación de la situación del empleado como la de la organización es positiva; es decir, implica permanencia del empleado con amplia satisfacción por parte de ambos, organización y empleado.

Diferentes situaciones de la relación organización-empleado

Permanencia del empleado	Renuncia del empleado (elige trabajar en otra empresa)	La empresa propone el retiro del empleado (retiro por mutuo acuerdo)	Despido del empleado (en desacuerdo)
Positiva-positiva	Positiva-negativa	Negativa-positiva	Negativa-negativa

Organización ←——→ Empleado

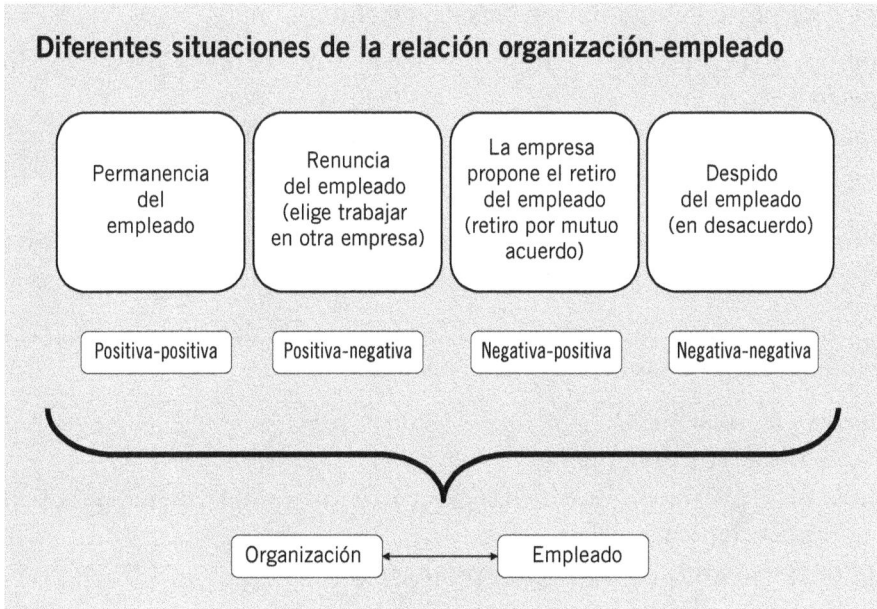

Estudios sobre la satisfacción laboral

Encuestas de satisfacción laboral o encuestas de clima organizacional

Las encuestas de satisfacción laboral, también denominadas encuestas de clima, bien administradas ofrecerán muchos beneficios, en cambio, si son mal administradas pueden ser altamente perjudiciales y dar un resultado opuesto al deseado.

Antes de iniciar un proceso de encuesta de satisfacción laboral la organización (y sus directivos) deben saber varias cosas: primero, que para que la misma tenga sentido práctico debe ser implementada en forma periódica. Así como las empresas hacen su auditoría anual, las encuestas de satisfacción laboral o clima deberían seguir la misma suerte. Si bien no son exigidas por organismos de control como ocurre con las auditorías, brindan a la organización el mismo tipo de información relevante. Por lo tanto, si no se está pensando en administrar estas encuestas con regularidad, es preferible no hacerlo e intentar un sondeo informal a través de los gerentes, referido a cómo percibe cada uno de ellos el grado de satisfacción de los empleados a su cargo. Siempre habrá que tener presente que esta información será muy imprecisa, influenciada por las propias percepciones de los distintos consultados.

Beneficios de una encuesta de satisfacción laboral

- Ofrece a la Dirección un indicio de los niveles generales de satisfacción respecto de la organización.
- Beneficios adicionales: el flujo de información mejora (por ejemplo, los empleados pueden participar en el diseño de la encuesta, y la forma de aplicación, y luego discutir los resultados).
- Puede ser una válvula de escape para las emociones de los empleados, que se sienten mejor luego de participar.

Información que la organización puede analizar/evaluar previo a encarar una encuesta de clima o de satisfacción laboral:

- Índices de rotación.
- Evaluaciones de desempeño.
- Índices de merma o rotura de las plantas (u otros similares que indiquen fallas de producción).
- Informes sobre la calidad de los productos.
- Índices de ausentismo/puntualidad.
- Conflictos laborales, juicios laborales, etc.
- Informes de accidentes, juicios por accidentes laborales.
- Programas de capacitación y resultados de los mismos.
- Sugerencias de los empleados y/o clientes, si la empresa tiene algún sistema para recogerlas (buzón de sugerencias o equivalente).
- Informes médicos sobre el personal.
- Entrevistas de salida (si aún no se realizan, pueden ponerse en práctica).
- Informes de asesores sobre temas diversos que permitan inferir cómo funciona la empresa y el grado de satisfacción de los empleados, desde los informes del auditor hasta los de todos los asesores que trabajen para la empresa.

Dada la implicancia que tiene encarar un proceso de encuesta de satisfacción laboral, la dirección de una organización debería analizar toda esta información previamente a la puesta en marcha de un proceso de evaluación de clima.

Condiciones ideales para la realización de encuestas

- Activo apoyo de la alta dirección.
- Participación de los empleados en el diseño (no es frecuente).
- Determinar un objetivo claro.

- Diseño y aplicación adecuados.
- Capacidad de la Dirección para emprender acciones consecuentes (y disposición a hacerlo).
- Comunicación a los empleados acerca de los resultados, junto con los planes de acción derivados.

Es usual que se ofrezcan productos prediseñados que *a priori* parecen muy interesantes. No es lo indicado. En todos los casos, la encuesta para evaluar la satisfacción laboral debe ser diseñada a medida de la organización.

Pasos

- Identificación de la razón de la encuesta (puede ser un proyecto liderado desde el área de Recursos Humanos).
- Obtención del compromiso de la Dirección.
- Desarrollo de la encuesta.
- Aplicación.
- Evaluación de los resultados.
- Análisis de los resultados.
- Retroalimentación a los participantes.
- *Instrumentación de un plan de acción.*

Hemos destacado este último paso porque es muy frecuente que no se realicen acciones concretas luego de finalizada una encuesta de satisfacción laboral o clima. Esto es tan negativo que, si no se estuviese seguro de poder encarar un plan de acción, será aconsejable no realizar la encuesta.

Tipos de preguntas para las encuestas

En la actualidad lo más frecuente es la administración de cuestionarios *on line* a través de la intranet de la organización o del sitio web del consultor interviniente. Como es casi obvio, el aspecto más importante es cómo se plantean las preguntas.

Nuestra experiencia profesional nos sugiere que el cuestionario debe ser mayoritariamente conformado por preguntas cerradas, ya sean de tipo binario (Sí / No) (Blanco / Negro) o de opción múltiple, reservando un espacio reducido donde el empleado se pueda explayar exponiendo conceptos.

En ningún caso se deben plantear preguntas cuya respuesta sea inducida desde el cuestionario, ni preguntar sobre cosas que los empleados no puedan responder. La encuesta debe ser clara, sencilla y pertinente.

A continuación presentamos unos gráficos donde se exponen los distintos tipos de preguntas y ejemplos.

© GRANICA

Encuestas de satisfacción laboral. Tipos de preguntas

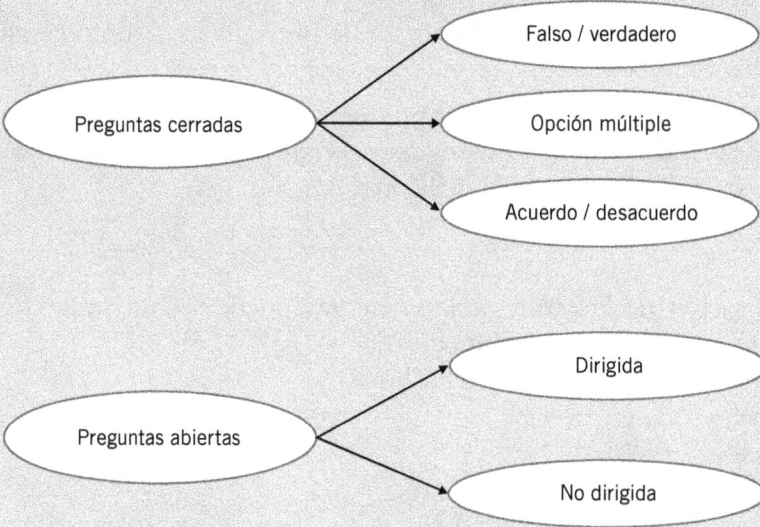

```
                                    Falso / verdadero

    Preguntas cerradas              Opción múltiple

                                    Acuerdo / desacuerdo


                                    Dirigida

    Preguntas abiertas

                                    No dirigida
```

Encuestas de satisfacción laboral. Preguntas cerradas

¿Cuál es el grado de comunicación de su jefe?   ① ② ③ ④ ⑤

¿Cuál es el grado de comunicación de la gerencia?   ① ② ③ ④ ⑤

¿Qué opina del Boletín de Noticias mensual?   ① ② ③ ④ ⑤

Escala de puntuación

1. No satisfecho
2. Ligeramente satisfecho
3. Satisfecho
4. Muy satisfecho
5. Sumamente satisfecho

Marcar con una "X" la opción elegida, según la escala.

Las preguntas, en cualquier encuesta, puede ser cerradas o abiertas. Como su nombre lo indica, las preguntas abiertas buscan que los empleados se expresen con sus propias palabras. Deben ser pocas, y las más adecuadas. Las preguntas abiertas pueden ser dirigidas o no a un tema específico, como se muestra en el gráfico siguiente. A modo de ejemplo: Cuando se pregunta una opinión sobre la política de comunicaciones se realiza una pregunta abierta sobre un tema en particular. Por el contrario, cuando se pregunta sobre "aspectos que la empresa debiera mejorar" se trata de una pregunta abierta no dirigida a ningún tema específico, los temas que los empleados pueden plantear a modo de respuesta pueden ser de índole muy variada.

Encuestas de satisfacción laboral. Preguntas abiertas

Dirigida

¿Qué opina usted sobre la política de comunicaciones de la gerencia?
....
....
....

No dirigida

Mencione tres aspectos que la empresa debería mejorar.
1. ....
2. ....
3. ....

Los resultados. Su comunicación

Una vez que se han procesado los resultados –en la actualidad los sistemas *on line* permiten la obtención de resultados "al instante"–, el primer paso será analizarlos, en una primera instancia por el especialista de Recursos Humanos e, inmediatamente después, por los niveles gerenciales de la organización. Éstos serán los que tomarán decisiones en base a los resultados de la encuesta.

Comunicación a los empleados. Si bien la experiencia indica que los resultados impactan más a los directivos que a los empleados, la comunicación a éstos es muy importante y de suma utilidad.

Un error común en el que muchas veces incurren las organizaciones es prestar atención sólo a los grandes problemas. Sin embargo, los pequeños también deben ser considerados. Será importante tener en cuenta que:

- Cuando como resultado de una encuesta de clima laboral se tomen medidas correctivas, es muy importante comunicar a los empleados todo el proceso, el análisis de los resultados, las conclusiones, y qué acciones se llevaron a cabo en consecuencia (o se planea realizar).
- Cuando se hace una encuesta de clima laboral la Dirección debe estar preparada para pasar a la acción después de conocer los resultados.
- Si se consulta la opinión de los empleados éstos esperarán que se la tenga en cuenta.

Síntesis sobre las encuestas de satisfacción laboral

Si la empresa no está preparada para llevar a cabo un plan de acción consecuente con los resultados, será mejor, como ya se dijo, no realizar la encuesta de satisfacción laboral. Sin embargo, si los directivos están dispuestos a "hacer algo" en base a los resultados de la encuesta, ésta será una muy buena herramienta para encarar medidas de mejora interna. Del mismo modo puede darse que los resultados propongan desde acciones no viables hasta otras que los directivos no consideren oportunas; pero los empleados, que se tomaron el trabajo de contestar la encuesta, esperan que algo cambie. Por lo tanto, una retroalimentación podrá decir qué se cambiará y qué no, explicando por qué no se decide actuar con relación a ciertos puntos.

Otro problema que puede presentarse es que los empleados no crean en los efectos que la encuesta pueda tener, quizá porque ya alguna vez se hizo y nada cambió. Sea cual fuere la razón, si se piensa que las personas no confían, quizá se deba esperar un tiempo antes de realizar una nueva encuesta de satisfacción laboral. Mientras tanto habrá que generar confianza entre el personal, y asegurar que en esta ocasión la encuesta será tomada en cuenta, si no en su totalidad, al menos con relación a alguno/s de los puntos planteados por el personal. Lamentablemente, cuando se pierde la confianza del personal sobre este tipo de herramientas no es sencillo recuperarla.

Por último, en nuestra opinión la encuesta de satisfacción laboral debe ser administrada por un consultor externo, y las opiniones volcadas en ella deben ser anónimas. Se deberá garantizar esto al personal.

Encuestas de satisfacción para niveles gerenciales o mandos medios

Las encuestas de satisfacción de los niveles de supervisión son tan importantes como las que se refieren a los empleados. Si los niveles gerenciales y otros mandos medios están insatisfechos no será posible tener un alto grado de satisfacción laboral en los empleados. Por lo tanto, la encuesta a los mandos medios se puede encarar al mismo tiempo que la enfocada a los empleados, o quizá por separado, si la organización no obtiene un buen resultado en esta última.

Algunos puntos clave para modificar las actitudes de los empleados

En general se logran muy buenos resultados a través de la implementación de lo que denominamos los subsistemas de Recursos Humanos. Ideas o sugerencias:

- Mejorar e implementar cambios en los sistemas de evaluación del desempeño de los empleados.
- Ligar el desempeño individual con la retribución.
- Fijar metas desafiantes pero que se puedan alcanzar.
- Definir claramente lo que se espera de cada uno.
- No personalizar los comentarios que se realicen a un colaborador (u otras personas): sólo referirse a hechos. Primero, escuchar a los empleados.
- Dar retroalimentación sobre el desempeño.
- Dar muestras claras de atención e interesarse sobre las opiniones de los empleados.
- Dar oportunidades a los empleados de participar en la toma de decisiones.
- Mostrar aprecio por las actitudes de esfuerzo y compromiso de los empleados.

Existen muchas ideas sobre cómo modificar actitudes. En este sentido, un elemento que no se debe olvidar es la información: muchas personas cambian sus actitudes a partir de estar informados (por ejemplo, sobre los proyectos de la empresa –esto da seguridad–, y/o sobre las actividades en general). Dar información crea sentido de pertenencia, entre otros efectos. Para otros temas se deberá pensar en programas de desarrollo y en los subsistemas de Recursos Humanos.

El estudio se basa en un cuestionario; el ejemplo que se muestra a continuación está dividido en siete grandes categorías, compuestas a su vez por sub-categorías, donde los empleados califican los elementos más importantes que, en la opinión de la máxima conducción, son fundamentales para un clima organizacional de calidad.

CONCEPTO	0	1	2	3	4	5	6	7	8	9	10
			Rojo			Amarillo			Verde		
DESARROLLO EDUCATIVO											
Capacitación											
Actitud de los jefes frente a la capacitación: ¿la promueven?											
Calidad de la capacitación impartida por la organización											
Aplicación de la capacitación para el puesto de trabajo											
Desarrollo profesional											
Apoyo de los jefes en el desarrollo profesional de los empleados											
Oportunidades de desarrollo profesional en la organización											
¿Los jefes y la organización motivan a los empleados para su desarrollo?											
Desarrollo personal											
Apoyo de los jefes en el desarrollo personal de los empleados											
Oportunidades que brinda la organización para el desarrollo personal											
¿Los jefes y la organización motivan a los empleados para su desarrollo?											
DESARROLLO SOCIAL											
Colaboración											
Actitud de los jefes frente al desarrollo social: ¿lo promueven?											
¿Cómo es la colaboración al desarrollo social de otras áreas (respecto de la propia)?											
¿El desarrollo social es valorado dentro de la organización?											
Trabajo en equipo											
Actitud de los jefes frente al trabajo en equipo: ¿lo promueven?											
¿Cómo calificaría el trabajo en equipo (funcionamiento real)?											
¿El trabajo en equipo es valorado por la organización?											
Participación											
Actitud de los jefes frente a la participación: ¿la promueven?											
Ambiente de la oficina: ¿es participativo?											
¿La participación es valorada en la organización?											
Comunicación											
¿Cómo calificaría la comunicación con los jefes?											
¿Cómo calificaría la comunicación en la oficina?											
¿La comunicación es valorada en la organización?											

CONCEPTO	0	1	2	3	4	5	6	7	8	9	10
			Rojo				Amarillo			Verde	
Credibilidad y confianza											
¿Cómo calificaría la credibilidad (grado de confianza) de sus jefes?											
¿Cómo calificaría la credibilidad (grado de confianza) de la oficina?											
¿Cómo calificaría la confianza de su jefe en usted?											
BUEN GERENCIAMIENTO											
Planes futuros de la organización (estrategia a alcanzar)											
¿Cómo calificaría el grado de innovación de los planes futuros propuestos por sus jefes?											
¿Cómo calificaría el impacto de los planes futuros en la oficina?											
¿Los planes futuros representan una oportunidad para usted?											
Organización											
¿Cómo calificaría la organización de sus jefes?											
¿Cuál es el impacto de la organización existente en el clima de la oficina?											
¿La organización existente representa una oportunidad para usted?											
Liderazgo											
¿Cómo calificaría la capacidad de liderazgo de sus jefes?											
¿Cómo impacta la capacidad de liderazgo en el clima de la oficina?											
¿La capacidad de liderazgo es valorada en la organización?											
Evaluación del desempeño (y seguimiento)											
¿Cómo calificaría la capacidad de evaluación y seguimiento de sus jefes?											
¿Cómo calificaría la calidad del método de evaluación del desempeño?											
¿Valora usted la evaluación del desempeño?											
Orientación a resultados											
¿Cómo calificaría la orientación a resultados de sus jefes?											
¿Cómo calificaría la orientación a resultados de su oficina?											
Alcanzar los resultados u objetivos ¿es valorado por usted?											
Disciplina											
¿Cómo calificaría la disciplina de sus jefes?											
¿Cómo calificaría la disciplina en su oficina?											
¿La disciplina es valorada por usted?											
TOTALES											

© GRANICA

Recomendaciones para el diseño de la encuesta

- El formulario precedente es sólo un ejemplo; cada organización deberá diseñar aquel que sea más pertinente según sus características y/o situación.
- Las preguntas a responder deben ser claras. Es decir, deben redactarse con palabras sencillas y no dejar duda alguna en la persona que deberá responderlas. Por lo tanto, no tome de manera literal el ejemplo, ya que cada pregunta deberá adaptarse al lenguaje más comprensible en cada caso particular.
- Las opciones se pueden plantear en una escala de 1 a 5, de 1 a 10, etc. En el formulario precedente se utilizó 0 a 10. Los rangos son arbitrarios, y responden a una decisión que deberá tomar quien diseñe la encuesta.
- Por último, el cuestionario no debe ser ni muy corto (obtendrá muy poca información) ni muy largo (las personas no prestarán la debida atención si se plantean muchas preguntas o con un grado de detalle excesivo sobre cada ítem).

Manejo de rangos (en el formulario precedente)

- Escala de 0 a 10, donde 0 es pésimo y 10 es excelente. Los resultados de la encuesta reflejan el estado del clima organizacional en base a rangos de calificación expresados mediante semáforos: rojo, amarillo, verde.
- El *semáforo rojo* oscila entre el 0 y el 5,99 de calificación, lo que implica que el área calificada se encuentra débil, con liderazgos que no han asumido su papel, con desinterés por la capacitación, falta de comunicación, etc., y por lo tanto debe ser reforzada.
- El *semáforo amarillo* oscila entre el 6,00 y el 6,99 e indica áreas susceptibles de ser mejoradas o donde está decayendo el clima; en este sentido, debe prevenirse que siga bajando e implementar cambios que mejoren la calificación de los empleados.
- El *semáforo verde* expresa áreas de fortaleza, es decir, donde el rango va de 7,00 hasta 10,00, que es la máxima calificación; en este caso la evaluación debe usarse para mantener el buen desempeño y como apoyo para mejorar otras áreas que puedan estar en un nivel no satisfactorio (semáforos amarillo o rojo).

Recomendaciones para el uso de la encuesta

- Analizar los resultados de cada oficina/sector en comparación con otros años.
- Analizar los resultados de la oficina en relación con los resultados de la organización en su conjunto.
- Analizar los resultados de la oficina en relación con los resultados globales de la gerencia o sector a donde pertenece.

- Analizar los comentarios del personal encuestado.
- Realizar una presentación de los resultados a la máxima conducción de la organización.
- Establecer estrategias para eliminar los semáforos rojos y para convertir los semáforos amarillos en verdes, para de ese modo tener fortalezas comparativas y que las mismas sean constantes.

La relación de la organización con los empleados

Davis y Newstron[15] dicen, en el capítulo destinado a los "Asuntos entre individuos y organizaciones", que *una organización influye de un modo u otro en la vida de sus empleados.* Esta influencia puede ser legítima o ilegítima. En general se entiende como legítima toda influencia dentro del horario laboral y respecto del comportamiento dentro de este ámbito. A partir de esta definición, la influencia podrá tener mayor o menor legitimidad según las diferentes opiniones y enfoques.

¿Es lícito que un empleador opine sobre la iglesia a la cual asiste su empleado o el credo que profesa? La respuesta inmediata que viene a la mente es: no. A este tipo de temas se los considera de baja influencia laboral, tales como otros de tipo eminentemente personal, como las preferencias en materia de vacaciones o acerca de la utilización del tiempo libre.

En países como los Estados Unidos la legislación y los usos y costumbres en materia de no discriminación consideran como un área vedada todo aquello relacionado con la vida personal de los colaboradores. En otros países, donde no existen leyes tan estrictas al respecto, de todos modos las buenas costumbres y las buenas prácticas aconsejan el respeto de la vida personal.

Davis y Newstron mencionan una serie de acciones que atentan contra la privacidad de los individuos, algunas que no se utilizan (como los detectores de mentiras o la selección genética) y otros de uso generalizado (como los exámenes médicos y las pruebas de personalidad).

¿Cómo relacionar el concepto norteamericano del cuidado de la privacidad con los usos y costumbres de muchos de nuestros países, que utilizan tests psicológicos, exámenes médicos y otras investigaciones, sobre todo previo al ingreso de las personas a una organización? La respuesta es simple: cuidando la privacidad de los

---

15. Davis y Newstron. Obra citada.

© GRANICA

resultados. Si una empresa, por ejemplo, administra una batería de tests psicológicos, esta información sólo debe estar disponible para el que dirija el proceso de selección, y eventualmente el futuro jefe, y luego debe ser guardada en Recursos Humanos. No debe permitirse que los informes referidos a tests psicológicos sean vistos por otras personas ni por el propio evaluado. Éste podrá ser informado de los resultados cuando sean debidamente explicados por el profesional que administró los tests.

Este comentario sobre las pruebas psicológicas se presenta como ejemplo, y debe ser extendido a cualquier otra información personal: informes sobre salud o exámenes médicos, sobre situaciones familiares, etc.

Disciplina

Los conceptos relacionados con el término "disciplina" son muy interesantes desde todas las ópticas con que se los mire. En ocasiones los jefes se preguntan cómo deben *llamar la atención* a un empleado frente a un comportamiento indebido. El llamado de atención debe hacerse cuidando los términos y dejando en claro cuáles son los comportamientos esperados del empleado frente a la circunstancia planteada. Este tipo de problemas se presenta en todo tipo de organización. Sin embargo, en las más pequeñas, con los directivos o dueños más cerca de los empleados, la dificultad se extrema. Desde otra perspectiva, en el momento de definir modelos de competencias nos han consultado muchas veces sobre si es aconsejable incluir competencias tales como *Obediencia* o *Disciplina*.

Como puede apreciarse, la problemática preocupa a todos, de un modo u otro. El término *disciplina* significa, según los diccionarios de la lengua[16]: *sujeción de una persona o una colectividad a normas de conducta establecidas. Conjunto de normas que rigen la conducta de una persona o colectividad.*

En relación con las organizaciones, se podría definir disciplina como "las acciones que la dirección de la empresa implementa para hacer cumplir las normas organizacionales". A su vez la disciplina puede ser: preventiva o correctiva.

Preventiva: acciones para lograr que los empleados cumplan las normas y reglas de la empresa y, de este modo, evitar que se aparten de ellas.

Lo ideal es, desde ya, la autodisciplina. De esta manera son los propios empleados los que cumplen y hasta a veces imponen la disciplina. En estos casos, cuando los

---

16. Seco Reymundo, Manuel *et al.*. Obra citada.

empleados ponen ellos mismos las normas –o participan de algún modo en su fijación–, la disciplina es de más fácil aplicación, los mismos empleados la cumplen y hacen que los otros miembros del grupo lo hagan también.

Correctiva: son las acciones posteriores a una infracción. Si se toman medidas cuando un empleado no cumple una norma, se supone que esta acción obrará como un disuasor para los otros empleados. Es decir que los empleados serán desalentados a incurrir en infracciones a las normas preestablecidas. Por lo general las acciones correctivas son las denominadas "acciones disciplinarias" (ejemplo: una suspensión sin goce de sueldo frente a una infracción).

Los defensores de las sanciones disciplinarias sostienen que las mismas son efectivas para:

- Reformar al infractor.
- Disuadir a otros de realizar acciones similares.
- Mantener normas grupales consistentes.

Las acciones correctivas suelen ser –además– progresivas, es decir que las sanciones se hacen más severas frente a situaciones repetitivas. Por ejemplo a través de los siguientes pasos:

1. Reprimenda verbal por el jefe directo.
2. Observación escrita por el jefe directo o a través de la oficina de Recursos Humanos.
3. Según las leyes del país o política de la organización: suspensión progresiva, primero dos o tres días, luego una semana, etc.
4. Despido con causa justificada. Depende de la legislación vigente en cada país o estado.

Alcance de la relación entre un empleado y su empleador

Creo interesante en este punto recordar un caso de nuestra firma consultora: el perfil de una búsqueda gerencial para un club de fútbol de primera división que, entre otras actividades, realiza eventos de gran envergadura –además de los partidos correspondientes–. Entre los diferentes requisitos del puesto, en materia de dedicación horaria, planteaba lo siguiente: "La oficina opera los días hábiles de 10 a 20 horas, por lo tanto el gerente deberá cumplir ese horario. Además, con una cierta frecuencia deberá quedarse más tarde porque el Directorio se reúne a última hora, ya que todos sus miembros tienen otras actividades durante el día. Y por último

–continuaba la descripción del perfil– el nuevo colaborador deberá tener una amplia disponibilidad para la realización de viajes, y, además, como la actividad de la institución incluye eventos en días feriado, sábados y/o domingos, estos días –como mínimo– deberá presentarse por las oficinas en algún momento, ya que deberá tomar algunas decisiones que no pueden esperar".

Para el consultor que recolecta información sobre un perfil, la pregunta referida a la dedicación horaria es una de las tantas que formula a su cliente; en este caso, al mismo tiempo que tomaba notas pensé que el posible candidato no debería tener una situación de familia muy demandante, para poder cumplir este horario, que incluía muchas largas jornadas de trabajo, en horarios dispersos.

Sin el propósito de extendernos en ejemplos, sólo deseo agregar uno más: los gerentes que se desempeñan en hoteles, que deben cubrir guardias en feriados y fines de semana.

¿Hasta dónde una organización puede interferir con la vida privada de sus empleados?

El debate puede ser extenso. Davis y Newstron, en la obra ya mencionada, se refieren a la influencia organizacional legítima y no legítima en la vida de las personas.

La influencia de las organizaciones dentro del ámbito de trabajo se considera legítima, mientras que se considera de baja legitimidad cuando la organización pre-

Influencia organizacional en los empleados

Tipo de conducta	Relacionada con el trabajo	No relacionada con el trabajo
En el trabajo	Alta legitimidad	Legitimidad moderada
Fuera del trabajo	Legitimidad moderada	Baja legitimidad

Relación con el trabajo

Fuente: Davis y Newstron.

tende ejercer influencia en la vida de las personas fuera del trabajo, como los ejemplos ya mencionados: concurrencia a la Iglesia, dónde viaja para sus vacaciones o con qué banco opera.

Según el gráfico precedente, existen zonas de influencia intermedias, donde la legitimidad es moderada, cuando el hecho en cuestión no se relaciona con el trabajo en sí pero ocurre dentro del horario laboral o, por el contrario, el hecho ocurre fuera del horario laboral y se relaciona con el puesto que la persona ocupa, como los ejemplos planteados del club de fútbol o los hoteles, donde las funciones se extienden más allá de un horario laboral convencional.

Creo importante analizar otra posibilidad diferente: ¿qué pasa si la conducta de una persona fuera del trabajo afecta la imagen de la organización? Aquí comienzan las zonas grises o de posible conflicto. Algunos ejemplos:

- Si una persona que ocupa una posición de base –por ejemplo, operario– decide visitar algún sitio de "dudosa imagen" fuera de su horario de trabajo, esto no afectaría a la organización, ni a favor ni en contra, ya que no se trata de un individuo que pueda ser fácilmente identificable.
- Imaginemos la misma situación, pero protagonizada por un funcionario que representa de algún modo a la organización –el Director General o un gerente de alto rango–. La situación se torna discutible, ya que el nombre del individuo se asocia con el de la entidad a la que pertenece.

Como es casi obvio, desde el punto de vista individual el hecho tiene la misma trascendencia –por ejemplo, desde la mirada del cónyuge de la persona en cuestión– en cualquiera de los dos ejemplos planteados; sin embargo, desde la perspectiva de la organización en un caso el hecho tiene una consecuencia diferente que en el otro.

¿Tiene derecho una organización a solicitar a un empleado que ingrese en un programa anti-alcoholismo o anti-drogas o de recuperación para alguna de estas adicciones? ¿Esto invade su privacidad? ¿Es una invasión legítima, o no?

En Argentina se dio una sentencia judicial a favor de un empleado de un restaurante al cual su empleador despidió por ser alcohólico. El fallo dictaminó que el empleador debía abonar la indemnización completa (como despido por causa no imputable al empleado), bajo el argumento de que el empleador debería haber ayudado a su empleado a resolver su problema de alcoholismo en lugar de despedirlo. Así, la Justicia no sólo opinó que recomendar un tratamiento anti-alcohol no invade la privacidad del individuo, sino que además consideró que está entre las obligaciones de un empleador.

Al lector no se le escapará que estos temas varían de organización en organización y de país en país. En el Capítulo 6 se presenta una relación de todos los temas de comportamiento organizacional con los subsistemas de Recursos Humanos, y en el Capítulo 7 se hará referencia a la relación de los mismos con la Gestión de Recursos Humanos por Competencias. Cuando se implementan estos esquemas de trabajo, se observan y evalúan comportamientos. Si éstos no fuesen adecuados y se detectara que la razón (de la no adecuación) es alguno de los temas mencionados (alcohol, droga, etc.), este comportamiento será calificado como no adecuado no por una sugerencia de la Dirección (influencia de baja legitimidad) que un emplea-do puede interpretar como persecutoria, discriminatoria o que se inmiscuye en su vida privada, sino que esta calificación será el resultado de sistemas de evaluación de desempeño aplicados a toda la organización.

En otros trabajos sobre evaluación de desempeño nos hemos referido a los pro-gramas de "mejora del rendimiento" de empleados con evaluaciones de desempeño insatisfactorias; por ejemplo, en *Desempeño por competencias. Evaluación de 360°*. En un esquema similar, cuando se detecta que una persona tiene un problema de compor-tamiento derivado del abuso del alcohol o la droga, un programa sugerido sería el siguiente (fuente para la elaboración del gráfico: Davis y Newstron, obra citada).

Programa para el tratamiento de empleados con problemas especiales

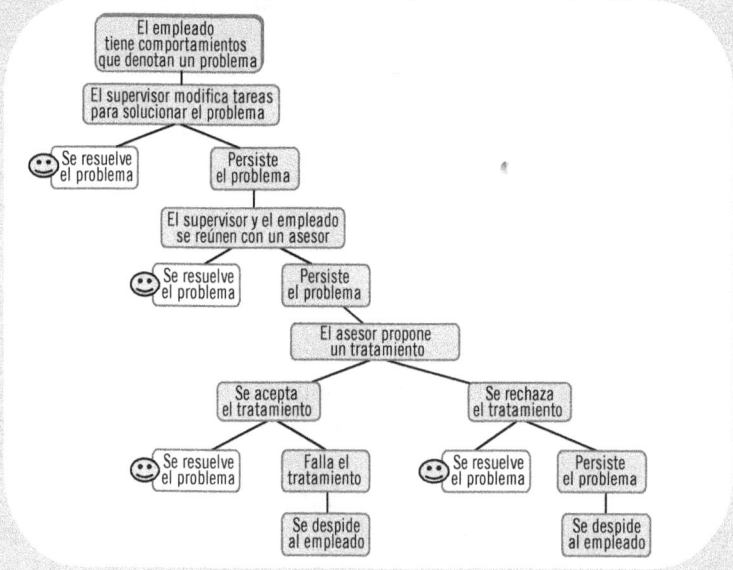

Fuente: Davis y Newstron.

Los programas exitosos en materia de alcoholismo (o adicción a drogas) son aquellos que toman el tema como una enfermedad y ofrecen a las personas tanto apoyo médico como psicológico. Muchas empresas sienten que cumplen un rol social al ayudar a sus empleados a superar problemas de adicciones. No obstante, cabe recordar que el primer síntoma de estos problemas se presenta como un cambio en los comportamientos, y éstos afectan el desempeño.

Las organizaciones no sólo tienen problemas en materia de cambio en los comportamientos derivados de adicciones; en este siglo, y quizá ya sobre fines de los años 90, en el siglo pasado, se detectaron otros problemas, que si bien no son nuevos, se han incrementado producto de las situaciones altamente estresantes que viven las personas en general.

Situaciones tales como el ataque que recibió los Estados Unidos el 11 de septiembre de 2001, con la caída de las Torres Gemelas en Manhattan, así como la quiebra de la empresa Enron (en 2002), y la disgregación de una de las denominadas *big five* de aquel entonces, que dio por resultado que ahora sean las *big four*[17]... Situaciones todas impensadas. Sólidas instituciones y sólidos edificios se cayeron *como castillos de naipes*. En Latinoamérica, crisis tales como la de Argentina, donde se vivió una profunda debacle político-económica generalizada, afectaron a las empresas, a sus empleados y a la población toda.

Estas situaciones –nuevas, o bien de una dimensión tal que supera lo conocido hasta el momento– dan lugar a nuevos fenómenos en materia de comportamientos, y requieren similares esquemas de tratamiento que las ya mencionadas adicciones.

Los problemas o *gaps* detectados en relación con el nivel de rendimiento esperado en todos los niveles de empleados, y más especialmente en niveles profesionales o de conducción y/o con alta responsabilidad, han constituido, a partir de los hechos mencionados (crisis del 2001/2002), un verdadero problema para las empresas.

Pérdidas en el nivel de productividad, desmotivación, desinterés, olvidos, ausentismo, temor frente a situaciones que antes eran vividas como desafíos positivos, falta de respuesta ante eventos críticos, son, en cualquier nivel en que se presenten, síntomas graves que deben ser interpretados y resueltos para el logro de los objetivos organizacionales y para la preservación de la salud de los empleados; más aún en casos de alta responsabilidad (niveles ejecutivos, profesionales a cargo de proyectos, etc.), que pueden implicar serios perjuicios para la empresa y para la propia carrera de estos individuos.

---

17. *Big four* se denomina a las cuatro grandes firmas internacionales de auditoría. Aquí se hace referencia al problema legal de la compañía de auditoría Arthur Andersen en los Estados Unidos, a raíz de la quiebra de Enron.

Descartando las actitudes dolosas o malintencionadas, cualquier síntoma como los mencionados requiere observación y seguimiento por parte de la organización y del individuo que los sufra, ya que pueden ser indicadores de estrés (incipiente o establecido), y hasta de estados de agotamiento (*burn-out*[18]).

Para indagar sobre las posibles causas de casos como los ejemplificados, se debe realizar un exhaustivo estudio de la persona en cuestión, a fin de poder detectar si las causas de la disminución en la calidad de su rendimiento se deben a cambios en el puesto o en su definición, a problemas relacionales u organizacionales, o a motivos personales.

El contexto crítico social es, lamentablemente, un factor que está ejerciendo presiones extraordinarias sobre el precario equilibrio de la calidad de vida de las personas, de modo que cualquier problema latente se verá incrementado o aflorará de manera imprevista en circunstancias como las actuales. Las estrategias de afrontamiento (*coping*[19]) que habitualmente podrían resultar exitosas, son insuficientes en situaciones críticas, sin que exista comprensión clara de por qué sucede esto, lo que genera angustia y desorientación.

Empowerment desde la perspectiva del individuo

La decisión de trabajar bajo empowerment no es una decisión de los individuos sino que se relaciona con las prácticas empresariales y con el estilo de management en las organizaciones. Hemos titulado con toda intención el Capítulo 3 como "El poder en las organizaciones", y a modo de subtítulo "El comportamiento de los supervisores y directivos". No obstante, nos pareció pertinente ofrecer una reflexión sobre el empowerment desde la perspectiva de los individuos, ya que éstos serán los actores principales cuando una compañía decida implementar esta modalidad de gestión.

En una parte de su obra *Manual del empowerment,* Wilson[20] presenta una sección destinada a lo que él denomina el "empowerment personal". Si bien las empresas deben desarrollar el clima interno para el apoyo y guía, debe adoptar también políticas relevantes dado que trabajar bajo empowerment –en todos los casos– es una decisión de la Dirección. Sin embargo, los colaboradores deben necesariamente cambiar para

---

18. *Burn-out:* agotamiento físico y mental extremo al que se llega luego de estar sometido durante mucho tiempo a condiciones de estrés laboral que desbordan la capacidad de respuesta de un sujeto. Algunos de sus síntomas: agotamiento emocional, despersonalización y disminución de la iniciativa y la capacidad de toma de decisiones del sujeto cuando las condiciones de estrés se sostienen durante mucho tiempo. El *burn-out* también afecta a la empresa, porque el empleado que lo sufre comienza a trabajar en forma automática y experimenta una caída en su capacidad productiva.
19. *Coping:* consiste en afrontar exitosamente alguna dificultad.
20. Wilson, Terry. *Manual del empowerment.* Gestión 2000, Barcelona, 2000.

que el empowerment sea posible. Los roles de los ejecutivos y empleados cambiarán; será necesario que unos y otros aprendan nuevas competencias (o las desarrollen) y nuevas maneras de llevar a cabo sus funciones. Las personas tendrán una mayor libertad para tomar decisiones y cambiarán, también, las funciones a realizar.

Si los empleados no cambian, la organización no podrá imponer el empowerment. Podrá disponer de un clima adecuado, dar libertad a los empleados, y que aún así no se verifique el empowerment. La otra parte se logra al energizar a los empleados, a todos y cada uno de los miembros de la organización.

Los empleados deberán primero conocer las características del empowerment y establecer una dirección para ellos mismos. Cada persona debe entender su posición actual, su tarea, su posición dentro de la empresa; a esto el autor denomina "despertar". Luego continúa la etapa de comprensión: el individuo deberá aceptar nuevas responsabilidades y nuevos problemas a enfrentar. Esta etapa incluye entender las posibilidades que el empowerment implica, junto con las demandas que significará para todos los integrantes de la organización. A veces "se vende" al empowerment como algo "fácil y maravilloso". No es lo correcto: debe plantearse con todas sus implicancias. Primero la persona decide aplicarlo, y luego, lo hace.

Una buena representación de cómo una persona evoluciona dentro de un proceso de empowerment se puede apreciar en el gráfico de la siguiente página.

El gráfico es aplicable a todas las posiciones de una organización. Muchas veces se cae en la simplificación errónea de considerar que "ciertos modelos de management", como en este caso sería el de empowerment, deben ser aplicados sólo para determinadas personas o niveles, y esto no es así. Aplicar empowerment puede ser muy beneficioso para toda la organización, tanto para la empresa en sí como para cada uno de sus integrantes. Este concepto puede aplicarse para la fuerza de ventas, el área administrativa o la de producción.

Calidad de vida laboral

Según Davis y Newstron[21], el concepto de *calidad de vida laboral* hace referencia a si los individuos tienen o no un entorno favorable en su trabajo.

Recuerdo que una vez me tocó trabajar en una oficina de un edificio muy bonito y tradicional de la ciudad de Buenos Aires. Sin embargo, mi despacho allí, ubicado en la planta baja (piso 1 en algunos países), estaba al lado de una ventana que daba a la calle y su interior podía ser visto por cualquier transeúnte. Por lo tanto, para impedir que desde fuera se pudiera ver, los arquitectos no tuvieron mejor idea

---

21. Davis y Newstron. Obra citada.

© GRANICA

Fases del empowerment personal

4°	Estoy:	Sigo:	3°
	Satisfecho en mi trabajo	Persiguiendo mis objetivos de manera activa	
	Obteniendo éxito en mi trabajo	Buscando nuevos retos en mi trabajo	
	Considerado un miembro valioso por mi equipo	Aspirando a la perfección	
	Involucrado en decisiones importantes	Intentando desarrollar mi potencial	
	Recibiendo formación y desarrollo excelente	Formando parte de un equipo efectivo	
	Aprendiendo siempre	Contribuyendo con lo mejor de mis competencias	
	Libre y flexible en mi trabajo	Intentando divertirme en mi trabajo	
	Capacitado para autodirigirme	Aprendiendo todo lo que puedo	
	Disfrutando realmente con mi trabajo	Involucrándome en decisiones importantes	

1°	Podría:	Quiero:	2°
	Haber recibido una mejor formación	Involucrarme en la toma de decisiones	
	Enfocar mi trabajo con más confianza	Desarrollarme personalmente	
	Utilizar mi potencial no utilizado	Contribuir más	
	Ofrecer más ideas para ser más eficiente	Progresar en mi trabajo	
	Intentar que los trabajos aburridos no lo sean	Trabajar con todo mi potencial	
	Encontrar el trabajo más interesante	Aceptar más responsabilidades	
	Desarrollar competencias poco utilizadas	Tener ideas que me hagan más eficiente	
	Ofrecer más comentarios positivos	Formarme en nuevas competencias	
		Que los otros sepan que tengo más cosas que ofrecer	

Fuente: Wilson.

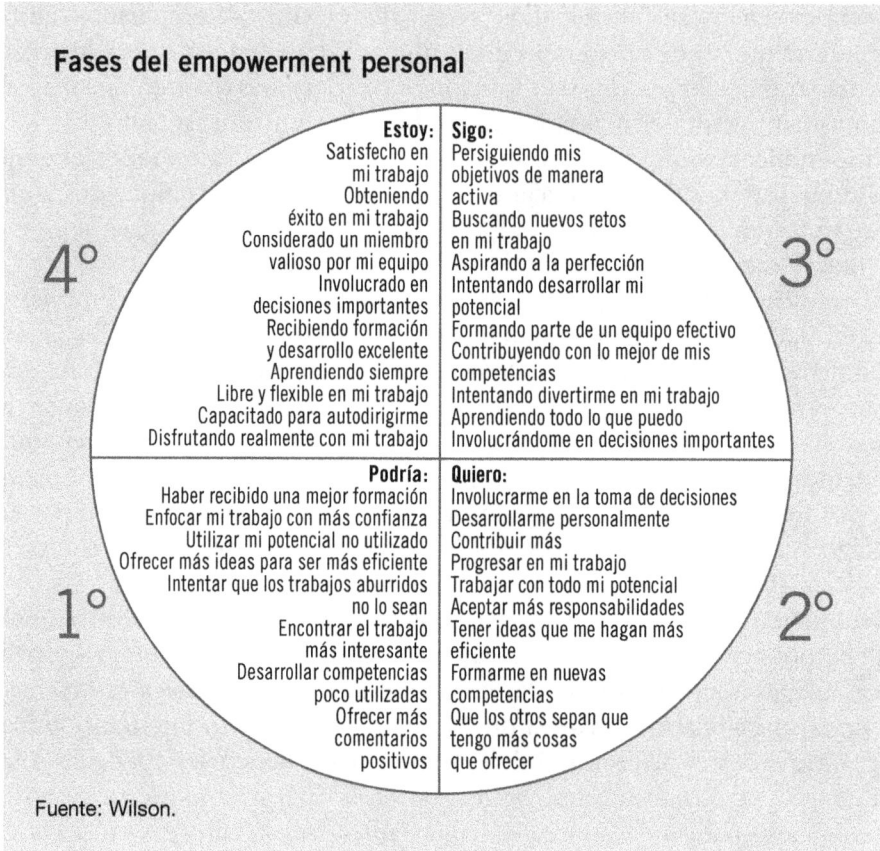

que poner unas cortinas, de pequeñas varillas, de color negro. Esto hacía necesaria la utilización de luz artificial en todas las horas de trabajo, y no permitía tener ningún tipo de plantas, ni aún de las denominadas "de interior". Esto último fue para mí una razón de disminución en la calidad de vida laboral. En el presente, mi oficina no sólo tiene luz natural, sino que –además– me acompañan unas muy bellas plantas y veo a través de los ventanales una enorme cantidad de árboles de un parque situado enfrente. Si bien mis ojos pasan gran cantidad de horas fijos en la pantalla del ordenador, el entorno de paz, silencio y verde mejora mucho mi calidad de vida laboral y aumenta el rendimiento final de mi labor.

Pero el concepto de calidad de vida laboral no finaliza en las buenas o malas condiciones físicas de las oficinas. Es mucho más complejo. Entre otros aspectos que contribuyen a una mayor calidad de vida laboral se pueden mencionar:

- Solidez de la organización.
- Comunicaciones abiertas.
- Sistemas retributivos y de evaluación del desempeño adecuados.
- Posibilidad de que los individuos realicen carreras profesionales.
- Sistemas de trabajo adecuados y otros elementos necesarios para realizar la tarea. (Esto implica desde software hasta maquinarias, pasando por los métodos de trabajo.)
- Relaciones laborales cooperativas y baja tensión interna.

De más está decir que lo primero que acude a mi mente es la Pirámide de Maslow. Se podría establecer una correlación entre los ítems precedentes y las necesidades de las personas.

Por su parte, Davis y Newstron comentan que muchos de los primeros proyectos en materia de calidad de vida laboral hicieron foco en el enriquecimiento de funciones. Los programas, en general, prestaban atención al desarrollo de las habilidades de los empleados, entre otros puntos clave ya mencionados.

Las personas y los diferentes tipos de carrera dentro de una organización

Las carreras laborales, desde la perspectiva del individuo, pueden recorrer tantos caminos como personas sean consultadas. No hay un único paradigma al respecto. Sin embargo, en una primera lectura pareciera que las carreras son sólo de tipo ascendente, es decir que implican "conseguir" una promoción a un puesto superior, mientras que las restantes opciones, si bien pueden ser satisfactorias desde el punto de vista personal, no son consideradas "carreras". Veamos dos ejemplos. Un joven graduado (varón o mujer) comienza su carrera laboral y es promovido a una posición de mayor responsabilidad luego de un período de entrenamiento y trabajo fructífero; la nueva posición implica mayor dedicación horaria y, especialmente, un fuerte compromiso. Todos dirán que el joven "está haciendo carrera". Ahora supongamos otra situación: el mismo joven (para no plantearlo desde otra perspectiva y el lector piense que realizo un análisis diferente frente a generaciones distintas), también profesional universitario, interesado –además– en una actividad artística no relacionada con su profesión y sobre la cual no desea establecer su medio de vida, realiza el mismo entrenamiento pero no recibe la misma promoción que el joven anterior; sin embargo, esto satisface a sus intereses, ya que prefiere no dedicar horas extras a su actividad laboral (ni horas de estudio adicionales), porque dedica todo su tiempo libre a la actividad artística deseada. Ambos están haciendo carrera; una ascendente, la otra no, pero ambos están felices con sus logros, y la organización los valora a los dos, ya que sus perfiles son requeridos.

En base a la concepción actual se pueden identificar los siguientes tipos de carrera:

- Ascendente: personas que ascienden a posiciones de mayor nivel dentro de la propia organización o a través de un cambio de trabajo.
- Enriquecimiento o expansión: profundización en la posición. (A continuación nos referiremos a este tipo de carrera con más detalle.)
- Desplazamiento lateral: se continúa la carrera en un puesto diferente del mismo nivel jerárquico.
- Descendente o realineamiento: cuando una persona es transferida a un puesto de menor nivel. Ejemplos más frecuentes: a) una persona desciende para luego ascender; esto es muy usual cuando una persona es asignada a un área diferente a la propia dentro de un plan de desarrollo, para luego regresar, quizá, a su misma área de origen, en un puesto superior; b) se le propone a una persona un puesto de menor nivel más acorde a sus reales posibilidades y/o preferencias; esta opción no es necesariamente perjudicial para el involucrado: conozco muchos casos de personas que se han sentido aliviadas cuando han podido volver a su puesto anterior luego de un ascenso que los

La carrera en el ámbito de las organizaciones
Diversos tipos

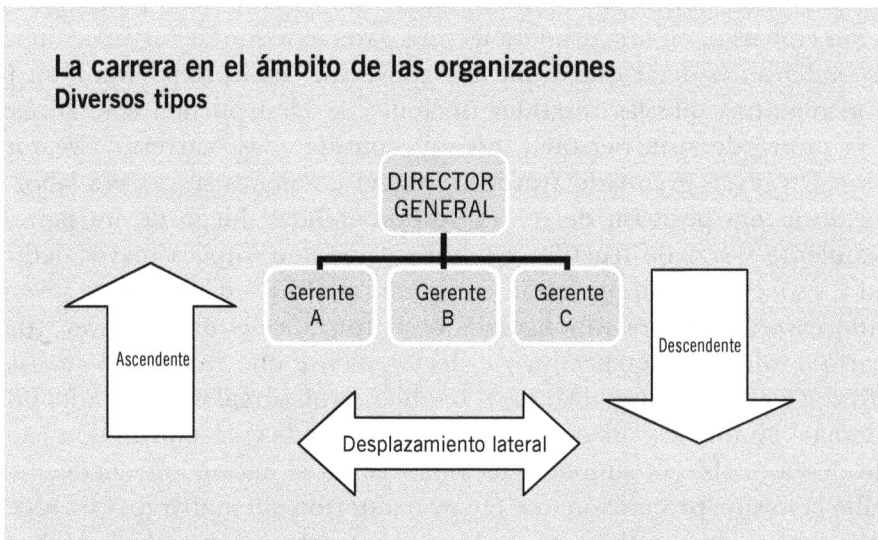

perjudicaba en sus relaciones personales o familiares, o bien para el cual no se sentían capacitados.

Otro error frecuente es pensar que las carreras positivas para las personas sólo se relacionan con ciertos niveles de la organización.

Diferencia entre extensión en el trabajo y enriquecimiento de funciones

En ocasiones, tanto los autores que tratan temas de management y Recursos Humanos como los jefes en el ámbito de las organizaciones hacen un uso indiscriminado de estos conceptos. El alcance de las funciones de un individuo tiene dos dimensiones: la amplitud o extensión (mayor cantidad de tareas), y la profundidad o enriquecimiento (tareas con mayor valor agregado).

La amplitud o extensión representa un mayor número de tareas diferentes que una persona realiza o por las cuales es responsable. Otra forma de incrementar la extensión de las funciones de una persona es a través de la rotación de puestos. El número de tareas puede no incrementarse, pero la persona aumenta su potencial, "puede" y "sabe" hacer más tareas –las del puesto anterior y las del nuevo que se le ha asignado–.

Por el contrario, el enriquecimiento de funciones implica el incremento de la profundidad (no del número de tareas), agregando valor. ¿Cómo se incrementa la

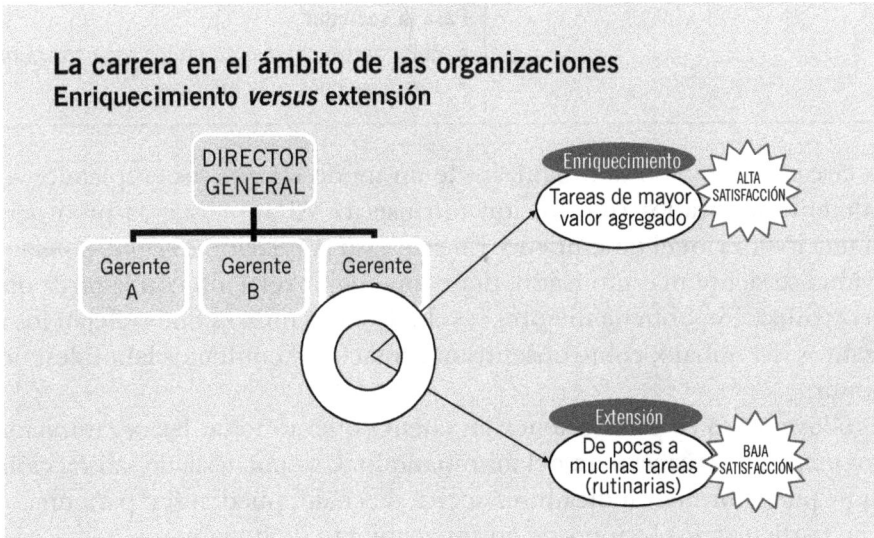

La carrera en el ámbito de las organizaciones
Enriquecimiento *versus* extensión

DIRECTOR GENERAL

Gerente A   Gerente B   Gerente

Enriquecimiento
Tareas de mayor valor agregado

ALTA SATISFACCIÓN

Extensión
De pocas a muchas tareas (rutinarias)

BAJA SATISFACCIÓN

© GRANICA

profundidad? A través de mayor control, responsabilidad y discrecionalidad sobre el modo de desempeñar el trabajo. Asignando tareas que agreguen valor a lo que la persona realizaba hasta ese momento.

Por lo tanto, y como se puede apreciar en el gráfico de la página anterior, el enriquecimiento incrementa la satisfacción en el trabajo, mientras que la extensión en el trabajo se concentra en la adición de nuevas tareas al puesto del colaborador, con el propósito de darle mayor variedad a la función. Es posible combinar ambos enfoques dando a una persona más tareas y al mismo tiempo brindarle elementos motivadores, como un nivel de decisión más alto.

El enriquecimiento en el trabajo tiene muchos beneficios. Veamos.

Beneficios del enriquecimiento del trabajo	**Para el individuo** • Crecimiento • Autorrealización • Satisfacción laboral
	Para la organización • Empleados realmente motivados • Mejor desempeño de los colaboradores • Disminución del ausentismo • Disminución de la rotación • Menos conflictos laborales
	Para la sociedad • Mejor aprovechamiento de los recursos humanos • Organizaciones más eficaces

Las tareas y el trabajo se organizan de un modo tal que los empleados se sienten realmente motivados (motivación intrínseca). Al aumentar la motivación, se verifica una mejora en el desempeño. En este caso la relación es *ganar-ganar*, ya que el individuo se siente más motivado, tiene una mejor relación con la tarea que realiza y la organización obtiene mejores resultados. Los índices que reflejan los aspectos negativos del trabajo, como ausentismo, rotación y conflictos laborales, tienden a disminuir.

De todos modos es preciso tener en cuenta que no todas las organizaciones ni todos los empleados reaccionan del mismo modo. Una encuesta de satisfacción laboral o clima puede brindar indicadores acerca de cuáles pueden ser, para una organización en particular, los factores de enriquecimiento de funciones.

Algunos colaboradores pueden oponerse o no estar de acuerdo con el enriquecimiento de tareas. Davis y Newstron presentan los siguientes motivos por los que esto podría pasar:

- Si no pueden tolerar mayor responsabilidad.
- Si les desagradan las tareas complejas.
- Si les disgusta el trabajo grupal.
- Si les desagrada aprender (desaprender para aprender).
- Si prefieren la seguridad y la estabilidad (en grado extremo).
- Si les satisface la autoridad de supervisión.
- Si sus habilidades no son adaptables.
- Si prefieren dejar su empleo.

Otros elementos pueden dificultar (o impedir) el enriquecimiento de las funciones:

- Enriquecer funciones puede desequilibrar el sistema de producción.
- Las funciones enriquecidas pueden aumentar la insatisfacción (ya existente) en materia de compensaciones.
- Los sindicatos pueden oponerse.

El enriquecimiento en las funciones se relaciona con muchos otros temas que hemos tratado en esta obra; por ejemplo, empowerment e involucramiento del individuo.

El conflicto en las organizaciones

El conflicto en sí no es malo, lo que puede ser malo o *no bueno* es cómo se resuelve. Esto que parece una verdad muy simple, no siempre se ve de este modo en el actuar cotidiano de las organizaciones.

El conflicto puede ocurrir con un empleado, entre individuos o grupos, y con organizaciones competidoras.

Un esquema de resolución de conflictos puede ser planeado o natural. Denominamos de esta última manera a aquellos donde los actores resuelven los conflictos "naturalmente", sin apelar a un modelo preestablecido. El proceso se podría sintetizar en los seis pasos siguientes (ver gráfico en la siguiente página).

Los conflictos suelen presentarse acompañados de emociones que, muchas veces, hacen que sus actores vean la realidad con algún grado de distorsión (se vio en párrafos anteriores el fenómeno de la percepción). Por eso, la primera pre-

Proceso de resolución de conflictos

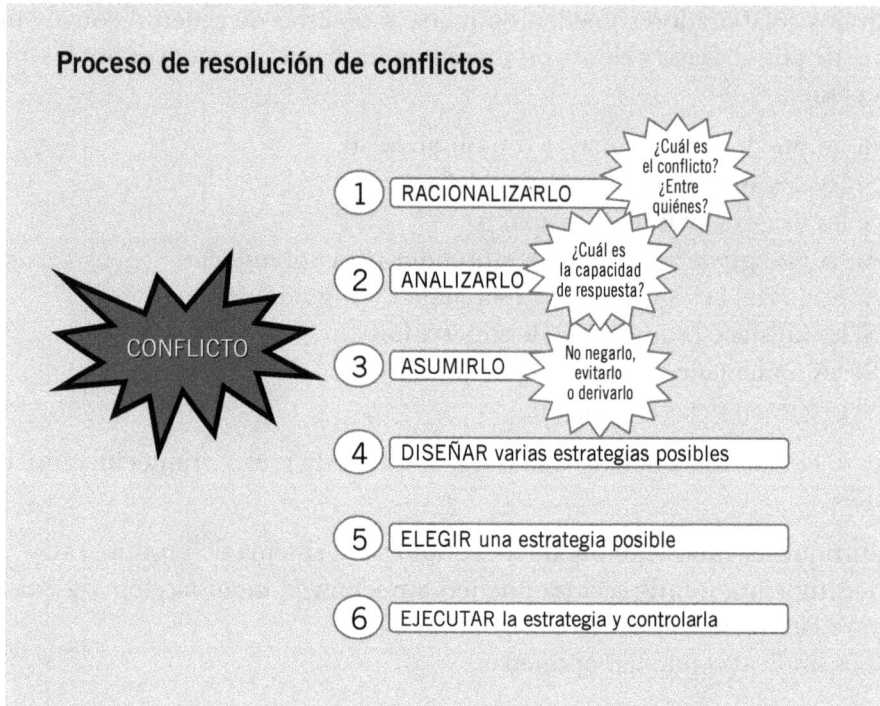

gunta a formularse es *cuál es realmente el conflicto,* y a continuación *quiénes son los actores* o *entre quiénes se ha establecido la situación conflictiva.* En las organizaciones, puede no ser tan claro. Es frecuente que se plantee una situación de debate o conflicto, pero que la verdadera cuestión no sea la que se expresa sino otra, que queda oculta por alguna razón. Ante esta situación, si no se detecta cuál es el real conflicto los siguientes pasos no serán de utilidad. En el paso 2 se deberá analizar la factibilidad de una solución, cuál es la verdadera capacidad de respuesta. Ésta puede estar o no dentro de las atribuciones de la persona que está a cargo de resolver el conflicto, etc. A continuación se deberá asumir que el conflicto existe (no negarlo) para luego decidir una acción. Si el problema excede el nivel de la persona involucrada, deberá pedir las autorizaciones o el apoyo necesario. Los pasos 4 a 5 son claros por sí mismos; siempre que sea posible se debe diseñar más de una posible estrategia de solución para, *a posteriori,* elegir la más conveniente y llevarla a cabo, sin olvidar hacer el correspondiente seguimiento y control.

Muchas personas llevan adelante estos pasos casi sin pensar en ello, es decir, naturalmente, y otros deberán planificar el proceso en detalle.

Conflicto intrapersonal

Suelen darse cuando una persona debe asumir roles contradictorios. Un ejemplo clásico de estos tiempos: un responsable de un equipo siente que su rol es velar por ese grupo, obtener para ellos mejoras salariales, buenas posibilidades de carrera y capacitación. Pero este mismo responsable de equipo forma parte del Comité de Dirección, y allí se trabaja para reducir los costos de la compañía.

Otro ejemplo clásico de conflicto intrapersonal es cuando una persona percibe que se han puesto en él expectativas diferentes a las propias. Nos hemos referido en párrafos anteriores a la necesaria correlación entre los objetivos de la organización y los de las personas.

Conflictos interpersonales

Cuando se presenta un conflicto interpersonal, puede constituir un grave problema para la organización. En ocasiones, los conflictos interpersonales se dan porque las personalidades chocan –los temperamentos son incompatibles–, y otras veces se presentan problemas de comunicación y/o percepción.

Conflictos intergrupales

Se presentan, por ejemplo, entre diferentes departamentos o sucursales de una misma organización. ¿Las causas? Pueden ser diversas, por ejemplo: ante recursos escasos, hay disputa por los existentes; un área pretende una máquina nueva como la que acaba de recibir la otra; las áreas comerciales tienden a pedir más presupuesto de publicidad y marketing, y los de producción piden nuevas maquinarias, etc. Todos pueden tener razón desde su perspectiva.

Algunos conflictos pueden ser saludables, permitiendo mejorar el desempeño para aumentar la productividad o las ventas. En una situación opuesta, al presentarse un conflicto, forzar a que se tome una decisión postergada, la cual es nuevamente considerada a la luz de un conflicto intergrupal.

Cuando el conflicto se inicia no se puede prever el resultado final.

Fuentes más frecuentes de conflictos

- Cambio organizacional: los individuos no comparten el cambio realizado o en proceso; piensan que debió tomarse otro curso de acción.
- Personalidades incompatibles: si bien las diferencias de personalidad pueden originar conflictos, también son un excelente recurso para la resolución creativa de problemas.

- Diferentes escalas de valores: las personas pueden tener diferencias en la forma de ver las cosas, y sus valores personales ser distintos a los valores de la organización o de otros individuos que la integran.
- Diferentes percepciones: como vimos con anterioridad, las personas tienen percepciones que difieren entre sí. Como para cada individuo sus propias percepciones constituyen la realidad, cuando se enfrenta a otras personas con percepciones contrastantes esto puede ocasionar conflictos más o menos serios, según el caso.
- Otros factores: la falta de confianza y la amenaza de pérdida de estatus.

En el gráfico siguiente podrá ver las diferentes causas de conflictos y un modelo de resolución.

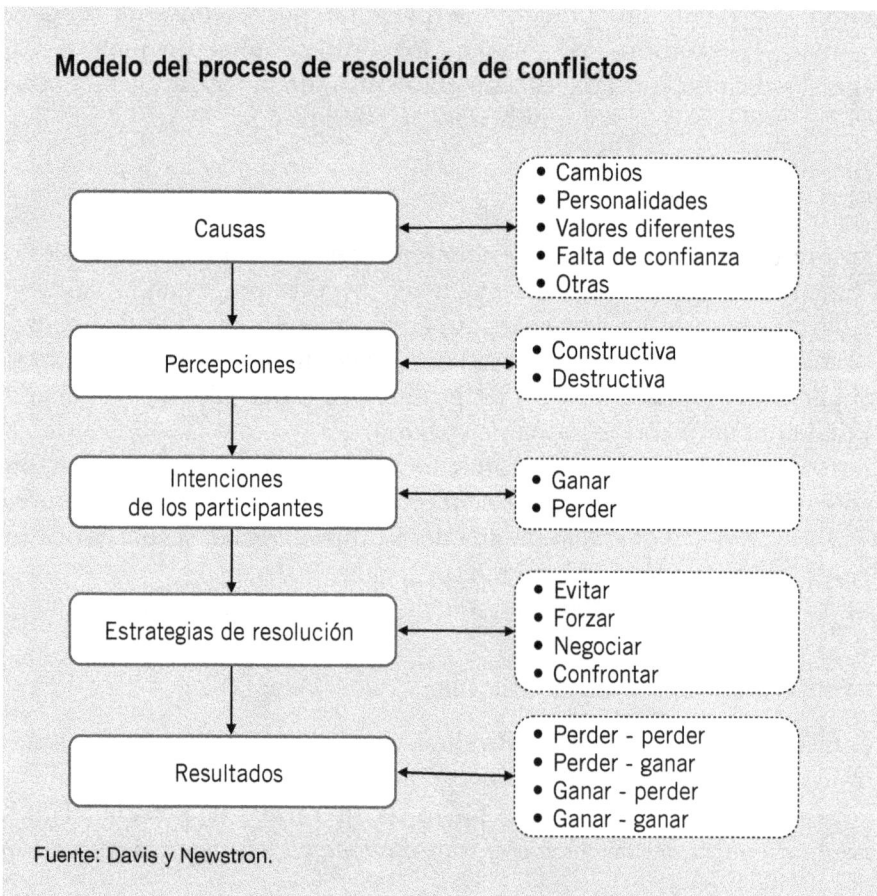

Modelo del proceso de resolución de conflictos

Causas	↔	• Cambios • Personalidades • Valores diferentes • Falta de confianza • Otras
Percepciones	↔	• Constructiva • Destructiva
Intenciones de los participantes	↔	• Ganar • Perder
Estrategias de resolución	↔	• Evitar • Forzar • Negociar • Confrontar
Resultados	↔	• Perder - perder • Perder - ganar • Ganar - perder • Ganar - ganar

Fuente: Davis y Newstron.

El conflicto suele ser visto como destructivo por quienes participan en él. Como dijimos antes, el conflicto en sí no es malo, y puede derivar en resultados productivos o no productivos. Una visión más positiva del tema del conflicto lo concibe como prácticamente inevitable y busca la manera de que pueda ofrecer resultados constructivos.

Uno de los beneficios del conflicto es que muchas veces impulsa a las personas a buscar mejores métodos para obtener mejores resultados. Otro beneficio es la salida a superficie de problemas que estaban ocultos, lo que permite confrontarlos y resolverlos.

El conflicto también tiene desventajas, sobre todo si es prolongado. Puede deteriorar el trabajo en equipo, aumentar la desconfianza; algunas personas pueden sentirse desmotivadas y bajar su rendimiento. Por lo tanto, los supervisores y gerentes deberán estar atentos a la posible generación de conflictos.

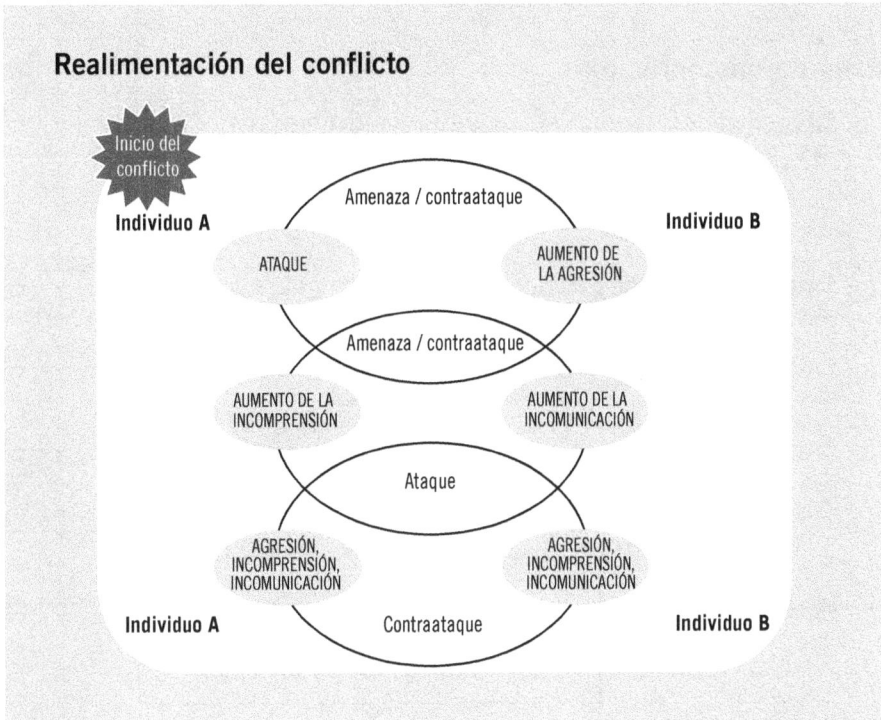

Realimentación del conflicto

Inicio del conflicto

Individuo A

Amenaza / contraataque

ATAQUE

AUMENTO DE LA AGRESIÓN

Individuo B

Amenaza / contraataque

AUMENTO DE LA INCOMPRENSIÓN

AUMENTO DE LA INCOMUNICACIÓN

Ataque

AGRESIÓN, INCOMPRENSIÓN, INCOMUNICACIÓN

AGRESIÓN, INCOMPRENSIÓN, INCOMUNICACIÓN

Individuo A

Contraataque

Individuo B

El conflicto se realimenta, como se muestra en el gráfico siguiente, en una escala progresiva.

El gráfico precedente nos muestra cómo evoluciona un conflicto. La figura podría referirse a un conflicto armado o una negociación de cualquier tipo entre dos países, o, en el plano doméstico, dos vecinos que tienen una disputa por el cerco ubicado entre sus propiedades. En el ámbito de las organizaciones podría darse una situación análoga frente a un cliente, un banco, el sindicato o cualquier otro agente externo o interno.

Si un conflicto (o negociación) entre dos partes no se resuelve al iniciarse, se puede dar una escalada hasta llegar a un punto de nula posibilidad de acuerdo. Si los participantes en el conflicto trabajan en pos de su solución en las instancias iniciales, el resultado probablemente será otro. Si cada uno de ellos refuerza su posición (conflictiva) frente al otro, el conflicto no sólo no se resuelve sino que crece. El resultado (no solución) es que ambos involucrados radicalizan sus posiciones. En la última línea del gráfico, el estado del conflicto implica: agresión, incomprensión e incomunicación.

El resultado de este conflicto en crecimiento es del tipo *perder-perder*. Ninguna de las dos partes obtiene un beneficio del conflicto.

Resultado de un conflicto

El esquema más conocido presenta cuatro resultados posibles de un conflicto, según puede verse en el gráfico siguiente.

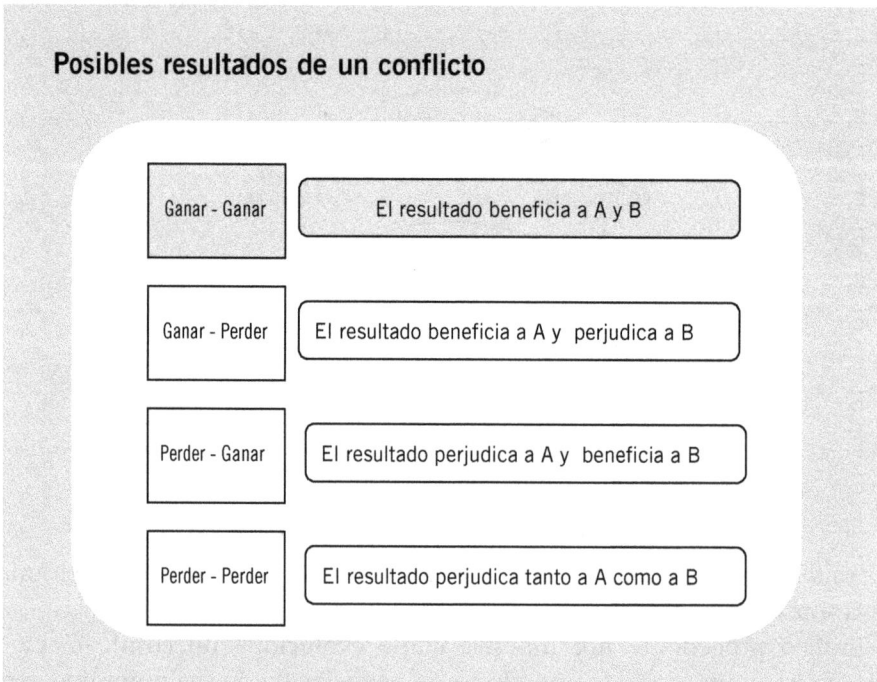

Posibles resultados de un conflicto

Ganar - Ganar	El resultado beneficia a A y B
Ganar - Perder	El resultado beneficia a A y perjudica a B
Perder - Ganar	El resultado perjudica a A y beneficia a B
Perder - Perder	El resultado perjudica tanto a A como a B

El gráfico precedente no requiere mayor explicación, y a todas luces es siempre más conveniente la opción *ganar-ganar*. Si bien muchos no lo entienden así, los conflictos cuya solución se mantiene en el tiempo son los del tipo *ganar-ganar*. Las otras opciones (aun la de *ganar-perder*, en caso de ser, en principio, beneficiado por el resultado) no serán duraderas, por lo cual no resultan aconsejables. El mismo comentario se aplica a su inverso (*perder-ganar*).

Estrategias de resolución de conflictos

Este punto se relaciona en forma directa con las competencias personales de un individuo. La estrategia utilizada tendrá un impacto directo en el resultado que se obtenga. Entre las posibles podemos mencionar:

1. Evitar el conflicto representado por un distanciamiento físico y mental del conflicto. Esta estrategia refleja escaso interés en los resultados de cualquiera de las partes y lleva a una situación de *perder-perder*.
2. Suavizar el conflicto adaptándose a los intereses de la otra parte. Esta estrategia privilegia los intereses de la otra parte y lleva a un resultado *perder-ganar*.
3. Utilizar el poder para lograr beneficios. Esta estrategia se basa en la agresividad y el predominio de las metas personales sobre los objetivos de los demás. Intenta alcanzar el resultado *ganar-perder*, y quizá lo logre.
4. Negociar buscando el punto medio, o con disposición a escuchar y/o a renunciar a algo a cambio de obtener otra cosa. Esta estrategia refleja un grado moderado de interés en uno mismo y los demás, sin un resultado definido.
5. Enfrentar en forma directa el conflicto en búsqueda de una solución mutuamente satisfactoria. Esta estrategia se conoce como "resolución de problemas o integración"; busca optimizar el cumplimiento de las metas de ambas partes y generalmente deriva el conflicto a un resultado *ganar-ganar*.

Comportamiento de los individuos frente al poder, y los diferentes tipos de poder en los individuos

En los individuos que se desempeñan en las organizaciones es factible encontrar diferentes tipos de poder, a saber:

- **Poder personal.** Carismático, referente, derivado de la propia personalidad. Procede de la capacidad de liderazgo de la persona. Quienes cuentan con este poder suelen disponer de magnetismo personal, seguridad en sí mismos, convicción apasionada con sus objetivos, lo que atrae a sus seguidores. El líder percibe las necesidades de las personas y ofrece la forma de satisfacerlas exitosamente.

- **Poder legítimo.** Poder derivado del puesto que ocupa la persona. Procede de la autoridad del superior. Los individuos aceptan este poder por considerarlo deseable y necesario para mantener el orden y desalentar la anarquía en la sociedad.

- **Poder de la experiencia.** Autoridad derivada del conocimiento; procede del conocimiento especializado. Se trata del poder que surge de los conocimientos e información de una persona acerca de situaciones complejas. Depende de la formación y la experiencia. Este es un tipo de poder importante en el mundo actual.

- **Poder de retribución.** Capacidad para controlar y proporcionar cosas valiosas para otras personas. Es la capacidad de un individuo de conseguir aumentos salariales, presentar propuestas de ascenso o transferencia en beneficio de un individuo, o incluso de hacer asignaciones de trabajo favorables. El poder de retribución puede abarcar también retribuciones de tipo social o de prestigio para otros; por ejemplo, ofrecer reconocimiento organizacional, incluir a un empleado en un determinado grupo social, etc.

- **Poder coercitivo.** Capacidad para castigar a las personas o para efectuar una amenaza de castigo real o percibido por el otro. Los que utilizan este poder pueden poner en peligro la seguridad laboral de otras personas sobre las que puedan tener influencia, realizar cambios de horario que puedan perjudicar a otros, etc. El poder coercitivo se sirve del temor como motivador. Si bien puede tener un efecto en el corto plazo, deja una sensación muy negativa en el receptor.

Los distintos estilos de poder que hemos descripto producen diferentes reacciones en los individuos.

Los poderes de retribución, coercitivo y legítimo derivan de la esencia del puesto que se ocupa en la organización. El poder de la experiencia y personal residen en el individuo. Cuando a un jefe se le quitan las atribuciones del puesto, inmediatamente su poder decrece, en especial cuando está basado en la posición ocupada, no en él mismo (como el poder personal o el de la experiencia).

La implementación de una buena base de poder en una organización debe ajustarse al contexto organizacional, y las personas deben tener poder (y ejercerlo) de acuerdo con el puesto que ocupan. Según cómo ese poder se utilice, serán las reacciones y la motivación de los empleados. Se entiende que éstos pueden responder de tres maneras, según el gráfico siguiente.

Los empleados pueden:

1. Resistir al líder, especialmente si ejerce un poder coercitivo y lo usa sistemáticamente sin causa aparente y con soberbia.
2. Cumplir los deseos del líder, satisfaciendo las expectativas mínimas pero sin ofrecer esfuerzos extras. El denominado poder legítimo obtendrá como resultado el cumplimiento, lo mismo que el poder de retribución, a menos que estas retribuciones sean de magnitud y en concordancia con las necesidades de los empleados.
3. Comprometerse con el líder. Se trata del resultado deseable: el compromiso, que consiste en la entrega entusiasta de energía y talento para satisfacer las solicitudes del líder. El poder referente y de experiencia son los más inclinados a producir compromiso, aunque también el poder legítimo y el de retribución pueden funcionar adecuadamente bajo ciertas condiciones.

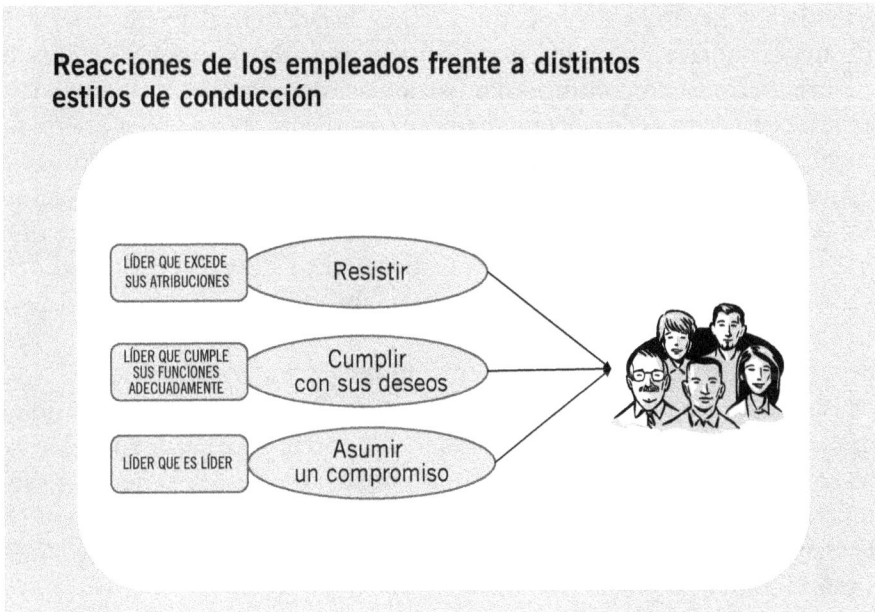

Reacciones de los empleados frente a distintos estilos de conducción

LÍDER QUE EXCEDE SUS ATRIBUCIONES	Resistir
LÍDER QUE CUMPLE SUS FUNCIONES ADECUADAMENTE	Cumplir con sus deseos
LÍDER QUE ES LÍDER	Asumir un compromiso

En síntesis
• Frente a un líder que excede sus atribuciones, que ejerce un poder coercitivo sobre otras personas, la reacción más frecuente será resistir ante sus sugerencias o indicaciones. Sólo el miedo a las represalias (de cualquier índole) será la forma de lograr que las personas lleven a cabo las tareas encomendadas.

- Frente a un líder que cumple con sus funciones adecuadamente, que respeta a otras personas y se respeta a sí mismo, evidenciando un comportamiento acorde a lo esperado, la reacción más frecuente será responder positivamente a sus deseos y sugerencias.
- Frente a un líder que es un verdadero líder, que motiva a otros, la reacción más frecuente es el compromiso con los objetivos planteados.

Las reacciones descriptas se verifican en el ámbito de las organizaciones y en otros ámbitos, dado que se corresponden con los comportamientos más frecuentes de las personas frente a los diferentes estilos de liderazgo.

Poder político. En todas las organizaciones se presenta otra manifestación adicional de poder, que se denomina poder político.

Se entiende por política en las organizaciones todas las acciones que se realizan de modo intencional para incrementar o proteger la influencia e intereses personales en el trabajo.

No todos los ejemplos e ítems que hemos listado en el cuadro de la página siguiente tienen necesariamente connotaciones negativas, aunque en una lectura rápida podría pensarse lo contrario. La participación en redes para el desarrollo de contactos entre un grupo de personas con intereses comunes, si bien puede proporcionar poder, no es siempre algo negativo, lo mismo que concertar alianzas.

Del mismo modo, no es lo mismo tener reciprocidad ("hoy por ti mañana por mí") que hacer un acuerdo para perjudicar a otros. Cuando estos intercambios se hacen de manera exitosa, ambas partes obtienen lo deseado. Lo mismo sucede con las alianzas, donde dos fuerzas se unen para obtener, cada una, el beneficio buscado.

Una forma frecuente de "hacerse de poder en las organizaciones" se da en aquellos casos en que ciertas personas identifican a otras con alta autoridad (y/o figura poderosa) y obtienen poder político, no por propia valía, sino derivada de este personaje al que se reporta y a la sombra del cual se actúa. A menudo esto brinda beneficios especiales. Si la organización lo identifica como referente de la persona de mayor poder, será consultado como "representante" a fin de lograr un acceso, por ejemplo, al presidente de la empresa.

Muchas personas basan el éxito de su gestión en la identificación del poder político dentro de la organización y se mueven en consecuencia.

Como en los tiempos presentes muchos están interesados en el éxito personal y de sus carreras laborales, las organizaciones son un campo fértil para la política y el poder político, tal cual lo hemos descripto.

Ejemplos de tácticas para la obtención de poder político, según Davis y Newstron

Táctica	Ejemplo
Intercambio social	Intercambiar apoyos o ayuda entre pares para lograr un objetivo en común. "A" apoya a "B" para que luego, en una situación análoga, "B" apoye a "A".
Alianzas	Dos pares trabajan juntos para lograr un proyecto donde ambos obtendrán lucimiento personal.
Identificación de altas autoridades	Un asistente toma decisiones que le hubiesen correspondido a su superior (generalmente sobre temas menores).
Control de información calificada	Un funcionario retiene información que puede serle útil a un par.
Servicio selectivo	Un gerente da preferencia a los asuntos –por ejemplo, en la resolución de problemas–, según el área de origen de los mismos (las áreas que más colaboran con él tendrán preferencia sobre otras).
Símbolos de poder y prestigio	Un número uno que se asigna oficinas notoriamente superiores a las de los otros.
Juegos de poder	Cuando un área obtiene por alguna vía "no correcta" que le quiten funciones a otra área para tomarlas a su cargo e incrementar su cuota de poder.
Redes	A través de deportes u otras actividades, pretender acceder a contactos (de alto nivel) para fines de crecimiento personal.

Síntesis del capítulo

✓ El comportamiento organizacional está compuesto por una serie de elementos, como se vio en el Capítulo 1. Su estudio, desde la perspectiva interna de la organización, puede agruparse en dos grandes vertientes de temas: a) El comportamiento de las personas que tienen responsabilidades directivas.

© GRANICA

b) El comportamiento de los empleados, teniendo en cuenta que, además, un gerente de área es al mismo tiempo directivo y empleado.

✓ Los comportamientos de los directivos se retroalimentan con los comportamientos de los colaboradores, y viceversa. Los comportamientos no tienen una única dirección a lo largo del tiempo.

✓ Maslow (1908-1970) elaboró su más famosa teoría sobre la *jerarquía de las necesidades,* también conocida como "Pirámide de Maslow": un ser humano necesita en una primera instancia satisfacer sus *necesidades fisiológicas,* como la comida y la vivienda. Luego necesita sentirse *seguro* y, a partir del tercer escalón de la pirámide, se puede mencionar necesidades relacionadas con lo *emocional y afectivo,* tales como el sentido de pertenencia, la estima y, en la cúspide, las necesidades de *autorrealización.*

✓ McClelland –junto con su equipo de colaboradores– ofrece una forma muy diferente de concebir la motivación del ser humano a través de sus necesidades. Las tres necesidades identificadas son: de *logro,* de *afiliación* y de *poder.*

✓ Las organizaciones tienen una *visión,* una *misión* y una serie de *planes estratégicos* que desean llevar a cabo o cumplir. Además, están basadas en *valores.* Para cumplir con los cuatro aspectos mencionados, necesitan personas involucradas y comprometidas con ellos, ya sean directivos o empleados de cualquier nivel jerárquico.

✓ Para que las necesidades de las personas y de las organizaciones funcionen armoniosamente deben darse una serie de correlaciones; las más importantes son: 1) Valores. Correlación entre los valores de la organización y los de las personas que la integran (a todos los niveles). 2) Capacidades: conocimientos y competencias. Correlación entre las capacidades de los colaboradores y aquellas que la organización necesita, tanto en conocimientos como en competencias (en ocasiones sólo se toman en cuenta las primeras de estas capacidades), según los distintos puestos de la misma. 3) Correlación de proyectos., entre los planes estratégicos de la organización y los objetivos personales de los individuos que pertenecen a la misma.

✓ Los individuos son iguales y diferentes al mismo tiempo. La Psicología es la disciplina que estudia el comportamiento de los individuos y sus diferentes facetas.

✓ Los individuos tienen o pueden tener una percepción de la realidad diferente de la que tienen los demás. Cada empleado tiene una idea diferente sobre el trabajo por varias razones. Su propia personalidad, sus necesidades, sus experiencias e incluso su origen social.

✓ El modelo de percepción nos muestra al sujeto, la persona que percibe, el concepto percibido o "qué se percibe", y la situación o contexto.

✓ La persona es un todo. Las organizaciones están conformadas por individuos que, durante la jornada laboral, concurren a trabajar no sólo llevando consigo la parte de su persona correspondiente a sus aspectos profesionales, sino que está presente "todo el individuo", con sus emociones, alegrías, tristezas, ilusiones y problemas personales; aspectos que son, en algunos casos, positivos, y negativos en otros.

✓ Las personas cumplen en la vida una serie de roles, y su armonización es compleja.

✓ La motivación en el comportamiento y, más aún, la ausencia de motivación, son temas complejos que pueden obedecer a diversas causas. En todos los casos se debe realizar un análisis integral de la situación.

✓ Lograr que las personas sientan que pertenecen a la organización se relaciona con su involucramiento. La puesta en marcha de los subsistemas de Recursos Humanos puede ser de gran ayuda con relación a este aspecto.

✓ Los empleados sienten necesidad de reconocimiento y valoración. Para ello se implementan desde sistemas de evaluación del desempeño hasta programas específicos.

✓ Satisfacción laboral. Conocer las causas no es sencillo, ya que las personas poseen diferentes motivadores de la satisfacción. Se relaciona con los roles múltiples que ellas cumplen. Las organizaciones administran, para ello, las encuestas de satisfacción laboral, también denominadas de clima laboral. El comportamiento de las personas se relaciona, en general, con el grado de satisfacción laboral. Problemas tales como la alta rotación, el ausentismo y la impuntualidad pueden ser indicadores de baja satisfacción laboral por parte de los empleados.

✓ Problemas con los empleados, disciplina tanto preventiva como correctiva, son aspectos que deben ser analizados con antelación a que los hechos sucedan. Las organizaciones deben fijar políticas al respecto. Lo mismo se aconseja sobre otros temas en relación con las personas. Existe un grado de legitimidad en cuanto a la relación empleado-empleador. Este factor, al igual que los anteriores, debe ser analizado y definido por la organización dentro de sus políticas, y éstas deben ser comunicadas al personal.

✓ En la vida de las personas existen distintas perspectivas y tipos de carrera. Que cada persona realice la más adecuada se relaciona, también, con la satisfacción laboral.

✓ El conflicto en las organizaciones puede tener diferentes alcances y diversos actores. Conflicto intrapersonal, interpersonal, intergrupal. El conflicto en sí no es malo. Será bueno o malo según cómo se resuelva.

✓ El comportamiento de los individuos frente al poder no es uniforme. Depende del origen del poder: personal, legítimo, de la experiencia, de retribución, coercitivo. En este último caso puede haber resistencia, esperándose a su vez cumplimiento frente al poder legítimo, y compromiso frente al poder personal o de la experiencia.

¿Cómo puedo aplicar lo visto en este capítulo en mi empresa o puesto de trabajo?

Desde la perspectiva del directivo, ¿cómo modificar aspectos organizacionales para tener en cuenta a los individuos?

- Hacer un estudio para relacionar los valores y proyectos de la organización con los valores y proyectos de los empleados (ver capítulo 6). No con el propósito de "tomar medidas" con aquellos empleados que no compartan valores y/o proyectos, sino para 1) conocer la situación y 2) ver si se puede hacer algo para acercar posturas o situaciones.
- Si no se realizan encuestas de satisfacción laboral o clima laboral, analizar sus beneficios e implicancias. Considerar si es una buena idea ponerlas en práctica.
- Si ya se realizan encuestas de satisfacción o clima laboral, analizar los procedimientos en uso a la luz de lo visto en este capítulo.

Desde la perspectiva del individuo, ¿qué puedo hacer para mejorar en relación con los temas tratados en el capítulo?

- Analizar mis valores y proyectos y compararlos con los de la organización (ver capítulo 6). Si existe coincidencia entre ellos, pasar al punto siguiente; de lo contrario, analizar la disidencia, evaluar cuán seria es y hasta qué punto no sería una buena idea trabajar en otra organización con la que se compartan valores y proyectos.
- Si se comparten valores y proyectos, analizar las propias capacidades (conocimientos y competencias) y compararlas con las requeridas por el puesto que se ocupa.
- Si no conoce el perfil del puesto o su propia autoevaluación, se le sugiere investigar sobre ambos. Sobre el puesto, una buena sugerencia es preguntarle al jefe

(eventualmente al jefe del jefe). Sobre las propias capacidades, preguntar al jefe y pedir ayuda (si fuese necesario) para autoevaluarse de la mejor manera.
* Si la empresa posee un área de Recursos Humanos, podría ser una buena idea recurrir a ella para obtener ayuda y respuesta a las inquietudes.

PARA PROFESORES

Para cada uno de los capítulos de esta obra hemos preparado:

* Casos prácticos y/o ejercicios para una mejor comprensión de los temas tratados.
* Material de apoyo para el dictado de clases.

Los profesores que hayan adoptado esta obra para sus cursos tanto de grado como de posgrado pueden solicitar de manera gratuita las obras:

* *Comportamiento Organizacional. CASOS*
* *Comportamiento Organizacional. CLASES*

Únicamente disponibles en formato digital, en nuestro sitio: *www.marthaalles.com*, o bien escribiendo a: *profesores@marthaalles.com*

Capítulo 5

Nuevas tendencias en management

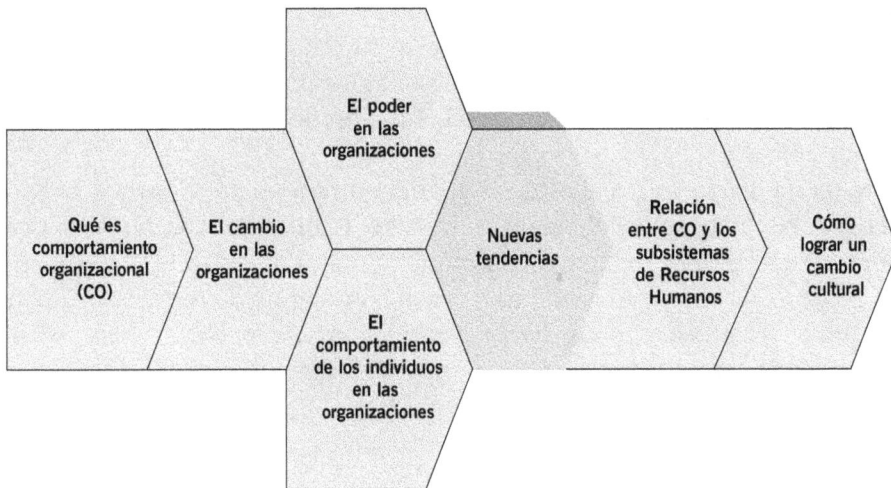

El poder
en las
organizaciones

Qué es
comportamiento
organizacional
(CO)

El cambio
en las
organizaciones

Nuevas
tendencias

Relación
entre CO y los
subsistemas
de Recursos
Humanos

Cómo
lograr un
cambio
cultural

El
comportamiento
de los individuos
en las
organizaciones

Temas que se desarrollarán en este capítulo

✓ Las tecnologías y el comportamiento organizacional
✓ Gestión del Conocimiento (*Knowledge Management*)
✓ Cuadro de Mando Integral (*Balanced Scorecard*)
✓ Gestión de Recursos Humanos por Competencias
✓ ¿Cómo puedo aplicar lo visto en este capítulo en mi empresa o puesto de trabajo?

Recorrer librerías o tiendas donde se venden libros, así como las visitas que puedan realizarse a sitios de Internet destinados a tal fin, darán al lector un panorama de la profusión de libros que bajo la denominación genérica de "libros de management" se ofrecen cotidianamente. Podrá observarse obras de diferentes categorías y diversa utilidad práctica. Asimismo, muchos autores, con un criterio que no comparto, buscan sugerir desde los títulos nuevas tendencias sobre temas que no presentan novedad alguna.

Un conductor de una organización o un dueño, aunque se trate de un profesional actualizado en nuevas tendencias, se preguntará *cómo reconocer cuando se le ofrece algo nuevo, una nueva tendencia que deba conocer y evaluar para luego decidir si es conveniente o no para su empresa*. Esta preocupación es válida y sumamente frecuente.

Será nuestro propósito presentar en este capítulo las tendencias más importantes que las empresas han adoptado –o están en camino de adoptar– en relación con el comportamiento organizacional y la función del área de Recursos Humanos o Capital Humano.

No vamos a detenernos a analizar si nos encontramos ante ciencia o arte, o a discutir el nombre más adecuado para cada cosa. Utilizaremos la terminología que entendemos que es más frecuente, sin emitir opinión al respecto. Nuestra preocupación es presentar al lector las nuevas tendencias tratando de responder una hipotética pregunta: *¿Cuáles son las nuevas tendencias que debería conocer y evaluar un directivo para decidir si son convenientes o no para su organización?*

Las tecnologías
y el comportamiento organizacional

En el Capítulo 1 se hizo mención a las distintas teorías de comportamiento organizacional, basados en la obra de Cole[1], con un recorrido de las principales teorías a partir del año 1880 y hasta, aproximadamente, la década de 1980 (inclusive). En este capítulo mencionaremos las principales tendencias a partir de los años 90 del siglo XX y hasta la actualidad.

En los últimos años han surgido numerosas teorías y tecnologías en relación con la Administración. Aquí sólo haremos foco en aquellas que entendemos que tienen mayor vigencia en este momento. Los estudiosos del tema hacen una diferenciación entre teorías y tecnologías. Entre las primeras se incluyen las grandes corrientes o

---

1.   Cole, Gerald. *Organisational Behaviour.* DP Publications, Londres, 1995.

tendencias en Administración, con una serie de autores que se inscriben en una u otra corriente. El término *tecnología* se utiliza para designar metodologías o métodos de trabajo aplicables de manera concreta en las organizaciones –por ejemplo, Gestión por Competencias–. En este ejemplo, se trata de un modelo sustentado teóricamente, por lo que se puede ubicar dentro de una teoría o enfoque teórico, en este caso "del Aprendizaje"; sin embargo, está conformado, a su vez, por esquemas prácticos para su implementación en la gestión, por lo cual se lo considera una tecnología. Se podría decir que las tecnologías se inscriben dentro de una teoría y son de aplicación práctica.

Entre las numerosas teorías se puede mencionar a las denominadas "Entrepreneur" o "Empresarial", "de Aprendizaje" y "de Poder", entre otras[2].

Estas teorías se basan –fundamentalmente– en los siguientes conceptos:

- **Entrepreneur.** La estrategia existe en la cabeza del líder como una perspectiva, un sentido de la dirección a largo plazo, una visión del futuro de la empresa. El proceso de formación de la estrategia es semi-consciente, basado en la experiencia e intuición del líder.

- **Aprendizaje.** El papel del líder no es concebir una estrategia deliberada sino dirigir el proceso de aprendizaje estratégico, para lograr que a partir de él puedan emerger estrategias.

- **Poder.** La formación de la estrategia depende del poder y de la política, interna y externa.

En la práctica, las organizaciones pueden ser dirigidas utilizando una "mezcla" de estas teorías.

En cuanto a las tecnologías o nuevas metodologías en Administración, nuestro análisis se centrará en aquellas cuyo aporte se focalice en lograr una mejor gestión en las organizaciones, de manera integral. Dentro de este enfoque hemos elegido a la Gestión del Conocimiento, Cuadro de Mando Integral (*Balanced Scorecard*) y Gestión de Recursos Humanos por Competencias.

Si nos focalizamos en qué están haciendo las organizaciones en la actualidad, los cuatro programas de mayor implantación son:

- Certificaciones según distintas normas de calidad.
- Cuadro de Mando Integral (*Balanced Scorecard*).

---

2. A los interesados en conocer más sobre este tema les sugerimos consultar un paper de la autora en la sección respectiva del sitio www.marthaalles.com o escribir a la dirección de correo electrónico profesores@marthaalles.com

© GRANICA

- Gestión por Competencias.
- Gestión del Conocimiento.

No será nuestro propósito agotar todas las tendencias y enfoques teóricos. Sólo referirnos a algunos de ellos que, a nuestro juicio, son relevantes en este momento y que podrán tener vigencia en el mediano plazo.

Por último, y antes de comenzar el desarrollo de los temas, consideramos importante destacar que los distintos programas mencionados frecuentemente se implementan de manera combinada; por ejemplo:

- Certificaciones según distintas normas de calidad y Gestión por Competencias.
- Balanced Scorecard y Gestión por Competencias.
- Todos juntos.

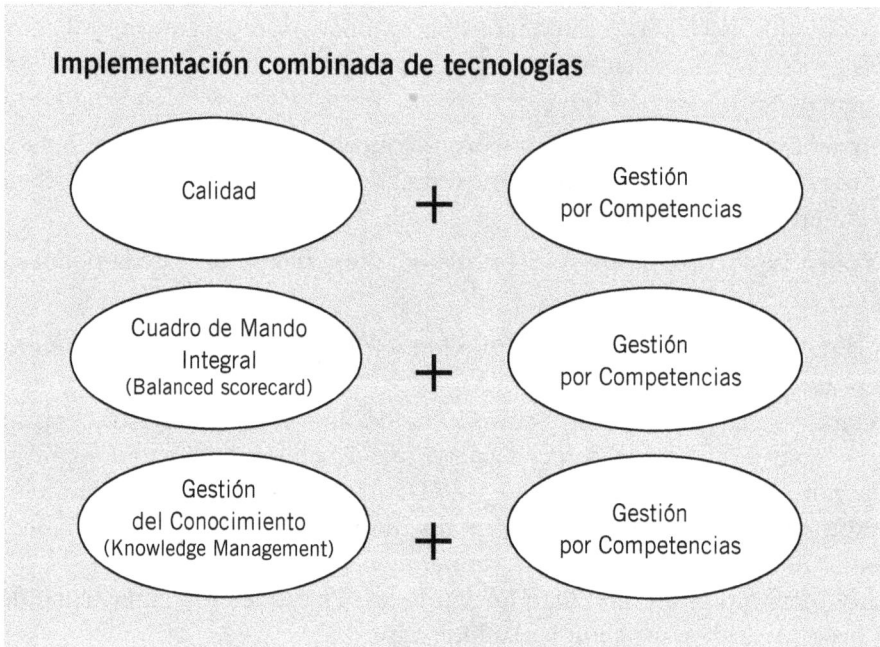

Implementación combinada de tecnologías

Calidad + Gestión por Competencias

Cuadro de Mando Integral (Balanced scorecard) + Gestión por Competencias

Gestión del Conocimiento (Knowledge Management) + Gestión por Competencias

Los distintos programas se relacionan entre sí y tienen como factor común las personas que integran la organización, por lo que tanto las certificaciones en calidad como el Balanced Scorecard tienen como "protagonistas" de sus implementaciones a los ejecutivos y empleados de la entidad. Siempre es aconsejable realizar las diversas implementaciones al mismo tiempo, ya que de aplicarse de manera secuencial es decir, una primero y otra después, en muchas ocasiones es necesario realizar modificaciones en la que se hizo en una primera instancia a la luz de la que se realiza en segundo término.

En este capítulo no nos referiremos a todas las nuevas tendencias en management sino, en especial, a aquellas que se relacionan de manera directa con la temática de esta obra.

Las normas de calidad

No se tratará la temática relacionada con normas de calidad, ya que hay normativas de diverso tipo, cada una de las cuales requiere un abordaje particular cuando se la desea adoptar. Sin embargo, todas ellas persiguen un objetivo común: que la organización alcance, en materia de calidad del producto o servicio que brinda a la comunidad, ciertos estándares internacionales. La mayoría de estas normas mencionan las características que deben poseer los empleados actuantes en la organización, y desde esta perspectiva se relacionan con la temática de Recursos Humanos. Por esta razón, nuestra recomendación es la implantación conjunta de las normas de calidad con el modelo de competencias. De este modo la organización obtendrá un enfoque sistémico sobre la conducción de las personas en la organización.

Como se dijo en párrafos anteriores, muchos autores dan nombres nuevos a temas que no lo son; por eso aquí nos referiremos a cada una de las diferentes tendencias por su denominación más habitual y por la cual se la conoce en los ambientes empresariales y académicos.

- Knowledge Management (KM) o Gestión del Conocimiento. Incluimos en este apartado otras relacionadas: Intranet, e-Learning.
- Balanced Scorecard.
- Gestión de Recursos Humanos por Competencias.

Entendemos que otras "nuevas tendencias" y algunas no tan nuevas –no seleccionadas para este trabajo– han marcados hitos en la Administración; sólo por citar algunas: Reingeniería, Downsizing, Outsourcing, Benchmarking, Change Management, Mejora Continua, y Calidad Total. Si bien algunas de estas tendencias se vinculan con el crecimiento del negocio, como puede ser la Mejora Continua, Calidad Total y Benchmarking, otras se asocian a prácticas diferentes, devenidas muchas veces de fusiones y adquisiciones o ajustes derivados de mercados recesivos (me refiero en especial a Downsizing y Reingeniería).

De todas las nuevas tendencias mencionadas, la de Outsourcing merece un comentario por separado. Si bien es cuestionada por algunos, debe destacarse que

© GRANICA

constituye una tendencia mundial en franco crecimiento. La misma se basa, en general, en un principio de concentración de esfuerzos en el negocio principal de la organización. Bajo este criterio, todo aquello que no se relaciona con el corazón del negocio (*core business*) puede ser descentralizado. En la actualidad son muchas las organizaciones que lo han implementado con éxito y, a su vez, es la base de negocios de otras compañías que han convertido esas funciones descentralizadas en su propio *core business*. Ejemplos: empresas de tecnología, call centers y hasta compañías especializadas en la liquidación de impuestos.

Dicho esto, debemos agregar que la elección de tendencias que hemos hecho para esta obra –una selección bastante subjetiva, por cierto–, se basa en que estas tres tecnologías (Gestión del Conocimiento, Cuadro de Mando Integral y Gestión por Competencias) se relacionan con estrategias de negocios para orientar a las empresas a su crecimiento y mejorar sus recursos humanos en un enfoque *ganar-ganar*, pensando en la organización pero sin olvidar a las personas que la integran. Tienen, a su vez, relación con el comportamiento de las personas en el ámbito de la organización.

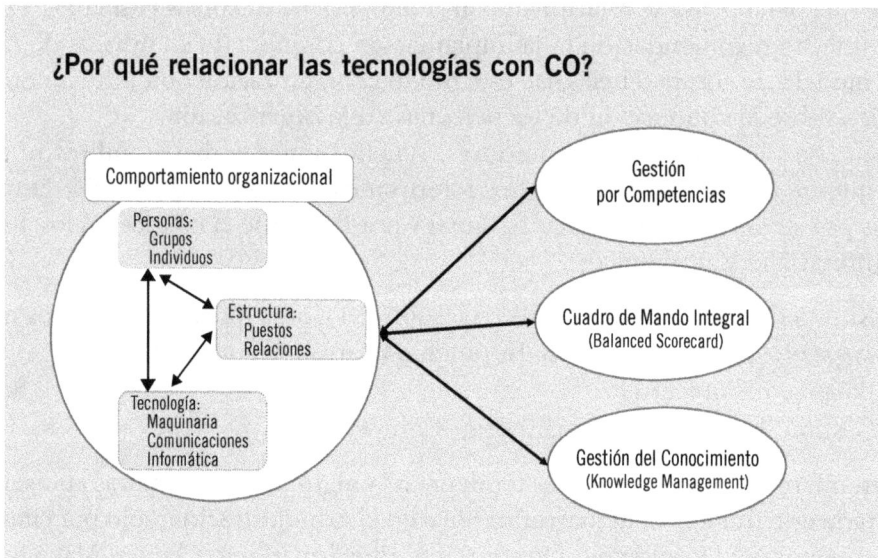

Por último, algún lector podrá decir que estas tendencias no son "nuevas", y estará en lo cierto. De todos modos, representan la tendencia actual en materia de management y las organizaciones están trabajando sobre ellas, en algunos casos porque aún no las han implementado, en otros porque se encuentran adaptando sus modelos a las versiones más actualizadas en la materia. De un modo u otro, representan los temas en los cuales las organizaciones están empeñadas en este momento.

Gestión del Conocimiento *(Knowledge Management)*

Gestión del Conocimiento o *Knowledge Management* (KM) se puede definir como un proceso sistemático de búsqueda, selección, organización y difusión de información, con el propósito de aportar a los integrantes de una organización los conocimientos necesarios para desarrollar eficazmente su labor. Permite, además, obtener información y comprender mejor acerca de las propias experiencias para, posteriormente, aplicarlas en la tarea diaria, en la planificación estratégica, para la toma de decisiones y solución de problemas, etc. Se trata, en definitiva, de transformar la experiencia en conocimiento, y el conocimiento en experiencia.

Objetivos

Las organizaciones que implantan este tipo de metodologías lo hacen, en general, para lograr:

- Desarrollar profesional y personalmente a los trabajadores.
- Utilizar al máximo el potencial de sus empleados en la labor diaria.
- Mejorar productos y servicios.
- Obtener una ventaja competitiva.

Frecuentemente, las empresas no tienen conciencia del conocimiento disponible, lo que resta eficacia a los procesos operativos y, muchas veces, implica duplicidad de esfuerzos: en un sector se invierte tiempo y recursos para resolver una determinada situación, desconociéndose la solución dada anteriormente a un problema similar en otra área de la misma organización, que hubiera podido aplicarse ante la nueva situación de manera sencilla y sin mayores costos.

Usualmente, el conocimiento es patrimonio de una sola persona o un grupo pequeño de individuos. No compartir conocimientos resta agilidad a los procesos y es causa de ineficacia organizacional.

Para lograr los cuatro objetivos mencionados más arriba, será imprescindible llevar a cabo un cambio cultural que tenga como objetivo fundamental el aprendizaje, obteniendo información de todas las fuentes disponibles en la organización para, posteriormente, difundirlo a todos sus integrantes.

La capacidad para aprender se traduce, a su vez, en habilidad para asimilar cambios o nuevas ideas y transformarlos en acciones, servicios o productos a una velocidad mayor que la competencia (otras empresas u organizaciones que ofrecen el mismo producto o servicio).

La cultura y el comportamiento organizacional se componen de una serie de elementos que se intenta resumir en el gráfico siguiente.

Cultura y comportamiento organizacional

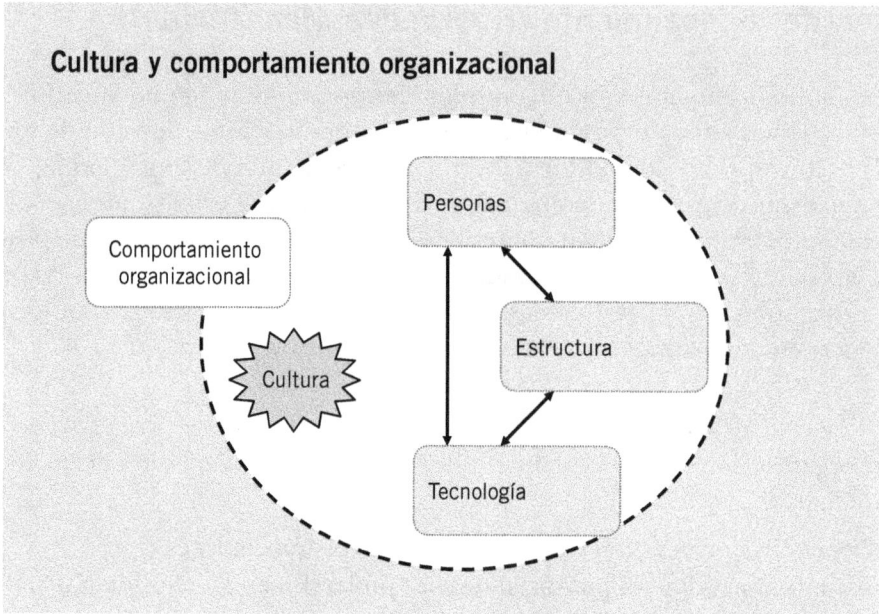

El comportamiento organizacional se ve influenciado y, por ende, es la consecuencia de una serie de factores que se vieron más detalladamente en el Capítulo 1: las personas y su comportamiento individual y grupal; la estructura de la organización; cómo se han diseñado los puestos de trabajo y la relación entre ellos (organigrama), y la tecnología disponible –tanto la maquinaria utilizada para brindar el servicio o fabricar los productos, como la utilizada en las comunicaciones y los procesos informáticos–. Este conjunto de elementos internos a la organización se ve afectado o modificado por factores externos: medidas de los gobiernos; otras organizaciones que brindan servicios y/o productos similares (competencia), y el entorno social y cultural donde se desenvuelve la organización. A todo este conjunto de elementos se deberá adicionar los factores externos geográficamente más distantes, producto del entorno global.

La cultura organizacional será la resultante del comportamiento organizacional y tendrá diferentes símbolos. La cultura se ve influenciada por los valores y creencias, no sólo de la propia organización sino también del contexto –en especial del entorno más cercano, sin dejar de lado la influencia global–.

Dentro de este encuadre debe analizarse e incluirse la Gestión del Conocimiento, ya que ésta se integra con los mismos elementos que el comportamiento organizacional: las personas, los procesos internos y la tecnología.

Gestión del Conocimiento

CULTURA

Personas

COMPARTIR
CONOCIMIENTOS

Tecnología

Procesos

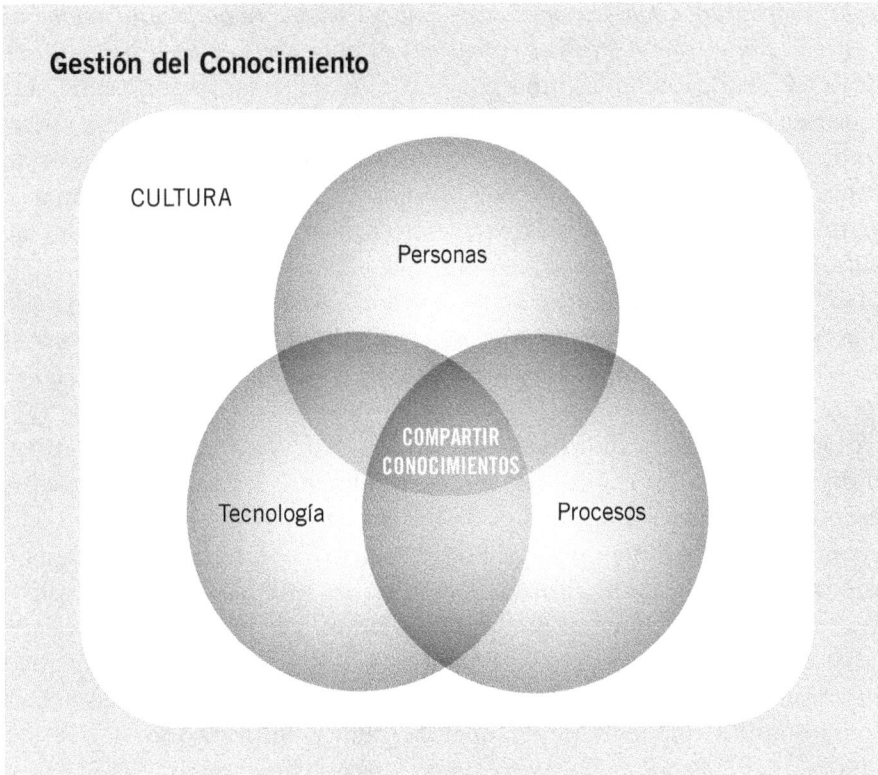

Para la Gestión del Conocimiento es necesaria la convergencia de tres factores: las personas que compartirán el conocimiento, junto con la tecnología que servirá de soporte y los procesos internos que permitirán que el intercambio se produzca. No alcanza contar con uno solo de estos factores; sólo cuando los tres se verifiquen, siempre dentro de una cultura organizacional favorable, se podrá poner en marcha una efectiva Gestión del Conocimiento

Peter Drucker escribía en 1989[3]: *La educación se transformará en las próximas décadas más de lo que lo ha hecho desde que, hace más de trescientos años, fue creada la escuela moderna gracias al libro impreso. Una economía en la que "el conocimiento" ha llegado a ser el verdadero capital y el primer recurso productor de riqueza, formula a las instituciones educativas nuevas y exigentes demandas de eficacia y responsabilidad educativas.* Continúa más adelante: *tendremos que redefinir el concepto de persona formada. Están cambiando de modo*

---

3.   Drucker, Peter F. *Las nuevas realidades.* Editorial Sudamericana, Buenos Aires, 1995.

© GRANICA

espectacular y rápido los métodos de aprendizaje y de enseñanza, en parte como resultado de nue-vos desarrollos teóricos sobre el proceso de comprender y aprender, y en parte por la nueva tecno-logía. Drucker plantea, además, una relación muy interesante entre tener informa-ción y que ésta se transforme en algo útil. ¿Cómo lograrlo? A través de un aprendizaje organizado, sistemático y con objetivos. Y si bien la obra que citamos de este autor es interesante en toda su extensión, tomaré un último concepto con relación a la temá-tica que nos ocupa: *La sociedad del conocimiento requiere que todos sus miembros aprendan a aprender.*

Claude Levy-Leboyer[4] dice que *no se aprende a aprender escuchando las lecciones de un maestro; se hace reflexionando, uno mismo o con ayuda de un interlocutor competente, sobre las ocasiones en que uno ha adquirido competencias, sobre lo que ha aprendido y la manera como lo ha aprendido.*

Levy-Leboyer remarca que cada uno de nosotros tiene un estilo particular de aprendizaje. Estos "estilos cognitivos" son esencialmente formas de tratar la informa-ción disponible, incluidos los retornos de información.

Los estilos cognitivos tienen rasgos individuales que determinan la forma en que cada uno de nosotros trata la información, organiza nuevos datos y, por este hecho, construye nuevas competencias. Son determinados, a la vez, por las características intelectuales y por los procesos cognitivos propios de cada persona. Hay que distin-guir entre estilo y aptitud: las aptitudes corresponden a las posibilidades máximas de cada uno; los estilos, a la manera personal de tratar la información.

El denominado *Knowledge Management* (KM) es una herramienta –usualmente una intranet– que permite a la organización compartir el conocimiento, generalmente a través de gigantescas bases de datos que lo contienen. El KM es frecuente en organi-zaciones donde el conocimiento se convierte en la llave del negocio; es el caso de, por ejemplo, las grandes firmas consultoras transnacionales, los centros de investiga-ción o los de salud. El propósito fundamental del KM: compartir experiencias positi-vas y negativas para ser utilizadas cuando sea necesario, así como una actualización continua de conocimientos relacionados con el negocio o la actividad principal de la organización.

En una obra sobre el capital intelectual[5], Bonani nos introduce a la Gestión del Conocimiento y dice que para afrontar la evolución rápida e intensa de la nueva realidad organizacional la nueva disciplina del KM propone la interrelación de tres niveles:

---

4. Levy-Leboyer, Claude. *Gestión de las competencias.* Edición Gestión 2000, Barcelona, 1997.
5. Bonani, Gian Paolo. *La sfida del capitale intellettuale. Principi e strumenti di Knowledge Management per organizzazioni intelligenti.* Franco Angeli, Milano, 2002.

- **Cultura empresarial:** crear un proceso y condiciones constantes para el conocimiento, insistiendo sobre el espíritu de equipo en todos los niveles. Se definen una serie de políticas para afianzar y promocionar la innovación y las buenas prácticas.

- **Práctica gerencial:** se debe crear un equipo de Knowledge Management, responsable del proceso y cambio proyectado. Focalizar el conocimiento sobre el cliente más que sobre el producto. Valorizar constantemente el resultado progresivo del ejercicio de acumular capital intelectual.

- **Uso de la tecnología:** utilización de bases de datos e intranet como un activo (valor) estratégico de comunicación. Usar técnicas de flujo de trabajo y comunicación.

Bonani[6] presenta un esquema de cómo conformar una intranet enfocada al KM. Nos basaremos en esta obra para el tratamiento de este aspecto del tema.

Podría diseñarse una intranet con los siguientes ítems:

- Procesos, normas y procedimientos.
- Aplicaciones que den soporte a la actividad.
- Artículos y noticias.
- Foros de todo tipo (se incluyen, entre otros, *chats* o conversaciones a través de la misma intranet de manera *on line*, es decir, "en vivo").
- Todo lo que deba saberse en materia de *know how* (por ejemplo, soluciones a problemas específicos, experiencias, metodologías, etc.). En las grandes consultoras internacionales, que usualmente disponen de una intranet para ser utilizada desde distintos lugares del planeta, suelen consignar aquí las soluciones halladas por la firma para los diversos problemas de sus clientes. Se entiende que esto mejora la calidad del servicio a prestar en el futuro y permite bajar el costo de los trabajos que se realizan (siempre y cuando se consulten las soluciones halladas en otros países para problemas similares).
- Todo lo que deba saberse en materia de Recursos Humanos: descriptivos de puestos que incluyan tanto los conocimientos requeridos como las competencias; evaluaciones de competencias; cómo desarrollar competencias; diferentes materiales formativos, etc.

De acuerdo con este esquema –puede utilizarse uno diferente–, y en relación con el tema que nos ocupa, nuestra sugerencia es armar una sección destinada al personal bajo el nombre de "Recursos Humanos", o simplemente "Personas" o "Gente"

---

6 Ídem, página 208.

© GRANICA

Contenido más frecuente en la intranet organizacional

Procesos, normas, procedimientos

Know-how:
- Soluciones a problemas específicos
- Experiencias
- Metodología

Aplicaciones de soporte a la actividad

- Perfiles individuales de competencias
- Evaluaciones de competencias
- Cómo desarrollar competencias
- Materiales formativos

Artículos, noticias

Chats, foros

Fuente: Bonani, *La sfida del capitale intellettuale.*

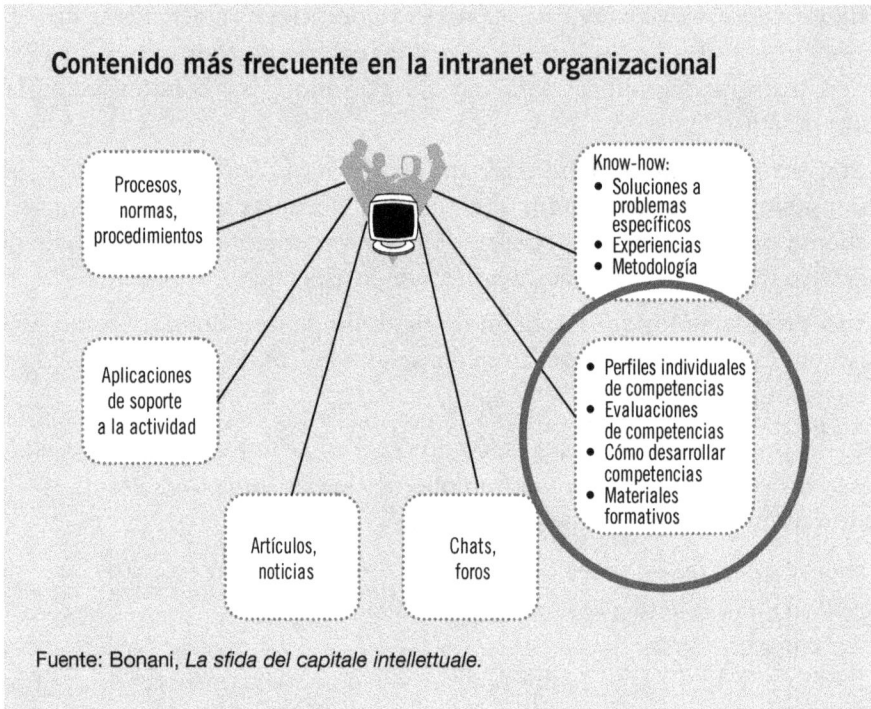

("*People*" es una denominación frecuentemente utilizada en idioma inglés para denominarla), o cualquier otro título que indique claramente qué se encontrará en esa sección.

El rol del área de Recursos Humanos en la intranet de la organización

Para modificar comportamientos tanto individuales como organizacionales, la intranet de la organización puede ser un aliado insuperable. Allí se podrá desde difundir los diccionarios de comportamientos, con los patrones esperados para cada posición, hasta poner a disposición de los colaboradores las denominadas guías de desarrollo, donde se brinda a los integrantes de la organización ideas y metodologías para su autodesarrollo.

A tales efectos, las organizaciones pueden optar por sistemas *e-Learning* para el desarrollo de conocimientos, y otras guías prácticas para el desarrollo de competencias.

La intranet y los Recursos Humanos

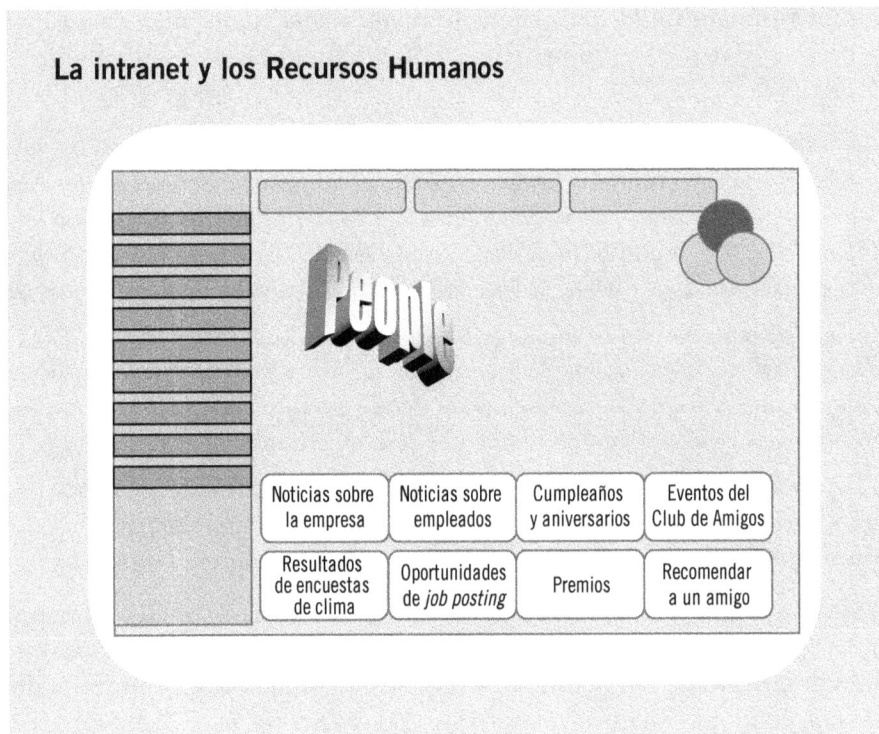

En la intranet se podrá diseñar, además, un sección destinada a que cada colaborador pueda guardar información que él mismo considere pertinente, desde los resultados de sus evaluaciones de desempeño hasta notas sobre las reuniones con su tutor o entrenador. Hay que tener en cuenta que esta sección (personal) debe contar con una clave de acceso que garantice la privacidad de la información.

La sección debe *invitar a ser visitada*; por lo tanto, debe contar con un diseño amigable, que provoque el deseo de leerla. Se puede complementar la información con diversas cosas de la vida diaria, como oferta de compra-venta de bienes, o secciones con novedades familiares, tales como aniversarios, cumpleaños, casamientos y nacimientos.

Si bien hemos presentado un esquema de intranet basado en los aportes de Bonani, también en la obra de Probst y otros[7] encontramos algunos conceptos

---

7. Probst, Gilbert; Raub, Steffen y Romhardt, Kai. *Administre el conocimiento*. Pearson Educación, México, 2001, página 24.

interesantes respecto de la definición de *conocimiento* (pensando en su inclusión en una base de datos para compartir), y otros comentarios relacionados con su aprendizaje.

- *Conocimiento es todo conjunto de cogniciones y habilidades con los cuales los individuos suelen solucionar problemas. Comprende tanto la teoría como la práctica, las reglas cotidianas al igual que las instrucciones para la acción. El conocimiento se basa en datos e información pero, a diferencia de éstos, siempre está ligado a personas. Forma parte integral de los individuos y representa las creencias de estos acerca de las relaciones causales.*

- *La base de conocimiento de una organización consta de los activos intelectuales, individuales y colectivos que la organización puede utilizar para realizar sus actividades. La base del conocimiento también incluye los datos y la información sobre los cuales se han construido el conocimiento individual y el de la organización.*

- *El aprendizaje de la organización consiste en los cambios que se llevan a cabo en la base del conocimiento de la empresa, la creación de marcos de referencia colectivos y el desarrollo de las aptitudes de la organización para actuar y solucionar problemas.*

De los tres conceptos tomados de la última obra mencionada es importante resaltar que en la administración del conocimiento se requiere de una actitud deliberada. El desarrollo de conocimientos requiere de una acción voluntaria del individuo en pos de su crecimiento y desarrollo. En caso contrario, dicho desarrollo no se verificará.

Los autores mencionados (Probst y otros) dicen más adelante, en su obra, que *las organizaciones deben desarrollar sus conocimientos con una orientación específica y no dejarlos al azar. Es ocioso que los gerentes amasen el conocimiento sin que éste tenga objetivos; deben dirigirlo hacia el uso y desarrollo de habilidades y conocimientos que sean relevantes para alcanzar los objetivos de la empresa. El conocimiento no es lo mismo que el entendimiento: el primero debe mostrar su utilidad en aplicaciones prácticas.*

Si se analiza desde el ámbito organizacional, se verá que no alcanza con que una persona tenga conocimientos sobre un tema para llevarlos eficazmente a la práctica; o, dicho de otra manera, poseer conocimientos teóricos sobre un tema en particular no es suficiente para que su puesta en práctica se verifique.

En la actualidad, las organizaciones –en especial las de muy gran tamaño, como por ejemplo las transnacionales– invierten considerables sumas de dinero en el desarrollo de fenomenales bases de datos para compartir el conocimiento a lo largo y a lo ancho del mundo. Esta muy buena práctica suele convertirse en una muy mala inversión si luego estas bases de datos no son consultadas por los empleados de la organización, para lograr una mejor resolución de problemas aprovechando la experiencia y, por ende, el conocimiento desarrollado dentro y fuera de la empresa. Los especialistas trabajan duramente para encontrar caminos a fin de que el conocimiento llegue a quienes corresponde y sea aprovechado adecuadamente.

La gestión funcional del conocimiento –dicen René Tissen y otros [8]– *mejora la forma en que una compañía comparte y utiliza su conocimiento por medio de la vinculación de las personas empleando un sistema de informática. Sin embargo, no existen soluciones rápidas para implementar un sistema en una organización.*

En otra obra, en este caso de Jeff Papows[9], se menciona la gestión del conocimiento y se dice que el Knowledge Management constituye una serie de importantes cambios radicales en muchas de las nuevas tecnologías de la información. Papows dice más adelante: *¿Por qué de repente el* KM *es tan importante? Quizá siempre fue importante. En épocas anteriores a los ordenadores, se admitía que el conocimiento era más importante que un simple dato o la información cruda, sin procesar. El profesionalismo, la experiencia, la comprensión y hasta la intuición siempre han sido aspectos críticos en la prosperidad de los negocios.*

El rol de la comunicación en la Gestión del Conocimiento o Knowledge Management (KM)

¿Cómo lograr que todo ese "mundo" que está inerte en una base de datos se vuelva "vivo" para la organización? Esto sólo se logrará cuando "alguien" ingrese y ponga "en uso" ese conocimiento.

A partir de este concepto –bastante simple por cierto– surge una tarea adicional para los profesionales de Recursos Humanos o Capital Humano: diseñar prácticas y acciones orientadas a generar, entre los distintos integrantes de la organización, interés en el uso de la información allí contenida.

¿Cómo lograr generar interés en el uso de este recurso? Mediante prácticas simples y cotidianas; por ejemplo, informar a todos los empleados sobre la existencia de novedades, indicando en qué sección de la intranet las podrán leer, y otras acciones similares.

Si el esquema se llevara a cabo se podría lograr interconectar a personas ubicadas en diferentes lugares geográficos, que pueden no tener cosas en común ni conocerse y, sin embargo, unas tener una información o experiencia que puede ser útil para otras. Ésta es la base filosófica de la Gestión del Conocimiento o Knowledge Management: compartir información.

8. Tissen, René; Andriessen, Daniel y Lekanne Deprez, Frank. *El valor del conocimiento. Para aumentar el rendimiento en las empresas.* Prentice Hall, Madrid, 2000.
9. Papows, Jeff: Enterprise.com. E*l liderazgo del mercado en la era de la información.* Ediciones Granica, Buenos Aires, 1998.

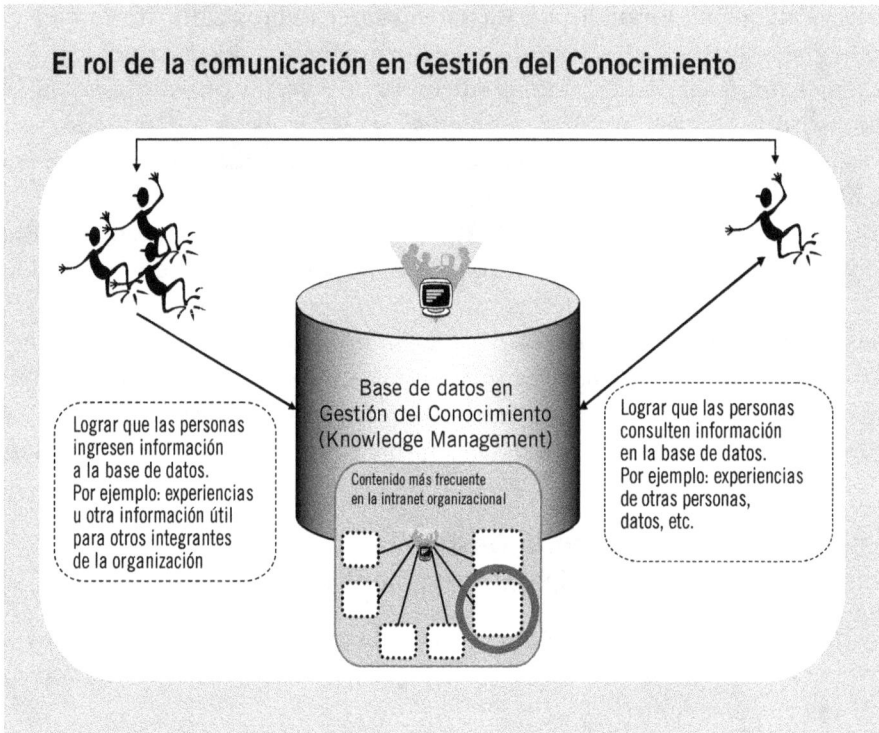

En definitiva, los administradores de la base de datos de gestión del conocimiento deben promover que unos compartan experiencias (que las personas ingresen información a la base de datos; por ejemplo: experiencias u otra información útil para otros integrantes de la organización) y que otros utilicen, cuando la necesiten, la información disponible (que consulten información en la base de datos; por ejemplo: experiencias de otras personas, datos, consultas en relación con el aprendizaje de conocimientos o acerca de los mejores métodos para el desarrollo de competencias, etc.).

En esta misma línea de pensamiento, Probst y otros[10] proponen *establecer rutinas y crear confianza*. Aseguran: *Los procesos que combinan el trabajo de múltiples empleados son los que ahora constituyen las características distintivas de las empresas.*

Y agregan más adelante que *para evitar que el conocimiento de los individuos quede aislado y a fin de que esté disponible para los procesos de desarrollo del conocimiento en los grupos,*

---

10. Probst *et al.* Obra citada, páginas 145 y 146.

se deben cumplir ciertas condiciones. Sólo donde hay interacción y comunicación, transparencia e integración, el conocimiento individual puede convertirse en conocimiento colectivo, el cual a su vez influye en el primero.

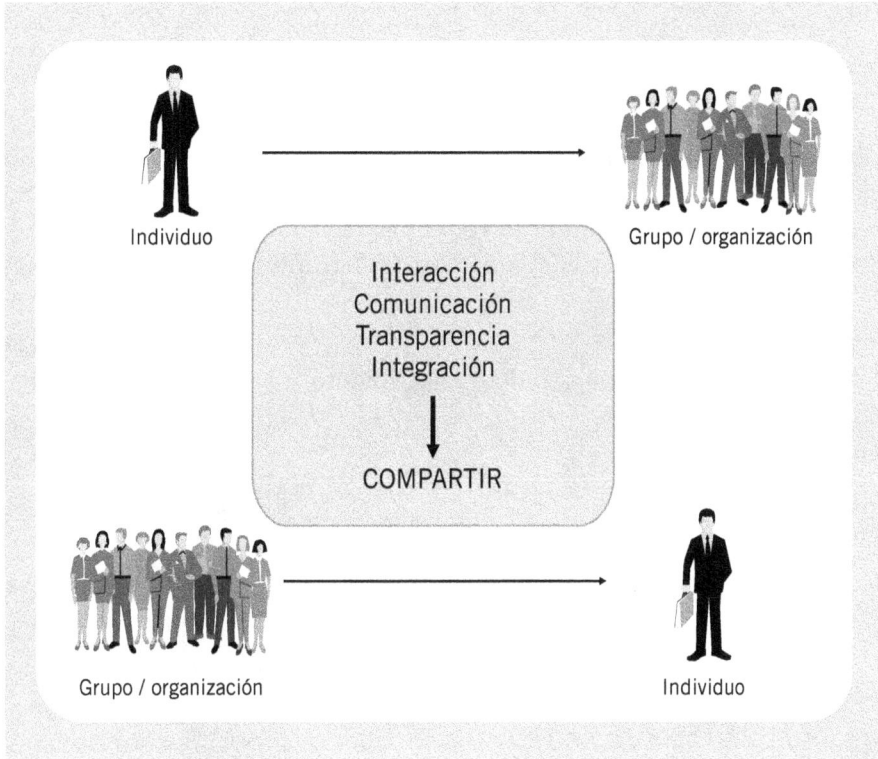

El gráfico precedente, inspirado en la obra mencionada de Probst y otros autores, intenta mostrar que el proceso de compartir el conocimiento tiene una doble dirección, del individuo al grupo o a la organización, y viceversa. No existe el compartir en una sola dirección, o al menos no debería existir a fin de que sea provechoso para ambos, individuo y organización.

Sin comunicación entre los poseedores individuales del conocimiento no puede haber comparación de las ideas y experiencias de cada persona con las de los demás. En las organizaciones donde existen problemas importantes en la comunicación –entre personas, entre departamentos, etc.– se observa –además– dificultad para desarrollar proyectos conjuntos y soluciones eficaces para sus clientes.

© GRANICA

Continuando con la obra mencionada, nos parece interesante una referencia que hace sobre aquello que es estratégico y aquello que no lo es, y esto una vez más difiere de una organización a otra. Los modelos de Gestión del Conocimiento deben ser diseñados a medida y en función de lo que necesite cada organización.

Matriz de las estrategias del conocimiento

Probst y otros[11] proponen la utilización de una matriz de conocimientos, en base a dos ejes: el conocimiento que permite superar a los competidores (otras empresas del mercado que venden los mismos productos o servicios), y el uso actual del conocimiento interno. A partir de allí crean cuatro cuadrantes.

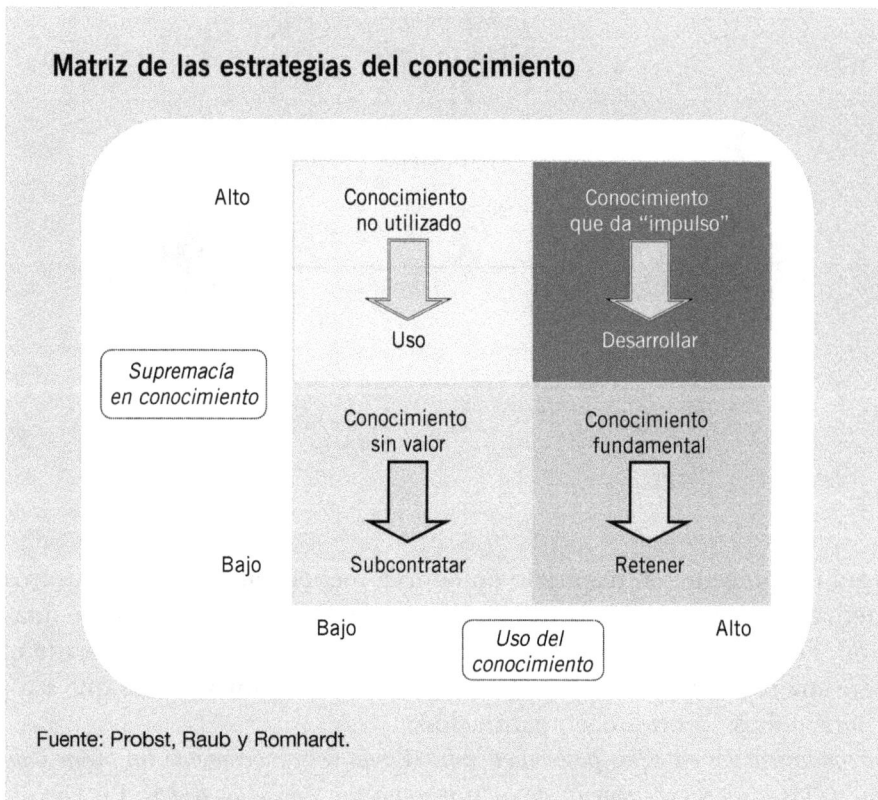

Matriz de las estrategias del conocimiento

	Conocimiento no utilizado → Uso	Conocimiento que da "impulso" → Desarrollar
Alto		
Supremacía en conocimiento	Conocimiento sin valor → Subcontratar	Conocimiento fundamental → Retener
Bajo		

Bajo — *Uso del conocimiento* — Alto

Fuente: Probst, Raub y Romhardt.

---

11. Probst *et al.* Obra citada, página 56.

Creo que es importante destacar, respecto del gráfico precedente, algunos conceptos, tales como que aquellos conocimientos que no son relevantes o estratégicos (conocimientos sin valor) puede ser más conveniente contratarlos fuera de la organización o subcontratarlos, y retener los conocimientos fundamentales. En relación con los cuadrantes superiores, creo importante resaltar que los conocimientos que dan impulso a la estrategia (es decir, los fundamentales) deben ser cultivados. En la perspectiva del individuo, cada persona puede querer adquirir aquellos conocimientos que más le interesan o aquellos que le agradan por un motivo u otro; en la perspectiva de la organización el enfoque debe ser diferente, orientándose a la estrategia organizacional.

A aquel que tome la obra de Probst (y otros) le parecerá que la estamos citando un tanto "desordenadamente", ya que ahora haremos referencia a algo que ellos abordan en páginas anteriores a las que veníamos analizando; pero nos parece importante relacionarlo con nuestro trabajo en un orden diferente. Al mencionar la evaluación del conocimiento los autores mencionados[12] marcan la necesidad de fijarse objetivos de conocimiento, y evaluarlo. Dicen además que, a diferencia de los asuntos relacionados con las finanzas, los referidos al conocimiento no pueden medirse a través de índices y, por lo tanto, es necesario buscar nuevos caminos para hacerlo.

La obra de Probst y otros hace foco en el conocimiento en general. Las organizaciones deben fijarse objetivos al definir el modelo o los procesos de Knowledge Management que les permitirán alcanzar sus objetivos y estrategias organizacionales.

Dentro del cuadrante del gráfico precedente se mencionan conceptos derivados de las "buenas prácticas de Recursos Humanos", como la retención del conocimiento que se realiza a través de conservar al personal clave para la organización. Otro elemento a destacar en este gráfico es el que menciona el "desarrollo del conocimiento" junto con "compartir y distribuir el conocimiento". Estos dos aspectos son de vital importancia cuando el desarrollo del talento humano se convierte en un objetivo organizacional.

En síntesis, la Gestión del Conocimiento o Knowledge Management (KM) es una nueva tendencia cuyo propósito fundamental es compartir conocimientos entre los integrantes de una organización. Usualmente las organizaciones no aprovechan los conocimientos y experiencias previas por carencia de bases de datos específicas. No obstante, la creación de estas bases no es suficiente para que los beneficios se verifiquen: se deberá crear una cultura al respecto, produciendo un cambio de comportamientos en directivos y empleados. En esta nueva forma de trabajar, las personas

---

12. Probst *et al.* Obra citada, página 34.

© GRANICA

compartirán conocimientos y experiencias que se registrarán en una base de datos que será consultada o utilizada como referencia por todos los empleados de la organización. Para proteger el capital intelectual se sugiere que la base de datos se diseñe con ciertos cuidados al respecto –por ejemplo, niveles de autorización para el acceso a información confidencial o estratégica, etc.–. Usualmente estos controles se relacionan con los descriptivos de puestos; es decir, no por el nivel de cada puesto en la estructura sino por la pertinencia en el uso de la información.

¿Por qué ha sugerido implantar de manera conjunta Knowledge Management (KM) o Gestión del Conocimiento con Gestión por Competencias?

Más allá de que son temas que "van de la mano", no es posible un buen desempeño o un desempeño superior sin una adecuada mezcla entre conocimientos y competencias. Las buenas prácticas que impone la Gestión del Conocimiento se aplica directamente a la Gestión por Competencias. Algunas herramientas del KM pueden ser aplicadas para el desarrollo de competencias, pero no todas, ya que para desarrollar conocimientos se puede utilizar eficazmente *e-Learning*, pero esta herramienta no tendrá la misma eficacia para el desarrollo de competencias. Sin embargo, la intranet podrá ser un buen instrumento en ambos casos. Allí se podrían incluir guías para el desarrollo de competencias que cada colaborador, si lo desea, podrá utilizar para su propio autodesarrollo.

Reiteraremos un concepto: para que alguien desarrolle una determinada competencia no basta con que practique una actividad indicada con ese fin; si no hace una acción deliberada para concretar ese desarrollo, el objetivo no se logrará. Este punto es clave, y debe recordarse.

Cuando una organización incorpore –por ejemplo, a través de Gestión del Conocimientos– acciones y rutinas destinadas a favorecer el desarrollo de competencias, debe ser bajo un enfoque *ganar-ganar*, ya que entendemos que es un proceso beneficioso tanto para el individuo como para la organización.

Conocer las bondades de las distintas nuevas tendencias en management y cómo combinarlas será parte del rol del responsable de Recursos Humanos, tal como veremos en el capítulo siguiente.

Cuadro de Mando Integral *(Balanced Scorecard)*

Los autores Kaplan y Norton son los creadores de este modelo. Comienzan su labor investigadora en 1990, con la profunda convicción de que los modelos de gestión empresarial basados en indicadores financieros se encontraban completamente obsoletos. Su labor se materializó en el libro *The Balanced Scorecard*, publicado en 1996.

Este modelo consiste en un sistema de indicadores financieros y no financieros que tienen como objetivo medir los resultados obtenidos por la organización.

Denominado en español *Cuadro de Mando Integral*[13], el modelo combina indicadores financieros (de pasado) con los no financieros (de futuro), y los integra en un esquema que permite entender las interdependencias entre sus elementos, así como la coherencia con la estrategia y la visión de la empresa.

La importancia de los activos intangibles ha sido también ampliamente considerada por Kaplan y Norton en el libro ya mencionado, en el que se incluyen cuatro tipos de objetivos a ser considerados equilibradamente para poner la estrategia en acción.

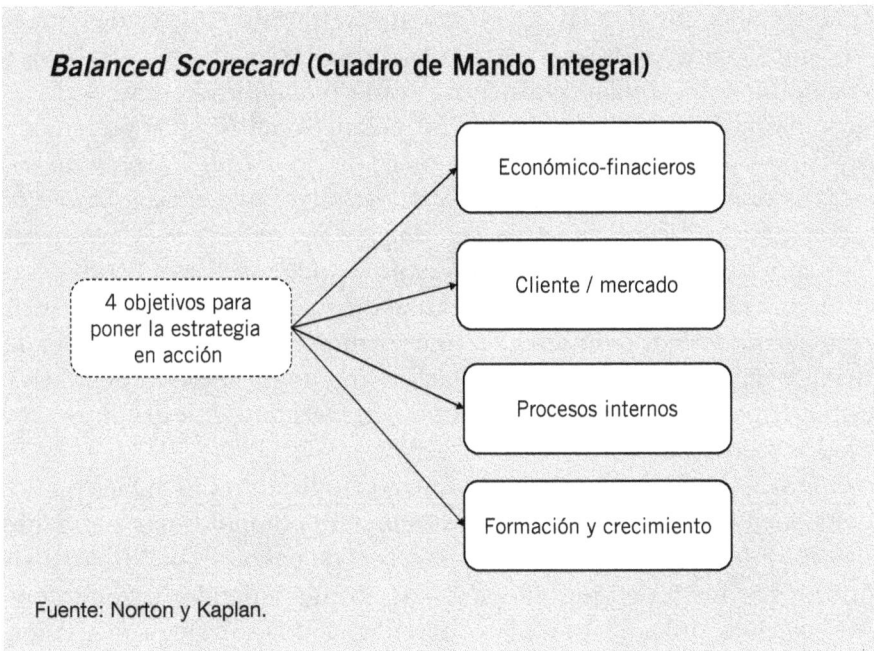

Balanced Scorecard **(Cuadro de Mando Integral)**

4 objetivos para poner la estrategia en acción

- Económico-finacieros
- Cliente / mercado
- Procesos internos
- Formación y crecimiento

Fuente: Norton y Kaplan.

Según dicen los mismos autores, el *Cuadro de Mando Integral llena el vacío que existe en la mayoría de los sistemas de gestión: la falta de un proceso sistemático para poner en práctica y obtener feedback sobre la estrategia. Los procesos de gestión alrededor del Cuadro de Mando permiten que la organización se equipare y se centre en la puesta en práctica de la estrategia de*

---

13. Kaplan, Robert S.; Norton, David P. *Cuadro de Mando Integral (The Balanced Scorecard).* Ediciones Gestión 2000. Barcelona, 1997.

© GRANICA

largo plazo. Utilizado de este modo, el Cuadro de Mando Integral se convierte en los cimientos para gestionar las organizaciones de la era de la información.

Entre sus usos se puede destacar, según sus autores, los siguientes:

- Clarificar la estrategia y conseguir el consenso sobre ella.
- Comunicar la estrategia a toda la organización.
- Alinear los objetivos personales y departamentales con la estrategia.
- Vincular los objetivos estratégicos con los objetivos a largo plazo y los presupuestos anuales.
- Identificar y alinear las iniciativas estratégicas.

Como ya se dijo, el origen del *Balanced Scorecard* se basó en la creencia que la forma tradicional de medir a las organizaciones, a través de los estados financieros, era insuficiente, o que éstos se estaban volviendo obsoletos. Otros trabajos se han basado en inquietudes similares. Muchos autores han definido el valor de las organizaciones más allá de lo que surge de los balances; entre ellos podemos citar a Thomas Steward[14] y Annie Brooking[15]. Steward dice que *es difícil encontrar una rama de actividad, una empresa, una organización de cualquier tipo que no se haya vuelto más "información intensiva" que antes; más dependiente del conocimiento como recurso para atraer clientes y de la tecnología informática para su gestión.* Por su parte, Brooking dice –a modo de definición– que el capital intelectual de una compañía puede dividirse en cuatro categorías: activos del mercado (por ejemplo, clientela, marcas, canales de distribución), activos de propiedad intelectual (como los secretos de fabricación y fórmulas), activos centrados en el individuo, y activos de infraestructura (como las metodologías y procesos).

El *Balanced Scorecard* consiste en un sistema de indicadores financieros y no financieros que tienen como objetivo medir los resultados obtenidos por la organización.

El modelo integra los indicadores financieros (de pasado) con los no financieros (de futuro), y los integra en un esquema que permite entender las interdependencias entre sus elementos, así como la coherencia con la estrategia y la visión de la empresa.

Para explicarlo de una manera simple, el Cuadro de Mando Integral tiene como propósito fundamental que la estrategia no constituya una información de uso restringido de la Dirección de la organización sino que, por el contrario, tanto la visión como la estrategia y los planes específicos relacionados lleguen a cada una de las

---

14. Stewart, Thomas A. *La nueva riqueza de las organizaciones: el capital intelectual.* Ediciones Granica, Buenos Aires, 1998.
15. Brooking, Annie, *El capital intelectual.* Paidós, Buenos Aires, 1997.

áreas y personas que integran la organización. Para ello la estrategia debe comunicarse de manera clara, pero al mismo tiempo se deberá proveer a todas las personas de la formación necesaria junto con la debida retroalimentación. Este último aspecto es el que conecta el *Balanced Scorecard* con la Gestión de Recursos Humanos por Competencias, ya que ambas metodologías proponen la formación y el crecimiento del personal en función de la visión y la estrategia organizacionales.

La visión y la estrategia se ven reflejadas, a su vez, en cuatro factores que interactúan entre sí: finanzas o aspectos financieros; clientes y mercado; procesos internos o aspectos operativos, y formación y crecimiento como una estrategia de detalle.

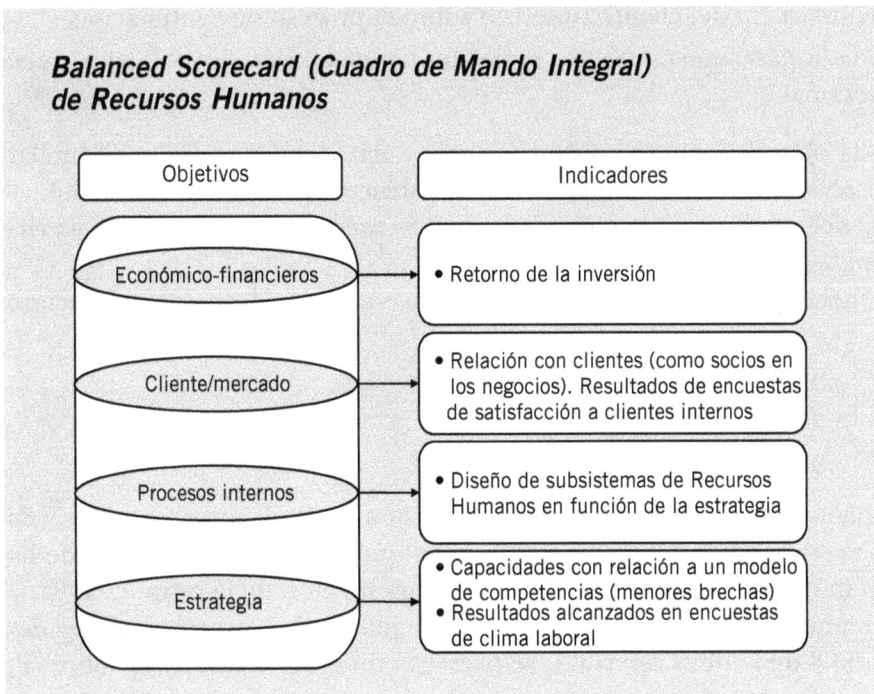

Balanced Scorecard (Cuadro de Mando Integral) de Recursos Humanos

Objetivos	Indicadores
Económico-financieros	• Retorno de la inversión
Cliente/mercado	• Relación con clientes (como socios en los negocios). Resultados de encuestas de satisfacción a clientes internos
Procesos internos	• Diseño de subsistemas de Recursos Humanos en función de la estrategia
Estrategia	• Capacidades con relación a un modelo de competencias (menores brechas) • Resultados alcanzados en encuestas de clima laboral

En la obra *El cuadro de mando de RRHH*[16] se plantea a los directivos de Recursos Humanos que dividan sus indicadores de eficiencia en dos categorías: básicos y estratégicos. Ejemplos de indicadores básicos: incentivos medidos en porcentaje de salario, o incentivos por empleado. Ejemplo de indicadores estratégicos: costo por contratación, o costo por hora de formación.

---

16. Becker, Brian E.; Huselid, Mark A., y Ulrich, Dave. *El cuadro de mando de Recursos Humanos*. Gestión 2000, Barcelona, 2002.

A continuación se incluyen algunos indicadores que permitirían inducir el rendimiento del área de Recursos Humanos, tomados de la obra mencionada en el párrafo precedente.

- Medición del trabajo interrelacionado entre equipos.
- Porcentaje de empleados con experiencia fuera de su responsabilidad o función laboral actual.
- Adhesión del personal a valores básicos.
- Encuestas sobre satisfacción laboral o clima laboral.
- Satisfacción del cliente (interno) sobre el proceso de contratación.
- Medir hasta qué punto los empleados tienen en claro los objetivos y metas profesionales.

En la obra de Bonani[17], este hace referencia a un esquema muy similar al de Kaplan y Norton, y lo denomina "El nuevo balance organizativo". Allí se define la plataforma del valor agregado como *la creación de valor agregado en el producto y en el servicio del knowledge* (conocimiento).

La mencionada plataforma de valor está centrada en los siguientes factores:

- El capital humano.
- El capital organizativo.
- El capital derivado de la clientela.

Kaplan y Norton[18], en una obra posterior a la citada anteriormente (*Balanced Scorecard*), denominada *Mapas estratégicos* y que es una continuación de aquella, presentan indicadores para medir la implementación de la estrategia. Para explicar este nuevo concepto, y tomando como ejemplo los *procesos de gestión de clientes* (Capítulo 4 de la obra referida), se presenta un gráfico completo sobre la *gestión de clientes*. Dentro de este aspecto, y mencionando uno específico dentro de la gestión (por ejemplo, la selección de clientes), tanto desde la *perspectiva financiera* como de la *perspectiva del cliente* y en relación con los *procesos internos*, se podría diseñar un cuadro de indicadores como el siguiente (tomado de la página 147 del libro citado):

---

17. Bonani. Obra citada.
18. Kaplan, Robert S.; Norton, David P. *Mapas estratégicos*. Ediciones Gestión 2000, Barcelona, 2004.

Objetivos de selección de clientes	Indicadores
Comprender segmentos de clientes	• Contribución a las utilidades por segmento. • Participación de mercado en segmentos objetivos.
Filtrar clientes no rentables	• Porcentaje de clientes no rentables.
Buscar clientes de alto valor	• Número de cuentas estratégicas.
Gestionar la marca	• Encuesta a clientes sobre conocimiento de marca y preferencias.

Luego, y en cuanto a otro objetivo, el cuadro de indicadores es como el siguiente (página 151):

Objetivos de adquisición de clientes	Indicadores
Comunicar la propuesta de valor	• Conocimiento de marca (encuesta).
Personalizar el marketing masivo	• Tasa de respuesta del cliente a las compañas.
Adquirir nuevos clientes	• Número de clientes que usan las promociones para probar el producto. • Porcentaje de contactos convertidos. • Costo por nuevo cliente adquirido. • Valor (estimado) de por vida de nuevos clientes adquiridos.
Desarrollar relaciones con el concesionario/distribuidor	• *Balanced Scorecard* del distribuidor • Encuesta de retroalimentación del distribuidor.

Como se dijo al inicio de este capítulo, en todos los casos se recomienda implementar el Balanced Scorecard en combinación con Gestión por Competencias. En la obra a la que estamos haciendo referencia (*Mapas estratégicos*), los autores Kaplan y Norton así lo sugieren, al mencionar que *los departamentos de Recursos Humanos cuentan con una variedad de modelos para crear perfiles por competencias*. Desde nuestra experiencia, al trabajar con un modelo de Gestión por competencias, el departamento de Recursos Humanos puede seleccionar, contratar, capacitar y desarrollar a las personas para cada puesto de trabajo considerando las competencias necesarias para alcanzar un desempeño superior.

Para estos autores, el perfil por competencias está compuesto por: 1) conocimiento específico del trabajo requerido para realizar eficazmente la función; 2) habilidades específicas del trabajo requeridas para realizar eficazmente la función; y 3) valores y comportamientos generales requeridos para asumir eficazmente la función.

© GRANICA

Balanced Scorecard y Gestión por Competencias

¿Cuál es la relación de Gestión por Competencias y Balanced Scorecard? Se observa muy gráficamente en la obra *The HR Scorecard*[19], ejemplificado en un esquema sobre el área de ventas, donde las competencias –en ese caso, las requeridas para tener éxito en un puesto de ese sector– permitirán, al final del proceso, si son las adecuadas, incrementar el valor accionario de la empresa.

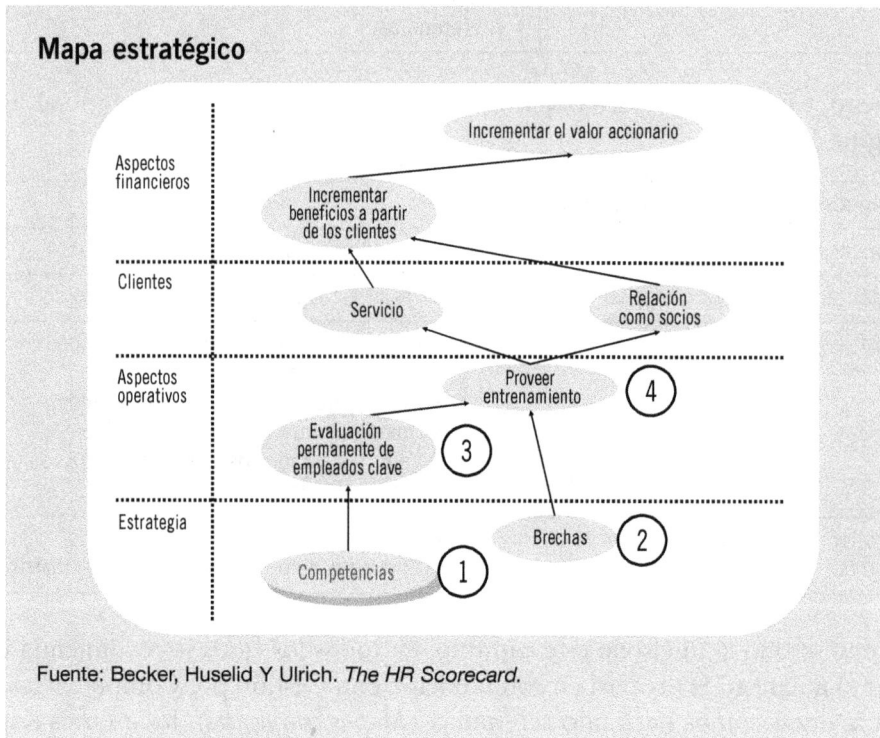

Mapa estratégico

Fuente: Becker, Huselid Y Ulrich. *The HR Scorecard.*

Si se analiza el gráfico denominado *Mapa estratégico*[20] "de abajo arriba", pueden advertirse los pasos secuenciales necesarios para alcanzar la estrategia de una organización. Se parte de las competencias requeridas –o, en nuestro lenguaje, de *las competencias requeridas para tener un desempeño o performance de éxito o superior en un puesto de*

19. Ulrich, Dave; Becker, Brian E.; Huselid, Mark A. *The HR Scorecard. Linking People, Strategy, and Performance.* Harvard Business School Press. USA, 2001, página 46.
20. En el gráfico de la obra *The HR Scorecard,* sus autores se refieren a las competencias requeridas para un área de ventas. El esquema que exponemos en esta obra está inspirado en el que ellos

trabajo– (paso 1), para luego medir y analizar las brechas –es decir, constatar permanentemente si las personas que se desempeñan en una determinada función tienen
las competencias requeridas o, en su defecto, cuál es la distancia o brecha con el nivel
requerido para tener un desempeño exitoso o superior– (paso 2). Este análisis (paso
2) no se hace una sola vez, sino que se realiza en forma permanente (paso 3).

Siguiendo un esquema de *Balanced Scorecard* y entrando en el plano *operativo* o
estadio superior, se señala la necesidad de evaluar de manera permanente a los empleados clave (paso 3, ya mencionado) y proveerles entrenamiento (paso 4).

Mapa estratégico

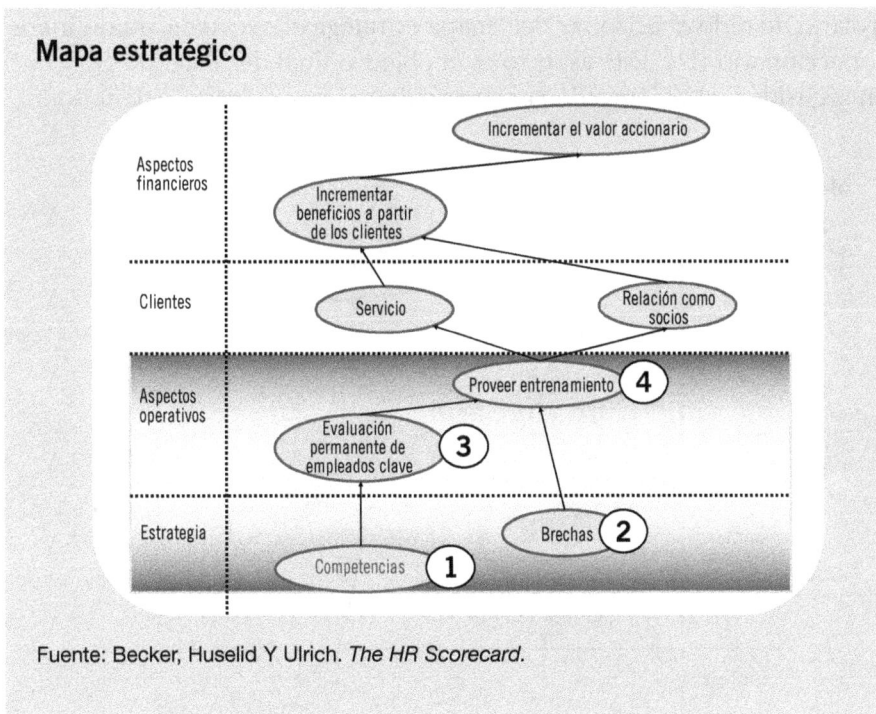

Fuente: Becker, Huselid Y Ulrich. *The HR Scorecard.*

Las instancias denominadas por nosotros *pasos 1, 2, 3 y 4* no representan más que
tareas o funciones en relación con las áreas de Recursos Humanos o Capital
Humano. En el gráfico hemos asignado a este campo un ligero sombreado, dentro
del denominado "mapa estratégico".

confeccionaron, pero hemos consignado la palabra "competencias" a secas, sin el complemento
"de ventas", ya que entendemos que este esquema se puede verificar para diversas áreas de una
organización, no sólo para la de ventas.

Si este proceso "funciona" adecuadamente –es decir, si la estrategia es la adecuada y las competencias fueron definidas de acuerdo a esa estrategia–, y si los procesos operativos se llevan a cabo de la manera correcta, con la evaluación de competencias y el desarrollo de ellas, se verificarán los pasos siguientes, que identificamos a continuación, por medio de letras.

Se brinda un mejor servicio a los clientes (A), llegando a tener con ellos una relación tal "como si fueran socios"; es decir, la empresa se interesa por sus negocios como si fueran los de la propia organización (B). Si los pasos A y B se concretan, se logrará un incremento en los beneficios a partir de los clientes actuales (C); y por último, como corolario de todo el accionar del "mapa estratégico", se verificará un incremento del valor accionario (D). Este aspecto es el objetivo final del *Balanced Scorecard* y será, casi con seguridad, el objetivo de la mayoría de los empresarios, o de todos.

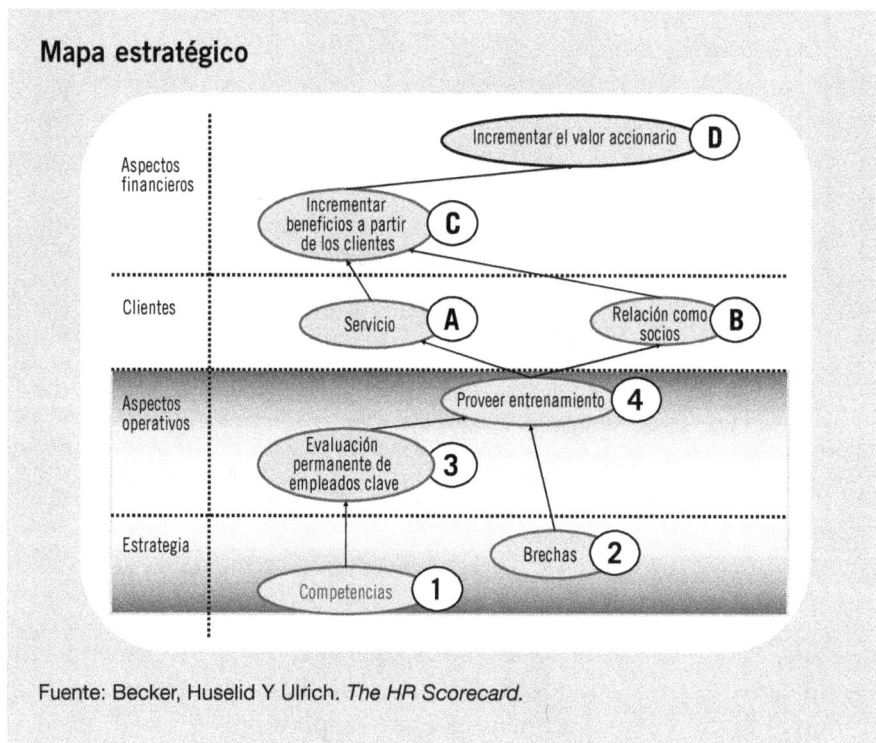

Mapa estratégico

Aspectos financieros
Incrementar el valor accionario **D**
Incrementar beneficios a partir de los clientes **C**

Clientes
Servicio **A**
Relación como socios **B**

Aspectos operativos
Proveer entrenamiento **4**
Evaluación permanente de empleados clave **3**

Estrategia
Brechas **2**
Competencias **1**

Fuente: Becker, Huselid Y Ulrich. *The HR Scorecard.*

Si las competencias son las adecuadas, se podrán incrementar los beneficios no sólo a partir de los clientes actuales, sino también de otros nuevos, y, a su vez, de nuevos productos, tanto para los clientes que se incorporen como para los ya existentes.

Mapa estratégico

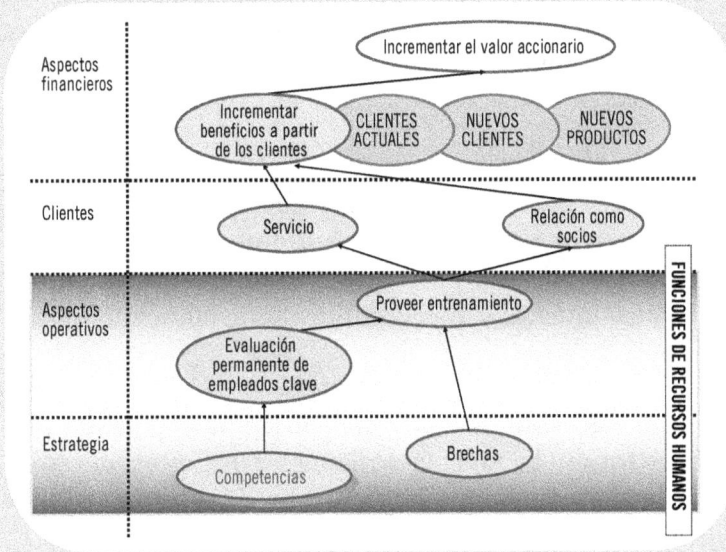

Fuente: Becker, Huselid Y Ulrich. *The HR Scorecard.*

El "mapa estratégico" puede diseñarse con un esquema muy similar para cualquier área de la organización y, también, para cualquier estrategia de negocios. No sólo es aplicable a organizaciones con fines de lucro, ya que también las ONGs y los organismos de gobierno tienen una estrategia y todas desean incrementar su *valor accionario*, ya sea en sentido literal, como puede verificarse en una empresa con fines de lucro, o en sentido figurado, como puede darse en una ONG o en una dependencia estatal, donde no será estrictamente el "valor accionario" lo que se desee incrementar, pero sí podrá interesar mejorar, por ejemplo, la imagen ante la opinión pública o la intención de voto de los habitantes.

En síntesis, el *Balanced Scorecard* o Cuadro de Mando Integral es una nueva tendencia cuyo propósito fundamental es lograr que la estrategia de la organización –o, más concretamente, sus objetivos estratégicos– lleguen, en cascada, a toda la estructura. Los objetivos estratégicos se abren en conceptos relacionados con todas las áreas de la organización, señalando el aporte de cada una al logro de la estrategia organizacional. Por último, la estrategia se transforma en indicadores, mediante los

© GRANICA

cuales será posible medir tanto el grado de alcance del objetivo estratégico como el desempeño de los distintos colaboradores.

Como se verá a continuación, si las competencias se definen de acuerdo con la estrategia, se podrá lograr el cumplimento de ésta a través de una correcta puesta en marcha de lo que se denomina "las buenas prácticas de Recursos Humanos", una de las cuales es la Gestión de Recursos Humanos por Competencias.

¿Por qué se ha sugerido implantar de manera conjunta Balanced Scorecard y Gestión por Competencias?

El Balanced Scorecard o Cuadro de Mando Integral es, sin lugar a dudas, una herramienta de gestión estratégica, al igual que lo es un modelo de Gestión por Competencias. Ambas nuevas tendencias persiguen un solo objetivo: alcanzar la estrategia.

Como es casi obvio, la estrategia se alcanzará sólo si es contemplada en los respectivos diseños; en caso contrario, nos encontraremos "llenando formularios", ya sea del *Balanced Scorecard* o del modelo de Gestión por Competencias.

Unos y otros (los dos modelos o herramientas de gestión) utilizan indicadores. Cuando éstos se refieran a las personas, deberán ser los mismos. No es pensable que en *Balanced Scorecard* se fijen unos indicadores en relación con las personas, y en el modelo de Competencias otros. La estrategia es una sola.

Este comentario, que a algunos puede parecerles básico, pretende evitar errores que, lamentablemente, son frecuentes: desde modelos tanto de Balanced Scorecard como de Competencias que no reflejan la estrategia organizacional, hasta implantaciones que no se realizan de manera conjunta.

Cabe recordar que las organizaciones, grandes o pequeñas, pertenecientes o no a un grupo empresario, tienen una estrategia que cumplir o alcanzar; por lo tanto esta y sólo esta debe ser reflejada en los diferentes modelos de gestión.

Gestión de Recursos Humanos por Competencias

Bajo la denominación de *competencias,* las organizaciones trabajan en dos direcciones o con dos enfoques diferentes:

- Competencias laborales que hacen foco en el individuo, en especial los niveles operativos.
- Competencias (conductuales) como un modelo de management.

Gestión por Competencias: dos enfoques

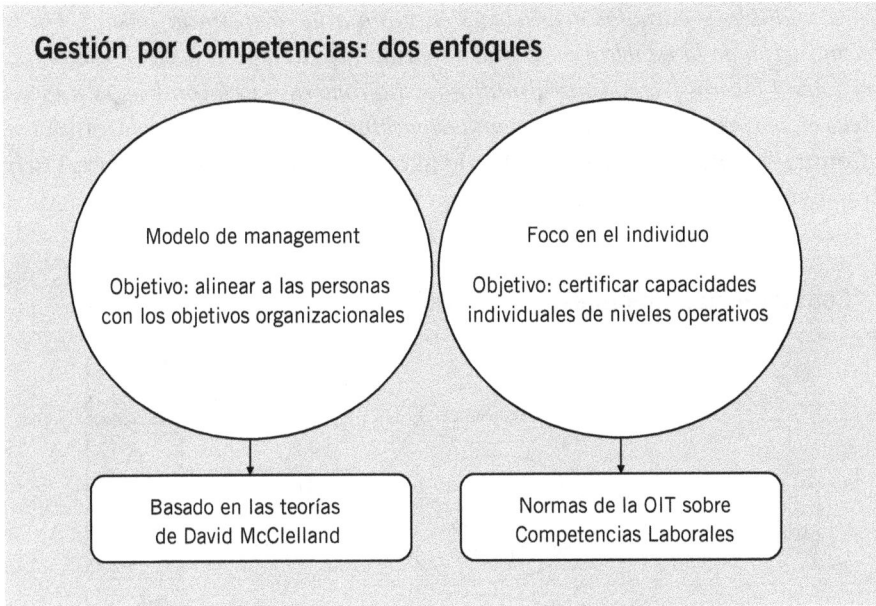

Modelo de management

Objetivo: alinear a las personas
con los objetivos organizacionales

Foco en el individuo

Objetivo: certificar capacidades
individuales de niveles operativos

Basado en las teorías
de David McClelland

Normas de la OIT sobre
Competencias Laborales

Existe en diversos medios, aun en los académicos, una profunda confusión sobre términos que, siendo parecidos, significan cosas muy diferentes: las competencias laborales y las competencias conductuales.

Cuando se habla de Gestión por Competencias se hace referencia a un modelo de management o de gestión, una manera de administrar los recursos humanos de una organización para lograr alinearlos a la estrategia de negocios. Cuando esta modelización se hace correctamente, conforma un sistema de *ganar-ganar*, ya que es beneficiosa tanto para la empresa como para sus empleados.

Nos ocuparemos brevemente de las dos concepciones referidas, y a la segunda –Gestión por Competencias como modelo de management– nos abocaremos con mayor detalle en la parte final de la obra.

Las competencias enfocadas a niveles operativos (competencias laborales)

La Organización Internacional del Trabajo (OIT) impulsa a nivel mundial una serie de programas tendientes a lograr la certificación de *competencias laborales* de personas que no poseen un título o certificado que les permita acreditar un conocimiento o especialidad. Estos programas de certificación son impulsados, a su vez, desde los gobiernos de los respectivos países.

© GRANICA

Existen múltiples y variadas definiciones en torno a la competencia laboral. Un concepto generalmente aceptado la establece como una capacidad efectiva para llevar a cabo exitosamente una actividad laboral plenamente identificada. La competencia laboral no es una probabilidad de éxito en la ejecución del trabajo, es una capacidad real y demostrada. (Definición dada por el Centro Interamericano de Investigación y Documentación sobre Formación Profesional –CINTERFOR–, perteneciente a la OIT.)

Competencias laborales: Certificación

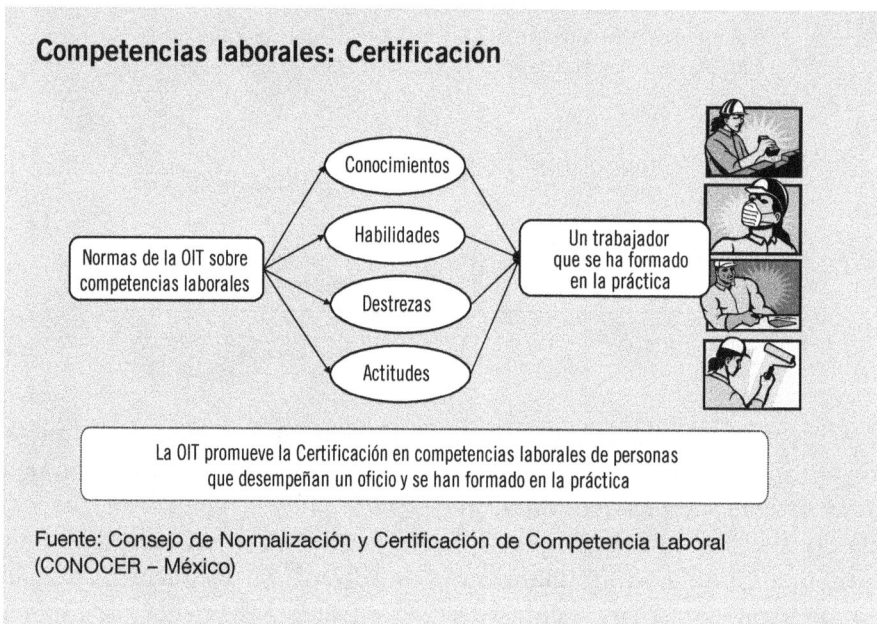

Normas de la OIT sobre competencias laborales → Conocimientos / Habilidades / Destrezas / Actitudes → Un trabajador que se ha formado en la práctica

La OIT promueve la Certificación en competencias laborales de personas que desempeñan un oficio y se han formado en la práctica

Fuente: Consejo de Normalización y Certificación de Competencia Laboral (CONOCER – México)

La mayoría de las definiciones de *competencia laboral* plantean una mezcla de conceptos necesarios para desempeñarse adecuadamente en un puesto de trabajo: conocimientos específicos y habilidades necesarias.

A modo de ejemplo comentaremos el modelo mexicano en materia de competencias laborales, presentado por el Consejo de Normalización y Certificación de Competencia Laboral (CONOCER), en un documento de 1998, destinado a ser aplicado en ese país. La definición de competencias laborales para este organismo es: *capacidad productiva de un individuo que se define y mide en términos de desempeño en un determinado contexto laboral, y no solamente de conocimientos, habilidades, destrezas y actitudes; estas son necesarias pero no suficientes por sí mismas para un desempeño efectivo.*

Dice el mencionado documento: *Se reconoce, de manera general, que una persona es competente para hacer algo cuando demuestra que lo sabe hacer. Si el algo a que se ha hecho referencia tiene que ver con el trabajo, puede decirse que la persona es competente en su trabajo; es decir, tiene o posee competencia laboral. La competencia laboral es, entonces, uno más de los diferentes atributos de la persona –en su carácter de trabajador– y dicha competencia es, por lo tanto, identificable en la persona misma. La identificación de la competencia laboral de un trabajador resulta posible si y sólo si está también definido el referente laboral en el que se aplicará la competencia.*

En otras partes del documento se plantea la necesidad de establecer parámetros comparativos por segmentos de la economía y/o por zonas geográficas. Asimismo, se consigna que la norma se refiere a *un trabajador que se ha hecho en la práctica, como es frecuente que suceda en países como los nuestros (los latinoamericanos).*

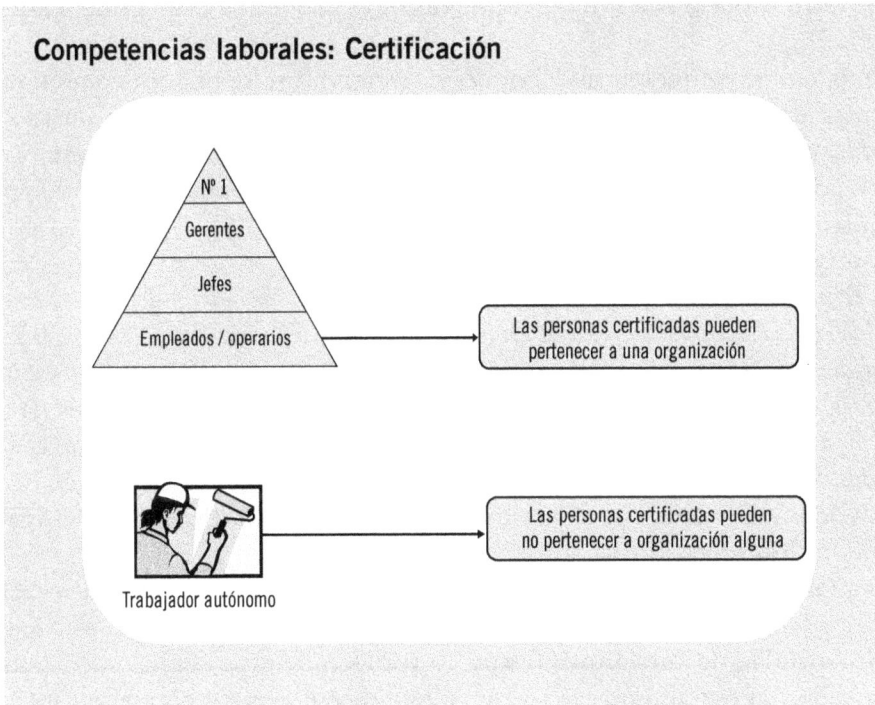

Competencias laborales: Certificación

N° 1
Gerentes
Jefes
Empleados / operarios → Las personas certificadas pueden pertenecer a una organización

Trabajador autónomo → Las personas certificadas pueden no pertenecer a organización alguna

Las competencias laborales se relacionan con oficios, y por extensión se aplican a profesiones de tipo universitario; en algunos países se han aplicado al ámbito de la educación. Más allá del nivel educacional en relación con el cual se desee definir las competencias laborales, en nuestra opinión la principal diferencia con la gestión por competencias radica en el punto de partida, es decir, fueron creadas

© GRANICA

para un objetivo diferente que el modelo de Gestión por Competencias, basado, como veremos más adelante, en las teorías de McClelland.

En la práctica, tanto académica como profesional, a las denominadas "competencias conductuales" se las denomina "competencias" –sin aditamento alguno–, y a las que fueron definidas por la OIT, "competencias laborales".

Los estudios de competencias basados en las conductas se basan en los trabajos de David McClelland (*Human Motivation,* obra original de 1987, y otros, posteriores, del mismo autor). Entre los principales exponentes de la temática de competencias –seguidores de McClelland– se pueden distinguir los norteamericanos Spencer y Spencer, que en una de sus obras aportan un esquema completo sobre cómo implantar, en una organización, un modelo de competencias. Otro especialista muy reconocido es la profesora francesa Claude Levy-Leboyer.

El modelo de competencias laborales en ningún caso se plantea como un modelo de management o administrativo, aunque puede ser aplicado en el marco de las organizaciones. Tal es así que, si se observa el profuso material circulante sobre el tema, se podrá apreciar que los ejemplos que se presentan son mayoritariamente en relación con posiciones de tipo operativo, como por ejemplo obreros, enfermeros, vendedores, etc.

La certificación es la culminación de un proceso de reconocimiento formal de las competencias de los trabajadores; implica la expedición por parte de una institución autorizada, de una acreditación acerca de la competencia poseída por el trabajador. En muchas instituciones de formación la certificación se otorga como un reconocimiento a la culminación de un proceso de formación, basada en el tiempo de capacitación y práctica, así como en los contenidos evaluados. Ello no necesariamente asegura que se esté haciendo una evaluación de competencias. (Definición dada por el ya citado Centro Interamericano de Investigación y Documentación sobre Formación Profesional.)

Por último, si bien las competencias laborales se relacionan con oficios, las personas que obtienen la certificación en competencias laborales pueden trabajar tanto bajo la modalidad de autoempleo como en relación de dependencia dentro de una organización. En este último caso, al igual que sucede con las competencias propiamente dichas, las competencias laborales requeridas serán aquellas que permitan alcanzar los objetivos estratégicos de la organización.

Sin embargo, aun en este último caso –que las competencias laborales se fijen en relación con los requerimientos estratégicos de la organización–, no por ello constituyen un modelo de management. Los modelos de management se diseñan en función de las competencias (conductuales) y modifican los distintos subsistemas de Recursos Humanos de la organización.

Los modelos de management basados en competencias

Nuestra empresa consultora ha desarrollado una metodología específica para la Gestión de Recursos Humanos por Competencias. Para introducirnos en el tema mencionaremos a algunos autores que consideramos vitales.

El trabajo de David C. McClelland[21] en relación con la motivación humana, mencionado en párrafos precedentes, constituye la base, junto con desarrollos posteriores del mismo autor y otros colaboradores, de la Gestión por Competencias como metodología.

Si bien fue McClelland el propulsor de estos conceptos, comenzaremos por la definición de *competencias* de Spencer y Spencer[22]: *competencia es una característica subyacente de un individuo que está causalmente relacionada a un standard de efectividad y/o a una performance superior en un trabajo o situación.*

Siguiendo a Spencer y Spencer, las competencias son, en definitiva, características fundamentales de las personas e indican *formas de comportamiento o de pensar, que generalizan diferentes situaciones y duran por un largo período de tiempo.*

Claude Levy-Leboryer[23] resume el tema de la siguiente manera:

- La competencias son una lista de comportamientos que que unas personas evidencian y otras no, o lo hacen en una medida menor, y que implican un mejor desempeño laboral en una situación determinada".
- Esos comportamientos son observables en la realidad cotidiana del trabajo e igualmente en situaciones de evaluación. Las personas utilizan de manera integral tanto sus comportameintos como conocimientos adquiridos previamente.
- Las competencias representan un rasgo de unión entre las características individuales y las cualidades requeridas para conducir muy bien las misiones profesionales prefijadas.

Definición de competencias de Martha Alles International

Nuestra empresa de consultoría ha desarrollado una metodología propia, producto de la práctica profesional de muchos años, junto con la investigación para el desarrollo de instrumentos y herramientas que permitan una adecuada implantación

---

21. McClelland, David C. *Human Motivation.* Cambridge University Press, Cambridge, 1999. Obra original de 1987.
22. Spencer, Lyle M. y Spencer, Signe M. *Competence at work, models for superior performance.* John Wiley & Sons, Inc, USA, 1993.
23. Levy-Leboyer, Claude. *Gestión de las competencias.* Gestión 2000, Barcelona, 1997.

y utilización del modelo de competencias. La metodología que se propone fue diseñada teniendo en cuenta que el modelo debe ser administrado por otras personas además de los especialistas en RRHH, ya que muchas de las instancias recaen en los jefes directos de las personas, quienes son responsables de otras áreas.

Comenzaremos por una definición: el término *competencia* hace referencia a características de personalidad, devenidas comportamientos, que generan un desempeño exitoso en un puesto de trabajo. Cada puesto de trabajo puede tener diferentes características en empresas y/o mercados distintos.

Para una mejor definición de los diferentes subsistemas de Recursos Humanos, y a fin de que los conceptos sean claros tanto para los lectores como para eventuales usuarios de los mencionados subsistemas, se utilizará por un lado el término *competencia,* con la definición dada en el párrafo anterior, y, por otro lado, el término *conocimientos.* Si bien muchos autores denominan bajo el término *competencias* ambos conceptos, en nuestra opinión esto es erróneo y produce confusión.

Los conocimientos se evalúan y desarrollan de una manera diferente que las competencias. Esta razón de sentido común es uno de los tantos argumentos para habernos decidido a trabajar de este modo.

Para definir un modelo de competencias se parte, en todos los casos, de la información estratégica de la organización: su *misión* y *visión,* y todo el material disponible con relación a la *estrategia.* Este punto de partida puede darse a partir de la información disponible o bien redefiniendo todos estos aspectos, para tener la certeza de que se trabajará en función de información actualizada.

El paso siguiente será involucrar a los directivos de la organización en la definición del modelo de competencias.

Las competencias, definidas en función de la estrategia de cada organización, se clasifican en:

- Competencias cardinales: aquellas que deben poseer todos los integrantes de la organización.
- Competencias específicas: para ciertos colectivos de personas, con un corte vertical, por área y, adicionalmente, con un corte horizontal, por funciones. Usualmente se combinan ambos colectivos.

Si bien, en los primeros tiempos, para la definición de competencias se partía del estudio de ciertos referentes dentro de la organización, esto fue dejado de lado al comprobarse que se transfería a los modelos no sólo las virtudes de estos referentes, sino también algunas características no convenientes; además, no contemplaban la estrategia. Asimismo, el sentido común indicó otros cambios, tales como la simplificación de las definiciones de modelos, para asegurar su puesta en marcha y posterior vigencia.

En una primera instancia se diseña la arquitectura del modelo, a partir de la misión, visión y estrategia organizacionales. En función de esta información estratégica se definen las competencias cardinales y específicas. A su vez, cada competencia se abre en grados o niveles que luego serán asignados a los diferentes puestos de trabajo de la organización.

Armado de un modelo de competencias

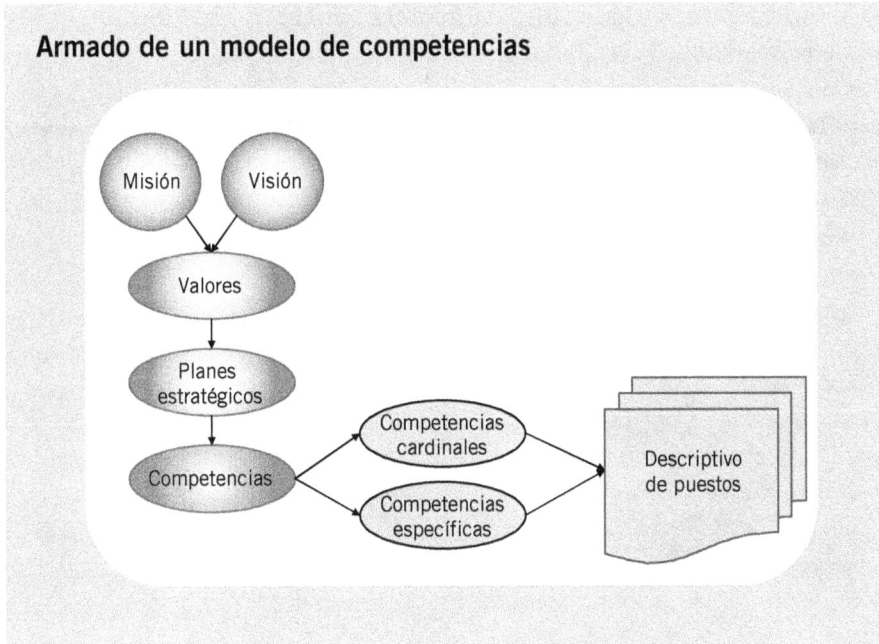

Denominamos a esta primera parte armado del modelo porque el usuario directo no percibe su aplicación de manera directa. De todos modos, con la metodología propuesta los tiempos requeridos para esta etapa no son extremos –en la mayoría de los casos se resuelve en tres o cuatro meses–.

Como ya se dijera, en todos los casos se parte de la misión, visión y valores. Si estos conceptos no se encontraran por escrito o, estándolo, se considerara que no son representativos del pensamiento vigente, se comenzará por su definición –o redefinición– y el correspondiente traslado al papel.

A estos conceptos fundacionales se adicionan los valores de la entidad, conjuntamente con el análisis de la cultura organizacional.

Por último, esta etapa previa se complementa con los planes estratégicos de la organización. Un modelo de competencias se diseña en base a la estrategia organizacional, representada por todos los elementos mencionados.

© GRANICA

Para que el modelo represente la estrategia debe trabajarse a partir de los documentos mencionados y con la participación de los directivos. En esta instancia, la participación de un consultor es de vital importancia, ya que usualmente conoce buenas y malas implementaciones, y esta experiencia ayudará a no equivocarse. Por otra parte, la definición de competencias requiere de una mirada objetiva. Existe una tendencia generalizada de asignar a los modelos competencias que, si bien pueden ser interesantes y aplicables de manera general a los diferentes puestos de trabajo, no representan la verdadera diferenciación estratégica que la organización desea alcanzar.

Cuando la Gestión por Competencias se maneja como un modelo de management, la definición de competencias permite, luego del armado inicial del modelo, modificar o implantar los subsistemas de Selección, Desempeño y Desarrollo, según se muestra en el gráfico siguiente.

Modelo de management basado en Competencias

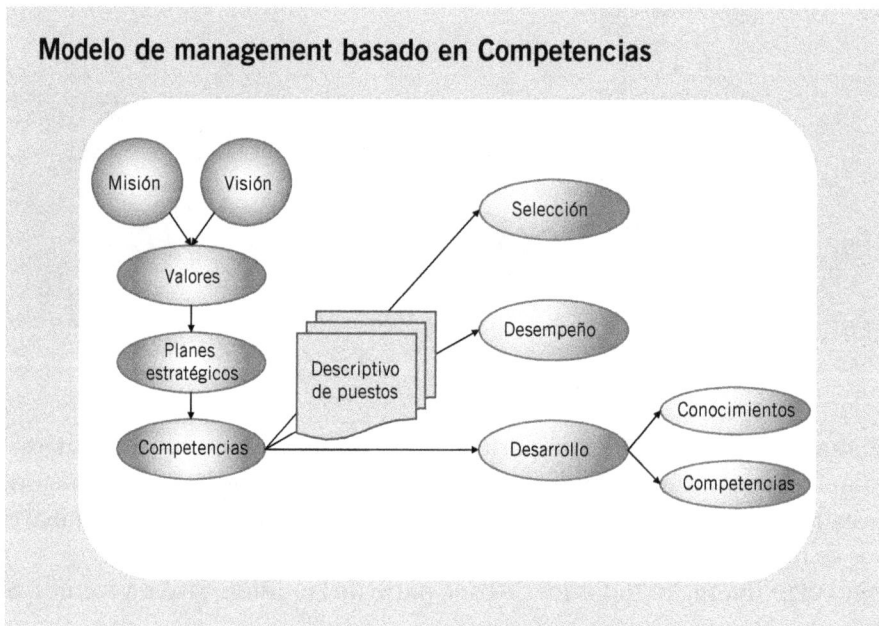

En esta parte de la obra, referida a las nuevas tendencias, es de singular importancia dar a conocer el objetivo fundamental de un modelo de management basado en competencias: alinear a las personas que integran la organización con los objetivos estratégicos de la misma. Para ello el modelo de competencias debe confeccionarse en función de los requerimientos que las personas deben poseer para alcanzar aquello que se haya definido como estrategia organizacional.

Una vez que se ha definido el modelo, este se lleva a la práctica a través de tres pilares:

- **Selección.** A partir de que se define el modelo, se evalúa que cada persona que se incorpore a la organización posea aquellas competencias definidas para el puesto de trabajo que ocupará.
- **Desempeño.** El desempeño de cada colaborador es evaluado teniendo en cuenta las competencias requeridas para el puesto de trabajo que ocupa.
- **Desarrollo,** tanto de competencias como de conocimientos, según el puesto que la persona ocupa en el momento o se prevé que podría ocupar más adelante.

Todos estos temas se verán en un mayor grado de detalle en el Capítulo 7.

A modo de conclusión

La Gestión de Recursos Humanos por Competencias, sobre la cual hemos trabajado con anterioridad en otras obras, integra muchos de los conceptos mencionados en los diferentes enfoques teóricos de management. En nuestra propuesta de "diccionario de competencias" hemos incluido muchos de ellos; por ejemplo, al definir *Entrepreneurial* como una competencia, siendo otras del mismo diccionario: *Adaptabilidad al cambio, Desarrollo de personas, Aprendizaje continuo, Pensamiento estratégico,* etc. Hemos incluido, además, las cuatro virtudes aristotélicas como competencias cardinales: *Ética, Justicia, Fortaleza* y *Prudencia.*

La Gestión de Recursos Humanos por Competencias es una metodología que permite alinear a la organización con la estrategia de negocios y posibilita, si ese es el objetivo, realizar un cambio cultural a través de la implementación del modelo.

Las metodologías que hemos seleccionado –Gestión del Conocimiento o Knowledge Management, Cuadro de Mando Integral o Balanced Scorecard, y Gestión por Competencias– se complementan y van de la mano hacia un mismo objetivo: organizaciones alineadas a la estrategia de negocio en un esquema que contemple los intereses individuales de sus integrantes.

En síntesis:

- Si lo que se desea es diseñar programas para la empleabilidad de las personas, actividades de ayuda a individuos que buscan empleo, estén o no desempleados, las competencias laborales serán un instrumento válido, y trabajos de estandarización de competencias, como el mencionado, podrán servir de marco de referencia.
- Por el contrario, si se desea dirigir una organización, se deberá utilizar un modelo de management: Gestión por Competencias, que, como ya se dijo, permite alinear a las personas en pos de la estrategia organizacional.

© GRANICA

Síntesis del capítulo

✓ Este capítulo ha sido dedicado a las nuevas tendencias en management que todo directivo –no sólo de Recursos Humanos– debe conocer.

✓ Las nuevas tendencias señalan que las distintas metodologías o tecnologías deberían implementarse de manera combinada o conjunta; por ejemplo: A) certificaciones según distintas normas de calidad y Gestión por Competencias; B) Balanced Scorecard y Gestión por Competencias; C) todas juntas, y otras variantes.

✓ La Gestión del Conocimiento o Knowledge Management (KM) se puede definir como un proceso sistemático de búsqueda, selección, clasificación y difusión de información, con el propósito de aportar a los integrantes de una organización los conocimientos necesarios para desarrollar eficazmente su labor.

✓ Cuadro de mando integral. Kaplan y Norton –los creadores de este modelo– comienzan su labor investigadora en 1990, con la profunda convicción de que los modelos de gestión empresarial basados en indicadores financieros eran completamente obsoletos. Su labor se materializa en el libro *The Balanced Scorecard* (1996). Este modelo consiste en un sistema de indicadores financieros y no financieros que tienen como objetivo medir los resultados obtenidos por la organización.

✓ Gestión por competencias. Bajo la denominación de "competencias" las organizaciones trabajan en dos direcciones o con dos enfoques diferentes: A) competencias que hacen foco en el individuo, en especial de los niveles operativos, y que se denominan "competencias laborales"; B) competencias como un modelo de management.

✓ Competencias laborales. La Organización Internacional del Trabajo impulsa a nivel mundial una serie de programas tendientes a lograr la certificación de *competencias laborales* de personas que no poseen un título o certificado que les permita acreditar un conocimiento o especialización. Estos programas de certificación son impulsados, a su vez, desde los gobiernos de los respectivos países.

✓ Gestión por Competencias como modelo de management. Tiene un objetivo básico: alinear a las personas que integran la organización con los objetivos estratégicos de ésta. Para ello el modelo de competencias debe confeccionarse en función de las características que las personas deben poseer para alcanzar la estrategia organizacional. En todos los casos se parte de la misión y visión.

¿Cómo puedo aplicar lo visto en este capítulo en mi empresa o puesto de trabajo?

La mayoría de las organizaciones conoce y desea implantar alguna de las tecnologías mencionadas:

- Certificaciones según distintas normas de calidad.
- Balanced Scorecard.
- Gestión por Competencias.
- Gestión del Conocimiento.

Lo más importante que hay que tener en cuenta es que todas estas herramientas son muy útiles y, como ya se explicó, se utilizan de manera combinada. Por lo tanto, la primera pregunta que debería responderse es:

¿Cuáles de estas herramientas me ayudarán a llevar adelante mis planes estratégicos?

Para al mismo tiempo preguntarse:

Según el estilo de mi organización, ¿por cuál de ellas comenzar?

Sugerimos, para la implantación de cualquiera de las cuatro tecnologías mencionadas, recurrir a un especialista. Administrarlas no es algo excesivamente complejo, pero su diseño requiere experiencia previa y conocer muchos modelos en funcionamiento, sus ventajas e inconvenientes, etc.

Por lo tanto, la mejor aplicación práctica sugerida para este capítulo es el análisis de las distintas metodologías para:

1. Conocer las aplicaciones de cada una y cuál podría ser el beneficio de su puesta en marcha en el ámbito de la propia organización.
2. Considerar que las cuatro tecnologías mencionadas pueden ser aplicadas a organizaciones de diferente estilo y tamaño.
3. Tener en cuenta que las tecnologías que se adopten deberían implementarse al mismo tiempo; por ejemplo, Calidad y Gestión por Competencias, Balanced Scorecard y Gestión por Competencias, etc.
4. Considerar cuál de estas combinaciones se adecua mejor a los planes estratégicos organizacionales de los próximos años.
5. Si en el pasado la organización vivió alguna experiencia no exitosa en torno a alguna de estas metodologías, analice cómo se hicieron las cosas en ese momento y las causas de su resultado.
6. Luego de analizar los puntos anteriores, preparar un plan de acción.
7. Por último, recordar que los cambios organizaciones no se producen de un día para otro.

© GRANICA

PARA PROFESORES

Para cada uno de los capítulos de esta obra hemos preparado:

- Casos prácticos y/o ejercicios para una mejor comprensión de los temas tratados.
- Material de apoyo para el dictado de clases.

Los profesores que hayan adoptado esta obra para sus cursos tanto de grado como de posgrado pueden solicitar de manera gratuita las obras:

- *Comportamiento Organizacional. CASOS*
- *Comportamiento Organizacional. CLASES*

Únicamente disponibles en formato digital, en nuestro sitio: *www.marthaalles.com*, o bien escribiendo a: *profesores@marthaalles.com*

Capítulo 6

Cómo relacionar comportamiento organizacional con la función y los subsistemas de Recursos Humanos

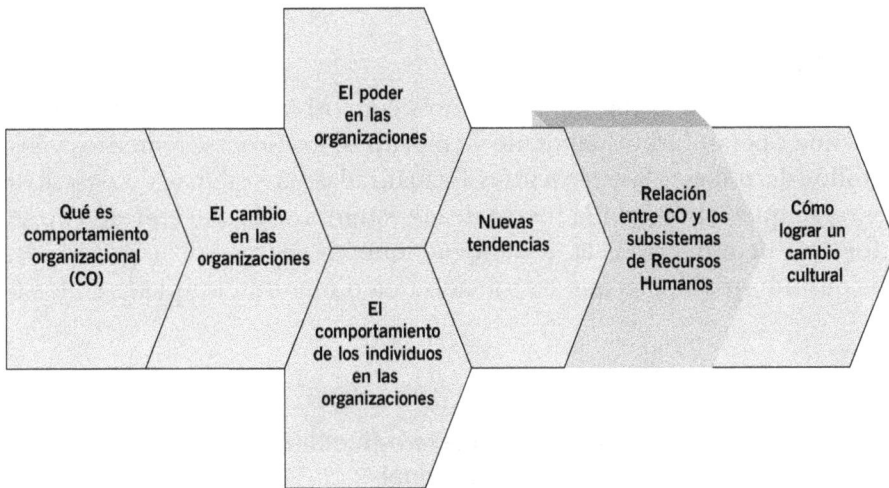

```
                          El poder
                          en las
                          organizaciones

Qué es            El cambio                           Relación
comportamiento    en las            Nuevas            entre CO y los      Cómo
organizacional    organizaciones    tendencias        subsistemas         lograr un
(CO)                                                  de Recursos         cambio
                                                      Humanos             cultural

                          El
                          comportamiento
                          de los individuos
                          en las
                          organizaciones
```

Temas que se desarrollaràn en este capítulo

✓ La relación entre los subsistemas de Recursos Humanos y el comportamiento organizacional
✓ Contrato psicológico - Contrato económico
✓ Recursos Humanos y las necesidades del ser humano
✓ Los subsistemas de Recursos Humanos. Funciones
✓ El rol estratégico de Recursos Humanos y la relación con el Balanced Scorecard
✓ Los diferentes roles de los profesionales de Recursos Humanos
✓ El rol de Recursos Humanos en relación con cada uno de los capítulos de esta obra
✓ El perfil del especialista en Recursos Humanos: conocimientos y competencias requeridos para afrontar los desafíos del siglo XXI
✓ ¿Cómo puedo aplicar lo visto en este capítulo en mi empresa o puesto de trabajo?

Los temas a tratar en este capítulo tienen relación con capítulos anteriores. Será nuestro propósito brindar una guía sobre cómo resolver las distintas situaciones ya planteadas desde la perspectiva de las funciones inherentes al área de Recursos Humanos o Capital Humano y en relación con todos los temas de comportamiento organizacional.

Para comenzar vamos a retomar lo tratado en el Capítulo 1, donde se presentó el concepto de comportamiento organizacional y sus componentes.

Las principales fuerzas que influyen en el comportamiento organizacional son:

- La organización en sí misma.
- El entorno global.
- El entorno directo.

La organización se compone de factores concurrentes y necesarios entre sí: las personas que operan individualmente y en grupos; los procesos internos y los diversos métodos de trabajo; las estructuras formalizadas en sistemas de descripción de puestos o –simplemente– por la fuerza de la costumbre –lo que en Derecho se llama el factor consuetudinario–; la tecnología, que tiene un rol asignado desde la Revolución Industrial, pero que ha tomado una dimensión inusitada en los últimos

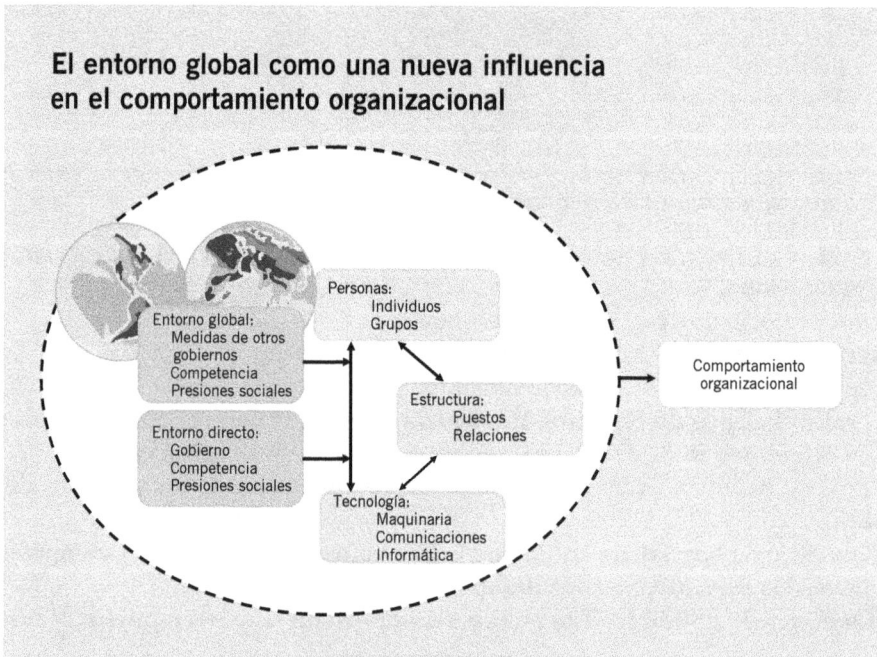

El entorno global como una nueva influencia en el comportamiento organizacional

años. En adición y en forma concurrente, influyen en la organización ciertos factores externos como el gobierno (en sus diversos niveles), la competencia (otras empresas u organizaciones que ofrecen el mismo producto o servicio) y las presiones sociales, junto a la influencia creciente de los elementos derivados de la globalización. Esto último se refleja en medidas de otros gobiernos o de organismos internacionales, competencia global (otras empresas u organizaciones que ofrecen el mismo producto o servicio en cualquier lugar del planeta) y la influencia de las presiones sociales, más allá de las del propio país o región. De este conjunto de factores deviene el *comportamiento organizacional.*

Sobre algunos de estos factores se puede accionar desde dentro de la organización, sobre otros no, o al menos en una medida mucho menor. En el punto siguiente y a lo largo de este capítulo veremos la relación entre el comportamiento organizacional y las funciones del área de Recursos Humanos a través de un buen diseño y manejo de los subsistemas de RRHH.

Para completar este análisis de los factores que componen el comportamiento organizacional y que se relacionan de manera directa con la organización, se incluirá un enfoque que ha cobrado importancia en los últimos años: el gobierno corporativo o *corporate governance* y su relación con las funciones de Recursos Humanos.

La relación entre los subsistemas de Recursos Humanos y el comportamiento organizacional

Las responsabilidades del área de Recursos Humanos pueden dividirse en dos grandes grupos, como se verá más adelante en este mismo capítulo: las funciones denominadas *hard* (duras), que se relacionan con los aspectos legales o más o menos obligatorios que una organización debe contemplar para funcionar adecuadamente, y otro grupo de funciones que se denominan *soft* y que son aquellas que una organización no tiene "obligación" de cumplir para respetar leyes o normas vigentes sino que devienen de las buenas prácticas de Recursos Humanos. A estas funciones las hemos agrupado en subsistemas cuya implementación, si bien no es obligatoria, es recomendada por las buenas prácticas y el sentido común: *Análisis y descripción de puestos, Atracción, selección e incorporación de personas, Evaluación del desempeño, Remuneraciones y beneficios, Formación, y Desarrollo y planes de sucesión.* De este modo se espera lograr un mejor desempeño de las personas, para alcanzar de manera más eficaz los objetivos organizacionales.

No se hará una descripción detallada de los subsistemas, los cuales han sido tratados en diferentes obras de la nueva edición de la obra *Dirección estratégica de Recursos Humanos, Volumen 1* y *Volumen 2,* publicadas en los años 2015 y 2016, respectivamente. En la primera edición del año 2000 se presentaron por primera vez estos conceptos y luego, en la versión de 2006, sin cambiar la esencia, se ha expuesto una actualización de los mismos. En este capítulo sólo se hará una referencia a la relación de los distintos subsistemas con todos los temas tratados en los capítulos 1 a 5 de la obra que el lector tiene en sus manos.

Si partimos del gráfico precedente, entre los factores que componen el comportamiento organizacional se pueden diferenciar los del contexto o entorno, tanto directo como global, y otros que operan "dentro" de la organización como:

- Personas.
- Estructura.
- Tecnología.

Los dos primeros, personas y estructura, tienen una relación directa con los subsistemas de Recursos Humanos. La tecnología también, pero de manera indirecta y, además, suele estar en el ámbito del área específica (en inglés, *Information Technology* (IT); Gerencia de Informática, Gerencia de Tecnología, y su nombre más tradicional, Gerencia de Sistemas).

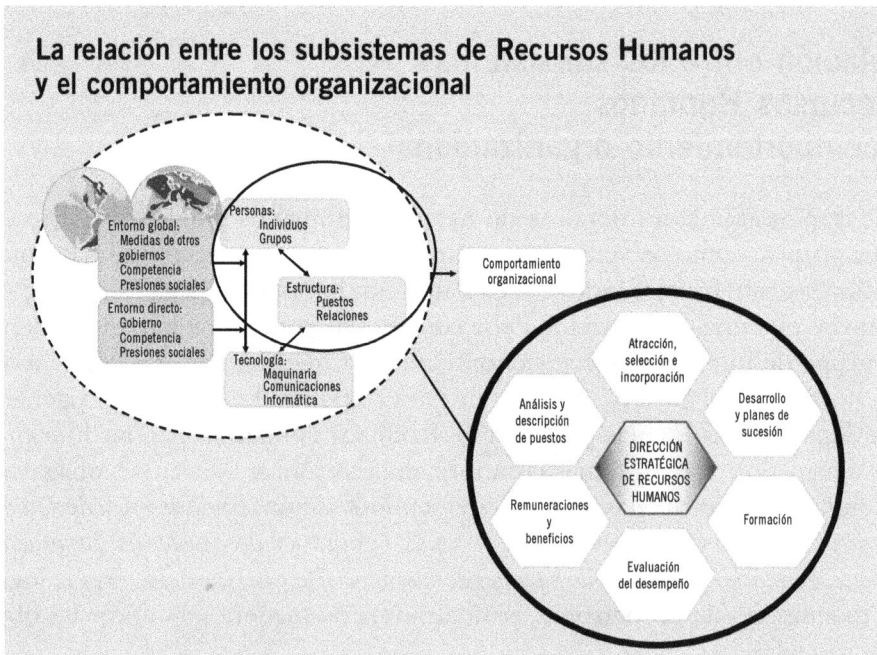

La relación entre los subsistemas de Recursos Humanos y el comportamiento organizacional

Por lo tanto, para nuestro análisis reemplazamos los conceptos *personas* (individuos y grupos) y *estructura* (puestos y relaciones) por los subsistemas de Recursos Humanos:

- Análisis y descripción de puestos.
- Atracción, selección e incorporación de personas.
- Evaluación del desempeño.
- Remuneraciones y beneficios.
- Desarrollo y planes de sucesión.
- Formación.

Una adecuada puesta en marcha de los subsistemas, es decir, un diseño acorde a las necesidades con una implantación cuidada, con entrenamiento a las distintas áreas de la organización en cuanto a su utilización, dará como resultado el comportamiento organizacional esperado.

Por último, si los subsistemas son diseñados e implantados de este modo, la relación entre empleado y empleador será del tipo *ganar-ganar*. Es bueno para la organización y al mismo tiempo es bueno para el empleado. Este tipo de diseño e implantaciones son las que tienen éxito en el tiempo.

Existe una práctica, muy difundida, consistente en que cuando surge un problema se diseña algo específico para su solución. Lo que, en una primera instancia, no está mal. Pero, cuando esto sucede en repetidas ocasiones en una organización, seguramente se podrá verificar en ella una serie de procedimientos en vigencia que no siempre están articulados entre sí.

Por ello, será nuestra sugerencia que, cuando se deba solucionar un problema específico, la respuesta se diseñe y aplique en el marco de los subsistemas. Una vez más es importante recordar que la estructuración de los subsistemas es de tipo sistémico, es decir, todos los temas se relacionan entre sí y, como veremos en el capítulo siguiente, deben estar diseñados en función de la estrategia organizacional. Por lo tanto, no pueden existir vías "paralelas" de solución, sino que las soluciones deben darse dentro del sistema de la organización.

Los *stakeholders* y los recursos humanos

Según la obra de Davis y Newstron[1] –a la que ya nos hemos referido en capítulos anteriores–, Elton Mayo expresó, en 1920, que si bien una organización es un sistema social hay que recordar que, a su vez, se desenvuelve en un entorno social o

---

1. Davis, Keith; Newstron, John W. *Comportamiento humano en el trabajo.* McGraw-Hill, México, 1999.

© GRANICA

sistema social que tiene un profundo efecto en las modalidades bajo las cuales los empleados operan en su conjunto. Esta mención la realizamos para señalar que ciertas premisas que debemos tener en cuenta no son nuevas, pero siguen siendo absolutamente actuales.

La cultura (o culturas) les dice/n a las personas en forma directa o indirecta qué deben hacer o no hacer para tener éxito. Una organización posee una cierta cultura, con canales de comunicación (de esa cultura) directos e indirectos. Entre los primeros se pueden mencionar las actividades de capacitación que una organización lleve a cabo –o no– con sus empleados, las políticas en materia del personal, y el rol de los jefes y demás colaboradores. Ciertas vías indirectas de comunicación son más sutiles y, en ocasiones, transmiten mensajes que se perciben como más fuertes. Estas manifestaciones asumen diversas maneras, llegando a incluir temas relacionados con usos y costumbres de tipo personal, como la forma de vestirse.

¿Qué es un sistema social?

Un sistema social es una compleja serie de relaciones humanas que interactúan entre sí de muchas maneras. Las interacciones posibles son incontables. En una organización el sistema social incluye a todas las personas que participan en ella y las relaciones que establecen entre sí y con el mundo exterior.

Se dice que un sistema está en *equilibrio social* cuando entre sus partes interdependientes prevalece un dinámico equilibrio funcional. El equilibrio es un concepto dinámico, no estático; es decir, cuando se habla de equilibrio funcional, se hace referencia a que el equilibrio se logra a pesar de los cambios constantes a los que se ve expuesta la organización.

Un sistema social soporta pequeños cambios absorbiéndolos sin mayores problemas con los pequeños ajustes interiores necesarios. Pero, cuando la *sacudida* es grande –por ejemplo, en una empresa la renuncia de un alto ejecutivo– el sistema se puede desequilibrar y reducir sus progresos, hasta que esté nuevamente en condiciones de alcanzar un nuevo equilibrio.

Se podría decir que cuando una organización se encuentra en un estado de desequilibrio las partes que la componen –por ejemplo, sus distintas áreas o departamentos– operan en oposición entre sí, en lugar de hacerlo en armonía.

Como se vio al analizar los distintos modelos organizacionales, en ellos tienen un rol preponderante ciertos aspectos en relación con el individuo en sí, de los cuales deviene el contrato psicológico, y, por otra parte, los aspectos económicos. Ambos tienen que ver con las distintas necesidades del trabajador.

Los aspectos económicos se relacionan con las necesidades de los individuos, tanto en materia de seguridad como de subsistencia, y, además, influyen de manera directa en la valoración que la persona tiene de sí misma: la estima, la autorrealización, la autonomía. Estos conceptos podrían representar las distintas facetas de la relación empleado-empleador. Veremos este tema más en detalle un poco más adelante.

En un artículo publicado por el contador Juan Carlos Cincotta[2] se dice: *La expresión "corporate governance" podría traducirse como "gobierno corporativo". Sin embargo, esta traducción tiene en nuestro medio[3] una connotación negativa, debido a que el vocablo "corporativo" reconoce a su vez un significado generador de debates y polémicas políticas. Por lo tanto, en este trabajo respetaremos la expresión inglesa.*

Por corporate governance *entendemos el "proceso de supervisión y control de la dirección de una empresa, por instituciones o mecanismos internos y/o externos, cuya finalidad es alinear los intereses de los gestores (administradores) con los de los accionistas".*

Para decir más adelante, en relación con normativas[4] originadas en los Estados Unidos y adoptadas por numerosos países, que *los principales esfuerzos tienden a focalizarse en resolver los conflictos de intereses entre administradores y* stakeholders. *Aclaremos que por* stakeholders *entendemos al conjunto de personas e instituciones que ostentan algún tipo de interés legítimo en una compañía. Esta idea va más allá de representar exclusivamente al accionista (stackholder) para comprender también a los suministradores de recursos financieros y factores de producción como mano de obra y suministros. Ahora bien, ¿cuáles son, en la práctica, las razones que llevan a estos conflictos de intereses? Veamos en el cuadro anexo (ver gráfico en la página siguiente) cómo se identifican los principales "stakeholders" o "grupos de interés" vinculados con cualquier empresa en un sistema capitalista.*

Como puede verse, la influencia sobre la propiedad de los activos de la compañía y especialmente sobre la asignación de recursos se distribuye entre:

- *Suministradores de bienes y servicios, incluyendo la propia fuerza laboral de la compañía.*
- *Gobierno (fisco y entes de control).*
- *Mercado financiero.*
- *Mercado de capitales, incluyendo a los accionistas minoritarios.*
- *Grupo de control.*
- *Management.*

Las buenas prácticas de corporate governance *tienen el propósito de regular las relaciones entre estos grupos, tratando de eliminar las diferencias producto del distinto grado de información y de capacidad de acción inmediata que cada uno de ellos tiene por su índole específica.*

---

2. Cincotta, Juan Carlos. "Corporate Governance". *Revista del Instituto Argentin de Ejecutivos de Finanzas* IAEF, Año XIX, N° 184, abril 2003, pág. 52.
3. El autor hace referencia a su país, Argentina.
4. Sarbanes-Oxley Act of 2002, Public Law 107-204, del 30 de julio de 2002.

© GRANICA

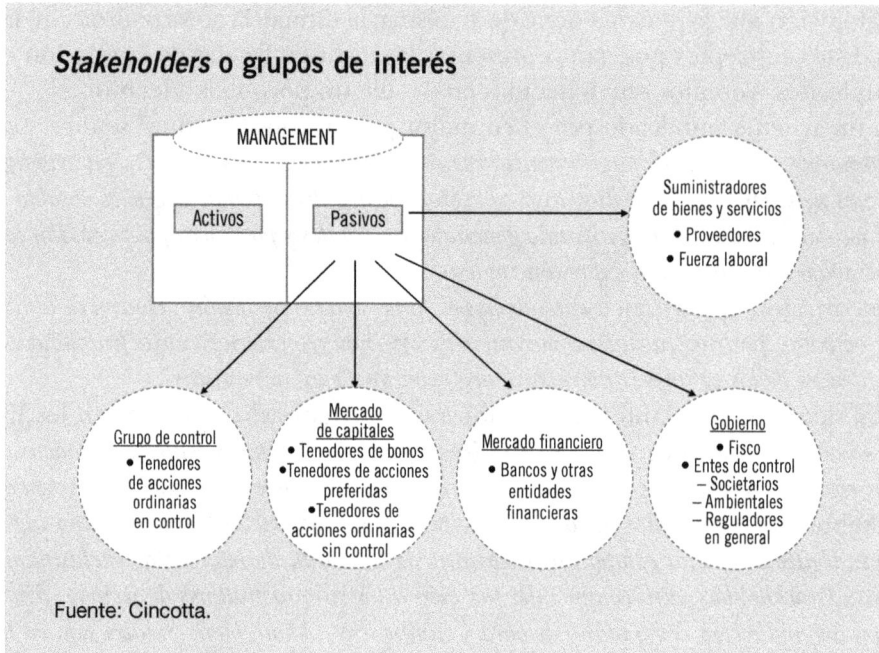

Stakeholders o grupos de interés

Fuente: Cincotta.

Al observar el gráfico precedente vemos que las personas que integran la organización están mencionadas en dos oportunidades: integrando el "balance", al mencionarse el management como un factor entre el activo y el pasivo, y como "fuerza laboral", integrando el ítem "Proveedores de servicios".

La función de un área de Recursos Humanos abarca ambas categorías, tanto directivos como empleados.

Tal como expresamos en capítulos anteriores, una organización está compuesta por personas que realizan diferentes funciones o tareas y que ocupan diferentes puestos: directivos y empleados. En ocasiones, y por extensión, la temática de Recursos Humanos se relaciona –además- con proveedores, tanto de una manera directa, como puede ser el caso de un proveedor de mano de obra (por ejemplo, una empresa de vigilancia), como de una forma más indirecta (lo que es menos frecuente), en relación con proveedores de materia prima bajo la figura de "desarrollo de proveedores[5]". En ocasiones, el desarrollo de proveedores incluye, también, temas de

---

5. La expresión "desarrollo de proveedores" hace referencia a la ayuda, generalmente en know how (métodos de trabajo y en algunos casos maquinaria) que una empresa de mayor envergadura brinda a otra para que ésta pueda proveerle productos de la calidad que la primera de ellas requiere.

Recursos Humanos. En la actualidad, y con el gran desarrollo de las prácticas de *outsourcing*, esto debe ser considerado especialmente.

Una concepción actual de las funciones y responsabilidades de Recursos Humanos obliga a ampliar la mirada y el campo de acción del área, considerando no sólo a los clientes internos (las otras áreas de la propia organización) sino también a los inversores, clientes y, como ya se dijo, gerentes y empleados que integran la organización en su conjunto. Ampliando aún más la mirada, se debe tener en cuenta a los acreedores financieros, como bancos –en especial en organizaciones con un endeudamiento considerable–.

En los países desarrollados, cuando se evalúa una empresa –por ejemplo, previo a un proceso de venta– se considera el grado de desarrollo de los subsistemas de Recursos Humanos –entre ellos, los cuadros de sucesión del management–.

Como se desprende de los párrafos anteriores, las funciones del área de Recursos Humanos con este alcance, es decir, poniendo el énfasis en los *stakeholders*, han dejado de ser sólo administrativas para ser –además– estratégicas.

En obras anteriores nos hemos referido a la relación entre el modelo de competencias y otras tecnologías –por ejemplo, el Balanced Scorecard–. En congresos y otro tipo de foros mucho se habla de estos temas, pero en la realidad generalmente se observan gerencias (o jefaturas) de administración de Recursos Humanos que tal vez han implementado tanto modelos de competencias como de Balanced Scorecard, pero éstos no representan la estrategia organizacional y/o no se han implementado de manera relacionada.

Como vimos en el Capítulo 5, entre las nuevas tendencias en management se cuentan el mencionado Balanced Scorecard (o Cuadro de Mando Integral) y la muchas veces mencionada Gestión por Competencias. Las buenas prácticas indican que ambas tecnologías deben ser implementadas de manera simultánea y coordinada. Esta afirmación, que deviene no sólo de las buenas prácticas sino incluso del sentido común, no se verifica, con frecuencia. ¿Por qué? La explicación es sencilla e inadmisible: como los "especialistas" que las empresas contratan muchas veces son diferentes (un consultor distinto para cada tema), no trabajan coordinados entre ellos. Si bien la estrategia es la misma, los indicadores que se utilizan no lo son, y la consecuencia es una organización "manejada" por dos modelos, ambos muy buenos, pero que no logran su objetivo.

¿Qué aporte de valor se puede hacer desde Recursos Humanos en relación con los stakeholders?

La expresión "agregar valor" es otra de las tantas frases que se usan con frecuencia pero no se traducen en instrumentos prácticos. La manera de "agregar valor" para los stakeholders sería a través de mejorar los subsistemas de

© GRANICA

Recursos Humanos, alinearlos a la estrategia, de modo de incrementar el valor del capital intelectual.

Imagino que cualquier lector estará de acuerdo con lo dicho en el párrafo precedente. La pregunta que se puede formular un directivo de Recursos Humanos es: *¿cómo lo hago?*, o *¿cómo lo logro?*

Un buen diseño de los subsistemas es bueno tanto para los empleados como para el empleador, recordando que los primeros integran el concepto *stakeholders*.

Con este nuevo doble enfoque –subsistemas que agreguen valor y una relación *ganar-ganar* entre empleado y empleador– es que los invitamos a seguir leyendo este capítulo.

Contrato psicológico - Contrato económico

En obras anteriores nos hemos referido al contrato psicológico. A continuación se tratará el tema con mayor profundidad, combinando este concepto con el contrato económico.

En otras oportunidades, básicamente al referirnos al subsistema de Selección (aunque el tema tiene relación con los restantes subsistemas de Recursos Humanos), hemos citado a Schein[6], quien introduce el concepto del contrato psicológico entre la persona y la organización.

Dice: *Cuando ya la organización ha reclutado, seleccionado y entrenado a la gente debe preocuparse entonces por crear condiciones que permitan mantener por bastante tiempo un alto nivel de eficiencia y que le permitan también a cada empleado, por el solo hecho de pertenecer a la organización y trabajar para ella, satisfacer sus necesidades más apremiantes.*

Todos esperamos que la organización nos trate como seres humanos, que nos brinde trabajo y facilidades que suplan nuestras necesidades en lugar de crearnos otras, que nos brinde oportunidades de crecer y aprender más, que nos deje saber cómo estamos haciendo las cosas.

La organización, por su parte, tiene también expectativas más implícitas y sutiles –por ejemplo, que el empleado dé una buena imagen de la organización, que le sea leal, que guarde los secretos de la organización y que todo lo que haga sea por el bien de ella (es decir, que esté siempre bien motivado y listo a sacrificarse por la organización)–. Los desengaños más grandes que se llevan los administradores se presentan casi siempre cuando un buen empleado se desmotiva o "parece que ya no quiere hacer mucho por la compañía".

6. Schein, Edgar H. *Psicología de la Organización.* Prentice-Hall Hispanoamericana, México, 1982.

Dejando de lado el texto de Schein, pero de alguna manera sintetizando sus opiniones, a manera de ejemplo vamos a situar a una persona, eventual futuro empleado, en un proceso de selección. Esta persona puede tener empleo o no, puede ser de nivel directivo o no. En cualquier tipo de situación un individuo tiene sobre su futuro trabajo una serie de expectativas, que serán de diferente índole o nivel según el caso.

Por otro lado, la organización que está realizando el proceso de selección espera, como mínimo, que el nuevo empleado posea los requisitos del puesto a cubrir (conocimientos y competencias), y quizá tenga para él planes adicionales (planes de carrera). En todos los casos, se espera un cierto comportamiento futuro.

Ambos, futuro empleado y organización, esperan que sus expectativas se cumplan. Antes de cerrar un acuerdo, tanto el empleado como el empleador poseen incógnitas respecto de la otra parte. Ejemplos:

- El futuro empleado se pregunta si la posición ofrecida será un puesto adecuado a sus posibilidades e intereses.
- La organización demandante se pregunta si la persona a contratar será la más adecuada para el puesto.

Una vez que uno y otro han resuelto estas cuestiones básicas –o, mejor dicho, aún sin estar absolutamente seguros ambos optan por ofrecer/aceptar– se formaliza una nueva relación, empleado-empleador. No obstante, una serie de expectativas quedan pendientes y ambos esperan que las mismas se cumplan.

En síntesis, el contrato psicológico representa la suma de expectativas no escritas, tanto del empleado como del empleador, sobre las que se sustancia la relación laboral. Este contrato se mantiene en el tiempo, siempre y cuando esas expectativas mutuas se vayan cumpliendo.

Los ya mencionados subsistemas de Recursos Humanos deben contemplar el contrato psicológico. El nuevo colaborador se relaciona con la organización a través del subsistema de *Atracción, selección e incorporación.* Sin embargo, este subsistema se relaciona a su vez con *Análisis y descripción de puestos,* ya que toda selección debería realizarse a partir de una descripción (debidamente actualizada) de la posición que se desea cubrir. Como puede apreciarse, los subsistemas se relacionan entre sí y de un modo u otro deben considerar estos aspectos. ¿Cómo relacionar el contrato psicológico con ambos subsistemas (*Análisis y descripción de puestos,* y *Atracción, selección e incorporación*)? Es muy sencillo. La descripción del puesto debe estar actualizada y la selección debe realizarse en función de los requisitos que ella plantea: conocimientos, experiencia, competencias. Asimismo, se debe tener en cuenta las motivaciones del nuevo colaborador y las expectativas de carrera esperada y ofrecida. Cuando estos factores son considerados y analizados, se trabaja para un efectivo contrato psicológico.

© GRANICA

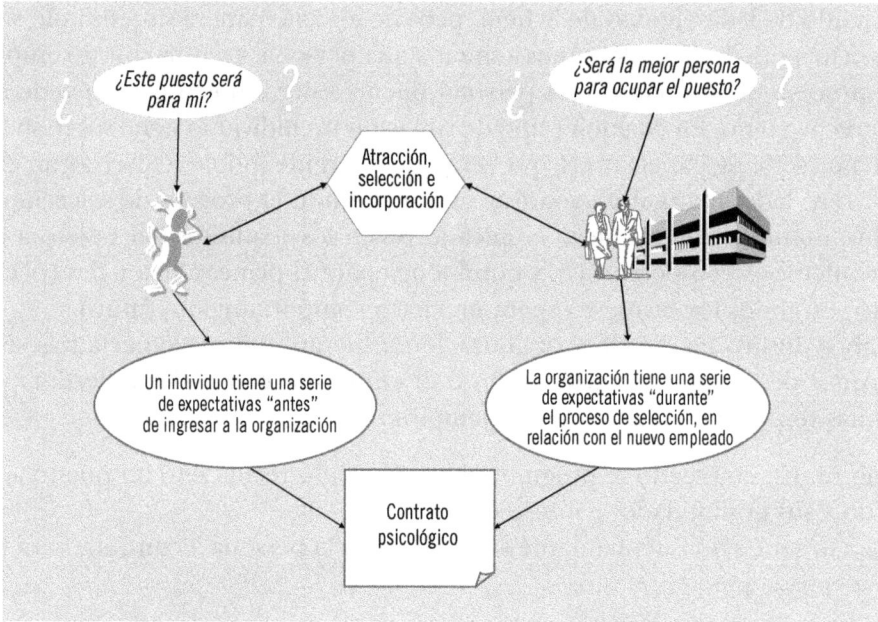

En un *paper* relacionado con la ética y los recursos humanos[7] hemos mencionado los comportamientos éticos y no éticos de los distintos actores de un proceso de
selección. Se recomienda, por ejemplo, desde el momento mismo de la atracción de
postulantes para cubrir un puesto, no brindar información falsa o no hacer prome-
sas que no serán cumplidas, y no tomar personas sobrecalificadas ni subcalificadas
para los puestos (concepto adecuación persona-puesto), entre otras recomendaciones. Se trata de aspectos que una organización puede contemplar para cumplir el
contrato psicológico desde el *día uno* de la relación laboral.

El cuidado del contrato psicológico continuará luego, a través de los subsistemas
de *Evaluación del desempeño* y *Remuneraciones y Beneficios* junto con los dos subsistemas
que se relacionan con desarrollo de personas: *Capacitación y entrenamiento* y *Desarrollo
y planes de sucesión*.

En este análisis hay que recordar que el contrato psicológico cambia con el
tiempo, a medida que se modifican las necesidades de la organización y las del individuo. Lo que un empleado espera de su trabajo a los 25 años de edad puede ser

---

7. "Ética y Recursos Humanos", trabajo de la autora que el lector puede encontrar en *www.marthaalles.com*,
   en la sección "notas" y, dentro de ésta, en el sector *"papers"*.

completamente diferente de lo que ese mismo empleado espera a los 50. Asimismo, lo que la organización espera de una persona, por ejemplo, durante un período de crecimiento acelerado, puede ser completamente diferente de lo que esa misma organización espera cuando alcanza cierta estabilidad o cuando está sufriendo un revés económico.

Contrato económico

Como ya se dijo, cuando los empleados ingresan a una organización establecen un determinado contrato psicológico con ella, no escrito, y no siempre "pensado" de una manera consciente. A este contrato se añade el contrato económico, por efecto del cual tiempo, talento y energía se cambian por dinero, horarios y condiciones de trabajo razonables. Los empleados convienen en empeñar cierto grado de lealtad, creatividad y esfuerzo adicional, a cambio de lo cual esperan del sistema algo más que retribuciones económicas. Buscan seguridad en el empleo, un trato justo (dignidad humana), relaciones satisfactorias con sus compañeros de trabajo y apoyo de la organización en el cumplimiento de sus expectativas de desarrollo personal.

Si la organización sólo cubre el contrato económico pero no el psicológico, los empleados tenderán a sentirse menos satisfechos, dado que esto impedirá el cumplimiento de la totalidad de sus expectativas. Si, por el contrario, los empleados ven cumplidos los diferentes conceptos que conforman tanto el contrato psicológico como el contrato económico, sentirán satisfacción y permanecerán en la organización aumentando su correcto desempeño.

La Dirección (dueños y/o gerentes responsables de la conducción) tendrá un comportamiento relacionado o similar. Espera de sus empleados alto desempeño, compromiso con la organización y satisfacción de los clientes con la tarea desarrollada por ellos. Cuando esto es así, se retiene al empleado y –si corresponde– éste tendrá un ascenso. Si no se cumplen estas expectativas de desempeño, es posible que una organización tome acciones correctivas sobre esa situación, pudiendo llegar hasta el despido de un colaborador.

Tanto el empleado como el empleador pueden realizar acciones para que el contrato psicológico se cumpla, pero el margen de acción de cada uno es diferente. Un empleado deberá cumplir las tareas para las cuales fue contratado, y si lo hace eficazmente estará cumpliendo "con su parte" del contrato psicológico. Si siente que el empleador no lo cumple, podrá hablar con su jefe, eventualmente con el responsable de Recursos Humanos, expresarse a través de una encuesta de clima o un *Feedback 360°* o Evaluación de 360 grados. Si su disconformidad es muy alta, casi con seguridad intentará cambiar de empleo. Como es fácilmente deduci-

© GRANICA

ble, el marco de acción desde la organización es más amplio, y se relaciona con los subsistemas de Recursos Humanos.

Las encuestas de satisfacción laboral o clima permiten que los empleados brinden su opinión sobre una serie de temas, y las evaluaciones de 360 grados permiten que los colaboradores evalúen a sus jefes así como a pares y a otras personas. Las encuestas de satisfacción laboral o clima se realizan con el propósito de analizar propuestas de mejora en relación con políticas de personal y otros temas organizacionales, y las evaluaciones de 360 grados son herramientas para el desarrollo de personas. Ambos son instrumentos muy interesantes; sin embargo, su aplicación debe ser cuidadosa, ya que si no se realiza adecuadamente se puede generar el efecto inverso al deseado.

Contrato psicológico - Contrato económico

Empleado:
• Ganancias esperadas
• Contribuciones propuestas

Contrato psicológico

Empleado:
Si las expectativas se cumplen:
• Alta satisfacción laboral
• Alto desempeño
• Permanencia en la orga

Si las expectativas no se cumplen:
• Baja satisfacción laboral
• Bajo desempeño
• Posible renuncia

Empleador:
• Resultado esperado o "ganancias esperadas"
• Retribuciones ofrecidas

Contrato económico

Empleador:
Si las expectativas se cumplen:
• Retención del empleado
• Posible ascenso

Si las expectativas no se cumplen:
• Acciones correctivas
• Posible despido

Fuente: Davis.

La Dirección de la organización deberá tener en cuenta, por igual, los distintos aspectos del contrato. En ocasiones, no se cumple con los términos económicos. De más está decir que el cumplimiento de los términos psicológicos es aún menos frecuente.

Si bien en casi todos los países las leyes cuidan que los empleadores cumplan los contratos económicos, en ocasiones la realidad supera a la misma legislación. Por ejemplo, en Argentina, si bien el marco legal no permite que se reduzcan los salarios de los empleados, la crisis económica de los años 2001/02 marcó una realidad diferente. En ese período, muchas empresas, para subsistir, debieron pactar con sus empleados disminuciones de salario, a fin de defender la fuente de trabajo[8].

Por último, las leyes amparan a los trabajadores en una serie de temas. Las organizaciones, como sucede en casi todas partes, pueden ofrecer a sus empleados mejores condiciones económicas y de contratación que las determinadas por la legislación como básicas. Pero, si bien no es muy frecuente, ciertas organizaciones piensan que en el caso de ofrecer "algo más" que lo establecido por ley, esto puede dejar de cumplirse en algún momento sin que la situación acarree perjuicio alguno. Desde la óptica de la organización, quizá pueda ser así en algún caso, por la legislación específica del lugar donde esté instalada la firma; sin embargo, bajo ningún concepto lo es para el empleado, para quien el incumplimiento de estos acuerdos hace que no se sienta respetado (llegado el caso, podría dejar la empresa e ingresar en otra que le merezca más confianza en cuanto al cumplimiento de sus compromisos).

Como puede apreciarse, el contrato psicológico se puede "romper" de muchos modos, desde el no cumplimiento de una promesa hasta el cambio unilateral de condiciones económicas o de cualquier otra índole.

No es frecuente que las empresas se planteen acciones para respetar el contrato psicológico. La mayoría de los empleados no sólo no saben que existe; quizá nunca escucharon hablar sobre él. Sin embargo, aunque ni unos ni otros lo tengan en sus planes y pensamientos, el contrato psicológico siempre existe.

En un libro de Kets de Vries y Florent-Treacy[9] se hace a referencia a un nuevo contrato psicológico, con relación a los nuevos líderes globales[10]. Dicen los autores que *debido a las vicisitudes del nuevo ambiente global, se espera de la mayoría de los ejecutivos de grandes organizaciones que toleren un mayor grado de ambigüedad del que les resulta cómodo. Las organizaciones ya no son el paraíso de seguridad que antes fueron* (este comentario se relaciona con el hecho que las personas ya no hacen carrera en una sola empresa; antes bien, cambian varias veces en su vida laboral). *El tradicional hombre de empresas se ha convertido en una especie en vías de extinción en esta era de reestructuraciones y reingeniería. La red de seguridad que proporcionaba la gran corporación ha desaparecido casi por completo. Debido a este cambio en el contrato psicológico, las enferme-*

---

8. En aquellos años los contratos fueron avalados por el Ministerio de Trabajo de la Nación y se firmaban en dependencias oficiales, del mismo Ministerio.
9. Kets de Vries, Manfred F.R. y Florent-Treacy, Elizabeth. *Los nuevos líderes globales*. Grupo Editorial Norma, Colombia, 1999.
10. En el Capítulo 1 se trató el tema *Implicancias de la globalización en el comportamiento organizacional.*

dades relacionadas con la tensión nerviosa están en aumento y la salud mental de muchos ejecutivos y empleados se ve afectada. Al prever un futuro incierto luego de muchos años de servicio leal a su compañía, muchos empleados de larga trayectoria se sienten traicionados.

Cultura social

Cuando una persona se comporta de acuerdo con las expectativas de los demás podríamos decir que su conducta es de carácter social. La gente aprende a "depender" de algún modo de la cultura a la que pertenece. Ésta le ofrece estabilidad y seguridad, dado que le permite entender qué ocurre en su comunidad cultural y saber cómo reaccionar hallándose en ella. Sin embargo, es posible que esa dependencia de una sola cultura ciegue intelectualmente a los empleados, ya que puede impedirles el contacto con personas con características culturales distintas.

Dentro de una misma organización también pueden darse distintas pautas culturales, por ejemplo, derivadas del trabajo y/o del puesto, tanto por su tipo como por su rango. También pueden influir otros aspectos no relacionados con el trabajo (por ejemplo, étnicos, socioeconómicos, etc.).

Se describe frecuentemente a la cultura social como relacionada con un país en particular, como si se tratara de una cultura nacional. Esto no es necesariamente así, dentro de un mismo país suelen darse culturas diferentes (subculturas), máxime si su territorio es muy amplio. Estas diferentes culturas sociales pueden derivar en diferentes comportamientos de las personas en el trabajo. Algunas de estas diferencias culturales pueden incidir en temas tales como la autoridad, los diferentes estilos de liderazgo, y el rol de la mujer, entre otros.

La dificultad se verifica cuando en un mismo lugar de trabajo o en una misma organización se deben integrar dos (o más) culturas diferentes. Los empleados deben aprender a adaptarse a los demás, y los directivos deberán tener en cuenta la cuestión. Este fenómeno tiene uno de sus máximos exponentes en las empresas estadounidenses, donde la diversidad cultural alcanza un elevado nivel. No obstante, en el contexto actual es un fenómeno generalizado en casi todo el mundo.

Para abordar esta temática dentro de los subsistemas de Recursos Humanos, en los modelos de competencias se suele definir como cardinal (es decir, para todas las personas que integran la organización) una competencia denominada *Cosmopolitismo*. La definición de esta competencia puede tener variantes; por ejemplo, un énfasis nacional o doméstico en países con regiones y subculturas muy diferentes entre sí, o un enfoque internacional, o un enfoque general que conjugue los dos anteriores.

La ética laboral

Desde hace muchos años, y en particular dentro del mundo occidental, se ha establecido, culturalmente, que el trabajo es una actividad deseable y capaz de brindar realización personal. El resultado de este énfasis cultural es que muchas personas poseen "ética laboral": la concepción del trabajo como algo muy importante y como una meta deseable en la vida. A las personas que tienen esta forma de pensar les gusta trabajar y obtienen satisfacción en ello. Por lo general, se comprometen más intensamente con las organizaciones y sus metas que otros empleados que no piensan y sienten del mismo modo. Se relaciona con las personas tipo "Y".

La autora francesa Françoise Dolto[11], fallecida hace unos años, expresó: *La responsabilidad de los padres es dar al hijo las armas para que puedan prescindir de ellos, las armas físicas, morales y tecnológicas de un oficio. Les incumbe enseñarles a amar a Dios, honrar a sus padres llevando una vida de hombre o de mujer fecundos, es decir hacer como ellos hicieron cuando lo echaron al mundo y lo asumieron. El papel de los padres es procurar que su hijo sea capaz de hacer por sus descendientes lo que su padre y su madre han hecho por él: educarlo para que pueda dejar a sus padres y ganarse la vida.*

En mi primer libro, *Las puertas del trabajo* –una obra pensada para jóvenes y sus padres–, se hacía referencia a la necesidad de que éstos ganen en independencia para su propia madurez. Muchas veces los padres "se quejan" de que sus hijos no abandonan el hogar o no asumen sus responsabilidades; sin embargo, generalmente estas conductas fueron fomentadas por los propios padres, desde que sus hijos eran niños.

Coincido con Dolto no desde su misma perspectiva, la Psiquiatría y la Psicología, sino desde una experiencia práctica de más de veinticinco años en temas de Recursos Humanos junto con el estudio de diferentes corrientes en torno a la temática. El trabajo da a la persona su propia dignidad como ser humano y deviene en el concepto actual de la "empleabilidad". En definitiva, la dignidad del individuo deriva de su empleabilidad.

Empleabilidad puede definirse como la chance o posibilidad de conseguir empleo (o uno nuevo, si se cuenta con uno), y se mide en la cantidad de tiempo necesaria para lograrlo. En nuestra opinión la empleabilidad se basa en cuatro factores, algunos de los cuales pueden ser modificados desde cada individuo. Estos factores son: conocimientos, competencias (características de personalidad), capacidad para buscar empleo, y el mercado laboral (de la ciudad, región, país, etc.).

---

11. Dolto, Françoise. *La causa de los adolescentes, el verdadero lenguaje para dialogar con los jóvenes*. Seix Barral, Barcelona, 1988.

© GRANICA

Para muchas personas el trabajo representa un factor de realización personal. Cuando esto se verifica, estos trabajadores se tornan muy "atractivos" para sus empleadores. Al mismo tiempo es cierto que los trabajadores automotivados en su carrera son más exigentes en cuanto al trato recibido por parte de sus empleadores. Por lo tanto, cuando esta correspondencia de intereses se encuentra en un canal positivo, se logra establecer una relación *ganar-ganar* entre el empleado y el empleador, sobre la que se hizo referencia en párrafos anteriores. Este concepto se relaciona con las teorías de McClelland en relación con las motivaciones (en especial, con el logro), que ya hemos visto anteriormente en estas páginas.

De todos modos, es importante tener en cuenta que la ética laboral está sujeta a permanentes controversias. La principal de ellas es la derivada de lo que se dio en llamar la *ética del ocio,* que considera que la gratificación personal está por sobre el trabajo. Sobre finales del siglo XX, en los Estados Unidos, se incrementaron las corrientes que sostienen esta forma de pensar, de tal modo que muchas compañías incluyeron estos conceptos en los paquetes de oferta de empleo.

Responsabilidad social

Todas las acciones que llevan a cabo las organizaciones presuponen tanto costos como beneficios. *Responsabilidad social* significa reconocer que las organizaciones ejercen una significativa influencia en el sistema social, y que esta influencia debe tomarse en cuenta y equilibrarse en todas las acciones organizacionales. El concepto de responsabilidad social no implica un mero cumplimiento de las leyes vigentes, sino algo más: la conciencia libre, por parte de la organización, respecto de su rol social, en base a lo cual realiza acciones positivas en relación con la comunidad en la que actúa.

La cultura social, la ética laboral y la responsabilidad social son conceptos que de un modo u otro están presentes en el contrato psicológico; por ello han sido considerados en esta parte de la obra.

Recursos Humanos y las necesidades del ser humano

En la denominada "Pirámide de Maslow" sobre la jerarquía de las necesidades del ser humano, su autor las clasifica en fisiológicas, de seguridad, sentido de pertenencia, estima y desarrollo.

A continuación se expondrá nuevamente un gráfico del Capítulo 4 donde se muestra que algunas de las necesidades del hombre (según Maslow) se satisfacen con la parte más *hard* de la función de Recursos Humanos, como el cuidado de las leyes vigentes; y otras, las de índole superior en la pirámide mencionada, se relacionan con las funciones más *soft* del área. Esto podría no ser estrictamente así en todos los casos (por ejemplo, quizá aun dentro de los parámetros legales podría darse que las personas no puedan satisfacer sus necesidades básicas). Nuestro lineamiento es general: las personas cubren sus necesidades básicas a través de la percepción de un salario. Otra relación que podría establecerse es con el contrato económico, que –entre otras cosas– cubre las necesidades básicas de las personas. Como puede verse en el gráfico siguiente, hemos insertado al contrato económico entre los dos grupos de necesidades, ya que cuando se sobrepasa la línea de las necesidades básicas los aspectos económicos también se relacionan con otras necesidades, tales como la autoestima.

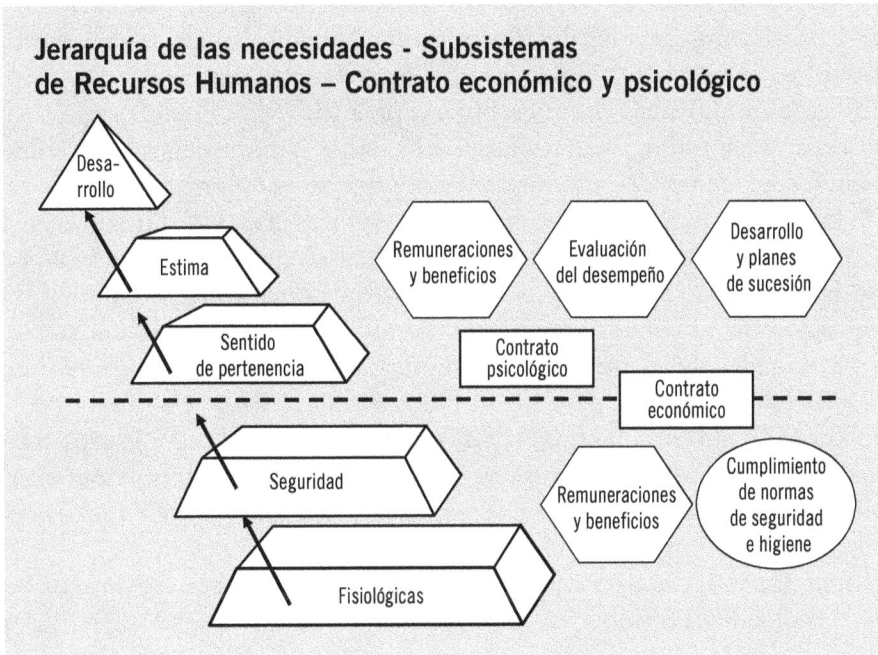

Jerarquía de las necesidades - Subsistemas de Recursos Humanos – Contrato económico y psicológico

En cambio, las necesidades ubicadas en las partes superiores de la pirámide sólo podrán ser satisfechas si la organización atiende de manera expresa los temas relacionados con las personas. Como veremos un poco más adelante, en este mismo capítulo y en el próximo, los subsistemas de Recursos Humanos se relacionan de manera directa con las tres categorías superiores de las necesidades definidas por Maslow. Desde ya, se debe cumplir con las dos primeras, y para ello deben cumplirse las leyes vigentes en cada país. En muchos países de Latinoamérica, entre ellos Argentina, está muy extendida la denominada "economía informal", que presupone el no cumplimiento de alguna de las dos categorías inferiores (sólo para mencionar la más obvia: si los trabajadores no se desempeñan bajo un régimen legal, carecen de una mínima cobertura de seguridad, por lo que no podrán sentirse "seguros" –segundo escalón de la Pirámide de Maslow–). Es importante destacar que la economía informal no es un atributo exclusivo de Latinoamérica, ya que también puede verificarse en países de Europa, en especial en los de origen latino y algunos otros de los más recientemente anexados a la Comunidad Europea.

Hasta aquí aún no nos hemos referido a la función *estratégica* de Recursos Humanos, sino a la *administrativa*, donde el cumplimiento del marco legal es un aspecto de suma importancia (y fundamental para la relación laboral como un todo).

Para que los subsistemas de Recursos Humanos "tengan sentido" primero debe cumplirse con los aspectos legales vigentes en cada país. Luego, sobre esta base se construyen los subsistemas "no obligatorios" que, sin embargo, sugieren y recomiendan tanto el sentido común como las buenas prácticas.

Una organización debe pagar salarios suficientes para proteger a sus empleados –y por ende a sus familias–, y al mismo tiempo debe proveer incentivos para desarrollar la propia estima y actualización de los colaboradores. Este tipo de ecuación se inscribe dentro del principio ganar-ganar que incluye, de manera indirecta, un cierto rol social. Al mismo tiempo, se beneficia a la persona, indirectamente a la sociedad, y la organización cumple con sus propios objetivos organizacionales.

Las necesidades de las personas según Maslow, y las necesidades o motivaciones según McClelland, pueden parecer –en una primera instancia– como de difícil compatibilización con los objetivos organizacionales; sin embargo, la satisfacción de las necesidades de los colaboradores y de la organización es posible, y cuando se logra es ampliamente beneficioso para ambas partes. Se trata de la ya mencionada relación *ganar-ganar* entre el empleado y el empleador.

Las organizaciones tienen una serie de necesidades respecto de sus colaboradores: que cumplan ciertas políticas, que alcancen los objetivos fijados, etc. Las personas poseen una serie de necesidades, desde las más básicas hasta otras de orden superior. Una relación *ganar-ganar* se dará cuando al mismo tiempo se satisfagan las necesidades de la organización y las de las personas.

Analizando el tema desde la perspectiva de la organización, se observa que ésta tiene ciertos objetivos o estrategia a alcanzar. Dentro de este concepto se incluye la *visión* y la *misión* de la organización, junto con una serie de *planes estratégicos* que se propone llevar a cabo. Además, su gestión está basada en una serie de *valores*. Para cumplir con los cuatro aspectos mencionados (visión, misión, estrategia y valores), la organización necesita contar con un plantel de personas involucradas y comprometidas con los mismos, ya sean directivos o empleados de cualquier nivel jerárquico. Todos ellos deberán estar consustanciados y comprometidos con los cuatro factores mencionados. En caso contrario, no se cumplirán (al menos no en su totalidad).

Al mismo tiempo las personas, cualquiera sea su nivel jerárquico, tienen una serie de necesidades y motivaciones que podríamos resumir en dos grandes grupos: básicas y de índole superior.

Organización	Personas (empleados y directivos)
Cumplir o alcanzar la misión y visión junto con sus planes estratégicos	Necesidades básicas
Valores organizacionales	Necesidades superiores según Maslow: *pertenencia, estima, desarrollo*
Personas involucradas	Necesidades superiores según McClelland: *afiliación o pertenencia, logro, poder*

La situación ideal se da cuando las necesidades de ambos, organización y personas, presentan un grado elevado de correspondencia. En caso contrario, si existe una enorme distancia entre sus respectivas necesidades, tanto la organización como los colaboradores deberán enfrentar un serio problema.

Para que este conjunto de necesidades se articulen armoniosamente y se logre una conjunción de intereses positiva, deben darse una serie de correlaciones o correspondencias entre ciertos factores. Mencionaremos los más importantes:

Organización	Personas (empleados y directivos)	Relación adecuada
Valores organizacionales	Valores personales	Valores compartidos
Capacidades: conocimientos y competencias requeridos por el puesto	Capacidades: conocimientos y competencias de la persona	Concepto adecuación persona-puesto.
Proyectos organizacionales	Proyectos y objetivos personales	No deben existir aspectos contrapuestos

Si la relación entre organización y personas es como la señalada en la columna de la derecha, será posible lograr un funcionamiento organizacional altamente provechoso para ambas partes, en una relación *ganar-ganar*.

Las organizaciones deberían poner en práctica procedimientos para detectar la correspondencia o no de los tres puntos señalados: valores, adecuación persona-puesto, y proyectos personales y organizacionales. No para realizar acciones que perjudiquen a aquellas personas cuyas características no coincidan con las necesidades de la organización sino, muy por el contrario, para administrar posibles soluciones al respecto.

© GRANICA

Si se analiza este punto desde la perspectiva de las personas, ya sean directivos o empleados, será muy bueno para ellos evaluar si sus objetivos y valores personales se corresponden con los de la organización a la cual pertenecen, ya que de no ser así deberán saber que ésa no es la mejor organización para establecerse y hacer carrera.

Cuando se verifica una armoniosa relación entre las necesidades y objetivos de las personas y los de la organización, siempre es bueno para ambas partes. Un responsable o directivo de Recursos Humanos deberá proponer métodos para conocer si esta correlación de conceptos existe.

En la práctica profesional más frecuente, las organizaciones establecen métodos para medir una de las tres correlaciones planteadas: la adecuación persona-puesto. Esto es muy útil, y constituye un avance importante cuando se realiza con el propósito de achicar las brechas existentes entre las personas y sus puestos a través de la formación, tanto en conocimientos como en el desarrollo de competencias.

La misma sugerencia se podría hacer a las personas a título individual: analizar la relación entre sus necesidades y las organizacionales. Aquí la recomendación sería: 1) Evaluar la concordancia entre valores y objetivos personales. Si esta evaluación es positiva, pasar al punto siguiente. Si no lo es, se debería evaluar un cambio de organización. 2) Evaluar las propias capacidades (conocimientos y competencias). Si bien las competencias pueden ser difíciles de adquirir o desarrollar, será más sencillo lograrlo al conocer las brechas existentes entre la situación real y lo que la posición requiere. El colaborador puede pedir ayuda a la organización; si no lo hace, el jefe puede ofrecerle ayuda.

Quizá pueda parecer muy terminante el comentario correspondiente al primer punto del párrafo anterior: se basa en que la modificación de valores y objetivos personales y éstos son temas de incumbencia personal sobre los cuales es muy difícil que una organización pueda actuar. Asimismo, desde la perspectiva del individuo, es poco probable que una persona pueda producir un cambio de valores o de estrategia organizacional.

En las denominadas encuestas de clima o de satisfacción laboral y en sus diseños más frecuentes, no se indaga sobre valores y proyectos personales. Nuestra sugerencia es adicionar este tipo de preguntas a los estudios que usualmente se llevan a cabo.

Si la organización no realiza en forma habitual las encuestas de satisfacción laboral y desea hacerlo, puede unir ambos propósitos.

Otra variante, en especial para los proyectos personales, es capacitar a los jefes para realizar esta indagación con las personas que les reportan.

En síntesis, consideramos de vital importancia la administración de encuestas a los empleados para el análisis y evaluación de la correlación/correspondencia de los valores y proyectos personales con respecto a los de la organización.

En los gráficos siguientes se presentan, sólo a modo de ejemplo, algunas preguntas que podrían aplicarse en un estudio de este tipo.

Preguntas sobre valores

Al analizar la correspondencia entre los valores de las personas y los de la organización se sugiere incluir preguntas como las siguientes en una encuesta de satisfacción laboral o clima, o bien diseñar una encuesta específica. Para responder adecuadamente, los empleados deben tener la absoluta seguridad de que su identidad quedará en reserva y no será posible determinar cuáles fueron sus respuestas. En caso contrario, es probable que las personas no respondan con absoluta sinceridad, ya sea de manera consciente o no.

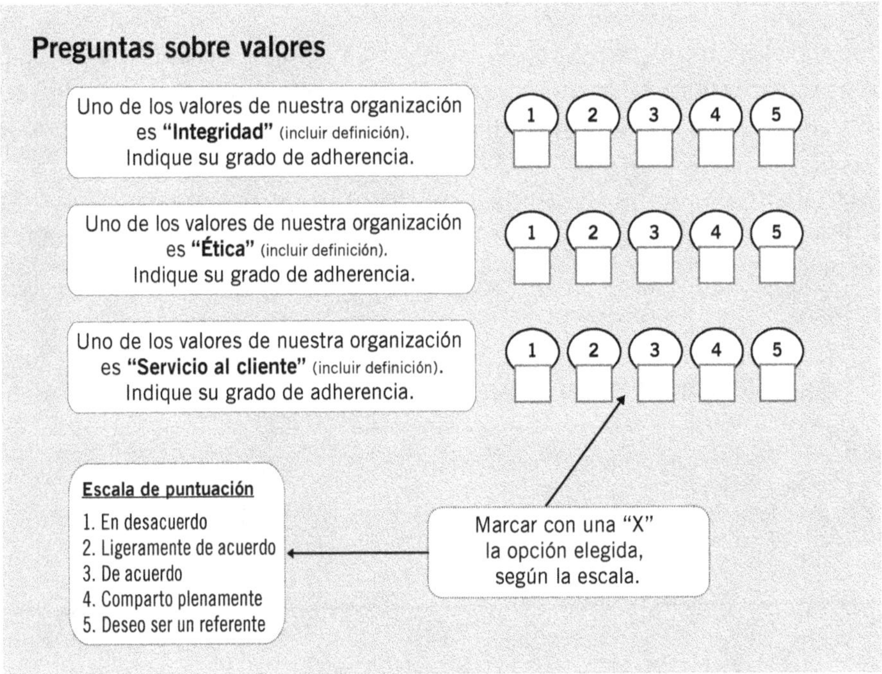

Preguntas sobre valores

Uno de los valores de nuestra organización es "**Integridad**" (incluir definición).
Indique su grado de adherencia.

1 2 3 4 5

Uno de los valores de nuestra organización es "**Ética**" (incluir definición).
Indique su grado de adherencia.

1 2 3 4 5

Uno de los valores de nuestra organización es "**Servicio al cliente**" (incluir definición).
Indique su grado de adherencia.

1 2 3 4 5

Escala de puntuación

1. En desacuerdo
2. Ligeramente de acuerdo
3. De acuerdo
4. Comparto plenamente
5. Deseo ser un referente

Marcar con una "X" la opción elegida, según la escala.

Como se muestra en el gráfico precedente, la organización presenta sus valores y pregunta sobre el grado de adherencia de cada persona a los mismos. Si bien es un tema "delicado", ya que tiene que ver con temas muy íntimos de cada persona, al mismo tiempo cada individuo tiene muy en claro qué piensa y siente al respecto.

© GRANICA

Si la persona responde entre 1 y 2, será difícil integrarla a la organización. Y aquí es importante hacer una diferenciación entre una evaluación de competencias mediante la observación de comportamientos y este tipo de encuestas.

En una evaluación de competencias una persona pudo responder 5, "deseo ser un referente", y no serlo; pero si tiene genuinamente el deseo podrá, por sí solo o con ayuda, lograrlo.

Por lo tanto, los valores pueden ser al mismo tiempo competencias cardinales (para toda la organización) y su medición hacerse a través de los comportamientos. El análisis sugerido en este punto es diferente: es un estudio de adherencia o no a valores. El grado de adherencia del individuo será el que condicionará su desarrollo.

Preguntas sobre proyectos personales

Así como decíamos que sobre los valores las personas tienen más en claro qué sienten y piensan, sobre los proyectos personales, si bien pueden tener muy en claro su percepción sobre el tema, el análisis más profundo o detallado puede no ser tan transparente. Desde esta perspectiva habrá que analizar las respuestas.

En el cuadro siguiente se muestra un ejemplo de pregunta cerrada con respuesta de opción múltiple. Una persona puede responderla fácilmente en base a su percepción.

Preguntas sobre proyectos personales

¿La dedicación horaria de su puesto de trabajo le impide realizar alguna otra cosa que usted desearía hacer en relación con su familia, su religión, sus hobbies, etc.?

| 1 | 2 | 3 | 4 | 5 |

Marcar con una "X" la opción elegida, según la escala.

Escala de puntuación

1. Siempre (me impide hacer otras cosas)
2. La mitad de las veces
3. Muy pocas veces
4. Armonizo bien ambos
5. Estoy en absoluta armonía

Continúa en gráfico siguiente

La pregunta de opción múltiple se complementa con dos preguntas abiertas y dirigidas. Ambas permiten ver la coherencia de la respuesta a la pregunta del gráfico anterior, ya que la persona deberá fundamentarla. De la lógica que se observe entre ambas podrá extraerse una conclusión.

Preguntas sobre proyectos personales (continuación)

Si respondió 1 o 2

¿Qué sugiere usted para que su dedicación horaria no lo perjudique en relación con sus otros proyectos personales?
....
....
....

Si respondió 1 o 2

¿Desea compartir cuáles son los proyectos personales que usted no puede realizar por la dedicación horaria que su puesto le plantea?
....
....
....

Para el análisis de los proyectos personales y su correlación con los proyectos organizacionales se sugiere un número reducido de preguntas, ya que el análisis de las respuestas requiere más tiempo y profundidad.

No se presentan preguntas sobre capacidades (conocimientos y competencias) ya que su análisis y la determinación de brechas deberán ser una resultante de otras buenas prácticas de Recursos Humanos, como la evaluación del desempeño.

Administración de cuestionarios sobre valores y proyectos personales

Los cuestionarios que investigan sobre valores y proyectos personales representan la versión más sofisticada de la denominada *encuesta de satisfacción laboral o clima,* aunque, en nuestra opinión, no deberían ser denominados de este modo o sus preguntas incluidas como aspectos adicionales a la mencionada encuesta. Por lo tanto, si una organización desea incursionar en estos temas, deberá darle un nombre diferente, quizá el mismo que le damos en esta obra: "Encuesta sobre valores y proyectos personales".

Con estos cuestionarios se pueden hacer dos implantaciones diferentes:

- Personalizada.
- Anónima.

En el primer caso, la persona que completa este tipo de cuestionarios deberá sentirse cómoda y confiada respecto de que no se tomarán medidas negativas de ningún tipo en relación con sus comentarios. Se requiere una determinada cultura organizacional y no se recomienda en todos los casos. Las respuestas deberán ser analizadas con el propósito de solucionar los problemas existentes, no para tomar "medidas disciplinarias".

En los casos en que las respuestas son anónimas, la información que se obtiene es de tipo general y permite conocer en términos globales cómo piensan y sienten los empleados de la organización. Pueden ser útiles para tomar decisiones sobre horarios flexibles o analizar medidas para evitar los excesos horarios (organizaciones donde los empleados trabajan más horas que las legales; en general, en estos casos se trata de personal con nivel profesional fuera de convenios colectivos de trabajo, que usualmente controlan este tipo de limitaciones de la jornada laboral).

Los subsistemas de Recursos Humanos. Funciones

Misión, visión, valores y Recursos Humanos

En innumerables conferencias y actividades de formación realizadas en países diversos y en las que nos ha correspondido intervenir, cuando se hace mención a este tema (misión, visión, valores y estrategia) los asistentes aseguran comprender y respetar estos conceptos, pero cuando se les pide algún detalle específico y/o un ejemplo, la idea que inevitablemente se forma en la mente del expositor es que entre la comprensión teórica (no siempre adecuada) y la realidad existe un abismo, lo que se refleja en contradicciones entre los modelos que se diseñan y la verdadera visión y los planes estratégicos de cada organización.

Los diversos modelos de competencias y los diferentes desarrollos del área de Recursos Humanos de organizaciones que nuestro trabajo de consultoría nos ha permitido conocer, avalan esta observación. Sin una estadística en las manos, la percepción es que sólo un porcentaje ínfimo (5 al 10%) de los diseños de Recursos Humanos se hacen en función de los verdaderos planes estratégicos. Las causas son diversas, desde áreas de Recursos Humanos no "conectadas" con la Dirección de la organización (dependencia no directa del número uno), hasta gerentes de Recursos Humanos sin la formación adecuada. El resultado: la puesta en marcha de procesos administrativos no estratégicos. Los directores de Recursos Humanos "se quejan" de que no son escuchados o que sus jefes no quieren participar. Todo es posible, la realidad es la descripta.

Cuando en una organización se quiere comenzar a pensar, trabajar, implementar conceptos sobre Capital Humano o Recursos Humanos se debe comenzar pensando en ellos como un valor estratégico dentro de la compañía, como valor añadido para la actividad. Los primeros pasos parten de la definición de la visión y la misión organizacionales, y a partir de estos conceptos, se determinan los valores

La definición de la misión y la visión implica necesariamente la revisión de los planes estratégicos de la organización. En ocasiones se elaboran una serie de documentos adicionales para definir los planes estratégicos. De todos modos, cuando se hace mención a *misión, visión* y *valores* se suele englobar en esos conceptos a la estrategia organizacional.

> **Misión:** el porqué de lo que la organización hace, su razón de ser, su propósito. Dice aquello por lo cual, al final, la organización quiere ser recordada.
>
> **Visión:** la imagen del futuro deseado por la organización.
>
> **Valores:** aquellos que representan el sentir de la organización, sus objetivos y prioridades estratégicos.

Para que se transformen en herramientas útiles dentro de la organización, los valores deben transformarse en *competencias*; de este modo las personas serán seleccionadas, evaluadas y desarrolladas en relación con los valores organizacionales, y así la organización podrá cumplir la misión y visión fijadas. En caso de no hacerse de este modo, los valores deberán llevarse a indicadores e incluirse dentro de los subsistemas de RRHH.

Un comentario acerca de la misión, visión y valores que nos parece pertinente realizar en este momento: muchas empresas las tienen definidas pero no se actúa consecuentemente con ellas. Por lo tanto, primero sugerimos revisarlas y asegurarse que representen la situación actual y los planes futuros de la organización. Luego definir las competencias necesarias para alcanzar esos fines.

Veremos en el Capítulo 7 cómo transformar los valores en herramentales prácticos, a fin de que dejen de ser conceptos a los cuales "se adhiere", para transformarse en verdaderos indicadores de gestión.

Para reforzar lo planteado, me parece ilustrativo contar una anécdota. Estaba impartiendo una actividad "in company" para un grupo de profesionales del área de Recursos Humanos y, al llegar al punto de los valores, hice la observación de que *muchas empresas definen valores y luego sólo se muestran en un cuadro en la pared* (para

© GRANICA

dar la idea de que no se los usa en modo alguno, o tan sólo como un elemento de la imagen empresarial). En ese momento, una señorita que no había captado la ironía de mis palabras me respondió que en el caso de su organización así era, que del otro lado de la puerta por la cual había ingresado al salón ellos tenían "colgados" los "valores". Vale agregar que el modelo de competencias que tenían implementado no incluía ninguno de los valores definidos por la organización –esto entre otros errores fundamentales–.

Las organizaciones utilizan horas de sus ejecutivos e incurren en gastos varios para definir "los valores" y luego no ejercen con ellos acción alguna.

Por lo tanto, como veremos más adelante al tratar los roles del profesional de Recursos Humanos, el primer aspecto que un directivo del área deberá tener en cuenta es la visión y los planes estratégicos de la organización. La expresión "tener en cuenta" la utilizamos en un sentido amplio: comprender, tomar como propio, consustanciarse con, etc. Todo lo antedicho para que luego esta visión sea incorporada a los distintos procedimientos y métodos de trabajo de Recursos Humanos. Muchas veces nos encontramos con colegas que, o no saben cómo hacerlo, o no pueden, o ambas cosas a la vez. En ocasiones, creen saber cómo actuar y lo que hacen no es suficiente. La realidad es –finalmente– que no siempre el responsable de Recursos Humanos trabaja en su gestión diaria para llevar adelante los planes estratégicos de la organización.

Y esta situación se realimenta: si un responsable de Recursos Humanos no interpreta adecuadamente la estrategia organizacional, los directivos no lo tendrán en cuenta cuando deban considerarse temas estratégicos.

Si, por el contrario, el responsable de Recursos Humanos realiza permanentemente acciones, desde su órbita, para que la estrategia se lleve adelante, frente a cualquier tema estratégico será el primero en ser convocado. Conozco personalmente el caso de directores y directoras de Recursos Humanos que son de hecho el "número dos" de la organización, que son consultados frente a todo tipo de decisiones y conforman equipos con otros directivos para implementar programas diversos –por ejemplo, cambios de tecnología–.

La función de Recursos Humanos suele estar implementada a través de lo que se denomina los *subsistemas*, que resumidamente son los siguientes:

- **Análisis y descripción de puestos.** Las organizaciones deben contar, por escrito, con una breve descripción de todos los puestos que la integran. Por un lado, de este modo se asegura que no se repitan tareas y que algunas queden sin ser asignadas a un colaborador, y, por otro, es la base de los demás subsistemas. La descripción de puestos de toda una organización suele integrar lo que se denomina "Manual de Puestos". Veamos cómo se articulan los demás subsistemas, a partir de la descripción de puestos:

- Se seleccionan personas en función del puesto.
- Se evalúa el desempeño en función del puesto.
- La equidad interna y externa en materia de remuneraciones se analiza en función del puesto.
- Los planes de desarrollo y de sucesión se deben confeccionar en función del puesto que cada persona ocupa en la actualidad o se prevé que ocupará en el futuro; y lo mismo vale para los planes de capacitación y entrenamiento.

- **Atracción, selección e incorporación de personas.** La atracción de las personas adecuadas, una buena selección, de tipo profesional y aplicando las pruebas más convenientes en cada caso, así como un adecuado proceso de incorporación, son acciones que definirán un buen inicio de la relación laboral de un buen empleado. La elección sobre cuáles son las pruebas más convenientes dependerá de cada caso en particular. El responsable de conducir el proceso de selección deberá determinarlo según lo que se considere más conveniente.

- **Evaluación del desempeño.** Como ya se mencionó, las personas esperan que se les diga cómo están haciendo las cosas. Además, un buen sistema de evaluación del desempeño combinado con administración por objetivos será un excelente motivador de los colaboradores.

- **Remuneraciones y beneficios.** El cuidado de la equidad, tanto hacia el interior de la organización como con relación al mercado, es otro de los pilares de la buena relación entre el empleado y el empleador.

- **Desarrollo y planes de sucesión.** El desarrollo de las capacidades de las personas –en especial en relación con sus competencias–, los planes de carrera y los planes de sucesión se han transformado de "buenas prácticas de Recursos Humanos" en ítems para medir el capital intelectual de una organización.

- **Formación.** Las inversiones en capacitación y desarrollo podrán pasar de ser "un gasto" a constituir una inversión organizacional cuando estos planes se formulen en relación con la estrategia.

En la parte final de la obra se presenta una síntesis de los distintos trabajos de la autora en relación con los diferentes subsistemas de Recursos Humanos.

Para comprender mejor por qué un diseño de los subsistemas puede dar un resultado positivo o, por el contrario, ser sólo procedimientos administrativos sin aporte de valor, se expondrán de manera resumida algunos conceptos del Capítulo 1. Allí decíamos que para estudiar el comportamiento organizacional hay que tener en cuenta la naturaleza de los individuos y de las organizaciones.

© GRANICA

Subsistemas de Recursos Humanos

Atracción, selección e incorporación

Análisis y descripción de puestos

Desarrollo y planes de sucesión

DIRECCIÓN ESTRATÉGICA DE RECURSOS HUMANOS

Remuneraciones y beneficios

Formación

Evaluación del desempeño

Dirección estratégica de Recursos Humanos. Gestión por competencias.

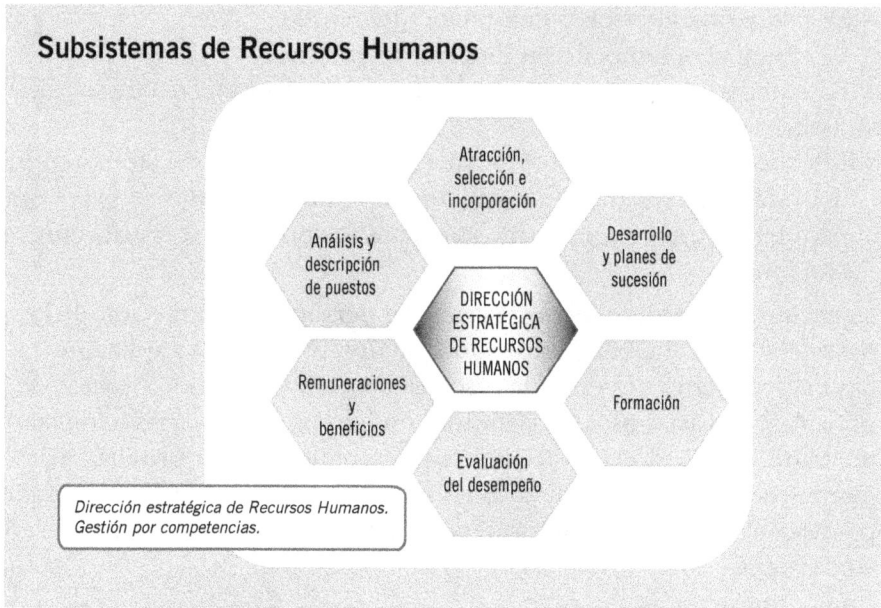

Naturaleza de los individuos(*)

Para analizar el comportamiento de las personas dentro de una organización hay que tener en cuenta los siguientes aspectos:

- Los individuos son iguales y diferentes al mismo tiempo. El comportamiento organizacional como materia de estudio se nutre de diferentes disciplinas; por ejemplo, la idea de las diferencias individuales procede de la psicología.
- Percepción. Cada individuo tiene o puede tener una percepción de la realidad diferente a la de los demás. Lo vemos a diario en cualquier tipo de acontecimiento, más aún cuando las acciones o medidas pueden tener una repercusión directa sobre el propio individuo.
- Otro fenómeno, no por obvio menos interesante, es que las organizaciones están constituidas por personas, que cuando concurren a trabajar no llevan consigo sólo la parte correspondiente al trabajo, sino que está presente "todo el individuo". En selección esto se tiene muy en cuenta: una empresa no contrata una *parte* del individuo, la que se relaciona más estrechamente con el trabajo, sino al individuo en su integridad, con sus sentimientos, valores y problemas.
- Conducta motivada. La motivación es algo largamente estudiado, y debe ser analizado sin partir de juicios previos. La motivación difiere de una persona a otra. Sin motivación una organización no funciona.

---

* Estos temas se vieron con mayor detalle en el capítulo 4.

- Deseo de involucramiento. Muchos empleados desean participar en las decisiones a fin de contribuir con sus ideas y talentos al éxito de la empresa. Las organizaciones deben ofrecer oportunidades de involucramiento.
- Valor de las personas. Éstas no pueden ser valoradas como se valora una máquina. Respeto, dignidad, atención. Los empleados desean que se aprecien sus habilidades y capacidades y tener posibilidades de desarrollo. Una forma de valorar a las personas es evaluar su desempeño, decirles cómo están haciendo las cosas, cómo va su carrera, etc.

Naturaleza de las organizaciones

Los individuos actúan dentro de organizaciones. Para comprender mejor qué es una organización hay que tener en cuenta lo siguiente:

- Las organizaciones son *sistemas sociales*, por lo que están gobernadas por leyes sociales y psicológicas. Los sistemas sociales pueden ser formales e informales.
- En las organizaciones hay intereses mutuos: personas y organizaciones se necesitan de manera recíproca. Los intereses mutuos constituyen una meta suprema para los empleados, la organización y la sociedad.
- Se debe dar a los individuos un trato ético para atraer y retener a los empleados valiosos.

La ubicación del área de Recursos Humanos en la organización

¿Cómo relacionar los modelos de comportamiento organizacional con las funciones de Recursos Humanos?

Analizar o "descubrir" cuál es el modelo organizacional a través de las funciones (estructura) de una organización, es muy sencillo. Sólo se debe formular una pregunta: *¿Me puede decir si la organización tiene una Oficina de Personal o un área de Recursos Humanos, y cuál es su nivel de* reporting *(dependencia)?* Si desea estar más seguro, solicite un organigrama o que su interlocutor le dibuje uno. A continuación, para confirmar la información, la pregunta siguiente es: *¿Me puede describir las principales tareas que lleva a cabo ese sector?*

Antes de analizar cada una de las posibles respuestas y con qué modelo de comportamiento organizacional se relaciona, nos permitimos presentar al lector una estructura básica de un área de Recursos Humanos para que su actividad sea estratégica y su responsable pueda cumplir el rol que, consecuentemente, le corresponde.

El primer elemento que nos dará información sobre la importancia que se le da al tema de Recursos Humanos en una organización que no conocemos, será la

© GRANICA

ubicación del área o sector de RRHH en su estructura. Si tiene un "jefe de personal" reportando al gerente administrativo, esta situación podría estar indicando, en una primera instancia, que con relación a la temática de RRHH esa empresa sólo se ocupa de liquidar los sueldos de sus empleados y otros asuntos de índole administrativa. Esto no es necesariamente así, pero representa una situación muy frecuente. No le estamos restando importancia a los temas administrativos, sólo indicamos la ausencia de otras funciones.

Si, por el contrario, el área de Recursos Humanos cuenta con un gerente del mismo nivel que, por ejemplo, el gerente comercial, industrial y/o de operaciones, reportando al gerente general, nos encontraremos con una organización que valora y cuida sus recursos humanos.

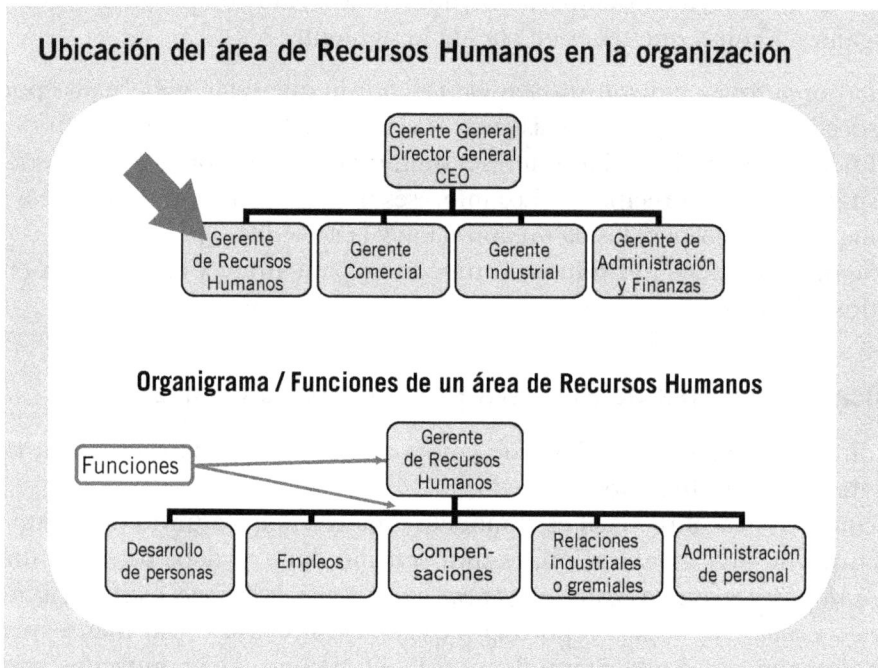

Ubicación del área de Recursos Humanos en la organización

Organigrama / Funciones de un área de Recursos Humanos

En la parte inferior del gráfico se muestran "funciones" que no necesariamente estarán a cargo de un departamento específico. No se está sugiriendo que una Gerencia de Recursos Humanos deba contar con tantas secciones o subáreas, sino sólo que se debe cumplir o llevar a cabo las funciones correspondientes a ellas. Si la empresa es pequeña, una persona podrá cubrir todas o varias de estas funciones.

En el gráfico siguiente se muestran las principales funciones de una Gerencia de Recursos Humanos. Las hemos separado en dos grupos: las de tipo legal-administrativo, que hemos denominado "Oficina de personal", y las no obligatorias o que no derivan del cumplimiento de la legislación, sino que las organizaciones realizan producto de las buenas prácticas, como los subsistemas de Recursos Humanos ya mencionados. A este segundo grupo de funciones lo hemos denominado "Área de Capital Humano". En síntesis:

- La *Oficina de personal* implica todas las tareas vinculadas con lo administrativo y con el cuidado de la relación con gremios y sindicatos (*relaciones industriales*).
- En el *Área de Capital Humano* hemos agrupado el "resto" de las funciones, aquellas que, como se dijo, no son "obligatorias": *Desarrollo de personas, Empleos* y *Compensaciones.*

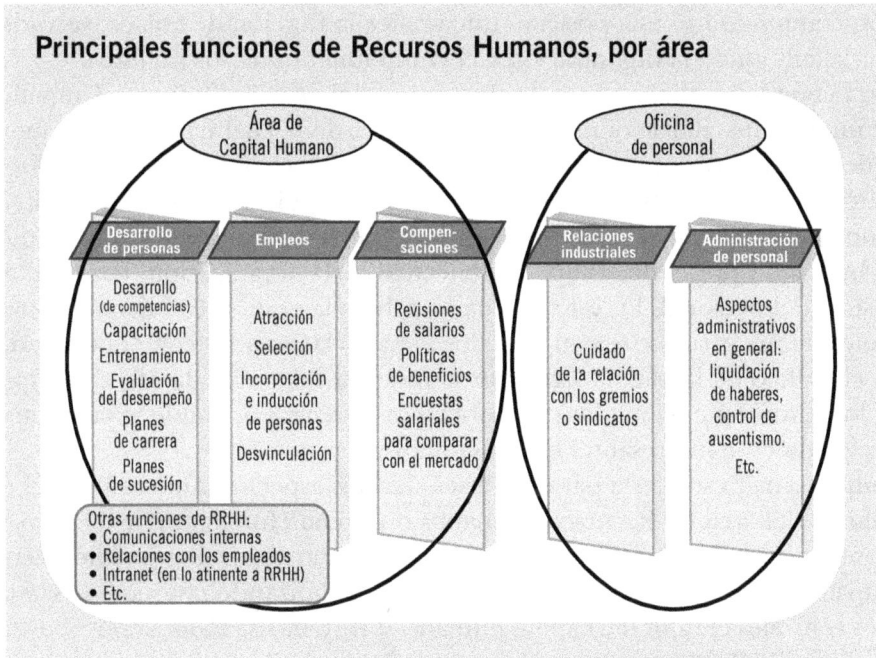

Principales funciones de Recursos Humanos, por área

Sobre el ángulo inferior izquierdo del gráfico precedente se consignan otras funciones que también conforman el *Área de Capital Humano. Comunicaciones internas con el personal* tiene distinta ubicación según el criterio de cada organización; a veces es un área específica, otras integra el área de *Desarrollo, Relaciones con los empleados* y *la intranet* de la organización, en relación con los temas de Recursos Humanos.

Muchas organizaciones tienen un área de Personal, incluso bajo el nombre de *Recursos Humanos,* que no cubre todas las funciones que, según nuestro criterio,

© GRANICA

debería atender en relación con el personal, y que no desempeña, además, un rol estratégico dentro de la organización.

No entienda el lector que estamos valorando como más importantes unas tareas respecto de otras; simplemente se hace una agrupación para su mejor comprensión, en especial para los no especialistas.

Para organizaciones medianas y pequeñas, debe tenerse en cuenta que se mencionan *funciones*, no áreas, departamentos o secciones, por lo cual todas pueden ser llevadas adelante por una sola persona, si la estructura de la organización es pequeña, o por un grupo de profesionales, si es de gran tamaño. Nuestro objetivo no es presentar una estructura sino remarcar las funciones que deben estar cubiertas. En el caso de que una empresa decida hacer *outsourcing* del área de Recursos Humanos o Capital Humano, siempre es aconsejable mantener dentro de la nómina de la organización como mínimo una posición que realice la función de enlace, velando, a su vez, por la cultura de la organización y el cumplimiento de sus políticas.

Para completar el análisis de las funciones del área de Recursos Humanos nos parece interesante citar la obra *The HR Scorecard*[12], de la cual haremos una mención, sumando nuestro propio aporte y adaptación. Como puede verse en el gráfico siguiente, tomado del libro de referencia, el rol del director del área de Recursos Humanos debe cuidar el equilibrio de dos "fuerzas" contrapuestas: maximizar el capital humano y por ende el capital intelectual de la organización, *versus* minimizar los "costos" del personal. En este dilema se debate la gestión cotidiana de cualquier conductor de un área que se ocupe de los temas relacionados con el personal.

En el gráfico de la página siguiente se muestra solamente la mitad del que presentan los autores mencionados en la obra *The HR Scorecard,* donde se citan otros elementos igualmente interesantes que no trataremos aquí.

Hemos tomado sólo esta parte para señalar dos aspectos importantes del rol del responsable del área de Recursos Humanos o Capital Humano: por un lado, accionar sobre aspectos organizacionales a partir de brindar soporte estratégico y cuidado de la capacidad competitiva de la organización, maximizando por medio de estas dos acciones centrales el valor del capital humano (CH) y, de ese modo, contribuyendo al valor accionario. Por otro lado, también podrá contribuir al valor accionario a través de una disminución de los costos. De esta manera se observa la doble faceta del rol de responsable de Recursos Humanos: maximizar el CH, y minimizar los costos del área. Esta parte de su gestión hará foco en los empleados, cuidando sus competencias y habilidades, y al mismo tiempo los costos.

---

12. Ulrich, Dave; Becker, Brian E. Huselid y Mark A. *The HR Scorecard. Linking People, Strategy, and Performance.* Harvard Business School Press. USA, 2001.

**El rol del responsable del área
de Recursos Humanos o Capital Humano**

Contribuir
al valor accionario

Maximizar el
capital humano

Minimizar los
costos de RRHH

Organización

Empleados

Soporte estratégico

Cuidado
de la capacidad
competitiva de la
organización

Competencias
y habilidades

Bajo costo

Fuente: Becker, Huselid y Ulrich, *The HR Scorecard.*

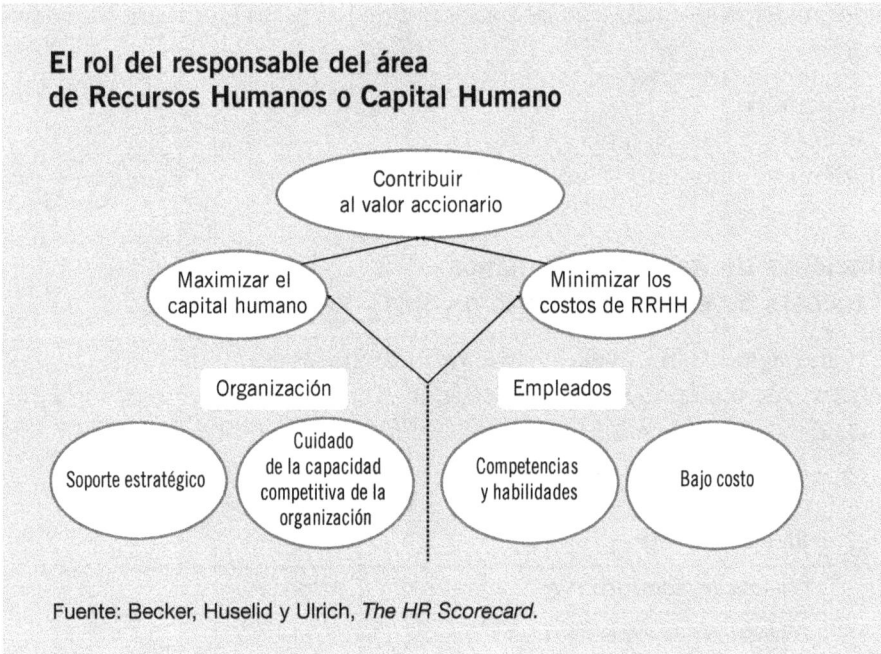

Si una organización desea dar al área de Recursos Humanos un rol estratégico, en nuestra opinión no será aconsejable darle una ubicación en la estructura como la que se muestra en el gráfico siguiente, situación que se observa con mucha frecuencia.

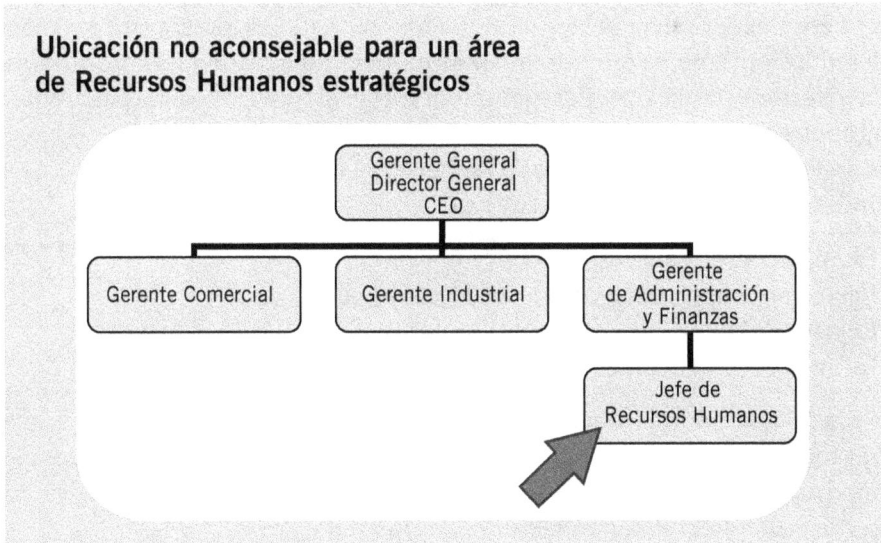

**Ubicación no aconsejable para un área
de Recursos Humanos estratégicos**

Gerente General
Director General
CEO

Gerente Comercial

Gerente Industrial

Gerente
de Administración
y Finanzas

Jefe de
Recursos Humanos

A continuación se analizarán las funciones de Recursos Humanos según los diversos modelos de liderazgo:

- Autocrático.
- De apoyo o participativo.
- Liderazgo colegiado (empresas del conocimiento).

Las funciones de Recursos Humanos en un modelo de comportamiento organizacional autocrático

En pleno siglo XXI, no se tienen que verificar, necesariamente, todos los ítems del cuadro siguiente para poder diagnosticar que el estilo de liderazgo es autocrático. La existencia de algunos de ellos marca una tendencia hacia dicho modelo.

	Autocrático
Base del modelo	Poder
Orientación administrativa	Autoridad
Orientación de los empleados	Obediencia
Resultado psicológico en los empleados	Dependencia del jefe
Necesidades de los empleados satisfechas	Subsistencia
Resultado de desempeño	Mínimo

En nuestra experiencia profesional hemos conocido empresas con un fuerte estilo de conducción, que se aproximaban al modelo autocrático, aun mostrando una fachada exterior actualizada (por ejemplo, en el estilo de las oficinas, la publicidad y otros símbolos "externos").

Las áreas de Recursos Humanos o de Personal tienen, en general, un enfoque de tipo administrativo, y el foco está dado en:

- Liquidación de salarios.
- Velar por el cumplimiento de las leyes vigentes.
- Legajos del personal.
- Control de ausentismo.

En el caso que la organización posea establecimientos fabriles, se podrán adicionar otras funciones, tales como *Seguridad e higiene, Consultorio médico,* y otros aspectos relacionados con la seguridad física del personal, que –en ocasiones– podrán depender directamente de la Planta o Gerencia Industrial.

Las funciones de Recursos Humanos en un modelo de comportamiento organizacional de apoyo o con un liderazgo participativo

Reiteramos los comentarios de párrafos anteriores: los modelos no son necesariamente netos, totalmente autocráticos o de apoyo. Se podría decir que "tienden" a uno u otro estilo, según el mayor número de elementos coincidentes.

Poder analizar y tener en claro cuál es el estilo de liderazgo de una organización, y si eventualmente se desea operar algún cambio, será de suma importancia para el diseño de los subsistemas de Recursos Humanos y, desde ya, para la implantación de Gestión por Competencias.

	De apoyo
Base del modelo	Liderazgo
Orientación administrativa	Apoyo
Orientación de los empleados	Desempeño laboral
Resultado psicológico en los empleados	Participación
Necesidades de los empleados satisfechas	Categoría y reconocimiento
Resultado de desempeño	Animación de impulsos

Si a la pregunta *¿Me puede decir si usted tiene una Oficina de Personal o un Área de Recursos Humanos, y cuál es su nivel de* reporting *(dependencia)?* la respuesta es un organigrama como el siguiente, seguramente el comportamiento organizacional de esa empresa estará dentro de un modelo de apoyo o participativo.

En cuanto a las funciones del área, el énfasis estará en los siguientes puntos:

- Selección.
- Inducción de personas al ingreso.
- Entrevistas de salida al egreso.
- Desvinculación asistida.
- Evaluación del desempeño.
- Trabajo por objetivos.
- Formación.
- Desarrollo de competencias.
- Planes de carrera y sucesión.
- Cuidado de la equidad interna y externa en materia de remuneraciones y beneficios.

© GRANICA

- Control con el mercado de remuneraciones y beneficios.
- Remuneraciones atadas a resultados (variables de algún modo).

Ubicación del área de Personal en los modelos "de apoyo" o participativos

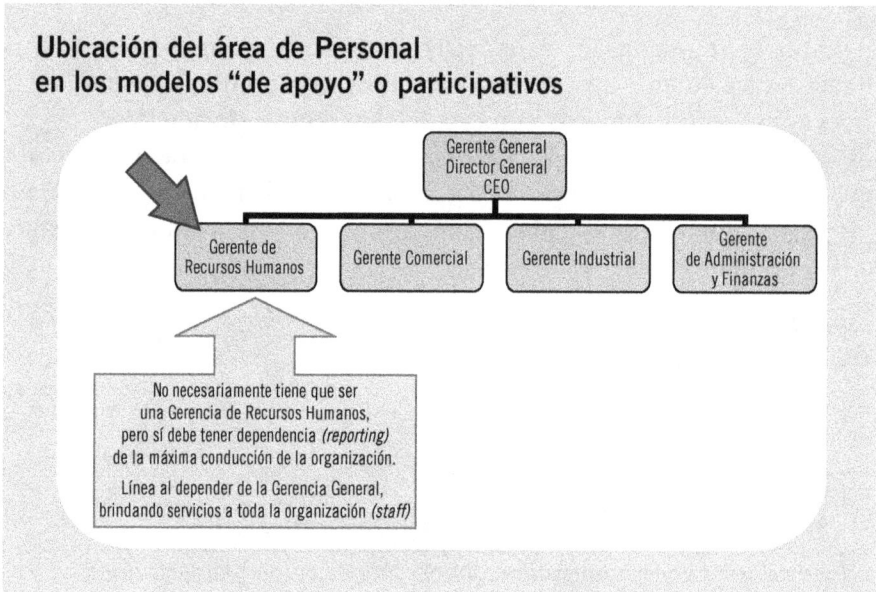

```
                    Gerente General
                    Director General
                         CEO

  Gerente de      Gerente Comercial   Gerente Industrial   Gerente
  Recursos Humanos                                        de Administración
                                                          y Finanzas
```

No necesariamente tiene que ser
una Gerencia de Recursos Humanos,
pero sí debe tener dependencia *(reporting)*
de la máxima conducción de la organización.

Línea al depender de la Gerencia General,
brindando servicios a toda la organización *(staff)*

Las funciones de Recursos Humanos en un modelo de comportamiento organizacional con un liderazgo colegiado (empresas del conocimiento)

Las denominadas empresas del conocimiento suelen tener un estilo de liderazgo diferente. Imaginemos una gran consultora internacional –por ejemplo, una de las denominadas "big four", nombre con el que usualmente se conoce a las grandes firmas globales de auditoría u otras importantes consultoras globales–. La mayoría de ellas, tienen un líder o conductor a nivel mundial, con estructuras regionales y luego país por país. Pero el liderazgo que ejercen es diferente al de CEO de una compañía de servicios o industrial. Usualmente los números uno de esas compañías son solamente un *primus* entre pares, es decir, uno de ellos que dirige la operación. Este modelo se relaciona directamente con el denominado *liderazgo colegiado*.

Sin embargo, este modelo de liderazgo no se verifica en todas las empresas del conocimiento, por lo cual es posible encontrar organizaciones o sucursales en algunos países manejadas de otra forma. De todos modos, describiremos el estilo más común de liderazgo en estas compañías en relación con las competencias definidas.

	Colegiado
Base del modelo	Asociación
Orientación administrativa	Trabajo en equipo
Orientación de los empleados	Conducta responsable
Resultado psicológico en los empleados	Autodisciplina
Necesidades de los empleados satisfechas	Autorrealización
Resultado de desempeño	Entusiasmo moderado

Si a la pregunta ¿*Me puede decir si usted tiene una Oficina de Personal o un Área de Recursos Humanos, y cuál es su nivel de* reporting *(dependencia)?* la respuesta es un organigrama como el siguiente, seguramente el comportamiento organizacional de esa empresa estará dentro de un modelo de liderazgo colegiado.

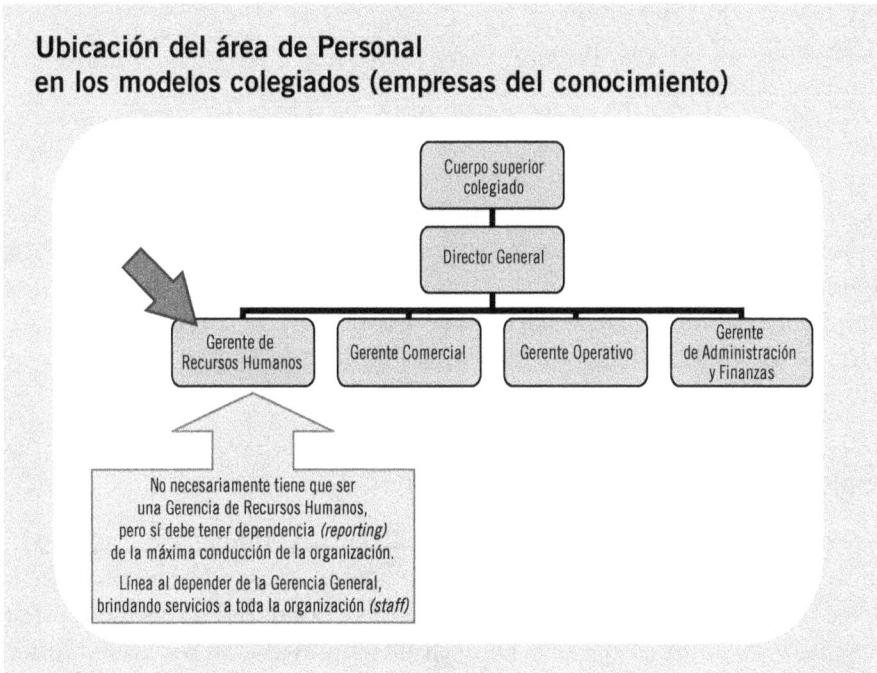

**Ubicación del área de Personal
en los modelos colegiados (empresas del conocimiento)**

Cuerpo superior colegiado

Director General

Gerente de Recursos Humanos

Gerente Comercial

Gerente Operativo

Gerente de Administración y Finanzas

No necesariamente tiene que ser una Gerencia de Recursos Humanos, pero sí debe tener dependencia *(reporting)* de la máxima conducción de la organización.

Línea al depender de la Gerencia General, brindando servicios a toda la organización *(staff)*

En el gráfico se muestra un "Cuerpo superior colegiado", ya que este tipo de estructuras se encuentra frecuentemente en empresas de las denominadas del conocimiento o grandes grupos de profesionales, como las consultoras globales, estudios de abogados y otras organizaciones similares. No obstante, muchas de las prácticas

© GRANICA

que mencionaremos a continuación pueden encontrarse en empresas maduras en cuanto a las prácticas de Recursos Humanos y productoras de bienes o servicios, tradicionales o no.

En realidad, las funciones tienen más que ver con la madurez de la institución que con el tipo de organización en sí. No obstante, la práctica nos demuestra que las denominadas "empresas del conocimiento", quizá sólo por necesidad, son las que más han avanzado en prácticas que incluyen a los colaboradores bajo un esquema de "asociación", permitiendo a éstos tomar decisiones sobre su carrera y sobre sí mismos, con mayor libertad que en los demás modelos estudiados.

En cuanto a las funciones del área, el énfasis estará en los siguientes puntos:

- Todas las funciones mencionadas en el modelo de apoyo o participativo.
- Políticas de personal que incluyen horarios flexibles y teletrabajo.
- *Job posting* (autopostulación).
- Carreras autodirigidas.
- Evaluación de 360 grados.
- Desarrollo de competencias.
- Entrenamiento.
- Mentoring.

Cuando las compañías incluyen entre sus prácticas organizacionales el mentoring, esta función se refleja tanto en el descriptivo del puesto como en las evaluaciones de desempeño de aquellos que toman a su cargo este tipo de responsabilidad.

En cuanto a la práctica del entrenamiento, se recomienda incorporarla dentro de las funciones habituales de todos los directivos y jefes de la organización, para que se transforme en una práctica cotidiana que conduzca a la organización al aprendizaje continuo.

Principales problemas en Latinoamérica

En relación con las funciones del área de Recursos Humanos o Capital Humano y su ubicación dentro de la estructura organizacional, se puede observar que un alto porcentaje de las gerencias responsables del área dependen del gerente o director de Administración y Finanzas –no de la Dirección General–, y a su vez un porcentaje más alto aún, más allá de su denominación, tienen como funciones y responsabilidades sólo atender problemas de tipo legal y administrativo (lo que hemos dado en llamar "Oficina de personal").

Las grandes corporaciones transnacionales están más avanzadas en materia de Capital Humano que el resto de las organizaciones, pero no siempre este mayor avance se ve reflejado en filiales pequeñas de estas compañías, ubicadas en países alejados de las casas matrices.

Sin embargo, la tendencia es positiva. En muchos países que hemos visitado últimamente se evidencia la preocupación en la máxima conducción de las organizaciones por incluir a las personas en los planes estratégicos. En nuestra opinión, la principal razón del cambio no se relaciona con el nivel de actividad en los negocios (aunque, desde ya, esto es importante), sino, fundamentalmente, a partir de la comprensión de que las buenas prácticas de Recursos Humanos, como por ejemplo Gestión por Competencias, proveen ventajas estratégicas para la organización.

El rol del área de Recursos Humanos o Capital Humano es clave, ya que puede ser un agente de cambio al proponer la implementación de ciertas herramientas y metodologías. Si estas metodologías son aplicadas correctamente, contemplan tanto los objetivos empresariales como las necesidades de los trabajadores. El gran desafío que enfrenta el profesional del área es lograr cumplir los objetivos organizacionales velando por las necesidades de las personas.

El rol estratégico de Recursos Humanos y la relación con el Balanced Scorecard

Balanced Scorecard y Gestión por Competencias deberían implementarse de manera conjunta, ya que ambos tienen como propósito que la organización alcance sus objetivos estratégicos. Se analizará el tema desde la perspectiva del rol del área de Recursos Humanos.

Si aplicamos un imaginario zoom al gráfico siguiente y sólo observamos la zona identificada con un sombreado gris, podremos apreciar el ámbito de acción al que desde la función específica de nuestra especialidad y como resultado del desarrollo de competencias se puede aportar, no sólo para el cumplimiento de la estrategia sino incluso para el incremento final del valor accionario de la organización. Entiéndase "valor accionario" en una concepción amplia, desde el incremento del valor accionario de una empresa que cotiza en la Bolsa de cualquier país, el potencial mayor precio de venta de una empresa de cualquier tipo, hasta el mayor prestigio de una ONG o de un organismo o dependencia de gobierno.

Las tareas básicas a realizar serán:

1. Armado de un modelo adecuado de competencias en relación con la estrategia y su correspondiente asignación a puestos. En consecuencia, definición por puesto de trabajo de competencias que permitan un desempeño superior.

Mapa estratégico

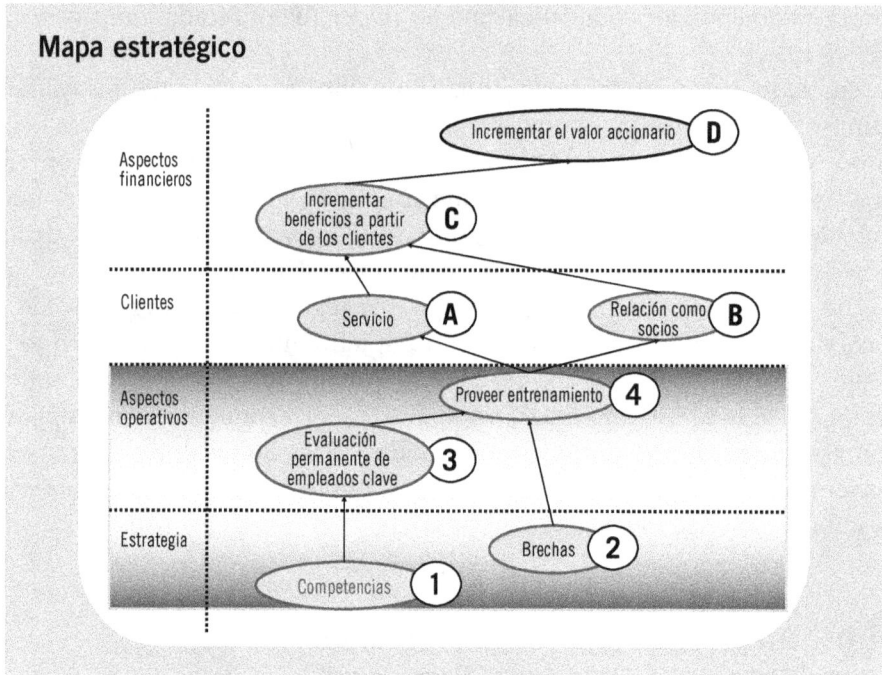

2. Determinación inicial de brechas entre competencias reales y requeridas, para encarar su desarrollo. Esta etapa se realiza a través de la evaluación de competencias de las personas que ocupan los distintos puestos de trabajo.

3. Evaluación *permanente* del personal clave para detectar y realizar un seguimiento de las brechas entre el perfil requerido para cada puesto y las competencias de la persona que lo ocupa.

4. Proveer acciones para el entrenamiento y desarrollo de estas personas.

Estos pasos son similares a los que se proponen en el momento de implantar Gestión por Competencias.

Como se desprende del gráfico de la siguiente página, el plano operativo deriva de la estrategia. Cada organización tendrá una estrategia (en el ejemplo, la de maximizar resultados a través de la venta de productos o servicios a los clientes).

Este esquema se verifica también, como ya se dijo, en organizaciones sin fines de lucro o no empresariales; lo que variará en estos casos será la estrategia, pero no la forma de alcanzar los objetivos. Igualmente, las funciones del área de Recursos Humanos o Capital Humano son, en cuanto al manejo de las personas, las mismas en todos los casos.

Funciones de Recursos Humanos en el Balanced Scorecard

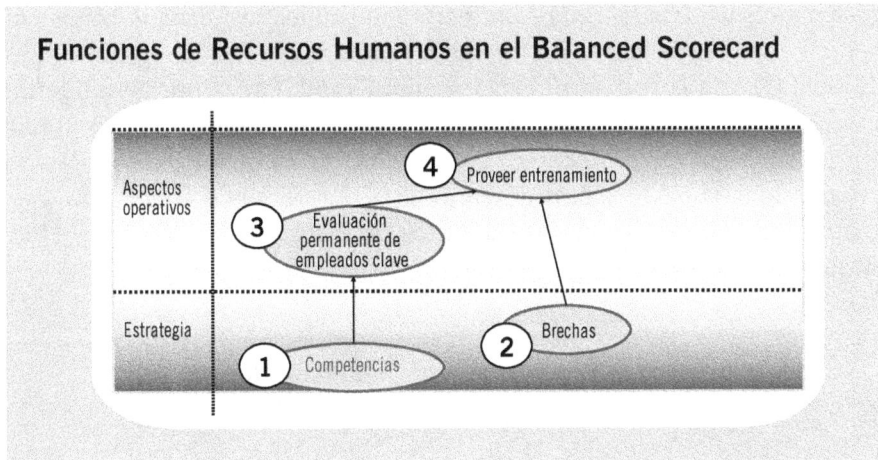

A modo de ejemplo, si el esquema anterior representara el gobierno de una ciudad, en lugar de clientes tendremos a los ciudadanos que la habitan, y para sentir a éstos "como socios" se deberá tener en cuenta cuáles son los beneficios que esperan. El resultado a obtener será la calidad de vida de los habitantes. Cambian los resultados esperados y los actores, no así la necesidad de determinar las competencias requeridas y el desarrollo permanente de las competencias de aquellos que deben realizar el servicio, en este caso, a la comunidad.

Los diferentes roles de los profesionales de Recursos Humanos

En el Capítulo 2 nos hemos referido al rol del profesional de Recursos Humanos en relación con el cambio; en éste lo haremos desde una perspectiva más global: cuál es su rol como profesional y responsable del área.

Cuanto más transitamos por el mundo de las organizaciones (como consecuencia de nuestra tarea como consultores), más nos reafirmamos en la idea de que si bien los "número uno" de las empresas dicen que "los recursos humanos son estratégicos", no hacen todo lo que está a su alcance para que así sea. Al mismo tiempo, los especialistas del área dicen que "su rol es estratégico", y esto no se verifica en los diseños de los programas que implementan.

En esta línea de pensamiento, de quienes consideramos que aún falta mucho para lograr que lo que dicen unos y otros se concrete, es que vamos a analizar los diferentes roles de los profesionales de Recursos Humanos.

© GRANICA

La obra de Dave Ulrich publicada hace unos años y titulada *Recursos Humanos Champions,* le dio al especialista de Recursos Humanos un nivel superior al vincular-lo de manera directa con la estrategia organizacional. Quizá por aquellos años, los mismos especialistas del área no se veían a sí mismos de ese modo, quizá el hecho de llamarlo "champions" (a los Recursos Humanos) fue un factor determinante frente a otras denominaciones de la época que todavía se referían al área como "de perso-nal". A su vez planteó los cuatro roles de los profesionales de Recursos Humanos, ofreciendo una visión diferente.

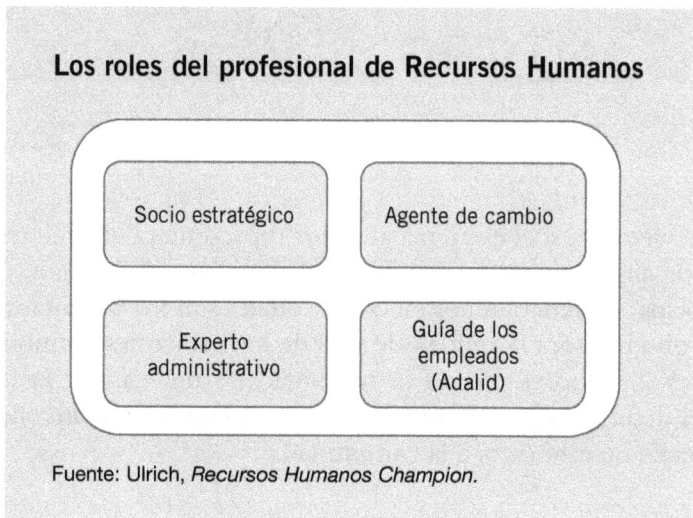

Los roles del profesional de Recursos Humanos

Socio estratégico	Agente de cambio
Experto administrativo	Guía de los empleados (Adalid)

Fuente: Ulrich, *Recursos Humanos Champion.*

Años después, ya en los 2000, definimos otro rol, que dimos en denominar "de contención", para sumarlo a los cuatro de Ulrich.

La realidad vivida con posterioridad a la publicación de la obra de Ulrich (1997) nos ha hecho reflexionar sobre si este nuevo rol que han debido asumir los profesio-nales de Recursos Humanos puede o no incluirse dentro de alguno de los allí des-criptos. Si bien esto sería posible, la relevancia del tema nos ha decidido a presentar-lo por separado.

En los nuevos tiempos, cuando casi todos los paradigmas se han roto, han cam-biado, también, ciertos roles; en este caso, más precisamente, nuevos papeles se han agregado a la función del profesional de Recursos Humanos. Ulrich definió en los noventa sus cuatro roles fundamentales: *administrador, socio estratégico, adalid de los empleados* y *agente del cambio.* Pero, como ya hemos dicho en otra parte de este libro, los tiempos cambiaron y surgen nuevas realidades (o algunas no tan nuevas) que afectan el contexto de las organizaciones. Desde hace varios años, ataques te-

4 roles de Ulrich + 1

④ **+** ①

Contención

- ✓ Socio estratégico
- ✓ Experto administrativo
- ✓ Adalid de los empleados
- ✓ Agente del cambio

Fuente: Ulrich, *Recursos Humanos Champions*

Fuente: *5 pasos para transformar una oficina de personal en un área de Recursos Humanos.*

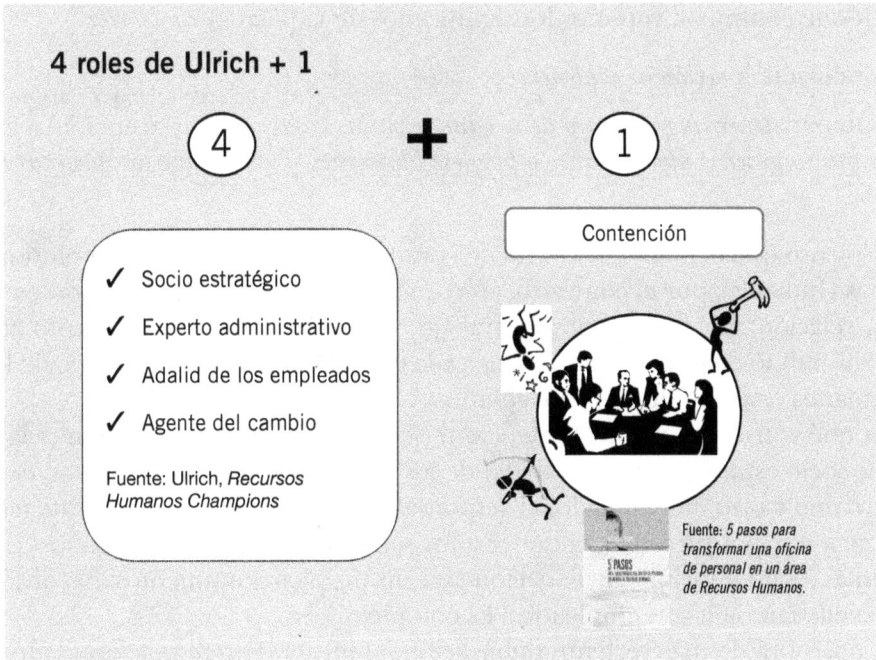

rroristas en España, de la ETA fundamentalmente; en varios países de Latinoamérica, guerrilla y secuestros de empresarios; y aquel fatídico 11 de septiembre de 2001, con la caída de las Torres Gemelas en Nueva York y otros hechos posteriores e igualmente trágicos, como por ejemplo los atentados de Madrid (marzo de 2004) y Londres (julio de 2005). Vivimos, quizá como nunca antes, en un contexto mundial signado por la violencia.

En el mismo año 2001, los Estados Unidos y el mundo entero asistieron azorados a la caída del gigante Enron, que tuvo una consecuencia casi tan inesperada como el propio escándalo de la quiebra: la desintegración de un referente de la práctica contable, el grupo Arthur Andersen. Luego siguieron otros escándalos contables, todo lo cual llevó a la pérdida de confianza del inversor norteamericano y de otras latitudes.

Estos fenómenos de inicio del tercer milenio repercutieron de manera directa sobre el personal de las compañías involucradas, de las competidoras, y del mercado en general. Frente a estos hechos, los responsables de Recursos Humanos se encontraron muchas veces sin saber qué hacer.

Llegados a este punto, el lector podrá decir: ¿todo esto qué tiene que ver con los roles del área de Recursos Humanos? En nuestra opinión, mucho.

© GRANICA

Antes de continuar, veremos los significados de la palabra *contención*.

Contención[13]: *acción de contener.*

Contener: *tener (algo) dentro de sí (una o varias cosas).* En su acepción segunda: *impedir que (alguien o algo) avance o progrese libremente;* y en la cuarta: *dominar la libre expresión.*

No pienso que el mencionado rol de contención sea exclusivo del profesional de Recursos Humanos; por el contrario, creo que es responsabilidad de todos los managers en relación con sus equipos de trabajo, y se conecta con un concepto ampliamente difundido en este momento: que cada gerente deber ser un gerente de Recursos Humanos respecto de su propia gente.

¿En qué consiste el rol de contención? Se podría decir que es una mezcla entre el rol de socio estratégico y el de adalid de los empleados, o situado a mitad de camino entre uno y otro. Por un lado, el responsable debe acompañar la estrategia de la organización, y por otro debe atender a los sentimientos de los empleados, cuidando además de no imprimir su actuación con sus propios sentimientos. No olvidemos que él o ella también son empleados. Es complejo.

En una obra de más reciente publicación, el mismo Ulrich reacomoda los roles dándoles otros nombres, sin cambiar la esencia de cada concepto: *Experto funcional* (implica "Experto administrativo"); *Asesor de los empleados* (implica "Adalid de los empleados"); *Socio estratégico* (implica "Socio estratégico"); *Desarrollador del capital humano* (implica "Adalid de los empleados").

A continuación presentaremos, basados en nuestra propia opinión y dirigiéndonos al contexto en el que será recibida esta obra, los roles de los profesionales de Recursos Humanos, según el gráfico de la siguiente página.

En base a estudios realizados, los roles y funciones de Recursos Humanos se pueden sintetizar en los siguientes aspectos centrales:

- **Estrategia.** El directivo de Recursos Humanos debe primero comprender la estrategia organizacional, para luego llevar adelante planes de acción a fin de que esa estrategia se concrete. Para ello debe desplegar su "manejo experto" de los temas de Recursos Humanos.

- **Manejo experto.** Implica no sólo conocer sobre Recursos Humanos sino ir un paso más allá: identificar las diferentes herramientas existentes (buenas prác-

---

13. Seco Reymundo, Manuel; Andrés Puente, Olimpia y Ramos González, Gabino. *Diccionario del español actual.* Aguilar - Grupo Santillana de Ediciones, Madrid, 1999.

Los roles del profesional de Recursos Humanos

ticas) y determinar cuáles de ellas son las adecuadas para la organización (o sea, las que facilitarán alcanzar la estrategia). Pero la estrategia organizacional no la llevan adelante los directivos y el área de Recursos Humanos. Para alcanzar los resultados esperados y sus objetivos estratégicos la organización cuenta con *todas* las personas que la integran (directivos y empleados). Como se vio en párrafos anteriores, las personas tienen sus propias expectativas en relación con el trabajo. Un manejo experto de los recursos humanos implica, en todos los casos, considerarlas con un enfoque *ganar-ganar*.

- **Personas.** El directivo de Recursos Humanos debe interpretar a los empleados dentro del marco organizacional. Interesarse por sus inquietudes y proyectos, analizar la satisfacción laboral y cómo compatibilizar los diferentes intereses individuales con los planes de la organización.

- **Desarrollo del talento.** Con el enfoque que se le ha dado al rol y funciones de Recursos Humanos (*ganar-ganar*), el desarrollo del talento de las personas es al mismo tiempo positivo para ellas (aumenta su autoestima, permite su autorrealización; en definitiva, cubre las necesidades superiores de la pirámide de Maslow) y para la organización (que de esa manera contará con colaboradores altamente calificados, en conocimientos y competencias, en relación con el puesto que ocupan en la actualidad y/o que ocuparán en el futuro).

© GRANICA

- **Principios éticos.** La ética debe integrar tanto la tarea diaria de todos los profesionales que trabajan en el área como el diseño de los distintos subsistemas de Recursos Humanos. Por esta razón pensamos en darle una entidad por separado mencionándolo como rol aparte de los otros.

Como puede verse fácilmente, la interrelación entre *Estrategia, Personas, Desarrollo del talento, Manejo experto y Principios éticos* no sólo es de tipo "circular", sino que cada uno de los elementos se relaciona con los otros.

Estrategia	Manejo experto
	Personas
	Principios éticos
	Desarrollo del talento
Manejo experto	Estrategia
	Personas
	Principios éticos
	Desarrollo del talento
Personas	Estrategia
	Manejo experto
	Principios éticos
	Desarrollo del talento
Desarrollo del talento	Estrategia
	Principios éticos
	Manejo experto
	Personas
Principios éticos	Estrategia
	Manejo experto
	Personas
	Desarrollo del talento

No es posible uno sin los demás. Y hay que tener en cuenta que no alcanza con el deseo de cumplir o no con los cuatro. Esto, expresado en los términos antedichos, parece algo casi obvio, pero no lo es en la práctica.

¿Cómo lograr la transformación? ¿Cómo pasar de ser un jefe o gerente de Recursos Humanos a ser un líder de RRHH?

Nuestra propuesta será simple y compleja al mismo tiempo. Simple su comprensión, y no tan simple su puesta en práctica.

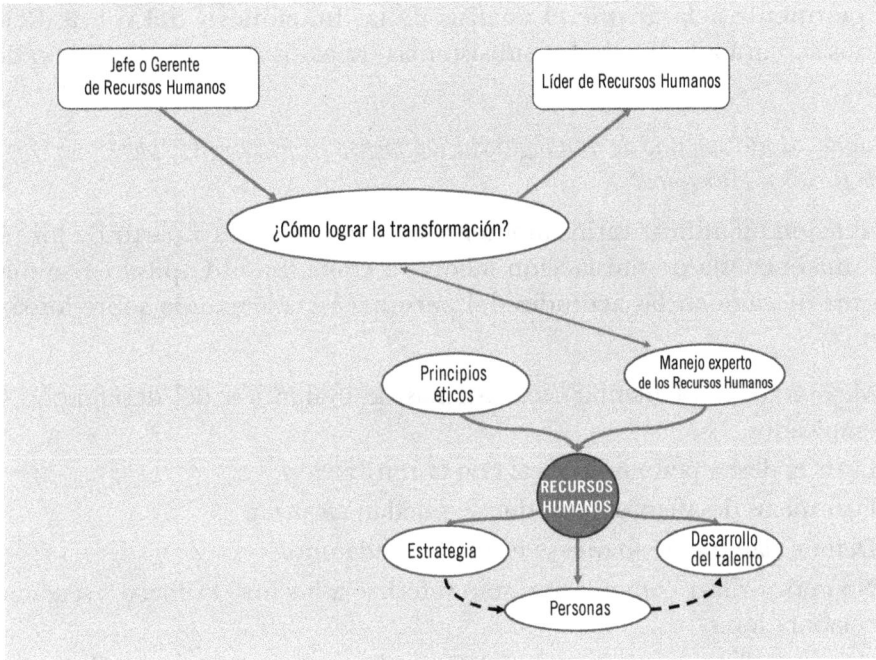

Muchos responsables de área ya han dejado el rol de ser meros "jefes de personal" y tienen a su cargo muchas de las funciones que se han descripto como propias del área de Capital Humano. Sin embargo, muchos de ellos no logran dar *el paso* y llegar a ser verdaderos referentes internos, transformarse en la persona (varón o mujer) de consulta frente a problemas complejos y decisiones estratégicas. ¿Por qué? En nuestra opinión porque les falta asumir el rol estratégico, que junto con los demás roles les permitiría asumir ese protagonismo que los tiempos exigen al área.

Nos tomaremos una licencia, ya que nos referiremos al mismo tiempo al *rol* del profesional de Recursos Humanos y a las *funciones* del área. Es casi lo mismo, pero existe un matiz diferencial: se pueden llevar a cabo las mismas funciones desde un rol u otro.

Si bien, como veremos más adelante, el rol del directivo de Recursos Humanos tiene un alcance que va más allá de lo estratégico, nuestro énfasis sobre este punto es

© GRANICA

por la dificultad que en muchos casos se observa, no sólo para actuar de manera estratégica sino para comprender la esencia de lo que esto implica. Por lo tanto, nos referiremos a las funciones desde una perspectiva estratégica, juntamente con un manejo experto que permita lograr esa ecuación *ganar-ganar* en la relación empleado-empleador.

Es pertinente aclarar que el análisis de las funciones y del rol de Recursos Humanos se hará a la luz de los subsistemas de RRHH definidos al inicio de este capítulo.

¿Cuándo el número uno de una organización piensa en revisar (o implementar) los subsistemas de Recursos Humanos?

Se pueden identificar varios momentos. Uno de ellos es a partir de los resultados de una encuesta de satisfacción laboral o clima. En el Capítulo 4 se dijo que una forma de cambiar las actitudes del personal sería actuando sobre los siguientes puntos:

- Mejorar (o implementar) los sistemas de evaluación del desempeño de los empleados.
- Ligar el desempeño individual con la retribución.
- Fijar metas desafiantes pero que se puedan alcanzar.
- Definir claramente lo que se espera de cada uno.
- No personalizar comentarios, sólo referirse a hechos. Primero, escuchar a los colaboradores.
- Dar retroalimentación sobre el desempeño.
- Dar muestras claras de atención e interesarse por las opiniones de los empleados.
- Dar a los colaboradores oportunidades de participar en la toma de decisiones.
- Mostrar aprecio por las actitudes de esfuerzo y compromiso de los empleados.

No está de más recordar –también tratado en el mismo capítulo– cómo la baja satisfacción laboral se relaciona directamente con el incremento de los índices de rotación, ausentismo e impuntualidad.

Otros "momentos" en los que los directivos de una organización pueden interesarse por los subsistemas de Recursos Humanos son, entre otros:

- Cuando se presentan problemas con las remuneraciones. Ejemplo 1: un área tiene mejores salarios que otra y eso crea disconformidad en los empleados. Ejemplo 2: renuncia un empleado porque recibe una mejor oferta de otra empresa.

- Cuando existen problemas entre áreas. Ejemplo: se retrasan los envíos a los clientes porque los vendedores se exceden en los límites de crédito o porque no trabajan de manera coordinada la fábrica con el despacho.

Ahora bien, cuando una organización cuenta con un directivo de Recursos Humanos los subsistemas son considerados en todos los casos anteriores y en muchos más. Lo analizaremos en detalle en los puntos siguientes.

El enfoque ganar-ganar

Cuando los subsistemas se diseñan con un enfoque adecuado, respetando al mismo tiempo los valores, la estrategia organizacional, las capacidades de las personas y sus proyectos personales, con una puesta en práctica derivada de un manejo experto y trabajando de manera permanente en el desarrollo de las capacidades de las personas, la organización es dirigida con un enfoque *ganar-ganar*. Cuando están bien diseñados, los subsistemas de Recursos Humanos resultan beneficiosos tanto para el empleado como para la organización.

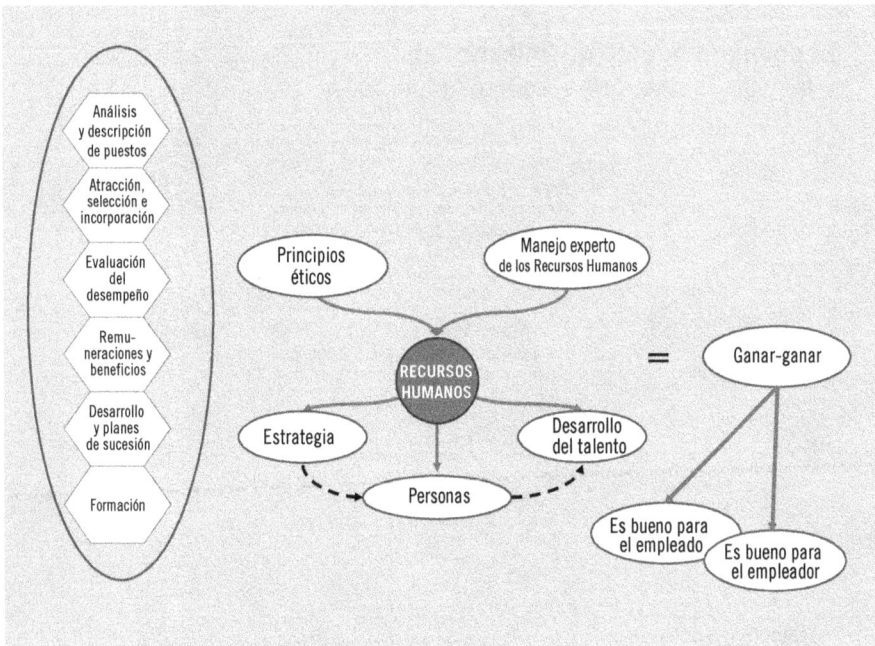

Con este enfoque se verán a continuación todos los temas tratados hasta aquí y su relación tanto con las funciones como con los roles de Recursos Humanos.

© GRANICA

El rol de Recursos Humanos en relación con cada uno de los capítulos de esta obra

Qué es comportamiento organizacional y el rol de Recursos Humanos

El comportamiento organizacional tiene una estrecha relación con los subsistemas de Recursos Humanos, y si en algún punto debe ser modificado, deberá abordarse desde esta perspectiva.

Las organizaciones definen su misión, visión, valores y planes estratégicos. Estos conceptos deben reflejarse en las descripciones de puestos. Todos los puestos de la organización deben ser descriptos en un documento, y los distintos puestos deben estar diseñados de tal modo que permitan a la organización alcanzar sus objetivos. Si bien muchas organizaciones inician sus actividades sin realizar estos análisis de fondo sobre sus objetivos, en algún momento este estudio se hace imprescindible.

El comportamiento organizacional y los subsistemas de Recursos Humanos

Análisis y descripción de puestos
- La estructura organizacional se refleja en una adecuada descripción de puestos.
- Las descripciones de puestos deben permitir alcanzar la visión y los planes estratégicos de la organización.

DIRECCIÓN ESTRATÉGICA DE RECURSOS HUMANOS

Atracción, selección e incorporación
- Las personas seleccionadas deben responder a la descripción del puesto tanto en conocimientos como en competencias.

Evaluación del desempeño
- Las evaluaciones del desempeño indican a las personas cómo están haciendo las cosas.

Desarrollo y planes de sucesión   Formación
- Desarrollo de personas, planes de carrera y planes de sucesión junto con los programas de Formación, conforman el comportamiento organizacional.

En una primera instancia se debe analizar la correlación entre los puestos y la estrategia organizacional, que debe verse reflejada en los diferentes puestos de la organización, en las tareas y en los objetivos a alcanzar por sus integrantes. A partir del subsistema de *Análisis y descripción de puestos* se pueden poner en marcha los restantes subsistemas de Recursos Humanos, desde *Selección* hasta *Evaluación del desempeño* y *Desarrollo*.

Como se desprende del gráfico anterior, tanto la selección de personas como la evaluación de su desempeño y los planes de desarrollo y sucesión, así como los de capacitación y entrenamiento, deberán ser llevados a cabo, en todos los casos, en relación con las descripciones de puestos.

A partir del cuadro siguiente, y para los temas que veremos a continuación, hemos elaborado una tabla en cuya primera columna se consignarán los temas de cada uno de los capítulos de la obra (desde el 1 hasta el 5), y en la segunda un breve comentario con sugerencias sobre qué debería hacer el área de Recursos Humanos con relación a cada tema.

Temas del Capítulo 1	Sugerencias para el área de Recursos Humanos
Introducción al estudio del comportamiento organizacional	Relacionar los conceptos teóricos con la propia organización.
¿Qué factores o fuerzas componen el comportamiento organizacional?	
Conceptos fundamentales del comportamiento organizacional	
Modelos de comportamiento organizacional	Analizar los distintos modelos en relación con la propia cultura organizacional. Implica, además, evaluar si la propia cultura debe ser modificada de algún modo.
Cultura organizacional	
Desarrollo organizacional	Relacionar este aspecto con el Capítulo 7.
Implicancias de la globalización en el comportamiento organizacional	Determinar qué puntos de conexión tiene el contexto global con la estrategia organizacional. En la actualidad son muy pocas las organizaciones que no han sido alcanzadas de un modo u otro por esta realidad.
Aspectos a tener en cuenta en el comportamiento organizacional	Los diagnósticos deben ser, en todos los casos, relacionados con acciones concretas.
Cómo hacer un diagnóstico y diseñar posibles soluciones	Relacionar este punto con el Capítulo 7. Las buenas prácticas son, precisamente, buenas prácticas. Un directivo de rrhh que posea un "manejo experto" de su especialidad deberá poder discernir cuáles conviene implementar en la organización.

© GRANICA

De acuerdo con lo expuesto en el cuadro precedente, la conclusión general sobre la temática del Capítulo 1, referido al análisis del comportamiento organizacional y la consecuente necesidad de modificación o cambio en la organización, es, en nuestra opinión, que a través de la implantación de la metodología de Gestión por Competencias se puede llevar a cabo dicho análisis y la correspondiente transformación. Cuando en los modelos de competencias éstas representan el cambio de comportamiento organizacional que se desea alcanzar, la transformación se hace posible.

Los manuales de comportamiento organizacional disponibles en idioma español, usualmente de autores norteamericanos, describen muy bien el fenómeno del comportamiento en las organizaciones, pero destinan la mayor parte de sus páginas a describirlo y muy pocas a decir cómo se logra cambiarlo. En general sólo dicen que se consigue a través del aprendizaje, lo cual es cierto, pero insuficiente.

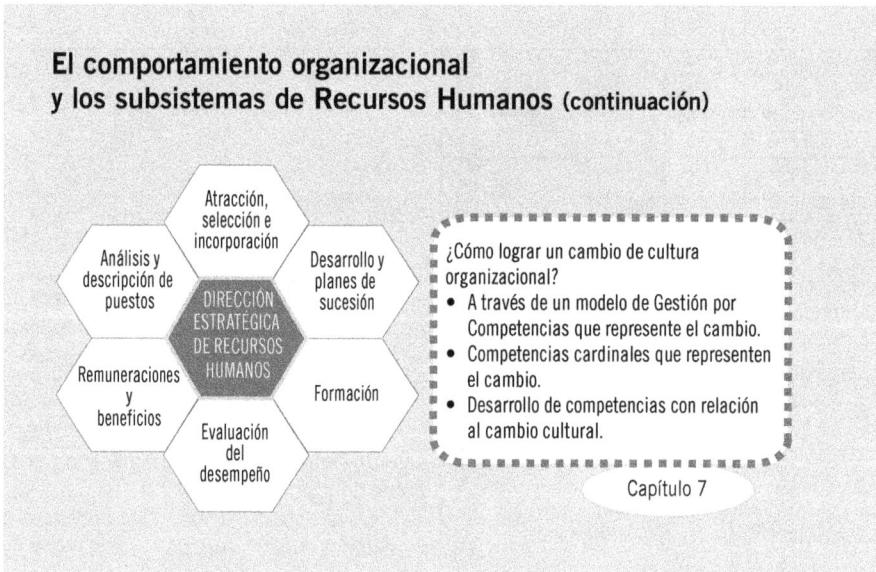

**El comportamiento organizacional
y los subsistemas de Recursos Humanos** (continuación)

Atracción, selección e incorporación

Análisis y descripción de puestos

Desarrollo y planes de sucesión

DIRECCIÓN ESTRATÉGICA DE RECURSOS HUMANOS

Remuneraciones y beneficios

Formación

Evaluación del desempeño

¿Cómo lograr un cambio de cultura organizacional?
• A través de un modelo de Gestión por Competencias que represente el cambio.
• Competencias cardinales que representen el cambio.
• Desarrollo de competencias con relación al cambio cultural.

Capítulo 7

En síntesis, y de acuerdo con nuestra propuesta, para el cambio de comportamientos, de cultura organizacional y lo que algunos autores denominan "desarrollo organizacional", entendemos que el mejor camino es a través de la implantación de un modelo de competencias, el cual deberá reflejar el nuevo comportamiento organizacional que se desee alcanzar.

El cambio en las organizaciones y el rol de Recursos Humanos

El cambio, que puede fundamentarse en motivos diversos, implica, en la mayoría de los casos, cambio cultural. En nuestra opinión, cuando una organización se disponga a encarar cualquier cambio de relevancia deberá, al mismo tiempo, reformular su modelo de competencias. Las competencias que permitan alcanzar ese cambio deberán verse reflejadas en las respectivas descripciones de puestos.

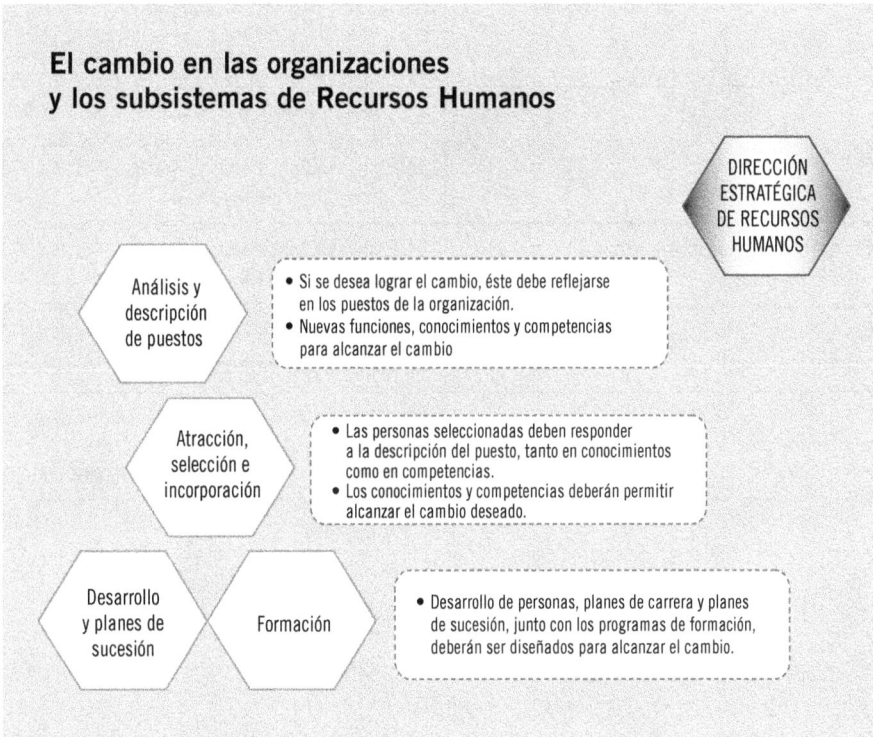

El cambio en las organizaciones y los subsistemas de Recursos Humanos

DIRECCIÓN ESTRATÉGICA DE RECURSOS HUMANOS

Análisis y descripción de puestos
- Si se desea lograr el cambio, éste debe reflejarse en los puestos de la organización.
- Nuevas funciones, conocimientos y competencias para alcanzar el cambio

Atracción, selección e incorporación
- Las personas seleccionadas deben responder a la descripción del puesto, tanto en conocimientos como en competencias.
- Los conocimientos y competencias deberán permitir alcanzar el cambio deseado.

Desarrollo y planes de sucesión
Formación
- Desarrollo de personas, planes de carrera y planes de sucesión, junto con los programas de formación, deberán ser diseñados para alcanzar el cambio.

Como en todos los casos, una vez que se han incorporado las competencias requeridas para lograr un cambio –puede ser la competencia *Adaptabilidad al cambio* u otra, según corresponda– la selección de personas se realizará en función de los nuevos descriptivos de puestos.

Por último y en relación con las personas que ya trabajan en la organización, se deberán adaptar los subsistemas relacionados con el desarrollo de personas. Con toda la dificultad que esto representa, el desarrollo de competencias es posible y debe ser contemplado en los planes de formación. Asimismo, los planes de sucesión deberán ser revisados en función de los nuevos descriptivos.

© GRANICA

Temas del Capítulo 2	Sugerencias para el área de Recursos Humanos
Cambio: ficticio o real	La comprensión del fenómeno del cambio y la relación con la propia organización será de mucha utilidad para el diseño del modelo de competencias más apropiado.
Distintos tipos de cambio	
Respuesta global al cambio	
Cambiar la forma en que cambiamos	La resistencia al cambio deberá ser analizada para comprender mejor la situación y determinar si se trata de la "resistencia natural" o responde a otras causas. Si existen otras causas, ¿son resorte de Recursos Humanos?
Resistencia al cambio	La participación es siempre una buena idea; puede ser a través de programas específicos, como Empowerment, o trabajando con el Rol del jefe (Capítulo 3).
Administración del cambio a través de Recursos Humanos	El directivo de Recursos Humanos puede ser el impulsor de ciertos programas del área en relación con la estrategia organizacional. De este modo, al conectar la estrategia con las personas, se puede alcanzar el objetivo deseado.
El profesional de Recursos humanos como agente del cambio	
Patrones de comportamiento	La metodología de Gestión por Competencias (Capítulo 7) se basa en los patrones de comportamiento. Es una forma de lograr el cambio.

El poder en las organizaciones y el rol de Recursos Humanos

Las personas que integran una organización pueden ser –al mismo tiempo– empleados y directivos o jefes, según los diferentes puestos. Las relaciones jerárquicas, así como la estructura de la organización, juntamente con las responsabilidades y tareas de cada posición, deben estar claramente definidas en las *descripciones de puestos*. La mejor manera de encauzar adecuadamente "el poder en las organizaciones" es a través de un adecuado *Manual de Puestos*. Igualmente, cuando se implementen métodos de conducción –por ejemplo, Empowerment–, este tipo de prácticas deben ser reflejadas en las descripciones de puestos.

La relación jefe-empleado, así como la tarea de mantener "vivo" el contrato psicológico, son aspectos cotidianos en la vida de las organizaciones. Trabajar sobre el *Rol del jefe* es un muy adecuado camino a seguir con relación a estos temas. Como se vio en el Capítulo 3, uno de los puntos que se tratan dentro de esta variante que hemos denominado *Rol del jefe* es la evaluación del desempeño de los colaboradores. Las personas necesitan saber cómo están haciendo las cosas, y será su jefe directo la persona más adecuada para informarlos al respecto. Asimismo, las *evaluaciones de desempeño* donde se evalúen comportamientos, junto con la *administración por objetivos*, serán dos de las "buenas prácticas" sugeridas para una adecuada relación empleado-empleador con el enfoque *ganar-ganar* que rige nuestra propuesta de conducción de personas.

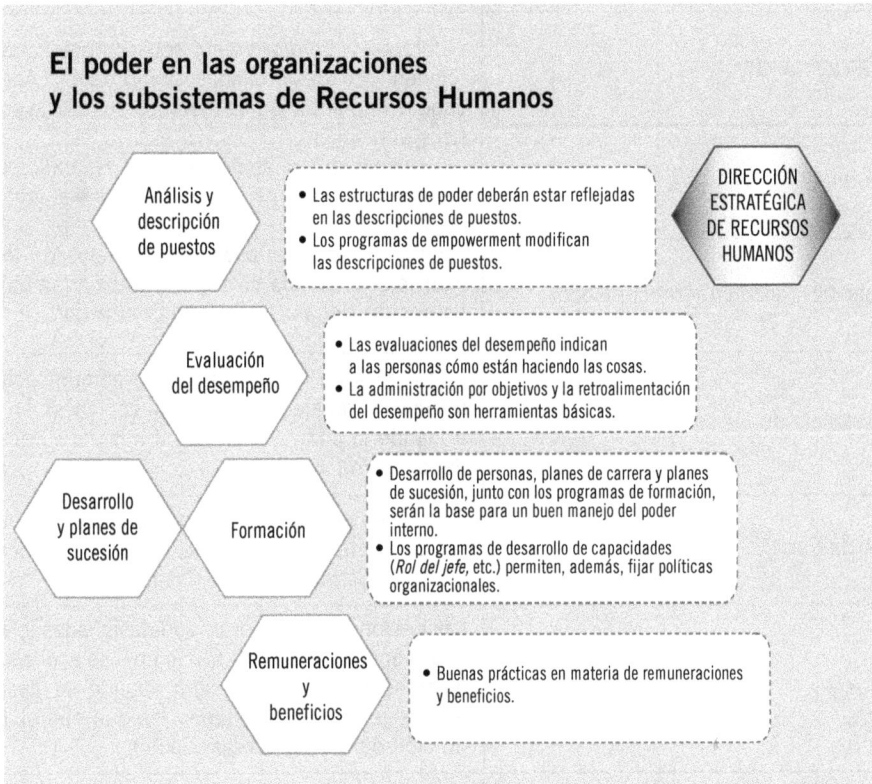

El poder en las organizaciones y los subsistemas de Recursos Humanos

Análisis y descripción de puestos
- Las estructuras de poder deberán estar reflejadas en las descripciones de puestos.
- Los programas de empowerment modifican las descripciones de puestos.

DIRECCIÓN ESTRATÉGICA DE RECURSOS HUMANOS

Evaluación del desempeño
- Las evaluaciones del desempeño indican a las personas cómo están haciendo las cosas.
- La administración por objetivos y la retroalimentación del desempeño son herramientas básicas.

Desarrollo y planes de sucesión **Formación**
- Desarrollo de personas, planes de carrera y planes de sucesión, junto con los programas de formación, serán la base para un buen manejo del poder interno.
- Los programas de desarrollo de capacidades (*Rol del jefe*, etc.) permiten, además, fijar políticas organizacionales.

Remuneraciones y beneficios
- Buenas prácticas en materia de remuneraciones y beneficios.

Los programas de *Liderazgo, Empowerment* y otros sugeridos por el management actual se relacionan, en todos los casos, con los subsistemas de *Desarrollo de personas* y *Capacitación y entrenamiento.* No es posible llevar adelante ninguno de ellos sin acompañarlos con programas de *Desarrollo de competencias.*

No compartimos una opinión generalizada entre nuestros colegas, acerca de que todas las personas deben poseer un alto grado de la competencia *Liderazgo.* Las organizaciones necesitan uno o dos verdaderos líderes; el resto de los niveles de conducción deben poseer una competencia que podríamos denominar *Conducción de personas.* El liderazgo, en su verdadera concepción, no es necesario en todos los niveles.

Temas del Capítulo 3	Sugerencias para el área de Recursos Humanos
El comportamiento de los supervisores y directivos	El primer aspecto a tener en cuenta en relación con todos los temas del Capítulo 3 es tener la certeza de que los descriptivos de puestos están actualizados y que los empleados y sus jefes los conocen.
Liderazgo y motivación	*Liderazgo y Empowerment* son competencias que pueden ser desarrolladas como tales. Además, cabe la implantación de métodos de trabajo específicos al respecto.
Empowerment	Las buenas prácticas de Recursos Humanos incrementan la motivación de las personas, al igual que la participación.
Participación. Relación jefe-empleado	Las temáticas de empowerment, liderazgo y la relación jefe-empleado se sugiere trabajarlas bajo las figuras de *Rol del jefe* y *Jefe entrenador.*
La importancia de las comunicaciones	La mayoría de los problemas de comunicación se resuelven trabajando en dos direcciones: 1) desarrollando la competencia en sí misma; 2) desarrollando el *Rol del jefe.*
Equipos de trabajo	*Trabajo en equipo* es una competencia que puede ser desarrollada y se relaciona con otras (por ejemplo, *Comunicación* y *Colaboración*).
Rol del jefe	Las personas –en general– son designadas jefes sin una preparación previa. Por lo cual se aconseja trabajar esta temática no sólo cuando se designen nuevos jefes sino con todos los que cumplan esa función dentro de la organización.
Jefe entrenador	Cuando se desea trabajar con miras al largo plazo, siempre es una buena idea desarrollar la competencia Entrenador en todas las personas que tengan la función de supervisar a otras. Se recomienda trabajar al mismo tiempo *Jefe entrenador* y *Rol del jefe,* en especial provocando un efecto en cascada desde la máxima conducción.
Mentoring y programas de tutoría	Los programas de mentoring se encuentran dentro de las buenas prácticas de Recursos Humanos y es aconsejable su puesta en práctica luego de que se alcance un adecuado desarrollo de los subsistemas de RRHH.

El comportamiento de los individuos en las organizaciones y el rol de **Recursos Humanos**

El punto de partida para cualquier programa de desarrollo de competencias es dar a cada persona su descriptivo de puesto, donde, además de las tareas y responsabilidades de la posición que ocupa, se le indiquen las competencias necesarias junto con el nivel requerido de cada una de ellas. Esta información se complementa con un documento que se denomina "Diccionario de comportamientos", donde se presentan los patrones de comportamiento esperados con respecto a su puesto.

Las personas deben saber qué se espera de ellas, y la mejor manera de que eso ocurra es a través de los descriptivos de puestos, donde se indiquen las tareas a realizar y los comportamientos esperados. Cuando los subsistemas de Recursos Humanos están en plena utilización, las personas son seleccionadas de acuerdo con los descriptivos de puestos, ya que la adecuación persona-puesto es fundamental. Una persona se siente mejor y su nivel de satisfacción es más alto cuando el puesto que ocupa es adecuado respecto de sus capacidades (conocimientos y competencias). Una organización alcanza sus objetivos (misión, visión y planes estratégicos) cuando las personas que ocupan los distintos puestos poseen las capacidades (conocimientos y competencias) que cada posición requiere.

Las personas necesitan y esperan que se les diga cómo están haciendo las cosas, y esto se encauza a través de la *evaluación del desempeño*. Usualmente esta evaluación se combina con la *administración por objetivos*. Ambas herramientas ayudan a las personas a desempeñar mejor sus funciones.

En la moderna concepción de estos temas se estima que los empleados tienen el derecho a que se evalúe su desempeño, en contraposición a una creencia desactualizada que consideraba que los empleadores tenían el derecho de evaluar el desempeño. El concepto actual se relaciona con el contrato psicológico ya mencionado.

Cuando la adecuación persona-puesto no sea la adecuada y existan brechas entre el desempeño esperado y el de la persona que ocupa el puesto (brechas que pueden referirse tanto a conocimientos como a competencias, o a ambos tipos de capacidades), las organizaciones deben diseñar programas específicos para solucionar el problema. Igualmente, deben diseñarse planes de sucesión y carrera que contemplen las necesidades y capacidades de los colaboradores.

En todos los casos, insistimos, con un enfoque *ganar-ganar*. Que sea al mismo tiempo positivo para el empleado y para la organización.

Por último, el subsistema de *Remuneraciones y beneficios* debe estar diseñado para cuidar la equidad interna en una primera instancia y, luego, la externa. En este aspecto, puede darse el caso que la organización –por alguna razón– no pueda situarse en el nivel del mercado de remuneraciones. Si lo analiza, podrá contrarrestar esta difi-

© GRANICA

cultad de algún modo. Si no se hace ese tipo de estudio, no se atenderá un tema vital en la buena relación empleado-empleador.

Si bien el dinero no es la única motivación de las personas al trabajar, es un tema sensible. Cuando la equidad interna, por ejemplo, no se verifica, puede ser un factor de alta insatisfacción laboral.

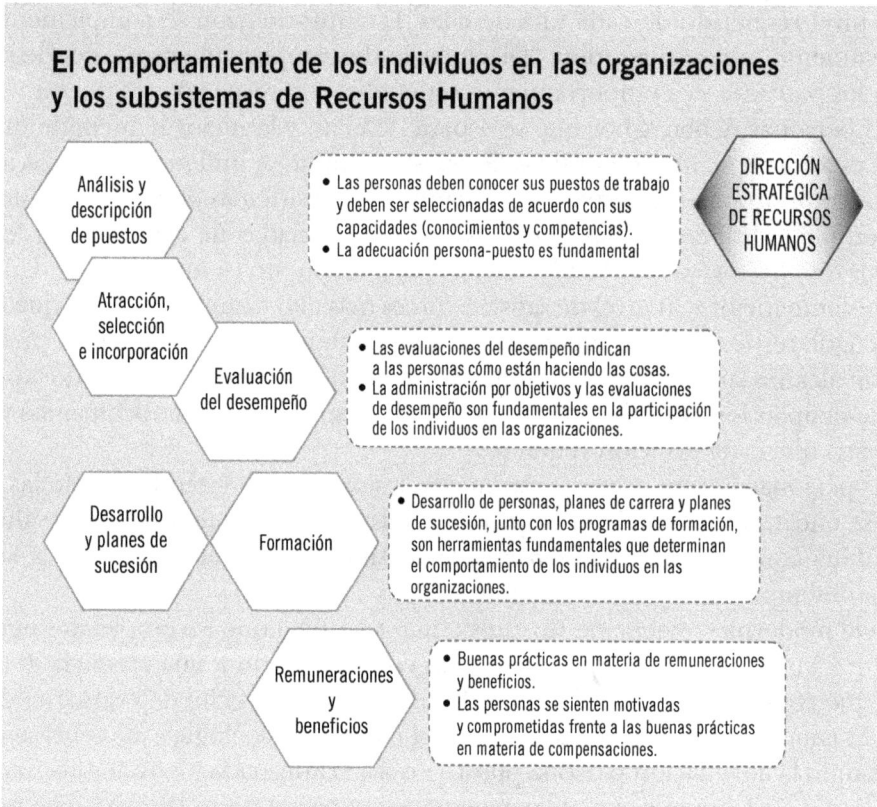

El comportamiento de los individuos en las organizaciones y los subsistemas de Recursos Humanos

Análisis y descripción de puestos

- Las personas deben conocer sus puestos de trabajo y deben ser seleccionadas de acuerdo con sus capacidades (conocimientos y competencias).
- La adecuación persona-puesto es fundamental

DIRECCIÓN ESTRATÉGICA DE RECURSOS HUMANOS

Atracción, selección e incorporación

Evaluación del desempeño

- Las evaluaciones del desempeño indican a las personas cómo están haciendo las cosas.
- La administración por objetivos y las evaluaciones de desempeño son fundamentales en la participación de los individuos en las organizaciones.

Desarrollo y planes de sucesión

Formación

- Desarrollo de personas, planes de carrera y planes de sucesión, junto con los programas de formación, son herramientas fundamentales que determinan el comportamiento de los individuos en las organizaciones.

Remuneraciones y beneficios

- Buenas prácticas en materia de remuneraciones y beneficios.
- Las personas se sienten motivadas y comprometidas frente a las buenas prácticas en materia de compensaciones.

Nuevas tendencias en management y el rol de Recursos Humanos

Las nuevas tendencias en management indican como un camino a seguir la puesta en marcha, de manera conjunta y combinada, de las nuevas tecnologías.

Para ello el directivo de Recursos Humanos deberá, antes que nada, tener un manejo experto de los diferentes temas. Esto no implica manejar "al detalle" las distintas tecnologías, sino conocer sus beneficios y posibles aplicaciones dentro de las

Temas del Capítulo 4	Sugerencias para el área de Recursos Humanos
Comportamientos individuales y su interacción	Las motivaciones humanas (en general) y de los empleados en particular, deben ser analizadas y consideradas.
Las necesidades del ser humano	
Las características particulares de los individuos	Los distintos aspectos mencionados en estos puntos deben ser considerados en el diseño de los distintos subsistemas de Recursos Humanos.
La percepción individual y organizacional	
La persona como un todo	
Motivación. Sentido de pertenencia. Necesidad de reconocimiento	
Cómo relacionar la satisfacción laboral con el comportamiento	Las personas son diferentes entre sí y tienen distintas motivaciones frente al trabajo y otras esferas de actividad. Esto se debe tener en cuenta en todo momento. Poner en práctica estudios de satisfacción laboral permitirá poner en marcha mejoras en los subsistemas de Recursos Humanos. Se recomienda, además, administrar encuestas complementarias sobre valores y proyectos personales.
La relación de la organización con los empleados	Realizar programas en relación con los niveles de conducción. Son de uso frecuente los de empowerment, que implican: 1) cambios en los procedimientos que pueden modificar los descriptivos de puestos, y 2) el desarrollo de la competencia *Empowerment* (y otras relacionadas) en todas las personas, tanto directivos como empleados. Se relaciona con las encuestas de satisfacción laboral, en las que surgen como problemas habituales el desempeño de los jefes, el grado de delegación, de comunicación, etc.
Las personas y los diferentes tipos de carrera dentro de una organización	Se ha propuesto el estudio de la correlación entre los proyectos de las personas y los de la organización. Este aspecto tiene directa relación con los distintos tipos de carrera.
El conflicto en las organizaciones	El conflicto, así como el comportamiento de los individuos frente al poder (por ejemplo, resistencia), son temas que pueden o bien representar una oportunidad de crecimiento y mejora o bien un área de bajo confort o problema. Las organizaciones deben estar muy atentas al respecto. Prever posibles situaciones (y solucionarlas) será parte del rol del profesional de Recursos Humanos.

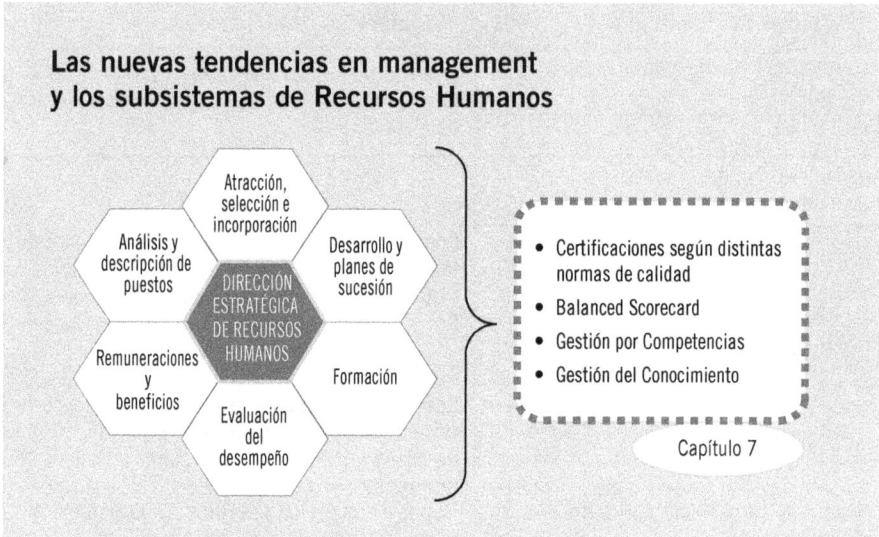

Las nuevas tendencias en management y los subsistemas de Recursos Humanos

diversas organizaciones. Es frecuente que las empresas contraten especialistas en Calidad o en Gestión del Conocimiento (sólo por mencionar dos ejemplos), que individualmente pueden ser buenos cada uno en lo suyo y, sin embargo, el resultado final no es satisfactorio, ya que no se integran las tecnologías entre sí y (lamentablemente es también muy habitual) no representan los verdaderos planes estratégicos de la organización.

Por lo tanto, el rol integrador lo debe desempeñar el directivo de Recursos Humanos, cumpliendo los cinco roles descriptos en párrafos anteriores: Estrategia, Personas, Desarrollo del talento, Manejo experto y Principios éticos.

Temas del Capítulo 5	Sugerencias para el área de Recursos Humanos
Las tecnologías y el comportamiento organizacional	Un profesional experto debe estar informado sobre las nuevas tendencias en management. No se requiere ser un experto en cada una de ellas, sino conocer sus ventajas y posibilidades de aplicación. Las tecnologías son buenas en sí mismas; sin embargo, si no se aplican adecuadamente pueden ser desde inocuas hasta perjudiciales.
Gestión del Conocimiento	
Cuadro de Mando Integral (Balanced Scorecard)	
Gestión de Recursos Humanos por Competencias	

El perfil del especialista en Recursos Humanos: conocimientos y competencias requeridos para afrontar los desafíos del siglo XXI

La formación universitaria de los especialistas en Recursos Humanos es diversa y varía según los países y la edad de los individuos que asumen esta función. Si bien no se discute que la temática se encuentra dentro las Ciencias de la Administración, no siempre es esta profesión la más frecuente entre los especialistas de RRHH; por ejemplo, en la Argentina, abundan los profesionales de la Psicología que deben aprender, para responder a la función de Recursos Humanos, todo lo relativo al mundo de las organizaciones, ya que la formación que han recibido está enfocada a la clínica (como el propio Ministerio de Educación de Argentina lo define, la profesión de psicólogo está diseñada como soporte de la medicina). Pero la formación en Psicología puede ser diferente; en algunos países existe formación de grado con enfoque organizacional.

En los últimos años se han incorporado al mercado carreras universitarias específicas en relación con la temática de Recursos Humanos.

En muchos países de Latinoamérica es frecuente encontrar que los especialistas en Recursos Humanos o Capital Humano son ingenieros o administradores. Para muchas de las tareas a realizar en el área de Recursos Humanos, además de la carrera universitaria importará la experiencia que se adquiera para manejar los diversos temas; por ejemplo, en selección será importante la experiencia organizacional para encarar muchas de las etapas, desde hacer una buena recolección de información en el momento de definir el perfil, hasta la elección de las fuentes de reclutamiento más adecuadas y, desde ya, la entrevista. Lo mismo aplica para la detección de necesidades de capacitación, etc.

A continuación, y basados en una experiencia de muchos años de trabajo profesional, en el transcurso de las cuales hemos conocido a gran cantidad de profesionales y directivos de Recursos Humanos o Capital Humano de todos los países hispanoparlantes (y también de otros, por supuesto), brindaremos un listado enunciativo de las principales características que resultan adecuadas para ser un ejecutivo del área en el siglo XXI. Agruparemos los ítems en *conocimientos* y *competencias*.

Conocimientos para una gestión estratégica de Recursos Humanos que agregue valor

- Recursos Humanos y management, en profundidad.
- Administración general. Lineamientos generales de planeamiento y control de la producción, de marketing y comercialización.

© GRANICA

- Cuantitativos, en general. En particular, sobre nuevos enfoques matemáticos en relación con la incertidumbre[14].
- Contables y financieros.
- Planeamiento y presupuestos.
- Programación de proyectos.
- Economía nacional e internacional, desde sus dos perspectivas, macroeconómica y microeconómica.
- Política. De su país, regional, internacional.
- Legales. Derecho comercial, de familia, de trabajo (por citar sólo lo más importante). Conocimiento general de legislación específica para su área de actividad.
- Conocimientos sobre el tipo de negocio o actividad específica de la organización que integra, así como conocimiento general sobre el segmento de la economía donde ésta tenga su marco de actuación.
- Manejo expero de los utilitarios informáticos básicos: procesador de texto, planillas de cálculos, software para presentaciones, etc.
- Manejo experto de Internet. (Parece obvio, pero no lo es.)

Competencias para una gestión estratégica de Recursos Humanos que agregue valor

No es posible definir un único perfil por competencias para ser un buen directivo de Recursos Humanos, ya que las organizaciones son muy diferentes entre sí. De todos modos, dejaremos constancia de algunos elementos básicos en concordancia con todo lo expuesto anteriormente en el presente capítulo.

Algunas de las principales competencias (se presentan sin un orden específico):

- Visión de negocios o Pensamiento estratégico.
- Capacidad de comprender a los demás.
- Calidad de trabajo y Credibilidad técnica.

---

14. La autora ha realizado un trabajo, en el marco del Doctorado de la Universidad de Buenos Aires, aplicando conjuntos borrosos *(fuzzy set)* a diversas prácticas de Recursos Humanos y Gestión por Competencias en particular, en relación con los siguientes temas:
- Conjuntos borrosos y selección de personal.
- Conjuntos borrosos y la implementación de gestión por competencias.
- Conjuntos borrosos y el inventario de competencias del personal.
- Conjuntos borrosos y la función de Desarrollo de recursos humanos.
Los interesados en conocer el *paper* completo lo encontrarán en el sitio www.marthaalles.com

- Búsqueda de información.
- Flexibilidad.
- Orientación al cliente interno y externo.
- Orientación a resultados.
- Integridad y Ética.
- Responsabilidad y Autocontrol.
- Conocimiento de la industria y el mercado.
- Comprensión del negocio del cliente.
- Comunicación eficaz.
- Influencia y Negociación.
- Cosmopolitismo (interno y externo).

Las definiciones de algunos de estos conceptos los encontrará en el *Diccionario de competencias. La trilogía. Tomo 1,* y las conductas relacionadas o comportamientos observables de estas competencias los podrá hallar en *Diccionario de comportamientos. La trilogía. Tomo 2.*

Los conocimientos y competencias enunciados responden a varios criterios en forma simultánea, desde cuáles son las capacidades necesarias para llevar a cabo las tareas más usuales del área dep Recursos Humanos (contratar personas, participar en la apertura o cierre de nuevas fábricas o sucursales, planear y controlar los gastos del sector, etc.), hasta un rol verdaderamente estratégico (como participar en los nuevos proyectos de la organización, aun en aquellos que, en principio, no se relacionan con el área de Recursos Humanos).

En base a este enfoque, serán necesarios todos o algunos de los conocimientos y competencias mencionados.

Síntesis del capítulo

✓ Los factores que componen el comportamiento organizacional se pueden agrupar en: entorno directo, entorno global, y los que se relacionan con la organización en sí, como: personas, estructura y tecnología. Los dos primeros de este último grupo de factores (personas y estructura) tienen relación directa con los subsistemas de Recursos Humanos. La tecnología también, pero de manera indirecta y, además, suele estar en el ámbito del área específica.

✓ Para su estudio en este capítulo se reemplazan los conceptos *personas* (*individuos* y *grupos*) y *estructura* (*puestos* y *relaciones*) –que componen el comportamiento organizacional– por los subsistemas de Recursos Humanos que se ocupan de estos temas.

✓ Los subsistemas de Recursos Humanos son seis: 1) Análisis y descripción de puestos; 2) Atracción, selección e incorporación de personas; 3) Evaluación del desempeño; 4) Remuneraciones y beneficios; 5) Desarrollo y planes de sucesión, y 6) Formación.

✓ El concepto de *stakeholders* refiere al conjunto de personas e instituciones que ostentan algún tipo de interés legítimo en una organización determinada. No sólo incluye a los accionistas, sino también a los suministradores de recursos financieros y factores de producción, como mano de obra y materiales.

✓ El *contrato psicológico* refiere a la suma de expectativas no escritas, tanto del empleado como del empleador, sobre las que se sustancia la relación laboral. Este *contrato* se mantiene en el tiempo siempre y cuando esas expectativas mutuas se vayan cumpliendo. Al contrato psicológico se añade el contrato económico, por efecto del cual tiempo, talento y energía se cambian por dinero, horarios y condiciones de trabajo razonables.

✓ El directivo de Recursos Humanos deberá tener en cuenta la visión y los planes estratégicos de la organización en el diseño de los subsistemas de Recursos Humanos. La expresión "tener en cuenta" la utilizamos en un sentido amplio: comprender, tomar como propio, consustanciarse con, etc. Todo lo antedicho para que, luego, esta visión sea incorporada a los distintos procedimientos y métodos de trabajo de Recursos Humanos.

✓ Recursos Humanos y las necesidades humanas. Una organización debe pagar salarios suficientes para proteger a sus empleados (y por extensión a sus familias), y adicionalmente proveer incentivos para desarrollar la estima y actualización de los colaboradores. Cuando esto se logra, la organización cumple un rol social, que va más allá de perseguir sus propios objetivos organizacionales.

Para que este conjunto de necesidades funcionen armoniosamente y se logre una conjunción de intereses positiva, deben darse una serie de correlaciones o correspondencias entre ciertos factores; por mencionar los más importantes: valores; capacidades (conocimientos y competencias); correlación de proyectos (entre los planes estratégicos de la organización y los objetivos personales de los individuos que la integran).

✓ Como se vio en el Capítulo 5, el Balanced Scorecard es una de las tecnologías de amplia utilización en las organizaciones. El directivo de Recursos Humanos deberá participar activamente para su mejor puesta en práctica, siendo nuestra sugerencia hacerlo integradamente con un modelo de Gestión por Competencias.

✓ En nuestra opinión, los roles y funciones de Recursos Humanos se pueden sintetizar en los siguientes aspectos centrales: 1) Estrategia; 2) Manejo experto (de los recursos humanos); 3) Personas, y 4) Desarrollo del talento.

✓ Las organizaciones definen su misión, visión, valores y planes estratégicos. Estos conceptos deben reflejarse en las descripciones de puestos. Cuando esta correlación entre puestos y estrategia es la adecuada, pueden comenzar a operar los otros subsistemas.

✓ Las competencias que permitan el cambio se verán reflejadas en las respectivas descripciones de puestos. Una vez que se han incorporado las competencias requeridas para lograr un cambio –puede ser la competencia *Adaptabilidad al cambio* u otra, según corresponda–, la selección de personas se realizará en función de los nuevos descriptivos de puestos. En relación con las personas que ya trabajan en la organización, se deberán adaptar los subsistemas relacionados con el desarrollo de personas, de modo tal que incorporen conceptos de cambio organizacional.

✓ Las personas que integran una organización pueden ser –al mismo tiempo– empleados y directivos o jefes, según los diferentes puestos. Las relaciones jerárquicas, así como la estructura de la organización, juntamente con las responsabilidades y tareas de cada posición, deben estar claramente definidas en las descripciones de puestos. La mejor manera de encauzar adecuadamente "el poder en las organizaciones" es a través de un *Manual de Puestos* correctamente elaborado. Igualmente, cuando se implementen métodos de conducción (por ejemplo, Empowerment), este tipo de prácticas deben ser reflejadas en los descriptivos de puestos.

✓ El punto de partida para los programas de desarrollo de competencias es dar a cada persona su descriptivo de puesto, donde, además de las tareas y

© GRANICA

responsabilidades de la posición que ocupa, se indiquen las competencias necesarias junto con el nivel requerido de cada una de ellas. Esta información se complementa con un documento que se denomina "Diccionario de comportamientos", donde se presentan los patrones de comportamiento esperados en cada puesto. Al mismo tiempo, las personas necesitan y esperan que se les diga cómo están haciendo las cosas, y esto se encauza a través de la evaluación del desempeño.

✓ El *perfil siglo XXI* de un directivo y/o especialista de Recursos Humanos implica una serie de conocimientos y competencias que le permiten asumir los roles deseados.

¿Cómo puedo aplicar lo visto en este capítulo en mi empresa o puesto de trabajo?

Estimado lector, si usted se desempeña en el área de Recursos Humanos de una organización, nuestra recomendación es que aplique cada uno de los puntos vistos en este capítulo en su ámbito de trabajo.

Preguntas para reflexionar y analizar acerca de su propia organización

¿Quiénes son los stakeholders en mi organización?

¿En mi organización se considera el concepto de contrato psicológico? ¿Se hace algo al respecto?

¿Cómo se resuelven los distintos temas de la obra?

¿La organización tiene en funcionamiento los subsistemas de Recursos Humanos?

- Si la respuesta es sí, continúe con las siguientes preguntas:
  - *¿Están actualizados?*
  - *¿Conozco la estrategia organizacional?*
  - *¿Los subsistemas responden a la estrategia organizacional?*
  - *¿Tengo autoridad para realizar / proponer un cambio?*
- Si la respuesta es no, continúe con las siguientes preguntas:
  - *Analizar la historia de la organización. ¿Alguna vez se intentó implementar los subsistemas? ¿Qué pasó?*
  - *¿Tengo autoridad para realizar / proponer su puesta en marcha?*
  - *¿Tengo los conocimientos para hacerlo?*

Para reflexionar y analizar sobre uno mismo

Si el lector es un profesional del área de Recursos Humanos, le sugerimos hacer un análisis como el siguiente:

Para ser un profesional de Recursos Humanos del siglo xxi se requiere...	Según mi propia autoevaluación	Brechas detectadas y plan de acción
Conocimientos: *Transcribir los conocimientos requeridos según esta obra:* • • • •	Conocimientos: *Transcribir los conocimientos que poseo:* • • • •	Conocimientos: *Conocimientos que debería adquirir / mejorar:* • • • •
Competencias *Transcribir las competencias requeridas según esta obra:* • • • •	Competencias *Transcribir las competencias que poseo:* • • • •	Competencias *Competencias que debería adquirir / mejorar:* • • • •

PARA PROFESORES

Para cada uno de los capítulos de esta obra hemos preparado:

- Casos prácticos y/o ejercicios para una mejor comprensión de los temas tratados.
- Material de apoyo para el dictado de clases.

Los profesores que hayan adoptado esta obra para sus cursos tanto de grado como de posgrado pueden solicitar de manera gratuita las obras:

- *Comportamiento Organizacional. CASOS*
- *Comportamiento Organizacional. CLASES*

Únicamente disponibles en formato digital, en nuestro sitio: *www.marthaalles.com*, o bien escribiendo a: *profesores@marthaalles.com*

Cómo lograr un cambio cultural

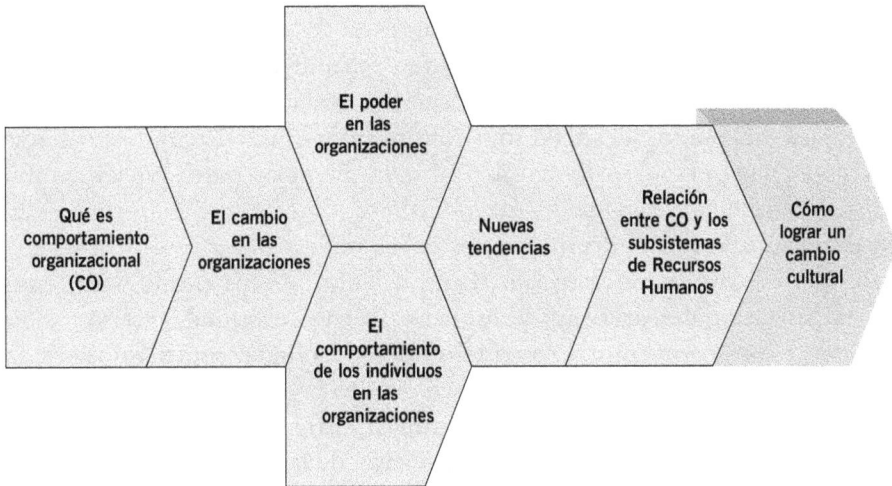

```
                    El poder
                    en las
                    organizaciones
                                                        Relación
                                                        entre CO y los      Cómo
   Qué es              El cambio          Nuevas        subsistemas         lograr un
   comportamiento      en las            tendencias     de Recursos         cambio
   organizacional      organizaciones                   Humanos             cultural
   (CO)
                         El
                         comportamiento
                         de los individuos
                         en las
                         organizaciones
```

Temas que se desarrollarán en este capítulo

✓ Cambio cultural en el ámbito de las organizaciones
✓ Cambio cultural como consecuencia de fusiones y compra-venta de empresas, y su relación con los modelos de Gestión por Competencias
✓ La Metodología de Gestión por Competencias de Martha Alles International
✓ Un modelo de competencias para una organización con liderazgo fuerte (con baja delegación)
✓ Un modelo de competencias para una organización con un liderazgo participativo
✓ Un modelo de competencias para una organización con liderazgo colegiado (empresas del conocimiento)
✓ El rol del Gerente de Recursos Humanos (o del área de Recursos Humanos) en la implantación de Gestión por Competencias
✓ Cómo se relaciona el modelo de competencias con los distintos subsistemas de Recursos Humanos
✓ ¿Cómo puedo aplicar lo visto en este capítulo en mi empresa o puesto de trabajo?

Cambio cultural en el ámbito de las organizaciones

Los libros de management utilizan una serie de términos o expresiones relacionadas entre sí: cambio organizacional, desarrollo organizacional y cambio cultural. Si bien pueden existir diferencias entre ellas, todas tienen un denominador común: el cambio de comportamientos en los integrantes de la organización, tanto directivos como empleados. Las organizaciones pueden encarar un cambio cultural por una serie de motivos; en algunos casos dirán que no quieren "cambiar de cultura" sino lograr que los empleados alcancen una cultura ya definida. En ambos casos se debe trabajar sobre las personas, desarrollando competencias para que el cambio propuesto se verifique.

En este capítulo nos concentraremos en el análisis del cambio cultural y cómo lograrlo, incluyendo en el concepto "cambio cultural" los cambios de comportamiento organizacionales sin hacer diferencias ante sus eventuales causas.

Las empresas de consultoría son a menudo consultadas sobre "cómo realizar un cambio cultural o un cambio en el comportamiento organizacional". Difícilmente un directivo diga: "quiero hacer un cambio cultural", utilizando literalmente estas palabras. Lo que sucede es que, luego de la exposición de las diferentes situaciones o problemas, la conclusión a la que se arriba es que la organización necesita cambiar su cultura, por razones diversas.

¿Cómo llevar adelante el cambio cultural, o qué sugerirle a un directivo frente a estos problemas, que son –además– muy frecuentes? La solución va de la mano de la metodología de Gestión por Competencias.

Algunos de los temas a tratar en relación con el cambio cultural tienen relación con otros ya abordados en capítulos anteriores. En éste se darán guías al lector sobre cómo lograr un cambio cultural a través de cambios en el comportamiento organizacional utilizando la metodología de Gestión por Competencias.

Generalmente, los directivos están preocupados usualmente por cómo enfrentar el cambio, cualquiera sea la actividad de su organización. Desde pequeños a grandes cambios, todo debe ser contemplado y atendido. Independientemente de los vaivenes políticos de cada país o de las diferentes situaciones internacionales, cualquiera sea la actividad que se realice, las organizaciones se ven afectadas, de un modo u otro, por lo que pasa fuera de ellas. Dentro de la problemática del cambio debe agregarse el que surge por decisiones de la propia organización. Como puede apreciarse, la situación es compleja.

En el mundo se viven épocas de cambio; no importa si cada uno a nivel individual está de acuerdo o no con ellos, los cambios existen y todos sin excepción deben adaptar sus estrategias empresariales de un modo u otro. Estos cambios implican cambios culturales.

Al inicio del Capítulo 2 se indicaron, a modo de ejemplo, algunas situaciones, entre otras análogas, que pueden implicar cambio cultural:

- Una organización decide un cambio de software que atañe a toda la organización. Esto traerá aparejado cambios tanto de funciones como de tareas y, en consecuencia, cambios de comportamiento. Muchas organizaciones designan dos líderes de proyecto, el gerente de Tecnología Informática junto con el de Recursos Humanos o Capital Humano. El primero será responsable por el cambio tecnológico, tanto de hardware como de software, y el segundo atenderá la adecuación de las capacidades de las personas, tanto en conocimientos como en competencias.
- Cambio de dueños o accionistas. Este tipo de cambios implica, en ocasiones, la modificación de la misión, visión, valores y planes estratégicos de la organización. Si así fuera, esto implicará un cambio cultural y un rediseño del modelo de competencias.
- Nuevas líneas de productos, nuevos negocios, cambios en el perfil de clientes, etc. Los cambios en relación con producción y planes comerciales pueden originar cambios en los recursos humanos, así como en los métodos de trabajo y procedimientos. Estos cambios pueden implicar, además, otros de tipo cultural.
- Nuevos competidores en el mercado. Cuando una organización estaba habituada a operar sin mayor preocupación acerca de quiénes eran sus competidores y, en un momento dado, esta situación cambia, es posible que toda la organización deba cambiar su modo de trabajo y de encarar la actividad. Esto no implica sólo pensar en una campaña de marketing o alguna situación puntual, sino un cambio en toda la estructura.
- Cambios económicos, medidas del gobierno sobre nuevas regulaciones, cambios fiscales, etc. Las medidas de este tipo no sólo afectan aspectos contables e impositivos. Pueden acarrear cambios de todo tipo que, a su vez, requieran cambios de comportamiento organizacional.

El cambio cultural, el cambio en relación con el comportamiento organizacional, puede ser algo pensado y deseado o, por el contrario, puede ser la consecuencia de un cambio de otra índole que implique cambio cultural. Los cambios pueden derivar de situaciones positivas, como algunas de las mencionadas, o problemas internos: entre sectores, situaciones conflictivas diversas, resultados negativos de mediciones de clima organizacional, etc.

© GRANICA

Ejemplos de situaciones problemáticas relacionadas con el cambio cultural:

- El área de Producción no puede satisfacer los pedidos que el área de Ventas plantea porque ésta no avisa con el tiempo necesario cambios requeridos en las características de los productos (por ejemplo, cambio de color en un producto), o bien los pedidos llegan tarde a los clientes por falta de stock, etc. Es decir, desinteligencias entre ambas áreas de la misma organización.

- Rivalidad entre las áreas administrativas (por ejemplo, Facturación con el área de Ventas). Situaciones conflictivas entre áreas; por ejemplo, el área de Ventas –o alguno de sus integrantes– no respeta los precios fijados para los productos o las condiciones de financiación; falta de coordinación entre sectores que provoca demoras en la entrega de mercaderías a clientes, etc. En ambos ejemplos, las situaciones pueden haber sido ocasionadas por una comunicación deficiente.

- Un sector de la empresa tiene problemas con el mantenimiento de sus equipos, desde maquinarias hasta ordenadores, lo que dificulta el desempeño de sus tareas diarias, debido a un mal servicio al cliente interno por el área respectiva.

Todas las situaciones desriptas, y tantas otras que el lector podrá imaginar a partir de estos simples ejemplos, suelen tener como denominador común *problemas de comportamiento*, desde los directivos de las respectivas áreas hasta los empleados. En repetidas ocasiones, se verifica en las empresas el total desconocimiento de las tareas de otras áreas hasta la falta de consideración entre ellas. Ambas situaciones se corresponden con dos competencias; la primera, *Conciencia organizacional*; la segunda, *Orientación al cliente interno y externo* o *Colaboración*.

Por último, el cambio cultural puede surgir como una necesidad frente a situaciones comerciales, de imagen, de marca, etc. En estas circunstancias, será sumamente aconsejable recoger la opinión sobre ciertos temas tanto de clientes como proveedores, además de evaluar la cultura interna.

Este cambio cultural necesario para el efectivo cambio de comportamientos de los diversos actores involucrados, no es sencillo de realizar y la mayoría de las veces se encara de manera equivocada. Por lo tanto, a la dificultad real del tema se le suma un enfoque erróneo para su solución.

En una visión simplificada de cómo encarar el cambio, muchos sostienen que éste se alcanza desarrollando la competencia *Adaptabilidad al cambio*. Esto es parcialmente cierto, lo que significa que, en realidad, no lo es.

Un esquema exitoso de cambio cultural implica que –al mismo tiempo– se diseñe un modelo de competencias que represente el cambio deseado junto con el desarrollo de la competencia específica en todo el personal, directivos y empleados.

Cambio cultural

Un modelo de competencias que represente el cambio

GESTIÓN INTEGRAL POR COMPETENCIAS

Atracción, selección e incorporación

Análisis y descripción de puestos

Desarrollo y planes de sucesión

DIRECCIÓN ESTRATÉGICA DE RECURSOS HUMANOS

Remune- raciones y beneficios

Formación

Evaluación del desempeño

+

Desarrollo de la competencia
Adaptabilidad al cambio en directivos y empleados

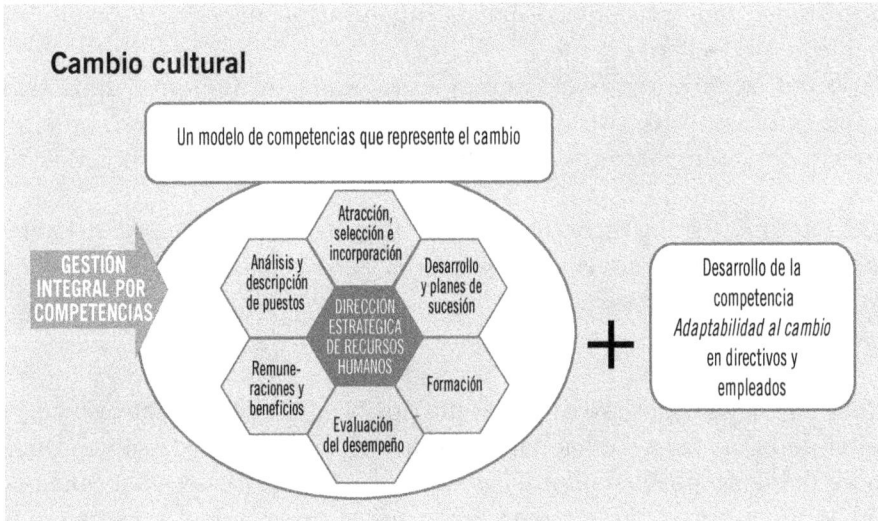

En relación con el cambio cultural, así como con otros objetivos que suelen adicionarse a los modelos de competencias (como por ejemplo, que el modelo sea estratégico), la pregunta que cabe formularse es: ¿por qué los modelos de competencias no reflejan aquello que una organización desea alcanzar, como la estrategia o un cambio de cultura? La respuesta es simple. Muchos modelos de competencias son meros procesos administrativos donde las competencias no representan ni el cambio buscado ni la estrategia organizacional. La consecuencia es directa: los modelos no producen ni representan el cambio.

Muchos modelos de competencias adolecen de vicios diversos producto, quizá, de que aún se diseñan a través de un esquema en desuso desde hace unos años: el estudio de referentes internos. Este método de trabajo fue dejado de lado, entre otros motivos, porque no representaba un cambio, ya que recogía en el modelo los posibles "defectos" del referente y, además, no se contemplaba la estrategia futura de la organización. Todos sabemos que aun las personas más exitosas no son perfectas y, por lo tanto, una persona puede ser un referente en un momento y no por ello representar –en su persona– las competencias que la organización necesita para ser exitosa en el futuro.

Aunque parezca un concepto obvio, nos parece importante señalar que para que un modelo de Gestión por Competencias represente el cambio, sea un vehículo para el cambio, deberá contener las competencias necesarias para lograr esa transformación que se desea. Un modelo de competencias puede no representar el cambio si su

© GRANICA

diseño no incorpora "el cambio" que la organización necesita. Esta situación es, lamentablemente, muy frecuente.

Por lo tanto, para lograr el cambio se requiere de métodos de trabajo que impliquen cambio, junto con directivos y colaboradores que se adapten a él. En el primer caso serán métodos de trabajo; en el segundo, competencias de las personas.

En el Capítulo 1 se ha dicho que uno de los objetivos del estudio del comportamiento en las organizaciones es *accionar sobre la cultura organizacional, ya sea para resolver alguno de los problemas detectados o para alinear a las personas en relación con la estrategia organizacional.*

En otra parte del mismo Capítulo 1 de esta obra se ha mencionado a Jorge Etkin[1] quien dice que la cultura se ve influenciada por la educación, la convivencia, la confrontación de ideas, para mencionar más adelante que puede darse una utilización estratégica del concepto de cultura, cuando la Dirección de una determinada organización acciona sobre la misma para lograr un comportamiento organizacional en relación con los planes estratégicos de la entidad.

Para que este accionar estratégico de la cultura sea efectivo, se deberán considerar todos los factores que integran la cultura organizacional, es decir, sin dejar de lado las motivaciones y características propias de los individuos que la integran.

Elementos que componen la cultura organizacional

El comportamiento organizacional responde a ciertos elementos culturales. Las organizaciones, así como las personas, poseen sus valores y competencias. Éste es uno de los elementos fundamentales de la cultura. Otros factores la integran, y también son importantes. La tecnología, la estructura... todos éstos están dentro del ámbito de acción de una organización. Otros factores que influyen en el comportamiento organizacional, como el entorno global y el entorno cercano donde la organización se desenvuelve, constituyen aspectos sobre los cuales una organización no puede ejercer una acción directa, por lo que su influencia sobre los mismos es media, baja o nula, según las diferentes situaciones. No pueden dejarse de lado, pero la influencia que se puede ejercer sobre ellos es fluctuante.

---

1.   Etkin, Jorge. *Política, gobierno y gerencia de las organizaciones.* Prentice Hall, Buenos Aires, 2000.

Elementos que integran la cultura organizacional

Los valores y las competencias tienen relación con todo lo que veremos a continuación.

El comportamiento organizacional se ve influenciado tanto por el marco cultural externo directo como por el marco global. Ambas influencias serán más o menos directas según el tipo de negocio o actividad que cada organización realice. En todos los casos, de algún modo el marco cultural tiene influencia sobre el comportamiento organizacional.

Este razonamiento es doble. Por un lado, debe reconocerse la influencia del entorno: éste existe. Pero, por otra parte, asumir el contexto externo como una variable o restricción que afecta el modelo y no puede ser modificada, es un error. Se deberá analizar cada caso en particular para diseñar las acciones más convenientes según el tipo de situación planteada.

En ocasiones, las organizaciones toman alguna de estas posturas que hemos tomado como ejemplos:

a) Una organización diseña todos sus métodos de trabajo en función del marco cultural de su casa matriz y sin adaptación alguna los utiliza en sus distintas filiales. Se trata de una postura equivocada ya que, si bien es cierto que una de

© GRANICA

las características de las empresas globales es la puesta en marcha de métodos de trabajo uniformes en los distintos países, estos métodos deben ser adaptados a la cultura del país donde serán utilizados.

b) Una organización toma como una restricción su propia cultura (en especial cuando no la considera favorable) y diseña sus métodos de trabajo sin plantearse posibles mejoras al respecto. Esta posición es igualmente equivocada, ya que la cultura organizacional siempre puede ser mejorada.

En síntesis, nuestra posición es que se debe tomar en cuenta el marco cultural asumiendo que siempre se pueden establecer mejoras o modificaciones, respetándolo. Es importante subrayar esta última palabra, *respetar* el entorno sin asumir posturas en base a juicios previos o prejuicios.

En cuanto a la influencia global, y sin tomar una postura ideológica al respecto, nuestra postura es similar. Se debe respetar y analizar en cada caso. De todos modos, nos parece importante hacer un comentario: no se puede tapar el sol con la palma de la mano, es decir, no se pueden ignorar ciertas influencias globales. Recuerdo que hace unos años algunas personas "discutían" sobre si Internet era positiva o negativa; aún hoy se escuchan sus detractores. Este tipo de influencias globales, como Internet, deben ser aceptadas, ya que su fuerza es de tal magnitud que no pueden ser contra-

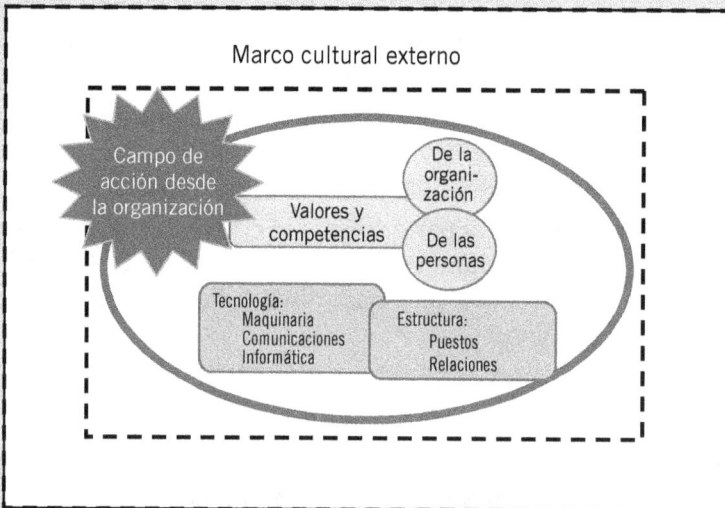

Marco cultural externo global

rrestadas. Por lo tanto, si en el mundo existe Internet deberé diseñar mis métodos de trabajo tomando este dato de la realidad y, al mismo tiempo, analizando cómo puedo transformarlo en una oportunidad.

¿Cómo accionar sobre la cultura?

Hemos definido *cultura* como el conjunto de supuestos, convicciones, valores y normas que comparten los miembros de una organización. Como decíamos al inicio del capítulo, los consultores somos frecuentemente consultados sobre qué hacer para modificar la cultura organizacional.

He formulado esta pregunta a un sinnúmero de colegas y estudiosos del tema. En general la respuesta, con algunas variaciones, fue más o menos la siguiente:

- Medir la cultura actual y analizarla.
- Definir la cultura que se desea alcanzar.

Sobre los métodos para medir la cultura, casi todos coincidieron en que la herramienta más adecuada sería una encuesta de clima o de satisfacción laboral. Podríamos agregar otros instrumentos de medición, como cuestionarios personalizados y la observación –por parte de especialistas– de ciertos emergentes culturales (no obstante, éstos no fueron mencionados por las personas consultadas).

Sobre los métodos para accionar sobre la cultura, se ha mencionado que una vez que se hayan realizado los pasos 1 y 2 debe implementarse un plan de aprendizaje, con algunas variantes más o menos interesantes. Se sugirió comenzar por campañas de divulgación de la nueva cultura (incluyendo aquí cambios en los símbolos de la organización, como logos y lemas institucionales); algunos propusieron premios a los departamentos o áreas que se adapten más rápidamente.

Todo lo antedicho es correcto; sin embargo, no nos dice "cómo hacerlo" realmente. Nosotros presentaremos una propuesta que, sin contradecir lo antedicho, ofrecerá un camino claro y preciso para lograr el cambio.

Cómo y por qué trabajar sobre la cultura organizacional

¿Por qué trabajar sobre los aspectos estratégicos y la cultura organizacional?

- La cultura organizacional refleja cómo son y cómo se sienten las personas que integran la organización.
- Trabajar sobre la cultura organizacional es estratégico: acerca a las personas a la misión, visión, valores y estrategia de la organización.

- ¿Cómo accionar sobre la cultura? Desarrollando en las personas las competencias necesarias para alcanzar los objetivos estratégicos.

Desde nuestra perspectiva, el vehículo adecuado para encarar un cambio cultural y alcanzarlo será la implantación de un modelo de competencias que represente el cambio deseado.

En el Capítulo 2 nos hemos referido al cambio y las tres vías para lograrlo. La puesta en práctica de un modelo de competencias permite accionar en las tres direcciones del cambio.

Éste se logra "de arriba abajo" porque todo modelo de competencias se define desde la máxima conducción de la organización y en función de la estrategia a alcanzar.

Al modificarse los subsistemas de Recursos Humanos se logra un cambio "de lado a lado". Si los subsistemas ya están en funcionamiento, sólo se modifican para incorporar las nuevas competencias; quizá será, además, una buena ocasión de revisarlos. Si la organización no tuviese en funcionamiento dichos subsistemas, será el momento de diseñarlos y aplicarlos.

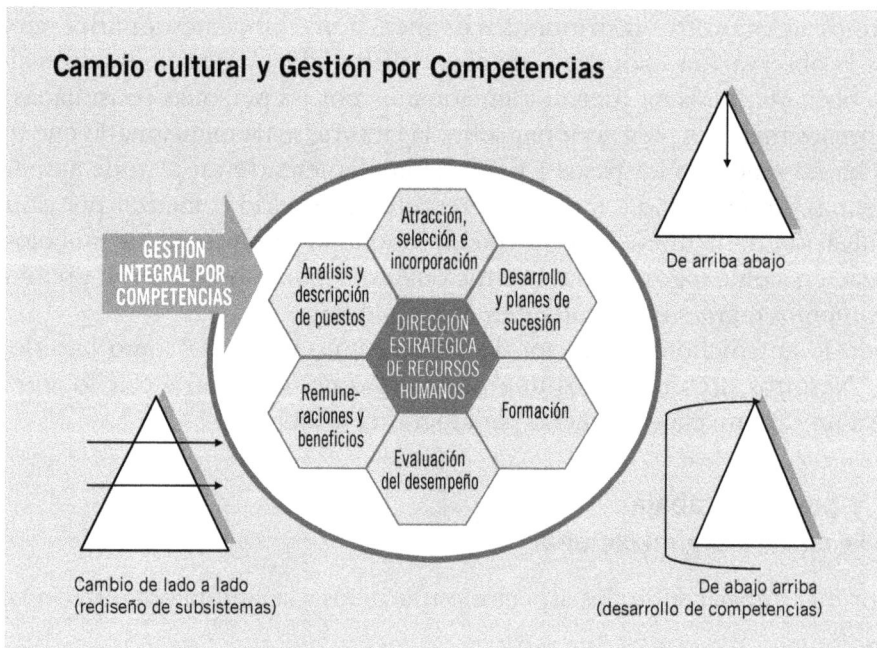

Cambio cultural y Gestión por Competencias

GESTIÓN INTEGRAL POR COMPETENCIAS

Atracción, selección e incorporación

Análisis y descripción de puestos

Desarrollo y planes de sucesión

DIRECCIÓN ESTRATÉGICA DE RECURSOS HUMANOS

Remuneraciones y beneficios

Formación

Evaluación del desempeño

De arriba abajo

Cambio de lado a lado (rediseño de subsistemas)

De abajo arriba (desarrollo de competencias)

Por último, el cambio se logra "de abajo arriba" a través del desarrollo de competencias. ¿Cuáles? Aquellas que fueron definidas en el modelo de competencias.

Como se deduce muy rápidamente, el cambio se verificará en la medida en que las competencias del modelo representen el cambio que se desea alcanzar.

Antes de explicar la metodología de Gestión por Competencias, y en relación con los capítulos previos, consideramos importante señalar que muchas personas, desde empresarios hasta dirigentes políticos y especialistas en Recursos Humanos, creen, sin fundamento alguno, que las competencias deben definirse de una única manera y que estos métodos de trabajo sólo son aplicables dentro de una determinada cultura. Esto es un error de concepto grave y muy extendido.

Si bien en esta obra nos referimos al cambio cultural, llevarlo adelante no es un objetivo en sí mismo del modelo de competencias; se trata de una oportunidad en el momento de implantar y poner en funcionamiento esta metodología, no una exigencia para que ella pueda funcionar. Sin embargo y en nuestra opinión sí es imprescindible que las competencias del modelo contemplen la estrategia a alcanzar. En caso contrario, no será de utilidad para la organización.

Por lo tanto, se puede diseñar un modelo de competencias para cualquier tipo de modelo cultural; solo cambiarán las competencias y su redacción. Hemos incluido al final del Capítulo 2 la competencia *Adaptabilidad al cambio* bajo el supuesto que

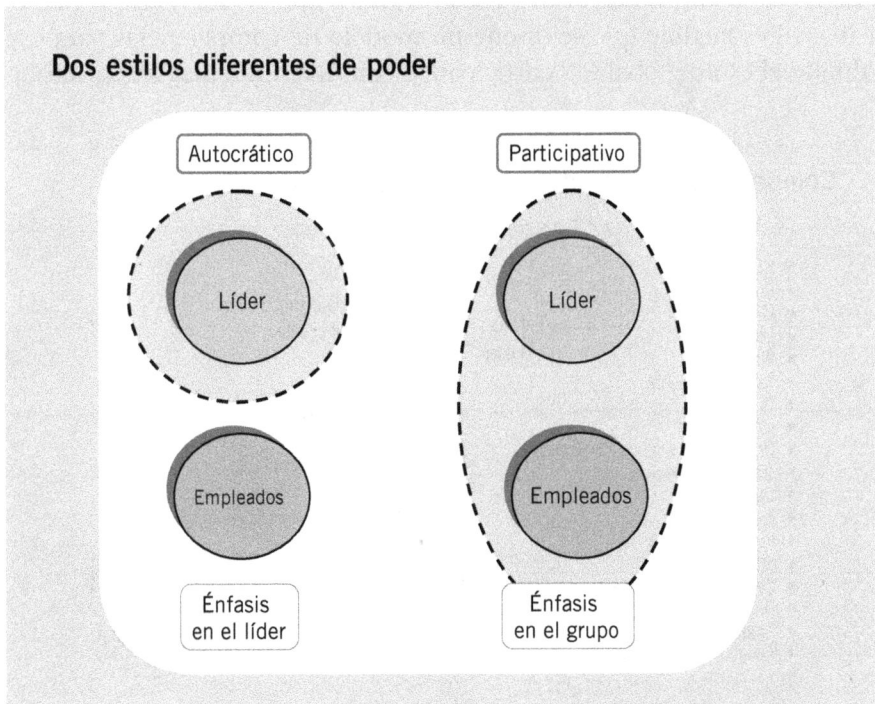

Dos estilos diferentes de poder

Autocrático

Participativo

Líder

Líder

Empleados

Empleados

Énfasis
en el líder

Énfasis
en el grupo

© GRANICA

se trataba de una competencia cardinal de una organización. Pero no tiene por qué ser de ese modo en la realidad; la referida competencia puede integrar o no el modelo de una organización. De todos modos, incorporar al modelo sólo esta competencia no alcanza para lograr el cambio; el modelo deberá reflejar otras necesarias para que la transformación deseada se verifique.

En el Capítulo 3 nos hemos referido a diferentes estilos de liderazgo: *autocrático, participativo* y *permisivo.*

De los tres estilos mencionados, tomaremos dos de ellos, no sólo a modo de ejemplo sino por estar más relacionados con estilos vigentes en las organizaciones. Se trata de los estilos autocrático y participativo.

Sin el propósito de dar una opinión sobre cuál de los dos es mejor, se ha elaborado el gráfico siguiente, en el que se consignan dos grupos de competencias, cada uno de los cuales se asocia a uno de los estilos. Algunos conceptos involucrados, aunque aparentemente sean los mismos en ambos estilos, pueden tener significados diferentes. Un modelo de competencias autocrático y otro participativo pueden tener entre sus competencias *Liderazgo*; sin embargo, la definición en un caso y en otro será distinta.

Nuevamente, esta asociación de conceptos no responde a un caso real, y muy frecuentemente en las organizaciones no se verifica un tipo de liderazgo de manera nítida, por lo cual es factible que se diseñe un modelo de competencias para organizaciones donde el estilo global sea participativo con una tendencia a centralizar algún

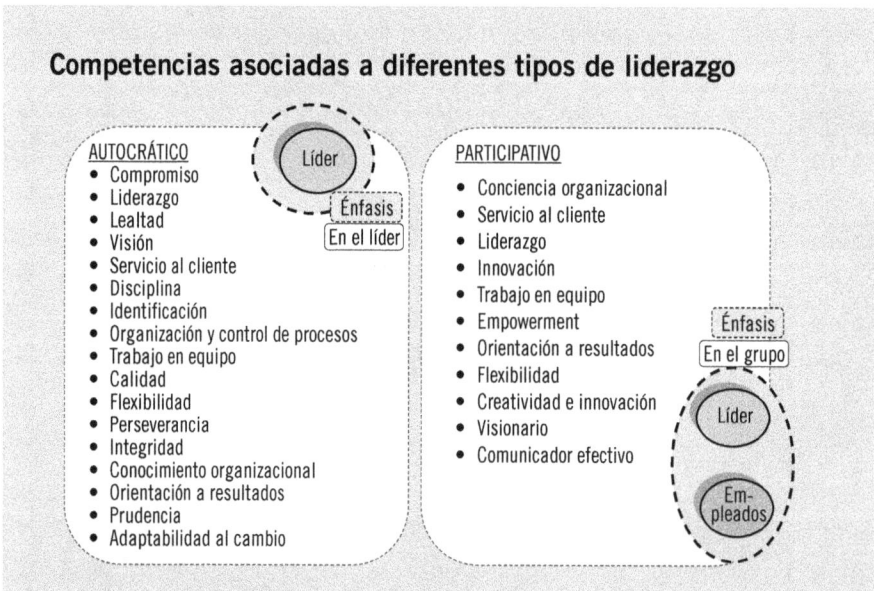

Competencias asociadas a diferentes tipos de liderazgo

AUTOCRÁTICO
- Compromiso
- Liderazgo
- Lealtad
- Visión
- Servicio al cliente
- Disciplina
- Identificación
- Organización y control de procesos
- Trabajo en equipo
- Calidad
- Flexibilidad
- Perseverancia
- Integridad
- Conocimiento organizacional
- Orientación a resultados
- Prudencia
- Adaptabilidad al cambio

Líder

Énfasis
En el líder

PARTICIPATIVO
- Conciencia organizacional
- Servicio al cliente
- Liderazgo
- Innovación
- Trabajo en equipo
- Empowerment
- Orientación a resultados
- Flexibilidad
- Creatividad e innovación
- Visionario
- Comunicador efectivo

Énfasis
En el grupo

Líder

Empleados

estilo de decisiones, o donde el estilo de toda la organización sea uno de los dos y en un área en particular su responsable actúe en sentido opuesto al resto de la entidad.

La práctica de la consultoría en contextos internacionales diversos nos ha permitido conocer todas las combinaciones posibles al respecto.

En síntesis, los modelos de competencias pueden responder a distintos liderazgos; no se requiere un determinado estilo de liderazgo ni un tipo determinado de comportamiento organizacional. Nuestra idea es que la definición de un modelo de competencias representa siempre una oportunidad para cambiar, para mejorar, para lograr un cambio cultural, pero esto no es "obligatorio". Asimismo, los modelos de competencias pueden ser aplicados a organizaciones de diferente tipo y tamaño. En cada caso se deberá tener en cuenta las características especiales de la organización.

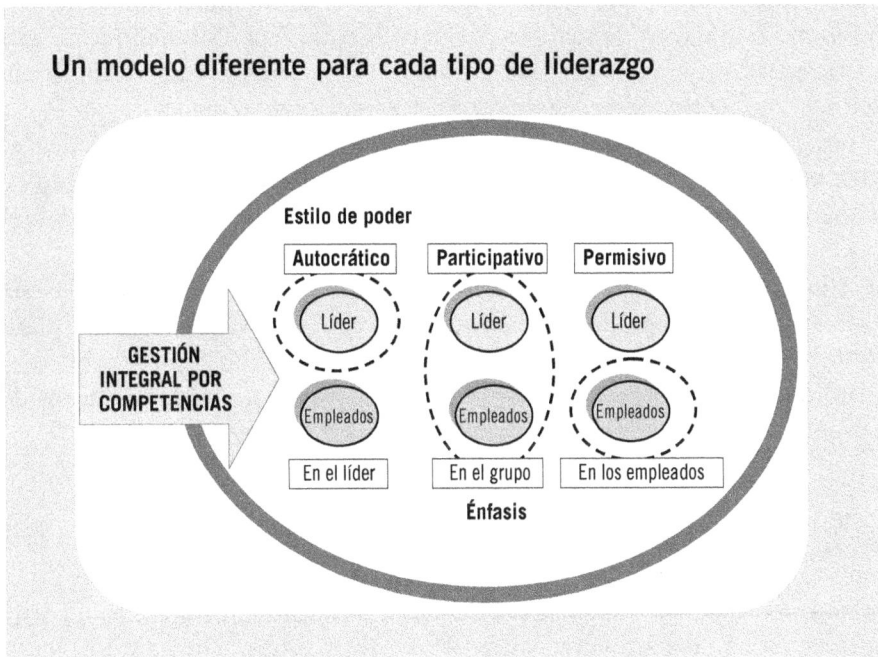

Un modelo diferente para cada tipo de liderazgo

La implantación de Gestión por Competencias tiene dos clases de impacto según los propósitos que se persigan.

Si una empresa deseara, a través del modelo de competencias, llevar adelante o profundizar un estilo de liderazgo ya definido, o –en cambio– a través de la implantación de Gestión por Competencias alcanzar un cambio de cultura, en ambos casos esta implementación puede derivar en la necesidad de hacer cambios de personas a todo nivel.

- *Experiencias positivas:* las empresas que logran llevar las competencias a sus subsistemas, es decir, a partir de la definición de competencias, definir puestos, seleccionar, evaluar el desempeño y capacitar y entrenar al personal por competencias.

- *Experiencias negativas:* cuando las empresas sólo definen las competencias, quizá las ponen en un "hermoso diccionario" impreso a colores, pero luego no hacen acción alguna con ellas, por lo cual el personal se siente defraudado, al sentir que la empresa declama que va a hacer algo que luego no realiza.

Esto, paradójicamente, se da en muchas empresas, a cuyas filiales les llegan las competencias definidas desde sus casas matrices y luego no implementan a nivel local los subsistemas o lo hacen de manera parcial e incompleta. Por ejemplo, se evalúa el desempeño pero no se actúa en base al modelo de competencias en los demás subsistemas.

Por otra parte, es un error pensar que la implementación de Gestión de Recursos Humanos por Competencias es sólo para determinados estilos de management. Un management participativo puede trabajar utilizando Gestión por Competencias, y otro con un estilo más autocrático también puede hacerlo.

Por ello se sostiene que los modelos de Gestión por Competencias siempre deben ser diseñados a medida de cada organización, y no es posible transplantar un modelo de una organización a otra.

Por lo tanto, el éxito de la implantación de Gestión por Competencias deviene de dos aspectos:

1. Diseño a medida.
2. Interpretación de la cultura de la organización.

Respecto de este último punto, corresponde aclarar que "interpretar" la cultura de la organización no quiere decir promover el *statu quo*, sino analizar, a partir de la cultura existente, cuál se desea alcanzar. Esto en contraposición a transplantar una cultura ajena a la propia organización, cuando quizá no sea la cultura deseada.

Ejemplo: *Empowerment* es una competencia muy interesante pero no aplica a todas las culturas, por lo cual, si se implementa Gestión por Competencias bajo las pautas de Empowerment y por alguna razón la organización no lo practica, podrá convertirse en un factor en contra del mismo sistema, ya que, por ejemplo, se seleccionará a personas con empowerment que luego se verán frustradas por no poder ejercerlo.

La primera concepción que hay que romper es que este modelo sólo se aplica a un determinado estilo de liderazgo. Por otra parte, es cierto que muchas compañías desean, al mismo tiempo que implementan un modelo de competencias, llevar adelante un cambio cultural, y suele ser muy aconsejable trabajar al unísono los dos temas, cambio cultural y modelo de competencias. En las antípodas de este razonamiento se puede colocar la implantación de modelos que la organización no desea o no puede administrar.

Quizá una organización se interese por implementar *Empowerment,* pero aún no tiene el grado de madurez necesaria para lograrlo o debe encarar un proceso en etapas.

En nuestra experiencia profesional nos ha tocado diseñar modelos de competencias para diferentes tipos de liderazgo, exitosamente en todos los casos.

Para una mejor comprensión del tema brindaremos más adelante ejemplos sobre cómo se puede desarrollar un modelo de competencias para distintos estilos de liderazgo, respetando la cultura de la organización; en definitiva, es factible el diseño de un modelo de competencias para cada uno de los distintos modelos de comportamiento organizacional.

Como ya se ha dicho, no es aconsejable ni posible "copiar" el modelo de competencias de un competidor, de la empresa de enfrente o de aquella que según los libros de management es considerada un paradigma en la materia. Igualmente, no es aconsejable diseñar un modelo de competencias tomando sólo como referencia a los ejecutivos (o empleados) exitosos de una organización, ya que en este caso correrá el riesgo de diseñar un modelo con los defectos (grandes o pequeños) que posean las personas que se han tomado como referentes.

El mejor modelo de competencias para una organización será aquel que, representando la cultura de esta, sus valores, su estrategia –misión y visión–, imponga un modelo desafiante pero posible. No hay peor frustración para una organización o para un individuo que se le plantee un objetivo que nunca podrá alcanzar.

Los "no" a la hora de diseñar un modelo de competencias

Muchas organizaciones y consultores piensan –equivocadamente– que transplantar el modelo exitoso de competencias de la empresa "X" será bueno para la organización "Z". Muy frecuentemente nos encontramos con definiciones de competencias que no responden ni a la cultura ni a la visión de la organización, como producto de esta inapropiada forma de encarar algo que es de vital importancia para alcanzar los objetivos organizacionales: un modelo diseñado a medida de cada organización.

© GRANICA

Es cierto que los modelos pueden representar una cultura que se desee alcanzar, usualmente es así, pero no pueden definirse competencias que contradigan la cultura y la visión. En una ocasión en que visitábamos una empresa, se nos enseñó el modelo de competencias –diseñado a la sazón por otro consultor–, en cuyo catálogo o diccionario constaba, entre otras, la competencia *Empowerment*. Más adelante y a modo de "confesión" sobre su propia situación, el gerente general de la compañía nos informó acerca de su limitado poder de decisión porque el dueño (accionista mayoritario que tenía un rol activo en la conducción de la entidad) tomaba una serie importante de decisiones por él mismo sin delegarlas ni en su gerente general ni en otros funcionarios. En este contexto, definir *Empowerment* como una competencia no sólo no es apropiado, sino que incluso es improcedente. El consultor de referencia –que con anterioridad se había desempeñado en una empresa multinacional del mismo rubro que ésta a la que nos referimos– había implantado el mismo modelo de su anterior compañía en una cultura diferente, sin tenerla en cuenta.

Cuando la Gestión por Competencias se pone en práctica como un modelo de management (hemos visto las diversas metodologías en el Capítulo 5), se relaciona de manera directa con *Selección e incorporación de personas, Evaluación del desempeño* una vez que ya trabajan en la organización, y *Formación de personas,* tanto en conocimientos como en competencias.

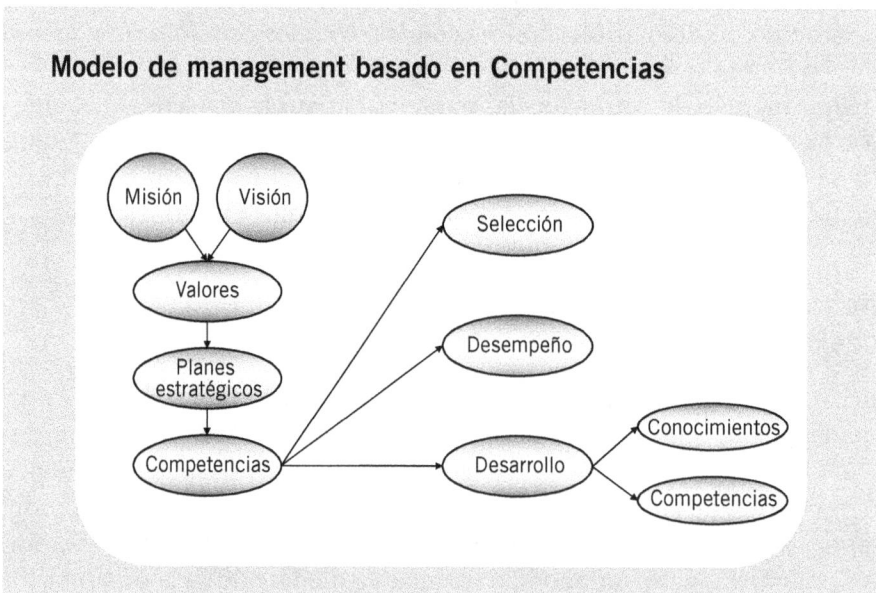

Modelo de management basado en Competencias

Cuando estos subsistemas de Recursos Humanos están bien diseñados se verifica una relación del tipo *ganar-ganar* entre empleador y empleados, ya que se busca que las personas tengan el mayor ajuste posible a su puesto de trabajo (adecuación persona-puesto) y esta situación, en todos los casos, es buena para ambos.

Cuando Gestión por Competencias es un modelo de management, se parte de la misión y visión de la organización, que si no se encuentran definidas por escrito o, estándolo, se considera que no son representativas del pensamiento vigente, el proceso de implantación del modelo debe comenzar por el análisis de estos conceptos básicos.

A estos conceptos fundacionales se adicionan los valores de la organización, juntamente con el análisis de su cultura, como se vio en capítulos anteriores.

Por último, esta etapa previa se complementa con los planes estratégicos de la organización. Un modelo de competencias se diseña en base a la estrategia organizacional, representada por todos los elementos mencionados.

Cambio cultural como consecuencia de fusiones y compra-venta de empresas, y su relación con los modelos de Gestión por Competencias

Muchos ejecutivos se preguntan y nos han consultado en torno a estos temas: *¿Qué pasa con los modelos de competencias en relación con las adquisiciones de empresas? ¿Las competencias definidas para la organización deben ser las que luego se implantarán en la empresa adquirida?*, entre otras consultas similares.

Como se ha planteado desde el título de este capítulo, la metodología de Gestión por Competencias es un vehículo para lograr el cambio cultural. En materia de fusiones, adquisiciones y otras situaciones derivadas del mundo de los negocios, se debe analizar, preguntarse (y responderse) si se desea lograr un cambio cultural. En ese caso, se debe analizar el modelo de competencias vigente y su representatividad frente al cambio cultural que se desea lograr.

Para un mejor análisis del tema plantearemos algunas situaciones a fin de fijar una postura al respecto.

Fusiones de empresas

La denominación *fusiones* la utilizaremos para definir el caso en que dos empresas se unen para conformar una nueva. Por ejemplo: la empresa A se fusiona con B para juntas conformar una nueva empresa (C). En este supuesto, ninguna tiene "superioridad" sobre la otra. Surge una nueva empresa.

© GRANICA

En este supuesto, la nueva empresa C tendrá su misión, visión y planes estratégicos que alcanzar. En base a éstos se definirá su modelo de competencias.

Los integrantes de la empresa C que provienen tanto de la empresa A como de la B tendrán en mayor o menor medida las nuevas competencias. Las brechas deberán ser medidas e iniciarse, a continuación, las acciones de desarrollo necesarias para su reducción.

Surge una nueva cultura, que se irá modelando de a poco: la cultura de la empresa C. Cualquiera que haya vivido este tipo de situaciones sabe lo difícil que es alcanzar esa nueva cultura. Los procesos para su creación pueden durar meses o años. No alcanza con definir los símbolos de la nueva cultura, debe construirse a través de lograr un comportamiento organizacional que la represente.

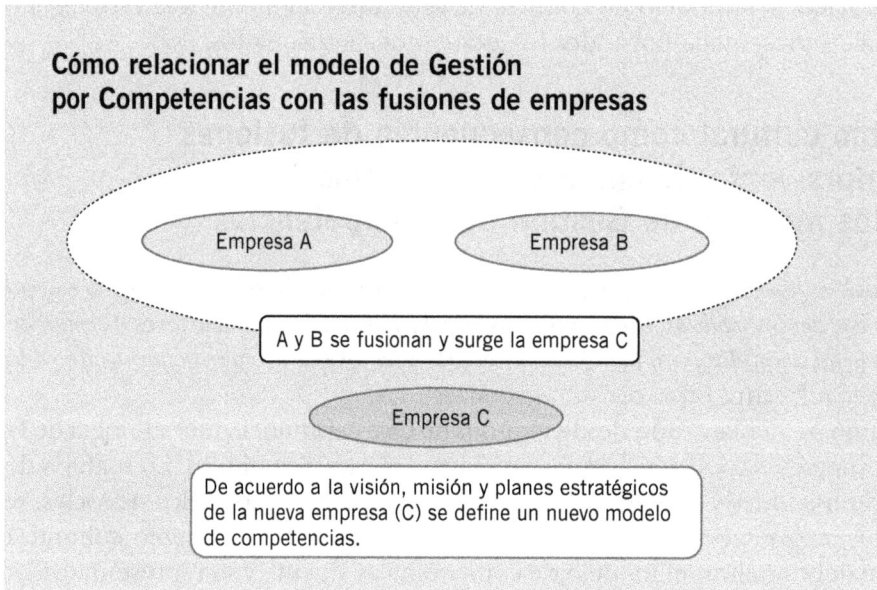

Cómo relacionar el modelo de Gestión por Competencias con las fusiones de empresas

- Empresa A
- Empresa B
- A y B se fusionan y surge la empresa C
- Empresa C
- De acuerdo a la visión, misión y planes estratégicos de la nueva empresa (C) se define un nuevo modelo de competencias.

Adquisiciones de empresas

El término *adquisición* lo utilizaremos para definir aquellos casos en que una empresa compra a otra. Por extensión, podría relacionarse con *fusiones,* cuando una empresa tiene supremacía cultural sobre la otra.

Ejemplo: la empresa A adquiere a B. En este supuesto, la cultura que se desea conservar es la de la empresa A (adquirente).

Los integrantes de la empresa B pasan a formar parte de la empresa A, y pueden poseer o no las nuevas competencias requeridas. Las brechas deberán ser medidas e iniciarse, a continuación, las acciones de desarrollo necesarias para su reducción. Paulatinamente, los integrantes de la empresa B irán tomando como propia la cultura de la empresa A.

Al igual que para las fusiones, en todos los casos será muy difícil alcanzar la nueva cultura. Los procesos para su creación pueden demandar meses o años.

En el caso de las adquisiciones, la tarea es más sencilla, dado que se parte del modelo de la empresa adquirente. Si el tipo de actividad de ambas empresas es similar (por ejemplo, un banco compra a otro banco o a una empresa de servicios financieros), las competencias del modelo serán las mismas. En este caso sólo se deberán determinar las brechas de los nuevos empleados y comenzar las acciones de desarrollo de competencias.

Si se diese el caso que los rubros de negocios de una y otra empresa fuesen totalmente diferentes (por ejemplo, un banco compra una empresa alimentaria –un tipo de situación que se observa con frecuencia, cuando una empresa está muy endeudada y su acreedor se queda con el paquete accionario–), se deberá revisar el modelo de competencias. La situación más frecuente que se presenta, en este supuesto, es que se utilicen las mismas competencias cardinales y se definan las competencias específicas que el negocio requiera en particular.

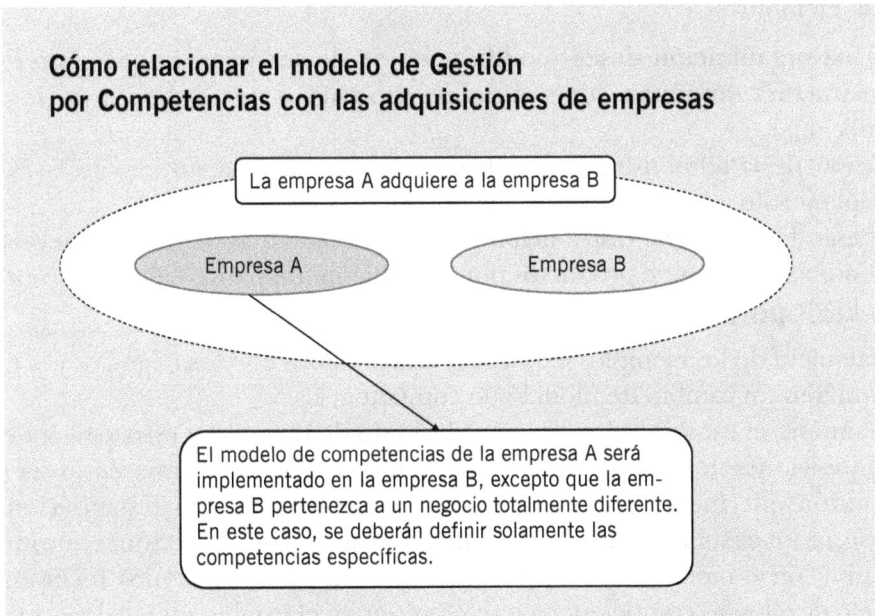

Cómo relacionar el modelo de Gestión por Competencias con las adquisiciones de empresas

La empresa A adquiere a la empresa B

Empresa A

Empresa B

El modelo de competencias de la empresa A será implementado en la empresa B, excepto que la empresa B pertenezca a un negocio totalmente diferente. En este caso, se deberán definir solamente las competencias específicas.

Si bien no es lo más frecuente, podría darse que la empresa A adquiera a B porque desea transplantar la cultura de B a la empresa A (adquirente). En esta situación, el modelo de competencias de B será el que adoptará la empresa A. Es posible, además, que algunas (o muchas) de las posiciones gerenciales de la empresa sean confiadas a los ejecutivos de B, ya que en esta operación de compra se valora especialmente la cultura de la empresa adquirida (B) y, en consecuencia, las competencias de sus directivos y empleados.

Cambio cultural en relación con temas societarios o de conducción

En ocasiones las organizaciones cambian de conducción por diversos motivos: el paquete accionario pasa a la nueva generación y ésta desea dar una vuelta de timón; ingresan nuevos accionistas; el entorno cambia de un modo tal que la organización decide modificar drásticamente su enfoque de negocios... En cualquiera de estas situaciones, desde la máxima conducción y sin necesidad de un diagnóstico preciso se debe encarar un cambio cultural. ¿Cómo hacerlo? Además de trabajar sobre los elementos externos constitutivos de la cultura –como cambiar los logotipos o la localización de las oficinas, el estilo de publicidad y los uniformes de los empleados–, se sugiere modificar el modelo de competencias o diseñar uno nuevo.

Como ya se dijo, las competencias del nuevo modelo deben reflejar ese cambio cultural. Ejemplos:

- Una organización desea modificar el eje de sus negocios pasando de una estructura doméstica (dentro del propio país) a una red de negocios transnacional.
- Pasar de la administración tradicional a una "oficina sin papeles" –es decir, operar sólo a través de los ordenadores–.
- Pasar de canales de distribución mayoristas a cadenas de locales minoristas.
- Cambiar la línea de productos por otros diametralmente diferentes (por ejemplo, de productos industriales a otros de consumo masivo).

Cualquiera de los ejemplos expuestos, relacionados con los negocios y la estrategia, requieren un cambio de modelo de competencias.

En síntesis, el cambio cultural ya sea derivado de una nueva estrategia, por fusiones, adquisiciones, nuevos accionistas o dueños, cambio de rumbo en los negocios por la razón que fuere, implica modificar el comportamiento organizacional. La forma de accionar sobre el cambio cultural en relación con las personas que integran la organización es modificando los subsistemas de Recursos Humanos, incluyendo en el manejo de ellos las competencias que representen el cambio que se desea alcanzar.

Fusiones, adquisiciones y cambio cultural

Empresa A + Empresa B = Empresa C

Fusiones

Empresa A Empresa B

Adquisiciones

Empresa

Cambio de conducción
u otro motivo

CAMBIO CULTURAL

GESTIÓN
INTEGRAL POR
COMPETENCIAS

Atracción,
selección e
incorporación

Análisis y
descripción
de puestos

Desarrollo
y planes de
sucesión

DIRECCIÓN
ESTRATÉGICA
DE RECURSOS
HUMANOS

Remune-
raciones y
beneficios

Formación

Evaluación
del desempeño

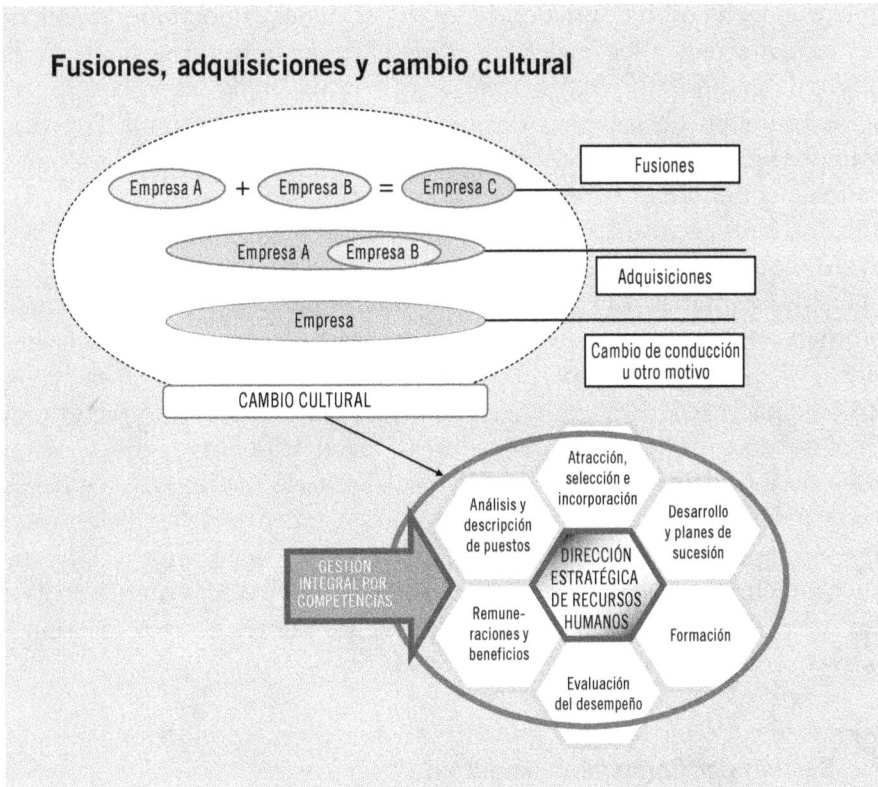

Sintetizando, para que el cambio se opere, a partir de un momento dado (decisión de realizar el cambio), se deberá seleccionar a personas que ya posean las nuevas características deseadas, evaluar el desempeño de todas las personas de la organización teniendo en cuenta estas competencias, con el propósito último de desarrollarlas, para reducir las brechas entre el comportamiento de las personas deseado –de acuerdo con la nueva cultura– y el actual.

Cómo incorporar valores a la cultura organizacional

Una de las preocupaciones de muchos directivos de empresas es cómo llevar los valores organizacionales a la práctica, a la gestión.

Según la más tradicional literatura de Administración de Empresas, los valores son conceptos fundamentales dentro de la organización, a los cuales todos sus integrantes deben adherir.

© GRANICA

La clave está en cómo transformar esos valores en herramentales prácticos, para dejar de ser conceptos a los cuales "se adhiere", para transformarse en verdaderos indicadores de gestión.

Los responsables de las áreas de Recursos Humanos o Capital Humano, con buen criterio, realizan "campañas" y programas para *gerenciar por valores*. Sin embargo, la falta de continuidad en esta tarea o su desconexión con el día a día da como resultado que estos programas no sean efectivos, o al menos no en la medida en que se esperaba o que hubiese sido posible.

Si bien los programas para gerenciar por valores pueden continuar su curso, para que se tornen operativos y sean incorporados a la vida diaria de todos los colaboradores y directivos de la organización el camino a seguir es *transformarlos en competencias*. En caso de no hacerse de esta manera, es decir dejar los valores en un sistema por separado, éstos deberán ser llevados a indicadores e incluirse dentro de los subsistemas de RRHH. De este modo, los procesos de *Selección, Evaluación del desempeño* y *Desarrollo de competencias* incluyen a los valores dentro de sus herramientas de medición (medición de competencias, tanto en *Selección* como en *Desempeño*), y se encaran acciones de desarrollo de competencias referidas a los valores organizacionales. Si no se trabaja de este modo se corre el riesgo que, luego de definidos, los valores no se conviertan en elementos a ser tenidos en cuenta en la gestión diaria.

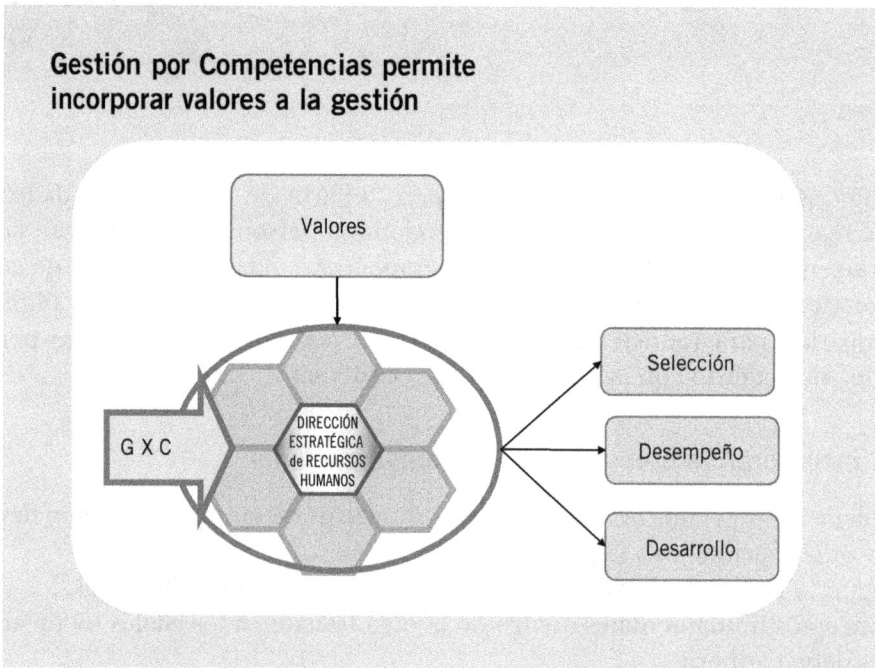

Gestión por Competencias permite incorporar valores a la gestión

Valores

G X C

DIRECCIÓN ESTRATÉGICA de RECURSOS HUMANOS

Selección

Desempeño

Desarrollo

En los últimos años las organizaciones han comenzado a preocuparse por los temas éticos, al menos en una mayor proporción que antes, producto de ciertos escándalos financieros donde quedó en evidencia que los valores personales, tales como ética e integridad, no se relacionan sólo con la esfera individual o con la vida privada, sino que, por el contrario, los comportamientos no éticos de un directivo pueden hacer quebrar a la organización en donde se desempeña.

Ahora bien, la mera confección de *Códigos de Ética*, aunque es necesaria, no resulta suficiente. Definir *Ética* como valor organizacional tampoco lo es. Desde nuestra perspectiva, la ética debe tomar la forma de una competencia, para que las personas sean seleccionadas según comportamientos éticos y, una vez que ya pertenezcan a la organización, sean evaluadas en su desempeño considerando los aspectos éticos como una competencia más. Por último, los planes de desarrollo deben trabajar, también, sobre la ética para reforzar los comportamientos adecuados en las personas.

La Metodología de Gestión por Competencias de Martha Alles International

Nuestra firma consultora ha desarrollado una metodología para la puesta en marcha de modelos de competencias, basada en dos grandes pilares: la teoría brevemente preexistente que fue estudiada, en profundidad, por la autora de esta obra; y la experiencia profesional de más de 20 años trabajando con la metodología, que ha sufrido algunas transformaciones a través del tiempo hasta llegar a lo que expondremos en esta obra. Esto implica haber tenido la oportunidad de realizar un sinnúmero de implantaciones de sistemas de competencias, conocer muchos modelos en organizaciones de todo tipo de países diversos, ajustar modelos diseñados por otros, buscar soluciones a diferentes problemas.

Conocer muchos modelos diferentes, además de los propios, brinda un panorama muy amplio. La riqueza del conocimiento en materia de competencias se obtiene no sólo por conocer buenos métodos de trabajo, sino también aquellos que no han sido satisfactorios. Se aprende mucho al observar qué procesos no han dado resultado. Si bien un dicho popular dice que el hombre es el único animal que se tropieza dos veces con la misma piedra, en la actividad profesional tratamos que esto no ocurra.

Definición de competencias para Martha Alles International

El término *competencia* hace referencia a características de personalidad, devenidas comportamientos, que generan un desempeño exitoso en un puesto de trabajo. Cada puesto de trabajo puede tener diferentes características en empresas y/o mercados distintos.

© GRANICA

Si bien los modelos de management en relación con competencias hacen referencia, en todos los casos, a las denominadas *competencias conductuales,* existen autores y profesionales del área que confunden la temática englobando bajo el nombre de competencias tanto a éstas como a los conocimientos. Si bien puede decirse que los conocimientos son competencias técnicas y las competencias conductuales son competencias de gestión –en obras anteriores hemos mencionado este tema–, cuando queramos referirnos a conocimientos usaremos sólo este término, a los efectos de no confundir al lector, en especial al que no es un especialista del área, al cual también dirigimos nuestro trabajo.

Conocimientos y competencias

Conocimientos	Competencias
Ejemplos:	Ejemplos:
• Informática	• Iniciativa - autonomía
• Contabilidad financiera	• Orientación al cliente
• Impuestos	• Relaciones públicas
• Leyes laborales	• Comunicación
• Cálculo matemático	• Trabajo en equipo
• Idiomas	• Liderazgo
	• Capacidad de síntesis

Conocimientos y competencias son requeridos para un adecuado desempeño

Esta obra se refiere a las personas en ámbitos laborales, y desde esta perspectiva se tratan los diferentes temas. En nuestra opinión, los conocimientos –que son más fáciles de detectar o evaluar que las competencias– constituyen la base sobre la cual se puede aplicar un modelo de competencias como el que proponemos. Por ello en el gráfico siguiente se utiliza una imagen de ladrillos o cubos donde los conocimientos están ubicados en la base, debajo de los comportamientos o las competencias. ¿Por qué? Veamos un ejemplo: si se está realizando una selección lo más sencillo será evaluar los conocimientos de la persona que se postula, los cuales –por otra parte– suelen ser excluyentes en un proceso de búsqueda; por lo tanto, se sugiere comenzar el proceso de evaluación *por lo más fácil de evaluar y que es, a su vez, excluyente: los conocimientos requeridos*. De este modo los candidatos que posean los conocimientos excluyentes serían a continuación evaluados en sus competencias o características más profundas.

Relación entre conocimientos y competencias

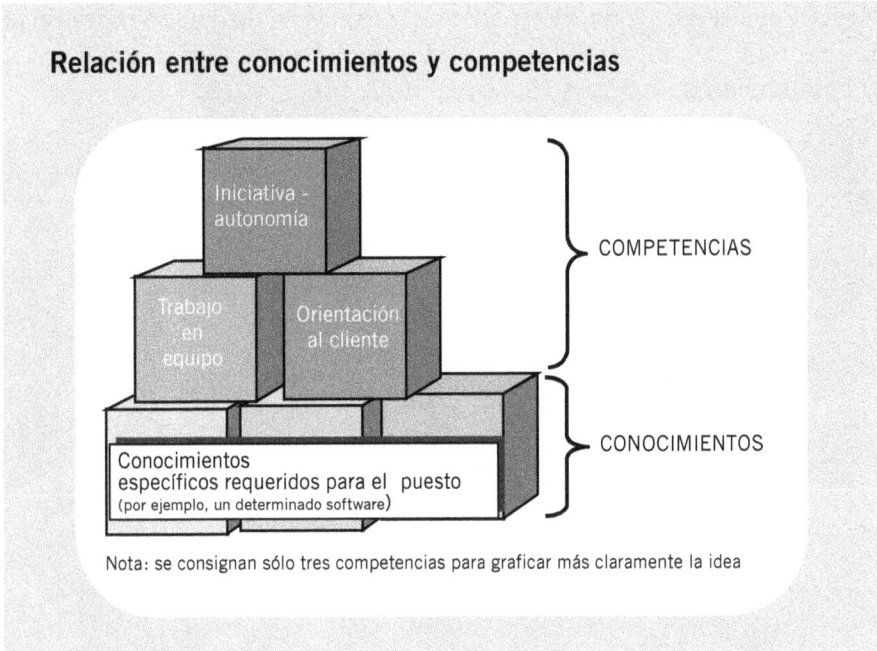

COMPETENCIAS

Iniciativa - autonomía

Trabajo en equipo

Orientación al cliente

CONOCIMIENTOS

Conocimientos específicos requeridos para el puesto
(por ejemplo, un determinado software)

Nota: se consignan sólo tres competencias para graficar más claramente la idea

Las competencias difieren según la especialidad y el nivel de los colaboradores dentro de la organización. Hemos dicho que, en ocasiones, una misma competencia, como por ejemplo *Liderazgo*, puede ser requerida para jóvenes profesionales y, al mismo tiempo, para los máximos ejecutivos, pero tener diferente importancia (grado requerido) entre ambos niveles. También puede ocurrir –con *Capacidad de aprendizaje*, por ejemplo– que la competencia sea definida como requerida para niveles iniciales y no incluirse en los niveles de dirección.

Comenzando por el principio

Para la implantación de modelos de competencias existen diversos caminos, algunos ya dejados de lado al ser superados por nuevas tendencias, como los mencionados con anterioridad en este mismo capítulo. La mayoría de los especialistas de los denominados países desarrollados, donde estos métodos de trabajo fueron utilizados inicialmente, trabajan de manera similar a la que hemos adoptado en nuestra consultora.

Para definir un modelo de competencias se parte, en todos los casos, de la información estratégica de la organización: su misión y visión, y todo el material disponible con relación a la estrategia. Este punto de partida puede darse a partir de la información disponible o bien redefiniendo todos estos aspectos, para asegurarse que se trabajará en función de información actualizada.

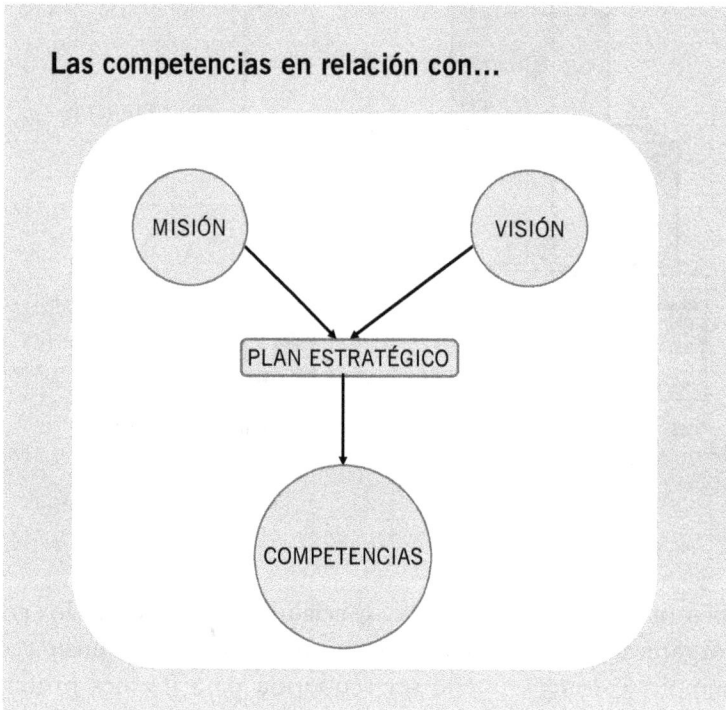

Las competencias en relación con...

MISIÓN — VISIÓN — PLAN ESTRATÉGICO — COMPETENCIAS

El paso siguiente será involucrar a los directivos de la organización en la definición del modelo de competencias (ver gráfico en la página siguiente).

Las competencias, definidas en función de la estrategia de cada organización, se clasifican en:

- Competencias cardinales: aquellas que deberán poseer todos los integrantes de la organización.
- Competencias específicas: para ciertos colectivos de personas, con un corte vertical, por área y, adicionalmente, con un corte horizontal, por funciones. En general se combinan ambos colectivos.

La Metodología de Martha Alles International

```
Talleres de reflexión
con la máxima
conducción
  →
Definición de
competencias
cardinales y
específicas
  →
Diccionario
de Competencias
Diccionario de
Comportamientos
  →
Descriptivos de
puestos por
competencias
```

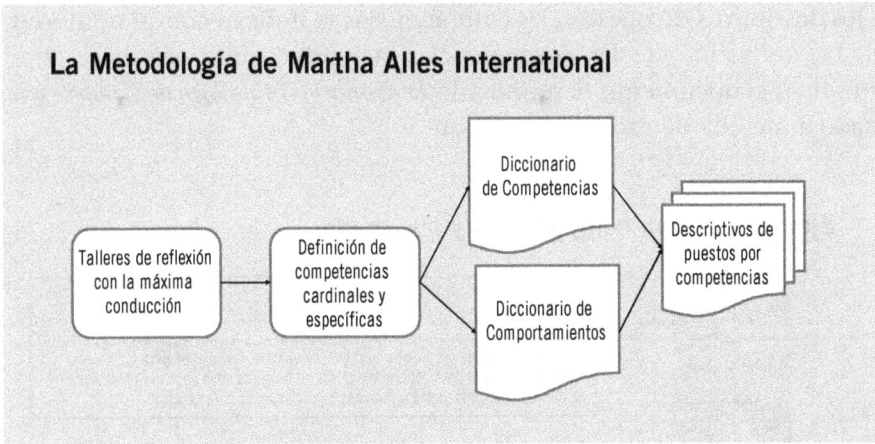

Si bien en los primeros tiempos para la definición de competencias se partía del estudio de ciertos referentes dentro de la organización, esto fue dejado de lado al comprobarse que se transfería a los modelos no sólo las virtudes de estos referentes, sino también algunas características no convenientes. Además, estos modelos no eran estratégicos.

Asimismo, el sentido común indicó otros cambios, tales como la simplificación de las definiciones de modelos, para asegurar su puesta en marcha y posterior vigencia.

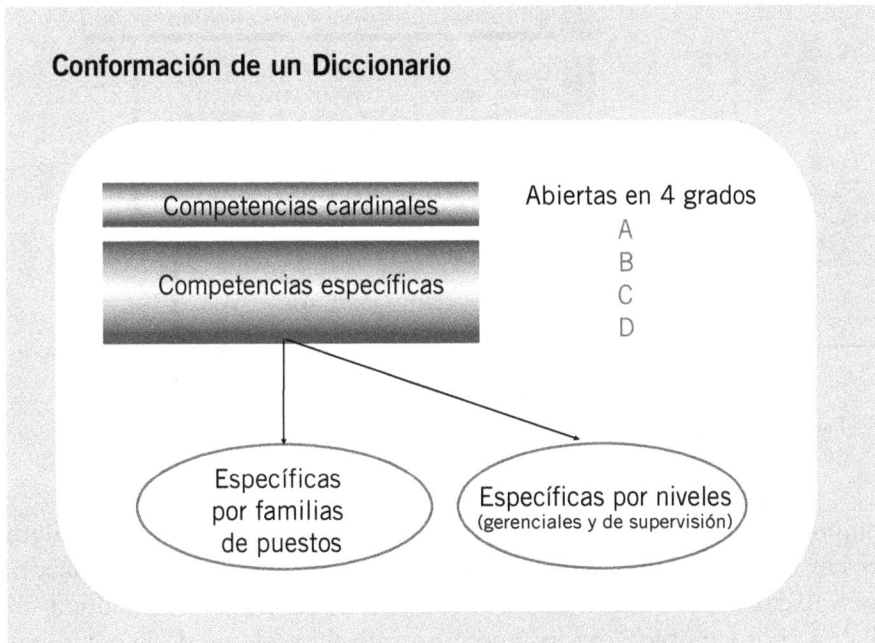

Conformación de un Diccionario

```
Competencias cardinales

Competencias específicas

Abiertas en 4 grados
A
B
C
D

Específicas
por familias
de puestos

Específicas por niveles
(gerenciales y de supervisión)
```

En los desriptivos de puestos, las competencias se indican con su nombre y grado o nivel. La definición de las competencias, así como su apertura en grados, se encuentran en el documento denominado *Diccionario* o *Catálogo de Competencias*, confeccionado a medida de cada organización.

Ejemplo de una competencia y sus grados

Nota:
en este rango, el GRADO D no indica ausencia de la competencia, sino que está desarrollada en el nivel mínimo.

La competencia define una capacidad que deviene en comportamientos

Iniciativa

Capacidad para actuar proactivamente y pensar en acciones futuras con el propósito de crear oportunidades o evitar problemas que no son evidentes para los demás. Implica capacidad para concretar decisiones tomadas en el pasado y la búsqueda de nuevas oportunidades o soluciones a problemas de cara al futuro.

A
Capacidad para anticiparse a situaciones tanto externas como internas a la organización, así como nacionales, regionales o globales, con visión de largo plazo, y para prever opciones de cursos de acción eficaces y efectivos. Implica analizar las situaciones planteadas en profundidad y elaborar planes de contingencia con el propósito de crear oportunidades y/o evitar problemas potenciales, no evidentes para los demás. También, ser un referente en la organización y el mercado por sus propuestas de mejora con visión de largo plazo.

B
Capacidad para anticiparse a situaciones tanto externas como internas a la organización, así como nacionales, regionales o globales, con visión de mediano plazo, y para prever opciones de cursos de acción eficaces y efectivos. Implica analizar las situaciones planteadas en profundidad y elaborar planes de contingencia con el propósito de crear oportunidades y/o evitar problemas potenciales. También, ser un referente en su área y en la organización por sus propuestas de mejora con visión de mediano plazo.

C
Capacidad para resolver situaciones complejas o de crisis y prever opciones de cursos de acción eficaces y efectivos. Implica analizar las situaciones planteadas y elaborar planes de contingencia con el propósito de crear oportunidades y/o evitar problemas potenciales. También, ser un referente en su sector y en el ámbito de su área de trabajo por sus propuestas de mejora con visión de corto plazo.

D
Capacidad para resolver situaciones cuando estas se presentan, y reaccionar de manera favorable tanto frente a oportunidades como a problemas. Implica ser un referente para sus compañeros por sus propuestas de mejora y eficiencia, en relación con las responsabilidades de su puesto.

Fuente: *Diccionario de competencias. La trilogía, tomo 1, p. 136.*

Es importante remarcar cómo se define una competencia, ya que con alguna frecuencia hay organizaciones que, como producto de incorrectas definiciones del modelo, trabajan de manera equivocada. Si los distintos niveles se definen sólo con una palabra (por ejemplo, "grado A como un nivel excelente de la competencia"), sin una definición del grado y sin los ejemplos de comportamientos observables, no se dispone de un modelo de competencias.

Para todos aquellos que no estén familiarizados con estos temas, queremos precisar más qué es una competencia y la importancia de su apertura en grados. En una primera instancia, y frente a una pregunta concreta, cualquier futuro jefe le dirá que *desea que su colaborador posea la máxima iniciativa o iniciativa elevada o en alto grado.* Frente a una repregunta sobre el grado de decisión que, por ejemplo, el vendedor posee, casi con certeza le responderán que deberá tener iniciativa dentro de las pautas, es decir, cumpliendo las directivas recibidas. Por lo tanto, la iniciativa tiene un límite de referencia.

Para comprender mejor este concepto sugerimos analizar el gráfico incluido a continuación. De la competencia *Iniciativa* hemos tomado los conceptos fundamentales, donde el grado A nos remite a una capacidad para anticiparse a situaciones con una visión de largo plazo. En un análisis simple se podría decir que ello debería ser requerido por un nivel gerencial de alto nivel. El grado B implica capacidad para anticiparse con visión de mediano plazo, quizá requerido para un nivel gerencial (no de primer nivel). Y a continuación se pueden ver los grados menores de la competencia, los denominados C y D. Allí se pueden identificar dos tipos de capacidades que pueden ser las requeridas para un supervisor y un empleado,

Iniciativa. Grados

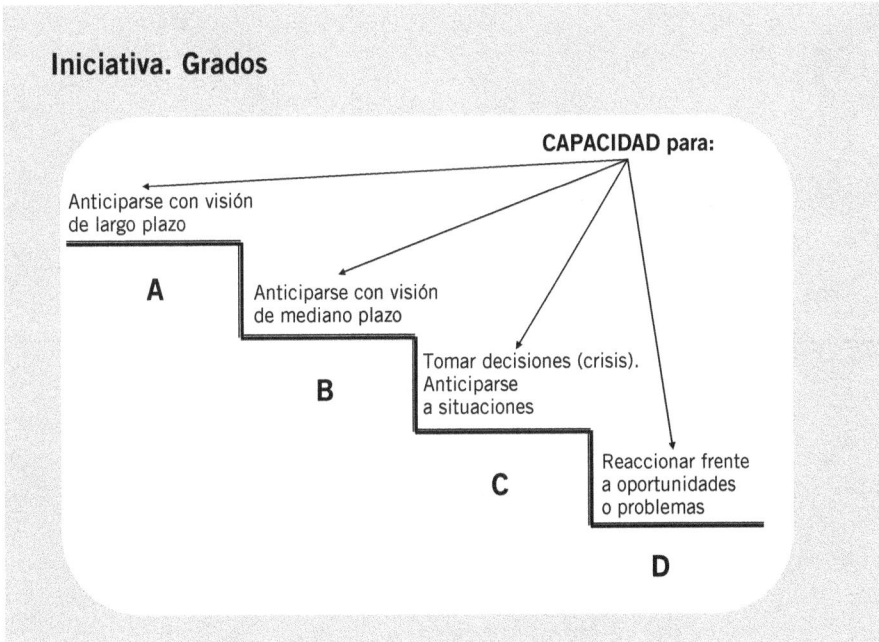

CAPACIDAD para:

Anticiparse con visión de largo plazo

A

Anticiparse con visión de mediano plazo

B

Tomar decisiones (crisis). Anticiparse a situaciones

C

Reaccionar frente a oportunidades o problemas

D

© GRANICA

vendedor, operario calificado, etc. El grado D, que en una primera instancia pareciera que es "bajo", como puede apreciarse nos está reflejando un tipo de capacidad que puede ser la óptima para muchos puestos de trabajo: *Reaccionar frente a oportunidades o problemas.*

En función del mencionado *Diccionario de competencias* se definen, luego, ejemplos de comportamientos, compilados en un documento que se denomina *Diccionario de comportamientos* y que también se prepara a medida de cada organización.

En el gráfico de la página siguiente se muestra el ejemplo de definición de una competencia y los comportamientos asociados. En todos los casos será necesaria la definición de aquellos comportamientos por los cuales se evidencia que la competencia no está desarrollada.

Una vez que se han definido las competencias junto con sus niveles o grados, se realiza la asignación de competencias a puestos. Como es fácil de apreciar, el análisis realizado en párrafos anteriores será definitorio en esta instancia.

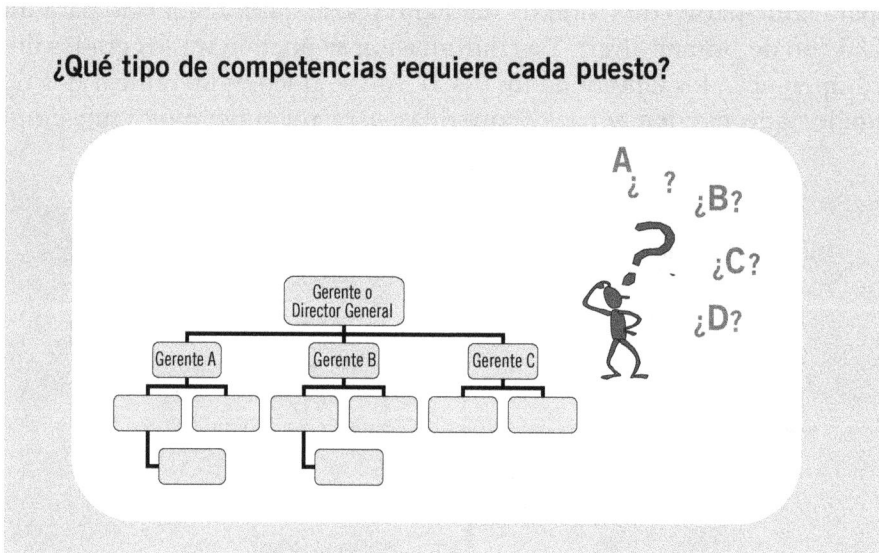

¿Qué tipo de competencias requiere cada puesto?

En nuestra metodología se confeccionan dos documentos por separado: las competencias con su definición y apertura en grados, y el *Catálogo* o *Diccionario de Comportamientos*. En este último se preparan, como mínimo, cinco ejemplos de comportamientos por cada grado. Estos ejemplos son conductas observables que se utilizan para detectar y medir las competencias.

Ejemplo de una competencia y sus comportamientos.
Apertura por grados

DICCIONARIO DE COMPOR- TAMIENTOS

Iniciativa: Capacidad para actuar proactivamente y pensar en acciones futuras con el propósito de crear oportunidades o evitar problemas que no son evidentes para los demás. Implica capacidad para concretar decisiones tomadas en el pasado y la búsqueda de nuevas oportunidades o soluciones a problemas de cara al futuro.

Comportamientos habituales con relación al futuro y a la búsqueda de soluciones y nuevas oportunidades	Los compartimientos se ubican en: Grado
• Se anticipa a situaciones tanto externas como internas a la organización, así como nacionales, regionales y/o globales, con visión de largo plazo, y prevé opciones de cursos de acción eficaces y efectivos. • Analiza en profundidad las situaciones planteadas y elabora planes de contingencia con el propósito de crear oportunidades y/o evitar problemas potenciales, no evidentes para los demás. • Promueve la participación y la generación de ideas innovadoras y creativas entre sus colaboradores y les brinda retroalimentación e incentivo para que actúen de manera similar dentro de sus respectivos equipos de trabajo. • Desarrolla la iniciativa en las distintas áreas de la organización para que todos, tanto de manera conjunta como individualmente, estén preparados para responder con celeridad a las situaciones inesperadas o de cambio. • Es un referente en el ámbito organizacional y en el mercado por sus propuestas de mejora y eficiencia con visión de largo plazo.	100% G R A D O **A**
• Se anticipa a situaciones tanto externas como internas a la organización, así como nacionales, regionales y/o globales, con visión de mediano plazo, y prevé opciones de cursos de acción eficaces y efectivos. • Analiza las situaciones planteadas en profundidad y elabora planes de contingencia con el propósito de crear oportunidades y/o evitar problemas potenciales. • Promueve la participación y la generación de ideas entre sus colaboradores y brinda retroalimentación e incentivo para que actúen de manera similar dentro de sus respectivos equipos de trabajo. • Desarrolla la iniciativa en los distintos sectores dentro de su área para que todos, tanto de manera conjunta como individualmente, estén preparados para responder con celeridad a las situaciones inesperadas o de cambio. • Es un referente en su área de trabajo y en el ámbito organizacional por sus propuestas de mejora y eficiencia con visión de mediano plazo.	75% G R A D O **B**
• Resuelve situaciones complejas o de crisis, tanto externas como internas a la organización, con visión de corto plazo, y prevé opciones de cursos de acción eficaces y efectivos. • Analiza las situaciones planteadas y elabora planes de contingencia con el propósito de crear oportunidades y/o evitar problemas potenciales. • Promueve la participación entre sus colaboradores y brinda retroalimentación e incentivo para que actúen de manera similar en relación con el personal a su cargo. • Desarrolla la iniciativa dentro de su sector a fin de que sus colaboradores estén preparados para responder rápidamente a las situaciones inesperadas o de cambio. • Es un referente en su sector y en el ámbito de su área de trabajo por sus propuestas de mejora y eficiencia.	G R A D O 50% **C**
• Resuelve situaciones, tanto externas como internas a la organización, cuando estas se presentan. • Analiza las situaciones planteadas y reacciona de manera oportuna, tanto frente a oportunidades como en la resolución de problemas. • Promueve la participación entre sus compañeros e incentiva en ellos el mismo comportamiento. • Desarrolla la iniciativa entre sus compañeros a fin de que estén preparados para responder rápidamente a las situaciones que se planteen en sus respectivos puestos de trabajo. • Es un referente para sus compañeros por sus propuestas de mejora y eficiencia, en relación con las responsabilidades de su puesto.	G R A D O **D** Competencia en su grado mínimo
o Ante situaciones complejas o de crisis se siente abrumado y no toma decisiones, a la espera de que se resuelvan por sí solas. o No comprende las señales que podrían indicarle que un determinado hecho es una oportunidad o un problema, para actuar rápidamente según corresponda. o No promueve la participación ni él mismo participa, se queda expectante frente a los hechos aguardando el curso de los acontecimientos. o Prefiere actuar según los usos y costumbres y propone a los otros igual comportamiento, lo que impide responder rápidamente a las situaciones nuevas y/o diferentes que se planteen en sus respectivos puestos de trabajo. o No es un referente para sus compañeros por sus propuestas de mejora y eficiencia, en relación con las responsabilidades de su puesto.	**no** D E S A R R O L L A D A Competencia NO desarrollada

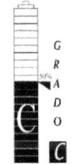

Ejemplos de comportamientos observables que se utilizan como indicadores

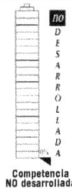

Fuente: *Diccionario de comportamientos. La trilogía, tomo 2*, pp. 154-155.

© GRANICA

La existencia de dos documentos se fundamenta en lo siguiente:

- Las competencias definen las características de personalidad (capacidad para hacer las cosas de una determinada manera) que un puesto requiere para ser desempeñado exitosamente o con una performance superior; por ello en los descriptivos de puestos se indican las competencias así como las otras capacidades (conocimientos) que los puestos requieren: estudios formales, conocimientos especiales, experiencia requerida, etc.

- Los comportamientos son indicadores que permiten la medición de las competencias.

El *Diccionario de cmportamientos* será el documento que usará tanto el especialista de Recursos Humanos o Capital Humano como el cliente interno para evaluar competencias en los distintos subsistemas de Recursos Humanos. Utilizando un lenguaje simple podríamos decir que los comportamientos o conductas observables son los indicadores a utilizar para evaluar o medir competencias.

Para comprender mejor este concepto se sugiere la lectura del gráfico siguiente.

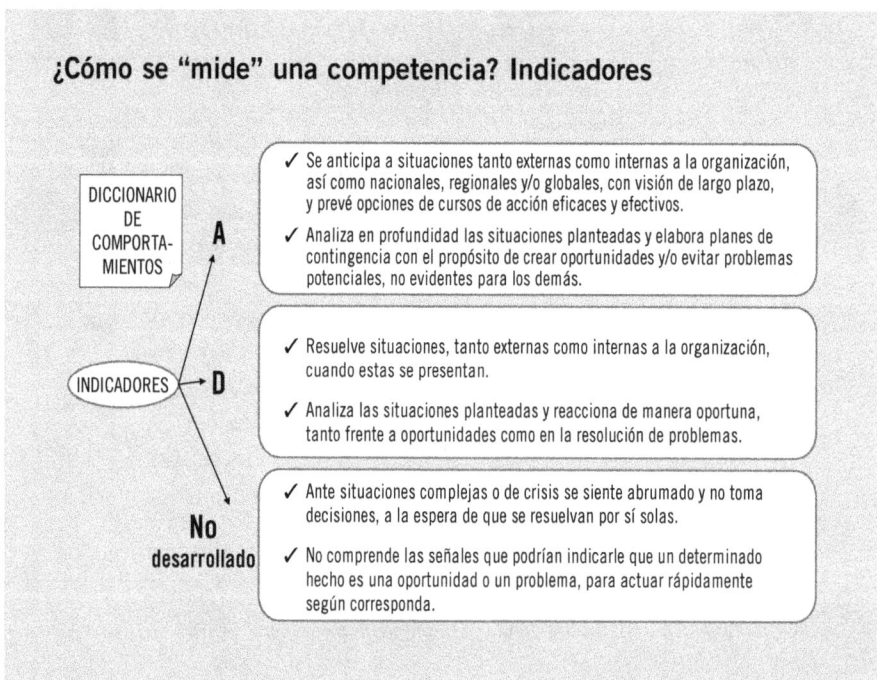

¿Cómo se "mide" una competencia? Indicadores

DICCIONARIO DE COMPORTA-MIENTOS

A

✓ Se anticipa a situaciones tanto externas como internas a la organización, así como nacionales, regionales y/o globales, con visión de largo plazo, y prevé opciones de cursos de acción eficaces y efectivos.

✓ Analiza en profundidad las situaciones planteadas y elabora planes de contingencia con el propósito de crear oportunidades y/o evitar problemas potenciales, no evidentes para los demás.

INDICADORES

D

✓ Resuelve situaciones, tanto externas como internas a la organización, cuando estas se presentan.

✓ Analiza las situaciones planteadas y reacciona de manera oportuna, tanto frente a oportunidades como en la resolución de problemas.

No desarrollado

✓ Ante situaciones complejas o de crisis se siente abrumado y no toma decisiones, a la espera de que se resuelvan por sí solas.

✓ No comprende las señales que podrían indicarle que un determinado hecho es una oportunidad o un problema, para actuar rápidamente según corresponda.

En resumen, los pasos necesarios para implantar un sistema de gestión por competencias son:

- Definición (o revisión) de la visión y misión de la organización.
- Definición de competencias, tanto cardinales como específicas, con la participación de la máxima dirección de la organización.
- Confección de los documentos necesarios: diccionarios de competencias y comportamientos.
- Asignación de competencias y grados o niveles a los diferentes puestos de la organización.
- Determinación de brechas entre las competencias definidas por el modelo y las que poseen los integrantes de la organización.
- Diseño de los procesos o subsistemas de Recursos Humanos por competencias: *Selección, Desempeño* y *Desarrollo* son los tres pilares importantes de la metodología.

En síntesis, cuando se implanta un programa integral o modelo de Gestión de Recursos Humanos por Competencias éste afecta –o se relaciona– con los distintos subsistemas de Recursos Humanos.

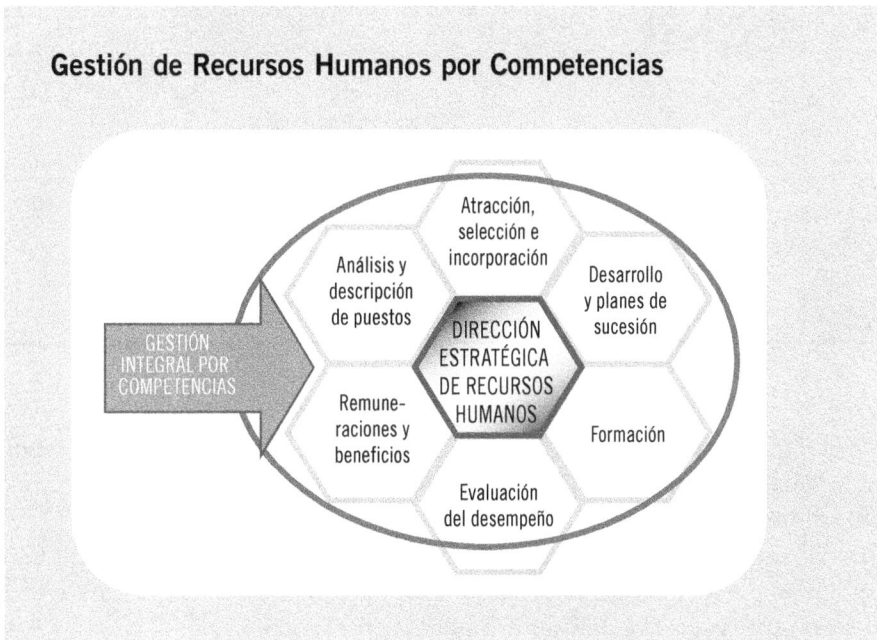

Gestión de Recursos Humanos por Competencias

Los pasos iniciales

La implantación del modelo requiere de ciertos pasos iniciales, comenzando por la definición de competencias, junto con su apertura en grados, y a continuación asignando estas competencias y sus grados a los diferentes puestos.

Una vez que se han cumplimentado estos pasos, se sugiere hacer un inventario del grado de desarrollo de competencias de todos los colaboradores de la organización. A este paso lo denominados "Inventario". Su propósito es determinar, por comparación (inventario *versus* las competencias asignadas a cada puesto), las brechas existentes.

Esta determinación de brechas se realiza con un único propósito: diseñar acciones de desarrollo a la mayor brevedad posible.

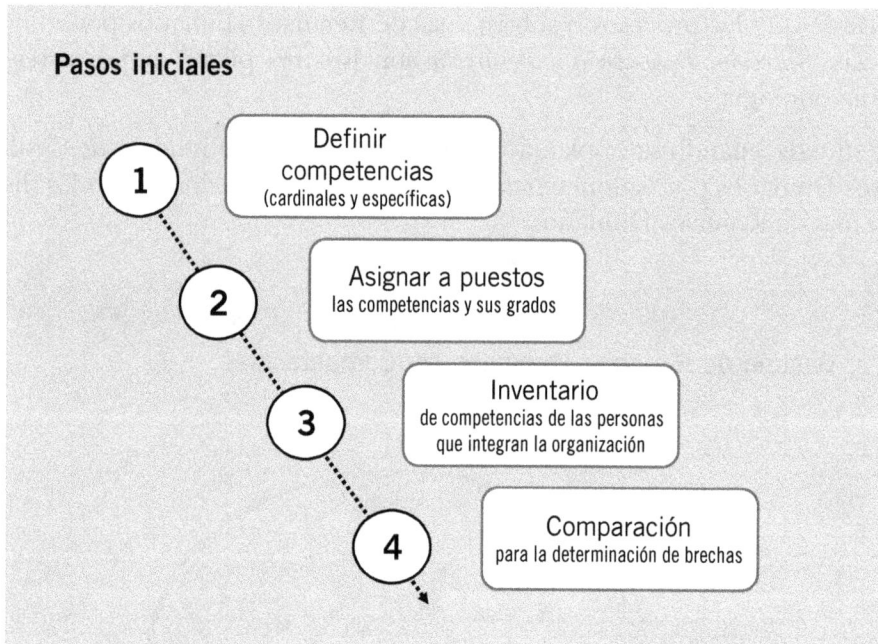

Pasos iniciales

1 → Definir competencias (cardinales y específicas)

2 → Asignar a puestos las competencias y sus grados

3 → Inventario de competencias de las personas que integran la organización

4 → Comparación para la determinación de brechas

Para que se comprenda adecuadamente la importancia de este paso (determinación de brechas al inicio de la implantación del modelo) sugerimos al lector tomar en cuenta el gráfico siguiente.

Sobre la izquierda se ven los cuatro pasos iniciales. Si éstos se realizan, de manera inmediata se puede comenzar con las acciones de desarrollo de competencias a fin de achicar o reducir las brechas determinadas en el paso 4.

Determinación de brechas al inicio

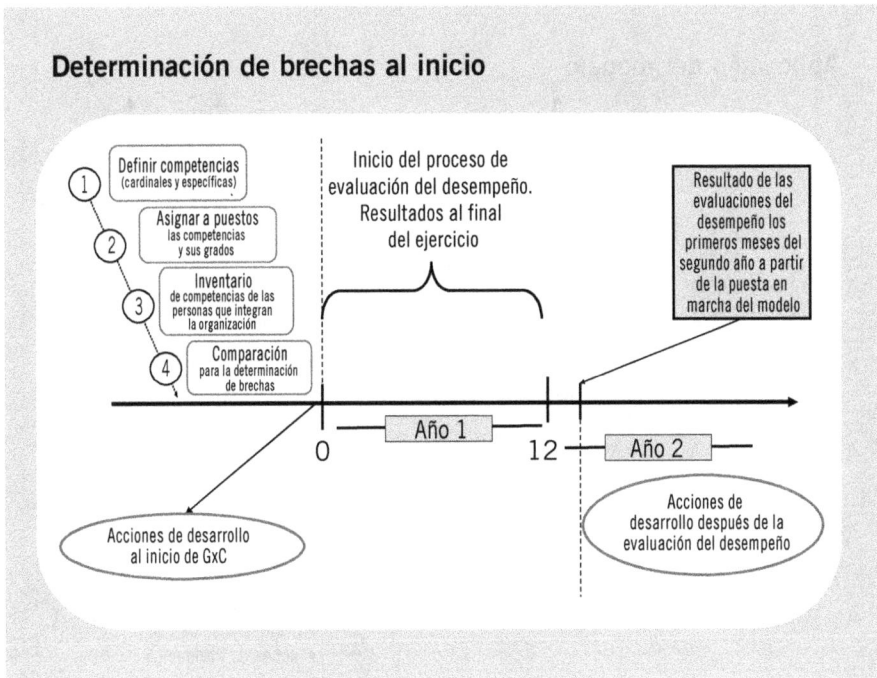

Una vez definido el modelo, se inician los procesos de evaluación del desempeño, cuyos resultados estarán disponibles al final del período evaluado (en este supuesto, luego de 12 meses). Una vez finalizado el proceso de evaluación, se estará en condiciones de realizar acciones de desarrollo de competencias basadas en el resultado obtenido.

Aplicación del modelo

Cuando el modelo de Gestión por Competencias está funcionando, en primera instancia se deberá lograr que no ingresen a la organización personas que no posean las competencias necesarias y en el grado requerido, según el puesto de trabajo a ocupar.

El seguimiento de la carrera de cada colaborador permitirá confeccionar, con acompañamiento y orientación profesional para el desarrollo de sus competencias, los planes de sucesión en puestos clave.

El subsistema de *Evaluación del desempeño* provee información sobre el grado de desarrollo de las competencias en las personas y su adecuación, o no, a los puestos que ocupan.

Aplicación del modelo

Los nuevos ingresantes
lo hacen en función
del Modelo de Competencias

Atracción, selección
e incorporación

Planes de carrera:
seguimiento de la
carrera y desarrollo

Planes de sucesión:
seguimiento y desarrollo

**MODELO
DE COMPETENCIAS**

Orientación
para el desarrollo

Orientación
para el desarrollo

Evaluación
de competencias

- Assessment
- Evaluaciones de desempeño
- Evaluaciones de 360°
- Fichas de evaluación

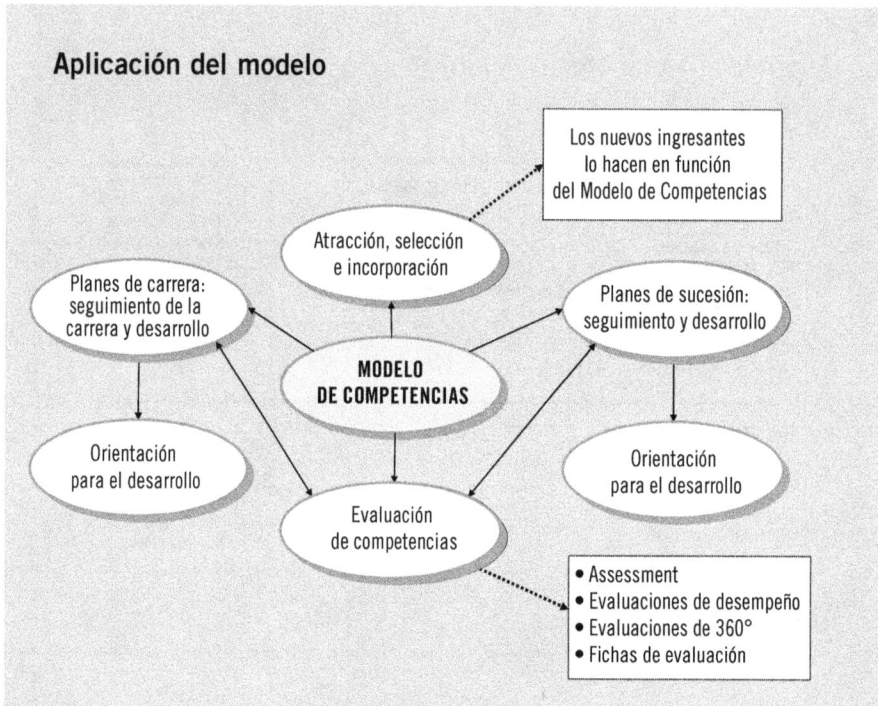

Para conocer la *adecuación persona-puesto* se dispone de diferentes instancias y herramientas. Las más usadas son:

- **Evaluación del desempeño.** En ocasión de la evaluación anual (o con cualquier otra frecuencia) del desempeño –en nuestra metodología lo combinamos con la fijación de objetivos–, es altamente recomendable incluir una instancia de evaluación de competencias, con tres miradas: la del propio individuo (autoevaluación), la del jefe, y la del jefe del jefe.

- **Feedback 360° o Evaluación de 360°.** A través de una consulta a distintos niveles de la organización –y, en ocasiones, a personas externas a la misma, como clientes o proveedores– se aportan distintas miradas sobre el evaluado. Se incluye la propia del individuo (autoevaluación), y la de sus superiores, pares y subordinados.

- **Feedback 180° o Evaluación de 180°.** Es una versión reducida de la anterior, que se aplica en aquellos casos en que no se desea que los subordinados participen de la evaluación o en organizaciones donde no existe un nivel superior (por ejemplo, firmas profesionales o empresas con varios socios). A través de una consulta a distintos niveles de la organización –y, en ocasiones, a personas externas a la misma, como clientes o proveedores– se aportan otras miradas sobre el evaluado.

- **Assessment Center Method (ACM).** Evaluaciones específicas de competencias que se realizan en diferentes momentos, para conocer el grado de desarrollo de competencias de las personas en el momento de implementar Gestión por Competencias, o en otras instancias de la administración del modelo en las que se desee evaluar competencias, ya sea para decidir acciones de desarrollo o bien para la elección de personas a fin de integrar planes de sucesión o de carrera.

- **Entrevista por Incidentes Críticos** (BEI **por su denominación en inglés,** *Behavioral Event Interview*)**.** Se trata de un tipo especial de entrevista donde se exploran, como su nombre lo indica, los incidentes críticos, tanto positivos como negativos, de una persona, juntamente con sus competencias.

- **Fichas de evaluación.** Documentos prediseñandos que, en base al modelo de competencias de la organización, permiten determinar los grados de cada competencia. De este modo es factible evaluar el grado de desarrollo de cada competencia contemplando la posibilidad (muy frecuente) de que una persona en su desempeño cotidiano manifieste diferentes grados de la misma competencia.

Talento y competencias

Las palabras talento y competencias tienen en la literatura de management un uso diverso, del mismo modo que en la vida cotidiana de las personas. Dado que ambas producen confusión, expresamos a continuación nuestra opinión al respecto.

Para tener talento o un desempeño superior en un puesto de trabajo son necesarios dos tipos de capacidades, los conocimientos y las competencias. No obstante, es preciso señalar que serán estas últimas las que permitirán alcanzar, finalmente, un desempeño exitoso o superior. Los conocimientos deben estar, pero por sí solos son insuficientes.

En el gráfico que se muestra a continuación hemos supuesto una serie de competencias necesarias para desempeñar con éxito la posición de CEO o número uno de una organización. El lector puede reemplazar estas competencias por otras, según el puesto de trabajo que le interese estudiar.

Es importante tener en cuenta, además, que no debemos quedarnos sólo con el concepto de talento, ya que quizá sugiera una cualidad que no es alcanzable o que no se relaciona con la realidad de cada uno de nosotros. El talento puede percibirse

© GRANICA

como fuera de nuestro alcance. Si lo abrimos en conceptos, se simplifica, ya que considerado por partes puede resultar más concreto y posible de alcanzar.

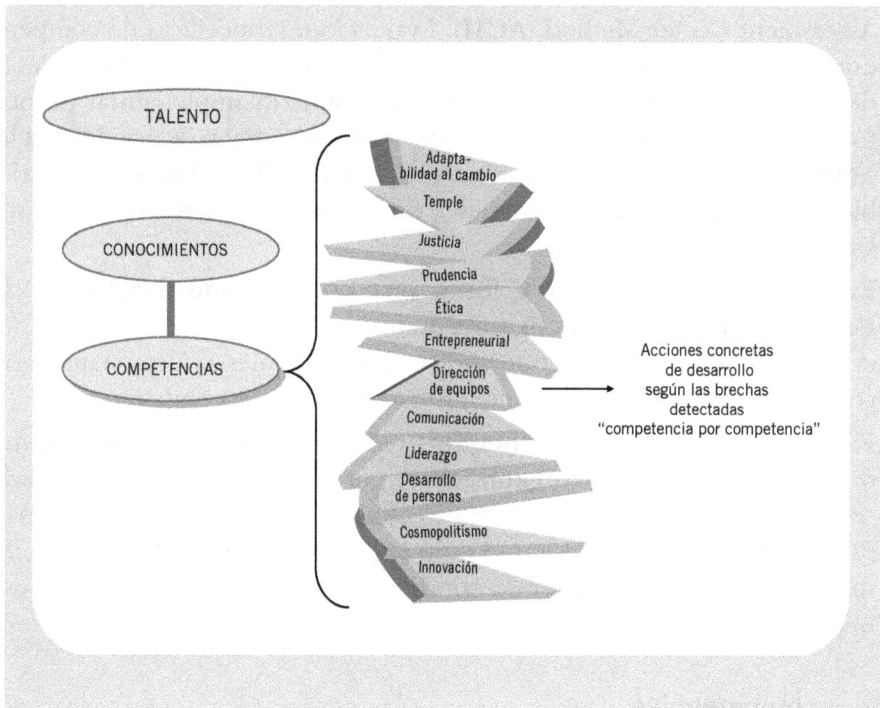

Un modelo de competencias para una organización con liderazgo fuerte (con baja delegación)

Como se dijo en párrafos anteriores, los modelos de competencias pueden ser utilizados por organizaciones con distintos tipos de conducción y estilos de liderazgo.

Retomando los modelos de liderazgo presentados en el Capítulo 1, cuando nos referimos a organizaciones que son conducidas a través de un liderazgo "fuerte" en general se piensa en aquellas que son conducidas desde la alta dirección con baja delegación. Se correspondería, además, con un estilo de management autocrático.

De todos modos –repetimos una vez más el comentario realizado en el Capítulo 1–, las compañías, o al menos muchas de ellas, no tienen un claro modelo de conducción (autocrático, de custodia, de apoyo o colegiado), sino que oscilan entre uno y otro, a veces dependiendo del aspecto organizacional de que se trate. Esto no obsta para que algunas organizaciones sí tengan un estilo muy definido. Con esta salvedad, cuando en pleno siglo XXI nos referimos al estilo autocrático de una organización, esto no significa que se verifiquen en ella todos los ítems del gráfico que se expone a continuación, pero sí algunos de ellos, marcando una tendencia.

	Autocrático
Base del modelo	Poder
Orientación administrativa	Autoridad
Orientación de los empleados	Obediencia
Resultado psicológico en los empleados	Dependencia del jefe
Necesidades de los empleados satisfechas	Subsistencia
Resultado de desempeño	Mínimo

En nuestra experiencia profesional hemos conocido empresas con un fuerte estilo de conducción que se aproxima al modelo autocrático, en las que, sin embargo, sus conductores no pagan bajos salarios, y además existen remuneraciones variables que se relacionan con el desempeño alcanzado por los colaboradores, en función de objetivos. Desde ya la definición de *liderazgo* del modelo de competencias se preparó a medida de la organización.

En otras ocasiones, las denominadas empresas de liderazgo fuerte muestran una mezcla de los dos modelos, autocrático y de custodia.

	Autocrático	De custodia
Base del modelo	Poder	Recursos económicos
Orientación administrativa	Autoridad	Dinero
Orientación de los empleados	Obediencia	Seguridad y prestaciones
Resultado psicológico en los empleados	Dependencia del jefe	Dependencia de la organización
Necesidades de los empleados satisfechas	Subsistencia	Seguridad
Resultado de desempeño	Mínimo	Cooperación pasiva

© GRANICA

¿Por qué decimos que se trata de una mezcla? Porque generan, por ejemplo, dependencia de la organización como consecuencia del diseño de sus subsistemas de Recursos Humanos. Un ejemplo de hace unos años: una empresa abonaba gratificaciones similares a las que hoy se conocen como *bonus*. Esta compañía, que en realidad era un holding de varias empresas, tenía un esquema de salarios para los ejecutivos donde el salario anual se dividía en veinte partes (en lugar de las trece que marca la legislación argentina), abonaba todos los meses una de las veinte partes y el denominado "sueldo anual complementario" en dos mitades, como marca la legislación: mitad en junio, mitad en diciembre. Es decir, cumplía estrictamente las leyes vigentes en el país. Restaban aún las siete partes adicionales, que eran abonadas aproximadamente ocho meses después de pasado el año al cual correspondían.

Este parece ser un modelo legítimo de cálculo y liquidación de una remuneración. En la práctica, si un ejecutivo recibía una propuesta para cambiar de empleo, quizá "no se animara" a tomar la decisión porque de esa manera perdería los meses devengados no cobrados. Usted podrá decir que en la actualidad muchas empresas "juegan" de ese modo con los bonus o parte variable de la remuneración, y es cierto. Para contrarrestar estas prácticas se han implementado los *hiring bonus*[2]. También es cierto que las compañías se debaten en crear los mejores métodos de retención del personal, pero si el método crea dependencia, por lo cual los empleados se quedan en la organización no por sentirse satisfechos sino sólo porque de lo contrario perderán una significativa suma de dinero, genera en los colaboradores una pérdida de su motivación, y sólo tendrán una "cooperación pasiva", como plantea el modelo de custodia.

En muchos modelos de competencias, las palabras utilizadas para nombrar cada competencia pueden ser las mismas o similares en empresas con estilos de liderazgo distintos, pero no así su definición.

El lector debe recordar que una competencia no se define sólo con una palabra o concepto –por ejemplo "Trabajo en equipo"–, sino con un nombre y una frase que explica qué se entiende por ella en la organización para la cual se está diseñando el modelo de competencias.

---

2. *Hiring bonus*: sumas de dinero que se abonan al momento de contratar a una persona, generalmente un ejecutivo importante, y que pueden tener dos objetivos básicos: compensar a la persona por un bonus que pierde al pasarse a la nueva compañía y, en otras ocasiones, compensar el riesgo que el individuo asume al pasar de una compañía sólida o previsible a una empresa con mayor riesgo. Esta última visión es muy discutida por los especialistas de Recursos Humanos y no se considera una buena práctica. Se dice: "Si usted debe pagarle a alguien para que quiera trabajar con usted, significa que su compañía no es lo suficientemente buena y todos querrán también cobrarle". No se lo aconsejamos a nuestros clientes. Diferente es la situación en la primera de las variantes, como una compensación de un bono perdido, es decir, devengado pero no cobrado.

Un modelo de competencias para una organización de estilo autocrático hará énfasis en un *liderazgo* (para sus managers) *alineado a los objetivos*, en el *compromiso* y la *orientación a resultados*. En otro tipo de conducción se podrán utilizar estas u otras competencias, y las definiciones podrán ser diferentes.

Es muy importante tener en cuenta que entre los estilos de conducción "no hay buenos y malos". Cada organización debe adoptar el que crea conveniente y adecuado. En cualquier caso, puede (y debe) cuidar sus recursos humanos, la calidad de vida de sus colaboradores, la adecuación persona-puesto, etc. Y tener más o menos delegación, lo que dependerá de cada caso.

En nuestra opinión, siempre es sano apelar a la condición de persona adulta de los integrantes de cada organización; con esta forma de ver las cosas será más fácil la delegación y que cada uno asuma sus responsabilidades. Pensamos, desde ya, que las personas son de tipo "Y" no de tipo "X"; pero ésta es una posición personal, no una opinión respecto de lo que deben o no pensar los otros.

Competencias que se relacionan con liderazgo fuerte

En realidad, todas pueden ser aplicables, sólo habría que analizar su definición. De todos modos, se podría decir que algunos conceptos tienen más relación con este tipo de liderazgo:

- Compromiso.
- Orientación a resultados.
- Trabajo en equipo.
- Colaboración.
- Orientación al cliente interno y externo.
- Ética.
- Integridad.
- Sencillez.
- Capacidad de planificación y organización.
- Comunicación.

Un modelo de competencias para una organización con liderazgo participativo

En el imaginario de muchos profesionales, los modelos de Gestión por Competencias sólo pueden aplicarse en organizaciones con un enfoque participativo, es decir, donde los distintos integrantes de la organización participan, de algún modo, en la conducción y en la toma de decisiones. Esto es parcialmente cierto; sería impensable manejar una organización con un estilo participativo sin un modelo de competencias; pero no es privativo de éstas, como se vio en párrafos anteriores.

Como hemos visto al analizar los distintos modelos de liderazgo, presentados en el Capítulo 1, las organizaciones que permiten la participación de los colaboradores en la toma de decisiones y que se conducen con un alto nivel de delegación se inscriben dentro del *modelo de apoyo*. Valen aquí los comentarios formulados en el punto anterior respecto de que los modelos no son netos y en muchas organizaciones los estilos cambian con relación a los diversos aspectos de la gestión. Sí debe tenerse en cuenta el estilo de liderazgo de cada compañía en particular para implementar Gestión por Competencias.

	De apoyo
Base del modelo	Liderazgo
Orientación administrativa	Apoyo
Orientación de los empleados	Desempeño laboral
Resultado psicológico en los empleados	Participación
Necesidades de los empleados satisfechas	Categoría y reconocimiento
Resultado de desempeño	Animación de impulsos

Un modelo de competencias para una organización con liderazgo participativo quizá defina algunos conceptos similares a los que se aplican en una organización con un liderazgo más autocrático, ya que igualmente hará énfasis en un *liderazgo alineado a los objetivos*, en *compromiso* y *orientación a resultados*, pero se orientará con fuerza al *empowerment* y la *autonomía*.

Competencias que se relacionan con un liderazgo participativo

En realidad, todas pueden ser aplicables, sólo habría que analizar su definición. De todos modos se podría decir que algunos conceptos tienen más relación con este tipo de liderazgo:

- Pensamiento estratégico / Visión de negocios.
- Iniciativa.
- Innovación.
- Compromiso con la rentabilidad y el crecimiento sostenido.

- Empowerment o conducción de personas con delegación.
- Creatividad aplicada a la tarea.
- Influencia y negociación.

Otras podrán ser las mismas que las mencionadas anteriormente:

- Orientación a resultados.
- Trabajo en equipo.
- Colaboración.
- Orientación al cliente interno y externo.
- Ética.
- Integridad.
- Sencillez.
- Capacidad de planificación y organización.
- Comunicación .

Un modelo de competencias para una organización con liderazgo colegiado (empresas del conocimiento)

Las denominadas empresas del conocimiento suelen tener un estilo de gestión diferente al de las demás organizaciones. Imaginemos una gran consultora internacional, como una de las denominadas "big four" –nombre con el que usualmente se conoce a las grandes firmas globales de auditoría u otras grandes consultoras globales–. La mayoría de ellas, aun las que cotizan en forma pública, como algunas consultoras de software, tienen un líder a nivel mundial, con estructuras regionales y, luego, país por país. Sin embargo, el estilo de liderazgo que presentan es diferente al de una compañía de servicios o industrial. Usualmente los número uno de esas compañías se parecen a un *primus* entre pares; es decir, uno de los líderes principales dirige la operación. Este liderazgo se podría relacionar con lo visto en el Capítulo 1, sobre liderazgo colegiado.

Como ya se ha dicho, los estilos de liderazgo suelen combinarse, no siempre se verifican de manera neta, por lo cual es posible encontrar organizaciones o sucursales en algunos países manejadas de otra forma o con estilos múltiples.

El estilo denominado "colegiado" suele darse en organizaciones con muchos socios, como por ejemplo los estudios profesionales. En estos casos, los socios deben alcanzar objetivos y son evaluados en su desempeño (la fijación de objetivos y su evaluación es menos frecuente en el caso del dueño o socio de una empresa que detenta el capital de la misma). Ítems que usualmente componen la evaluación de los socios:

- Rentabilidad.
- Satisfacción de los clientes.
- Calidad de los servicios prestados.
- Satisfacción de los empleados.

A su vez se evalúan sus propias competencias, algunas de las más usuales son:

- Compromiso.
- Habilidades de comunicación.
- Cosmopolitismo.
- Creatividad.
- Iniciativa.
- Tenacidad.
- Adaptabilidad.
- Desarrollo de personas (selección y desarrollo para ser los mejores del mercado).
- Habilidades intelectuales (razonamiento, resolución de problemas, capacidad para la toma de decisiones).

	Colegiado
Base del modelo	Asociación
Orientación administrativa	Trabajo en equipo
Orientación de los empleados	Conducta responsable
Resultado psicológico en los empleados	Autodisciplina
Necesidades de los empleados satisfechas	Autorrealización
Resultado de desempeño	Entusiasmo moderado

Competencias que se relacionan con un liderazgo colegiado y empresas del conocimiento

- Liderazgo sobre su equipo (para mejorar los recursos humanos).
- Creación y desarrollo de equipos efectivos y de alto rendimiento (para mejorar los recursos humanos).
- Desarrollo de su equipo (para mejorar los recursos humanos).
- Incrementar las relaciones con los clientes (para los clientes).
- Entregar servicios con valor para el cliente (para los clientes).
- Experiencia profesional demostrable (para los clientes).

- Desarrollo de la organización (para mejorar el crecimiento y rentabilidad de la firma).
- Construir valor (para mejorar el crecimiento y rentabilidad de la firma).
- Gerenciamiento óptimo de recursos (para mejorar el crecimiento y rentabilidad de la firma).
- Innovación en los procesos (para lograr la excelencia).
- Gerenciar proyectos (para lograr la excelencia).
- Campeones del conocimiento (para lograr la excelencia).
- Manejar el riesgo (para lograr la excelencia).

El rol del gerente de Recursos Humanos (o del área de RRHH) en la implantación de Gestión por Competencias

Se expuso al inicio del capítulo el rol que un modelo de competencias tiene en diferentes momentos de la vida de una organización y su papel determinante en un proceso de cambio cultural.

Asimismo, en el capítulo anterior se ha presentado cuáles son, en nuestra opinión, los roles de un profesional o responsable del área de Recursos Humanos para enfrentar los desafíos del siglo XXI. Allí se han mencionado cinco roles fundamentales: *Estrategia, Personas, Desarrollo del talento, Manejo experto,* y *Principios éticos*. La combinación de estos roles deberá tenerse en cuenta en cada una de las acciones que encare. En lo atinente a la implantación de competencias, esto será determinante. Es impensable la puesta en marcha de un modelo que no considere al mismo tiempo los cinco ejes.

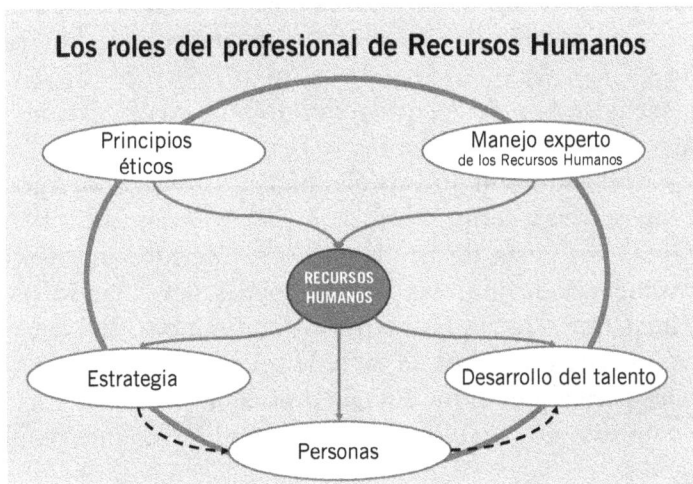

Los roles del profesional de Recursos Humanos

Será desde estas cinco perspectivas que se analizará el rol del responsable de Recursos Humanos en relación con el modelo de Gestión por Competencias y el cambio cultural.

Estrategia

Un modelo de competencias debe estar diseñado en función de la estrategia organizacional (misión, visión, etc.). Por lo tanto, el responsable de Recursos Humanos deberá conocer profundamente estos conceptos para velar por que el modelo represente la estrategia de la organización. La organización deberá percibir que el responsable de RRHH es un aliado estratégico de la máxima conducción y que los procesos de Recursos Humanos que se llevan a cabo responden a las necesidades estratégicas de la organización. Esta misma convicción deberá tener el responsable de RRHH respecto de su propio rol.

El modelo de competencias deberá representar la estrategia en todas sus facetas. La estrategia la alcanzan –o no– los integrantes de la organización, desde sus directivos hasta los empleados de base. Todos en conjunto y coordinadamente.

Manejo experto

Un responsable de Recursos Humanos debe ser –en todos los casos– un experto en las nuevas tendencias de management. Esto no significa que debe saber todo lo relativo a ellas, sino saber en qué consisten y, especialmente, comprender su utilización y beneficios, a fin de saber cuándo y para qué es conveniente usar cada una.

En muchas ocasiones nos encontramos con profesionales del área que, cuando se les pregunta para qué están haciendo tal o cual cosa, se quedan mirando sin dar una respuesta. Conocen cómo se hace "algo", pero no tienen en claro para qué debe hacerse o los beneficios que obtendrán de su aplicación.

Un gerente de Recursos Humanos debe conocer todas las metodologías y herramientas en relación con su especialidad. En nuestra opinión, bastará que conozca para qué sirven y cómo se utilizan. En conferencias, o hablando con los gerentes del área, nos gusta decir: "Imagine detrás suyo un enorme panel con todas las herramientas disponibles. Usted debe saber cuándo usarlas; con eso alcanza". Esta idea, que sólo apela al sentido común, no se verifica en lo que luego observamos en las organizaciones. Es factible ver que se utilizan herramientas que son fenomenales para aquello que fueron diseñadas pero que, cuando se aplican erróneamente, no sólo no dan el resultado esperado, sino que pueden llegar a ser contraproducentes.

Desarrollo del talento

Las nuevas tendencias de management y, en especial, Gestión por Competencias, tienen un foco claro en el desarrollo del talento de las personas.

La definición de las competencias es la primera fase del modelo de gestión que estamos explicando. Una vez que se ha hecho esto, los pasos siguientes implican la determinación de brechas entre lo requerido por los puestos de trabajo y las competencias actuales de las personas. Este paso se realiza con un único propósito: el desarrollo de competencias para reducir las brechas detectadas.

Cuando la adecuación persona-puesto no es la esperada, o cuando se apunta al crecimiento de las personas para que ocupen posiciones de mayor nivel o para que evolucionen en el puesto de trabajo actual, se encaran programas para el desarrollo del talento. Esta expresión no debe asociarse sólo a ciertas posiciones de la organización; por el contrario, puede aplicarse a cada uno de los puestos, ya que en todos ellos hace falta talento para desempeñarse con éxito.

En definitiva, Gestión por Competencias es un modelo para el desarrollo de las personas, sus conocimientos y competencias. ¿Cuáles competencias? Aquellas que permitirán a la organización alcanzar sus planes estratégicos. Si éstos requieren de un cambio cultural, ese será uno de los objetivos a lograr.

Sin presentar una visión romántica de las cosas, vale recordar que las personas se sienten mejor cuando se les asignan tareas que pueden desempeñar exitosamente, por lo cual la adecuación persona-puesto debe ser una preocupación de los que conducen la organización y, al mismo tiempo, plantea una relación *ganar-ganar* con los colaboradores. Así, este punto se relaciona con el siguiente.

Personas

Como ya se expresara, pensamos que las personas que integran una organización son adultos que deben valerse por sí mismos. Asimismo, las organizaciones deben contemplar el balance familia-trabajo entre sus colaboradores.

El cuidado de las personas siempre es beneficioso para todos, para el empleador y para los empleados.

La correcta ubicación de las personas en aquellos puestos para los que están más capacitados siempre será en beneficio de ambas partes.

En la actualidad todo el mundo dice: "Lo más importante que tenemos en la organización es nuestro personal". Lamentablemente, este pensamiento no siempre se corrobora en los hechos. El gerente de Recursos Humanos o Capital Humano deberá transitar por un delicado equilibrio, velando por que la organización alcance la estrategia y cuidando a las personas, en una relación *ganar-ganar*, que se da cuando

© GRANICA

las personas ocupan un puesto de trabajo para el cual están preparadas y motivadas, que coincide con sus gustos y preferencias, lo cual es bueno para la empresa y para el colaborador.

Principios éticos

Al inicio del esta obra, en el capítulo 1, se planteó que *ética* es el estudio del comportamiento humano, y *comportamiento organizacional* es la disciplina que estudia el comportamiento de las personas dentro de la organización. Por lo tanto, y en nuestra opinión, son dos conceptos profundamente ligados entre sí.

Un director de Recursos Humanos, así como cualquier integrante del área, debe demostrar comportamientos éticos. Al mismo tiempo, y de suma relevancia, será el responsable por el diseño de métodos de trabajo organizacionales en relación con las personas que contemplen principios éticos. En los últimos años ha quedado demostrado que la falta de ética ha traído todo tipo de consecuencias no deseables, llevando a la quiebra a empresas que en apariencia, eran muy sólidas. La ética no es sólo un valor moral, es –además– una variable de supervivencia organizacional.

Hemos enumerado los roles del profesional de Recursos Humanos partiendo de la estrategia ya que éste será el mejor camino para explicarlo al número uno de la organización. Sin embargo, desde la perspectiva individual debe verse de otro modo, un profesional del área deberá poseer *Principios éticos* y *Manejo experto*. Si cuenta con ambos, podrá desempeñar adecuadamente el rol de *Estrategia, Personas y Desarrollo del talento.*

En síntesis, desde las cinco perspectivas planteadas (*Estrategia, Personas, Desarrollo del talento, Manejo experto,* y *Principios éticos*), el rol del responsable de Recursos Humanos tiene un cometido. Estos ejes mencionados pueden ser alcanzados a través de un diseño adecuado del modelo de competencias. Quizá el gerente de Recursos Humanos deba recurrir a un especialista para su puesta en marcha, por considerar que es el camino más adecuado. Sin embargo, el especialista o consultor no debe diseñar el modelo sin hacerlo en conjunto con el gerente de Recursos Humanos. El consultor tendrá la experiencia de haber implementado muchos modelos, y el gerente conocerá la cultura interna de la organización. El gerente de Recursos Humanos deberá ser el líder del proyecto de competencias; el consultor es un asesor.

Si bien creemos que éste debe ser el rol del gerente de Recursos Humanos en la puesta en marcha de un nuevo modelo de competencias o la adaptación de uno existente, al mismo tiempo pensamos que no es una buena idea el diseño de un modelo interno por personas que carezcan de la experiencia adecuada. Por último, para que un modelo de competencias sea exitoso, requiere de un diseño detallado de herramentales prácticos para cada uno de los subsistemas, recordando que la mayoría de éstos deben ser operados por personas no pertenecientes al área de Recursos Humanos.

Ejemplos:

La evaluación del desempeño la diseña un especialista, pero luego la lleva a cabo cada jefe o gerente; por lo tanto, todos ellos deberán conocer en profundidad cómo realizar una evaluación y la posterior retroalimentación al colaborador.

La selección de personas casi siempre la realiza un especialista, y luego, en base a una carpeta de finalistas, el futuro jefe realiza la elección final. Si a éste se lo entrena en selección realizará una elección con mayores elementos técnicos.

Los jefes son los que más conocen a sus empleados, por lo cual serán ellos quienes podrán decir, con mayor precisión, si, por ejemplo, los colaboradores necesitan capacitación, o si están listos para recibir una promoción.

La Metodología de Gestión por Competencias contempla cada una de estas variantes, y muchas más. Cada una de las situaciones que incumben a jefes y empleados deberá estar contemplada.

¿Cuál es el rol del área de Recursos Humanos en todos estos temas? Deberá ser un asesor, un facilitador y, fundamentalmente, proveer herramientas prácticas en cada caso.

¿Cómo hacerlo del mejor modo? Tomando como eje los cinco aspectos señalados: *Estrategia, Personas, Desarrollo del talento, Manejo experto, Principios éticos.*

Gestión por Competencias y cambio cultural

En los procesos de implantación de Gestión de Recursos Humanos por Competencias el responsable de RRHH tiene un doble rol:

- Velar por el cuidado de la cultura.
- Implementar un cambio de cultura.

Estos conceptos no son contradictorios; por el contrario, apuntan a un objetivo en común: que la cultura sea la deseada. La implementación de subsistemas de Recursos Humanos siempre implica cambios de cultura; en el caso específico de Gestión por Competencias, en casi todos los casos se persigue, entre otros objetivos, lograr cambios de cultura. Como casi siempre la implantación se hace con la intervención de un consultor externo, éste puede equivocar el sentido e implementar algo en contra de la cul-

© GRANICA

tura deseada. Por esa razón no se aconseja actuar sin la participación de los responsables de Recursos Humanos y no se aconsejan los procesos "llave en mano" donde el consultor entrega un modelo generalmente prediseñado y que no representa la estrategia y la cultura deseada por la organización donde se implantará.

En la implementación de Gestión por Competencias se identifican los siguientes pasos: la definición de competencias cardinales y competencias específicas por puestos o familia de puestos, y, una vez que se ha completado esta etapa, la puesta en marcha de los distintos subsistemas de Recursos Humanos incorporando las competencias mencionadas.

En el momento de definir competencias cardinales siempre se les dice a los conductores de la organización: "No fijen ninguna competencia cardinal que no estén dispuestos a cumplir ustedes mismos". Esta recomendación no es de orden menor, ya que si la máxima conducción no está dispuesta, por ejemplo, a delegar, será en vano definir esta competencia como una de las que conforman el modelo.

¿Cuál es el rol del área de Recursos Humanos? Lo veremos paso a paso.

Definición del modelo

Si bien el rol protagónico en esta instancia de la implantación del modelo suele ser del consultor, el número uno del área de Recursos Humanos, que domina los aspectos técnicos del área junto con la cultura organizacional, debe ser la contraparte en un mismo nivel de importancia. Conoce la cultura actual, sabe adónde se quiere llegar, y en ese doble rol vela por la correcta interpretación del cambio deseado.

El consultor, usualmente, prepara el primer borrador de competencias para ser presentado a la máxima dirección, que deberá dar su aprobación. Conviene que el responsable de Recursos Humanos participe en esta etapa, haciendo una lectura previa de los borradores antes de la presentación final.

Del mismo modo, el responsable de Recursos Humanos deberá participar en la definición de las competencias específicas. En cuanto a las de su propia área, su rol no diferirá del que tenga el responsable de Ventas o Producción.

Con respecto a sus clientes internos –las otras áreas de la organización–, deberá brindar su apoyo al consultor no sólo en las reuniones de trabajo con los directivos de la organización, que generalmente se realizan para la definición de competencias, sino también en la revisión de las conclusiones a las que se arriba en materia de competencias específicas por área. Su conocimiento respecto de la propia compañía, de los puestos y familias de puestos, y de la cultura y subculturas por área, hace del responsable de Recursos Humanos un aliado invalorable para el consultor en el proceso de definición de competencias específicas.

Rol del responsable de Recursos Humanos en implantaciones múltiples

Es muy frecuente que las organizaciones tengan varios procesos organizacionales en marcha al mismo tiempo. Los más usuales son:

- Programas de calidad (varias normas relacionadas).
- Balance Scorecard o Cuadro de Mando Integral.

Es igualmente usual que las organizaciones contraten diferentes consultores para los distintos procesos. Nuestra sugerencia es que el responsable del área de Recursos Humanos deber velar por la coordinación de todos ellos. La organización es una sola, al igual que su estrategia; por lo tanto, no es posible que se consideren distintas competencias en cada uno de los procesos.

La formación de equipos multidisciplinarios donde interactúen en forma coordinada el consultor que diseña el modelo de competencias junto con el responsable de Recursos Humanos y el responsable de Calidad, es una opción posible.

Cómo implantar modelos de competencias diseñados en la casa matriz de la organización

Hemos comentado que, al conocer por su práctica profesional un sinnúmero de modelos y ver los errores que se cometen, un consultor aprende, en especial, sobre todo aquello que no debe hacerse. Una de las problemáticas frecuentes que se presentan a las empresas transnacionales es la falta de adaptación a la cultura local. Rogamos al lector que comprenda que no proponemos que estas organizaciones no se manejen de forma global. No es ésa la idea. Sino que, siendo globales y sin cambiar la cultura global, deben analizar cómo manejarse dentro de cada cultura local. Lamentablemente, este enfoque, por cierto sutil, de mantener la cultura global sin descuidar la cultura local, no se verifica en la mayoría de los países de la región latinoamericana.

Si las empresas son de capitales europeos, se puede encontrar que las filiales estén manejadas por funcionarios nacidos en el país, con una cierta independencia y con influencia en las políticas corporativas en materia de Recursos Humanos; es decir, las filiales pueden modificar y hasta diseñar sus propios subsistemas de RRHH.

Las compañías de capitales norteamericanos, en cambio, tienen una mayor propensión a implantar en sus filiales sus subsistemas globales de Recursos Humanos casi sin adaptaciones. En estos casos se verifican muchos problemas prácticos, y los subsistemas suelen no ser efectivos. En ocasiones, se logra un efecto contrario al deseado.

Se hizo referencia, al analizar "el comportamiento de los individuos", a las diferentes percepciones y su influencia en la satisfacción laboral. Es necesario tener en cuenta este mismo concepto al implementar Gestión por Competencias, cuando el modelo haya sido definido en la casa matriz. Si bien es casi obvio, no proponemos no implantar el modelo de competencias de la casa matriz, sino revisar las definiciones y los subsistemas de Recursos Humanos en relación con la cultura del país donde el modelo se va a implementar.

Los pueblos son más o menos alegres, tienen su propia concepción respecto del trabajo, se comprometen de una manera diferente; del mismo modo sucede con los individuos de cada uno de los países. Esto deberá considerarse al momento de definir (o revisar) las competencias, e igualmente al implementar los distintos subsistemas.

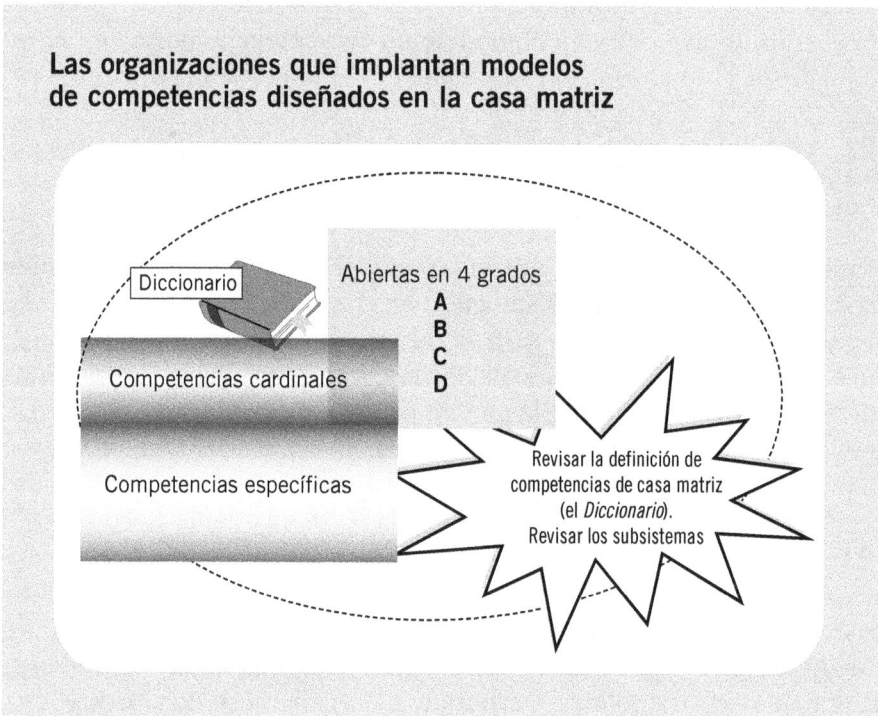

Las organizaciones que implantan modelos de competencias diseñados en la casa matriz

Diccionario

Abiertas en 4 grados
A
B
C
D

Competencias cardinales

Competencias específicas

Revisar la definición de competencias de casa matriz (el *Diccionario*). Revisar los subsistemas

Cómo se relaciona el modelo de competencias con los distintos subsistemas de Recursos Humanos

No explicaremos cómo se modifican los distintos subsistemas de Recursos Humanos cuando se pone en marcha un modelo de Gestión por Competencias, sólo se hará una mención a la relación de algunos temas con el comportamiento organizacional y de qué modo un modelo de competencias ayuda a su mejor manejo.

Como se señalara en párrafos anteriores, una vez que se definió el modelo de competencias y se asignaron las mismas a los puestos de trabajo, es decir, cuando el modelo "está listo para ser usado", los tres subsistemas básicos o pilares son:

- Selección.
- Desempeño.
- Desarrollo.

Selección por Competencias y comportamiento organizacional

La selección es muy importante en relación con CO, siempre y cuando el modelo de competencias implementado represente al mismo tiempo la estrategia deseada y la cultura organizacional que se desea alcanzar.

Si se trabaja de este modo, las personas que se incorporen a la organización serán seleccionadas de acuerdo con esa estrategia y cultura. Para una mayor eficacia del modelo de competencias, tanto los especialistas de Recursos Humanos como los clientes internos (otras áreas de la organización) deberán ser entrenados en Selección por Competencias. Es decir, cada uno de los que participan en un proceso de selección, incluyendo el futuro jefe del nuevo colaborador, deberán saber entrevistar por competencias. Así se vela por la cultura organizacional y por que todos los empleados posean el comportamiento organizacional adecuado a las necesidades organizacionales.

La Selección por Competencias tiene un rol en la no discriminación de personas

Los responsables de Recursos Humanos y directivos en general, de muchos países, están preocupados por la temática de discriminación. Mucho se habla al respecto; sin embargo, sigue siendo un tema sin resolver en el ámbito social.

La Selección por Competencias –cuando una empresa ha definido un modelo de competencias– es la herramienta que permite dar objetividad al proceso de selección y dejar de lado otros considerandos habituales que no tienen relación alguna con los puestos de trabajo.

© GRANICA

Seleccionar por competencias significa elegir a la persona con los conocimientos y competencias que el puesto requiere para lograr un desempeño superior o exitoso. Si se selecciona de esta forma no deberían considerarse aspectos como sexo o color de piel: sólo conocimientos y competencias. Los motivos de discriminación más frecuentes en los procesos de selección son, entre otros: sexo, religión, color de piel y clase social.

Si al seleccionar sólo se toma en cuenta lo que hace falta para desempeñarse con una performance superior, la evaluación de los posibles postulantes será en base a esas variables (competencias y conocimientos). Por lo tanto, la Selección por Competencias en el marco de la implementación de un modelo de Gestión por Competencias será una herramienta a favor de la no discriminación.

Somos conscientes de que no será posible erradicar totalmente la discriminación, ya que es un rasgo negativo altamente difundido, pero como responsables de Recursos Humanos podemos influir positivamente, de algún modo, al explicar a los especialistas del área, y a sus clientes internos, sobre la metodología de trabajo utilizada en Gestión por Competencias, explicitando que los puestos deben cubrirse con personas que posean los conocimientos y competencias necesarios para tener éxito en ellos, dejando de lado otros aspectos.

La experiencia me indica que lo mencionado en el último párrafo implica un trabajo de docencia, explicar la diferencia entre lo que es realmente necesario para alcanzar la ya mencionada performance superior, por un lado, y las percepciones y/o juicios previos que las personas tienen habitualmente respecto de otras.

Cuando se logra que toda la organización comience a hablar de esta manera, poniendo en términos de competencias sus necesidades, se logra, por un lado, la no discriminación, pero, por otro lado se pone foco en lo que es realmente importante: las capacidades de las personas. No se trata sólo de cambiar el lenguaje, se trata de un cambio de fondo, de raíz, en la forma de pensar y ver las cosas.

Desempeño por Competencias y comportamiento organizacional

El desempeño de las personas se mide, habitualmente, desde dos perspectivas: la calidad de su tarea y los objetivos alcanzados, y sus competencias. Por un lado, el "qué" –es decir, las tareas realizadas y los objetivos–, y por otro el "cómo" –es decir, de qué manera logró alcanzar sus objetivos y llevar a cabo sus tareas–. En nuestra propuesta metodológica, se relacionan los objetivos con planes de recompensa económica, y las competencias con planes de desarrollo.

Si la evaluación del desempeño analiza y evalúa las competencias con este enfoque, surgirá de ella la necesidad de desarrollar las distintas competencias que cada persona requiera, es decir, donde se haya detectado una brecha entre lo requerido

Resultado de una evaluación de desempeño por competencias

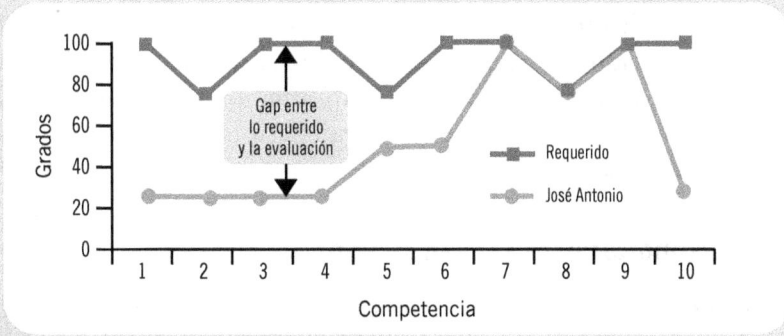

Grados (eje vertical): 0, 20, 40, 60, 80, 100

Gap entre lo requerido y la evaluación

Requerido

José Antonio

Competencia (eje horizontal): 1, 2, 3, 4, 5, 6, 7, 8, 9, 10

Competencias evaluadas

1. Integridad
2. Liderazgo
3. Empowerment
4. Iniciativa
5. Orientación al cliente
6. Orientación a resultados
7. Trabajo en equipo
8. Desarrollo de personas
9. Modalidad de contacto
10. Adaptabilidad al cambio

Escala numérica de los Grados

A: 100%   No Desarrollada: 0 %
B: 75 %
C: 50%
D: 25 %

y el grado de la competencia que cada persona posea. Por lo tanto se trabajará sobre esa brecha, entre el comportamiento deseado y el realmente verificado en cada persona.

Como se dijo en párrafos anteriores al referirnos a selección, este desarrollo de competencias será efectivo en la medida en que las competencias del modelo representen la estrategia a alcanzar y el comportamiento organizacional deseado. En caso contrario, el efecto no tendrá el impacto adecuado.

En el gráfico precedente se muestra el resultado de una Evaluación de Desempeño por Competencias. Allí se puede apreciar el perfil requerido y el resultado de la evaluación efectuada. Si el perfil requerido representa el comportamiento deseado por la organización para esa posición (esto es así cuando el modelo de competencias implementado refleja realmente el comportamiento organizacional al que se espera llegar), el *gap* o brecha entre ese perfil por competencias y la evaluación del individuo en cuestión deberá ser objeto de diferentes acciones para el desarrollo de la persona evaluada, de modo de reducir lo más posible la brecha detectada.

Las diferentes acciones a realizar para el desarrollo de competencias y, de ese modo, la reducción de la brecha entre el comportamiento deseado para ese puesto de trabajo y el resultado de la evaluación, serán acciones para acercarse al comportamiento organizacional anhelado.

Desarrollo y comportamiento organizacional

La temática de *desarrollo* se relaciona, a su vez, con dos subsistemas: *Formación* y *Desarrollo y planes de carrera.*

La clave del desarrollo es la medición de las competencias y la determinación de brechas, que puede hacerse en el momento de la evaluación del desempeño o en otras circunstancias, según las necesidades de cada organización.

Existen una gran variedad de herramientas para medir competencias; el experto decidirá la más adecuada en cada situación.

Una vez que se han determinado las brechas, para su reducción existen diferentes caminos:

- Autodesarrollo.
- Entrenamiento experto y Mentoring.
- Codesarrollo.

Estas tres vías o caminos se pueden aplicar de manera conjunta, o alguna en particular. La aplicación simultánea dará resultados en más breve plazo.

La temática de desarrollo de competencias implica también trabajar sobre las carreras de los colaboradores, tanto mediante planes de carrera como con planes de sucesión. En ambos casos se deberá tener en cuenta las competencias de las personas involucradas y las requeridas por sus puestos actuales y futuros.

En síntesis

Como puede apreciarse, la modificación del comportamiento organizacional, si bien no es fácil, tampoco es tan complejo, esto si se trabaja en base a un modelo de competencias que refleje el cambio organizacional, la estrategia y, en definitiva, el CO que se desea alcanzar.

Gestión por Competencias en la relación con empleados con problemas

Cuando las organizaciones ponen en marcha modelos de competencias que atañen a toda la organización, ello implica, entre otras cosas, un juego limpio para todos. Se conoce con antelación cuáles son las reglas de juego, qué se valora de los empleados, cuáles son los comportamientos esperados, cuáles son los métodos de evaluación, cómo cada uno –si lo desea– puede desarrollar sus competencias e incrementar sus conocimientos en el sentido adecuado.

Si no se trabajara de esta forma y se detectara que un colaborador no posee el comportamiento deseado, por motivos vinculados a algún problema de tipo personal, el empleado podrá interpretar que se lo persigue, se lo discrimina, o que se produce una intromisión en su vida privada. En caso contrario, esto no será así, ya que será el resultado de sistemas de evaluación aplicados a toda la organización.

Al mismo tiempo es cierto que el desempeño de empleados satisfechos y/o con alto involucramiento igualmente puede ser alto, medio o bajo, ya que estos elementos no alcanzan por sí solos para lograr una alta performance. Un empleado satisfecho con un rendimiento bajo quizá siga así, sin intentar mejorar. Un empleado con un fuerte deseo de involucramiento pero sin las competencias adecuadas para el puesto igualmente puede tener un desempeño no satisfactorio.

Las actitudes de los empleados

En el Capítulo 4 se mencionó que en muchos perfiles los empleadores indican como algo deseable –y en ocasiones como un requisito– "la lealtad", concepto que puede incluir otros y que puede ser comprendido de diferente manera según quien sea el que lo reclama. Cuando se trabaja en un esquema de Gestión por Competencias *Compromiso* se define, con frecuencia, como una competencia cardinal. Bajo esta definición se incluyen, usualmente, conceptos relacionados con la lealtad.

Síntesis del capítulo

✓ Generalmente, todo directivo de una organización está preocupado por cómo enfrentar el cambio permanente, cualquiera sea su ramo de actividad; desde pequeños a grandes cambios, todo debe ser contemplado y atendido.

✓ El cambio cultural, el cambio en relación con el comportamiento organizacional, puede ser algo pensado y deseado o, por el contrario, puede ser la consecuencia de un cambio de otra índole. Los cambios pueden derivar de situaciones positivas –por ejemplo, una nueva línea de productos, nuevos negocios, cambio en el perfil de clientes– o problemas internos –entre sectores, situaciones conflictivas diversas, resultados negativos de mediciones de clima organizacional, etc.–.

✓ Un esquema exitoso de cambio cultural implica que –al mismo tiempo– debe diseñarse un modelo de competencias que represente el cambio deseado, junto con el desarrollo de la competencia específica en todo el personal –directivos y empleados–.

✓ Cambio cultural como producto de fusiones, es decir, cuando dos empresas se fusionan para conformar una nueva. Ésta tendrá su misión, visión, valores y planes estratégicos que alcanzar. En base a ellos se definirá el modelo de competencias. Las brechas de todos los integrantes de la nueva empresa deberán ser medidas a fin de iniciar, a continuación, las acciones de desarrollo necesarias para su reducción.

✓ Cambio cultural como producto de una compra (de empresa). En estos casos la cultura que se desea imponer es la de la empresa adquirente. Las brechas deberán ser medidas e iniciarse, a continuación, las acciones de desarrollo necesarias para su reducción. Paulatinamente los integrantes de la empresa adquirida irán asumiendo como propia la cultura de la empresa adquirente.

✓ Las organizaciones definen sus valores, pero para que éstos se tornen operativos y sean incorporados a la vida diaria de todos los colaboradores y directivos, el camino a seguir es transformarlos en competencias. De este modo los procesos de *Selección, Evaluación del desempeño* y *Desarrollo de competencias* incluyen a los valores dentro de las herramientas de medición y las acciones de desarrollo.

✓ El término *competencia* hace referencia a características de personalidad, devenidas comportamientos, que generan un desempeño exitoso en un puesto de trabajo. Cada puesto de trabajo puede tener diferentes características en empresas y/o mercados distintos.

✓ Los modelos de competencias, en todos los casos, deben ser definidos a medida de cada organización y en función de su estrategia (misión y visión).

✓ Los modelos de competencias pueden ser aplicados a distintos estilos de conducción y liderazgo. Las competencias y sus definiciones deberán reflejar estas características.

✓ La implantación de un modelo de competencias puede ser una oportunidad para realizar un cambio de estilo de liderazgo o conducción.

✓ El responsable de Recursos Humanos tiene un rol estratégico en la implantación de un modelo de competencias. Si bien el rol protagónico suele ser –en la etapa de diseño– del consultor, el número uno del área de Recursos Humanos, que domina los aspectos técnicos del área junto con la cultura organizacional, debe ser la contraparte, en un mismo nivel de importancia. Él conoce la cultura actual de la organización, y sabe adónde se quiere llegar; desde ese doble rol vela por la correcta interpretación del cambio deseado.

✓ Un modelo de competencias implica modificación del comportamiento organizacional y se relaciona, en especial, con los subsistemas de *Selección, Evaluación del desempeño* y *Desarrollo*.

✓ La Selección por Competencias –cuando una empresa ha definido un modelo de competencias– es la herramienta que permite dar objetividad al proceso de selección y dejar de lado otros considerandos habituales que no tienen relación alguna con los puestos de trabajo.

¿Cómo puedo aplicar lo visto en este capítulo en mi empresa o puesto de trabajo?

Para lograr el cambio no alcanza con incluir la competencia *Adaptabilidad al cambio* en el modelo de competencias; se requiere mucho más.

Preguntas a responderse para encarar un cambio cultural:

- ¿Cómo nos percibe el mercado?
- ¿Cómo nos percibimos nosotros, los integrantes de la firma, como organización?
- ¿Cómo percibe cada uno su área de actividad?

Veamos a continuación dos ejemplos, muy diferentes entre sí, referidos a organizaciones que se plantean un cambio cultural.

© GRANICA

Caso 1

Una empresa de tipo comercial decide realizar un cambio de imagen (modificación de los logotipos, etc.). Para ello contrata asesores en estos temas. La empresa consultora, antes de definir los cambios a realizar, realiza una encuesta a los siguientes actores relacionados.

- Personal de la organización.
- Clientes.
- Proveedores.

En las conclusiones surge, en forma recurrente, un área de conflicto: los integrantes de la propia organización.

Las acciones que se toman en consecuencia tienen que ver con dos problemas claramente identificados:

- Problemas entre áreas. Se encara el desarrollo de las competencias *Colaboración* y *Orientación al cliente interno y externo*.

- Delegación. Se llevan a cabo acciones sobre todos los directivos y jefes a través de los programas de desarrollo de capacidades denominados *Rol del jefe*.

Caso 2

Una empresa de servicios profesionales realiza una evaluación de tipo Feedback 360°, incluyendo en ella a:

- Personas de la organización.
- Clientes más importantes.

Las acciones que se llevan a cabo tienen relación con dos problemas claramente identificados:

- Calidad en la entrega de trabajos profesionales. Se oscilaba entre la entrega de trabajos muy buenos fuera de término, y trabajos que se entregaban en el plazo estipulado pero sin el debido cuidado de los detalles. Se encara un plan intensivo de desarrollo de la competencia *Calidad de trabajo* junto con *Planificación y organización*.

- Los clientes sentían que no se los trataba "como clientes". Los profesionales no atendían el teléfono con celeridad, llegaban las respuestas a través de otras personas, etc. Se encara un plan de desarrollo de la competencia *Orientación al cliente interno y externo*.

Comentario final sobre la aplicación de medidas tendientes a lograr un cambio cultural

En ambos casos (1 y 2) se pusieron en marcha planes de desarrollo de competencias. Es pertinente destacar que el término *competencias* tiene que ver con "características de personalidad devenidas en comportamientos", por lo cual nos estamos refiriendo a cambios de comportamientos. Este comentario se formula para reforzar la idea de que no alcanza con transmitir conocimientos sobre –por ejemplo– cómo se atiende bien a un cliente, sino lograr que cada persona "evidencie comportamientos" en relación con la competencia. Esto implica un cambio profundo que sólo se verifica si las acciones de desarrollo que se llevan a cabo son las adecuadas.

PARA PROFESORES

Para cada uno de los capítulos de esta obra hemos preparado:

- Casos prácticos y/o ejercicios para una mejor comprensión de los temas tratados.
- Material de apoyo para el dictado de clases.

Los profesores que hayan adoptado esta obra para sus cursos tanto de grado como de posgrado pueden solicitar de manera gratuita las obras:

- *Comportamiento Organizacional. CASOS*
- *Comportamiento Organizacional. CLASES*

Únicamente disponibles en formato digital, en nuestro sitio: *www.marthaalles.com*, o bien escribiendo a: *profesores@marthaalles.com*

© GRANICA

Anexo

Herramientas de Recursos Humanos para el cambio organizacional

El lector podrá encontrar mayor detalle de las herramientas mencionadas a continuación en la obra *Las 50 herramientas de Recursos Humanos que todo profesional debe conocer.* Ediciones Granica, Buenos Aires, 2012 y 2016.

N°	Nombre de la herramienta	Definición
1	Adecuación persona-puesto (Diagnóstico)	Conjunto de evaluaciones necesarias para determinar la relación que se establece entre los conocimientos, la experiencia y las competencias que un puesto requiere, y los del ocupante de esa posición. Para la determinación de la adecuación persona-puesto deberán primero establecerse los requisitos del puesto y luego habrá que evaluar a su ocupante, considerando como mínimo tres elementos: conocimientos, experiencia, competencias.
2	Asignación de competencias a puestos (Documento)	Procedimiento interno por el cual se asignan competencias junto con sus grados a los distintos puestos de trabajo. La asignación se refleja en un documento interno donde se indica, para los distintos puestos de trabajo, las competencias requeridas junto con los grados en que se necesitan. Para que la asignación de competencias sea posible, primero se debe diseñar un modelo de competencias.
3 A y B	Assessment Center Method (ACM)	Método o herramienta situacional para evaluar competencias mediante el cual, a través de la administración de casos y ejercicios, se plantea a los participantes la resolución práctica de situaciones conflictivas similares a las que deberán enfrentar en sus puestos de trabajo. Durante un Assessment se utilizan casos y ejercicios que permiten poner a las personas a evaluar en un contexto similar al que deberán afrontar en el puesto para el cual son evaluadas.

N°	Nombre de la herramienta	Definición
4	Auditoria de Recursos Humanos	Conjunto de procedimientos a través de los cuales un agente independiente compara determinadas características de los subsistemas de Recursos Humanos con estándares previamente definidos. Los subsistemas de Recursos Humanos pueden ser auditados al igual que otros procedimientos internos. Para ello, primero debe diseñarse un estándar. Es decir, la auditoría controlará que se haya cumplido con ese estándar.
5	Autopostulación – *Job posting*	Práctica organizacional mediante la cual una persona puede postularse a búsquedas internas que la organización publicita en su intranet o carteleras. Usualmente se definen requisitos para participar, además de los inherentes al puesto en sí mismo.
6	BEI. Behavioral Event Interview	Entrevista por eventos conductuales o Entrevista por incidentes críticos. Entrevista estructurada que evalúa competencias en profundidad explorando los incidentes críticos y los comportamientos de cada persona.
7	Capacitación	Actividades estructuradas, generalmente bajo la forma de un curso, con fechas y horarios conocidos y objetivos predeterminados.
8 A, B y C	Carrera como especialista y Carrera Gerencial (Programa)	Carrera Como especialista: Programa organizacional que describe esta modalidad de carrera, sus diferentes niveles o estratos, las relaciones que presenta cada posición con otros niveles de la misma organización, así como sus principales responsabilidades y funciones. Señala y destaca la importancia de los especialistas en el ámbito de una organización ofreciéndoles oportunidades de crecimiento a través de la profundización de sus puestos de trabajo. Los distintos niveles o estratos de la carrera como especialista se relacionan con la escala de remuneraciones de la organización. Carrera gerencial: Programa organizacional que describe los distintos niveles o estratos organizacionales, sus relaciones, y principales responsabilidades y funciones. Señala un camino a seguir y permite que una persona vaya recorriéndolo ascendiendo hacia la Dirección de la organización. Los distintos niveles o estratos de la carrera gerencial se relacionan con la escala de remuneraciones de la organización.
9 A, B y C	Codesarrollo	Método para el desarrollo de personas, aplicable tanto a competencias como a conocimientos. Codesarrollo implica acciones concretas que de manera conjunta realiza el sujeto que asiste a una actividad de formación guiado por un instructor para el desarrollo de sus competencias y/o conocimientos. El codesarrollo implica un ciclo: 1) taller de codesarrollo; 2) seguimiento; 3) segundo taller de codesarrollo.

N°	Nombre de la herramienta	Definición
10	Descriptivo de puesto	Documento interno donde se consignan las principales responsabilidades y tareas de un puesto de trabajo. Adicionalmente se registran los requisitos necesarios para desempeñarlo con éxito: conocimientos, experiencia y competencias.
11	Determinación temprana de brechas (Inventario)	Proceso interno de medición de competencias por el cual se compara lo requerido por el puesto con las competencias de su ocupante. La eventual diferencia entre ambos se denomina "brecha". Cuando esta medición se realiza al inicio de la implantación del modelo de competencias, se la denomina "temprana", ya que permite realizar a tiempo acciones de desarrollo y, de este modo, achicar las referidas brechas antes de que la situación plantee dificultades en el desempeño.
12	Diagnóstico circular	Proceso estructurado para medir las competencias de los colaboradores de una organización en el cual participan múltiples evaluadores. Se denomina "circular" en alusión a que una persona es evaluada por su entorno de trabajo: sus superiores, pares y subordinados, además de por ella misma (autoevaluación). En ocasiones la evaluación incluye la opinión de clientes internos y/o externos. Según el diseño que se establezca en cada caso, los resultados de la evaluación circular podrán ser entregados tanto a los jefes de los evaluados como al área de Recursos Humanos. Esta es la principal diferencia entre esta evaluación y la *evaluación de 360°* o *feedback 360°*, según su denominación en idioma inglés.
13 A y B	Diagramas de reemplazo	Programa organizacional por el cual se reconocen puestos clave, luego se identifican posibles participantes del programa y se los evalúa para, a continuación, designar posibles reemplazos (sucesores), pero solo para aquellas personas que ocupando puestos claves tienen una fecha cierta de retiro, usualmente por su edad avanzada. La necesidad de reemplazo puede deberse a otras razones; por ejemplo, traslado del actual ocupante a otro país o su designación en otro cargo. Para asegurar la eficacia del programa se realiza un seguimiento de los participantes y se les provee asistencia y ayuda para la reducción de brechas entre el puesto actual y el que se prevé que ocupen.
14	Diccionario de competencias	Documento interno organizacional en el cual se presentan las competencias definidas en función de la estrategia.
15	Diccionario de comportamientos	Documento interno en el cual se consignan ejemplos de los comportamientos observables asociados o relacionados con las competencias del modelo organizacional.

© GRANICA

N°	Nombre de la herramienta	Definición
16	Diccionario de preguntas	Documento interno de la organización en el cual se consignan ejemplos de preguntas que permiten evaluar las competencias del modelo en una entrevista.
17	*E-learning*	Método de aprendizaje utilizando la tecnología, usualmente la intranet de la organización. Entre otras características se puede mencionar, además, que las actividades no son presenciales y los horarios de aplicación son flexibles.
18	Encuesta de satisfacción laboral	Medición interna del grado de satisfacción de los empleados sobre la base de una serie de ítems preestablecidos.
19	Encuesta sobre valores y proyectos personales	Medición interna para conocer los proyectos personales de los colaboradores y el grado de adherencia de estos a los valores organizacionales.
20 A y B	Entrenamiento experto	Programa organizacional para el aprendizaje mediante el cual, a través de una relación interpersonal, un individuo con mayor conocimiento o experiencia en un determinado tema, lo transmite a otro. Cada uno de los participantes del programa cumple un rol: entrenador o aprendiz. Un entrenador podrá tener a su cargo varios aprendices; sin embargo, en todos los casos brindará su entrenamiento de manera personalizada e individual.
21	Entrevista estructurada - Selección	Entrevista basada en un conjunto de preguntas e indicaciones previamente definidas para indagar sobre una serie de aspectos determinados.
22	Entrevista por competencias	Entrevista estructurada que permite evaluar a un candidato que participa en un proceso de selección considerando, especialmente, sus competencias, a través de preguntas específicas.
23	Estructura de puestos	Documento interno en el cual se exponen los diferentes niveles organizacionales junto con las principales responsabilidades y requisitos para ocuparlos. Este documento es la base para la asignación de competencias a puestos.
24	Evaluación de 180°	Proceso estructurado para medir las competencias de los colaboradores de una organización, con un propósito de desarrollo, en el cual participan múltiples evaluadores. Similar a la *evaluación de 360°*; su propósito es el desarrollo. Toma el nombre de *180°* en alusión a que una persona es evaluada por sus superiores y pares, además de realizar su propia autoevaluación. En ocasiones puede incluir la opinión de clientes internos y/o externos.

N°	Nombre de la herramienta	Definición
25	Evaluación de 360° - *Feedback 360°*	Proceso estructurado para medir las competencias de los colaboradores de una organización, con un propósito de desarrollo, en el cual participan múltiples evaluadores. Toma el nombre de 360° en alusión a que una persona es evaluada por sus superiores, pares y subordinados, además de por ella misma (autoevaluación). En ocasiones la evaluación incluye la opinión de clientes internos y/o externos.
26	Evaluación vertical (del desempeño)	Medición del desempeño realizada por el jefe o superior, que se complementa con la autoevaluación del propio colaborador y la revisión del nivel superior al jefe directo ("jefe del jefe").
27	Ficha de evaluación	Documento de medición de comportamientos/conocimientos estructurado y basado en el modelo de competencias/valores/conocimientos de la organización.
28	Ficha de evaluación reducida	Documento de medición de comportamientos/conocimientos estructurado y basado en el modelo de competencias/valores/conocimientos de la organización. Se diferencia de la Ficha de evaluación en su extensión. Al ser más breve, su administración y procesamiento se realiza en un tiempo más corto.
29 A y B	Formador de formadores (Método)	Método por el cual se capacita a otros instructores para que puedan –a su vez– impartir luego esa misma actividad de acuerdo con materiales e instructivos específicos.
30 A y B	Guías de desarrollo dentro del trabajo	Documento interno organizacional en el cual se describen las posibles acciones que se sugiere incorporar en la actividad cotidiana, a fin de alcanzar comportamientos más altos en relación con la competencia a desarrollar o incrementar/mejorar conocimientos, según corresponda.
31 A y B	Guías de desarrollo fuera del trabajo	Documento interno organizacional en el cual se describen las posibles Ideas que permiten desarrollar las competencias del modelo organizacional en otras actividades no relacionadas con el ámbito laboral, poniendo en juego la competencia o incrementar/mejorar conocimientos, según corresponda.
32	Indicadores de gestión para el área de Recursos Humanos	Índices específicos para medir el resultado de la gestión del área de Recursos Humanos y de las distintas funciones que la componen. Ejemplos: índices para medir el resultado general de Recursos Humanos o las áreas de Selección, Formación, Desarrollo de personas, Desempeño, etc.
33	Juegos didácticos	Actividad formativa diseñada por un experto, en la que se utilizan accesorios tales como tarjetas, fichas y otros elementos similares a través de los cuales se le brinda al "jugador" información sobre un tema en particular con el propósito de fijar conceptos. Para cada juego se establece un reglamento.

© GRANICA

N°	Nombre de la herramienta	Definición
34	Mapa del modelo de competencias	Documento organizacional que facilita la comprensión del *modelo de competencias* al explicar la interrelación de las distintas competencias que lo componen.
35	Mapa y ruta del talento	Proceso interno organizacional dividido en dos partes y que implica dos conceptos diferentes entre sí: mapa por un lado y ruta por otro. A continuación sus diferencias e interrelación. • Mapa: registro del inventario de las capacidades de todos los colaboradores de la organización: conocimientos, experiencia y competencias. • Ruta: elección de los programas organizaciones más adecuados según la visión y estrategia, sobre la base de tres ejes: Para el resguardo del capital intelectual, programas como *Planes de sucesión, Diagramas de reemplazo, Carrera gerencial y especialista*. Para generar talento organizacional: *Planes de carrera, Jóvenes profesionales, Personas clave*. Para aprovechar la experiencia de los jefes: *Mentoring, Entrenamiento experto, Jefe entrenador*.
36 A y B	*Mentoring* (Programas)	Programas organizacionales estructurados, de varios años de duración, mediante los cual ejecutivos de mayor nivel y experiencia ayudan a otros en su crecimiento. El término "ejecutivo", por extensión, puede aplicarse a diferentes relaciones laborales y profesionales. Los programas de *Mentoring* pueden aplicarse en todo tipo de organización.
37	Modelo de competencias	Conjunto de procesos relacionados con las personas que integran la organización y que tienen como propósito alinearlas en pos de los objetivos organizacionales. Un modelo de competencias permite seleccionar, evaluar y desarrollar a las personas en relación con las competencias necesarias para alcanzar la estrategia organizacional.
38 A y B	Modelo de conocimientos	Conjunto de procesos relacionados con las personas que integran la organización y que permiten definir los conocimientos necesarios para los diferentes puestos. Un *Modelo de conocimientos* permite seleccionar, evaluar y desarrollar a las personas en relación con los conocimientos necesarios para alcanzar la estrategia organizacional, en especial aquellos vinculados con la actividad principal de la organización.
39 A y B	Modelo de valores	Conjunto de procesos relacionados con las personas que integran la organización y que permiten incorporar a los subsistemas de Recursos Humanos los valores organizacionales.
39 C	Modelo de valores. Manual para detectar valores personales en selección	Conjunto de teoría, casos, ejercicios y formularios que permiten la aplicación práctica de las distintas herramientas necesarias para la detección de valores personales en selección de personas, diseñado de acuerdo con la Metodología Martha Alles International.

N°	Nombre de la herramienta	Definición
40 A y B	Personas clave (Programa)	Programa organizacional donde primero se elige, sobre la base de ciertos parámetros definidos por cada organización, a un grupo de personas a las cuales se considerará especialmente relevantes. Luego, a éstas se les ofrecerán oportunidades de formación diferenciales.
41 A y B	Plan de jóvenes profesionales (JP)	Programa organizacional para el desarrollo de personas, recientemente egresadas de la universidad. Implica el diseño de un esquema teórico sobre cuál sería el crecimiento esperado de un JP en un lapso definido, usualmente uno o dos años. Para ello se establecen los diferenciales deseados tanto en conocimientos como en competencias y las acciones concretas a realizar para alcanzarlos, conformando de este modo los pasos a seguir por todos los participantes del programa.
42 A y B	Planes de carrera	Programa organizacional para el desarrollo de personas. Implica el diseño de un esquema teórico sobre cuál sería la carrera dentro de un área determinada para una persona que ingresa a ella, usualmente desde la posición inicial. Para ello se definen los requisitos para ir pasando de un nivel a otro, instancias que conformarán los pasos a seguir por todos los participantes del programa.
43 A y B	Planes de sucesión	Programa organizacional por el cual se reconocen puestos clave, luego se identifican posibles participantes del programa y se los evalúa para, a continuación, designar posibles sucesores de otras personas que ocupan los mencionados puestos clave, sin una fecha cierta de asunción de las nuevas funciones. Para asegurar la eficacia del programa se realiza un seguimiento de los participantes y se les provee asistencia y ayuda para la reducción de brechas entre el puesto actual y el que eventualmente ocuparán.
44 A y B	Programa de difusión del modelo de competencias	Conjunto de acciones tendientes a que la organización en su conjunto conozca el modelo de competencias adoptado y comprenda cabalmente su aplicación en los distintos subsistemas de RRHH.
45 A	Programas para jefes. Cómo llevarme bien con mi jefe	Programa organizacional tendiente a lograr que los colaboradores de todos los niveles jerárquicos lleguen a transformarme "en el colaborador que la empresa desea". Se abordan varias temáticas: los jefes y los colaboradores; los amigos en el trabajo; el uso de los bienes de la empresa; autonomía en la relación jefe-colaborador, entre otros.
46 A	Programas para jefes. Conciliar vida profesional y personal	Programa organizacional en tres partes. Primero, se identifican los diferentes intereses personales. Luego, se aborda el tema con dos miradas, la organizacional y la individual. El propósito de esta doble mirada será lograr el ideal buscado por todos: una vida armónica alcanzando tanto los objetivos profesionales como los personales.

© GRANICA

N°	Nombre de la herramienta	Definición
47 A	Programas para jefes. Delegación	Programa organizacional dirigido al desarrollo de la competencia *Delegación* o *Conducción de personas*, de acuerdo con la definición de esta competencia en la obra *Diccionario de competencias. La trilogía. Tomo I.*
48 A	Programas para jefes. Jefe entrenador	Programa organizacional dirigido al desarrollo de la competencia *Entrenador.*
49 A	Programas para jefes. Rol del jefe	Programa organizacional mediante el cual se presentan todos los aspectos relacionados con las funciones de un jefe, por el mero hecho de tener colaboradores a su cargo. Es, fundamentalmente, una actividad sobre conocimientos en relación con dichas funciones.
45 B, 46 B, 47B, 48 B y 49 B	Programas para jefes. Manuales Metodología MAI	Manuales para la puesta en práctica de los diferentes programas para jefes, todos diseñados utilizando el método de codesarrollo. Todos los jefes, desde el número 1 de la organización hasta aquel que tiene a su cargo pocos colaboradores, debe cumplir un rol en relación con éstos, una serie de tareas derivadas del hecho de contar con personas que le reportan. Una de estas tareas, muy especial, es el papel de guía y apoyo a los colaboradores para que realicen mejor sus tareas y, al mismo tiempo, incrementen su satisfacción personal al lograr un mejor desempeño. Para que este rol se verifique será necesario que la organización asuma una actitud activa al respecto, y nuestra sugerencia es hacerlo a través de programas específicos para jefes.
50 A y B	Promociones internas	Acciones mediante las cuales los colaboradores de la organización son elevados a un nivel superior al que poseían. Por extensión, la herramienta se utiliza en el caso de desplazamientos laterales o de otro tipo, dentro de la organización.

El lector encontrará información de interés en relación de estos temas y otros en la obra *Diccionario de términos de Recursos Humanos*. Ediciones Granica, Buenos Aires, 2011.

Diccionario de términos de Recursos Humanos

Como un complemento necesario para poder navegar con seguridad en ese vasto sistema, Martha Alles nos presenta ahora su *Diccionario de términos de Recursos Humanos*.

El libro está dirigido a especialistas que hoy trabajan en el área, a estudiantes y profesores y a todos los interesados en temas relacionados con las personas, no necesariamente expertos en Recursos Humanos, y ha sido pensado para el mundo hispanoparlante. Esto implica no solo Latinoamérica y España, sino también al público de habla hispana de muchos otros países, entre ellos los Estados Unidos. Por lo cual los términos y sus definiciones no tienen un sabor local en particular.

La obra cubre un objetivo preciso, novedoso y de gran utilidad práctica para los interesados en el ámbito de los Recursos Humanos, ya que apunta a lograr que en un mundo cada vez más interconectado, personas de diferentes latitudes puedan comunicarse de manera precisa y eficiente mediante el uso de un lenguaje técnico unificado.

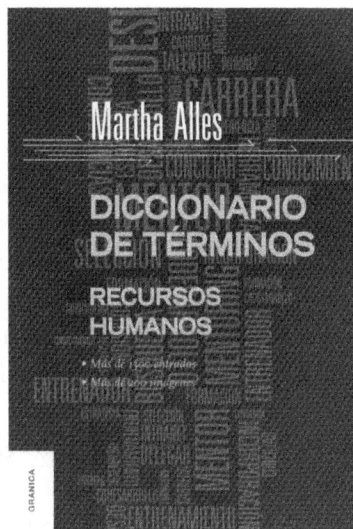

© GRANICA

Diccionario de Comportamientos. La Trilogía. Tomo 2

Martha Alles, conocida autora de destacados best sellers en materia de recursos humanos, nos presenta La Trilogía de Gestión por Competencias, en la cual se ha planteado una revisión completa de las tres obras que la componen para adaptarlas a las nuevas realidades. El uso intensivo de su metodología en empresas de todos los países hispanoparlantes le ha dado a la autora una visión regional relevante y le ha permitido el contacto profesional con organizaciones que plantean sus estrategias a mediano y largo plazo. Esto implica una perspectiva actualizada que pone el énfasis en la selección de las competencias más utilizadas en este momento, preferidas por las empresas para alcanzar sus estrategias organizacionales de cara al futuro.

Los tres libros están estructurados sobre la base de una explicación conceptual de las buenas prácticas y su aplicación efectiva.

Diccionario de Competencias. La trilogía. Tomo I
Las 60 competencias más utilizadas en Gestión por Competencias
Contiene la descripción de las competencias –su definición y apertura en niveles–, agrupadas en cardinales, específicas gerenciales y específicas por área.

Diccionario de Comportamientos. La trilogía. Tomo II
1.500 comportamientos relacionados con las competencias más utilizadas en Gestión por Competencias.
Presenta ejemplos de comportamientos relacionados con todas las competencias que fueron seleccionadas para ser desarrolladas en La Trilogía.

Diccionario de Preguntas. La trilogía. Tomo III
Las preguntas para evaluar las competencias más utilizadas en Gestión por Competencias.
Propone un catálogo de preguntas aplicables para la evaluación de las competencias incluidas en La Trilogía.

Dirección estratégica de RR.HH.
Tomo 1 - Gestión por competencias
(3ª edición)

La presente edición de esta obra, clave dentro de la bibliografía de Martha Alles, es una versión revisada y actualizada por la autora, a la luz de nuevos desarrollos y experiencias capitalizadas desde su primera edición, en el año 2000.

Los múltiples cambios en el contexto ocurridos desde entonces han generado desafíos diferentes para los especialistas en Recursos Humanos, disciplina que, como señala la autora, se ocupa de problemáticas vivas y cambiantes. Han aparecido nuevos problemas y han cambiado las perspectivas desde las cuales observar las cuestiones centrales de la materia. De todo ello se ocupa esta nueva edición.

Sus importantes cambios y novedades incorporan el fruto de reflexiones y resultados prácticos comprobados, provenientes de la actividad profesional de la autora a lo largo de estos años.

Dirección estratégica de Recursos Humanos agrega a partir de ahora, a su larga trayectoria, una versión remozada y siempre orientada a brindar a especialistas, profesores, alumnos, profesionales y directivos de organizaciones, elementos y conceptos que los ayuden a desenvolverse con éxito en este campo del conocimiento que ha probado ser esencial para encarar los tiempos por venir.

Dirección estratégica de RRHH
Tomo 2 - Casos (3ª edición)

Todas las cuestiones centrales de Recursos Humanos tienen un fundamento teórico y, a su vez, plantean el desafío de ser llevadas a la práctica de manera sencilla y efectiva.Con relación a este reto, el Volumen 2 – Casos de la obra *Dirección Estratégica de Recursos Humanos* ha probado ser de enorme utilidad para los lectores a través de muchos años y sucesivas reediciones.

En línea con la nueva edición 2015 del Volumen 1 de la obra, Martha Alles presenta también una versión completamente remozada del *Volumen 2 – Casos*. Una de las principales novedades incorporadas es el Capítulo Cero: Gestión por competencias. En la práctica, donde se expone al lector la aplicación de la metodología de Gestión por competencias mediante casos reales, en los que se puede observar cómo armar el modelo de competencias y cómo diseñar sus principales módulos.

El Volumen 2 emplea el método de casos y contiene un completo set de ejemplos extraídos de situaciones reales, con las posibles soluciones propuestas por la autora. Incluye,además, agregados dirigidos a lograr una mejor y más eficiente utilización de la obra, un anexo a cada capítulo con el detalle de las principales herramientas relacionadas con cada tema, y glosarios de términos.

Si bien el mayor potencial se alcanza mediante la utilización conjunta de ambos libros, Volumen 2 – Casos es una obra autónoma que puede ser consultada y utilizada independientemente del Volumen 1.

Esta obra está dirigida tanto aespecialistas en la materia como a profesores, alumnos, profesionales y directivos de organizaciones, interesados en un abordaje directo y concreto de los retos más comunes de la temática de Recursos Humanos.

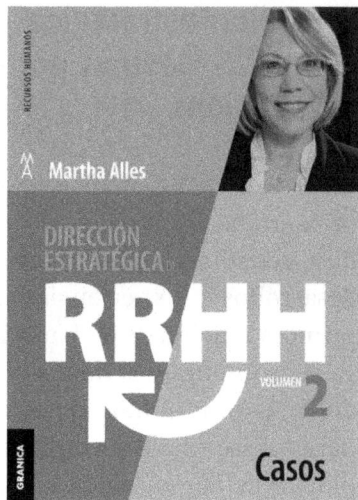

Bibliografía

De Martha Alles

12 pasos para conciliar vida profesional y personal. Desde la mirada individual. Ediciones Granica, Buenos Aires, 2013.

12 pasos para ser un buen jefe. Ediciones Granica, Buenos Aires, 2014. Título anterior de esta obra: *Cómo ser un buen jefe en 12 pasos* (2008).

5 pasos para transformar una oficina de personal en un área de Recursos Humanos. Ediciones Granica, Buenos Aires, 2005.

Codesarrollo: una nueva forma de aprendizaje. Ediciones Granica, Buenos Aires, 2009.

Cómo delegar efectivamente en 12 pasos. Ediciones Granica, Buenos Aires, 2010.

Cómo transformarse en un jefe entrenador en 12 pasos. Ediciones Granica, Buenos Aires, 2010.

Conciliar vida profesional y personal. Dos miradas: organizacional e individual. Ediciones Granica, Buenos Aires, 2016.

Construyendo talento. Ediciones Granica, Buenos Aires, 2016.

Cuestiones sobre gestión de personas. Qué hacer para resolverlas. Ediciones Granica, Buenos Aires, 2015.

Desarrollo del talento humano. Basado en competencias. Ediciones Granica, Buenos Aires. Nueva edición, 2008.

Desempeño por competencias. Evaluación de 360°. Nueva edición. Ediciones Granica, Buenos Aires, 2008.

Diccionario de competencias. La trilogía. Tomo 1. Ediciones Granica, Buenos Aires, 2015.

Diccionario de comportamientos. La trilogía. Tomo 2. Ediciones Granica, Buenos Aires, 2015.

Diccionario de preguntas. La trilogía. Tomo 3. Ediciones Granica, Buenos Aires, 2015.

Diccionario de términos de Recursos Humanos. Ediciones Granica, Buenos Aires, 2011.

Dirección estratégica de Recursos Humanos. Volumen 1. Gestión por competencias. Ediciones Granica, Buenos Aires. Nueva edición, 2015.

Dirección estratégica de Recursos Humanos. Volumen 2. Casos. Ediciones Granica, Buenos Aires. Nueva edición, 2016.

Elija al mejor. Ediciones Granica, Buenos Aires, 2003. En preparación, Nueva edición 2017.

Incidencia de las competencias en la empleabilidad de profesionales. Empleabilidad y Competencias. EAE Editorial Académica Española; Saarbrücken, Alemania, 2011

La Marca Recursos Humanos. Ediciones Granica, Buenos Aires, 2014.

Las 50 herramientas de Recursos Humanos que todo profesional debe conocer. Ediciones Granica, Buenos Aires, 2017.

Rol del jefe. Ediciones Granica, Buenos Aires, 2008.

Selección por competencias. Nueva Edición 2016. Ediciones Granica, Buenos Aires, 2016.

Social media y Recursos Humanos. Ediciones Granica, Buenos Aires, 2012.

Bibliografía consultada

Bacal, Robert. *Performance Management*. McGraw-Hill, New York, 1999.

Becker, Brian E.; Huselid, Mark A.; Ulrich, Dave. *El cuadro de mando de Recursos Humanos*. Gestión 2000, Barcelona, 2002.

Bell, Chip R. *Managers as mentors*. Berrett-Koehler Publishers, San Francisco, 1998.

Blanchard, Ken; Carlos, John P.; Randolph, Alan. *El empowerment*. Deusto, Bilbao, 1996.

Bonani, Gian Paolo. *La sfida del capitale intellettuale. Principi e strumenti di knowledge Management per organizzazioni intelligenti*. Franco Angeli, Milano, 2002.

Boulding, Kenneth E. *Las tres caras del poder*. Paidós, Barcelona, 1993.

Brooking, Annie. *El capital intelectual*. Paidós, Buenos Aires, 1997.

Carbó Ponce, Esteve. *Manual de psicología aplicada a la empresa*. Ediciones Granica, Barcelona, 2000.

Carew, Jack. *The mentor*. Donald I. Fine Books, New York, 1998.

Carretta, Antonio; Dalziel, Murray M.; Mitrani, Alain. *Dalle Risorse Umane alle Competenze*. Franco Angeli Azienda Moderna, Milano, 1992.

Carrillo, Jorge; Iranzo, Consuelo. "Calificación y competencias laborales en América Latina". En: Enrique de la Garza Toledo (Coord.), *Tratado Latinoamericano de Sociología del Trabajo*, Fondo de Cultura Económica, México, 2000.

Chapman, Elwood N. *Human Relations in Small Business*. Crips Publications, USA, 1994.

Cincotta, Juan Carlos. "Corporate Governance". En: *Revista del Instituto Argentino de Ejecutivos de Finanzas IAEF*, Año XIX, N° 184, abril 2003, página 52.

Cole, Gerald. *Personnel Management*. Letts Educational Aldine Place, London, 1997.

Cole, Gerald. *Organisational Behaviour*. DP Publications, London, 1995.

Corominas, Joan. *Breve diccionario etimológico de la lengua castellana*. Gredos, Madrid, 1998.

Davis, Keith; Newstron, John W. *Comportamiento humano en el trabajo*. McGraw-Hill, México 1999.

Debordes, Pascal. *Coaching. Entrenamiento eficaz de los comerciales. Cómo motivar y hacer progresar a la fuerza de ventas*. Gestión 2000, Barcelona, 1998.

Deprose, Donna. *The Team Coach*. Amacon, American Management Association, New York, 1995.

Dessler, Gary. *Administración de Personal*. Prentice-Hall Hispanoamericana, México, 1994.

Di Lampedusa, Giuseppe Tomás. *El Gatopardo*. Plaza y Janés, Barcelona, 1999.

Di Tella. Torcuato S. *Diccionario de Ciencias Sociales y Políticas*. Emecé, Buenos Aires, 2001.

Diccionario de la Lengua Española. Real Academia Española, Madrid, 1970.

Diccionario Latino-Español Sopena. Editorial Ramón Sopena, Barcelona, 1999.

Diccionario Moderno Océano. Langenscheidt, Barcelona, 1999.

Dolto, Françoise. *La causa de los adolescentes, el verdadero lenguaje para dialogar con los jóvenes*. Seix Barral, Barcelona, 1988.

Downes, Larry; Mui, Chunka. *Estrategias digitales para dominar el mercado*. Ediciones Granica, Buenos Aires, 1999.

Drucker, Peter F. *Las nuevas realidades*. Editorial Sudamericana, Buenos Aires, 1995.

Edvinsson, Leif; Malone, Michael. *El capital intelectual*. Norma, Bogotá, 1998.

Edvinsson, Leif; Malone, Michael. *Intellectual Capital.* Harper Business, New York, 1997.

Etkin, Jorge. *Política, gobierno y gerencia de las organizaciones.* Prentice-Hall, Buenos Aires, 2000.

Ferrater Mora, José. *Diccionario de Filosofía.* Ariel Filosofía, Barcelona, 1999.

Gautier, Bénédicte; Vervisch, Marie-Odile. *Coaching directivo para el desarrollo profesional de personas y equipos.* Oberon, Madrid, 2001.

Goleman; Daniel. *La inteligencia emocional en la empresa.* Javier Vergara Editor, Buenos Aires, 1999.

Goleman, Daniel; Boyatzis, Richard; McKee, Annie. *El líder resonante crea más.* Plaza & Janés, Buenos Aires, 2003.

González Vadillo, José Luis. *Comportamiento Humano.* Universidad de Deusto, Bilbao, 1993.

Gordon, Judith. *Comportamiento organizacional.* Prentice-Hall, México, 1997.

Gran Diccionario Salvat. Salvat Editores, Barcelona, 1992.

Harrison, Michael I.; Shiron, Arie. *Organizational diagnosis and assessment.* Sage Publications, Thousand Oaks (California), 1999.

Hax, Arnoldo; Majluf, Nicolás. *Estrategias para el liderazgo competitivo. De la visión a los resultados.* Ediciones Granica, Buenos Aires, 1997.

Jolis, Nadine. *Compétences et Compétitivité.* Les éditions d organisation, Paris, 1998.

Kaplan, Robert S.; Norton, David P. *Cuadro de Mando Integral (The Balanced Scorecard).* Gestión 2000, Barcelona, 1997.

Kaplan, Robert S.; Norton, David P. *Mapas estratégicos.* Gestión 2000, Barcelona, 2004.

Kets de Vries, Manfred F.R.; Florent-Treacy, Elizabeth. *Los nuevos líderes globales.* Grupo Editorial Norma, Colombia, 1999.

Kreitner, Robert; Kinicki, Angelo. *Comportamiento de las organizaciones.* McGraw-Hill, Madrid, 1997.

Levy-Leboyer, Claude. *Gestión de las competencias.* Gestión 2000, Barcelona, 1997.

Levy-Leboyer, Claude. *La gestion des compétences.* Les éditions d organisation, Paris, 1992.

Majchrzak, Ann; Wang, Qianwei. "Romper la mentalidad funcional en las organizaciones orientadas a los procesos". En: David Ulrich (Comp.), *Evaluación de resultados,* Ediciones Granica, Barcelona, 2000.

Maslow, Abraham H. *El management según Maslow.* Paidós Empresa, Barcelona, 2005.

McClelland, David C. *Human Motivation.* Cambridge University Press, Cambridge, England, 1999. (Obra original de 1987.)

Mathis, Robert L.; Jackson John H. *Human Resource Management.* South-Western College Publishing, a division of Thompson Learning; Cincinatti, Ohio; 2000.

Milkovich, George T.; Boudreau, John W. *Dirección y Administración de Recursos Humanos.* Addison-Wesley Iberoamericana, México, 1994.

Mintzberg, Henry; Ahlstrand, Bruce; Joseph, Lampel. *Safari a la estrategia.* Ediciones Granica, Barcelona, 1999.

Montaño Hirose, Luis. "La dimensión cultural de la organización. Elementos para un debate en América Latina". En: Enrique de la Garza Toledo (Coord.), *Tratado Latinoamericano de Sociología del Trabajo,* Fondo de Cultura Económica, México, 2000.

Montironi, Marina. *Capitale Umano e Imprese di Servizi.* Il Sole 24 Ore Media e Impresa, Milano, 1997.

New Oxford Advanced Learner s Dictionary. University Press, New York, 2000.

Ordóñez Ordóñez, Miguel. *La nueva gestión de los recursos humanos.* Gestión 2000, Barcelona, 1995.

Papows, Jeff. *Enterprise.com. El liderazgo del mercado en la era de la información.* Ediciones Granica, Buenos Aires, 1998.

Parra, Rodrigo; Rama, Germán W.; Rivero, Herrera J.; Tedesco, Juan Carlos. *La educación popular en América Latina.* Unesco - Capal - PNUD - Editorial Kapelusz, Buenos Aires, 1984.

Pascale, Richard Tanner; Millermann, Mark; Gioja, Linda. "Cambiar la forma en que cambiamos". En: David Ulrich (Comp.), *Evaluación de resultados,* Ediciones Granica, Barcelona, 2000.

Peretti, Jean-Marie. *Gestion des ressources humaines.* Librairie Vuibert, Paris, 1998.

Probst, Gilbert; Raub, Steffen; Romhardt, Kai. *Administre el conocimiento.* Pearson Educación, México, 2001.

Rifkin, Jeremy. *El fin del trabajo.* Paidós, Estado y Sociedad, Buenos Aires, 1996.

Rifkin, Jeremy. *La era del acceso. La revolución de la nueva economía.* Paidós, Buenos Aires, 2000.

Robbins, Stephen P. *Comportamiento organizacional.* Pearson - Prentice-Hall, 2004.

Schein, Edgar H. *Psicología de la Organización.* Prentice-Hall Hispanoamericana, México, 1982.

Schein, Edgar H. *Organizational culture and Leadership.* Jossey-Bass Publishers, San Francisco, 1992.

Seco Reymundo, Manuel; Andrés Puente, Olimpia; Ramos González, Gabino. *Diccionario del Español Actual.* Aguilar - Grupo Santillana de Ediciones, Madrid, 1999.

Seco, Manuel. *Diccionario de dudas de la Real Academia Española.* Espasa Plus, Editorial Espasa, Madrid, 1998.

Senge, Peter M. *La quinta disciplina.* Ediciones Granica, Barcelona, 1998.

Senge, Peter y otros. *La quinta disciplina en la práctica.* Ediciones Granica, Barcelona, 1998.

Sherman, Arthur; Bohlander, George; Snell, Scott. *Administración de Recursos Humanos.* Thomson Internacional, México, 1999.

Sirkin, Harold; Stalk, George (hijo). "Arregle el proceso, no el problema". En: David Ulrich (Comp.), *Evaluación de resultados,* Ediciones Granica, Barcelona, 2000.

Sparrow, John. *Knowledge in organizations.* Sage Publications, London, 1998.

Spencer, Lyle M.; Spencer, Signe M. *Competence at work, models for superior performance.* John Wiley & Sons, Inc., New York, 1993.

Stewart, Thomas A. *Intellectual Capital.* Doubleday, New York, 1997.

Stewart, Thomas A. *La nueva riqueza de las organizaciones: el capital intelectual.* Ediciones Granica, Buenos Aires, 1998.

Tissen, René; Andriessen, Daniel; Lekanne Deprez, Frank. *El valor del conocimiento. Para aumentar el rendimiento en las empresas.* Prentice-Hall, Madrid, 2000.

Ulrich, Dave. *Recursos Humanos Champions.* Ediciones Granica, Buenos Aires, 1997.

Ulrich, David. *Evaluación de resultados.* Ediciones Granica, Madrid, 2000.

Ulrich, Dave; Becker, Brian E.; Huselid, Mark A. *The HR Scorecard. Linking People, Strategy, and Performance.* Harvard Business School Press, USA, 2001.

Ulrich, Dave; Brockbank, Wayne. *The HR Value proposition.* Harvard Business School Press, Boston, 2005.

Valdano, Jorge; Mateo, Juan. *Liderazgo.* El País - Aguilar, Madrid, 1999.

Wilson, Terry. *Manual del Empowerment.* Gestión 2000, Barcelona, 2000.

Unas palabras sobre la autora

Martha Alicia Alles es Doctora por la Universidad de Buenos Aires, área Administración. Su tesis doctoral se presentó bajo el título La incidencia de las competencias en la empleabilidad de profesionales. Su primer título de grado es Contadora Pública Nacional (UBA). Posee una amplia experiencia como docente universitaria, en diversos posgrados tanto de la Argentina como del exterior.

Con más de cuarenta títulos publicados hasta el presente, es la autora argentina que ha escrito la mayor cantidad de obras sobre su especialidad. Cuenta con colecciones de libros de texto sobre Recursos Humanos, Liderazgo y Management Personal, que se comercializan en toda Hispanoamérica.

De su colección sobre **Recursos Humanos** ha publicado:

- Temas generales de Recursos Humanos y Comportamiento Organizacional:
  - *Dirección estratégica de Recursos Humanos. Gestión por competencias.Volumen 1* (nueva edición revisada, 2015).
  - *Dirección estratégica de Recursos Humanos. Volumen 2. Casos* (nueva edición revisada, 2016).
  - *5 pasos para transformar una oficina de personal en un área de Recursos Humanos* (2005).
  - *Comportamiento organizacional* (2017).
- Específicos sobre modelos de competencias:
  - *Gestión por competencias. El diccionario* (2002, y 2ª edición revisada, 2005).
  - *Diccionario de comportamientos. Gestión por competencias* (2004).
  - *Diccionario de preguntas. Gestión por competencias* (2005).
- Nuevas obras preparadas sobre la base de un enfoque diferente de la metodología de Gestión por competencias:
  - *Diccionario de competencias. La trilogía. Tomo 1* (2015).
  - *Diccionario de comportamientos. La trilogía. Tomo 2* (2015).
  - *Diccionario de preguntas. La trilogía. Tomo 3* (2015).
- Sobre selección:
  - *Empleo: el proceso de selección* (1998, y nueva edición revisada, 2001).
  - *Empleo: discriminación, teletrabajo y otras temáticas* (1999).
  - *Elija al mejor. La entrevista en selección de personas. La entrevista por competencias.* Nueva edición 2017.
  - *Selección por competencias* (2016).
- Sobre desempeño:
  - *Desempeño por competencias. Evaluación de 360°* (2004, y nueva edición revisada y ampliada, 2008).

- Sobre desarrollo de personas:
  - *Desarrollo del talento humano. Basado en competencias* (2005, y nueva edición revisada y ampliada, 2008).
  - *Codesarrollo. Una nueva forma de aprendizaje* (2009).
  - *Construyendo talento* (2016).
- Sobre Recursos Humanos, liderazgo y management:
  - *Diccionario de términos de Recursos Humanos* (2011).
  - *Las 50 herramientas de Recursos Humanos que todo profesional debe conocer* (2017).
  - *Social media y Recursos Humanos* (2012).
  - *La Marca Recursos Humanos* (2014).
  - *Cuestiones sobre Gestión de Personas* (2015).

De los siguientes títulos están disponibles solo en Internet (**www.xcompetencias.com**), para profesores, una edición de *Casos* y otra edición de *Clases*: *Comportamiento organizacional, Codesarrollo, Construyendo talento, Dirección estratégica de Recursos Humanos* (nueva edición 2015), *Desempeño por competencias, Desarrollo del talento humano. Selección por competencias, La trilogía* (*Diccionario de competencias. La trilogía. Tomo 1; Diccionario de comportamientos. La trilogía. Tomo 2;* y *Diccionario de preguntas. La trilogía. Tomo 3), 200 modelos de currículum,* y *Mitos y verdades en la búsqueda laboral.*

- De la serie **Liderazgo** podemos mencionar:
  - *Rol del jefe* (2008).
  - *12 pasos para ser un buen jefe* (2008).
  - *Conciliar vida profesional y personal* (2016).
  - *Cómo transformarse en jefe entrenador en 12 pasos* (2010).
  - *Cómo delegar efectivamente en 12 pasos* (2010).
  - *12 pasos para conciliar vida profesional y personal* (2013).
- Su colección de libros destinados al **Management Personal** está compuesta por:
  - *Las puertas del trabajo* (1995).
  - *Mitos y verdades en la búsqueda laboral* (1997, y nueva edición revisada y ampliada, 2008).
  - *200 modelos de currículum* (1997, y nueva edición revisada y ampliada, 2008).
  - *Su primer currículum* (1997).
  - *Cómo manejar su carrera* (1998).
  - *La entrevista laboral* (1999).
  - *Mujeres, trabajo y autoempleo* (2000).
- En la colección de **Bolsillo** se publicaron:
  - *La entrevista exitosa* (2005 y 2009).
  - *La mujer y el trabajo* (2005).
  - *Mi carrera* (2005 y 2009).

– *Autoempleo* (2005).
– *Mi búsqueda laboral* (2009).
– *Mi currículum* (2009).
– *Cómo llevarme bien con mi jefe y con mis compañeros de trabajo* (2009).
– *Cómo buscar trabajo a través de Internet* (2009).

Martha Alles es habitual colaboradora en revistas y periódicos de negocios, programas radiales y televisivos de la Argentina y de otros países hispanoparlantes, y conferencista invitada por diferentes organizaciones empresariales y educativas, tanto locales como internacionales. En los últimos dos años ha dictado conferencias y seminarios en Bolivia, Colombia, Costa Rica, Chile, Ecuador, El Salvador, Estados Unidos, Guatemala, México, Nicaragua, Panamá, Paraguay, Perú, República Dominicana, Uruguay, Venezuela, entre otros, además de numerosos seminarios en su país, Argentina.

Es consultora internacional en Gestión por competencias y presidenta de Martha Alles International, fi rma regional que opera en toda Latinoamérica y Estados Unidos, lo que le permite unir sus amplios conocimientos técnicos con su práctica profesional diaria. Cuenta con una experiencia profesional de más de veinticinco años en su especialidad.

Es casada, tiene tres hijos, dos nietas y un nieto.
Martha Alles SA
Talcahuano 833 (Talcahuano Plaza), piso 2
Buenos Aires, Argentina
Teléfono: (54-11) 4815 4852
Twitter: marthaalles

Libros de Martha Alles de la serie Recursos Humanos, publicados por Ediciones Granica

Guía de lecturas: secuencia sugerida

- Comportamiento organizacional

- 5 pasos para transformar una oficina de personal en un área de Recursos Humanos

- Dirección estratégica de Recursos Humanos. Gestión por competencias. Volumen 1.
- Dirección estratégica de Recursos Humanos. Volumen 2. CASOS

Trilogía:
- Diccionario de competencias. Tomo 1
- Diccionario de comportamientos. Tomo 2
- Diccionario de preguntas. Tomo 3

Libros complementarios de la **Serie Management Personal**

- Mitos y verdades en la búsqueda laboral
- 200 modelos de curriculum

- Selección por competencias
- Elija al mejor. La entrevista en selección de personas. La entrevista por competencias

- Desempeño por competencias. Evaluación 360°

- Desarrollo del talento humano. Basado en competencias

- Construyendo talento
- Codesarrollo: una nueva forma de aprendizaje

Libros de Martha Alles publicados por Ediciones Granica relacionados con Recursos Humanos y Liderazgo

- Diccionario de términos de Recursos Humanos
- Las 50 herramientas de Recursos Humanos que todo profesional debe conocer
- Social media y Recursos Humanos
- La Marca Recursos Humanos
- Cuestiones sobre gestión de personas. Qué hacer para resolverlas

Libros de la serie Liderazgo de Martha Alles publicados por Ediciones Granica

Guía de lecturas: secuencia sugerida

- Rol del jefe. Cómo ser un buen jefe
  - 12 pasos para ser un buen jefe
- Cómo llevarme bien con mi jefe y con mis compañeros de trabajo. Serie Bolsillo
  - Conciliar vida profesional y personal
- Cómo transformarse en un jefe entrenador en 12 pasos
  - Cómo delegar efectivamente en 12 pasos
- 12 Pasos para conciliar vida profesional y personal

Para conocer más sobre la obra de Martha Alles

MARTHA ALLES
INTERNATIONAL

Revista Técnica Virtual

alles@marthaalles.com
www.marthaalles.com

info@xcompetencias.com
www.xcompetencias.com

CORPORATE
T: +1 (786) 600-1064
A: 2020 NE 163 St, Suite 300-A, North Miami Beach,
FL 33162, USA

ARGENTINA
T: +54 (11) 4815-4852
A: Talcahuano 833, 2 piso, Suite "E", Buenos
Aires, (1013) Argentina

Martha Alles International

Martha Alles International

@marthaalles

Martha Alles International

www.ingramcontent.com/pod-product-compliance
Lightning Source LLC
Chambersburg PA
CBHW082118210326
41599CB00031B/5805